D1573454

Gymnasium
Bergmannstraße
15374 Müncheberg
Tel.: (033432) 203

POLITIK 2

Ein Arbeitsbuch für den Politikunterricht

bearbeitet von

Franz Josef Floren, Brigitte Binke-Orth,
Doris Frintrop, Jörg Sensenschmidt,
Helmut Trost

Best.-Nr. 23 975 9

Verlag Ferdinand Schöningh

Umschlagfotos: Eduard N. Fiegel (links), Pressefoto Michael Seifert (rechts)

© 1994 Ferdinand Schöningh, Paderborn
(Verlag Ferdinand Schöningh, Jühenplatz 1, 33098 Paderborn)

Alle Rechte vorbehalten. Dieses Werk sowie einzelne Teile desselben sind urheberrechtlich geschützt. Jede Verwertung in anderen als den gesetzlich zugelassenen Fällen ist ohne vorherige schriftliche Zustimmung des Verlages nicht zulässig.

Printed in Germany. Gesamtherstellung Ferdinand Schöningh.

Druck 5 4 3 2   Jahr 98 97 96 95

ISBN 3-506-23975-9

Gedruckt auf umweltfreundlichem, chlorfrei gebleichtem Papier mit 50% Altpapieranteil.

Inhaltsverzeichnis

Vorwort		4
1 Jugend und Politik ... 5	Was ist Politik?	6
	Jugend und Politik in der Zeit des Nationalsozialismus	14
	Gewalt und Rechtsradikalismus heute	29
	Das rechte Lager	36
	Notfalls mit Gewalt???	42
	Jetzt muß etwas getan werden!	47
	Was kann die Schule tun?	52
2 Familie ... 55	Wozu braucht man eine Familie?	56
	Wie sieht die Familie heute aus?	63
	Wenn die Familie versagt	71
	Konflikte in der Familie	77
	Wohnung als Lebensraum der Familie	91
	Familienpolitik	95
3 Massenmedien ... 106	Leben mit der Medienflut	106
	Information oder Manipulation durch die Presse?	114
	Ist die Pressefreiheit gefährdet?	132
	Rundfunk und Fernsehen – öffentlich-rechtlich und privat	144
	Wirkungen des Fernsehkonsums	153
4 Verbraucher und Markt ... 168	Wovon Bedürfnisse beeinflußt werden	169
	Informationsmöglichkeiten für den Verbraucher	190
	Wie kommt eigentlich der Verkaufspreis zustande?	199
	Wie der Markt funktioniert – funktionieren soll!	205
	Der Verbraucher und sein Recht	214
5 Wir erkunden einen Betrieb ... 222	Wandzeitung (Vorbereitung, Auswertung)	224
	Informationsblock	230
6 Parlamentarische Demokratie ... 251	Der Weg zur Demokratie	252
	Die parlamentarische Demokratie in der Bundesrepublik	263
	Der Gang der Gesetzgebung	281
	Aus der Arbeit von Abgeordneten und Regierung	296
7 Recht und Rechtsstaat ... 308	Ladendiebstahl ist kein Kavaliersdelikt	309
	Verletzungen der Rechtsordnung	321
	Rechte und Pflichten von Jugendlichen	329
	Recht haben und Recht bekommen – Die Rechtsordnung der Bundesrepublik Deutschland	337
	Zivilprozeß und Strafprozeß	342
	Jugendstrafrecht: Vorrang der Erziehung vor der Strafe	348
	Strafe und Strafvollzug	352
	Gefahr für Umwelt und Natur: Umweltkriminalität in Deutschland	359
8 Nachbar Osteuropa ... 363	Erfahrungen und Begegnungen	365
	Geschichtliche Bedingungen	376
	Partnerschaft als Aufgabe	385
Hinweise zur Unterrichtsmethode der Expertenbefragung		397
Hinweise zur Analyse von Statistiken		398
Hinweise zur sozialwissenschaftlichen Methode der Befragung		400
Hinweise zur Arbeit mit Karikaturen		405
Glossar		408
Register		427

Vorwort

Der vorliegende Band ist der zweite in einer Reihe von drei Arbeitsbüchern zum Politik-Unterricht. Er erscheint hier in seiner dritten, vollständig neu bearbeiteten Fassung.

Das Buch ist ein *Arbeitsbuch*: Es stellt in didaktischer Strukturierung unterschiedliche Materialien (Texte, Statistiken, Graphiken, Bilder, Karikaturen) für die Erarbeitung im Unterricht zur Verfügung und ermöglicht unterschiedliche Arbeitsformen. Die Autoren haben auf eigene Darstellungen weitgehend verzichtet; sie möchten den Schülerinnen und Schülern die selbsttätige und kritische Auseinandersetzung mit Informationen und Meinungsäußerungen ermöglichen und haben sich daher darum bemüht, eine *Materialauswahl* zu treffen, die sowohl der Altersstufe der Schülerinnen und Schüler als auch der Sach- und Problemstruktur der Gegenstände entspricht.

Eine inhaltliche Grobstrukturierung der einzelnen *Kapitel* erfolgt durch *Abschnitte,* die durch entsprechende Überschriften gekennzeichnet sind. Die Materialien sind innerhalb der Kapitel durchnumeriert.

Die einzelnen Kapitel enthalten oft mehr Abschnitte, die einzelnen Abschnitte zumeist mehr Materialien, als in der zur Verfügung stehenden Unterrichtszeit erarbeitet werden können. Das garantiert einerseits eine gründliche und umfassende Information und schafft andererseits die Möglichkeit zur *Auswahl*, zur *Schwerpunktsetzung* und zur *Vertiefung* bestimmter, für wichtig gehaltener Aspekte.

Durch Farbunterlegung heben sich von den Materialien die *Arbeitshinweise* ab. Sie können als wichtiges Steuerungsinstrument für die Unterrichtsarbeit genutzt werden und bestehen aus zwei unterschiedlichen Gruppen: zum einen aus
- *Erschließungshilfen*, die eng auf das betreffende Material bezogen sind, und
- Hinweisen zur *Erschließung* gedanklicher Zusammenhänge, zur Anregung von *Argumentation* und *Diskussion*.

Zum anderen soll die *Handlungs- und Methodenorientierung* des Unterrichts gefördert werden durch
- Vorschläge für eine möglichst selbständige, auf ein bestimmtes Ergebnis bezogene *Untersuchung* begrenzter Fragestellungen und durch
- *Erkundungsaufträge*, die über den engeren Rahmen des Unterrichts hinausgehen.

Diese zweite Gruppe von Arbeitshinweisen ist durch ein ⌐ besonders gekennzeichnet.

Der Förderung der Methodenkompetenz dient auch der *Anhang*, der Arbeitshilfen zu folgenden Bereichen der Unterrichtsarbeit enthält:
- Unterrichtsmethode der *Expertenbefragung*,
- Analyse von *Statistiken,*
- sozialwissenschaftliche Methode der *Befragung* (mit praktischen Hinweisen zur Anwendung dieser Methode durch die Schüler selbst),
- Arbeit mit *Karikaturen*.

Eine weitere Arbeitshilfe stellt das umfangreiche *Glossar* dar, in dem Begriffe, die in den Materialien mit einem* versehen sind, erläutert werden. Nähere Informationen zu weiteren Begriffen lassen sich über das ausführliche *Register* finden.

Für kritische Hinweise (gerichtet an den Schöningh-Verlag, Jühenplatz am Rathaus, 33098 Paderborn) sind die Autoren jederzeit dankbar.

1 Jugend und Politik

(Fotos: dpa/Augstein, dpa/Kumm, DGB Bundesvorstand, Volker Hinz/STERN [2], AP/Frankfurt a.M., Volker Hinz/ STERN)

Der Titel dieses Buches ist „Politik". Dieser Begriff wird tagtäglich in Presse, Rundfunk und Fernsehen benutzt, auch in der Schule, insbesondere in dem Schulfach, in dem dieses Buch benutzt wird. Auch wenn dieser Begriff häufig gebraucht wird, ist er doch nicht ganz einfach zu erklären. Das Inhaltsverzeichnis gibt schon Hinweise, was in diesem Buch unter Politik verstanden wird. Dieses Kapitel will zu einem genaueren Verständnis von „Politik" und „politisch" beitragen und eine Auseinandersetzung über das Verhältnis von Jugendlichen – also von euch – zur Politik ermöglichen. Da in den letzten Jahren Jugendliche immer wieder durch gewalttätige Übergriffe gegen Ausländer und Asylbewerber in die Schlagzeilen geraten sind und vielfach von einer neuen gewaltbereiten Generation gesprochen wird, bekommt dieses Thema einen besonderen Akzent. Im einzelnen könnt ihr in diesem Kapitel etwas darüber erfahren,
– was man unter Politik versteht und warum es schwierig ist, diesen Begriff eindeutig zu klären;
– welche Einstellung Jugendliche heute zur Politik haben;
– wie es um das Verhältnis von Jugend und Politik in der Zeit des Nationalsozialismus bestellt war;
– daß eine Welle rechtsextremer Gewalt deutscher Jugendlicher und junger Erwachsener Anlaß zu der Frage gibt, ob die Demokratie in Deutschland erneut in Gefahr ist,
– welche Ergebnisse Forschungsinstitute über die Gewaltbereitschaft Jugendlicher herausgefunden haben,
– wie Politiker und Bürger in Deutschland auf die Gewalt in Deutschland reagieren und
– was die Schule dazu beitragen kann, Ausländerfeindlichkeit und Haß abzubauen.

Den Abschnitt über Jugend und Politik in Deutschland während der Herrschaft des Nationalsozialismus haben wir vor allem deshalb aufgenommen, weil durch einen Vergleich zwischen damals und heute die besonderen Merkmale und Probleme der heutigen Situation deutlicher werden. Er kann jedoch auch für sich behandelt oder übersprungen werden.

Was ist Politik?

In diesem Abschnitt möchten wir euch anregen, darüber nachzudenken und zu sprechen, was Politik überhaupt ist, was ihr bisher von Politik haltet und welche Bedeutung Politik für euch hat. Dazu haben wir zunächst einige häufig gehörte Meinungen über Politik zusammengestellt. Die Statistiken am Ende des Abschnitts sollen euch darüber informieren, wie es mit dem Interesse der Jugendlichen an Politik insgesamt bestellt ist und welche Probleme die Jugendlichen für die größten Probleme in unserer Gesellschaft halten. Am Ende des Abschnitts erhaltet ihr Informationen darüber, wie ihr selbst eine Befragung machen könnt.

M 1

Meinungen von Jugendlichen zum Thema „Jugend und Politik"

1. „Politik ist langweilig. In meiner Freizeit habe ich etwas anderes zu tun."
2. „Wenn ich mich nicht über Politik informiere, kann mir jeder etwas vormachen."
3. „Politik ist zu wichtig, um sie den Politikern zu überlassen."
4. „Man kann ja doch nichts machen. Die da oben machen doch, was sie wollen."
5. „Politik ist spannender als jeder Kriminalroman."
6. „Politik ist eine Sache der Erwachsenen. Darum kann ich mich später immer noch kümmern."
7. „Politik ist was für Fachleute, für mich ist das viel zu schwierig."
8. „Um Politik muß man sich kümmern. Sonst macht die Regierung, was sie will."
9. „Alle reden von Politik, wir reden von uns."

(Zusammenstellung durch die Autoren)

M 2

Politik – eine Begriffserklärung

„Politik" kommt von dem griechischen Wort „Polis". So bezeichneten die Griechen im Altertum die fest organisierten Gemeinwesen, die von ihnen zuerst in einzelnen Siedlungen und kleinen abgegrenzten Gebieten zur Ordnung ihres Zusammenlebens entwickelt wurden. „Polis" kann deshalb mit „Stadt, Staat" übersetzt werden. Entsprechend versteht man unter Politik häufig alles menschliche Handeln,
– das auf die Ordnung und Gestaltung des Zusammenlebens, insbesondere des öffentlichen Lebens in einem Staat bzw. einer Stadt oder Gemeinde gerichtet ist oder
– durch das Verhältnis verschiedener Staaten zueinander geregelt wird.

Um Politik in diesem Sinne handelt es sich z.B., wenn verschiedene Parteien um den größten Einfluß in einem Staat kämpfen oder verfeindete Länder versuchen, Streitigkeiten auf friedlichem Wege zu regeln (Politik im engeren Sinne).

Aber nicht nur im öffentlichen Leben eines Staates oder zwischen verschiedenen Staaten kann es unterschiedliche Interessen geben, können Konflikte auftreten, müssen Regeln des Zusammenlebens gefunden werden. So etwas gibt es auch überall, wo Menschen miteinander zu tun haben, d.h. in den verschiedenen Bereichen und Einrichtungen der Gesellschaft wie z.B. der Familie, einer Jugendgruppe oder der Schule. Deshalb kann der Begriff Politik auch weiter gefaßt werden und nicht nur auf den Staat und das öffentliche Leben, sondern auch auf die Regelung menschlichen Zusammenlebens in den verschiedenen Bereichen und Einrichtungen der Gesellschaft bezogen werden (Politik im weiteren Sinne).

Wenn man in diesem Sinne Fragen des Zusammenlebens in einer Schulklasse, einer Jugendgruppe oder einem Betrieb als politische Fragen begreift, muß jedoch berücksichtigt werden, daß solche Gruppen und Institutionen in starkem Maße durch ihren jeweiligen sachlichen Zweck bestimmt werden, zu dem sie entstanden sind oder gebildet werden; bei der Schulklasse Unterricht und Erziehung, bei der Jugendgruppe vielleicht gemeinsames Spiel, beim Betrieb die Güterproduktion.

(Autorentext)

M 3

Politik bedeutet Streit

Politik bedeutet Streit, genauer Wettstreit der Meinungen. Politik bedeutet aber auch Ausgleich widerstreitender Interessen. Die Leute, die Politik machen, also alle Wähler und die Vertreter der Gemeinde-, Landes- und Bundesebene, müssen das Wohl aller im Auge haben. Was das ist und welcher Weg dorthin führt, ist oft umstritten. Um politische Lösungen wird daher oft erbittert gerungen.

(Friedemann Bedürftig / Dieter Winter / Birgit Rieger, Das Politikbuch, Ravensburg 1994, S. 10)

M 4

Jugendliche auf einer Demonstration

Mehr als 1 000 Schülerinnen und Schüler der weiterführenden Schulen protestierten gestern (25.11.92) gegen die Serie rassistischer Anschläge in Deutschland mit einem Schweigemarsch durch Espelkamp im Kreis Minden-Lübbecke. Die Initiative zu der Demonstration ging von einer Hauptschule aus, deren Schüler zu etwa 50 Prozent nicht in Deutschland geboren wurden. Spontan schlossen sich Schüler anderer Schulen an.

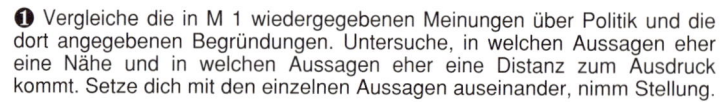

(Foto: Marco Siekmann)

In Augsburg: „Wie soll ich mich auf Weihnachten freuen, wenn ich Ostern arbeitslos bin?"
(Foto: Werner Bachmeier)

❶ Vergleiche die in M 1 wiedergegebenen Meinungen über Politik und die dort angegebenen Begründungen. Untersuche, in welchen Aussagen eher eine Nähe und in welchen Aussagen eher eine Distanz zum Ausdruck kommt. Setze dich mit den einzelnen Aussagen auseinander, nimm Stellung.

❷ Ihr könnt – ähnlich wie die Autoren es in M 1 gemacht haben – eure Meinung zum Thema „Politik" formulieren. Vielleicht schreibt ihr sie auf Wandzeitungen, die ihr in eurer Klasse an den Wänden befestigt. Am Ende der Unterrichtseinheit könnt ihr noch einmal neue Wandzeitungen anfertigen, um zu überprüfen, ob sich eure Meinung zum Thema „Politik" verändert hat oder nicht.

❸ Erkläre den Unterschied zwischen Politik im engeren und im weiteren Sinn (M 2). Erläutere, welche Seite des Politischen in M3 besonders hervorgehoben wird.

❹ Zeige auf, inwiefern sich die Aussagen von M 2 und M 3 über das Politische auf die Beispiele in M 4 anwenden lassen. Suche weitere Beispiele für Politik in engerem oder weiterem Sinne.

M 5

Wir machen eine eigene Umfrage

In M 1 habt ihr von den Autoren dieses Buches zusammengestellte Meinungen einzelner Jugendlicher über das Interesse an Politik kennengelernt. Diese Meinungen sind nicht repräsentativ. (Der Begriff „repräsentativ" wird im Glossar näher erklärt.) Die Statistiken in M 6–M 7 dagegen enthalten repräsentative Ergebnisse von Jugendbefragungen, die von der Universität Bielefeld (M 6) und vom Kölner Institut für empirische* Psychologie im Auftrag der IBM Deutschland (M 7) durchgeführt wurden. Befragungen werden häufig gemacht, um Informationen über die Meinungen oder das Verhalten von Menschen zu gewinnen. Aus diesem Grunde legen die Autoren dieses Buches großen Wert darauf, daß ihr nicht nur Ergebnisse von Befragungen in Form von Statistiken kennenlernt, sondern auch Hintergrundinformationen über diese in den Sozialwissenschaften* so häufig angewandte Forschungsmethode erhaltet und in die Lage versetzt werdet, eine eigene kleine Befragung durchzuführen.

Wir schlagen euch vor, daß ihr, bevor ihr euch mit den Ergebnissen der beiden Jugendstudien in M 6 und M 7 beschäftigt, zunächst eine eigene Befragung zum Thema „Interesse Jugendlicher an Politik" durchführt. Wenn ihr dann anschließend die Ergebnisse der Untersuchungen in M 6 und M 7 bearbeitet, könnt ihr schon auf eigene Erfahrungen mit Befragungen zurückgreifen.

Vor der Durchführung der Befragung

Bevor ihr mit eurer Befragung beginnt, müßt ihr euch erst einmal klarmachen, was man bei einer Befragung beachten muß. Sonst besteht die Gefahr, daß eure Ergebnisse nicht sehr aussagekräftig sind.

– Der Anhang dieses Buches enthält einen ausführlichen Text über wichtige Gesichtspunkte der Befragungsmethode (Anhang S. 400f.). Dieser Text sollte zuerst bearbeitet werden, auch wenn ihr für eure eigene Befragung nicht alle Informationen verwenden könnt. Auf jeden Fall solltet ihr auch die konkreten Empfehlungen durcharbeiten, die zur Planung und Durchführung einer Befragung gegeben werden (Anhang S. 403).

– Ihr könnt auch einen Blick in das Kapitel „Familie" werfen. Dort findet ihr ausführliche Informationen über eine Befragung zum Thema „Familie" und auch einen Fragebogenentwurf (Kapitel „Familie", M 27).

– Nun zu eurer eigenen Befragung: Zuerst müßt ihr entscheiden, wen ihr befragen wollt. Am einfachsten ist es sicherlich, wenn ihr Schüler und Schülerinnen eurer eigenen Schule befragt. Dann könnt ihr auch mit der Unterstützung der Klassenlehrerinnen und Klassenlehrer rechnen. Die Entscheidung, ob ihr Interviews durchführt oder einen Fragebogen erstellt, hängt vom Umfang der Fragen und von dem Umfang der Befragung ab (vgl. Text im Anhang). Wenn ihr euch entschließt, einen Fragebogen zu erstellen, solltet ihr auch überlegen, ob eure Anwesenheit bei der Befragung notwendig ist oder ob ihr den Fragebogen z.B. den Politiklehrern oder Politiklehrerinnen der zu befragenden Klassen übergeben könnt.

Ihr könnt den Fragebogen auf S. 10 als Muster verwenden, ihn abändern oder ergänzen. Auf jeden Fall solltet ihr ihn durch zusätzliche Fragen ergänzen, damit ihr die Probleme kennenlernt, die mit der Erstellung eines Fragebogens verbunden sind. Ihr könnt auch Fragen stellen, die sich auf konkrete politische Ereignisse beziehen, die zu der Zeit, in der ihr dieses Kapitel behandelt, relevant sind.

Fragebogen zum Thema „Jugend und Politik"

(Zutreffendes bitte ankreuzen)

I. Fragen zur Person

1. Alter

| 12 | 13 | 14 | 15 | 16 | 17 | 18 | 19 | 20 | 21 | Jahre |

2. Geschlecht

| männlich | weiblich |

3. Nationalität

| deutsch | wenn nein, welche? |

II. Interesse an Politik

1. Interessierst Du Dich für Politik?   ja ☐ nein ☐
2. Unterhältst Du Dich oft mit Freunden über Politik?   ja ☐ nein ☐
3. Unterhältst Du Dich oft mit Deinen Eltern über Politik?   ja ☐ nein ☐
4. Über Politik diskutieren… Das machst Du nicht, würdest Du aber gerne tun.   ja ☐ nein ☐

III. Lesen einer Tageszeitung

1. Ich lese häufig den politischen Teil einer Tageszeitung   ja ☐ nein ☐
2. Ich lese nur den Sportteil.   ja ☐ nein ☐

IV. Probleme unserer Zeit

Welche Probleme schätzt Du als besonders groß ein?

(Die folgende Liste enthält in alphabetischer Reihenfolge Probleme, die häufig von Jugendlichen genannt werden. Stelle eine Rangordnung dar, indem Du dem Problem, das nach Deiner Meinung am größten ist, den Rangplatz 1 gibst, dem nach Deiner Meinung zweitgrößten Problem den Rangplatz 2, usw.)

Probleme	Rangplatz
Aids	
Alkohol	
Arbeitslosigkeit	
Arbeitsplatz finden (nach der Ausbildung)	
Asylanten	
Ausbildungs- und Studienplatz finden	
Aussiedler aus Ostblockstaaten	
Drogen	
Gewaltmißbrauch durch die Polizei	
Linksradikalismus	
Machtmißbrauch durch Politiker	
Randale, Gewalt durch Jugendliche	
Rechtsradikalismus	
Umweltprobleme	
Unkontrollierbarkeit technischer Entwicklungen	
Wohnungsnot	

Vor der Auswertung der Befragung

Bevor ihr nun die Fragebogen auswertet, solltet ihr sie zunächst auf *Vollständigkeit* kontrollieren. Unvollständige Fragebogen müssen evtl. aussortiert werden. Alle Fragen des Musterfragebogens auf S. 10 lassen sich durch *Strichlisten* auswerten, durch die die Häufigkeit bestimmter Antworten dargestellt wird. Anschließend könnt ihr dann berechnen, wie häufig eine Frage z.B. mit „ja" oder „nein" beantwortet wurde, indem ihr den *prozentualen Anteil* der Ja- oder Nein-Antworten an der *Gesamtzahl* der Antworten auf eine bestimmte Frage berechnet. Wenn ihr z. B. insgesamt 120 Antworten auf eine bestimmte Frage habt, die sich auf 40 Ja-Antworten und 80 Nein-Antworten verteilen, dann berechnet ihr den Anteil der Ja-Antworten folgendermaßen: $40 \cdot 100 : 120 = 33{,}3\%$.

Auch den IV. Teil des Fragebogens (Probleme unserer Zeit) könnt ihr mit einer Strichliste auswerten und danach die *Rangfolge* der am häufigsten genannten Probleme erstellen. Ihr könnt aber auch hier berechnen, wie häufig einzelne Probleme von Schülern oder Schülerinnen genannt wurden. Wenn ihr aber in eurer Schule in der Klasse 8 oder 9 Unterricht im Rahmen der informations- und kommunikationstechnologischen Grundbildung habt, dann könnt ihr diesen Fragebogen auch mit dem Computer auswerten und die Ergebnisse graphisch darstellen.

Ein Hinweis für euren Politiklehrer oder eure Politiklehrerin: Im Rahmen der informations- und kommunikationstechnologischen Grundbildung gibt es die *Unterrichtseinheit „Buch oder Video"* aus dem Landesinstitut in Soest. Schwerpunkt dieser für den projektorientierten Unterricht in den Fächern Politik/Mathematik konzipierten Unterrichtseinheit ist die Konzeption und Auswertung eines Fragebogens. Das Materialheft und die entsprechende Software gibt es im Soester Verlagskontor. Die Unterrichtseinheit hat als wesentliches Anliegen, die Ambivalenzen* des Computereinsatzes deutlichzumachen. Die Schülerinnen und Schüler, die erlebt haben, wie mühsam die manuelle Verarbeitung einer größeren Menge Daten sein kann, erleben den Computer in dieser Unterrichtseinheit als hilfreiches Werkzeug, das dem Menschen die Arbeit erheblich erleichtert. Es läßt sich aber auch demonstrieren, wie durch verfälschende graphische Auswertungen Ergebnisse manipuliert* werden können. Der in M 5 dargestellte Musterfragebogen läßt sich weitgehend mit der Soester Software auswerten. Die Rangskala der „Probleme unserer Zeit" läßt sich allerdings nur bis Platz 9 darstellen. Die Schüler und Schülerinnen geben mit Hilfe des Statistikprogramms arbeitsteilig an verschiedenen Rechnern Ergebnisse der Befragung ein. Diese Daten können anschließend in einer Gesamt-Datei zusammengefaßt und ausgewertet werden.

Ihr könnt die Ergebnisse eurer Befragung auch schriftlich aufbereiten und z.B. in der Schülerzeitung veröffentlichen. Wenn ihr mehr Zeit zur Verfügung habt (z.B. im Wahlpflichtunterricht oder in der differenzierten Mittelstufe), dann könnt ihr den Politiklehrern oder Politiklehrerinnen der von euch befragten Klassen einen Brief schreiben, in dem ihr die Ergebnisse der Befragung mitteilt. Ihr könnt aber auch die Ergebnisse in den Klassen selbst vorstellen.

M 6

Interesse an Politik – aus einer Untersuchung der Universität Bielefeld

Im Rahmen einer Untersuchung über das „Politische Engagement" Jugendlicher wurden im Herbst 1990 insgesamt 990 Schülerinnen und Schüler aus 44 Klassen und im Herbst 1991 1710 Schülerinnen und Schüler aus 75 Klassen befragt. Die Untersuchung wurde unter Zusicherung völliger Anonymität in allen Schulformen durchgeführt. Die meisten Jugendlichen waren zwischen 13 und 16 Jahre alt. Sie wurden repräsentativ für die westliche Bundesrepublik ausgewählt.

a) Relative Häufigkeit von politischem Interesse nach Geschlechtern (in %)

Politisches Interesse	Antwort „Ja"		
	Jungen	Mädchen	alle
Interessierst Du Dich für Politik?	49,8	28,6	39,4
Unterhältst Du Dich oft mit Freunden über Politik?	27,3	13,6	20,6
Unterhältst Du Dich oft mit Deinen Eltern über Politik?	38,6	27,1	33,0
Über Politik diskutieren… Das machst Du nicht, würdest Du aber gerne machen:	14,1	10,9	12,6

(Klaus Hurrelmann, Entwurf für die DFG, 15.7.92, S. 11)

b) Relative Häufigkeit des regelmäßigen Lesens des politischen Teils einer Tageszeitung (in %)
(wie M 6a, S. 13)

	Jungen	Mädchen	alle
Regelmäßiges Lesen des politischen Teiles einer Tageszeitung	22,7	6,3	14,7

c) Teilnahme an kirchlichen/politischen Jugendorganisationen nach Geschlechtern (in %)

	Jungen	Mädchen	alle
Teilnahme an kirchlichen Jugendorganisationen	16,4	21,1	18,7
An anderen Veranstaltungen der Kirchengemeinde	16,4	20,9	18,6
Teilnahme an politischen Jugendorganisationen	4,6	1,4	3,0
Interesse an der Teilnahme an politischen Jugendorganisationen	12,9	6,3	9,7

(wie M 6a, S. 15)

d) Unterschiede zwischen Jungen und Mädchen

Das geringere Interesse von Mädchen an Politik und politischer Betätigung hat vor allem historische Gründe, die mit der unterschiedlichen Auffassung über die Rolle von Mann und Frau zusammenhängen. Auch wenn die Frauen in allen europäischen Ländern seit Jahrzehnten wählen dürfen und die rechtliche Möglichkeit haben, Staatspräsidentin, Bundestagspräsidentin, Bundeskanzlerin zu werden, sind sie faktisch in diesen Positionen kaum anzutreffen. Die politische Welt wird immer noch weitgehend von Männern beherrscht. Auch im engeren Familienkreise oder in der Schule sind Gespräche über Politik häufig noch „Männersache". So haben Mädchen in Bezug auf politisches Interesse und politische Aktivitäten weniger weibliche Vorbilder, an denen sie sich orientieren können, Vorbilder, die so sind, wie Mädchen einmal werden möchten. Im wirklichen Leben, aber auch in den Medien, dominieren dagegen weibliche Vorbilder, die sich nicht für öffentliches Engagement, sondern für das private Glück interessieren und so die wirkliche Umsetzung der erst in diesem Jahrhundert erreichten Gleichberechtigung der Frau behindern.

(Autorentext)

M 7
Gesellschaftliche Probleme aus der Sicht Jugendlicher in Ost und West

Im Jahre 1992 gab die IBM Deutschland dem Kölner Institut für empirische* Psychologie (IFEP) den Auftrag, eine Jugendstudie durchzuführen. Befragt wurden in Ost und West 2016 repräsentativ ausgewählte Jugendliche im Alter von 16 bis 24 Jahren. Sie wurden gefragt, welche Probleme sie für bedeutsam halten und damit eine Lösung verlangen.

Welche Probleme in der BRD/DDR schätzt Du als groß ein? (Werte 1992)

	West		Ost	
	Gesamt n = 960 in %	Rangplatz	Gesamt n = 960 in %	Rangplatz
Wohnungsnot	74	1	62	6
Umweltverschmutzung	72	2	70	4
Ausländerfeindlichkeit	68	3	72	2
Rechtsradikalismus	64	4	72	3
Arbeitslosigkeit	56	5	95	1
Asylanten	54	6	50	8
Randale, Gewalt durch Jugendliche	54	7	66	5
Gesundheitsgefahren durch Umweltprobleme	51	8	42	11
Aussiedler aus Ostblockstaaten	44	9	37	12
Drogen	43	10	27	15
Alkohol	39	11	46	9
Arbeitsplatz finden (nach der Ausbildung)	34	12	61	7
Aids	30	13	23	16
Machtmißbrauch durch Politiker	29	14	44	10
Ausbildungs- und Studienplatz finden	27	15	31	13
Unkontrollierbarkeit technischer Entwicklungen	23	16	10	18
Linksradikalismus	15	17	31	14
Gewaltmißbrauch durch die Polizei	14	18	14	17
Keine Angabe	1		–	

(Institut für Empirische Psychologie [Hrsg.], Die selbstbewußte Jugend, Köln 1992, S. 57)

❶ Erkläre, auf welche Art und Weise die in M 6 und M 7 dargestellten Ergebnisse von zwei verschiedenen empirischen Untersuchungen zustande gekommen sind (siehe dazu auch die Hinweise zur Methode der Befragung im Anhang S. 400). Erläutere, wie die Tabellen aufgebaut sind.

❷ Stelle die Aussagen zusammen, die sich aus M 6 über das politische Interesse der Jugendlichen entnehmen lassen.
– Wie groß ist das Interesse der Jugendlichen an Politik?
– Stelle Hypothesen (Vermutungen) auf, wie das unterschiedliche Interesse von Jungen und Mädchen erklärt werden könnte (s. auch M 6 d).

❸ Welche gesellschaftlichen Probleme werden von Jugendlichen als besonders groß eingeschätzt (M 7)?
– Wie läßt sich die Rangfolge der Probleme erklären?
– Welche Gründe könnte es für die Unterschiede zwischen Ost und West geben?
– Stelle eine Rangfolge von Problemen auf, die du selbst für wichtig hältst. Vergleiche sie mit der Tabelle in M 7. Wie lassen sich nach deiner Meinung Gemeinsamkeiten oder Unterschiede erklären?

❹ Wenn ihr die Ergebnisse eurer eigenen Befragung mit den in M 6–M 7 dargestellten Ergebnissen vergleicht, müßt ihr beachten, daß in der Bielefelder Untersuchung mehrheitlich Jugendliche zwischen 13 und 16 Jahren und in der IBM-Studie Jugendliche zwischen 16 und 24 Jahren befragt wurden und daß die dargestellten Werte repräsentativ* für eine Altersgruppe sind und sich deshalb vielleicht von euren Ergebnissen unterscheiden. Abweichungen können aber auch mit aktuellen Ereignissen zusammenhängen.

Jugend und Politik in der Zeit des Nationalsozialismus

Im vorherigen Abschnitt ging es einmal um die Erklärung des schwierigen Begriffes „Politik", daneben bereits um das Interesse von Jugendlichen an Politik. Bevor sich der dritte Abschnitt mit dem Thema „Gewalt und Rechtsradikalismus heute" beschäftigt, könnt ihr im zweiten Abschnitt etwas über das Verhältnis von Jugend und Politik in Deutschland zur Zeit des Nationalsozialismus erfahren. Das kann euch helfen, die Parolen und das Verhalten eines kleinen Teils der heutigen Jugend besser einzuschätzen und darauf reagieren zu können.

M 8   **Der Nationalsozialismus**

M 8 a

Entstehung und Entwicklung des Nationalsozialismus

Nationalsozialismus war der Name einer politischen Bewegung, die in Deutschland nach dem 1. Weltkrieg entstand. In seinem Buch „Mein Kampf" verkündete ihr Führer Adolf Hitler 1923 die Ziele des Nationalsozialismus. Das deutsche Volk sollte nach dem „Führerprinzip" geführt werden. In bewußter Ablehnung der Demokratie, in der das Volk direkt oder durch gewählte Vertreter das Zusammenleben in einem Staat bestimmt, sollte an der Spitze des Deutschen Reiches ein Führer mit unumschränkten Vollmachten und unbeschränkter Befehlsgewalt stehen, der die nächstniederen Führer wieder mit unumschränkter Gewalt in ihrem jeweiligen Bereich bestimmt usw. Hitler unterschied zwischen höher- und minderwertigen Menschenrassen. Das deutsche Volk gehörte für ihn einer Herrenrasse an, dazu bestimmt, über minderwertige Völker zu herrschen. Dazu zählte er u.a. die Slawen (Polen, Russen u.a.) und vor allem die Juden, die nicht mehr als deutsche Staatsbürger anerkannt werden sollten. Er machte sie für alle Mißstände verantwortlich. Alle Deutschen in Europa sollten in einem großdeutschen Reich vereint werden. Deutschland sollte Weltmacht werden und durch eine Ausdehnung seines Gebietes neuen „Lebensraum" in Osteuropa gewinnen. Die neuerworbenen Gebiete sollten durch Vertreibung der dort lebenden Bevölkerung „germanisiert" (eingedeutscht) werden.

Zur Durchsetzung dieser Ziele diente die NSDAP, die Nationalsozialistische Deutsche Arbeiterpartei. Den größten Teil der Mitglieder und Wähler stellten aber nicht die Arbeiter*, sondern die kleineren und mittleren Kaufleute, Handwerker, Beamte* und Angestellte*.

Vom Jahre 1929 an erhielt die NSDAP im Zusammenhang mit einer großen Weltwirtschaftskrise, die in Deutschland zu einer Massenarbeitslosigkeit führte, bei den Wahlen zum Parlament, dem Reichstag, immer mehr Zulauf und wurde 1932 stärkste Partei. Am 30. Januar 1933 ernannte das Staatsoberhaupt des damaligen Deutschen Reiches, Reichspräsident von Hindenburg, Hitler zum Reichskanzler (Leiter der Reichsregierung). Die Nationalsozialisten feierten die Ernennung Hitlers als „Machtergreifung". Bei Neuwahlen zum Reichstag im März 1933 errang die NSDAP zusammen mit verbündeten Parteien eine knappe Mehrheit.

(Autorentext)

M 8 b

Die Herrschaft des Nationalsozialismus 1933–1945

In dem sogenannten „Ermächtigungsgesetz" (1933) übertrug das Parlament der Regierung unter Hitler weitreichende Vollmachten, die für alle sichtbar das Ende der Demokratie bedeuteten. Damit war damals die Mehrheit des deutschen Volkes einverstanden.

Mit Hilfe der Parteigruppen SA* (Sturmabteilung) und SS* (Schutzstaffel) festigten die Nationalsozialisten ihre Macht in Deutschland. Politische

Gegner, vor allem die Mitglieder der sozialdemokratischen und kommunistischen Parteien, wurden von der Gestapo, der Geheimen Staatspolizei, verfolgt. Ohne Gerichtsurteil konnten sie in Konzentrationslagern* eingesperrt werden. Tausende von politischen Gegnern und Millionen von Juden wurden (vor allem seit dem Jahre 1942) umgebracht.

Alle Parteien wurden verboten, die NSDAP wurde die einzige Partei im Staat.

Ab 1938 bedrohte Hitler die Nachbarstaaten Deutschlands. Ohne Krieg konnte er Österreich und die Tschechoslowakei dem Deutschen Reich anschließen. 1939 jedoch löste der Einmarsch deutscher Truppen in Polen den 2. Weltkrieg aus, in dem Großbritannien, Frankreich, die USA und die Sowjetunion als Hauptgegner des Nationalsozialismus Verbündete gegen Deutschland waren.

Mehrfach regte sich in Deutschland während des Krieges Widerstand gegen Hitler. Aber alle Anschläge, auch der hoher Offiziere im Juli 1944, scheiterten. 1945, kurz vor dem Ende des Krieges, beging Hitler Selbstmord. Die Wehrmacht kapitulierte, das heißt ergab sich bedingungslos. Die nationalsozialistische Regierung wurde von den Siegern aufgelöst, die NSDAP verboten. Einige führende Nationalsozialisten kamen wegen Kriegsverbrechen vor Gerichte der Siegerstaaten.

(Aus: Hilde Kammer/Elisabeth Bartsch: Jugendlexikon Politik, Reinbek 1978, S. 120 f.)

Massenkundgebung der NSDAP in Berlin (Foto: Süddeutscher Verlag)

❶ Welche innen- und außenpolitischen Ziele hatten die Nationalsozialisten? Wie wurden sie verwirklicht (M 8)?

❷ Über die Frage, wie der Nationalsozialismus zu beurteilen ist, gibt es heute keine Zweifel. Erkläre an Hand von M 8 b die Gründe. Siehe dazu auch M 28 und M 29.

❸ Die Texte M 8 a/b können euch nur einen kurzen Einblick in das schwierige Thema Nationalsozialismus geben. Wenn ihr Genaueres wissen wollt, informiert euch in einem Geschichtsbuch.

M 9

Gesetz über die Hitlerjugend vom 1.12.1936

„Von der Jugend hängt die Zukunft des deutschen Volkes ab. Die gesamte Jugend muß deshalb auf ihre künftigen Pflichten vorbereitet werden. Die Reichsregierung hat daher das folgende Gesetz beschlossen, das hiermit verkündet wird:

§1 Die gesamte deutsche Jugend innerhalb des Reichsgebietes ist in der Hitlerjugend zusammengefaßt.

§2 Die gesamte deutsche Jugend ist außer in Elternhaus und Schule in der Hitlerjugend körperlich, geistig und sittlich im Geiste des Nationalsozialismus zum Dienst am Volk und zur Volksgemeinschaft* zu erziehen.

§3 Die Aufgabe der Erziehung der gesamten deutschen Jugend in der Hitlerjugend wird dem Reichsjugendführer der NSDAP* übertragen. Er ist damit ‚Jugendführer des Deutschen Reiches'."

(Reichsgesetzblatt 1936, I, S. 933, zitiert nach: W. Conze, Der Nationalsozialismus 1934–1945, Stuttgart [Klett] 1976, S. 21 f.)

M 10

Aus der Zweiten Durchführungsverordnung zum Gesetz über die Hitlerjugend vom 25. März 1939:

§1 Dauer der Dienstpflicht

(1) Der Dienst in der Hitlerjugend ist Ehrendienst am Deutschen Volke.
(2) Alle Jugendlichen vom 10. bis zum vollendeten 18. Lebensjahr sind verpflichtet, in der Hitlerjugend Dienst zu tun, und zwar
1. die Jungen im Alter von 10 bis 14 Jahren im „Deutschen Jungvolk" (DJ),
2. die Jungen im Alter von 14 bis 18 Jahren in der „Hitlerjugend" (HJ),
3. die Mädchen im Alter von 10 bis 14 Jahren im „Jungmädchenbund" (JM),
4. die Mädchen im Alter von 14 bis 18 Jahren im „Bund Deutscher Mädel" (BDM).

§9

(1) Alle Jugendlichen sind bis zum 15. März des Kalenderjahres, in dem sie das 10. Lebensjahr vollenden, bei dem zuständigen HJ-Führer zur Aufnahme in die Hitlerjugend anzumelden […]

§12

(1) Ein gesetzlicher Vertreter wird mit Geldstrafe […] oder mit Haft bestraft, wenn er den Bestimmungen des §9 dieser Verordnung vorsätzlich zuwiderhandelt […]

(Aus: H. Ch. Brandenburg, Die Geschichte der HJ. Wege und Irrwege einer Generation. Köln 1968, S. 308)

M 11

„Werbeschreiben" der HJ aus dem Jahre 1934

Hitlerjugend   Wiesbaden, den 3. Mai 1934
Bann* 80 Wiesbaden
Zum letztenmal wird zum Appell geblasen!

Die Hitlerjugend tritt heute mit der Frage an Dich heran: Warum stehst Du noch außerhalb der Reihen der Hitlerjugend? Wir nehmen doch an, daß Du Dich zu unserem Führer Adolf Hitler bekennst. Dies kannst Du jedoch nur, wenn Du Dich gleichzeitig zu der von ihm geschaffenen Hitlerjugend bekennst. Es ist nun an Dich eine Vertrauensfrage: Bist Du für den Führer und somit für die Hitlerjugend, dann unterschreibe die anliegende Aufnahmeerklärung. Bist Du aber nicht gewillt, der HJ beizutreten, dann schreibe uns dies auf der anliegenden Erklärung […]
Wir richten heute einen letzten Appell an Dich. Tue als junger Deutscher Deine Pflicht und reihe Dich bis zum 31. Mai d. J. ein bei der jungen Garde des Führers!

Heil Hitler!   Der Führer des Bannes* 80

Erklärung Unterzeichneter erklärt hierdurch, daß er nicht gewillt ist, in die Hitlerjugend (Staatsjugend) einzutreten, und zwar aus folgenden Gründen:

Unterschrift des Vaters:	Unterschrift des Jungen:
Beruf:	Beruf:
Beschäftigt bei:	Beschäftigt bei:

(Aus: Arno Klönne, Gegen den Strom, Hannover 1969, S. 46, zitiert nach W. Conze [= M 9], S. 20)

M 12

Rede Adolf Hitlers in Reichenberg am 2.12.1938

„Diese Jugend, die lernt ja nichts anderes als deutsch denken, deutsch handeln. Und wenn nun dieser Knabe und dieses Mädchen mit ihren zehn Jahren in unsere Organisationen hineinkommen und dort nun so oft zum erstenmal überhaupt eine frische Luft bekommen und fühlen, dann kommen sie vier Jahre später vom Jungvolk in die Hitlerjugend, und dort behalten wir sie wieder vier Jahre, und dann geben wir sie erst recht nicht zurück […] sondern dann nehmen wir sie sofort in die Partei oder in die Arbeitsfront*, in die SA* oder in die SS*, in das NSKK* und so weiter. Und wenn sie dort zwei Jahre oder anderthalb Jahre sind und noch nicht ganz Nationalsozialisten geworden sein sollten, dann kommen sie in den Arbeitsdienst* und werden dort wieder sechs und sieben Monate geschliffen, alle mit einem Symbol, dem deutschen Spaten. Und was dann nach sechs oder sieben Monaten noch an […] Standesdünkel* da oder da noch vorhanden sein sollte, das übernimmt dann die Wehrmacht* zur weiteren Behandlung auf zwei Jahre. Und wenn sie dann nach zwei oder drei oder vier Jahren zurückkehren, dann nehmen wir sie, damit sie auf keinen Fall rückfällig werden, sofort wieder in SA, SS und so weiter. Und sie werden nicht mehr frei, ihr ganzes Leben."

(Aus: Ursachen und Folgen, Eine Urkunden- und Dokumentensammlung zur Zeitgeschichte, Berlin, Bd. XI, S. 138; zitiert nach: Alfred Krink, Die NS-Diktatur, Frankfurt 1975, S. 76)

M 13 Der Weg des „gleichgeschalteten" Staatsbürgers

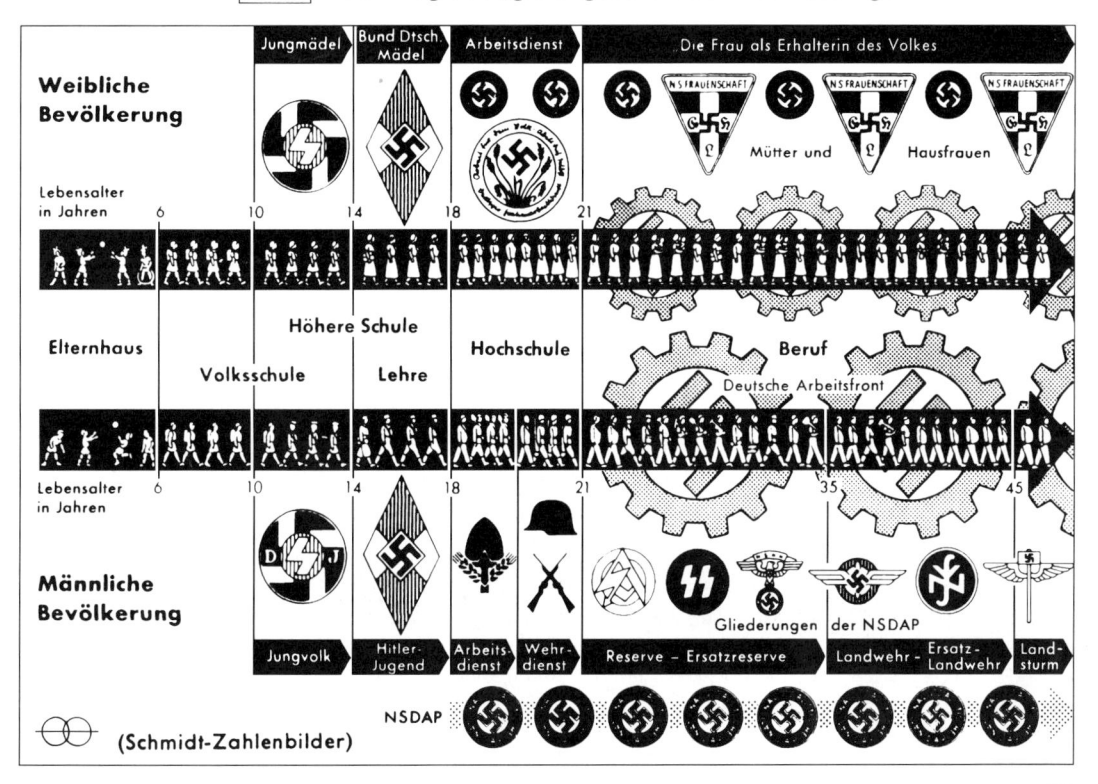

M 14

Adolf Hitler über die Erziehung der Jugend

„Meine Pädagogik ist hart. Das Schwache muß weggehämmert werden. In meinen Ordensburgen* wird eine Jugend heranwachsen, vor der sich die Welt erschrecken wird. Eine gewalttätige, herrische, unerschrockene, grausame Jugend will ich. Jugend muß das alles sein. Schmerzen muß sie ertragen. Es darf nichts Schwaches und Zärtliches an ihr sein. Das freie, herrliche Raubtier muß erst wieder aus ihren Augen blitzen. Stark und schön will ich meine Jugend. Ich werde sie in allen Leibesübungen ausbilden lassen. Ich will eine athletische Jugend. Das ist das erste und Wichtigste. So merze ich die Tausende von Jahren der menschlichen Domestikation* aus. So habe ich das reine, edle Material der Natur vor mir. So kann ich das Neue schaffen.

Ich will keine intellektuelle* Erziehung. Mit Wissen verderbe ich mir die Jugend. Am liebsten ließe ich sie nur das lernen, was sie ihrem Spieltriebe folgend sich freiwillig aneignen. Aber Beherrschung müssen sie lernen. Sie sollen mir in den schwierigsten Proben die Todesfurcht besiegen lernen. Das ist die Stufe der heroischen Jugend."

(Aus: Hermann Rausching, Gespräche mit Hitler, Zürich 1940, S. 237, zitiert nach A. Krink [= M 12] S. 74)

M 15

Die Bedingungen für das Leistungsabzeichen des Deutschen Jungvolkes (DJ)

I. Schulung:
1. Erzähle kurz den Lebensweg des Führers
2. Was weißt du vom Deutschtum im Ausland? Warum hat Adolf Hitler Deutsch-Österreich wieder ins Reich geholt?
3. Nenne die durch die Friedensverträge abgetretenen Gebiete
4. Nenne die wichtigsten nationalen Feiertage des deutschen Volkes und der Bewegung sowie deren Bedeutung
5. Sage fünf Fahnensprüche
6. Nenne sechs HJ.-Lieder und deren vollen Text, davon
   a) Brüder in Zechen und Gruben
   b) Der Himmel grau
   c) Heilig Vaterland
   Die restlichen drei können frei gewählt werden.

II. Leibesübungen:
1. 60-m-Lauf . . . . 10 Sekunden
2. Weitsprung . . . . 3,25 m
3. Schlagballweitwerfen . . . . . . 35 m
4. Klimmziehen 2mal
5. Bodenrollen 2mal vorwärts, 2mal rückwärts
6. a) 100-m-Schwimmen in beliebiger Zeit
   b) 1000-m-Lauf, nicht unter 4,30 Min., nicht über 5,30 Min.
7. Radfahren (nur Nachweis erforderlich)

III. Fahrt und Lager:
1. Eine Tagesfahrt von 15 km mit leichtem Gepäck (nicht über 5 kg), nach 7½ km eine Pause von mindestens 3 Stunden
2. Teilnahme an einem Zeltlager von mindestens 3tägiger Dauer
3. Bau eines 3er-Zeltes und Mitarbeit am Bau eines 12er-Zeltes
4. Anlegen einer Kochstelle; Wasser zum Kochen bringen
5. Kenntnis der wichtigsten Baumarten
6. Einrichten der Karte nach den Gestirnen
7. Kenntnis der wichtigsten Kartenzeichen des Meßtischblattes 1:25000 (Wald, Straßen, Eisenbahnen, Brücken und Schichtlinien)
8. Anschleichen und Melden (Entfernung etwa 200 m, Meldung mündlich, etwa 10 Worte enthaltend)

IV. Zielübung:
a) Luftgewehrschießen, 8 m Entfernung, sitzend am Anschußtisch, 12er-Ringscheibe, Ringabstand ½ cm, 5 Schuß = 20 Ringe
b) Wenn Luftgewehrschießen nicht möglich, Schlagballzielwerfen, Entfernung 8 m, Ziel 60 x 60 cm. Bedingung: 5 Bälle = 3 Treffer

(Aus: Günter Eisner/Karl Gustav Lerche: Vom Pimpf zum Flieger, München 1941, zitiert nach: Ludwig Helbig, „Und sie werden nicht mehr frei, ihr ganzes Leben!" – Eine kleinbürgerliche Kindheit und Jugend im Dritten Reich, Beltz, Weinheim 1983, S. 46)

M 16

Aus einem nationalsozialistischen Jugendbuch

(Aus: K.A. Schenzinger: Der Hitlerjunge Quex, Berlin/Leipzig 1932, zitiert nach: B. Hey/J. Radkau, Nationalsozialismus und Faschismus, Politische Weltkunde II, Klett, Stuttgart 1977, S. 53)

Im Dritten Reich* gab es ein vielgelesenes Jugendbuch über den Hitlerjungen Heini Völker, genannt Quex. Dieser wird von einem anderen Hitlerjungen mit der HJ vertraut gemacht:

„Du hast nicht sechs oder acht Kameraden, Heini, du hast hunderttausend Kameraden in Deutschland. Sie tragen alle dasselbe Hemd, wie du eins anhast, dasselbe Abzeichen, dieselbe Binde am Arm, dieselbe Mütze. Die Uniform ist kein Schmuck- oder Paradestück, mein Junge. Sie ist die Kleidung der Gemeinschaft, der Kameradschaft, der Idee, der Eingliederung. Verstehst du mich? Der Eingliederung! Sie macht alle gleich, sie gibt jedem das gleiche und verlangt das gleiche von jedem. Wer solch eine Uniform trägt, hat nicht mehr zu wollen, er hat zu gehorchen. Wenn er nicht parieren will, soll er die Uniform ruhig wieder ausziehen. Wir weinen ihm keine Träne nach."

Heini stand mit puterrotem Kopf. „Was soll ich denn machen?" stieß er krampfhaft heraus. „Du sollst nur gehorchen."

M 17

Reichsjugendführer Baldur von Schirach am 12. Mai 1935 über Wesen und Aufbau der Hitlerjugend

(Aus: H.J. Gamm: Führung und Verführung, Pädagogik des Nationalsozialismus, München 1964, S. 317)

„Ganz gleich, welche Dienststellung und welchen Dienstrang der einzelne Führer bekleidet, er ist in seinem Verantwortungsbereich der Träger einer ungeteilten Befehlsgewalt. Der nationalsozialistische Grundsatz der absoluten Verantwortung eines Führers seinem Vorgesetzten gegenüber und seiner ebenso absoluten Autorität gegenüber seiner Gefolgschaft ist in der Hitler-Jugend durchgeführt. Der Hitler-Jugendführer teilt den Dienst seiner Gefolgschaft ein, führt sie auf Fahrt und ins Lager, gestaltet die Abende im Heim und all die tausend anderen Dinge, die zum Leben eines deutschen Jungen in dieser Zeit gehören."

Der spätere Reichsjugendführer Arthur Axmann (vgl. M 27c), Nachfolger von Schirachs, verabschiedet eine Gruppe der Hitlerjugend, die von Berlin aus zum Reichsparteitag der NSDAP nach Nürnberg wandern will.

(Foto: Ullstein)

❶ Untersuche, wie die Jugend in der Zeit des Nationalsozialismus erfaßt und organisiert wurde (M 9 bis M 13).
– Welche rechtlichen Bestimmungen für die Organisation der Jugend gab es (M 9 und M 10)?
– Welche Methoden wurden dabei angewandt (M 10 und M 11)?
– Welche Absichten hatten die Nationalsozialisten dabei (M 11)?
Als Zusammenfassung und Hilfe zur Erläuterung der vorhergehenden Materialien kannst du das Schaubild in M 13 heranziehen.

❷ Beschreibe die Ziele, die Adolf Hitler für die Erziehung der Jugend vertritt (M 14).

❸ Untersuche die Anforderungen für das Leistungsabzeichen des Deutschen Jungvolkes (M 15). Inwieweit entsprechen sie den Vorstellungen Hitlers über die Jugenderziehung (M 14)?

❹ Untersuche, wie das „Führerprinzip" (siehe M 8) in der Hitlerjugend verwirklicht wird und welches Verhalten von den Jugendlichen erwartet wird (M 16 und M 17; vgl. auch M 20).

M 18

HJ und BDM

Eine marschierende Gruppe des Bundes Deutscher Mädel (BDM)
(Foto: Bildarchiv Preußischer Kulturbesitz/Carl Weinrother)

Hitler-Jungen sind mit Bannfahnen beim Reichsparteitag 1938 in Nürnberg angetreten.
(Foto: Ullstein)

M 19

Aus zwei Liedern der Hitlerjugend

1. Fahnenlied

Vorwärts! Vorwärts! schmettern die hellen Fanfaren. Vorwärts! Vorwärts! Jugend kennt keine Gefahren. Deutschland, du wirst leuchtend stehn, mögen wir auch untergehn. Vorwärts […] Ist das Ziel auch noch so hoch. Jugend zwingt es doch.

Unsre Fahne flattert uns voran, in die Zukunft ziehn wir Mann für Mann. Wir marschieren für Hitler durch Nacht und Not, mit der Fahne der Jugend für Freiheit und Brot. Unsre Fahne flattert uns voran. Unsre Fahne ist die neue Zeit. Und die Fahne führt uns in die Ewigkeit. Ja, die Fahne ist mehr als der Tod!

Jugend! Jugend! Wir sind der Zukunft Soldaten. Jugend! Jugend! Träger der kommenden Taten. Ja durch unsre Fäuste fällt, was sich uns entgegenstellt. Jugend […] Führer! Dir gehören wir, wir, Kam'raden, dir!

Unsre Fahne flattert uns voran, in die Zukunft ziehn wir Mann für Mann. Wir marschieren für Hitler durch Nacht und Not, mit der Fahne der Jugend für Freiheit und Brot. Unsre Fahne flattert uns voran. Unsre Fahne ist die neue Zeit. Und die Fahne führt uns in die Ewigkeit. Ja, die Fahne ist mehr als der Tod!

2. Es zittern die morschen Knochen

Und mögen die Alten auch schelten, so laßt sie nur toben und schrein, und stemmen sich gegen uns Welten, wir werden doch Sieger sein. – Wir werden weiter marschieren, wenn alles in Scherben fällt; denn heute da hört [oft gesungen: gehört!] uns Deutschland und morgen die ganze Welt.

(Lieder der Hitler-Jugend, Uns geht die Sonne nicht unter, Köln 1934, S. 5 f., 26)

M 20 Zwei ehemalige Mitglieder des Jungvolkes berichten

M 20 a

Bericht 1

„[…] Diese Kameradschaft, das war es auch, was ich an der Hitlerjugend liebte.
Als ich mit zehn Jahren in die Reihen des Jungvolks eintrat, war ich begeistert. Denn welcher Junge ist nicht entflammt, wenn ihm Ideale, hohe Ideale wie Kameradschaft, Treue und Ehre entgegengehalten werden […] – Und dann die Fahrten! Gibt es etwas Schöneres, als im Kreise von Kameraden die Herrlichkeiten der Heimat zu genießen? Oft zogen wir am Wochenende in die nächste Umgebung von K. hinaus, um den Sonntag dort zu verleben.
Welche Freude empfanden wir, wenn wir an irgendeinem blauen See Holz sammelten, Feuer machten und darauf dann eine Erbsensuppe kochten! […] Und es ist immer wieder ein tiefer Eindruck, abends in freier Natur im Kreise um ein kleines Feuer zu sitzen und Lieder zu singen oder Erlebnisse zu erzählen! Diese Stunden waren wohl die schönsten, die uns die Hitlerjugend geboten hat. Hier saßen dann Lehrlinge und Schüler, Arbeitersöhne* und Beamtensöhne* zusammen und lernten sich gegenseitig verstehen und schätzen."

(Aus: Jugend unterm Schicksal, Lebensberichte junger Deutscher, 1946–1949, Hamburg 1950, S. 61 ff.)

Zeltlager des Deutschen Jungvolkes

(Foto: Süddeutscher Verlag)

M 20 b

Bericht 2

„Wir hatten zwei- bis dreimal die Woche Dienst. Dazu kamen noch die vielen Sondereinsätze, vor allem die Sammelaktion, der Ernteeinsatz, die Sommerlager.
Regelmäßige Diensttage waren der Mittwoch, der Sonnabend und alle zwei Wochen der Sonntagvormittag.
Am Mittwochnachmittag war Heimabend. Da hielt der Jungzugführer oder der Fähnleinführer eine Art Unterricht ab. Wir lernten die Dienstgrade des Jungvolkes, der Hitlerjugend, der Wehrmacht auswendig, ferner Fahnensprüche und Schwertworte und sangen Nazilieder. Der Lebensweg des Führers wurde wieder und wieder durchgekaut. Manchmal hatten wir auch Kartendienst. Dabei lernten wir das Kartenlesen und das Einrichten der Karte nach dem Kompaß.
Diese Heimabende machten mir nicht allzu viel aus. Nur waren sie bald sehr langweilig, weil nichts Neues dazukam.

Der Dienst an den Sonnabendnachmittagen begann um 14 Uhr und dauerte meist bis 18 Uhr. Er begann gewöhnlich mit einem Uniformappell. Manchmal wurden auch die Haare gemessen. Dann zog der Führer ein Streichholz hervor und maß daran die Haare. Wehe, wenn auch nur ein Haar länger als das Streichholz war! Anschließend wurde exerziert. Manchmal bis zum Umfallen. Hier regte mich die Brüllerei der Führer besonders auf. Die waren meist ja nur ein, zwei Jahre älter als ich selber. Aber sie hatten im Grunde mehr Macht über mich als die Eltern oder die Lehrer. Wenigstens für die Dauer des Dienstes. Wir kannten sie ja alle von der Schule (die Führer waren bei uns alle vom Gymnasium, keiner von der Volksschule), und meistens waren sie schlecht in der Schule, und hier spielten sie sich auf und konnten dich herumjagen, und du mußtest auch noch zackig sagen: „Jawoll, Jungenschaftsführer!", „Bitte austreten zu dürfen, Jungzugführer!" Manchmal war auch Sport. Das machte mir Spaß, weil ich da gut war. Ab und zu marschierten wir nach Geising, das zwei Kilometer entfernt lag, um dort auf dem Kleinkaliberstand das Schießen zu lernen. Oder es ging ins Gelände und man brachte uns bei, das Gelände zu beschreiben („Entfernung 500 Meter geradeaus ein Kugelbaum. Ein Daumensprung rechts ein Waldstück."). Oder wir mußten eine ordnungsgemäße Meldung überbringen nach dem Muster: „Wann wurde die Beobachtung gemacht? Wer oder was wurde beobachtet? Wie verhielt sich der beobachtete Feind? Wo geschah dies? Und was tue ich weiter?"

Der Dienst an jedem zweiten Sonntagvormittag war besonders lästig. Praktisch fiel dadurch jedes zweite Wochenende für uns weg. Entweder war Sport oder Geländedienst oder Marschieren. Zum Geländedienst marschierten wir für gewöhnlich in den Wald, übten das Tarnen und das Anschleichen an den Feind oder führten ein Geländespiel durch. Dabei wurden zwei Gruppen gebildet, die eine bekam rote, die andere blaue Bändchen um den rechten Arm. Eine Gruppe besetzte einen Hügel, die andere griff an. Im Handgemenge versuchte man, dem Feind das Bändchen vom Arm zu reißen. Wer sein Bändchen verloren hatte, galt als tot und mußte liegenbleiben. Gewonnen hatte die Gruppe, die die wenigsten „Toten" aufzuweisen hatte.

Oft fiel den Führern nichts weiter ein, als uns stundenlang durch Altenberg marschieren zu lassen. Die eine Straße rauf, die andere runter. Voran die Fahne, die Trommeln und die ewig falschspielenden Fanfaren, dann die drei Jungzüge. Sorgfältig achteten die Führer darauf, daß auch jeder Mann und jede Frau die Fahne mit dem deutschen Gruß grüßte. Vergaß das mal jemand, so spritzte einer der Führer hin und brüllte den Missetäter an. Und wenn er 70 war."

(Aus: Ludwig Helbig [=M 15], S. 36 ff.)

M 21

Reichsjugendführer Baldur von Schirach über die Heime und Lager der HJ

„Heim, Lager, Fahrt sind Begriffe, die zu sehr zum Hitler-Jungen gehören, als daß ich sie nicht wenigstens mit ein paar Worten kurz streifen möchte. Zunächst das Heim: Es ist der Mittelpunkt der unteren Einheiten unserer Organisation. Durch das Heim macht sich die Jugend vom Wirtshaus unabhängig und damit frei von Alkohol und Nikotin. [...] Hier sind sie alle anzutreffen, und wenn ein Junge Langeweile hat, ist er sicher, in dem Heim seiner Gefolgschaft oder Kameradschaft den einen oder anderen Freund zu finden. Außerdem dient das Heim in ganz außerordentlicher Weise der weltanschaulichen Schulung unserer Jugend. Jeden Mittwochabend findet hier der sogenannte Heimabend statt. [...]

Das Lager ist natürlich ein Zeltlager. Es stellt den großen gesundheitlichen Ausgleich für die Großstadtjugend, vor allem für die in der Industrie tätige Jungarbeiterschaft her."

(H.J. Gamm, B. Hey, J. Radkau [= M 16], S. 54)

❶ Wie stellt sich die Hitlerjugend in den Bildern (M 18) dar?
❷ Untersuche die Lieder der Hitlerjugend (M 19):
– Welche Eigenschaften werden der Jugend zugeschrieben?
– Wogegen kämpft die Jugend? Wofür setzt sie sich ein?
– Welche Wirkungen sollen durch solche Texte bei den Jugendlichen erreicht werden?
❸ Vergleiche die beiden Erfahrungsberichte aus dem Jungvolk (M 20). Welche positiven und negativen Erfahrungen machen sie?
❹ Erkläre, wie der Reichsjugendführer die Bedeutung von Fahrten, Zeltlagern und Heimautenthalten bestimmt (M 21).
❺ Welche Rolle spielte die Politik im Leben der Jugendlichen in der HJ und im BDM?

M 22

Die Erfahrungen der Geschwister Scholl in der Hitlerjugend

Sophie und Hans Scholl waren im Jahre 1942 Mitglieder einer Studentengruppe in München, die sich kritisch mit dem Nationalsozialismus auseinandersetzte. In dieser Gruppe reifte nach und nach der Entschluß zum aktiven Widerstand. Sie verbreiteten als „Blätter der Weißen Rose" ab Juni 1942 heimlich gegen die Nationalsozialisten gerichtete Flugblätter. Im Februar 1943 wurden sie verhaftet, zum Tode verurteilt und hingerichtet. Auf dem letzten Flugblatt stand: „Der Tag der Abrechnung ist gekommen, der Abrechnung der deutschen Jugend mit der verabscheuungswürdigsten Tyrannis*, die unser Volk je erduldet hat. Im Namen der deutschen Jugend fordern wir vom Staat Adolf Hitlers die persönliche Freiheit, das kostbarste Gut des Deutschen zurück, um das er uns in erbärmlichster Weise betrogen hat."

Ihre Schwester Inge Scholl berichtet, daß Sophie und Hans zunächst begeisterte Mitglieder der Hitlerjugend waren. Ihnen gefiel es, wenn in der Schule und auf der Straße von Vaterland, Heimatliebe und Volksgemeinschaft* gesprochen wurde: „Aber noch etwas anderes kam hinzu, was uns mit geheimnisvoller Macht anzog und mitriß, das waren die dichten marschierenden Kolonnen der Jugend mit ihren wehenden Fahnen, den vorwärtsgerichteten Augen und dem Trommelschlag und Gesang. War das nicht etwas Überwältigendes, diese Gemeinschaft? So war es kein Wunder, daß wir alle, Hans und Sophie und wir anderen, uns in die Hitlerjugend einreihten. Wir waren mit Leib und Seele dabei."

Inge Scholl berichtet von einem Erlebnis bei einer der vielen Fahrten mit der Hitlerjugend: „Einmal sagte eine fünfzehnjährige Kameradin im Zelt, als wir uns nach einer langen Radtour unter einem weiten Sternenhimmel zur Ruhe gelegt hatten, ziemlich unvermittelt: ‚Alles wäre so schön – nur die Sache mit den Juden, die will mir nicht hinunter.' Die Führerin sagte, daß Hitler schon wisse, was er tue, und man müsse um der großen Sache willen manches Schwere und Unbegreifliche auf sich nehmen. Die Jugendlichen waren mit dieser Antwort nicht zufrieden, aber der nächste erlebnisreiche Tag der Fahrt ließ sie das Gespräch vergessen."

(Autorentext)

M 23

Hans-Günter Zmarzlik, heute Geschichtsprofessor, berichtet über die Zeit um 1933, als er 11 Jahre alt war

(Aus: Hans Günter Zmarzlik: Wieviel Zukunft hat unsere Vergangenheit?, München 1970; zitiert nach: DIE ZEIT v. 30.10.1970)

„In Oranienburg ging ich seit 1932 ins Realgymnasium. Hier begann ich zu spüren, daß es Politik gab. Ich sah, wie sich das Bild in der Schule wandelte. Das konnte man mit Händen greifen. Immer mehr Schüler und Lehrer hoben die Hand zum Hitlergruß. Im März 1933 waren es nur noch wenige, die diese Geste nicht mitmachten. Ich gehörte dazu und kam mir irgendwie heldisch vor.

Charakteristisch ist, wie schnell es damit zu Ende ging. Meine dörflichen Freunde, meine Klassenkameraden im Gynamnasium waren meist schon im Jungvolk, trugen Uniform und erzählten die abenteuerlichsten Dinge von dem, was sie da machten. Schon nach ein paar Wochen war ich im braunen Hemd mit dabei […]"

M 24

Melitta Maschmann, die später eine Führungsposition in der Hitlerjugend bekleidete, berichtet über den Tag der Machtergreifung durch die Nationalsozialisten, den 30. 1. 1933, an dem sie 15 Jahre alt war

„Am Abend des 30. Januar nahmen meine Eltern uns Kinder – meinen Zwillingsbruder und mich – mit in das Stadtzentrum. Dort erlebten wir den Fackelzug, mit dem die Nationalsozialisten ihren Sieg feierten […] Stundenlang marschierten die Kolonnen vorüber, unter ihnen immer wieder Gruppen von Jungen und Mädchen, die kaum älter waren als wir. In ihren Gesichtern und in ihrer Haltung lag ein Ernst, der mich beschämte. Was war ich, die ich nur am Straßenrand stehen und zusehen durfte? […] Aber die Jungen und Mädchen in den Marschkolonnen zählten mit. Sie trugen Fahnen wie die Erwachsenen, auf denen die Namen ihrer Toten standen. Irgendwann sprang plötzlich jemand aus der Marschkolonne und schlug auf einen Mann ein, der nur wenige Schritte von uns entfernt gestanden hatte. Vielleicht hatte er eine feindselige Bemerkung gemacht. Ich sah ihn mit blutüberströmtem Gesicht zu Boden fallen, und ich hörte ihn schreien […] Sein Bild verfolgte mich tagelang. In dem Grauen, das es mir einflößte, war eine winzige Zutat von berauschender Lust: ‚Für die Fahne wollen wir sterben', hatten die Fackelträger gesungen. Es ging um Leben und Tod. Nicht um Kleider oder Essen oder Schulaufsätze, sondern um Tod und Leben. Für wen? Auch für mich? Ich weiß nicht, ob ich mir diese Frage damals gestellt habe, aber ich weiß, daß mich ein brennendes Verlangen erfüllte, zu denen zu gehören, für die es um Tod und Leben ging."

(Aus: Melitta Maschmann: Fazit, Stuttgart, 3. Auflage 1963, S. 17/18)

M 25

Das Schicksal der jüdischen Kinder und Jugendlichen – am Beispiel von Anne Frank

Anne Frank, die Tochter eines jüdischen Bankiers, wurde 1929 in Frankfurt am Main geboren. Nach der nationalsozialistischen Machtergreifung 1933 flüchtete die Familie in die Niederlande. Während des 2. Weltkrieges wurden die Niederlande im Jahre 1940 von deutschen Truppen besetzt. Am 20. Juni 1942 schreibt Anne Frank in ihr Tagebuch:

„Nach 1940 ging es bergab mit den guten Zeiten. Erst kam der Krieg, dann die Kapitulation, dann der Einzug der Deutschen. Und nun begann das Elend. Ein diktatorisches Gesetz folgte dem anderen, und speziell für die Juden wurde es besonders schlimm. Sie mußten den Stern tragen, sie mußten ihre Fahrräder abgeben, sie durften nicht mehr mit der Elektrischen fahren, von Autos gar nicht zu reden. Juden durften nur zwischen 3 und 5 Uhr – und dann nur in jüdischen Geschäften – einkaufen. Sie durften nach 8 Uhr abends nicht mehr auf die Straße und sich nach dieser Zeit auch nicht im Garten oder auf dem Balkon aufhalten. Juden durften weder ins Theater

1940 Anne im Alter von elf Jahren. Zu ihrem 13. Geburtstag bekommt sie ein Tagebuch geschenkt, und am 14. Juni 1942 beginnt sie mit ihren Aufzeichnungen. Schon einen Monat danach taucht die Familie Frank unter, weil die Situation immer gefährlicher wird.
(Foto: Bildarchiv Preußischer Kulturbesitz)

(Foto: Bildarchiv Preußischer Kulturbesitz)

noch ins Kino gehen noch andere Vergnügungsstätten besuchen. Sie durften auch nicht mehr schwimmen, Tennis oder Hockey spielen, überhaupt keinen Sport mehr treiben. Juden durften nicht mehr zu Christen zu Besuch gehen. Jüdische Kinder mußten jüdische Schulen besuchen. Und so häufen sich die Bestimmungen. Unter diesem Druck stand von nun an unser ganzes Leben. Jopie sagte immer: ‚Ich traue mich nicht mehr, irgend etwas zu tun, weil ich immer Angst habe, es ist ja doch verboten.'"

Vom Juli 1942 bis zum August 1944 versteckte sich die Familie Frank (Vater, Mutter und zwei Töchter) in einem Hinterhaus in Amsterdam, in dem sie von niederländischen Widerstandskämpfern versorgt wurde. Im August 1944 wurde das Versteck entdeckt. Die Familie Frank wurde in verschiedene Konzentrationslager* gebracht, in denen alle Familienmitglieder bis auf den Vater Otto Frank zu Tode kamen.

(Autorentext, das Zitat aus dem „Tagebuch der Anne Frank" nach Anne Frank Zeitung, hrsg. von der Anne Frank Stiftung, Amsterdam 1987, S. 1)

M 26

Der Fall Günter Hübener

Es darf aber auch nicht verschwiegen werden, daß es zwischen 1933 und 1945 junge Deutsche gab, die sich dem Nationalsozialismus in Gruppen und als Einzelgänger widersetzten. Zahlreiche Jugendliche wurden wegen politischen Widerstandes damals bestraft. 1942 wurde – um ein Beispiel vorzuführen – der 17jährige Lehrling Günter Hübener, Leiter einer illegalen* Jungengruppe, zum Tode verurteilt und hingerichtet. In der Urteilsschrift vom 27.8.1942 nach Verhandlung vor dem 2. Senat des Volksgerichtshofs* in Berlin heißt es: „Im März 1941 brachte der Bruder des Angeklagten Hübener aus Frankreich ein Rundfunkgerät mit […] Der Angeklagte ließ das Gerät reparieren, und als er es einspielte, stieß er auf den sogenannten Deutschen Nachrichtendienst aus London. Er hörte die Sendung ab […] Den Inhalt erzählte er bei Gesprächen über Tagesfragen anderen Lehrlingen und Bekannten weiter. Seit Sommer 1941 verarbeitete H. den Inhalt der abgehörten englischen Sendungen zu Flugzetteln und Flugblättern […] H. stellte insgesamt etwa sechzig Flugzettel her, einen Teil davon überließ er dem Mitangeklagten W. mit dem Auftrage, sie zu verteilen […] Hübener, der von seinem Vorgesetzten als ausgezeichneter und verläßlicher Mitarbeiter bezeichnet wurde, hat in der Verhandlung eine weit über dem Durchschnitt von Jungen seines Alters stehende Intelligenz gezeigt […] Damit war der Angeklagte wie ein Erwachsener zu bestrafen […] Daß bei ihm ein besonders schwerer Fall vorliegt, ist insbesondere darin begründet, daß H. die Flugblätter in einem Arbeiterviertel der Stadt verbreitet hat, in dem infolge der schweren Luftangriffe die Gefahr einer zersetzenden Wirkung besonders groß ist […]".

(Aus: Arno Klönne: Gegen den Strom. Hannover und Frankfurt 1960, S. 104 f.)

❶ M 22–M 24 enthalten Erlebnisberichte von Jugendlichen aus der Zeit des Dritten Reiches.
– Wie erleben sie den Nationalsozialismus? Wie wirkt er auf sie? Dazu kannst du auch deine Großeltern oder andere Personen befragen, die die Zeit miterlebt haben.
– Wie läßt sich die Einstellung der Jugendlichen gegenüber dem Nationalsozialismus und der Hitlerjugend beschreiben?

❷ Beschreibe das Schicksal von Anne Frank (M 25). Zur Klärung der besonderen Situation jüdischer Kinder in der Zeit des 3. Reiches kannst du auf M 8 zurückgreifen. Zu Anne Frank enthält „Politik 1" (Kap. „Minderheiten-Außenseiter") ausführliche Informationen.

❸ Überlege, warum der Widerstand von Günter Hübener so schwer bestraft wurde (M 26).

❹ Überlege, inwieweit es für die Jugendlichen damals die Möglichkeit gab, sich dem Nationalsozialismus zu entziehen, wie ihr Verhalten damals zu beurteilen ist. Berücksichtige dabei, daß wir heute von ganz anderen Voraussetzungen her urteilen können.

M 27 Von der Übung zum Ernstfall

Jugendliche bei einer Geländeübung der Hitlerjugend, 1937
(Foto: Bildarchiv Preußischer Kulturbesitz)

a) Die Wehrertüchtigungslager der HJ

1942 waren aus dem Nichts 143 WE-Lager entstanden.
150 000 Hitlerjungen wurden dort in diesem einen Jahr in mehrwöchigen Lehrgängen von fronterfahrenen und ausgezeichneten Ausbildern der Wehrmacht und Führern der Hitler-Jugend bestens ausgebildet.
60 000 Jungen erreichten überdurchschnittliche Leistungen, die ihnen besonders anerkannt wurden.
15 000 Hitlerjungen haben im gleichen Jahr mit besonderem Erfolg die Ausbildung im Nachrichten- und Funkdienst, im Seefahrttechnischen Dienst und im Motortechnischen Dienst durchlaufen [...]
Die Marine-Hitler-Jugend meldete 1942 mehr als 10 000 mit Erfolg abgelegte seemännische Prüfungen von Jungen.

(Aus: Martin Klaus: Mädchen in der HJ, Köln 1980, S. 256)

b) Jugendliche als Luftwaffenhelfer

Seit Anfang 1943 wurden rund 40 000 Oberschüler der Jahrgänge 1926 und 1927 zu den Flak- (Flugabwehrkanonen-) und Scheinwerferbatterien der Heimatflak eingezogen. Ab Sommer 1943 sind es bis zu 100 000 Luftwaffenhelfer. Ab Sommer 1944 sollten außer Ober- und Mittelschülern auch berufstätige Jugendliche, Lehrlinge, Berufsfachschüler eingezogen werden.

(Aus: Zeitlupe 13, Jugend im Dritten Reich, hrsg. von der Bundeszentrale für politische Bildung, Bonn 1982, S. 22)

Verluste

Wie viele Luftwaffenhelfer insgesamt fielen, ist nicht bekannt. Überlieferte Einzelzahlen: Im Luftgau VII fielen von 11 120 eingesetzten Luftwaffenhelfern 33. Verwundet wurden 64. – 3./4. Oktober 1943, Nachtangriff auf Kassel, 23 Schüler aus Eschwege durch Volltreffer auf die B-Stelle ihrer Batterie getötet, 29 verwundet. – 11. Mai 1944, Angriff auf Saarbrücken, 16 Luftwaffenhelfer gefallen. – 3. 8. 1944, Angriff auf Friedrichshafen, 22 Luftwaffenhelfer gefallen.

(Aus: Ludwig Schätz: Schüler-Soldaten, Die Geschichte der Luftwaffenhelfer im Zweiten Weltkrieg, Darmstadt 1974, S. 82)

Luftwaffenhelfer stürzen aus dem Erdkundeunterricht in die Flakstellung.

(Foto: Ullstein)

c) Die jungen Panzerbrecher

In der Parteizeitung „Völkischer Beobachter" erschien am 24. März 1945 ein Artikel von Arthur Axmann, in den letzten Jahren des Krieges Reichsjugendführer:

„Aus der Hitlerjugend ist die Bewegung der jungen Panzerbrecher entstanden […] Es gibt nur Sieg oder Untergang. Seid grenzenlos in der Liebe zu eurem Volk und ebenso grenzenlos im Haß gegen den Feind! Eure Pflicht ist es, zu wachen, wenn andere müde werden, zu stehen, wenn andere weichen. Eure größte Ehre sei aber eure unerschütterliche Treue zu Adolf Hitler."

d) Jugendliche Soldaten ergeben sich

(Foto: Süddeutscher Verlag)

Informiere dich mit Hilfe von M 27a–d über die Verwendung der Jugend im 2. Weltkrieg. Welche Zusammenhänge gibt es mit der Entwicklung und Ausbildung der Hitlerjugend vor dem Krieg?

M 28 Deutschlands Zukunft sah A. Paul Weber 1932 so:

(A. Paul Weber: Das Verhängnis. Lithographie 1932; © VG Bild-Kunst, Bonn 1994)

M 29

Folgen und Auswirkungen von 12 Jahren nationalsozialistischer Herrschaft

(Aus: Sozialwissenschaften, BETRIFFT UNS, Nr. 74/6, Bergmoser + Höller, S. 7)

– Der Zweite Weltkrieg forderte rund 55 Millionen Tote und etwa 35 Millionen Verwundete.
– Der Massenvernichtung durch die Nationalsozialisten fielen mindestens 5 Millionen Menschen zum Opfer.
– Durch die Massenvernichtung und weitere Greueltaten der Nationalsozialisten wurde das Ansehen Deutschlands nachhaltig geschädigt.
– Etwa 40 Prozent der Deutschen verloren all ihre Habe.
– Rund 18 Millionen Deutsche verloren ihre angestammte Heimat und mußten fliehen. Drei Millionen starben durch die Strapazen auf der Flucht.
– 60 Prozent aller Wohnungen in Deutschland wurden zerstört.
– Deutschland verlor über die Hälfte seiner Fläche und schrumpfte auf die Gebiete der Bundesrepublik Deutschland und der Deutschen Demokratischen Republik (DDR) zusammen, die bis zur Wiedervereinigung 1990 getrennte Staaten bildeten.

❶ Erkläre, was A. Paul Weber mit seiner Zeichnung (M 28) verdeutlichen wollte. Beachte den Zeitpunkt der Entstehung der Zeichnung.
❷ Ergänzend zu M 29 kannst du dich in einem Geschichtsbuch über die Massenvernichtungen von Menschen in der Zeit des Nationalsozialismus und über den Verlauf des Zweiten Weltkrieges informieren.
❸ Erkundige dich nach Zeugnissen der nationalsozialistischen Zeit und nach Kriegsfolgen in deiner Heimatstadt oder Heimatgemeinde.

Zusammenfassende Fragen zu M 9 bis M 27:

❶ Beschreibe zusammenfassend das Verhältnis von Jugend und Politik in der Zeit des Nationalsozialismus:
– Inwieweit wurde das Leben der Jugend von Politik bestimmt?
– Welche Methoden wurden angewandt, um die Jugend politisch zu beeinflussen?
– Wie reagierte die Jugend auf diese Beeinflussung?
❷ Überlege, worin die entscheidenden Unterschiede im Verhältnis von Jugend und Politik in der Zeit des Nationalsozialismus und heute liegen.
❸ Auch heute gibt es Jugendgruppen, die an die Ziele und Methoden der Hitlerjugend anknüpfen. Genauere Informationen findest du im nächsten Abschnitt.

Gewalt und Rechtsradikalismus heute: Jugendliche im vereinten Deutschland wieder auf dem Weg nach rechts?

Ihr habt im vorangehenden Abschnitt einiges darüber gehört, wie die Nationalsozialisten und Hitler die deutsche Jugend für ihre Zwecke mißbraucht haben und wie viele Jugendliche ihren blinden Glauben an den Führer mit ihrem Leben oder mit dem Leben von Angehörigen bezahlen mußten. Nun erlebt das seit dem 3.10.1990 vereinte Deutschland eine erneute Welle rechtsgerichteter Ausschreitungen. Alle Untersuchungen und Bilanzen zeigen, daß diese Gewalt überwiegend von Jugendlichen und jungen Erwachsenen ausgeübt wird. Sind (wenn auch kleine) Teile der deutschen Jugend wieder auf dem Weg in den Rechtsradikalismus und Rechtsextremismus?

| M 30 a | **Bilder aus Deutschland**

Drei Tote bei einem Brandanschlag gegen eine türkische Familie in Mölln

Der Brand in der Nacht…

(Der Spiegel Nr. 53/1992, S. 96)

…und die Brandruine am nächsten Morgen

(Foto: dpa/Rick)

Aufmarsch rechtsradikaler Jugendlicher 1991 in Halle
(Foto: dpa/Heiland)

Rechtsradikale Skinheads 1991 in Bayreuth
(Foto: Sebastian Bolesch/DAS FOTO-ARCHIV)

Trauernde türkische Angehörige der 5 Todesopfer des Brandanschlags in Solingen (Mai 1993)
(Foto: Volker Kraemer/STERN)

Geschändeter jüdischer Friedhof in Ihringen 1992
(Foto: dpa/Haid)

M 30 b

Schlagzeilen

Welle rechtsradikaler Gewalt (Neue Westfälische, 31.8.1992)

Drei Tote in Mölln (Neue Westfälische, 24.11.1992)

Behinderte als Gewaltopfer (Neue Westfälische, 29.12.92)

Hakenkreuze auf Diakoniefahrzeugen (Neue Westfälische, 18.12.1992)

Zwei Todesopfer bei radikalen Ausschreitungen (Neue Westfälische, 15.11.1992)

Drei Männer ritzten Griechin Hakenkreuz in die Stirn (Neue Westfälische, 22.12.1992)

Anschlag auf Wohnheim (Westfalen-Blatt, 9.3.1992)

Neonazis immer brutaler (Westfalen-Blatt, 6.10.1992)

Gewalt gegen Ausländer eskaliert (Neue Westfälische, 24.11.1992)

M 30 c

Nihats Tod

In Hachenburg, einem kleinen Städtchen im Westerwald, knapp 50 km von Bonn am Rhein entfernt, geht es gewöhnlich friedlich zu. […]
Doch in den Weihnachtstagen 1991 wird die „Idylle" brutal zerstört.
Zuerst sind es Wortgefechte, Reibereien zwischen sieben jugendlichen Deutschen und zwei türkischen Brüdern. Die Provokationen gehen erkennbar von den einheimischen Jugendlichen aus, von sogenannten „kleinen Skins" (s. M 34c).
Was am 28. Dezember 1991 genau geschieht, vermag auch das Gericht nicht in allen Einzelheiten aufzuklären. Man ist zu einer Prügelei verabredet; die „kleinen Skins" haben sich den „großen Skin" A. als Verstärkung hinzugezogen, der an diesem Tag zufällig in Hachenburg ist und dem Alkohol kräftig zugesprochen hat. Da die türkischen Brüder sich nicht am Treffpunkt einfinden, versucht man, sie aus dem nahegelegenen Haus herauszulocken: „Türken kommt raus", „Ihr Scheiß-Kanaken, kommt raus!" Kurz danach kommen sie wirklich, mit Stöcken in den Händen. Es kommt zu einem Handgemenge. Nihat packt den „großen Skin" klammerartig um die Hüfte. Der führt wie immer ein Klappmesser mit einer 15 cm langen Klinge bei sich. Er versucht zunächst, sich durch Schläge mit dem Messerknauf aus der Umklammerung zu befreien, was ihm nicht gelingt. Dann sticht er mit der Klinge zu und trifft Nihat durch den Rücken in die Herzkammer. Nihat schleppt sich noch gut 100 Meter weiter und verblutet in der Nähe des Elternhauses, unmittelbar vor einer Gaststätte.

(Halt – Keine Gewalt, Gegen Extremismus und Fremdenfeindlichkeit – Ein Heft für die Schule, Wiesbaden 1993, S. 4/5)

Demonstration in Hachenburg nach Nihats Tod

(Foto: Fotostudio Röder-Moldenhauer, Bad Marienberg)

❶ Betrachtet die Fotos (M 30 a) und lest die Schlagzeilen (M 30 b). Erzählt, was ihr über die genannten und andere, ähnliche Ereignisse wißt.
❷ Besprecht, welche Gedanken euch bei der Betrachtung kommen. Was bewegt eurer Meinung nach die Täter? Was treibt sie an, solche Taten auszuführen?
❸ Klärt mit Hilfe von M 30 c,
– was die Opfer dieser Taten charakterisiert (hierzu könnt ihr auch M 30 b mitverwenden),
– was eine Tat auslöst,
– welche Folgen solche Taten für Opfer, Täter und das soziale Umfeld haben.

M 31 Gespräche mit rechtsorientierten Jugendlichen aus Rostock

Die Trabantensiedlung Rostock-Lichtenhagen, in der 20 000 Menschen wohnen, hat Jugendlichen so gut wie nichts zu bieten außer Langeweile, die schon in normalen Zeiten Frust und Aggression steigert. Hinzu kommen sozialer Sprengstoff, Ängste und Orientierungslosigkeit. Mitten in einem der Plattenkomplexe wird eine zentrale Anlaufstelle für Asylbewerber eingerichtet. Das Haus platzt bald aus allen Nähten. Neuankommende, meist rumänische Roma, kampieren auf dem Rasen. Es häufen sich die Beschwerden über Lärm, Schmutz und Bettelei. Rechtsextremistische Parolen nehmen zu. Jugendliche Skinheads schleudern Benzinbomben in das Asylbewerberheim. Für Stunden sind viele Asylbewerber in Lebensgefahr, ohne daß Hilfe kommt. Viele Zuschauer klatschen Beifall, feuern die Täter an. Die Gewalt eskaliert. Zeitweise kämpfen mehr als 1 000 überwiegend Jugendliche gegen die Polizei, die sich in der Anfangsphase schwertut und zunächst der Lage nicht Herr wird. Die Ausschreitungen dauern Tage (Mai 1992).

Drei Stern-Reporter führten ein Gespräch mit vier jungen Leuten, die an den Krawallen und Brandanschlägen in Rostock-Lichtenhagen beteiligt waren.

Raiko, 19, ist Schlosserlehrling. Ab Oktober hat er sich für 15 Jahre bei der Bundeswehr verpflichtet. Paule, 16, Schüler einer neunten Hauptschulklasse, ist bekennender Skinhead*. Ralf, 14, Berufsschüler, ist zu Hause rausgeworfen worden und lebt auf der Straße. Ramona, 16, Schülerin, will Friseurin werden und die zehnte Klasse schaffen.

Stern: Gab es Rädelsführer bei den Krawallen?
Raiko: Nein. Wir Mecklenburger können unser Ausländer-Problem allein lösen. So Typen wie der Althans (Neonaziführer aus München, Red.) sind erst nach der ersten Randale gekommen. Ich weiß nicht, ob ich mit denen was anfangen kann.
Stern: Aber ihr denkt wie Neonazis*?
Raiko: Ich bin Deutscher mit einer gesunden politischen Einstellung, der stolz auf sein Land ist, kein Nazi.
Ralf: Ich schrei' auch mal „Sieg Heil", um den Leuten Angst zu machen.
Ramona: Hitler war echt ein Schwein, der hat Juden in einen Ofen gesteckt und Gas reingemacht.
Stern: Wo ist der Unterschied, Menschen zu vergasen oder ein Haus anzuzünden, in dem noch Menschen sind?
Ramona: Wären Zigeuner verbrannt, hätte es mich nicht gestört – Vietnamesen schon, aber Sinti und Roma egal.
Paule: Fidschis sind auch Scheiße.
Ralf: Wir wußten nicht, daß noch welche drin waren. Wir standen vor dem Haus, und die Bullen sind abgehauen. Das war eine einmalige Gelegenheit für Zoff.
Stern: Brandstiftung, versuchter Totschlag – ihr seid Kriminelle.
Paule: Na und? Für einen Asylanten gehe ich in den Knast.
Ramona: Wenn einer abkratzt, ist es scheißegal.
Ralf: Ich war erst nur gegen Ausländer. Jetzt bin ich auch gegen Bullen. Die haben mich zusammengeknüppelt.
Ramona: Mich haben sie ins Gesicht geschlagen. Da kriegste echt'n Haß.
Ralf: Vorgestern habe ich eine Leuchtrakete abgeschossen, die ist genau über einem Bundesgrenzschutz-Wagen explodiert. Hätt' ich reingetroffen, hätten sich die Bullen ganz schöne Brandwunden geholt.
Raiko: Gewalt gegen Polizisten ist Gewalt gegen Deutsche; das ist Scheiße.
Ralf: Stimmt eigentlich.
Stern: Warum haßt ihr Ausländer?

Ralf, 14, Berufsschüler

Ramona, 16, Schülerin
(Fotos: Fotografenbüro Gregor Schläger, Hamburg)

Ramona: Die Asylanten haben unsere Leute mit Messern bedroht, gebettelt, auf den Rasen geschissen und geklaut.
Paule: Die Arbeitslosen sehen, daß die Ausländer Voll-Verpflegung kriegen und zehn Mark am Tag.
Stern: Deswegen zündet man doch keine Menschen an.
Raiko: Hier im Osten kriegen wir den Abschaum. In den alten Bundesländern laufen nicht so viele Sinti und Roma rum.
Ralf: Freiwillig gehen die nicht.
Raiko: Ist das nicht schlimm, daß wir machen müssen, womit die Politiker nicht fertig werden?
Stern: 1989 sind viele aus der DDR nach Ungarn geflüchtet – sie sind doch auch nicht verprügelt worden.
Ramona: Die wollten ja nicht für immer bleiben.
Raiko: Ich habe nichts dagegen, wenn Kinder aus Somalia bei uns aufgepäppelt werden.
Ralf: Obwohl sie Nigger sind.
Raiko: Aber wenn sie wieder fit sind, müssen sie zurück.
Ralf: Wer soll die denn ernähren? Wenn wir sechs Millionen Ausländer raushauen, würden zwei Millionen Deutsche wieder eine Arbeit kriegen.
Stern: Redet ihr zu Hause über Politik?
Paule: Meine Eltern denken wie ich. Meine Mutter findet es gut, daß wir die Ausländer rausgehauen haben.
Ralf: Ich habe meinen Vater bei den Krawallen getroffen. Der stand in der zweiten Reihe und hat gejohlt.
Paule: Die Alten fanden das alle gut. Mein Vater ist nur arbeitslos, weil jetzt ein billiger Türke oder so was seinen Job macht.
Ralf: Ich war letztens auf einer Veranstaltung von Dr. Gerhard Frey (Chef der rechtsradikalen DVU; vgl. M 34a). Wenn wir nicht 14 Milliarden Mark für die Ausländer ausgeben müßten, könnten wir das Geld für uns verwenden.
Paule: Viele Rostocker warten ein Jahr und länger auf eine Wohnung, die Ausländer kriegen sofort eine. Jetzt haben wir mal ein paar Wohnungen freigeräumt.
Raiko: Guck dich doch um. Hier ist alles kaputt. Werften, Landwirtschaft, Betriebe – alles pleite.
Ralf: Die Probleme beginnen schon in der Schule. Die Lehrer sagen: „Wenn ihr nicht lernt, kriegt ihr keinen Job." Das hältst du im Kopf nicht aus.
Ramona: 13 Jahre und länger lernen und am Ende kriegste keine Arbeit. Da fragst du dich, ob sich das lohnt. Früher war das besser.
Stern: Was denn?
Ramona: In der DDR wußtest du, wofür du lernst. Da hast du noch Ansporn gehabt. Ich war echt der totale Streber, ich habe nur Einsen und Zweien geschrieben. Aber heute komm' ich nicht mehr klar.
Raiko: Die Wende hat uns nur Mist gebracht. Jetzt gammeln wir eben rum.
Ramona: Wir treffen uns nach der Schule vorm Kindergarten. Letztens sind da ein paar Leute eingebrochen, aber im Safe waren nur Süßigkeiten. Eigentlich rauchen und saufen wir nur. Wenn ich besoffen bin, habe ich echt Power.
Paule: Wenn du in vorderster Front stehen willst, mußt du dir schon Mut antrinken.
Stern: Was wollt ihr mit eurem Leben anfangen?
Ramona: Wenn man einen Job hätte und zufrieden wäre, gäbe es keine Probleme. Da kommste gar nicht mehr auf den Gedanken mit der Gewalt. Aber ich hab' manchmal richtig Angst vor mir. Ich habe das Gefühl, daß ich später auf der Straße liege oder im Knast lande.
Ralf: Um die Jugend muß man sich kümmern; wir sind doch die Zukunft.
Raiko: In Deutschland hat die Jugend keine Chance. Wie in der Bronx* wird das mal enden.

Raiko, 19, Schlosserlehrling

Paule, 16, Schüler

(Fotos: Fotografenbüro Gregor Schläger, Hamburg)

Stern: Haben die Politiker versagt?
Ramona: Die kennen unsere Probleme gar nicht. Jetzt streiten sie sich übers Nacktbaden in Warnemünde.
Ralf: Und der Kupfer (Innenminister von Mecklenburg-Vorpommern; Red.) ist erst mal zu den Bullen gegangen und hat gesagt: „Gut gemacht, Jungs." So ein Scheiß. Der kann doch nicht mal gerade in die Kamera gucken.
Stern: Welcher Politiker kann denn gerade in die Kamera gucken?
Ralf: Frey und Schönhuber (vgl. M 34a).
Ramona: Gysi*, der redet wenigstens keinen Schnee.
Raiko: Der ist okay, obwohl er eine linke Sau ist.
Paule: Eigentlich hätten wir den Politikern eins in die Fresse hauen sollen.
Stern: Warum laßt ihr eure Wut dann an den Schwachen aus?
Ralf: Wir machen den Scheiß auch, weil wir nichts zu tun haben.
Paule: Außerdem haben wir Bock, uns zu schlagen. Irgendwo mußt du ja deinen Frust ablassen. Jetzt gab es endlich mal Live-Action.
Stern: Die fast zum Bürgerkrieg wurde.
Raiko: Anfangs hat das noch Zweck gemacht. Aber deutsche Autos anzünden – das ist idiotisch.
Stern: Ausländische nicht?
Ralf: Nein.
Paule: Die Pappen (Trabbis; Red.) brennen eben gut.
Stern: Wer ist denn nun dran, wenn es euch wieder langweilig wird?
Paule: Die Zecken. Die Linken. Wer auf Deutschland scheißt, soll nach Sibirien gehen.
Raiko: Irgendwie ist das alles Mist. Wenn wir mit Ausländern aufgewachsen wären, könnten wir mit denen vielleicht auch besser umgehen.
Paule: Aber wir werden weitermachen. Ruhe ist erst, wenn der letzte Ausländer raus ist.
Ralf: Ganz Mecklenburg-Vorpommern muß ausländerfrei werden. Das müssen wir jetzt durchziehen. Heim für Heim.

(Das Gespräch führten: Uli Hauser, Dirk Lehnemann und Karola Menger, in: Stern Nr. 37, 1992)

| M 32 | **Das Attentat von Hagen** |

| M 32 a |

Die Vorgeschichte

Ihren Ausgang nahm die Hagener Tat, bei der in der Nacht vom 28. auf den 29. September 1991 drei Brandflaschen gegen eine Unterkunft für Asylbewerber geworfen worden sind, in einer losen Clique von jungen Leuten, die meisten zwischen 18 und 19 Jahre alt. Man traf sich regelmäßig an Parkplätzen, sprach über dies und das – und steigerte sich mehr und mehr in ein gemeinsames Feindbild hinein: die „Schein-Asylanten"*, die auch in Hagen „auf unsere Kosten toll, locker und einfach" lebten. Da müßte „mal was passieren", hieß es immer wieder. Die Bilder der Ausschreitungen in Hoyerswerda im Fernsehen stachelten die Jugendlichen noch an: „Da hat man gesehen, wie die das machen." In der Hauptverhandlung in Hagen haben Angeklagte und Zeugen beteuert, mehr als prahlerisches, hohles Gerede, das eigentlich niemand ernst genommen habe, sei das alles nicht gewesen. Gerede, das in ein Verbrechen mündete, das die Staatsanwaltschaft als versuchten Mord und versuchte schwere Brandstiftung bewertet.
Der 28. September, ein Samstag, fing für die jungen Leute, die zu der Gruppe gehörten oder zu ihr Kontakt hatten – insgesamt dürften es fünfzehn bis zwanzig Personen gewesen sein –, wie die meisten ihrer Wochenenden an. Man fuhr in der Stadt herum, stand auf Parkplätzen, trank Bier, besuchte einander – und schimpfte mal wieder über die „Schein-Asylanten". Doch diesmal blieb es nicht beim Reden.

M 32 b

Die „Aktion"

Zu welchem Zeitpunkt und in welchen Schritten die Grenze zu einem konkreten Plan überschritten wurde, darüber gab es in der Hauptverhandlung widersprüchliche Angaben. Jedenfalls stand irgendwann fest: Wer sich an der „Aktion" gegen eine Unterkunft für Asylbewerber im Hagener Stadtteil Eckesey beteiligen wollte, sollte sich gegen Mitternacht auf einem bestimmten Parkplatz einfinden. Dort waren es zum Schluß vier Burschen, die sich auf den Weg machten – einen Weg zu einem Verbrechen, das sie auf die Anklagebank gebracht hat.

Den vier Angeklagten – neben ihnen muß sich noch ein Mädchen vor der Jugendkammer* verantworten, das an der Planung beteiligt gewesen sein soll – gibt es in dieser Nacht nicht zu denken, daß sich ihnen niemand aus der Clique trotz aller Rederei angeschlossen hat. Auch warnende Stimmen – „Laßt das sein, das ist zu gefährlich" – überhören sie. Sie fahren zunächst in die Nähe einer Tankstelle; einer holt zu Fuß einen Kanister mit Benzin. Weiter geht die Fahrt, zu dem Gelände der Spedition. Während zwei der Angeklagten sich daran machen, leere Flaschen mit Benzin zu füllen und aus einem T-Shirt, das in Streifen gerissen wird, Dochte zu formen, treten die beiden anderen in letzter Minute doch noch den Rückzug an, steigen in ihr Auto, fahren weg. Die zurückgebliebenen Täter lassen sich nicht irritieren: Sie steigen auf einen Bahndamm, schleichen sich zur Rückseite der Unterkunft, stecken die Molotowcocktails an – und werfen kurz vor zwei Uhr nachts drei Brandsätze auf das Gebäude, in dem mehr als fünfzig Menschen schlafen.

Zwei der brennenden Flaschen verfehlen ihr Ziel, die dritte brannte am Sockel des Gebäudes aus, zu Schaden kam niemand. In der Hauptverhandlung sind die beiden Angeklagten bestrebt gewesen, den Vorwurf des versuchten, gemeinschaftlichen Mordes zu entkräften; sie hätten mit ihren Molotowcocktails nur auf das Dach gezielt, das sie für nicht brennbar gehalten hätten. Sie hätten die Bewohner des Heimes nur erschrecken und nicht umbringen wollen.

M 32 c

Die Tatmotive

Was treibt junge Menschen zu einer solchen Tat, die auch in einem Inferno* hätte enden können? Alle fünf Angeklagten sind zur Tatzeit 18 und 19 Jahre alt gewesen, sind, bei allen Unterschieden, in mehr oder weniger geordneten Verhältnissen aufgewachsen. Sie hatten einen Ausbildungsplatz und hätten – zumindest nach ihren objektiven Lebensumständen – mit einigem Optimismus in die Zukunft schauen können. Und doch ist ihr Leben, wie es sich in der Beweisaufnahme präsentiert hat, von einer auffälligen Orientierungslosigkeit und Langeweile bestimmt gewesen, am stärksten bei den beiden Hauptangeklagten, den Werfern der Molotowcocktails. Mit dem Auto „durch die Gegend fahren", mit Alkohol und anderen Rauschmitteln die Langeweile bekämpfen, sich auf Parkplätzen treffen – aus recht viel mehr bestand die Freizeit nicht. Es müßte „mal was passieren" – diese Parole, die vor dem Anschlag in der Clique zirkulierte, läßt die Öde in den Köpfen der Täter erahnen.

Zugleich hat sich in der Hagener Hauptverhandlung in drastischer Weise gezeigt, wie sehr die Hemmschwelle zur Gewalt bei Jugendlichen herabgesetzt ist. Da wurde immer wieder mit dem verharmlosenden Wort „Mollis" von Molotowcocktails gesprochen, als handele es sich um einen Scherzartikel und nicht um eine äußerst gefährliche Waffe, die Tod und Verderben bringen kann. Wenige Tage nach der Tat in Hagen sind in Hünxe von drei Heranwachsenden Brandsätze auf ein Heim für Asylbewerber geschleudert worden. Dabei sind zwei Mädchen schwer verletzt worden, eines der Opfer ist auf Dauer entstellt. Einen gehörigen Anteil an der Bereitschaft zu Gewalt, die solche Folgen haben kann, scheint die Berichterstattung im Fernsehen zu haben: Bei Hoyerswerda* habe man im Fernsehen gesehen, „wie die das machen", hieß es in der Hauptverhandlung. Die begleitenden Texte zu solchen Bildern, die kritischen Kommentare werden offenbar von vielen Jugendlichen nicht wahrgenommen.

Die Angeklagten haben in der Beweisaufnahme nicht den Eindruck hinterlassen, eine gefestigte politische Überzeugung, welcher Richtung auch immer, zu haben oder gar unverbesserliche, gewaltbereite Rechtsradikale zu sein. Die vier Burschen sind zwar mit rechtsextremem Gedankengut in Berührung gekommen: Einer hatte mehrere Aufkleber mit rechtsradikalen Sprüchen fein säuberlich in ein Fotoalbum geklebt, ein anderer solche Zettel im Geldbeutel aufgehoben.

Doch mehr als ein oberflächliches, naives Kokettieren* mit solchen Inhalten, das auch mit einer gewissen Lust am Provokanten und Verbotenen einhergegangen sein mag, scheint sich dahinter nicht verborgen zu haben. Einer der Burschen hat sowohl ausländerfeindliche Aufkleber als auch „Anti-Nazi"-Zettel gesammelt – und konnte noch in der Hauptverhandlung keinen Widerspruch darin sehen. Und die beiden Werfer der Brandsätze hatten mal zu Punkern, mal zu Skinheads* Kontakt gehabt, ohne in diesen Kreisen aber heimisch zu werden.

Diese Haupttäter sind von Sachverständigen als sozial gehemmt beschrieben worden, ohne großes Selbstwertgefühl. Am Tag der Tat müssen sie den Eindruck gehabt haben, jetzt sei die Zeit gekommen, ein für allemal ihren Status* in der Clique zu verbessern und „den tollen Max zu machen". In dem Entschluß, „kein Feigling zu sein", bestärkte sie reichlicher Konsum von Haschisch und Alkohol; beiden billigt die Staatsanwaltschaft deshalb eine erheblich verminderte Schuldfähigkeit zu. […]

M 32 d

Die rechtliche Bewertung der Tat

In Hagen hält die Staatsanwaltschaft auf Grund konkreter Tatumstände, darunter die Wurfposition der Angeklagten, den Mordvorsatz für erwiesen; beide Täter haben ihrer Ansicht nach den Tod von Menschen billigend in Kauf genommen und sollen wegen versuchten Mordes und versuchter schwerer Brandstiftung verurteilt werden. Die Verteidiger halten die Einlassung ihrer Mandanten – „wir wollten die Leute irgendwie erschrecken" – für nicht widerlegt; sie erachten deshalb nur einen Verstoß gegen das Waffengesetz für bewiesen. Den beiden anderen jungen Männern, die im letzten Augenblick abgesprungen sind, sowie dem Mädchen legt die Staatsanwaltschaft Beihilfe zur versuchten schweren Brandstiftung zur Last.

Die Hagener Jugendkammer* steht bei ihrer Urteilsfindung an einem Scheideweg, der über das Verfahren hinaus Bedeutung hat. Nach der Rechtsprechung des Bundesgerichtshofs* darf im Jugendstrafrecht, das in der Regel auch bei Heranwachsenden anzuwenden ist, der Strafzweck der Abschreckung keine Rolle spielen. Im Vordergrund muß die, wie es das Gesetz bestimmt, „erzieherische Einwirkung" stehen, muß der Versuch stehen, den jugendlichen Tätern den Weg in ein ordentliches Leben nicht abzuschneiden. Die Staatsanwaltschaft hat, obwohl sie im einzelnen maßvolle Strafanträge zwischen dreieinhalb Jahren als höchste und neun Monaten als niedrigste Jugendstrafe gestellt hat, dafür plädiert, von dieser Linie abzuweichen. Angesichts der Gefahr, daß die Zahl der fremdenfeindlichen Delikte noch zunehmen könnte, solle der Erziehungsgedanke hinter dem Gesichtspunkt der Generalprävention* zurücktreten. Jeder, der sich an einem solchen Anschlag beteilige, müsse wissen, daß ihn eine empfindliche Strafe erwarte.

(Frankfurter Allgemeine Zeitung, 15.12.1992; Verf.: Albert Schäffer)

Anmerkung: Die beiden Haupttäter wurden zu 3 Jahren und 9 Monaten bzw. zu 3 Jahren Haftstrafe ohne Bewährung verurteilt (wegen versuchter schwerer Brandstiftung), ein dritter Täter wegen Beihilfe zu 14 Monaten mit Bewährung.

❶ Gewalt im Osten, Gewalt im Westen. Sternreporter kamen in Rostock mit einer Gruppe Jugendlicher ins Gespräch (M 31). Wie begründen Paule, Ramona, Raiko und Ralf ihre Gewalttätigkeit gegen Ausländer? Sind ihre Ansichten völlig gleich oder unterscheiden sie sich in einigen Aspekten?

❷ Sprache drückt immer auch Einstellungen, Haltungen und Wertungen aus. Was kommt in der Sprache dieser Jugendlichen zum Ausdruck?

❸ Lassen sich das Verhalten dieser jungen Leute und ihre Meinungen beurteilen? Was läßt sich begründet bewerten, was muß eventuell offen bleiben?

❹ Der Anschlag von Hagen hatte glücklicherweise nur geringe Folgen (M 32 a–32 d). Trotzdem darf man den Vorgang nicht verharmlosen. Was trieb die Jugendlichen dort zur Tat (M 32 a/32 c)?

❺ Der Prozeß von Hagen hat einige rechtliche Besonderheiten. Mit welchem Problem muß sich das Gericht auseinandersetzen (M 32 d)? Wie beurteilt ihr das gesprochene Urteil?

❻ Vergleicht die Lebensbedingungen und die Tatmotive der Hagener und der Rostocker Täter. Gibt es mehr Übereinstimmungen oder mehr Unterschiede?

❼ Überlegt: Kann man sagen, daß die Gewalttaten eindeutig rechtsextrem bestimmt sind, oder sind andere Motive entscheidend?

Das rechte Lager

M 33

Rechtsextremismus – Was ist das?

Extremisten, Rechtsradikale, Faschisten*, Neonazis – solche Begriffe fallen oft in der Diskussion und werden auch in diesem Heft gebraucht.

Eine Sache radikal angehen heißt sie von der Wurzel (radix = Wurzel) her anpacken. Also doch nichts Schlechtes?

Politischer Radikalismus und politischer Extremismus sind negativ besetzte Begriffe, auch wenn „radikal" und „extrem" für sich genommen noch nichts Negatives aussagen.

Als extremistisch werden alle Bestrebungen bezeichnet, die darauf ausgerichtet sind, die freiheitliche demokratische Grundordnung der Bundesrepublik zu beseitigen.

Für *Rechtsextremismus* gelten folgende Merkmale:
– Die Nation wird in ihrer Bedeutung unangemessen übersteigert
  = *Nationalismus*;
– die eigene Rasse steht im Mittelpunkt dieses wirklichkeitsfremden Denkens = *Rassismus* (deshalb z.B. Feindschaften gegen Juden und Andersfarbige);
– damit im Zusammenhang steht im allgemeinen die Forderung nach Ausweisung der Ausländer = *Fremdenfeindlichkeit;*
– man begnügt sich oft nicht mit „legaler" Überzeugungsarbeit, sondern greift auch zur *Gewalt.*

Vereinfacht: Rechtsextremismus = Nationalismus + Rassismus + Fremdenfeindlichkeit.

Mit diesen Grundüberzeugungen verbinden sich die unterschiedlichsten Vorstellungen. Eine Variante ist der Neue Nationalsozialismus (*Neonazismus*), der auf der Grundlage rechtsextremistischer Ideen einen elitären* und totalitären* Staat, ein „Viertes Reich", fordert. Mal ist Adolf Hitler dabei ein Leitbild, mal wird Kritik an ihm geübt, da er den „wahren Nationalsozialismus" verraten habe.

Faschismus ist die in Italien unter Mussolini* gegründete Bewegung, die von 1922 bis 1943 zu einer rechtsgerichteten straffen Diktatur führte. Der Begriff Faschismus* wird von vielen auch als Oberbegriff für Rechtsdiktaturen überhaupt verwendet. Das zeigt, daß der Begriff des Faschismus nicht eindeutig verwendet wird und deshalb für eine Abgrenzung politischer Theorien wenig tauglich ist. Diejenigen, die Faschismus bekämpfen, bezeichnen sich häufig als Antifaschisten.

(Halt – Keine Gewalt [= M 30 c], S. 15)

M 34 a
Die rechten Parteien

Die Kommunalwahl von Hessen im März 1993 zeigt wie schon die Landtagswahl 1992 in Baden-Württemberg, daß die *Republikaner* die führende Partei der Rechten geworden sind. Trotzdem sollte man die sehr wohlhabende DVU und die immer noch recht gut organisierte NPD nicht aus den Augen verlieren. Hier nun die kurzen Steckbriefe:

Die Republikaner (REP)
Sitz: Bonn; 25 000 Mitglieder; Vorsitzender: Franz Schönhuber.
Wollen „unser Land befreien von den immer unverhüllter auftretenden Mächten des organisierten Verbrechens, der Geschichtslügner*, der Drogenverführung, dem neuen atlantischen Imperialismus*, dem Geist der Selbsterniedrigung, dem Kultur- und Werteverfall". Im Landtag von Baden-Württemberg drittstärkste Partei (15 von 146 Sitzen). Bei den hessischen Landtagswahlen im März 1993 erhielten sie 8,1 % der Stimmen.

Deutsche Volksunion (DVU)
Sitz: München; 26 000 Mitglieder; Vorsitzender: Dr. Gerhard Frey.
Agitiert gegen „Asyl-Betrug und Überfremdung". Verfügt über 15 Landesverbände. In der Bremerhavener Stadtverordnetenversammlung drittstärkste Fraktion, fünf Mandate (von 100) in der Bremischen Bürgerschaft und sechs Mandate (von 98) im schleswig-holsteinischen Landtag. Frey ist Verleger der „Deutschen National-Zeitung".

Nationaldemokratische Partei Deutschlands (NPD)
Sitz: Stuttgart; 5 000 Mitglieder; Vorsitzender: Günter Deckert.
Ist gegen Asylbewerber: „Ausplünderung des deutschen Volkes" und „tödliche Gefahr". Gegen deutsch-polnische Aussöhnung. Über 41 NPD-Listen sitzen 41 Rechtsextremisten in Kommunalvertretungen.

(Stern Nr. 9, 1994)

M 34 b
Neonazistische Organisationen

Neben den genannten rechtsextremen Parteien gibt es eine Reihe kleinerer neonazistischer Organisationen mit insgesamt etwa 2 500 Anhängern. Dazu gehören die „Nationale Liste" (Sitz: Hamburg), die „Deutsche Liga für Volk und Heimat" (DL) mit 800 Mitgliedern, die „Gesinnungsgemeinschaft der Neuen Front" (mit verschiedenen Untergliederungen in mehreren Bundesländern; etwa 250 Mitglieder), die „Freiheitliche Deutsche Arbeiterpartei" (FAP) mit ca. 220 Mitgliedern in fünf Bundesländern, die „Deutsche Bürgerinitiative" und die „Deutsche Freiheitsbewegung" (ca. 160 Mitglieder). Die „Deutsche Alternative" (DA), die „Nationalistische Front" (NF) und die „Deutsche Offensive" wurden 1992 verboten.

(Frankfurter Allgemeine Zeitung v. 11.12.1992)

M 34 c
Skinheads

1992 gab es in Deutschland etwa 6 500 militante Skinheads (davon 3800 in Ostdeutschland). Skinheads sind inzwischen nicht mehr so schlicht an Glatzen, Doc-Martens-Shoes und Bomberjacken erkennbar. Sie variieren ihr Aussehen (kurze Bürste, gute Kleidung). Mit Ausnahme der selteneren linken Skins (z.B. „Red Skins") […] verstehen sie sich in erster Linie als Gegner der Linken; wo immer sie diese antreffen, versuchen sie, sie zu provozieren. Das geht am besten durch Haßparolen gegen Ausländer und durch Nazisymbolik. […] Provozieren ist das Wesen der Skin-Existenz. Anpöbeln heißt, „gut drauf sein". Kommt es zu Auseinandersetzungen, werden Messer, Gaspistolen, Kampfsprays eingesetzt. Gewalttätigkeit fällt leicht, wenn man in der Gruppe und alkoholisiert ist. Gewalt wird zur Gruppennorm, erzeugt Gruppendruck.
Skins sind erfahren im Erlebnis von Ausgrenzung. Ihr Aussehen provoziert seinerseits Ablehnung. Viele Skins erleben ihre Existenz als schlechter abgesichert als die von Ausländern; aus konkreten Erfahrungen der Schlechterstellung erwächst Haß („die Ausländer kriegen Ausbildungsbeihilfe und ich nicht"). […]
Sozialarbeiter*, die mit rechten Gruppen Kontakt halten, bezeichnen die wirklich nationalsozialistisch Eingestellten als kleine Minderheit von Ideologen. Für die übrigen ist die nationale Rhetorik Mittel der Selbstabgrenzung von der Gesellschaft […]. Daß gruppendynamische* Aspekte wichtiger sind als politische, zeigt die Beobachtung, daß teilweise ein Wechsel zwischen Autonomen* und Skins hin und her erfolgt.

(Karl F. Schumann, Nur jeder zehnte rechte Gewalttäter ist arbeitslos. In: Frankfurter Rundschau v. 1.7.1993)

M 34 d

Übersicht über die gewalttätigen Gesetzesverletzungen

Im Jahre 1993 wurden beim Bundesamt für Verfassungsschutz* 2 232 Gewalttaten mit erwiesener oder zu vermutender rechtsextremistischer Motivation erfaßt (1992: 2285; 1991: 1483; 1990: 270). Davon waren 1609 fremdenfeindlich motiviert. Die Gewalttaten 1992 gliedern sich wie folgt:

	Gesamt	Ost	West	1991
Tötungsdelikte	17	7	10	3
Brand- und Sprengstoffanschläge	701	218	483	383
Körperverletzungen	598	280	318	449
Sachbeschädigungen mit erheblicher Gewaltanwendung	969	303	666	648
Gesamt	2285	808	1477	1483

M 34 e

Analyse der mutmaßlichen Gewalttäter

Im Zusammenhang mit den im Jahre 1992 erfaßten Gewalttaten mit erwiesener oder zu vermutender rechtsextremistischer Motivation wurden 894 Personen als mutmaßliche Täter oder Tatbeteiligte erfaßt.
Ihre Alters- und Berufsstruktur ergibt folgendes Bild:

16–17 Jahre:	23,9%
18–20 Jahre:	43,3%
21–30 Jahre:	29,9%
31–40 Jahre:	2,5%
41 und älter:	0,4%

43% der Gewalttäter waren Schüler/Studenten/Auszubildende, 34% Facharbeiter/Handwerker, 9% Angestellte, 4% Wehrpflichtige/Zeit- und Berufssoldaten, 9% Arbeitslose und 4% Sonstige.

Der Anteil der Jugendlichen und Heranwachsenden beträgt rund 70%, lediglich 2,9% der Tatbeteiligten sind über 30 Jahre alt. Nur 3% der Tatbeteiligten sind weiblichen Geschlechts.

(Halt – Keine Gewalt [= M 30 c], Lehrerhandreichung S. 20 f.; Quelle: Verfassungsschutzbericht für 1992)

❶ Klärt mit Hilfe des Textes M 33, was man unter Rechtsextremismus versteht! Worin unterscheiden sich Rechtsextremisten von Neonazis?
❷ Welche Ziele verfolgen alle drei Rechtsparteien (M 34 a)?
❸ Sind euch Mitglieder oder Versammlungslokale der in M 34 b genannten Gruppen bekannt?
❹ Der Verfassungsschutzbericht warnt besonders ausdrücklich vor der Skinheadbewegung. Was macht diese Bewegung so gefährlich (M 34 c)?
❺ Klärt, welche gewalttätigen Gesetzesverletzungen in Tabelle M 34 d aufgelistet sind. Welcher Entwicklungstrend ist erkennbar?
❻ Erläutert das Ergebnis der Täteranalyse in M 34 e, und versucht, Erklärungen dafür zu finden. – Überlegt auch: Wie kann festgestellt werden, ob „rechtsextremistische Motivation" vorliegt?

M 35

Dumpfes Nazi-Gegröle auf Schallplatten

Der Saal ist dumpf erleuchtet. Weißer Trockeneisnebel fällt in den Zuhörerraum. Vier glatzköpfige Musiker reißen an den Gitarrensaiten. Simple Griffe eines 4/4-Beat treiben die Menge zur Raserei. Heiser brüllt der Leadsänger seinen Text.
Das könnte ein ganz normales Rock-Konzert sein, wären die Texte nicht so radikal anders. Die Gruppe „Störkraft" gibt sich wieder einmal die zweifelhafte Ehre in Ostdeutschland mit Hits wie „Kraft für Deutschland" und „Blut und Ehre". Leadsänger Jörg Petrisch heult die Worte: „Die Köpfe

kahl, unsere Fäuste hart wie Stahl. Unser Herz schlägt treu für unser Vaterland. Was auch geschehen mag, wir werden niemals untergehen. Wir werden treu für unser Deutschland stehen." Den Refrain gröhlt die ganze Masse fasziniert mit: „Denn wir sind die Kraft, die Kraft für Deutschland, die Deutschland sauber macht […] Sei stolz auf dein Land. Deutschland erwache!"

Spätestens die letzte Zeile macht hellhörig. War das doch der Kampfruf der Nazis. Das Konzert endet dann mit dumpfen Sieg-Heil-Schreien aus alkoholisierten Jungmännerkehlen. Viele Zuhörer heben die Hand zum Hitlergruß, andere schwenken die Reichskriegsfahne.

Abstoßender noch der Titel „Kanaken", der einer Gruppe „Endsieg" zugeschrieben wird und die Skin-Szene in wahre Raserei versetzt: „Ich steh' auf der Straße, hab' meine Augen auf. Ich warte auf 'nen Türken, und dem hau ich eine drauf, und wenn ich einmal dran bin, dann tret' ich auch noch rein. Ist ja nur ein Türke, ein altes Kümmelschwein."

Es fällt schwer, den Einfluß der rechtsextremistischen Musik auf die gewaltbereite rechte Szene einzuschätzen. Für den Verfassungsschutz ist allerdings klar, daß das Anhören der Skinmusik in Verbindung mit der Aufmachung der Gruppen das Zusammengehörigkeitsgefühl der Glatzköpfe verstärkt, obwohl ihnen Organisationsformen fremd sind.

Hinzu kommt die Naivität von Teilen der Musikszene im Umgang mit den rechten Tönen von der Konserve.

Zwar forderte CDU-Generalsekretär Peter Hintze neulich in einem Interview unserer Zeitung ein Verbot dieser Gruppe; bislang hat sich jedoch wenig getan, um deren Treiben zu unterbinden. Der Plattenvertrieb „Rocko-Rama" (ROR) sitzt in Düsseldorf und verkauft Scheiben und Bänder mit einträglichem Umsatz. Die Geschäfte des Inhabers von ROR, Herbert Egoldt, laufen so gut, daß die Szene ihm seine „Geschäftstüchtigkeit" vorwirft. Viele Bands sind von Egoldt zu einem französischen Vertrieb gewechselt, auch weil sie dort ihre politische Überzeugung unkontrollierter an den Mann bringen können.

Der nordrhein-westfälische Landesbezirk des Deutschen Gewerkschaftsbundes (DGB) will dem rechtsextremistischen Treiben auf Tonträgern nicht länger zuschauen. Er stellte jetzt eine Liste von 54 Musikgruppen zusammen und appelliert an den Handel, deren Produkte sofort aus den Geschäften zu verbannen. Leider sind viele Verkäufer über den Inhalt der von ihnen vertriebenen Musik nicht hinreichend informiert. Die Liste der Gruppen kann angefordert werden beim: DGB-Landesbezirk NRW, Friedrich-Ebert-Str. 34–38, 40210 Düsseldorf, Tel. (0211) 3 68 31 19.
(Neue Westfälische, 18.12.1992; Verfasser: Bernhard Hänel)

Hinweis: Gegenüber der in diesem Zeitungsbericht gegebenen Darstellung haben sich inzwischen einige Änderungen ergeben, als die eine oder andere Gruppe ausgestiegen ist und der Vertrieb teilweise neu organisiert wurde.

Plattencover der Gruppe „Störkraft"
(Der Spiegel Nr. 53/1992, S. 43)

M 36 a

Vorurteile und Wirklichkeit

Ausländer, Fremde insgesamt, sind die wichtigste Gruppe, die herhalten muß, wenn Rechtsextremisten ihre eigenen Vorstellungen und Aktionen rechtfertigen. Daß dabei die Wirklichkeit nicht mehr richtig wahrgenommen wird und die tatsächlichen Ursachen, die zu den Problemen führen, keine Rolle spielen, wird aus folgendem Gespräch mit einem Jugendlichen aus Potsdam deutlich:

Sven: Den Ausländern macht es Spaß, unsere Frauen zu vergewaltigen, unsere Autos zu klauen, unsere…
Ich will wissen, was dir Spaß daran macht.
Sven: Na, die dafür zur Rechenschaft ziehen, denen eins auf die Schnauze zu geben. Die Ausländer sind zu viele hier, und weil sie so viele sind, denken sie, daß sie an der Macht sind.
Was glaubst du denn, wie viele es sind?
Sven: Genau weiß ich das nicht, sind genug.
Schätz doch mal, wieviel Prozent an der Gesamtbevölkerung in Potsdam.
Sven: Vielleicht nicht die Hälfte, aber ein Viertel bestimmt.
Es sind unter drei Prozent.
Sven: Sind genug, ein Viertel ist es bestimmt.
Hör doch zu: Es sind weniger als drei Prozent. Was wäre denn, wenn die alle weg wären?
Sven: Dann würde es nicht mehr solche Gewalt, solche Ausschreitungen wie in Rostock geben.

(Nach: DIE ZEIT v. 4.12.1992)

M 36 b

Auf der Suche nach den Ursachen des Ausländerhasses unter Schülern

Neu-Beresinchen heißt die uniforme Trabantenstadt von Frankfurt an der Oder. Außer einem Penny-Markt und einigen Schulen ist zwischen dem grauen Beton nicht viel los. Viele Erwachsene haben ihre Arbeit verloren, denn das die Region ernährende, große Halbleiterwerk hat die meisten seiner 8000 Mitarbeiter entlassen.
Die Jugendlichen langweilen sich, haben ihr in DDR-Zeiten anerzogenes Weltbild verloren, ein neues ist noch nicht da, oder?
Wir sprechen mit Schülern der 9. Klasse der 21. Oberschule; nett wirken sie auf uns, und redefreudig sind sie auch. Hotelkaufmann, Kfz-Mechaniker, Elektroingenieur und Kinderpflegerin wollen sie werden, den neugegründeten Betrieb des Vaters übernehmen oder Abitur machen, wenn es nur nicht „am Arsch der Welt", wie sie Frankfurt an der Oder nennen, „so bescheuert" wäre. Und wenn es die Polen nicht gäbe.
„Die Polen sind doch an allem schuld", schießt es aus den Jugendlichen heraus. „Die haben uns schon immer das Wenige, das es in den Läden gab, weggekauft." „Nun machen sie unsere Eltern und uns arbeitslos mit ihrer Schwarz- und Fremdarbeit." „Außerdem fallen sie in ganzen Busladungen und mit Fiat-Polskis plus Anhänger in unsere Stadt ein, kaufen, sammeln und klauen alles weg, hinterlassen viel Schmutz und machen die Mädchen und Frauen an."
„Man sollte den Polen die Einreise nach Deutschland verbieten", und überhaupt, auch „Türken und Neger sollen raus aus Deutschland". Gegen Ausländer sei man zu jeder Gewalt bereit, „weil die ja mit der Gewalt anfangen". Nun folgen Geschichten aus Berlin, wo sie oder Freunde von Türken „ohne Grund" angemacht worden seien, und sie hätten von Vergewaltigungen deutscher Mädchen durch Ausländer gehört…
Sascha hat fast anderthalb Stunden geschwiegen, aber mit großen traurigen Augen zugehört: Ich frage ihn direkt, ob er auch eine Meinung dazu hätte. Er sagt, seine Mutter sei Polin, er sei häufig bei seinen Verwandten dort, habe viele nette, hilfsbereite und gastfreundliche Polen erlebt, und so, wie es seine Mitschüler darstellen, sei es gar nicht.
Auf Nachfrage bestätigen alle Schüler mit einer Ausnahme, daß sie selbst noch nie Opfer irgendeiner polnischen „Missetat" gewesen seien.
Hakenkreuze allerorten, Hitler-Gruß, Knobelbecher, Baseballschläger, kahlrasierte Schädel, rassistische Parolen an den Wänden, die immer wieder

gezeigte alte Reichsflagge* und Sprüche wie „Koma Saufen" und „Nigger aufklatschen" symbolisieren eine trostlose jugendkulturelle Szene. [...]

Nur ein kleiner Teil ausländerfeindlicher Jugendlicher und junger Erwachsener ist in rechtsradikalen Gruppierungen organisiert; die meisten von ihnen rotten sich aktuell zu rassistischen Aktionen zusammen. Sie kanalisieren ihren Frust mehr oder weniger zufällig gegen Feindbilder, die sich ihnen gerade bieten, und dafür suchen sie stets Schwächere unter sich. „Politische" Positionen werden dann nur „draufgesattelt".

Alte Feindbilder gegenüber Amerikanern, Kapitalisten*, Sowjets und Kommunisten* sind zusammengebrochen bzw. nicht mehr tauglich, so daß neue gesucht werden.

(Hamburger Abendblatt, 15.11.1991; Verfasser: Peter Struck [Erziehungswissenschaftler an der Universität Hamburg])

M 37

Orientierungslosigkeit

Daß die Gleichung „Wer Arbeit hat, ist gegen antidemokratische Umtriebe gefeit" nicht aufgeht, machte vor allem Prof. W. Heitmeyer deutlich. Dessen „Bielefelder Rechtsextremismus-Studie" ist die erste Langzeituntersuchung*, die sich mit der wachsenden Ausländerfeindlichkeit unter Jugendlichen beschäftigt hat. Sie widerlegt, daß nur arbeitslose Jugendliche besonders anfällig für rechtsextremistische und damit auch für fremdenfeindliche Parolen sind. Allzu häufig ist das Gegenteil der Fall: Bei Jugendlichen, die in Lohn und Brot stehen, sind extremistische Positionen ausgeprägter als bei Gleichaltrigen ohne Arbeit. Heitmeyer: „Nicht die Tatsache des Besitzes irgendeines Arbeits- und Ausbildungsplatzes schützt vor rechtsextremistischer Anfälligkeit, sondern die Qualität von Beschäftigungsverhältnissen ist entscheidend."

Das eigentlich überraschende Ergebnis der Bielefelder Forschung: Weder die sogenannte „Arbeitslosigkeitsthese" noch andere Erklärungen stimmen, die bislang schlüssig schienen. So leitet die junge Rechte ihr Gedankengut nicht einfach von Alt-Nazis ab oder läßt sich aus Unreife einfach von rechten Rattenfängern verführen. Mit Politik haben junge Rechtsextreme eigentlich wenig im Sinn. Nicht einmal die Parteien der Ultra-Rechten können sie zur Wahlurne locken. Statt dessen stellte Heitmeyer bei der Rechten von heute einen „privatisierten Rechtsextremismus" fest.

(Das Parlament 2/3 [Doppelausgabe] v. 8.1. und 15.1.1993)

Hauptverantwortlich für die politische Radikalisierung ist nach Auffassung Heitmeyers die zunehmende Vereinzelung, die der Heranwachsende in der heutigen Gesellschaft erfährt. Arbeitswelt, Familie, Sozialmilieu – nichts scheint mehr dem Jugendlichen eine klare Orientierung geben zu können.

M 38

Interview mit dem Innenminister von Nordrhein-Westfalen, Herbert Schnoor

Frage: Herr Schnoor, die meisten Gewalttaten gegen Ausländer wurden ja wohl von Skinheads* begangen. Haben die Glatzköpfe eigentlich irgendwelche Organisationsstrukturen?

Schnoor: Es sind nicht nur Skinheads, es sind auch andere Jugendliche, die mit Steinen und Brandflaschen gegen Ausländer vorgehen. Allerdings lassen sich diese Straftaten nicht auf eine zentrale Steuerung, auch nicht bei den Skins, durch rechtsextremistische Organisationen zurückführen. Aber das macht gerade deutlich, daß wir auch außerhalb des organisierten Rechtsextremismus arbeiten müssen.

Frage: Da muß doch nun einiges schiefgelaufen sein in unserer Gesellschaft.

Schnoor: Das Wort „Werte" ist das richtige Stichwort in diesem Zusammenhang. Wir leben in einer Leistungsgesellschaft*, die immer komplizierter wird und in der die Zahl der „Verlierer" immer größer wird. Das sind dann Menschen, die außer ihrem „Deutschsein" nichts mehr haben, was sie noch hervorhebt von anderen und die diese übersteigerte Form des Nationalismus dann so umsetzen, daß sie fremdenfeindlich, unter Umständen sogar gewalttätig werden gegen Ausländer.

(Neue Westfälische, 18.12.1992)

M 39
Geringes Risiko für Gewalttäter?

Das Problem besteht auch darin, daß das Mißerfolgsrisiko oft gering ist, weil es nicht gelingt, die tatsächlichen Gewalttäter zu identifizieren und rechtskräftig zu verurteilen.
Dementsprechend bestehen für Gewalttaten dann hohe Anreize, wenn die Gefahr des Gefaßtwerdens gering ist, wie z.B. bei Delikten aus der Menge heraus. Wenn die Staatsmacht sich als unfähig erweist, auf Gewalttätigkeiten angemessen zu reagieren, verringert sie das Risiko der Gewalttätigen und erhöht die Bereitschaft, auch künftig Gewalt anzuwenden.
Das Rechtsbewußtsein wird untergraben.
Auch Kompromisse zwischen Recht und Unrecht [...] ermutigen zur Nachahmung. Rechtsfreie Räume darf es in einem Rechtsstaat nicht geben.

(Demokratie, Rechtsstaat, Gewalt – Ein Heft für die Schule, Hg. Arbeitsgemeinschaft Jugend und Bildung e. V., Wiesbaden 1991, S. 16 f.)

❶ Als eine besonders wirkungsvolle Beeinflussung wird häufig der „rechte Rock" genannt. Kennt ihr selbst solche Musik? Teilt ihr die Einschätzungen Bernhard Hänels (M 35)?

❷ M 36 geht auf die Probleme Jugendlicher in den neuen Bundesländern ein. Versucht herauszuarbeiten, durch welche besonderen Bedingungen der Autor die ausländerfeindliche Stimmung und die Gewaltbereitschaft erklärt.

❸ Erläutert – ggf. mit Hilfe eures Lehrers/eurer Lehrerin – die in M 37–M 39 genannten Ursachen für rechtsextreme Einstellungen und für (nicht nur rechtsextrem bedingte) Gewaltbereitschaft (Stichworte: Vereinzelung/ Orientierungslosigkeit, „Verlierer" in der Leistungsgesellschaft, Rechtsunsicherheit).

❹ M 36–M 39 zeigen, daß es keine einfache, beweisbar richtige Erklärung für das beschriebene Verhalten von Jugendlichen gibt. Bezieht in eure Diskussion über die verschiedenen Ursachenfaktoren auch Gesichtspunkte ein, die ihr selbst für wichtig haltet.

Notfalls mit Gewalt???

In diesem Abschnitt erfahrt ihr etwas über die Einstellung Jugendlicher zur Anwendung von Gewalt und – am Beispiel des Anschlags von Hünxe – über die Folgen, unter denen Opfer von Gewalttaten zu leiden haben.

M 40
Meinungen Jugendlicher zur Anwendung von Gewalt

„Natürlich ist Gewalt Scheiße. Aber bevor mir einer krumm kommt, hau' ich ihm auf die Fresse. Ich bin Skinhead."
Andreas „Hacki" Hackmann, 21, Ostberlin

„Gegen Rassismus in unserem Staat muß man zurückschlagen. Labern allein hilft da nicht mehr. Die Spießer sollen mich ruhig komisch anschauen wegen meinem Äußeren. Macht Spaß, anders zu sein."
Steve Kothe, 18, Autonomer*

„Gewalt ist hier jetzt alltäglich. Ich gebe zu, manchmal sucht man auch richtig nach Randale. Weil man so einen Haß hat – auch auf sich selbst."
Ein Mitglied der „S-Bahn-Clique" von Leipzig-Grünau

(Der Stern, 29.10.92, S. 41 ff.)

M 41

„Und die Passanten schauten zu"

(Martin Kempe, Auch Kinder werden zum Ziel des Hasses; in: die tageszeitung v. 4.10.1991, S. 2)

In Krefeld wurde ein 47jähriger Türke von einem angetrunkenen 30jährigen Deutschen auf offener Straße niedergestochen – vor den Augen zahlreicher Passanten. [...] Nach Angaben der Polizei sahen die Passanten tatenlos zu, während der einschlägig vorbestrafte Täter pausenlos auf sein Opfer einstach. Selbst als der bereits schwerverletzte Türke in der Fußgängerzone zu flüchten versuchte, hat ihm niemand der Schaulustigen geholfen.

M 42

Polizei fordert Zeugen zur Zivilcourage auf

Wegen zunehmender Gewalttaten hat die Polizei die Bevölkerung aufgerufen, sich als Zeuge zur Verfügung zu stellen.

Die Landeskriminalämter bezogen ausdrücklich die Gewalt gegen Ausländer in ihr Vorbeugungsprogramm für den Monat Januar mit ein. Darin hieß es, häufig meldeten sich Personen, die eine Tat beobachtet haben, wegen befürchteter Nachteile nicht bei der Polizei: „Ohne diese Zeugenaussagen gehen viele Täter straflos aus und werden dadurch sogar noch ermuntert weiterzumachen."

Die Kripo riet Zeugen, umgehend die Polizei zu unterrichten und möglichst genaue Hinweise zu Tatzeit, -ort und Tätern zu geben. Gleichzeitig warnte sie jedoch vor allzu beherztem Eingreifen. Damit könne zwar häufig Schlimmeres verhindert werden; einmischen sollten sich Zeugen jedoch nur, „wenn dies ohne erhebliche Gefahr für sie selbst möglich ist."

Angst vor vermeintlichen Unannehmlichkeiten und Unsicherheiten im Umgang mit den Gerichten und der Polizei dürften nicht dazu führen, daß immer mehr Menschen völlig hilf- und sprachlos der Gewalt in ihrem Umfeld gegenüberständen. Außerdem wurde darauf hingewiesen, daß bei besonders gefährlichen Straftaten, wie Brandstiftungen oder Tötungsdelikten, die Zeugen gesetzlich verpflichtet sind, Anzeige zu erstatten. Auch sollte jeder in der Bevölkerung daran denken, daß er selbst einmal Opfer einer Straftat werden kann und damit auf Beobachtungen Dritter angewiesen ist.

(Neue Westfälische v. 4.1.1993)

❶ Wie begründen die drei Jugendlichen in M 40 die Anwendung von Gewalt? Überlege, wie ihre Einstellung entstanden sein könnte. Hast du Verständnis für ihre Position?

❷ Welche Motive könnten die Passanten (M 41) gehabt haben, dem verletzten Türken nicht zu helfen? Handelt es sich um einen Einzelfall, oder hast du schon von ähnlichen Fällen unterlassener Hilfeleistung gehört?

❸ Welche Verhaltensratschläge gibt die Kriminalpolizei in M 42? Wozu sind Zeugen gesetzlich verpflichtet?

❹ Wenn ihr noch mehr Informationen haben wollt, könnt ihr auch einige Schüler oder Schülerinnen eurer Klasse beauftragen, Informationen bei der Kriminalpolizei eurer Gemeinde einzuholen. Vielleicht ist sogar ein Kriminalbeamter bereit, euch im Unterricht Fragen zum Thema „Gewalt gegen Ausländer" zu beantworten. Hinweise zur Vorbereitung einer solchen Expertenbefragung findet ihr im Anhang auf S. 397.

❺ Ihr könnt auch Zeitungsschlagzeilen und Fotos zum Thema „Gewalt" sammeln und sie auf Wandzeitungen aufkleben und in der Klasse aushängen. Vielleicht habt ihr Interesse, später (z.B. gegen Ende der Unterrichtseinheit oder für eine Aktion zum 9. November) eine Ausstellung für eure Schule zu gestalten. Die Lokalzeitungen berichten in einigen Städten gerne über solche Schüleraktivitäten.

M 43

Gewaltbereitschaft Jugendlicher

Im Auftrag des STERN befragte das Forsa-Institut telefonisch 1504 junge Menschen (748 im Ost- und 756 im West-Teil Deutschlands) im Oktober 1992. Die Ergebnisse für Gesamtdeutschland wurden entsprechend dem Anteil der Jugendlichen in Ost- und Westdeutschland gewichtet (Angaben in Prozent der Befragten).

Muß man heutzutage manchmal selbst Gewalt einsetzen, um durchs Leben zu kommen?

	Deutschland	Ost	West
Ja	19	20	19
Nur um sich zu wehren	41	46	39
Ich lehne Gewalt prinzipiell ab	40	34	42

(Der Stern, 29.10.1992, S. 47)

M 44

Die Gewalt unter Jugendlichen nimmt zu

Jeder fünfte 16- bis 21jährige in der Bundesrepublik hat keine Hemmungen mehr, mal selbst Gewalt einzusetzen, „um durchs Leben zu kommen". Hochgerechnet sind es eine Million Jugendliche. Nach eigener Aussage ist fast jeder dritte Hauptschüler und jeder zweite „Rechte" gewaltbereit.
Kein Wunder, daß in diesem Klima Kampfsportschulen boomen*. Sozialarbeiter* und Erzieher bestätigen, daß immer mehr Jugendliche Karate und Kraftsport trainieren, um sich gegen wachsende Brutalität zu behaupten.
Und wo offenbar die Flimmerkiste mit Action-Helden und Video-Schokkern zum Erzieher Nr. 1 geworden ist, wo Eltern keine Grenzen ziehen und die Schule keine Orientierung mehr gibt, da fallen noch weitere Hemmschwellen. Für Prof. Hurrelmann (Univ. Bielefeld) ist es „schon bemerkenswert", wie viele inzwischen Straftaten wie Ladendiebstahl ganz o.k. finden: „Der Bruch von Gesetzen ist für viele kein Tabu mehr. Und in einer durchgeplanten Leistungsgesellschaft wächst das Bedürfnis nach starken Erlebnissen, nach riskanten Grenzerfahrungen […]"

(Der Stern, 29.10.1992, S. 47)

M 45

Legitimität* unkonventioneller politischer Beteiligung nach Alter und Region (West/Ost). Jugendstudie 1991

Die Zahlen geben an, wieviel Prozent der Befragten (s. M 46) die angegebenen Aktionsformen für berechtigt halten.

Aktionsformen		Altersgruppen				
		13–14	15–17	18–20	21–24	25–29
Unterschriftenaktionen	West	84	89	89	88	91
	Ost	82	89	86	87	88
Bürgerinitiativen	West	72	83	85	84	88
	Ost	67	78	84	89	85
genehmigte Demonstration	West	62	70	74	76	76
	Ost	68	83	74	84	84
Steuerverweigerung	West	18	21	21	21	21
	Ost	2	17	19	20	20
wilder Streik	West	12	17	17	21	19
	Ost	18	20	17	21	15
Aufhalten des Verkehrs	West	21	21	31	30	28
	Ost	15	26	36	32	31
Beschädigung fremden Eigentums	West	2	5	2	2	1
	Ost	6	3	2	0	1
Gewalt gegen Personen	West	2	4	0	2	1
	Ost	6	4	4	1	2
nicht genehmigte Demonstration	West	15	21	23	24	22
	Ost	19	31	21	29	25

(Jugend '92, Lebenslagen, Orientierungen und Entwicklungsperspektiven im vereinigten Deutschland, Jugendwerk der Deutschen Shell, Opladen 1992, Bd. 2, S. 81)

M 46

Die Jugend ist kaum gewaltbereit

(Neue Westfälische, 4.11.92)

Im Juli und August 1991 wurden insgesamt 4005 repräsentativ ausgewählte Jugendliche und junge Erwachsene im Alter zwischen 13 und 29 Jahren – zumeist zu Hause – von Interviewern mündlich befragt. Der Durchgang durch den Fragebogen dauerte mehrere Stunden.
Glaubt man den Wissenschaftlern, dann distanzieren sich in Ost und West insgesamt 98 Prozent der Jugendlichen von der Gewalt gegen Menschen. 89 Prozent sprachen sich gegen Fußball-Hooligans und 82 Prozent gegen Skinheads* aus. „Auch in Ostdeutschland gibt es eine unverändert große Mehrheit der Jugendlichen, die Gewalt ablehnt", erklärte Professor Jürgen Zinnecker von der Gesamthochschule in Siegen, einer der Leiter des Forschungs-Projekts. Zinnecker: „Rechte und gewalttätige Jugendliche im Osten befinden sich in der Minderheit und werden von den meisten Jugendlichen als Gegner und als Bedrohung erlebt." Der Pädagoge Zinnecker und sein Mit-Autor Arthur Fischer vom Forschungsinstitut Psydata in Frankfurt verteidigten auf einer Pressekonferenz die überraschenden Ergebnisse ihrer Studie gegen Umfrage-Ergebnisse anderer Institute, die in den neuen Bundesländern bei etwa 20 bis 30 Prozent der jungen Menschen Haß auf Ausländer und Bereitschaft zur Gewalt entdeckt hatten. „Wir fragen nicht einfach die aktuelle Meinung ab, wir erforschen in Tiefeninterviews* die grundlegenden Einstellungen der Menschen", erklärte der Frankfurter Diplompsychologe Fischer das abweichende Ergebnis der Shell-Studie. „Solche Überzeugungen und Werthaltungen entstehen meistens schon in der Kindheit und verändern sich im Laufe des Lebens nur sehr wenig." […]

❶ Vergleiche die Aussagen der Statistiken in M 43 und M 45.
❷ Wie erklären die Stern-Studie (M 43/44) und die Shell-Studie (M 45/46) jeweils ihre Ergebnisse?
❸ Auch für Fachleute ist es sehr schwierig zu entscheiden, welche Studie die Wirklichkeit eher trifft. Es kommt aber sehr häufig vor, daß Meinungsumfragen zu unterschiedlichen Ergebnissen führen. Worauf könnte das zurückzuführen sein? Vgl. auch die Art der Fragestellungen.
❹ Welche der in M 44 und M 46 angeführten Argumente überzeugen dich? Begründe deine Meinung.

M 47

Eine Reportage von Claudia Dammann zum Jahrestag des Brandanschlags auf eine libanesische Asylbewerberfamilie

Moderatorin (Christine Westermann):

Der Ü-Wagen steht heute in Hünxe, und heute vor einem Jahr, in der Nacht vom zweiten auf den dritten Oktober, geschah ein Brandanschlag auf dieses Asylbewerberheim in der Stadt. Zwei kleine Mädchen aus dem Libanon kommen dabei fast ums Leben, haben schlimme Verbrennungen am ganzen Körper und sind gezeichnet für immer. Unsere Reporterin Claudia Dammann steht jetzt in diesem Asylbewerberheim, und zwar genau da, wo vor einem Jahr in der Nacht die Brandbome eingeschlagen ist...

Claudia Dammann (live):

...und zwar genau in dem Zimmer, in dem vor einem Jahr im Bett der kleinen Mädchen aus dem Libanon der Brandsatz explodiert ist, im Erdgeschoß des Hauses mitten in Hünxe, in dem auch heute noch Asylbewerber und deutsche Obdachlose untergebracht sind. In diesem etwa zwölf Quadratmeter großen Raum sind alle Spuren des Mordanschlags beseitigt. Hell tapezierte Wände, die Decke weiß gekalkt, Schränke, Kommoden, ein Etagenbett aus weißem Stahlrohr, heute das Schlafzimmer von zwei deutschen Jugendlichen. Die beiden Fenster, rechts von mir zum Hof hin, sind jetzt aus einwurfsicherem Glas. Unter dem vorderen Fenster stand vor einem Jahr das Bett von Zeinab und Mokades. Der Vater Fausi Saado hat seine beiden Töchter in jener Nacht als „lebende Fackeln" – so hat er mir

Zeinab (weiß umrandet) vor dem Attentat
(Foto: action press)

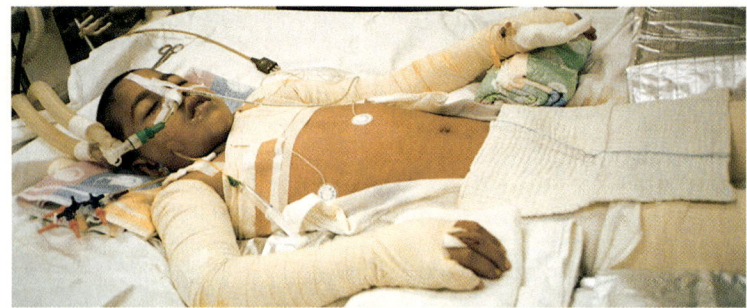

Zeinab auf der Intensivstation
(Foto: Schoenrock/action press)

das beschrieben – aus den Flammen gerissen. Dieser Raum zeigt also keine Brandmale mehr. Die drei Täter sind im Mai zu fünf bzw. dreieinhalb Jahren Jugendstrafe verurteilt worden, sitzen in verschiedenen nordrhein-westfälischen Gefängnissen. Aber wie geht es den Opfern?

Die achtköpfige Familie Saado ist aus Hünxe weggezogen, will auch verständlicherweise nie wieder nach Hünxe zurück. Deshalb habe ich die Familie in ihrer neuen Unterkunft in einem Flüchtlingswohnheim irgendwo in Nordrhein-Westfalen besucht. Beide Mädchen haben monatelang in Spezialkrankenhäusern gelegen (s. Foto rechts), müssen auch noch jahrelang weiterbehandelt werden. Die besonders schwerverletzte ältere Zeinab ist ein ausgesprochen hübsches Mädchen, ihr Gesicht ist unversehrt geblieben. Aber – ich muß es sagen – als ich ihren Körper das erste Mal gesehen habe, da habe ich meine Tränen kaum zurückhalten können. 32 Prozent ihrer Haut sind verbrannt, der Rücken bis über den Po, die Oberarme, die Haut an diesen Körperteilen ist wildes Fleisch. Überall Wucherungen und zentimeterdicke Wülste. Das Fleisch an beiden Unterschenkeln ist bis auf die Knochen weggebrannt. Die Unterschenkel sind also ganz dünn, die Füße wieder sehr wulstig, Zeinabs Körper sieht aus wie eine Kraterlandschaft.

Ich habe sie gefragt, ob sie heute noch Schmerzen hat. Zeinabs Stimme ist immer noch heiser, weil ihre Stimmbänder bei der künstlichen Beatmung verletzt worden sind.

Original-Ton Zeinab Saado:

Ja, ich hab noch Schmerzen an den Beinen, an dem Po, Armen und Füßen. Das juckt immer jeden Tag, wenn ich die Sachen anzieh, und das tut ganz, ganz weh, wenn ich schlafe. Meine Beine sind das gleiche, tut auch weh – das juckt auch. Ich muß immer so machen – reiben. Wenn ich Sport mache, wenn ich nach Hause wieder komme oder wenn ich renne, dann tut das weh. Und ich werde jeden Tag Creme gemacht, dreimal am Tag. Wenn ich von den Schule komme, dann werd ich gecremt, und gehen zum Hautarzt im Krankenhaus untersuchen. Bis ich erwachsen werd, brauch ich jedes Jahr neues Operation. Das gleiche wie meine Schwester. Das find ich ganz, ganz schlimm, was sie bei uns gemacht haben.

Claudia Dammann (live):

Die beiden Töchter Saado sind auf andauernde ärztliche Behandlung in Deutschland angewiesen. Ihr Vater ist in großer Sorge, weil er nicht weiß, wie lange seine Familie überhaupt noch in Deutschland bleiben darf. Die Aufenthaltserlaubnis gilt vorerst nämlich nur bis zum 8. Januar 1993. Ich wollte von Zeinab wissen, ob sie ein Jahr nach dem Anschlag noch Angst hat.

Original-Ton Zeinab Saado:

Jeden Tag, wenn ich schlafe, habe ich jeden Tag Angst, daß sie Bomben wieder schmeißen. Ich träum das auch manchmal, als sie die Bomben geschmissen haben und als ich noch im Krankenhaus war. Ich hab noch Angst. Wenn ich schlafen geh mit mein Schwester oder alleine. Ja, ich hab Angst von die Fenster, von die Bomben – daß die wieder das gleiche machen wie in Hünxe. Und wenn ich in die Schule bin, habe ich auch Angst. Überall, wenn ich überall geh. Die zeigen das jeden Tag auf Fernsehen, in Rostock, wie das passiert ist wie bei uns. Am dritten Oktober, als das passiert ist – ich werd das nie vergessen.

Claudia Dammann (live):

Zeinab ist heute neun Jahre und muß die zweite Klasse wiederholen, weil sie sich kaum konzentrieren kann. Sie denkt immerzu an Hünxe. Was meint sie, warum die drei Jugendlichen aus dem Dorf sie und ihre kleine Schwester beinah umgebracht haben?

Original-Ton Zeinab Saado:

Vielleicht mögen sie uns nicht, weil wir Ausländer sind. Die wollen, daß wir wieder da hingehen, wo wir waren, und die wollen wieder ihre Stadt haben. Was haben wir denn gemacht? Die sind Menschen und wir sind Menschen. Daß wir hier in Deutschland sind – wir leben alle hier in Deutschland. Wir sind die gleichen Menschen wie sie. Wir sind alle Menschen, nicht nur die.

Claudia Dammann (live)

Ich denke, diese Sätze der neunjährigen Libanesin Zeinab Saado stehen für sich. […]

(Auszüge aus dem Manuskript der Sendung im Sonntagsmagazin „Acht bis Zwölf" am 3.10.1992, WDR II)

❶ Zeinab Saado hat den Brandanschlag in Hünxe überlebt. Mit welchen körperlichen und psychischen Folgen wird sie aber vielleicht ihr ganzes Leben zu tun haben?

❷ Zeinab Saado ist kein Einzelfall. Aber selten erfährt man so viele Einzelheiten über das Schicksal der von solchen Verbrechen betroffenen Menschen. Wenn ihr euch noch etwas intensiver mit diesem Fallbeispiel beschäftigen wollt, könnt ihr auf folgende Anregungen zurückgreifen:
– Ihr könnt das Interview der Moderatorin fortsetzen. Sie (evtl. euer Politiklehrer oder eure Politiklehrerin) befragt eine Schulklasse nach ihrer Stellungnahme zu dem Attentat, den Konsequenzen, die daraus zu ziehen sind usw. Ihr könnt die Stellungnahmen in Kleingruppen schriftlich vorbereiten und dann das Interview mit einem Kassettengerät oder sogar einer Videokamera aufnehmen.
– Ihr könnt Auszüge aus dem Interview mit Zeinab in eurer Schülerzeitung abdrucken und eine Stellungnahme zu dem Attentat schreiben. Diese Stellungnahme kann auch die Form eines Briefes an Zeinab haben. – Wenn ihr Glück habt, gelingt es euch sogar, einen lokalen Radiosender für eine Reportage über „Gewalt gegen Ausländer" zu gewinnen.

Jetzt muß etwas getan werden!

In den folgenden Materialien werden Aktivitäten von Politikern, von Jugendlichen und Erwachsenen dokumentiert, die Ende 1992 nach zahlreichen Anschlägen auf Ausländer entfaltet wurden. Viele Menschen waren der Meinung, daß man bei der Gewaltanwendung gegen Ausländer nicht länger tatenlos zusehen könne, sondern aktiv etwas dagegen tun müsse. Deshalb wandten sie sich in zahlreichen Aktivitäten an die Öffentlichkeit.

M 48

„Ein deutliches Zeichen setzen!"

Aufruf der Bundestagspräsidentin Rita Süssmuth zur Teilnahme an der Berliner Demonstration am 8. November 1992

„Ein Land wie Deutschland, das aufgrund seiner demokratischen Verfassung, seiner nach innen und außen gelebten Demokratie und einer konsequent betriebenen Menschenrechtspolitik international geachtet und als das „andere Deutschland" angesehen wird, läßt nicht zu, daß rechtsradikale Gewalttäter, ihre Helfershelfer und ihre Sympathisanten brutal Unrecht begehen und die bei uns lebenden Ausländer und in Deutschland Zuflucht suchenden Asylbewerber in Ängste versetzen.

Wir lassen weder dreiste und unverschämte Fragen noch Urteile zu, die zu uns Gehörige und bei uns Lebende in ihrer Würde verletzen und herabsetzen. Schon wird wieder gefragt, ob denn zum Beispiel die Juden, die in Deutschland leben, wieder auf gepackten Koffern sitzen müssen.

Wir Demokraten haben die selbstverständliche Pflicht, uns mit aller uns zur Verfügung stehenden Macht gegen diese Kräfte von gestern und vorgestern zu wehren.

Mit der Demonstration am 8. November in Berlin wollen wir ein deutliches Zeichen setzen – spät, sicherlich, aber nicht zu spät, denn für die Gemeinsamkeiten der Demokraten gegen Ausländerhaß, Fremdenfeindlichkeit und Antisemitismus kann es nie zu spät sein.

Es sollte niemanden geben, der sich von dieser Demonstration fernhält. Hier ist Geschlossenheit in den Reihen der Demokraten nachdrücklich einzufordern.

Teilnehmen heißt: ein deutliches Zeichen setzen."

(DIE ZEIT, 6.11.92, S. 5)

M 49 **In Berlin gingen 300 000 Menschen auf die Straße**

(Foto: dpa/Kumm)

(Foto: dpa/Weissbrod)

M 50

„Die Würde des Menschen ist unantastbar."

Aus der Rede des Bundespräsidenten Richard von Weizsäcker in Berlin

„Warum haben wir uns heute hier versammelt? Weil uns unser Land am Herzen liegt. Und weil wir uns um Deutschland sorgen!

Machen wir uns nichts vor! Was im Laufe dieses Jahres geschehen ist, das hat es bei uns bisher noch nie gegeben in der Nachkriegszeit. Es geht bösartig zu: Schwere Ausschreitungen gegen Ausländerheime; Hetze gegen Fremde; Anschläge auf kleine Kinder; geschändete jüdische Friedhöfe; Verwüstungen in den Gedenkstätten der KZs Sachsenhausen, Ravensbrück und Überlingen; brutaler Rechtsextremismus, wachsende Gewalt gegen die Schwachen, egal ob gegen Fremde oder Deutsche; Brandstifter und Totschläger sind unterwegs.

Und was tun wir deutschen Bürger dagegen? Die Sache herunterspielen? Wegsehen? Uns an tägliche Barbareien* gewöhnen? […]

Das dürfen wir niemals tun! Es ist doch unser eigener demokratischer Staat! Er ist so stark oder so schwach, wie wir selbst – jeder und jede von uns – aktiv für diese Demokratie eintreten.

Natürlich können wir nicht immer reibungslos zusammenleben. Dennoch gibt es immer etwas ganz Entscheidendes, das uns über alle Konflikte hinweg verbinden muß. Die Absage an die Gewalt. Und die Zusage an die Würde des Menschen. Daß wir diese Übereinstimmung täglich durchsetzen. Das ist für unsere Demokratie absolut lebensnotwendig.

"Wir Deutschen haben es in einer langen Geschichte leidvoll erlebt, wohin das Faustrecht des Stärkeren oder die Diktatur* führen. Immer ist die Humanität* das Opfer. Aus dieser Erfahrung zieht unsere Verfassung die Lehre mit ihrem ersten Artikel: Die Würde des Menschen ist unantastbar. Sie steht jedem zu, unabhängig von Alter und Geschlecht, von Hautfarbe, Religion und Nationalität. Sie hängt nicht ab von Hautfarbe, Religion und Nationalität. [...]

Die Würde ist das Fundament des Grundrechtes. Aber leben kann sie nur davon, daß jeder von uns es als Verpflichtung versteht. Ich kann die Würde meines Nachbarn nicht von meiner eigenen trennen. Und wenn ich ihm nicht helfe, seine eigene Würde zu schützen, dann beschädige ich auch meine. Der Schwache ist auf sie angewiesen, der sich nicht selber helfen kann, der Fremde, der mit den Verhältnissen nicht vertraut ist. Das sind Grundregeln des menschlichen Anstandes, zu denen wir zurückfinden müssen. Ohne sie würden wir in die Barbarei zurückfallen. [...]

In zwei Stunden wird es dunkel. [...] Dann beginnt nach den Regeln des Alten Testaments der neue Tag. Es ist der 9. November, ein deutsches Schicksalsdatum. Mehrfach in unserer Geschichte wurde er zum Fanal für einen gewalttätigen Verlust unserer Freiheit [...] als die Juden beraubt, auf offener Straße gejagt und ihre Synagogen angezündet wurden. Dann kam vor drei Jahren am 9. November der Tag der Freiheit [...] Wir verdanken es nicht nur uns selbst oder den Moskauer Reformern, sondern auch unseren alliierten Freunden, daß wir heute hier mitten in Berlin zu einer Demonstration uns versammeln können. [...]

Daß wir alle zusammen für die Würde des Menschen einstehen, gegen Gewalttäter von allen Seiten, gegen die, denen es nur um ihren Krach geht und nicht um ihre Mitmenschen. Für Deutsche, für Fremde, für die Menschenwürde. Das ist unsere Verantwortung als freie Bürger."

(Frankfurter Rundschau, 9.11.92, S. 4)

❶ Stelle die Argumente zusammen, mit denen die Bundestagspräsidentin und der Bundespräsident die Bevölkerung auffordern, etwas gegen die Gewalt gegen Ausländer zu tun (M 48, M 50).

❷ Der Bundespräsident nennt den 9. November ein deutsches Schicksalsdatum. Am 9. November 1938 wurden Juden auf offener Straße beraubt, ihre Häuser und Synagogen wurden zerstört. Wenn ihr genauere Informationen über die „Reichskristallnacht" haben wollt, bittet doch euren Politiklehrer oder eure Politiklehrerin, euch Material zur Reichskristallnacht zur Verfügung zu stellen.

M 51

**Bundesliga protestiert/
Lichterkette in Hamburg/
Rockkonzert in Frankfurt**

Ein Zeichen gegen Ausländerfeindlichkeit und Rassismus* haben gestern die wichtigsten deutschen Rockmusiker und 150 000 Besucher des Frankfurter Konzerts gegen rechts gesetzt. Am Abend haben 300 000 Menschen eine Lichterkette um die Alster gebildet als Protest gegen Rechtsradikalismus und für Toleranz*.

Drei Stunden lang warben die 30 Rockkünstler auf einem Open-air Konzert unter dem Motto „Heute die! Morgen Du!" mit ausgesuchten Songs für Toleranz und verurteilten Gewalt gegen Ausländer und Minderheiten. Ein so großes gemeinsames Konzert deutscher Interpreten hatte es zuvor noch nicht gegeben.

Gegen Rassismus und Ausländerfeindlichkeit haben am Wochenende auch die 18 Klubs der Fußballbundesliga und Tausende von Zuschauern in den Stadien demonstriert. Die Spieler trugen statt der üblichen Trikotwerbung den Slogan „Mein Freund ist Ausländer" auf der Brust. Prominentester Mitstreiter war Bundespräsident Richard von Weizsäcker.

(Neue Westfälische, 14.12.92)

| M 52 | Fußball-Bundesliga gegen Rassismus

Freunde

„Mein Freund ist Ausländer." Unter diesem Motto stand am Wochenende der letzte Hinrundenspieltag in allen Stadien der Fußball-Bundesliga. Unterstützt wurde die Aktion gegen Rassismus und Fremdenfeindlichkeit von Bundespräsident Richard von Weizsäcker (links), der im Dortmunder Westfalenstadion auf der Tribüne ausländische Mitbürger begrüßte. Neben einheitlicher Trikotbeschriftung statt der üblichen Sponsorenlogos begleiteten in allen Städten ausländische Kinder die Stars auf das Feld. „Der Fußball muß sich seiner gesellschaftspolitischen Verantwortung stellen", begündete BVB-Präsident Gerd Niebaum (Mitte) die von seinem Klub initiierte Aktion. Negativ fielen nur die Zuschauer in Dresden auf, die sich trotz des Mottos „Friedlich miteinander" über die Entscheidung von Schiedsrichter Helmut Krug aus Gelsenkirchen erbost zeigten und auf den Rängen randalierten.

(Foto: dpa/Zentralbild Berlin, F.P. Tschauner)

(Neue Westfälische, 14.12.1992; Verf.: Jörg Rinne)

| M 53 |

Lichterkette in Hamburg

(Foto: dpa/Fotoreport DB)

| M 54 |

Rockkonzert in Frankfurt

Keiner wollte fehlen. Fast alle Größen der deutschen Rock- und Popmusik sind gestern denn auch in Frankfurt (Main) zu einem Festival gegen Ausländerfeindlichkeit zusammengekommen. Gruppen wie hier die Scorpions sangen auf dem Messegelände vor 150 000 Menschen und gaben damit unter dem Motto „Heute die – morgen du" ein Signal gegen Rassenhaß.

(Foto: AP, Frankfurt)

(Neue Westfälische, 14.12.92)

❶ In M 51–M 54 werden Aktivitäten der Bevölkerung dargestellt. Trotz der großen Demonstration in Berlin am 8. November 1992 hörten die Gewalttaten gegen Ausländer nicht auf. Im Dezember fanden weitere Großkundgebungen statt. Wer nahm an diesen Kundgebungen teil? Wie wurde die Teilnahme begründet? Wie beurteilst du diese Aktivitäten?

❷ Im Ausland haben die Gewalttaten gegen Ausländer Entsetzen hervorgerufen. In einigen Zeitungen stand sogar, daß Deutschland wieder in alte Zeiten zurückfalle, daß die Nazizeit wiederkehre. Einzelne ausländische Großunternehmen stoppten auch ihre Investitionspläne in Deutschland. Viele Schülerinnen und Schüler haben Brieffreunde in England, Frankreich und anderen Ländern, viele Schulen haben Schulpartnerschaften im Ausland. Vielleicht habt ihr Interesse daran, euren Brieffreunden oder Austauschpartnern genauere Informationen über Aktivitäten rechtsradikaler Gruppen gegen Ausländer, aber auch über Aktivitäten der Bevölkerung gegen Ausländerhaß zukommen zu lassen. Ihr könnt euch in einem Brief auf die in diesem Kapitel abgedruckten Materialien beziehen, solltet aber auch aktuelle Informationen hinzuziehen. Ein Brief an eine Partnerschule kann auch in der Schülerzeitung veröffentlicht werden, ebenso wie eine mögliche Antwort der Partnerschule oder einzelner Brieffreunde.

Was kann die Schule tun?

In diesem Abschnitt geht es vorrangig um die Frage, was Schülerinnen und Schüler tun können, um in der Öffentlichkeit Gewalt und Ausländerhaß entgegenzuwirken. Die Materialien sollen Anregungen sein, auch eigene Ideen zu produzieren.

M 55

Wir machen ein Projekt zum 9. November

Der 9. November ist ein „Schicksalsdatum" für Deutschland, so der Bundespräsident Richard von Weizsäcker in seiner Rede am 8. November 1992 in Berlin (s. M 50). An zahlreichen Schulen sind in den letzten Jahren immer wieder Veranstaltungen und Projekte durchgeführt worden, die sich mit der Vernichtung der Juden durch das Nazi-Regime, aber auch mit Gewalt und Haß gegen ausländische Bürger und Bürgerinnen in der Bundesrepublik Deutschland befaßten. Ein Projekt kann von einer einzelnen Klasse durchgeführt werden. Es kann aber auch eine ganze Jahrgangsstufe, die Schülervertretung oder sogar die ganze Schule teilnehmen. Neben Einzelveranstaltungen kann auch ein ganzer Projekttag durchgeführt werden. Da an den meisten Schulen bereits Projekttage durchgeführt wurden, hier nur die folgenden kurzen Hinweise:

Ein Projekt ist ein Arbeitsvorhaben mit einem begrenzten, genau festgelegten Thema. Im Vergleich zum normalen Unterricht sollen die beteiligten Schülerinnen und Schüler eine größere Selbstverantwortung und Selbständigkeit bei der Planung und Durchführung des Projektes haben. Am Ende der Arbeit soll ein vorzeigbares Ergebnis stehen, z.B. in Form einer schriftlichen und/oder bildhaften Dokumentation eines handwerklichen oder eines darstellerischen Produktes. In den meisten Fällen kann ein Projekt nicht innerhalb des Rahmens der normalen Schulstunden mit 45 Minuten durchgeführt werden, sondern macht eine längere zusammenhängende Arbeitszeit notwendig.

Im folgenden sind eine Reihe von Gesichtspunkten und Hinweisen über die Planung eines Projekts zusammengestellt. Ihr könnt sie im Sinne einer Checkliste nutzen und daraus für euer Vorhaben eine passende Auswahl treffen.

1. Zielgruppe	– alle Schüler/Schülerinnen und Lehrer/Lehrerinnen (evtl. auch Eltern) – bestimmte Klassen oder Jahrgangsstufen
2. Auswahl der Träger der Veranstaltung aus der Schule und evtl. der Gäste	– Beiträge einzelner Fächer oder Fächergruppen – Beiträge einzelner Klassen oder Jahrgangsstufen – Beiträge von Eltern und außerschulischen Experten und Gesprächspartnern (z.B. ausländische Mitbürger, Asylbewerber, Vertreter örtlicher Flüchtlingsbeiräte, Vertreter von Parteien und Gewerkschaften…)
3. Festlegung des zeitlichen Rahmens	– Veranstaltungen für zwei oder drei Schulstunden – Halbtagsveranstaltungen – Ganztagsveranstaltungen
4. Organisatorische Vorbereitung und Durchführung	– personelle Verantwortlichkeiten (SV, Schulleitung, Projektgruppe…) – Beteiligung einzelner Fächer und Fachkonferenzen (z.B. Politik, Geschichte, Erdkunde, Religion, Deutsch, Kunst, Englisch, Französisch…) – Organisation der äußeren Rahmenbedingungen (Räume, Material) – zeitlicher Ablauf (Beginn, Pausen, Ende)
5. Inhaltliche Orientierungen	(Die nachfolgenden Überlegungen erheben nicht den Anspruch, vollständig zu sein. Sie lassen sich durch zahlreiche weitere Beispiele ergänzen.) Im Rahmen eures Projekts könnt ihr auch Produkte vorstellen, die ihr schon in eurem Unterricht erarbeitet habt: – z.B. von euch schon erstellte Wandzeitungen zum Thema „Gewalt gegen Ausländer" – eine Stellungnahme für die Schülerzeitung, eine Radioreportage oder einen Filmreport zum Brandanschlag gegen Zeinab Saado in Hünxe (s. M 47) oder – eine Dokumentation über Aktivitäten gegen Gewalt, wie sie z.B. in den Materialien in M 48–M 54 dargestellt werden.

Ihr könnt (evtl. auch unter Einbeziehung des Kunstunterrichts) eine Plakataktion machen und die Plakate in der Schule aufhängen. Ein Beispiel für eine Plakataktion findet ihr in M 56 a.

M 56 a

Parolen gegen Ausländerhaß

(Foto: Pressefoto Michael Seifert)

M 56 b

Eine Videodokumentation

Eine Video-Dokumentation über die Meinung von Kölner BürgerInnen zum Thema Ausländer und Inländer war Teil der Vorbereitung auf den Berufsschul-Aktionstag.

(Foto: Ogando/Laif)

Auch eine Videodokumentation über die Meinung von Bürgern und Bürgerinnen eurer Stadt (s. auch das Foto in M 56 b zu einem Kölner Berufsschul-Aktionstag) könnte von euch erstellt werden. Wenn ihr nicht mit der Videokamera arbeiten wollt, könnt ihr auch Tonbandinterviews machen, die ihr dann für eine Radioreportage verwenden könnt. In dieser Reportage könnt ihr auch zu einzelnen Meinungen Stellung beziehen.

Es gibt zahlreiche gute Filme zum Thema „Rechtsextremismus und Ausländerhaß". Beim DGB-Bundesvorstand könnt ihr die entsprechenden Filmkataloge bestellen. Der Verleih ist kostenlos.
Adresse: DGB-Bundesvorstand, Hans-Böckler-Str. 39, 40476 Düsseldorf

An einigen Schulen gibt es Arbeitsgemeinschaften, die sich mit dem Nationalsozialismus, den Neonazis oder dem Zusammenleben von Deutschen und Ausländern befassen. Ein Projekttag könnte eine weitere fortbestehende Arbeitsgemeinschaft ins Leben rufen. Informationsmaterial bekommt ihr auch bei folgenden Adressen:

- IDA (Informations-, Dokumentations- und Aktionszentrum gegen Ausländerfeindlichkeit für eine multikulturelle Zukunft e.V., ein Verein kirchlicher, politischer, gewerkschaftlicher und sportlicher Jugendorganisationen), Charlottenstr. 55, 40210 Düsseldorf
- Aktion Gemeinsinn e.V., eine Vereinigung unabhängiger Bürger in Deutschland, Prinz-Albert-Str. 30, 53113 Bonn 1, Tel. 0228-222306
- DGB-Bundesvorstand, Hans-Böckler-Str. 39, 40476 Düsseldorf

2 Familie

(Fotos: ANTHONY/Burbeck [2], Moes, Photographers Library, H. Theissen [2], Photographers; IFA-Bilderteam-Int. Stock)

Die Fotos auf der Titelseite dieses Kapitels geben verschiedene Aspekte wieder, die zum „Thema Familie" gehören. Betrachtet die einzelnen Bilder genau, und überlegt, welche Gesichtspunkte, welche Fragen und Probleme darin angesprochen werden. Formuliert und listet diese Punkte auf. Viele von ihnen werden Gegenstand der verschiedenen Abschnitte des folgenden Kapitels sein.

Wozu braucht man eine Familie?

M 1 a

Anekdote

(Handreichungen zur Hauswirtschaftswissenschaft, Landesinstitut für schulpädagogische Bildung, Düsseldorf 1972, S. 52)

In einer Wohnung finden sich abends folgende Zettel: „Bin im Sportclub, komme nicht vor halb 11 Uhr nach Hause, Karli". Daneben: „Komme erst nach der Tanzschule um 10 Uhr, Mizzi." Weiter: „Bin im Familienverein, komme nicht vor 11 Uhr. Der Braten ist für Karli, der Strudel für Mizzi. Eure Mutti." Dann noch ein Zettel: „Gehe nach der Versammlung noch ins Kaffeehaus, wird etwas länger dauern. Paps." Und schließlich ein letzter: „War um 9.00 Uhr hier, habe Braten und Strudel gegessen und den Schmuck mitgenommen. Der Einbrecher."

M 1 b

Was Herr Clark „von denen zu Hause" erwartet

(Hess/Handel, 1975, S. 62)

Interviewer: Wo werden Sie öfter wütend, zu Hause oder am Arbeitsplatz?
Herr Clark: Zu Hause wahrscheinlich.
Interviewer: Warum?
Herr Clark: Zu Hause hat man ein größeres Recht, ärgerlich zu werden. Von denen zu Hause erwartet man mehr Nachsicht. Im Geschäft könnte man die anderen verärgern, und sie würden es nicht vergessen.

M 1 c

Was Hartmut (10 Jahre) meint

(Zeitschrift Eltern, Nr. 11/1976, S. 114 [aus einer Umfrage von Prof. Heribert Heinrichs, Hildesheim])

„Ich liebe meine Eltern, 1. weil sie mir das Leben geschenkt haben, 2. für mich sorgen, 3. mich nicht im Stich lassen, 4. mich kleiden, 5. mich nicht verhungern lassen, 6. mich mit in den Urlaub nehmen, 7. mir Geburtstags- und Weihnachtsgeschenke machen, 8. mich taufen ließen, 9. mir das Sprechen beigebracht haben, 10. ein eigenes Zimmer eingerichtet haben, 11. bei den Hausaufgaben helfen."

M 1 d

„Die Verwandtschaft ist eine Plage"

„Mein liebes Kind, du hast doch eine Familie, nicht wahr? Und daher mußt du wissen, was das ist: Verwandtschaft. Siehst du, mit den Verwandten ist das so:
Verwandte klucken immer zusammen und wissen alles voneinander. Sie wissen von den Interna der Familie gewöhnlich mehr als von ihren eigenen Sachen, um die sie sich kümmern sollten – sie wissen in allem Bescheid, was die andern machen – ganz genau. Und sie sind unglücklich, wenn sie es nicht wissen. Sie telefonieren fast alle zwei Tage miteinander, sie hocken aufeinander und dicht zusammen. Und darüber stöhnen sie.
Sie sagen alle: Ach, die Familie! Wenn ich das bloß nicht brauchte! Wie mir das zum Halse herauswächst! Wie mir davor graut!
Aber sie nehmen es todübel, wenn einer absagt, wenn einer nicht genügend ‚Interesse' bezeigt, wenn einer nicht dabei ist. Es gibt ganz offizielle Gelegenheiten, die keinesfalls ausgelassen werden dürfen; als da sind: alle Geburtstage, Weihnachten, Silvester, alle Hochzeiten, natürlich – ja, da werden wir wohl nicht drumherumkommen! – na, und dann natürlich beinahe alle Sonntage. Natürlich. ‚Sonntags sind wir in Familie' – heißt das. Der

ganze Sonntag ist hin. Sonntag ist eigentlich nur schön bis morgens zehn Uhr, am schönsten um acht, wenn man sich noch mal rumdrehen und weiterschlafen kann. Aber dann ist es aus. Dann sind wir in Familie. Das geht reihum, weißt du, und man sieht immer wieder dieselben Gesichter und hört wieder dieselben Gespräche und dieselben Stimmen und alles das. Und es wird einem so über – so mächtig über! Aber was will man machen? ‚Sonntags ist man in Familie.' Und dann wird alles erzählt, und Blicke werden gewechselt, und todsicher ist natürlich mindestens einer oder eine beleidigt. Darauf kannst du dich verlassen. Manchmal schmeißt auch einer die Serviette hin und geht raus. Aber gewöhnlich geht ihm dann einer nach und holt ihn wieder zurück…

Die Verwandschaft ist eine Plage, die der liebe Gott sonst ganz gesunden Menschen auferlegt hat, damit sie nicht zu übermütig werden! Das ist es."

(Kurt Tucholsky, Gesammelte Werke Bd. 10, Reinbek 1985, S. 163 f.; geschrieben 1925)

❶ Wir haben an den Anfang dieses Kapitels drei kurze Texte (M 1 a–c) gestellt, die euch dazu anregen sollen, zunächst einmal selbst darüber nachzudenken, wozu man eigentlich eine Familie braucht. Überlegt, was jeder der drei Texte zum Ausdruck bringen will, und tragt dann zusammen, was euch sonst noch als Antwort auf die Titelfrage einfällt.

❷ M 1 d geht auf einen Gesichtspunkt ein, der auch für viele Jugendliche ein Problem darstellt. Schließt ihr euch der Klage des Autors an, oder gibt es Argumente, die man dagegen anführen könnte?

M 2
Die Aufgaben der Familie

Die Aufgaben (Funktionen), welche die Familie für ihre Mitglieder und für die gesamte Gesellschaft erfüllt, haben sich im Laufe der Geschichte gewandelt. So war z.B., als es noch keine allgemeine Schulpflicht gab, die Familie weitgehend für die Bildung und Ausbildung der Kinder zuständig; und solange es noch keine Kranken- und Rentenversicherung* gab, mußte die Familie allein für die Krankheitskosten aufkommen und für die Alterssicherung sorgen. Heute lassen sich im allgemeinen vier Aufgaben der Familie unterscheiden:

● Die Familie ist der wichtigste Bereich, in dem Kinder geboren werden und aufwachsen. Sie sorgt dafür, daß die Gesellschaft nicht ausstirbt, daß sie sich immer wiederherstellt (reproduziert; *„Reproduktionsfunktion"*). Inwieweit die Familie in Deutschland dieser Aufgabe gerecht wird, davon wird später (M 13, M 31) die Rede sein.

● Die Eltern in der Familie sorgen durch ihre Arbeit dafür, daß die Kinder das erhalten, was sie zum Leben und Aufwachsen unbedingt brauchen: Nahrung, Wohnung, Kleidung, Schutz vor Gefahren usw. Die Eltern sichern also die äußeren Lebensbedingungen, die „Existenz" der Kinder und ihre eigene (Funktion der *„Existenzsicherung"*).

● Über die äußeren Lebensbedingungen hinaus kümmern sich die Eltern aber auch darum, daß ihre Kinder die Fähigkeiten erwerben, die man braucht, um mit den Mitmenschen umgehen und mit ihnen leben zu können. Anders ausgedrückt: Durch ihre Erziehung machen die Eltern ihre Kinder zu „sozialen" Wesen (*„Sozialisationsfunktion"*).

● Die Familie ist eine „Kleingruppe", in der die Beziehungen der Mitglieder besonders eng und vertraulich sein können. Sie stellt einen privaten, überschaubaren und verläßlichen Raum dar, in den Kinder und Eltern sich zurückziehen können, um Probleme und Spannungen zu besprechen und zu verarbeiten, die sich in der oft schwierigen und belastenden Umwelt (z.B. in der Schule, im Beruf) ergeben können (Funktion des *„Spannungsausgleichs"*).

(Autorentext)

57

❶ Versucht, die in M 2 genannten vier „Funktionen" der Familie möglichst konkret und möglichst mit eigenen Worten zu erläutern.
❷ Erklärt, was der Charakter der Familie als „Kleingruppe" damit zu tun hat, daß sie sich für die Verarbeitung und den Abbau von Spannungen, die außerhalb der Familie entstehen, besonders gut eignet.
❸ Versucht, was ihr den einleitenden Texten (M 1 a–c) entnehmen konntet und was ihr selbst auf die Titelfrage zu antworten hattet, den vier Funktionen zuzuordnen.

Wir wollen im folgenden Abschnitt näher auf die *Sozialisationsfunktion* der Familie eingehen, die viele schon deshalb für die wichtigste Aufgabe der Familie halten, weil der Mensch durch die Erziehung in der Familie mehr oder weniger für sein ganzes Leben geprägt wird. Warum Menschen ohne Erziehung nicht auskommen können, wie wichtig in dieser Beziehung gerade die früheste Phase der kindlichen Entwicklung ist und welche Bedingungen für eine gelungene „Sozialisation"* die Familie gewährleistet bzw. gewährleisten soll, das wollen wir nicht abstrakt darstellen, sondern anhand der Beschreibung zweier interessanter Experimente* verdeutlichen.

M 3

Das Experiment Kaiser Friedrichs II. (1194–1250)

Der Franziskanermönch Salimbene von Parma berichtet in seiner Chronik von einer Reihe merkwürdiger Experimente*, die Friedrich durchgeführt haben soll.
Eines Tages, so berichtet Salimbene, wollte der Kaiser durch ein Experiment ergründen, „welche Art Sprache und Sprechweise Knaben nach ihrem Heranwachsen hätten, wenn sie (vorher) mit niemandem sprächen". Zu diesem Zweck ließ er etliche neugeborene Kinder ihren Müttern wegnehmen und Ammen und Pflegerinnen übergeben. Dann befahl er den Ammen und Pflegerinnen, „sie sollten den Kindern Milch geben, daß sie an den Brüsten saugen möchten, sie baden und waschen, aber in keiner Weise mit ihnen schöntun und zu ihnen sprechen. Er wollte nämlich erforschen, ob sie die hebräische Sprache sprächen, als die älteste, oder die griechische oder lateinische oder arabische oder aber die Sprache ihrer Eltern, die sie geboren hatten. Aber er mühte sich vergebens, weil die Kinder alle starben". Mit rührenden Worten kommt Salimbene zu dem Schluß: „Denn sie vermochten nicht zu leben ohne das Händepatschen und das fröhliche Gesichterschneiden und die Koseworte ihrer Ammen und Nährerinnen".

(Eberhard Horst, Friedrich der Staufer, Claassen, Düsseldorf 1989, S. 190 f.)

M 4

Die Rhesusaffen-Versuche Harlows

Der amerikanische Psychologe Harlow (ein Wissenschaftler, der die Ursachen für das Denken und Handeln der Menschen erforscht) hat mit Rhesusaffen folgende Experimente* angestellt:
Um die Beziehungen der Affenkinder zu ihren Müttern unbeeinflußt zu studieren, mußte er (Harlow) die Affenjungen zunächst einmal sofort nach der Geburt von ihren Müttern trennen. So nahm er in einer ersten Versuchsreihe über 60 neugeborene Rhesus-Affenjungen 6–12 Stunden nach der Geburt von ihren Müttern fort und ließ sie von Tierpflegern an kleinen Flaschen aufziehen. Es zeigte sich, daß es ohne weiteres möglich war, die Tiere ohne ihre Mütter großzuziehen. Die Flaschenkinder waren sogar bis zu 25% größer und schwerer als die gewöhnlich von ihren Müttern aufgezogenen Jungen, und ihre Sterblichkeit war wesentlich geringer. [...]
Bei der Aufzucht beobachteten die Forscher, daß die im Laboratorium heranwachsenden Säuglinge vom 1. Tag an eine starke Anhänglichkeit an den Stoffbezug des Käfigbodens zeigten. Die Kleinen klammerten sich an die Gazewindeln und gerieten in Temperamentsausbrüche, wenn diese zur

Reinigung ausgewechselt werden mußten [...] Die auf blanken Drahtkäfigböden aufgezogenen Tiere gediehen besonders in den ersten 5 Tagen viel schlechter. Aber bereits Drahtkegel, an denen die Tiere sich festhalten konnten, verbesserten ihre Lebensbedingungen. Wenn die Kegel schließlich mit Stoff bezogen wurden, wuchsen stramme, gesunde und glückliche Affenkinder heran. Die Beobachter vermuteten, daß für die Aufzucht der Tiere nicht so sehr die Nahrung als vielmehr das Kontaktbedürfnis entscheidend sei [...]

An dieser Stelle setzten die Attrappenversuche Harlows an, in denen das Kontaktbedürfnis unter kontrollierten Bedingungen untersucht werden sollte. Es wurden künstliche, leblose Ersatzmütter gebaut, die ohne überflüssige Beigaben das Notwendigste enthielten [...] Besondere Sorgfalt wurde darauf gelegt, daß die Ersatzmutter dem Kind Gelegenheit gab, seine Kontaktbedürfnisse zu befriedigen. Das Gestell war mit Schaumgummi und einem weichen Frottee-Baumwollstoff überzogen, und eine Lampe im Innern strahlte Wärme aus [...] Zur Änderung der Kontaktbedingungen wurde nun noch eine zweite Mutterattrappe gebaut [...] Diese Ersatzmutter hatte die gleichen Ausmaße, bestand aber nur aus einem Drahtgeflecht ohne Stoff, das keine so angenehmen und bequemen Kontaktberührungen wie die Stoffmutter erlaubte [...] Nach den vorhergegangenen Beobachtungen war es nicht sehr verwunderlich, daß sich die neugeborenen Äffchen sehr schnell den Mutterpuppen näherten, sich an ihnen festhielten und an sie gewöhnten. Erstaunlicherweise entwickelten sie an den Attrappen alle jene Verhaltensweisen, die normal aufgezogene Tiere ihren natürlichen Müttern gegenüber zeigen. Sie klammerten sich wie an natürliche Mütter an, suchten Schutz bei ihnen und bauten lebhafte Gefühlsbeziehungen wie zu gewöhnlichen Müttern auf [...] Dabei ließ sich eine eindeutige Bevorzugung der Stoffmutter gegenüber der Drahtmutter nachweisen. Die Äffchen kümmerten sich in dem Konflikt Nahrungs- gegen Kontaktbedürfnis um die Drahtmütter überhaupt nicht, solange die Stoffmütter Milch gaben. Hatte die Stoffpuppe keine Milch, so gingen sie zum Trinken zu dem Drahtgestell und kehrten alsbald aber wieder zur Stoffmutter zurück.

[...] Mit zunehmendem Alter und Lernfortschritt wurde die Anhänglichkeit an die nahrungsspendende Drahtmutter immer geringer und die Zuneigung zu der nicht nährenden Stoffmutter immer größer.

So kräftig und frei von Krankheiten die unter den verschiedensten Isolierungsbedingungen herangewachsenen Affenbabys auch waren, es erwies sich später, daß sie in ihrem Gefühlsleben gestört waren und, auf die Dauer gesehen, anfangs verborgene, schwere Entwicklungsschäden davongetragen hatten. Das galt nicht nur für die an Drahtmüttern aufgezogenen Tiere, deren ungünstigere Entwicklung Harlow nicht so sehr überrascht hatte, sondern auch für die milder isolierten Stoffmutterkinder [...] Viele Affen umfaßten [...] ihren Kopf und Körper mit Armen und Beinen, stellten sich in zusammengekauerter Haltung tot oder schaukelten während längerer Perioden hin und her. Ein solches Verhalten ist uns aus den Heimbeobachtungen bei gestörten Kindern bekannt, die nachts und manchmal auch tagsüber den Körper hin und her wiegen, indem sie etwa von einem Bein aufs andere treten oder den Kopf hin und her werfen, gelegentlich mit so heftigen Schlägen, daß Verletzungen entstehen. Oft entwickelten die Äffchen zwanghafte Gewohnheiten, z.B. faßten sie ein und dasselbe Fellstückchen auf ihrer Brust und rieben es hunderte Male am Tag zwischen den Fingern [...] In selbstschädigenden Verhaltensweisen kauten die Tiere an ihren Händen, Armen, Füßen oder Beinen bis ins Fleisch hinein [...] Die

(Fotos: Harry F. Harlow, University of Wisconsin Primate Laboratory)

Störung der Gefühlsbindung durch die Mutterentbehrung wirkte sich auf die anderen Gefühlsbereiche aus, die Beziehungen zu den Altersgenossen und zu den Geschlechtspartnern. Brachte man die isolierten Tiere im Laufgitter und Spielzimmer mit Altersgenossen zusammen, so zögerten sie, irgendwelche Spiele aufzunehmen, benahmen sich sehr zurückhaltend, waren furchtsam und gegenüber Annäherungsversuchen der anderen von vornherein ablehnend oder feindselig eingestellt. Wenn sie angegriffen wurden, konnten sie sich auch nicht verteidigen und spielten besonders älteren und wild aufgewachsenen Tieren gegenüber die Rolle des Prügelknaben. Diese Hemmungen zeigten sich besonders deutlich im Verhalten dem anderen Geschlecht gegenüber […] Sie zeigten keinerlei Interesse am anderen Geschlecht und wurden in sieben Beobachtungsjahren niemals bei normalem Paarungsverhalten beobachtet […]

Verheerend waren die Folgen bei den zwei Affenkindern, die ein Jahr lang gänzlich in Isolierung gehalten wurden […] Sie hatten in der Isolierung dank der guten Pflege gesundheitlich zwar keinen Schaden gelitten und waren auch körperlich normal entwickelt, was sich z.B. im Zustand ihres Pelzes zeigte. Aber noch ein bis zwei Jahre nach Aufhebung der Isolierung kauerten sie nur in der Ecke und nahmen untereinander keinen Kontakt auf […] Wenn es bei den 6 Monate oder länger isolierten Tieren mit Mühe gelungen war, eine Schwangerschaft herbeizuführen, so konnten sie ihrer Mutterschaft nicht gerecht werden. Man erwartete bei ihnen vergebens Verhaltensweisen, die man bei Tieren und Menschen als durch den „Mutterinstinkt" gesichert ansieht. Ohne mütterliche Zuwendung in der eigenen Kindheit war ihr Gefühlsleben derart verkümmert, daß sie ihren eigenen Kindern hilflose, hoffnungs- und herzlose Mütter abgaben […] Anders als natürliche Mütter blieben sie völlig gleichgültig und zeigten keine positiven Gefühlsbindungen, wenn man ihnen die Babys wegnahm und zu anderen Tieren gab. Sie griffen ihre Kinder im Gegenteil ohne Grund an, schlugen und bissen sie, manchmal bis sie bluteten, so daß die Versuchsleiter für das Leben der Babys fürchten mußten. Sie konnten es nicht verhindern, daß 4 der Säuglinge unter den Mißhandlungen der Mütter schließlich an den Verletzungen und an Verhungern starben. Einem Neugeborenen wurden in der ersten Stunde nach der Geburt 6 Finger abgebissen, bevor die Wärter es vor der Mutter retten konnten.

(E. Schmalohr: Frühe Mutterentbehrung bei Mensch und Tier. München/Basel 1968, S. 86 ff.)

❶ Beschreibe das Experiment Friedrichs II. und erläutere, warum nach Darstellung des Chronisten die Kinder starben (M 3). Welche Bedürfnisse – über die nach Nahrung, Wohnung, Kleidung (s. M 2) hinaus – müssen befriedigt werden, damit ein Mensch leben kann?

❷ Beschreibt zunächst möglichst genau den Aufbau und den Ablauf des Experiments* von Harlow (M 4).
– Was war nach der Trennung von der Mutter im Hinblick auf das Nahrungs- und Kontaktbedürfnis der Affenkinder zu beobachten?
– Harlow baute zwei Ersatzmütter (Attrappen) auf. Welches Bedürfnis der Affenkinder wurde durch beide Attrappen befriedigt, welches nur durch eine von beiden? Kann man sagen, welches Bedürfnis wichtiger war?
– Welche verschiedenen Folgen ergaben sich für die weitere Entwicklung der von ihren Müttern getrennten Affenkinder?

❸ Welche allgemeinen Aussagen über die Entwicklungsbedingungen von Affenkindern lassen die Harlowschen Experimente zu (M 4)?

❹ Wir können hier nicht die in der Wissenschaft viel diskutierte Frage entscheiden, inwieweit grundsätzlich die Ergebnisse von Tierexperimenten und -beobachtungen, wie sie die Verhaltensforschung* liefert, auch zur Erklärung menschlichen Verhaltens herangezogen werden können. Fragt dazu auch euren Biologie-Lehrer, und wendet euch an dieser Stelle zunächst dem Bericht über die Untersuchung von René Spitz (M 5) zu.

M 5

Kinder ohne Dauerpflege- und Bezugsperson*

Im Laufe einer über längere Zeit fortgesetzten Studie des Säuglingsverhaltens haben wir 123 Kleinkinder beobachtet, das heißt unterschiedslos sämtliche Insassen, die zu jener Zeit in der betreffenden Anstalt lebten, jedes zwölf bis achtzehn Monate lang. Wir trafen in dieser Anstalt, hier Säuglingsheim genannt, ein auffallendes Syndrom* an. Im allgemeinen hatten diese Säuglinge im Säuglingsheim während der ersten sechs Monate ihres Lebens gute Beziehungen zu ihren Müttern und entwickelten sich gut. In der zweiten Hälfte des ersten Jahres legten jedoch einige von ihnen ein weinerliches Verhalten an den Tag, das in auffallendem Gegensatz zu ihrem früheren fröhlichen und freundlichen Benehmen stand. Nach einer Weile wurde die Weinerlichkeit von einer Kontaktverweigerung abgelöst. Die Kinder lagen dann meist auf dem Bauch in ihrem Bettchen, den Kopf weggewendet, und weigerten sich, an dem Leben ihrer Mitwelt Anteil zu nehmen. Wenn wir uns näherten, wurden wir meistens nicht beachtet, obwohl manche Kinder uns mit suchendem Ausdruck beobachteten. Wenn wir auf der Annäherung bestanden, fingen sie an zu weinen, manchmal auch zu schreien. Es machte keinen Unterschied, ob der Beobachter ein Mann oder eine Frau war.

Das weinerliche, zurückhaltende Verhalten pflegte zwei oder drei Monate lang anzudauern; manche dieser Kinder verloren in dieser Zeit an Gewicht, anstatt zuzunehmen. Das Pflegepersonal berichtete, daß einige Kinder an Schlaflosigkeit litten; [...] Alle Kinder zeigten eine wachsende Anfälligkeit für hinzutretende Erkältungen. Ihre Entwicklungsquotienten* zeigten zunächst einen Rückstand in der Persönlichkeitsentwicklung, dann ein allmähliches Absinken.

Dieses Verhaltenssyndrom dauerte etwa drei Monate lang und wurde immer schlimmer. Dann hörte die Weinerlichkeit auf, an ihre Stelle trat eine „gefrorene" Starre des Gesichtsausdrucks. Nun pflegten diese Kinder mit weitgeöffneten, ausdruckslosen Augen dazuliegen oder dazusitzen, mit erstarrtem, unbeweglichem Gesicht und abwesendem Ausdruck, wie in einer Betäubung; offenbar sahen sie gar nicht, was um sie herum vor sich ging. Es wurde immer schwieriger, mit den Kindern, die dieses Stadium erreicht hatten, Kontakt aufzunehmen, schließlich wurde es unmöglich. Dann konnte man bestenfalls nur noch Schreien auslösen.

Unter den 123 Kindern, die wir während des ganzen ersten Lebensjahres beobachteten, fanden wir bei 19 Versuchspersonen dieses deutlich ausgeprägte Syndrom*[...]

Wir entdeckten, daß alle Kinder, bei denen sich dieses Syndrom entwickelte, eine Erfahrung gemeinsam hatten: Zu irgendeinem Zeitpunkt zwischen dem sechsten und achten Lebensmonat wurde ihnen die Mutter während eines praktisch ununterbrochenen Zeitraums von drei Monaten entzogen. [...]

Vor der Trennung hatte die Mutter ihr Kind ganz und gar versorgt. Aufgrund der besonderen Umstände, die in dieser Anstalt herrschten, hatte sie mehr Zeit mit dem Kind zugebracht als bei einem Leben im Familienmilieu. Nach der Trennung von ihren Müttern entwickelte sich bei jedem dieser Kinder das oben beschriebene Syndrom. Es erschien bei keinem Kind, dessen Mutter nicht entfernt worden war.

(R. Spitz/W. Cobliner: Vom Säugling zum Kleinkind, Stuttgart 1969, S. 280 f., 284 f.; Übers.: G. Theusner-Stampa)

M 6

Wie Kinder eine Person werden

(Nach: Erikson, E.H.: Kindheit und Gesellschaft, Stuttgart 1966, S. 241 ff. Aus: W. Hilligen u.a., Sehen – Beurteilen – Handeln, Frankfurt 1978, S. 35)

Wenn das Kind täglich erlebt, wie sein Hunger gestillt wird, wie es sauber gemacht wird, wie es die gleichen Berührungen und Worte fühlt und hört, dann bringt es das Wohlbehagen, das es empfindet, in Verbindung mit den Menschen, die es umsorgen. Es entwickelt ein Ur-Vertrauen, das es erst der „Bezugsperson", das ist meist die Mutter, entgegenbringt, aber auch anderen Menschen. Die Welt, die ihm nach der Geburt feindlich erschienen ist und nun freundlich und zuverlässig, gibt ihm allmählich das Gefühl, das es selbst einen Wert besitzt. Das ist die Voraussetzung dafür, daß das Kind später Ich-Stärke entwickelt. Es weiß damit, daß es eine Person mit eigenen Rechten ist und wird fähig zur Selbstbestimmung.

M 7

Besondere Eignung der Familie

R. Spitz hatte festgestellt, daß Kinder, die ihre frühe Kindheit in einem Heim verbracht haben, in dem zwar für ihr materielles und körperliches Wohl gesorgt wurde, die liebevolle Zuwendung einer festen Bezugsperson aber fehlte, körperlich und geistig zurückblieben gegenüber Kindern, die von ihrer Mutter betreut wurden, selbst wenn dies unter äußerlich sehr ungünstigen Bedingungen (etwa im Gefängnis) geschah. Diese ersten Untersuchungen sind kritisiert und zum Teil auch korrigiert worden. Man hat auch die Frage geprüft, ob nicht die fehlende Anregung, die fehlenden Lernanreize in den Heimen an den negativen Folgen schuld seien. Die Grundthese hat sich jedoch nicht widerlegen lassen. [...] Die Bedingungen für eine erfolgreiche Sozialisation* des Kleinkindes scheint die Familie noch am besten zu gewährleisten.

Sie schafft in der Regel den geschützten, durch Überschaubarkeit, Stabilität und Zuverlässigkeit gekennzeichneten Bereich, in dem ein Kind Sicherheit, Vertrauen in andere und Zutrauen zu sich selbst gewinnen kann. Hier ist noch am ehesten zu erwarten, daß das Kind von mindestens einer „Dauerpflegeperson" die liebevolle Zuwendung erfährt, die es für seine Entwicklung braucht. Eine vollständige Garantie bietet die Familie allerdings nicht: Es gibt auch Eltern, die nicht für Sicherheit, Vertrauen, liebevolle Zuwendung sorgen können oder wollen. Allerdings ist es schwer vorstellbar, daß die Ansprüche des kleinen Kindes von Personen erfüllt werden können, die Kinderbetreuung etwa als Beruf betreiben und geregelte Arbeitszeit, freies Wochenende und regelmäßigen Urlaub beanspruchen wie jeder andere Berufstätige auch. Der „professionelle* Erzieher" ist deshalb eher als Ergänzung von Familie und Eltern denkbar und nicht als deren Ersatz.

(M. Schwonke; Sozialisation und Sozialstruktur, Stuttgart 1981, S. 43–45)

❶ Beschreibt die einzelnen Züge des Krankheitsbildes (Syndroms), das bei der beobachteten Kindergruppe im Säuglingsheim zu erkennen war. Worauf ist es nach Meinung der Forscher zurückzuführen (M 5)?

❷ Stellt fest, welche Parallelen in den Untersuchungsergebnissen von Harlow und Spitz zu erkennen sind. Vorausgesetzt, daß diese Entsprechungen kein Zufall sind (s. aber Arbeitshinweis 6 zu M 4): Welche Schlüsse könnte man aus ihnen ziehen im Hinblick auf die Bedingungen, die für eine günstige Entwicklung von Kindern gegeben sein müssen?
Welche Voraussetzungen kann in dieser Hinsicht die Familie bieten?

❸ Erläutert die beiden in M 6 genannten wichtigen Begriffe. Warum sollte jeder Mensch „Ur-Vertrauen" und „Ich-Stärke" besitzen? Wovon ist die Entwicklung dieser Eigenschaften abhängig? Vgl. hierzu auch M 18.

❹ M 7 nimmt noch einmal Bezug auf die Untersuchungen von R. Spitz (vgl. M 5). Was ist konkret mit „Überschaubarkeit, Stabilität und Zuverlässigkeit" gemeint, und warum sind diese Bedingungen am ehesten in der Familie, weniger in Einrichtungen mit Berufserziehern gegeben?

Wie sieht die Familie heute aus?

M 8

Was ist überhaupt eine Familie?

Was eine Familie ist, ist nicht so einfach zu bestimmen, wie es scheint. Im allgemeinen meinen wir, daß wir es mit einer Familie zu tun haben, wenn ein Ehepaar mit seinen eigenen oder angenommenen unmündigen oder unverheirateten Kindern zusammenlebt (**Kernfamilie** – nicht zu verwechseln mit der modernen Kleinfamilie).

Dieser enge Begriff der Kernfamilie legt fest, daß Kinder in einer „vollständigen" Familie einen Vater und eine Mutter besitzen. Ist sie „unvollständig", weil ein Elternteil aufgrund von nicht-ehelicher Geburt, Trennung oder Verwitwung fehlt, kann von Mutter- bzw. Vaterfamilie im Unterschied zur Elternfamilie gesprochen werden. Wohnt eine Familie – gleich, ob vollständig oder unvollständig – allein in einem Haushalt, so stellt sie eine **Kleinfamilie** dar. Die **Großfamilie** umfaßt demgegenüber eine Kernfamilie, die mit anderen Kernfamilien bzw. anderen Erwachsenen zusammenlebt. Sie ist entweder Verwandschaftsfamilie oder Wohngemeinschaft/Kommune, je nachdem, ob zwischen den Mitgliedern der Großfamilie über die Grenze der Kernfamilie hinaus Verwandtschaftsbeziehungen bestehen oder nicht. Die Kleinfamilie unterscheidet sich von der Großfamilie also dadurch, ob Eltern und deren Kinder, also die Kernfamilie, allein oder mit anderen in einer Haushaltsgruppe vereinigt sind.

Fraglich ist, ob der gemeinsame **Haushalt** als Bestimmungselement einer Familie notwendig ist, denn auch der gezwungenermaßen von seiner Familie getrennt lebende Ehemann (Gastarbeiter, Forscher etc.) hat immer noch eine Familie.

In der Familienstatistik wird davon ausgegangen, daß als Familie auch **Ehepaare** vor der Geburt eines Kindes gelten. Haben die Kinder den elterlichen Haushalt verlassen, verbleibt eine „Restfamilie". Zur Kategorie der **Restfamilien** gehören auch verheiratet Getrenntlebende, Verwitwete und Geschiedene, d.h. Personen, die zu einem früheren Zeitpunkt verheiratet waren, nicht jedoch alleinstehende Ledige. Nach dieser Abgrenzung des Familienbegriffs können in einem Privathaushalt mehrere Familien leben.

(Autorentext)

M 9 a

Deutsches Familienbild

Gesamtzahl der **Familien**: 22 Mio (= 63,9 Mio Menschen = 80% der gesamten Bevölkerung der BRD 1991)
Gesamtzahl der **Kinder** in Familienhaushalten: 22,4 Mio
davon:
über 18 J.: 7,0 Mio (32%)
6–18 J.: 10,1 Mio (45%)
1–5 J.: 5,2 Mio (23%)

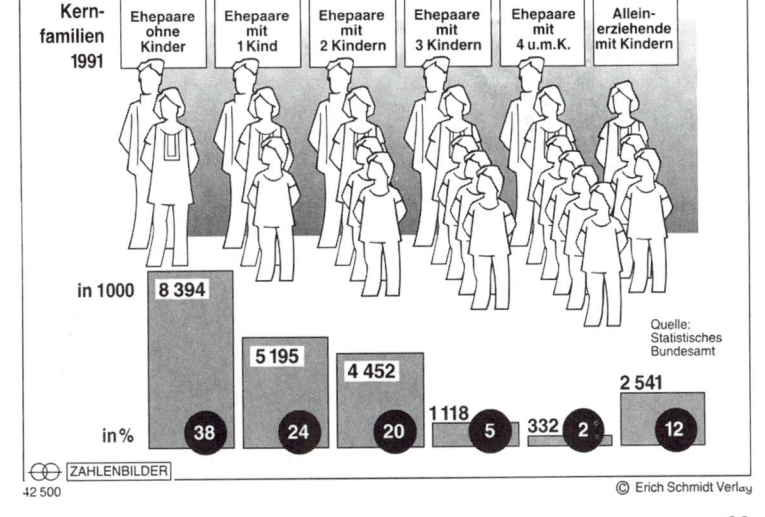

Kernfamilien 1991

	Ehepaare ohne Kinder	Ehepaare mit 1 Kind	Ehepaare mit 2 Kindern	Ehepaare mit 3 Kindern	Ehepaare mit 4 u.m.K.	Alleinerziehende mit Kindern
in 1000	8 394	5 195	4 452	1 118	332	2 541
in %	38	24	20	5	2	12

Quelle: Statistisches Bundesamt

ZAHLENBILDER 42 500 © Erich Schmidt Verlag

M 9 b

"Deutsche Familien haben heutzutage durchschnittlich 1,7 Kinder!!!"

Früher waren es volle Zahlen.

M 10 a

Abschied vom Familienleben

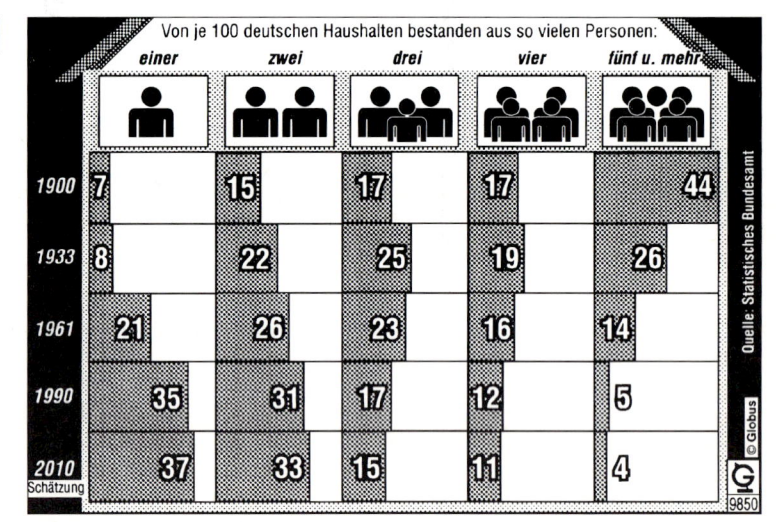

Von je 100 deutschen Haushalten bestanden aus so vielen Personen:

	einer	zwei	drei	vier	fünf u. mehr
1900	7	15	17	17	44
1933	8	22	25	19	26
1961	21	26	23	16	14
1990	35	31	17	12	5
2010 Schätzung	37	33	15	11	4

Quelle: Statistisches Bundesamt

Gesamtzahl der Haushalte 1991: rd. 35 Mio (ganz Deutschland)

M 10 b

Private Haushalte in Westdeutschland

1972 insgesamt 22.994	Anzahl in Tausend	insgesamt 28.175 1990
6.014	Singles	9.849
137	Nichteheliche Lebensgemeinschaften	963
223	Wohngemeinschaften	229
768	Ehepaare mit Kindern und Enkeln	353
10.587	Ehepaare mit Kindern	10.394
5.265	Ehepaare ohne Kinder	6.387

Quellen: Stat. Bundesamt, IW

In der Kategorie „Ehepaare mit Kindern" sind auch Alleinstehende mit Kindern enthalten.

❶ Stellt aus M 8 eine nach den verschiedenen Familienbegriffen geordnete Übersicht her, in der ihr diesen Begriffen (Kernfamilie, Kleinfamilie usw.) stichwortartig die wichtigsten Merkmale zuordnet. Klärt auch, wodurch sich der Begriff des Haushaltes von dem der Familie unterscheidet.

❷ Beschreibe anhand von M 9 a die Verteilung der verschiedenen Familienformen in Deutschland (1991). Was fällt dir auf? Wie groß ist der Anteil der Formen, die unseren Vorstellungen von einer „Normalfamilie" entsprechen?

❸ Berechnet aus M 9 a die durchschnittliche Kinderzahl pro Familie mit Kindern. Vergleicht dazu die Karikatur M 9 b. Was versteht der zweite Kaffeetrinker nicht? Zu welcher Durchschnittszahl gelangt man, wenn man auch die kinderlosen Ehepaare in die Berechnung einbezieht?

❹ Überprüft durch eigene Berechnung die Richtigkeit folgender Aussagen (M 9 a):
– Mehr als 40% der Ehepaar-Familien hatten 1991 keine Kinder.
– Fast jedes vierte Kind war 1991 ein Einzelkind.
– Fast jede zweite Ehepaar-Familie mit Kindern war eine Familie mit Einzelkind.
– Nur rd. 7% der Ehepaar-Familien hatten drei oder mehr Kinder.

❺ Die beiden Grafiken M 10 a/b braucht ihr nicht in allen Einzelheiten zu analysieren. Für unseren Zusammenhang ist die Beantwortung folgender Fragen wichtig:
– Welche Entwicklung bei den Haushaltsgrößen ist besonders auffallend (M 10 a)?
– Warum ist die Überschrift zu M 10 a („Abschied vom Familienleben") nicht ganz korrekt?
– Welche schon 1972 selten vorhandene Familienform (3,3% der Haushalte) ist 1990 kaum noch vorhanden (1,2% der Haushalte)? (M 10 b)
– Die Wohnbevölkerung hat in Westdeutschland von 1972 bis 1990 nur um ca. 2,6% (von 61,7 Mio. auf 63,3 Mio.) zugenommen. Wie erklärt sich die Zunahme der Zahl der Haushalte von knapp 23 Mio. auf 28,2% (also um ca. 22%)? (M 10 b)
– Welche Fragen ergeben sich, zu denen die Grafiken keine Aussagen machen?

Die Familie reicht weiter, als es scheint

M 11

Es wird häufig argumentiert, daß der Gesellschaft die Bedürfnisse der Arbeitswelt zunehmend wichtiger würden als die Belange von Familie und Elternschaft.

Mit dem Hinweis auf steigende Scheidungszahlen, eine abnehmende Geburtenrate* und die unübersehbare Zunahme der Einpersonenhaushalte wird in der Öffentlichkeit häufig der Niedergang von Ehe und Familie heraufbeschworen.

Solche Thesen stützen sich aber nun hauptsächlich auf das Porträt der Familie, das die amtliche Statistik mit Hilfe des „Mikrozensus" zeichnet. Diese Erhebung, die jährlich ein Prozent der Bevölkerung erfaßt, dient vor allem dazu, einen Überblick über grundlegende Tendenzen der Bevölkerungs- und Erwerbsstrukturen zu erhalten. Weil der Mikrozensus nur solche Familien erfaßt, deren Mitglieder eine Haushaltsgemeinschaft bilden, bleiben die „gelebten Beziehungen" häufig unberücksichtigt, wie etwa die 60jährige Witwe, die sich täglich um ihre in der Nachbarschaft oder gar im gleichen Haus lebende Mutter kümmert. Das „Gefühl Familie", aber auch praktische familienbezogene Hilfen, wie die Pflege bejahrter Eltern, sind jedoch nicht an Haushaltsgrenzen gebunden.

Wie weit gespannt und gleichzeitig engmaschig familiäre Netze wirklich sind, zeigt nun der sogenannte „Familien-Survey", den das Deutsche Jugendinstitut, München, unter Leitung seines Vorstands, Professor Hans Bertram, im Auftrag des Bundesministeriums für Familie und Senioren durchgeführt hat. In der bisher größten Studie zur Situation von Familien in der Bundesrepublik Deutschland, die auch Ergebnisse über die Situation in den neuen Bundesländern liefern wird, wurden mehr als 10 000 Personen zwischen 18 und 55 Jahren zu ihren familiären Lebensverhältnissen befragt. Familie wurde dabei nicht nur am Kriterium „gemeinsamer Haushalt" gemessen. Die Befragten gaben auch darüber Auskunft, wer in ihrem Leben „familiäre Funktionen" (gegenseitige finanzielle Unterstützung, gemeinsame Mahlzeiten, gemeinsame Freizeit, enge persönliche Bindung) erfüllt. Außerdem sollten die befragten Personen angeben, wen sie subjektiv zum Kreis ihrer Familie zählen.

Wie sich das Bild von der Familie verändert, wenn man den Blick auf die Familie über die Haushaltsgrenzen hinaus ausweitet, zeigt bereits der zahlenmäßige Vergleich der Familienmitglieder. Die Gesamtheit aller Mitglieder von „Haushaltsfamilien" deckte lediglich 46,6 Prozent der Personen ab, die wenigstens eine der familiären Funktionen (s.o.) erfüllten, und nur 44,1 Prozent des subjektiv wahrgenommenen Familienkreises. Einpersonenhaushalte, deren Anteil im Survey mit zwölf Prozent ermittelt wurde und die modisch „Singles" genannt werden, gelten zwar häufig als Inbegriff für den Zerfall der traditionellen Bindungen, doch bedeutet allein in einem Haushalt zu leben keineswegs auch, alleinzustehen.

26 Prozent der Betreffenden hatten einen Lebenspartner, ein Viertel davon mindestens ein Kind, das außerhalb des Haushaltes lebte. Weitere fünf Prozent der Befragten hatten zwar keine Partnerschaft, aber mindestens ein außerhalb lebendes Kind. Aber auch die übrigen zwei Drittel der Alleinlebenden konnten – so wie die anderen Befragten – zwei Personen nennen, zu denen sie eine enge persönliche Bindung unterhielten, mit denen sie wichtige Dinge besprachen oder mit denen sie ihre Freizeit verbrachten. Die Alleinlebenden zählten im Mittel zwei bis drei Personen zu ihrer Familie – nur eine weniger als der Bevölkerungsschnitt.

Auf die Gruppe der „Ein-Generationen-Familie", das sind Ehepaare ohne Kinder im Haushalt, entfielen im Survey 1400 Befragte. Derartige Familien werden oft zu Unrecht als „DINKis" (Double Income, No Kids – doppeltes Einkommen, keine Kinder) klassifiziert. In Wirklichkeit hatte aber fast die Hälfte dieser Haushalte Kinder, die zwar nicht im Elternhaus, doch von diesen weniger als eine Stunde Wegstrecke entfernt lebten und zudem regen Kontakt mit ihren Eltern pflegten. Der Zusammenhalt war ähnlich stark wie bei Ehepaaren, die mit ihren Kindern in einem Haushalt leben.

Nach den auf den Haushalt bezogenen Erhebungen des Mikrozensus leben nur vier Prozent der Deutschen in Mehrgenerationenhaushalten (mit drei und mehr Generationen) zusammen. Doch auch dieses Bild wird den tatsächlichen Verhältnissen nicht gerecht. Ein Großelternteil, der in der unmittelbaren Nachbarschaft lebt, verwandelt eine Zweigenerationenfamilie häufig in eine Mehrgenerationenfamilie. Wenn man nur die Fälle berücksichtigt, in denen die dritte Generation in 15 Minuten Fußweg erreichbar ist, steigt der Anteil der Mehrgenerationenfamilien von vier auf 21 Prozent. In diesen Fällen wurden auch durchgehend intensiv gepflegte familiäre Bande festgestellt.

Der Survey zeigt darüber hinaus, daß Familien, wenn Kinder da sind, weit beständiger sind als gemeinhin angenommen wird: Trotz steigender Scheidungszahlen wachsen über 80 Prozent der Kinder bis zu ihrer Volljährigkeit bei beiden Eltern auf.

Auch die Kategorie „ledige Personen mit und ohne Kinder" täuscht mehr Beziehungslosigkeit vor, als das tatsächlich der Fall ist. Von diesen Personen hatte die Hälfte schon mindestens eine Partnerschaft hinter sich, 30 Prozent lebten in einer Partnerschaft. Die meisten Ledigen mit Kindern – nämlich 75 Prozent – haben einen Lebenspartner.

(deutscher forschungsdienst, df-digest Sonderausgabe 1/91, Bonn 1991, S. 8 ff.; Verf.: Rolf Degen)

Wir hatten schon darauf hingewiesen, daß die üblichen Statistiken den „Abschied vom Familienleben" nicht klar beweisen (s. Arbeitshinweis 3 zu M 10 a). M 11 weist auf eine Reihe wichtiger Gesichtspunkte hin, die die Behauptung vom „Niedergang von Ehe und Familie" relativieren. Beantwortet dazu die folgenden Fragen:

❶ Welche Daten erfaßt der sogen. „Mikrozensus", auf dem die meisten Statistiken beruhen? Worüber sagt er nichts aus?

❷ Wie ist demgegenüber die genannte Untersuchung des Deutschen Jugendinstitutes angelegt?
Welche Aspekte zählt sie neben dem gemeinsamen Haushalt auch zu den „familiären Funktionen"?

❸ Welches Bild ergibt sich nach dieser Untersuchung für die sog. „Singles" und ihre familiären Bedingungen?

❹ Welche Gesichtspunkte sind für die Einschätzung von „Ehepaaren ohne Kinder" und Mehrgenerationshaushalten (Großfamilien) zu beachten?

M 12

Die Entwicklung der Geburtenzahlen

Die Grundlinie der Geburtenentwicklung [...] verläuft in den beiden deutschen Gesellschaften in den drei ersten Nachkriegsjahrzehnten ähnlich und weist die Form einer großen Welle auf: Ein Geburtenanstieg, der sog. Babyboom, in den späten 50er und frühen 60er Jahren erreicht den Gipfel Mitte der 60er Jahre; ihm folgt nach dem sog. „Pillenknick" (eine mißverständliche Bezeichnung, da sie das komplexe Ursachenbündel ausblendet) ein Jahrzehnt eines dramatischen Geburtenrückgangs, wobei die Talsohle der rasanten Abwärtsbewegung Mitte der 70er Jahre erreicht wird (Einzelheiten in Abb. 1). Der Babyboom [...] ist als Spätwirkung des Zweiten Weltkrieges zu deuten. Er wurde ausgelöst durch nachgeholte Eheschließungen, die der Krieg verhindert hatte, sowie durch die wirtschaftliche und soziale Stabilisierung nach den Wirren der Kriegs- und Nachkriegsjahre.

Abb. 1: Lebendgeborene 1950–1989 (in 1000)

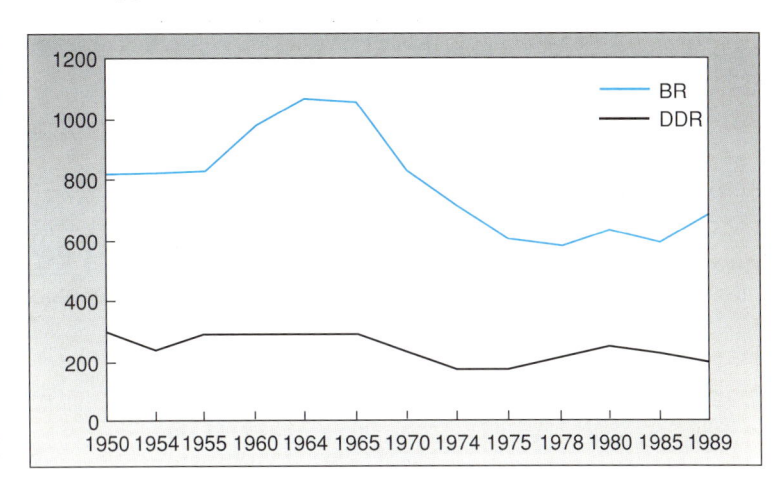

(Erstellt nach: Statistische Jahrbücher 1990)

Die geburtenstarken Jahrgänge der 60er Jahre werden manchmal mit Recht als benachteiligte Generation bezeichnet. Im Laufe ihrer Lebensgeschichte schieben sie sich durch das Gefüge der gesellschaftlichen Institutionen – aus dem „Geburtenberg" wurde zunächst ein „Schülerberg", dann ein „Lehrlingsberg" und „Studentenberg", z. Zt. bildet er einen „Berg von Arbeits- und Wohnungssuchenden", und später wird er einmal ein „Rentenberg". Bei ihrem Marsch durch die Gesellschaft lösen die geburtenstarke Jahrgänge Anpassungsprobleme in den Bildungseinrichtungen, auf dem

**Abb. 2:
Geburten je 100 Frauen**

Summe der altersspezifischen Geburtenziffern (15–45 Jahre)

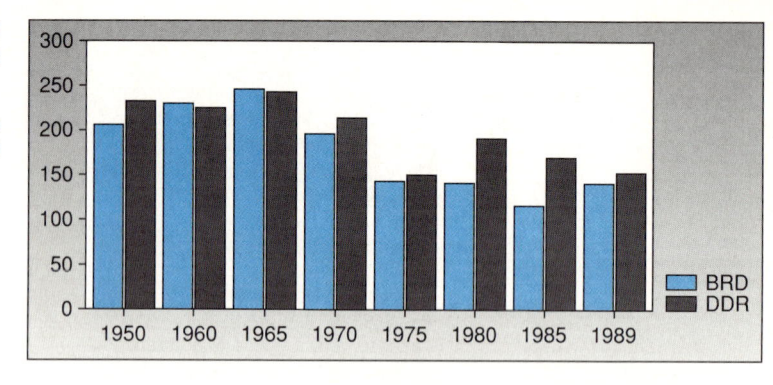

(Balkendiagramm: BRD und DDR für die Jahre 1950, 1960, 1965, 1970, 1975, 1980, 1985, 1989)

Tab. 1:

Jahr	Überschuß der Geborenen (+) bzw. Gestorbenen (–) in Tausend	
	Früheres Bundesgebiet	Gebiet der ehem. DDR
1950	+284	+84
1960	+326	+59
1965	+367	+51
1970	+ 76	– 4
1971	+ 48	– 0
1972	– 30	–34
1973	– 95	–52
1974	–101	–50
1975	–149	–59
1976	–130	–38
1977	–123	– 3
1978	–147	– 0
1979	–130	+ 2
1980	– 93	+ 7
1981	– 98	+ 5
1982	– 95	+12
1983	–124	+11
1984	–112	+ 7
1985	–118	+ 2
1986	– 76	– 1
1987	– 45	+12
1988	– 10	+ 3
1989	– 16	– 7
1990[1]	+ 14	–26

[1] Vorläufiges Ergebnis

1992 betrug das Defizit in Gesamtdeutschland 76 800, 1993 erhöhte es sich auf 98 800. In Ostdeutschland wurde 1993 nur noch 80 500 Kinder geboren (1989: 206 000). Vgl. M 13c.

(Statistisches Bundesamt)

(Rainer Geißler, Die Sozialstruktur Deutschlands, Opladen 1992, S. 286 ff.)

Arbeits- und Wohnungsmarkt und im System der sozialen Sicherung aus, die ihre Lebenschancen beeinträchtigen: Wo sie auftauchen, wird es eng und knapp.

Der drastische Geburtenrückgang nach 1964 wird aus den folgenden Zahlen deutlich: 1965 brachten 100 westdeutsche Frauen im statistischen Durchschnitt noch 250 Kinder zur Welt, 1985 nur noch 120; bis 1989 hat sich diese Zahl wieder leicht auf 144 erhöht (s. Abb. 2). Die rasante Talfahrt der Geburtenzahlen führte dazu, daß seit 1972 in der Bundesrepublik mehr Menschen starben als geboren wurden. Geburtendefizite waren vorher nur aus Krisenzeiten – z.B. durch Kriegseinwirkungen – bekannt. In den 70er Jahren war die Bundesrepublik daher auch die einzige Industriegesellschaft mit dieser Erscheinung, 1982 folgte Ungarn, 1984 Dänemark (vgl. Tab. 1).

Die folgenden Zahlen verdeutlichen, daß der Geburtenrückgang in der Bundesrepublik einen langfristigen Trend fortsetzt: Um die Jahrhundertwende wurden in Deutschland 36 Kinder auf 1 000 Einwohner geboren, 1960 nur noch 17, 1980 noch 13. Der Tiefpunkt dieser Entwicklung wurde 1984 mit 9,5 erreicht.

Mitte der 70er Jahre hatten die Westdeutschen die niedrigste Geburtenrate pro 1000 Einwohner der Welt, sie waren sozusagen zum „Weltmeister im Kinderverhüten" avanciert. In den letzten Jahren stieg die Zahl wieder geringfügig auf 11 (1989) an; dadurch wurde die Bundesrepublik 1987 von den Italienern auf Platz 2 verdrängt. [...]

Seit etwa zwei Jahrzehnten – in der BR seit 1969, in der DDR seit 1971 – werden nicht mehr genug Kinder geboren, um die Bevölkerung – bei Nichtbeachtung der Wanderungsbewegungen – in ihrem Bestand zu erhalten. Um so die „Reproduktion" der Bevölkerung zu gewährleisten, müßte jede Frau im statistischen Durchschnitt knapp 2,2 Kinder zur Welt bringen. In der Bundesrepublik wurden 1989 nur 64% und in der DDR nur 74% der Kinder geboren, die nötig sind, um den derzeitigen Umfang der Bevölkerung ohne Zuwanderung langfristig zu sichern.

Tab. 2:

Bevölkerungsentwicklung in Deutschland bei verschiedenen Wanderungsannahmen 1990–2050

Jahr	Bevölkerung in Millionen		
	ohne Zuwanderung	jährl. Zuwanderung von 250 000	jährl. Zuwanderung in Mio. zwecks Bevölkerungskonstanz
1990	79,1	79,1	0
2000	77,4	80,8	0,3
2010	74,0	80,1	0,4
2020	69,0	78,2	0,5
2030	62,9	75,2	0,5
2040	55,8	71,2	0,6
2050	48,4	66,8	0,6

(Günter Buttler, Deutschlands Wirtschaft braucht Einwanderer, in: Hans-Ulrich Klose [Hrsg.], Altern der Gesellschaft. Antworten auf demographischen Wandel, Köln 1993, S. 63)

M 13 a

Sterben die Deutschen aus?

(Zeichnung: Horst Haitzinger)

M 13 b

„Drastisches Absinken"

(Rüdiger Peuckert, Familienformen im Wandel. Opladen 1991, S. 73 f.)

„Der Anstieg der Geburtenzahlen seit 1989 ist eine Folge des Eintritts der geburtenstarken Jahrgänge der 60er Jahre ins gebärfähige Alter und nicht die Folge eines veränderten generativen (Kinder zeugenden) Verhaltens. Die Experten sind sich einig, daß ab dem Jahr 2000 wegen der rückläufigen Zahl der Frauen im heiratsfähigen Alter selbst bei gleichbleibender oder leicht zunehmender Geburtenfreudigkeit mit einem drastischen Absinken der absoluten Zahl der Geburten zu rechnen ist."

M 13 c

Entwicklung in Ostdeutschland
Verschiebung der Altersstruktur

(Lexikon aktuell '94, Dortmund 1993, S. 110, 222)

In den ostdeutschen Bundesländern ging 1991 aufgrund der sozial und wirtschaftlich unsicheren Lage sowie wegen der Abwanderung junger Menschen die Zahl der Geburten gegenüber dem Vorjahr um 38,8%, 1992 gegenüber 1991 noch einmal um 27% zurück. Die Zahl der Eheschließungen war 1992 gegenüber 1989 um 64% gefallen. In Westdeutschland stieg die Zahl der Geburten 1992 gegenüber dem Vorjahr um 2,3% an. Die Lebenserwartung von Deutschen ist seit Anfang der 70er Jahre um fast fünf Jahre auf durchschnittlich 75,5 Jahre gestiegen. Nach Schätzungen des Statistischen Bundesamts (Wiesbaden) wird der Anteil der über 60jährigen an der Bevölkerung bis 2030 auf 34,9% (24,4 Mio) steigen (1992: 20,5%, 16,5 Mio).

M 14

Die Ursachen des Geburtenrückgangs

Die Ursachen des Geburtenrückgangs lassen sich nicht mit ausreichender Sicherheit und Genauigkeit feststellen. Im allgemeinen geht man aber davon aus, daß mindestens vier verschiedene Ursachen eine Rolle spielen. Dabei bleibt allerdings unklar, welches Gewicht den einzelnen Ursachen zukommt (zu den Ursachen der Entwicklung in Ostdeutschland seit 1989 s. M 13c).

1. Wandel der Aufgaben und der Struktur der Familie

    Früher gab es eine größere Zahl von Familienbetrieben* als heute. Die Mithilfe der Kinder in diesen Betrieben und ihre Fürsorge bei Krankheit und Alter der Eltern waren daher wichtige Gründe für hohe Kinderzahlen. Die Fürsorgeleistungen werden heute hauptsächlich durch staatliche Einrichtungen (Krankenversicherung, Rentenversicherung, Arbeitslosenversicherung) erbracht, und Familienbetriebe gibt es in größerer Zahl eigentlich nur noch auf dem Lande. Fast jede dritte Bauernfamilie hat heute noch mindestens drei Kinder, aber nur jede zehnte Familie außerhalb der Landwirtschaft. In jeder fünften Bauernfamilie leben noch drei Generationen unter einem Dach, außerhalb der Landwirtschaft nur noch in jeder 36. Familie.

2. Anspruchsvoller Lebensstil

Kinder stellen für die Familien einen erheblichen finanziellen Kostenfaktor dar (vgl. dazu später M 40). Sie schränken die Bewegungsfreiheit der Eltern, insbesondere der Mütter, räumlich und zeitlich stark ein. Das steht im Widerspruch zu den höheren Ansprüchen, die heute die meisten Menschen im Hinblick auf den Lebensstandard (Wohnung, Kleidung, Luxusgüter, Reisen) und die persönliche Ungebundenheit haben.

3. „Emanzipation" der Frauen

Solange die Kindererziehung immer noch hauptsächlich Sache der Frauen ist, bindet sie besonders Mütter ans Haus. Aber immer mehr Frauen haben den Wunsch, einer Berufstätigkeit außerhalb des Hauses nachzugehen und sind deshalb bereit, ggf. auf Kinder (oder doch auf mehrere Kinder) zu verzichten. Heute sind in den alten Bundesländern ca. 60% aller Frauen im Alter von 25 bis 60 berufstätig, noch 1969 waren es nur 45%.

4. Familienplanung

Die Geburt eines Kindes bzw. der Verzicht auf Kinder wird durch Aufklärung und bessere Methoden der Empfängnisverhütung (z.B. durch die „Pille") planbarer. Es ist aber keineswegs so, daß die „Pille" der entscheidende oder gar der einzige Grund für die rückläufige Geburtenentwicklung ab Mitte der 60er Jahre war; der Begriff „Pillenknick" vermittelt hier einen falschen Eindruck. Die Pille hat allerdings dazu beigetragen, daß man die gewünschte Kinderzahl auch tatsächlich realisieren konnte.

(Autorentext nach: Rainer Geißler, Die Sozialstruktur Deutschlands, Opladen 1992, S. 289 f.)

M 15

Was gegen Kinder spricht

Frage: Was macht es Ihrer Ansicht nach heute schwer, Kinder in die Welt zu setzen? Hier auf dieser Liste steht, was uns schon dazu gesagt worden ist. Was davon spricht auch Ihrer Ansicht nach heute eher dagegen, Kinder zu haben? Was wird schwieriger mit Kindern?

	September/Oktober 1983		
	Insgesamt %	Frauen %	Männer %
Es ist bei den heutigen Einkommensverhältnissen schwer, den Kindern das alles zu bieten, was sie brauchen	28	28	28
Für Kinder muß man vieles an persönlicher Freiheit opfern	27	25	29
Die Erziehungsschwierigkeiten und die schlechten Einflüsse von außen sind heute so groß	26	29	23
Für Frauen ist heute die Ausbildung und der Beruf wichtig. Dann werden eigene Familie und Kinder erst mal zurückgestellt, manchmal ist es dann zu spät für Kinder	21	23	19
Man büßt an Lebensstandard ein	18	16	21
Bei den vielen Scheidungen heutzutage weiß man nicht, ob die Ehe hält, und dann steht man mit den Kindern allein da	17	19	15
Mit Kindern ist man heute einfach benachteiligt	15	16	14
Nichts spricht gegen Kinder	25	25	25

(Eine Erhebung von Infratest München – befragt wurde ein repräsentativer Querschnitt der Bevölkerung mit genau 2000 Auskunftspersonen ab 14 Jahren. Quelle: Gerhard Schmidtchen, Die Situation der Frau, Berlin 1984, S. 32)

Einer Umfrage des deutschen Jugendinstituts (München) von 1992 zufolge hielten 70% der Paare zwischen 18 und 33 Jahren Beruf und Karriere für wichtig; Sinn erhielte das Leben aber erst durch eigene Kinder. Gleichzeitig glaubten jedoch fast alle Befragten, daß ein Leben ohne Kinder leichter sei. Dieser Zwiespalt führte häufig zum Aufschub des Kinderwunsches. Vielen Paaren waren die durchschnittlichen Kosten pro Kind bis zu dessen Selbständigkeit zu hoch, so daß sie auf Kinder verzichteten.

(Lexikon aktuell 1994, Dortmund 1993, S. 222)

❶ Die Tatsache, daß seit Mitte der 60er Jahre in Deutschland die Zahl der Geburten stark zurückgegangen ist, gehört zu den am meisten diskutierten Problemen auch im Hinblick auf die Stellung der Familie (vgl. die erste der in M 2 genannten „Funktionen" und den letzten Abschnitt von M 12).
Verschafft euch anhand von M 12 einen Überblick über den Verlauf der Geburtenentwicklung:
– Worauf wird der „Babyboom" (geburtenstarke Jahrgänge von ca. 1955–1965) zurückgeführt?
Warum werden diese Jahrgänge manchmal als „benachteiligte Generation" bezeichnet?
– Erläutert die Begriffe „Geburtenrate" und „Geburtendefizit", und beschreibt den dramatischen Geburtenrückgang bis 1989.
– Wodurch ist der leichte Anstieg der Geburtenzahlen nach 1989 bedingt? Warum wird er nicht verhindern, daß ab dem Jahr 2000 die Zahl der Geburten (und auch die Bevölkerungszahl) zurückgehen wird (vgl. M 13 b)?

❷ Was will die Karikatur M 13 a zum Ausdruck bringen? Achtet bei ihrer Deutung auch genau auf die Darstellung der außerhalb des Zaunes stehenden Personen. Welche Gruppe von Ländern hat eurer Kenntnis nach die im Vergleich zu Deutschland umgekehrten Probleme?

❸ Karikaturen übertreiben bekanntlich. Welche Entwicklung ist allerdings abzusehen (M 13 b/c)? Welche Bedeutung kommt unter diesem Gesichtspunkt der Zuwanderung von Aussiedlern und Ausländern zu (M 12, Tab. 2)?

❹ Beschreibt die Entwicklung der Geburtenzahlen in Ostdeutschland und ihre Ursachen. Erkundigt euch (z.B. beim Bundesfamilienministerium, Kennedyallee 105–107, 53175 Bonn) nach der weiteren Entwicklung.

❺ Erläutert möglichst konkret die in M 14 beschriebenen vier Ursachen des Geburtenrückganges in Deutschland, und untersucht sodann die Befragungsergebnisse in M 15. Inwieweit entsprechen sie den in M 14 genannten Punkten 2 und 3?

Wenn die Familie versagt

Im letzten Abschnitt von M 7 hieß es, daß die Familie keine „vollständige Garantie" bieten kann und daß es Eltern gibt, die „nicht für Sicherheit, Vertrauen und liebevolle Zuwendung sorgen können oder wollen." Was das bedeuten kann, zeigen z.B. Meldungen über Kindesmißhandlungen, wie man sie immer wieder in Zeitungen und Zeitschriften lesen kann. Wir halten es daher für angebracht, euch auch über dieses Problem kurz zu informieren und über Kinder, die aus diesen und anderen Gründen in Heimen aufwachsen müssen.

M 16

Gewalt gegen Kinder

Tod eines Teddybären: In seinem kleinen braunen Bauch steckt eine Schere, aus der klaffenden Wunde quillt die weiße Faserfüllung. Mit diesem Bild wirbt derzeit das Bonner Ministerium für Frauen und Jugend für seine Aufklärungskampagne „Keine Gewalt gegen Kinder" unter dem Motto: „Signale sehen – Hilferufe hören" (s. S. 72). Allzuselten nämlich fallen Hinweise und leise Hilferufe betroffener Kinder ihrer Umgebung auf. Hilfe bleibt meist aus, darum die Kampagne.
Gewalttätigkeiten gegen Kinder nehmen seit geraumer Zeit zu. Zu ihnen zählen einmal körperliche Mißhandlungen. Mit denen hat Jürgen Junglas, Leiter der Abteilung Kinder- und Jugendpsychiatrie des Landeskrankenhauses in Bonn, vor allem zu tun. „Es wird geschlagen, getreten, es werden

KEINE GEWALT GEGEN KINDER

SIGNALE SEHEN – HILFERUFE HÖREN

Bundesministerium für Frauen und Jugend

(Foto: Dynewski PR, Bonn)

Arme umgedreht, es gibt auch schlimmere Verletzungen: Treppenstürze, Knochenbrüche, Schädelverletzungen, Verbrennungen, Verbrühungen, alles, was man sich so ausdenken kann."

23 000 Gewalttaten gegen Kinder wurden 1990 in den alten Ländern der Bundesrepublik von der Kriminalstatistik erfaßt. In 1200 Fällen werden körperliche Mißhandlungen von Kindern festgestellt; „nur" 1200mal. Denn über 300 000 Kinder – so die neuesten Schätzungen des Kinderschutzbundes – werden jährlich in Deutschland mißhandelt.

Fast 17 000mal wurde dagegen sexueller Mißbrauch von Kindern im vergangenen Jahr polizeilich registriert, ebenfalls bloß die Spitze des Eisbergs. Ursula Enders von der Beratungsstelle „Zartbitter": „Wir haben hier in Köln im Jahr weit über 1000 Anrufe wegen aktueller Mißbrauchs-Fälle. Diese Zahlen bestätigen den internationalen Forschungsstand: Wir müssen davon ausgehen, daß jedes vierte Mädchen sexuelle Gewalt im Sinne von klaren, handgreiflichen Übergriffen erlebt."

„Signale sehen – Hilferufe hören": Blutergüsse im Gesicht oder an Unterarmen und Händen sind gut sichtbare Zeichen körperlicher Gewalt gegen Kinder. Andere und vielleicht eindeutigere Hinweise bleiben uns aber meist verborgen und fallen – vielleicht – Lehrern oder Mitschülern dann auf, wenn sich Kinder zum Sportunterricht umziehen. Offensichtlich, wenn auch schwer zu deuten, ist, daß sich das Verhalten körperlich wie seelisch mißhandelter und mißbrauchter Kinder fast immer verändert. So werden viele der Opfer überraschend still, bekommen einen ängstlichen Blick und ziehen sich aus der Gesellschaft der Klassenkameraden zurück, sie lassen oftmals in der Schule nach, bekommen Untergewicht oder wachsen nicht normal weiter. Vor allem die, die körperlich mißhandelt werden, machen oft „leere Abwehrbewegungen": Sie versuchen, sich plötzlich und ohne Grund gegen Angriffe oder Schläge zu schützen. Und gerade sexuell mißbrauchte Mädchen und Jungen laufen häufig von zu Hause weg oder versuchen sogar, sich umzubringen.

Erhärtet sich ein Verdacht auf Mißhandlung oder Mißbrauch, so versuchen die Helfer, behutsam Kontakt zum Kind und ggf. auch zu den Eltern aufzunehmen, über Bezugspersonen des Kindes wie Kindergärtnerinnen oder Lehrpersonal etwa, um Hilfe anzubieten. Wichtig zu wissen ist, daß Kinder sich vom Jugendamt beraten lassen können, ohne daß die Eltern dies erfahren müssen. Ziel sei in jedem Fall, so betont Bernd Griesbach vom Bonner Jugendamt, Gewaltopfern und -tätern zu helfen und Familien möglichst zu erhalten. Anstatt mit der Polizei zu drohen, mahnen die Experten, sei vorsichtige und geduldige Beratung am Platze. Weisen die Eltern dennoch alle Hilfsangebote zurück, so bleibt den Jugendämtern bei erwiesener fortgesetzter schwerer Mißhandlung oder fortgesetztem Mißbrauch nur der Ausweg, die Kinder vorübergehend oder dauerhaft außerhalb der Familie unterzubringen, in Pflegestellen oder Heimen.

Therapie der Täter

Eine therapeutische* Behandlung der Gewalttäter ist nach Ansicht von Jürgen Junglas und Ursula Enders unerläßlich. So sind diejenigen, die Kindern körperliche oder seelische Gewalt antun, als Kinder nicht selten selbst geschlagen oder gedemütigt worden. Fast immer befinden sich die Täter in einer Lebenssituation, in der sie sich beruflich, privat und gerade auch im Umgang mit ihren Kindern überfordert fühlen. Und Inzest*-Täter, meistens Männer, sind keine „Sex-Monster", sondern „sehr bedürftige, Ich-schwache* Persönlichkeiten" (Junglas).

Für Nachsorge, Vorsorge, Hilfe für die Opfer und auch Täter aller Formen der Gewalt gegen Kinder bedürfe es, so Junglas, endlich einer koordinierten Zusammenarbeit aller Instanzen – von Schulen, Jugendämtern, Polizei, Justiz, therapeutischen* und sozialhelferischen Einrichtungen.

(Süddeutsche Zeitung v. 4.12.92; Verf.: Bernd Geisen)

M 17 a

Nachbarn wollen meistens keinen Ärger

Mißhandlung von Kindern wird nur selten bekannt. Etwa 90 Prozent der Fälle bleiben unentdeckt.

„Alle haben es gewußt", sagte eine Frau, als ein 12jähriges Mädchen aus dem Wohnblock mit erheblichen Verletzungen in ein Krankenhaus gebracht wurde, „alle im Viertel haben es seit Jahren gewußt." Das Kind war von den Eltern fast täglich geschlagen oder beschimpft worden. Jugendamt und Polizei allerdings wußten nichts davon. Keiner der Nachbarn hatte einen Hinweis gegeben.

Die Grenzen von elterlichem Züchtigungsrecht zur Mißhandlung sind nicht exakt festgeschrieben. Nach Auffassung von Hermann Tilmans, zuständiger Kommissariatsleiter in der Polizeidirektion, beginnt die Mißhandlung spätestens an dem Punkt, wenn nicht mehr nur mit der bloßen Hand geschlagen wird. Er und seine Beamten halten Aufmerksamkeit und Mut von Nachbarn für unbedingt erforderlich, um gequälten Kindern Hilfe zu verschaffen. Bei Säuglingen und Kleinkindern sei die Dunkelziffer* besonders hoch, meint er. Denn da sie weder zur Schule noch zum Kindergarten gehen, könnten Hinweise nur von Nachbarn kommen.

Die meisten Meldungen erhält die Polizei von Lehrern, aus Kindergärten oder vom Jugendamt, aus der Nachbarschaft nur vereinzelt. Durch Vorträge und Aufklärungsaktionen versucht die Jugendbeauftragte der Polizeidirektion, Erste Kriminalhauptkommissarin Maria Müller, das Bewußtsein von Eltern, Lehrern und Erziehern für das Problem der Kindesmißhandlung zu schärfen."

„Mehr Zivilcourage von Verwandten und Nachbarn", appelliert Maria Müller, „könnte manchem Kind helfen."

(Hannoversche Allgemeine Zeitung vom 10./11.8.1985)

(Foto: Belier)

[1] Die Nachbarn konnten nicht schlafen, aber sie konnten die Augen schließen.

[2] Danke, daß Sie sich in das einmischen, was Sie nichts angeht.

M 17 b

„Konkrete Beschreibung"
(Lexikon aktuell '94, Dortmund 1993, S. 305)

Im Bürgerlichen Gesetzbuch (BGB) heißt es bisher nur: „Entwürdigende Erziehungsmaßnahmen sind unzulässig." (§ 1631 (2), s. M 30). Justizministerin Leutheusser-Schnarrenberger plant daher, dieses Verbot genauer zu umschreiben. Körperliche und seelische Mißhandlungen wie Prügel, Ohrfeigen und die vorsätzliche Mißachtung von Kindern sollen ausdrücklich verboten werden.

❶ Beschreibt anhand von M 16 den Charakter und das Ausmaß von „Gewalt gegen Kinder". Warum bleiben Kindesmißhandlungen oft lange unentdeckt (vgl. M 17 a)?
❷ Welche Vorgehensweise empfehlen die genannten Experten, um den Opfern zu helfen? Auf welche Ursachen des Verhaltens der Gewalttäter wird hingewiesen? (M 16)
❸ Ein immer wieder diskutiertes Problem ist die Frage der Einmischung von Außenstehenden, wenn in einer Familie Gewalttaten gegen Kinder vermutet werden. Beschreibt und diskutiert dazu die Auffassung der Vertreter der Polizeidirektion Hannover (M 17 a) und die beiden Zeitungsanzeigen (M 16, M 17 a). Nehmt selbst Stellung zu diesem schwierigen Problem.
❹ Erläutert, was die Justizministerin mit ihrem Plan (M 17 b) erreichen will. Worin könnten Schwierigkeiten bei der Abfassung des Gesetzestextes liegen?

M 18

Warum manche Kinder in Heimen leben

Kinderheim in Koblenz
(Foto: Rita Dibos, Koblenz)

Sabine und Uwe sind Schüler einer Realschule in Koblenz. Da sie sich dafür interessieren, wie und warum Kinder in Heimen leben, beschlossen sie, das Kinderheim in Koblenz zu besuchen und dem Heimleiter einige Fragen zu stellen.

Sabine: Pater Cornelius, Sie sind Leiter dieses Kinderheims. Können Sie uns ein wenig über Ihr Heim erzählen?
P. Cornelius: Ja, gerne. In unserem Kinderheim wohnen zur Zeit 50 Kinder. Das kleinste Kind ist ein Säugling, und die ältesten Heimbewohner sind schon in der Ausbildung. Die Kinder leben in Gruppen von maximal 15 Mitgliedern zusammen, die allen Altersgruppen angehören. Die Kinder leben hier ähnlich wie in einer Familie. Jede Gruppe hat eigene Räume, eine Küche, ein Wohnzimmer und die Zimmer der Kinder. Man ißt zusammen, macht zusammen Hausaufgaben, und die meisten Gruppen machen auch gemeinsam Urlaub. Wir versuchen es so einzurichten, daß es in jeder Gruppe eine feste Bezugsperson gibt, die immer für die Kinder da ist und auch hier wohnt.
Uwe: Warum ist denn eine feste Bezugsperson wichtig?
P. Cornelius: Ja, seht mal, wir haben es uns zur Aufgabe gemacht, das Leben der Kinder so zu gestalten, daß es dem in einer Familie möglichst ähnlich ist. Die Kinder sollen das Gefühl haben, daß es jemanden gibt, der

immer für sie da ist und der sich ihre Probleme anhört. So lernen die Kinder, Vertrauen zu entwickeln.
Sabine: Aus welchen Gründen leben die Kinder in Ihrem Heim?
P. Cornelius: Nun, hier gibt es verschiedene Ursachen, die ich mal unter dem Begriff „Erziehungsunfähigkeit der Eltern" zusammenfassen möchte. Dies kann sich in unterschiedlichster Form äußern. Meist sind die Kinder vernachlässigt. Die Eltern kümmern sich nicht um ihre Kinder. Die Vernachlässigung kann körperlicher und seelischer Natur sein. Die körperliche Vernachlässigung äußert sich darin, daß die Kinder z.B. nicht genug zu essen bekommen, daß die Eltern sich nicht darum kümmern, ob die Kinder sich waschen, was sie anziehen usw. Diese Situation kann eintreten, wenn eine Familie in materielle Not gerät. Die körperliche Vernachlässigung können wir relativ leicht abbauen, indem wir für das körperliche Wohlergehen des Kindes sorgen. Viel schlimmer ist es, wenn ein Kind seelisch vernachlässigt wurde. Wenn ein Kind in seinen ersten Lebensmonaten und -jahren kein Urvertrauen aufbauen konnte, weil sich niemand um es kümmerte, hat das Kind es sehr schwer.
Uwe: Wie äußert sich das?
P. Cornelius: Ein solches Kind hat enorme Verhaltensstörungen. Es kann kaum kommunizieren. Wenn man ihm z.B. einen Ball zuwirft, um mit ihm zu spielen, behält es den Ball für sich und wirft ihn nicht zurück. Spielzeug wird zerstört. Das Kind kann sich nur schwer mit seinen Mitmenschen verständigen. Manche dieser Kinder zeigen eine extreme Anhänglichkeit, andere sind sehr scheu und wollen keine Liebkosungen.
Sabine: Wie können Sie diesen Kindern helfen?
P. Cornelius: Das ist sehr schwierig. Wir können bei solchen Kindern nur versuchen zu reparieren. Dazu ist viel Geduld erforderlich. Das Urvertrauen, das in der frühkindlichen Phase aufgebaut werden muß, kann man später nicht nachholen. Seht mal, wenn ein Kind ein stabiles Urvertrauen aufgebaut hat, kann es auch Krisen, die in der Familie auftreten, relativ gut verkraften, und es ist gar nicht nötig, daß man es aus der Familie herausnimmt. Fehlt aber diese Basis, hat das Kind kaum eine Chance, aus der Misere herauszukommen.
Sabine: Wie kommen die Kinder zu Ihnen?
P. Cornelius: In den meisten Fällen erfährt man erst von der Vernachlässigung, wenn die Kinder in den Kindergarten oder in die Schule kommen. Manchmal wendet sich auch ein Arzt an das Jugendamt, wenn er merkt, daß ein Kind mißhandelt wurde oder wenn die Untersuchungen bei Kleinkindern nicht regelmäßig durchgeführt werden.
Sabine: Wie lange bleiben die Kinder bei Ihnen?
P. Cornelius: Das ist unterschiedlich. Manche kommen schon nach wenigen Tagen in eine Pflegefamilie. Wir versuchen immer, die Kinder möglichst schnell an eine Familie zu vermitteln, denn wenn sie sich erst mal an uns und an das Leben im Heim gewöhnt haben, fällt es ihnen schwer, wieder neu anzufangen. Manche bleiben so lange, bis die Probleme in der Familie wieder einigermaßen gelöst sind. Dann erhalten die Eltern das Sorgerecht zurück.
Uwe: Haben die Kinder, trotz aller Probleme, manchmal Sehnsucht nach ihren Eltern?
P. Cornelius: Kleine Kinder eigentlich nicht. Sie gewöhnen sich sehr schnell an das Leben im Heim. Anders sieht es bei fünf- bis sechsjährigen Kindern aus. Sie fragen nach ihren Eltern und können nicht verstehen, warum sie im Heim leben.
Sabine: Haben die Kinder Kontakt zu ihren Eltern?
P. Cornelius: Natürlich. Es ist unser Ziel, daß die Kinder wieder in ihrer Familie leben, wenn die Verhältnisse es zulassen. Deshalb können die Eltern ihre Kinder besuchen und manchmal über das Wochenende mitnehmen. Eltern und Kinder müssen ja lernen, wieder miteinander zu leben.

Uwe: Glauben Sie, daß ein Heim eine Familie ersetzen kann?
P. Cornelius: Das ist eine sehr schwierige Frage. Natürlich ist die Geborgenheit in einer Familie durch nichts zu ersetzen. Aber wenn eine Familie in Not gerät und dies nicht mehr leisten kann, sind wir gefragt. Deshalb leben wir hier auch wie eine große Familie. Die Kinder haben bei uns viele Freiheiten; viele engagieren sich in Vereinen; sie besuchen Freunde, und manchmal übernachten die Freunde der Kinder auch bei uns. Wir versuchen, alles so zu halten, wie es in einer Familie üblich ist.
Sabine: Nun noch eine letzte Frage. Früher dachte man bei dem Wort ‚Kinderheim' auch immer an Waisen. Leben in Ihrem Heim auch Kinder, deren Eltern gestorben sind?
P. Cornelius: Nein, es gibt heute kaum Waisen, die in einem Heim leben. Diese Kinder werden in der Regel von Familienangehörigen betreut.
Uwe: Pater Cornelius, wir bedanken uns herzlich für dieses Gespräch.
P. Cornelius: Nichts zu danken, es hat mich gefreut, daß Ihr Euch für unser Heim interessiert.

(Politik erleben, Paderborn 1992, S. 39 f.)

M 19
Rechtsgrundlagen

Obwohl sich die in der Heimerziehung Tätigen oft große Mühe geben, den Kindern eine intakte Familie zu ersetzen und durch vielfältige Maßnahmen auf die besonderen Probleme unterschiedlicher Gruppen von Kindern einzugehen, wird immer wieder darauf hingewiesen, daß Heimerziehung doch nur eine Notlösung darstellen kann und in vielen Fällen negative Folgen für die weitere Entwicklung der Kinder hat.

Für die Entscheidung darüber, daß ein Kind oder ein Jugendlicher in ein Heim aufgenommen wird, sind in aller Regel die Jugendämter* zuständig. Die Rechtsgrundlagen für die Heimerziehung finden sich im Jugendwohlfahrtsgesetz* (JWG) und lassen sich unterscheiden nach „Hilfen zur Erziehung" (§§ 5 und 6 JWG), „freiwillige Erziehungshilfen"* (FEH; § 62 JWG) und „Fürsorgeerziehung"* (FE; § 64 JWG, Entscheidung durch einen Gerichtsbeschluß auch gegen den Willen der Eltern).

In den Einrichtungen der Heimerziehung leben zwischen 6 (Kleinstheim, Wohngemeinschaft) und über 100 Kinder und Jugendliche. Große Heime haben oft eigene Schulen und Berufsausbildungsstätten. Gemessen an der Gesamtzahl der Kinder und Jugendlichen ist die Zahl derer, die in Heimen leben, sehr gering (etwa 0,4%). Für 1986 ergaben sich folgende Zahlen: 35 469 gemäß §§ 5 und 6 JWG, 11 060 FEH und 979 FE. Berücksichtigt werden müssen in diesem Zusammenhang aber auch die Zahlen der Kinder und Jugendlichen, die in Pflegefamilien* leben: 45 118 gemäß §§5 und 6 JWG, 386 FEH und 26 FE. Fast 75% der Kinder und Jugendlichen stammen aus Ein-Eltern-Familien. Die Aufenthaltsdauer reicht von einigen Wochen oder Monaten bis zu mehreren Jahren. Die Kosten werden von den Jugendämtern getragen.

(Autorentext nach: Institut für soziale Arbeit e.V. Münster, Erziehungshilfen im Grenzbereich von Jugendhilfe und Jugendpsychiatrie, Zwischenbericht November 1988)

❶ Der Leiter des Koblenzer Kinderheimes weist zu Anfang des Interviews auf bestimmte Grundsätze für die Arbeit im Kinderheim hin. Erläutert sie (Stichworte: „Bezugsperson" und „Vertrauen"), und greift dabei auch auf M 6/7 zurück (M 18).

❷ Beschreibt die verschiedenen Ursachen, die dazu führen können, daß Kinder in Heimen aufwachsen müssen. Erläutert, in welchen Fällen der Heimleiter besondere Schwierigkeiten sieht, den Kindern wirklich zu helfen (vgl. M 19).

❸ Über die rechtlichen Probleme, die mit der Aufnahme von Kindern in Heime verbunden sind, könnt ihr euch aus M 19 informieren.

❹ Falls sich in eurer Nähe ein Kinder- oder Jugendheim befindet, solltet ihr euch überlegen, ob ihr dort einen Besuch vereinbaren wollt oder ein ähnliches Gespräch führen könnt wie Sabine und Uwe (M 18).

Konflikte in der Familie

Überall dort, wo Menschen zusammenleben und miteinander umgehen müssen, entstehen in einem gewissen Maße auch Spannungen und Konflikte. Das ist etwas ganz Normales und gilt besonders dann, wenn sich das Zusammenleben so eng gestaltet wie in der Familie.

Wir wollen in diesem Abschnitt vor allem auf die Konflikte eingehen, die sich aus der Eltern-Kinder-Beziehung ergeben können (M 22 ff.). Zuvor wollen wir die Probleme beschreiben, die aus der häuslichen Arbeitsteilung zwischen Mann und Frau entstehen können.

M 20

(Zeichnung: Peter Leger; © Haus der Geschichte der Bundesrepublik Deutschland, Bonn)

M 21

Die Arbeitsteilung in der Familie

Von einer echten Gleichstellung der Geschlechter wird hier erst dann gesprochen, wenn Mann und Frau erwerbstätig sind und die Haus- und Familienarbeit gleichmäßig auf die Geschlechter verteilt ist. Die Realität sieht etwas anders aus. Nach der neuesten Untersuchung des Deutschen Jugendinstituts (1990) hängen rund zwei Drittel der Bevölkerung, was ihre *Einstellung zur Berufstätigkeit von Müttern* mit Kindern unter drei Jahren betrifft, noch einem traditionellen Familienmodell an, d.h. Mütter mit kleinen Kindern sollten nicht erwerbstätig sein. Die Zustimmung zu dieser herkömmlichen Arbeitsteilung nimmt ab, je älter die zu betreuenden Kinder sind und je höher der Bildungsabschluß der Befragten ist.

In bezug auf die tatsächlich ***praktizierte Arbeitsteilung*** von Familien mit Kindern unter 16 Jahren ergibt sich die folgende Verteilung:

Traditionelles Modell: Der Mann geht einer Erwerbstätigkeit nach, die Frau sorgt für Haushalt und Kinder: 48%

Modernes Modell: Beide Partner üben eine Erwerbstätigkeit aus und sorgen gleichberechtigt für Haushalt und Familie: 14%

Doppelbelastung der Frau: Beide Partner sind erwerbstätig, die Frau sorgt weitgehend allein für Haushalt und Familie: 31%

Doppelbelastung des Mannes: Beide Partner sind erwerbstätig, der Mann sorgt weitgehend allein für Haushalt und Familie: 6%

Das bißchen Haushalt geht mir auf den Geist ...

Die herkömmliche geschlechtsspezifische Rollenaufteilung ist heute also nicht mehr selbstverständlich und besteht „nur" noch bei etwa der Hälfte der Ehepaare mit Kindern unter 16. Am häufigsten findet sie sich in kinderreichen Familien, unter Personen der unteren Sozialschichten und in Familien, in denen die Frau ohne Berufsausbildung ist. Das moderne Modell ist am häufigsten unter kinderlosen Ehepaaren anzutreffen.

[...] *Hausarbeit* ist nach wie vor fast ausschließlich Frauensache. In nahezu jedem zweiten Haushalt beteiligt sich der Mann nicht regelmäßig an der Hausarbeit. [...]

Und an dieser [...] *Arbeitsteilung* hat sich auch im Zeitverlauf kaum etwas geändert.

Die den verschiedenen Geschlechtern zugeschriebenen Aufgaben sind immer noch recht eindeutig festgelegt. Die Frauen (zwischen 18 und 50) sind auch 1983 *zuständig* für Waschen/Bügeln/Nähen (90%), die Zubereitung der Mahlzeiten (88%), Aufräumen/Saubermachen (80%), die Erledigung des Abwaschs (71%) und für den Einkauf von Lebensmitteln (75%). In den Zuständigkeitsbereich der Männer fallen handwerkliche Tätigkeiten (wie Reparaturen), Autowaschen und die Außenrepräsentanz der Familie (Behördengänge etc.). Immerhin hat sich gegenüber 1975 der Bereich der gemeinsamen Zuständigkeiten geringfügig erweitert; es hat eine gewisse Flexibilisierung der Hausarbeit, am stärksten bei jüngeren Altersgruppen und höher qualifizierten Gruppen, stattgefunden.

Ein günstigeres Bild (aus der Sicht der Frau) bietet sich, wenn man die **Einstellungen** der Männer zur innerfamiliären Arbeitsteilung und ihre *Bereitschaft zur „Mitarbeit"* betrachtet. Hier ist in praktisch allen Bereichen ein deutlicher Zuwachs zu verzeichnen. Nur noch 14% der Männer betrachten Hausarbeit grundsätzlich als Frauensache. Die überwiegende Mehrheit plädiert zumindest für eine Beteiligung des Mannes an der Hausarbeit. [...] Auch der Anteil der tatsächlich „mithelfenden" Männer hat sich seit 1975 von 46% auf 64% erhöht [...] Aber auch 1983 besteht weiter eine deutliche Diskrepanz zwischen der hohen generellen Bereitschaft zur Mitarbeit auf Seiten des Mannes einerseits und seiner relativ geringen faktischen Beteiligung andererseits. Vor allem Aufgaben, die beide Partner nur ungern verrichten, bleiben an den Frauen hängen, was von den Männern häufig mit mangelnder eigener „hauswirtschaftlicher Begabung" gerechtfertigt wird. Wie zu erwarten, vertreten jüngere Männer und Männer mit höherer Bildung und in gehobener beruflicher Stellung eher partnerschaftliche Einstellungen, und sie beteiligen sich etwas stärker an der Hausarbeit als ältere Männer und Männer mit niedriger Bildung. [...]

Familien [...], in denen beide Partner in gleichem Maße an den Hausarbeiten beteiligt sind, stellen in der Bundesrepublik – wie in Europa generell – immer noch eine kleine Minderheit dar.

Einen entscheidenden Einfluß auf die Verteilung der Hausarbeit übt die **Berufstätigkeit der Frau** aus. Bei Berufsaufnahme reduziert sich die Kluft zwischen der Beteiligung der Frau und der Beteiligung des Mannes ganz beträchtlich. Nur-Hausfrauen verrichten durchschnittlich vier- bis sechsmal soviel Hausarbeit wie ihre Männer, vollzeiterwerbstätige Frauen zwei- bis dreimal soviel. [...]

Diese Verringerung der Kluft ist nur teilweise Ergebnis einer stärkeren Beteiligung des Mannes. Studien in der Bundesrepublik und in den USA belegen, daß die Hausarbeitszeit in den Haushalten erwerbstätiger Frauen deutlich niedriger ist als in Hausfrauenhaushalten. Die nichtberufstätige Mutter eines Kindes wendet täglich 6 Stunden für die Hausarbeit auf, die berufstätige Mutter „nur" 3,5 Stunden. Diese Einschränkung des Zeitaufwands erfolgt durch die verstärkte Technisierung der Haushaltsführung durch den Einsatz arbeitssparender und arbeitserleichternder Geräte, durch die vermehrte Vergabe von Haushaltstätigkeiten nach außen (Haushaltshilfe, Fertig- oder Halbfertigprodukte).

Arbeitsteilung in der Ehe
In Arbeitnehmer-Ehen sind pro Woche so viele Stunden beschäftigt...

Er	Sie
49,3 Stunden ...mit der Berufstätigkeit (Arbeitszeit + Pausen + Arbeitsweg)	41,2 Stunden
12,2 ...mit Hausarbeit	27,2
61,5 Arbeitsstunden insgesamt	68,4

© Globus Quelle: ISO/MAGS

(Durchschnittsergebnisse nach einer Untersuchung des Kölner iso-Instituts vom März 1990; vgl. dazu S. 79 o.)

Die meisten Untersuchungen berücksichtigen nur die zeitliche Belastung durch Hausarbeit und vermitteln so ein schiefes Bild von der tatsächlichen Belastung der Geschlechter. Das Ergebnis einer Allensbach-Umfrage, demzufolge nur 8% der Befragten eine „partnerschaftliche" Aufteilung der Hausarbeit praktizieren, ist wenig aussagekräftig, solange nicht die Erwerbsarbeit von Mann und Frau in die Beurteilung einbezogen wird. Die durchschnittliche *Gesamtarbeitszeit* (Beruf und Hausarbeit) von Mann und Frau fällt heute nur ganz leicht zu Ungunsten der Frau aus (vgl. Grafik S. 78).

Stark benachteiligt ist die ganztags erwerbstätige Frau, die täglich – bedingt durch die Hausarbeit – über 2 Stunden mehr als der Mann arbeitet. Der Zeitaufwand von vollzeiterwerbstätigen Männern liegt hingegen etwas höher als der Zeitaufwand von Nur-Hausfrauen.

Wöchentlicher Zeitaufwand für Hausarbeit nach Geschlecht in % (nur Befragte mit Partnerin)

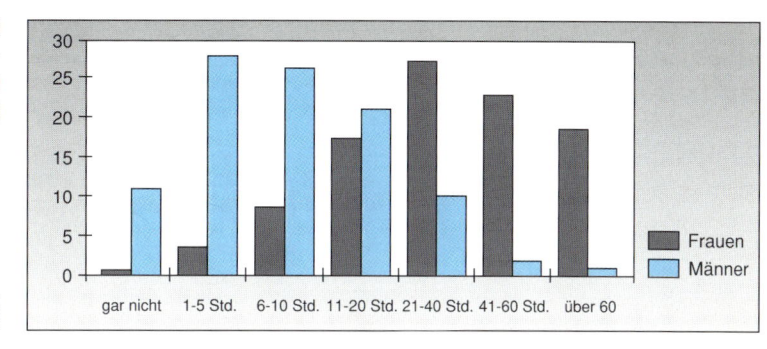

(Hans Bertram [Hg.], Die Familie in Deutschland. Opladen 1991, S. 170)

Zu der „neuen" Arbeitsteilung zwischen den Geschlechtern soll auch eine stärkere Beteiligung der Väter an der **Kindererziehung** gehören. Tatsächlich hat sich das Verhalten der „werdenden" Väter deutlich verändert. Sie nehmen im Vergleich zu ihren Vätern häufiger an Vorsorgeuntersuchungen und Schwangerschaftsvorbereitungskursen ihrer Frauen teil und sind auch häufiger bei der Geburt anwesend. Auch das Engagement der Männer bei der Kinderbetreuung ist deutlich höher als ihre Beteiligung an der Hausarbeit.

Vor allem das Ausmaß an emotionaler Zuwendung der Väter zum ersten Kind hat sich deutlich erhöht. Doch auch 1983 liegt die *Zuständigkeit* für die Beaufsichtigung der Kinder immer noch in 58% bei der Mutter und nur

„Ihr müßt halb verhungert sein, ihr Ärmsten! Aber ich habe nach Dienstschluß noch Brigittes Kleid abgeholt, den Staubsauger zur Reparatur gegeben. Beim Metzger war es wieder so voll; ...in zehn Minuten gibt es Abendbrot..."

(Zeichnung: Hermann Volz, Mainz)

in 11% beim Vater. Gestiegen ist auch hier die „*Mithilfe*" bei der Kindererziehung. Väter engagieren sich immer dort mehr und intensiver als früher, wo es ihnen Spaß macht und zum Feierabend-Vergnügen zählt, ‚je unangenehmer' die einzelnen Verrichtungen sind, desto stärker nimmt das Engagement der Väter in der Beschäftigung mit den Kindern ab. Nachts aufstehen oder Wickeln beispielsweise bleibt – bis auf wenige Ausnahmen – Arbeit der Mütter. Nach der Geburt von Kindern engagieren sich junge Ehemänner zwar im Vergleich zu ihren Vätern stärker an der Kinderbetreuung, dafür nimmt parallel hierzu ihre Mithilfe im Haushalt ab. Auch läßt mit zunehmender Veralltäglichung der Kinderpflege das Engagement der Väter deutlich nach. Neben diesen insgesamt eher traditionellen Strukturen gibt es auch Hinweise auf einen „neuen" Typus von Vater, der bereit ist, zumindest in der Kleinkindphase die Berufsrolle den Betreuungsaufgaben unterzuordnen.

(Rüdiger Peuckert, Familienformen im Wandel. Opladen 1991, S. 140–143)

❶ Beschreibt genau die Karikatur M 20, und gebt an, was sie zum Ausdruck bringen will. – Eine Muster-Interpretation dieser Karikatur findet ihr im Anhang S. 407.

❷ M 21 gibt einen sehr informativen Überblick über die Ergebnisse von Untersuchungen zur Arbeitsteilung in der Familie. Ihr könnt ihn nach den drei Stichworten „praktizierte Arbeitsteilung", „Einstellung zur Arbeitsteilung", „Berufstätigkeit der Frau" und „Kindererziehung" abschnittsweise erarbeiten und solltet dabei auch folgende Fragen beantworten:
– In welchen Bereichen besteht die „herkömmliche Rollenverteilung" in der Familie weiter fort, in welchen hat sie sich etwas verändert?
– Inwiefern besteht ein Unterschied zwischen den Einstellungen der Männer und ihrem tatsächlichen Verhalten? Vergleicht dazu auch die Karikatur M 20.
– Welcher Unterschied besteht zwischen der Hausarbeitszeit von „Nur-Hausfrauen" und „Vollzeiterwerbstätigen Frauen", und worauf beruht er?
– Inwieweit wird die Darstellung der Karikatur auf S. 79 u. durch die Aussagen des Textes belegt?
– Welches Bild ergibt sich im Hinblick auf die Beteiligung von Mann und Frau an der Kindererziehung?

Im folgenden soll es vor allem um Konflikte gehen, die zwischen Kindern und Eltern aufgrund elterlicher Forderungen entstehen können, d.h. um Probleme der *Erziehung*. Erziehung ist – neben der Unterhaltspflicht, der Aufsichtspflicht und der Verpflichtung, Kinder in die Schule zu schicken – die wichtigste Pflicht der Eltern (vgl. M 44, Art. 6 des Grundgesetzes). Wir wollen dabei auch untersuchen, inwieweit sich die Ziele, an denen sich die Eltern bei der Erziehung orientieren, und die Mittel, die sie zur Erreichung dieser Ziele einsetzen, im Laufe der letzten Zeit gewandelt haben.

M 22

Worum es in der Familie Streit gibt

Immerhin berichteten 21% aller Eheleute 1973, daß es mindestens einmal im Monat zu „ernsteren Meinungsverschiedenheiten" mit dem Ehepartner kommt. Als Gründe werden genannt „Fragen der Kindererziehung" (von 28%), „Geld und Anschaffungen, Wohnsituation" (von 14%), „Eigenheiten des Partners" (von 10%). Den Spitzenplatz nehmen aber „Nichtigkeiten" ein (genannt von 38% der Befragten). In Nachfolgeuntersuchungen wurden häufig auch noch „Bekannte und Freunde" als Streitpunkt erwähnt, ansonsten aber diese Ergebnisse bestätigt, wenn auch die Prozentsätze stärker schwankten.

Insgesamt ist seit 1953 ein Anwachsen bei der Anzahl der Streitthemen festzustellen; deutlich häufiger werden inzwischen auch außerfamiliäre Themen genannt, unter anderem „berufliche Dinge", „religiöse Fragen" und

„politische Fragen". Doch die mit Abstand häufigsten Streitanlässe sind nach wir vor: Verhaltensweisen des Ehepartners, Geld und insbesondere Kindererziehung.

65% der Kinder zwischen 10–14 Jahren nennen (1982) als Hauptanlaß für Ärger mit den Eltern, daß diese „möchten, daß ich mehr Ordnung halte". Schulische Probleme (37%), Fernsehen (35%), „wenn ich weggehen will" (29%), „Kleidung, wie ich mich anziehen will" (29%) und „Musik, die ich mag" (25%) sind der Ordnung gegenüber offenbar nachgeordnete Probleme.

Die Prozentsätze und die Rangfolge der Streitanlässe liegen bei Jugendlichen (zwischen 14 und 18 Jahren) zwar ein wenig anders, doch auch bei ihnen nimmt das Ordnungsproblem den Spitzenplatz ein. Entsprechend oft (zu ca. 50%) stimmten die Eltern 1982 der Äußerung zu: „Überall in der Wohnung liegen Spiel- und Schulsachen, Schuhe usw. herum." Noch häufiger aber, nämlich von fast zwei Dritteln der Mütter und ca. der Hälfte der Väter, wird beklagt: „Manches muß man zehnmal sagen, bis es getan wird."

(Informationen zur politischen Bildung Nr. 206 [1985], S. 25 f.; Verf.: Dr. Wolfgang W. Weiß)

M 23

Erziehungsziele

Kinder hören oft folgende Aussprüche:

„Iß die Tafel Schokolade nicht auf einmal auf. Lege dir für morgen ein Stück zurück."

„Du willst fernsehen – du willst mit zum Baden, entschließe dich!"

„Spare dir von deinem Taschengeld etwas, wenn du Rollschuhe haben möchtest. Wenn du 20,– DM zusammenhast, legen wir dir den Rest dazu."

„Wasch dir die Hände! So ein schmutziges Tischtuch! So ein fleckiges Kleid!"

„Steh aus dem Staub auf! Nimm den Finger aus dem Mund! Du kannst eine entzündete Nase kriegen, wenn du immer mit dem Finger darin bohrst!"

„Zuerst die Arbeit, dann das Vergnügen!"

„Ich habe doch schon oft gesagt, wenn ich beide Hände voller Geschirr habe, sollst du mir die Tür aufmachen!"

„Der alten Frau mußt du die Taschen tragen helfen!"

„Ich sage dir doch jeden Morgen, du sollst deine Schuhe putzen!"

„Wir wollen im Sommer in Urlaub fahren, da müssen wir alle sparen helfen!"

„Paß auf deine kleine Schwester auf, wenn wir nicht rechtzeitig zurück sind!"

„Geh langsamer, dein kleiner Bruder kann nicht so schnell!" (auf dem Familienausflug)

„Du kannst es mir ruhig sagen, ich erfahre es doch!

(P wie Politik, HS 7, Paderborn 1985, S. 49)

❶ Überrascht es euch, daß nach M 22 die „häufigsten Streitanlässe" in der Familie Fragen der Kindererziehung sind? Entspricht es eurer Erfahrung, daß es dabei hauptsächlich um „mehr Ordnung" geht? (Die Prozentsätze aus der Befragung von 1982 ergeben mehr als 100, weil hier Mehrfachnennungen möglich waren.)

❷ Wenn ihr selbst nach Streitanlässen gefragt würdet, würden eure Antworten individuell sicherlich sehr unterschiedlich ausfallen. Überlegt, wovon es im Einzelfall abhängen kann, welche Bereiche (Ordnung, Schule, Fernsehen, Kleidung usw.) in einer Familie Anlaß zu Streit geben.

❸ Versucht, aus den „Aussprüchen" (M 23) einen Katalog von Erziehungszielen abzuleiten, welche die Eltern mit den einzelnen Formulierungen erreichen wollen (es kommt an dieser Stelle nicht auf die Beurteilung an, ob solche Formulierungen das richtige Mittel zur Erreichung dieser Ziele sind). Versucht, die Liste um weitere Formulierungen bzw. Ziele zu ergänzen.

M 24

Erziehungsziele im Wandel (in %)

Antworten der über 14jährigen Bevölkerung auf die Frage: „Auf welche Eigenschaften sollte die Erziehung der Kinder vor allem hinzielen: Gehorsam und Unterordnung, Ordnungsliebe und Fleiß oder Selbständigkeit und freien Willen?"

Jahr	Selbständigkeit und freier Wille	Ordnungsliebe und Fleiß	Gehorsam und Unterordnung	Keine Antwort
1951	28	41	25	1
1954	28	43	28	2
1957	32	48	25	5
1964	31	45	25	6
1967	37	48	25	2
1969	45	45	19	5
1972	45	37	14	3
1974	53	44	17	4
1976	51	41	10	0
1979	44	43	11	3
1981	52	38	8	2
1983	49	38	9	4

(Quelle: Emnid-Informationen 8/9, 1983, S. 23)

Ab 1979 wird die Frage so gestellt, daß nur eine der drei vorgegebenen Antwortkategorien zur Wahl steht. – Neuere Daten liegen nicht vor.

M 25

Strenge der Erziehung im Elternhaus. Vergleich Jugend '55, Jugend '84, Erwachsene '84

(Angaben in Prozent)

	Jugend '55 15–24 Jahre (n = 1464)	Jugend '84 15–24 Jahre (n = 1472)	Erwachsene '84 45–54 Jahre (n = 729)
sehr streng	9	3	19
streng	36	32	44
gütig-milde	50	60	36
zu milde	4	4	1
keine Antwort	1	–	–
	100	99	100

(Quelle: Jugendliche und Erwachsene '85. Generationen im Vergleich. Hrsg. vom Jugendwerk der Deutschen Shell 1985, Bd. 3, S. 151)

Fragetext: „Wie sind Sie (Du) Ihrer Meinung nach selbst erzogen worden: sehr streng, streng, gütig-milde, zu milde?"

M 26

Mütter zum selbständigen Verhalten ihrer Kinder

Situation	1957/60	1973
alleine…		
mit der Eisenbahn fahren	12,0	11,2
im möblierten Zimmer in fremder Stadt wohnen	18,4	17,4
abends ausgehen	20,0	16,1
mitbestimmen bei kleineren, das Kind selbst betreffende Entscheidungen (z.B. Essen, Kleidung)	9,8	6,9
selbst entscheiden über…		
eigene Kleidung	10,9	9,8
Zeitpunkt, wann Schularbeiten gemacht werden	10,4	9,8
passende Freunde	11,6	10,4
Verwendung des Taschengeldes	14,8	11,5
Eltern kritisieren	17,5	13,6
sich aktiv politisch betätigen	19,8	16,9

(Quelle: Bearbeitete Tabelle aus Wolfgang W. Weiß: Determinanten der Einstellung von Eltern zum selbständigen Verhalten von Kindern, in: Zeitschrift für Soziologie 2/1975, S. 172)

Durchschnittliche Altersangaben auf die Frage: „Ab welchem Alter würden Sie einem normalen Kind bzw. Jugendlichen das jeweilige Verhalten erlauben bzw. zutrauen?" – Neuere Daten liegen nicht vor.

❶ In M 24–M 26 geht es um die Frage, inwieweit sich die Erziehungsziele (M 24) und die Erziehungsmittel (M 25) in ca. 30 Jahren geändert haben. Macht euch vor der Auswertung der Materialien bewußt, was man mit der sozialwissenschaftlichen Methode der Befragung erfahren kann und was nicht. Zieht dazu den Anhang (S. 400) heran und klärt auch die Begriffe „repräsentativ" und „Trendumfrage". Welche der drei Tabellen (M24–26) macht über die Erhebungsmethode die genauesten Angaben?

❷ Beachtet bei der Auswertung der Materialien, die ihr ggf. auch in Gruppenarbeit vornehmen könnt, die folgenden Fragen:
– In welchem Bereich ist der Wandel der Erziehungsziele am deutlichsten (M 24)? In welchen Jahren zeigt sich die größte Veränderung?
– Bei welchen Einzelentscheidungen (M 26) kann man von einer deutlichen Veränderung der Einschätzung der Mütter sprechen?
– Welche Veränderungen in der Beurteilung der elterlichen Erziehung ergeben sich aus M 25?
– Die erste und letzte Spalte dieser Tabelle lassen einen interessanten Vergleich zu (auch wenn die befragten „Erwachsenen 84" nicht dieselben Personen waren wie die befragte „Jugend 55"; beide Befragungen waren aber repräsentativ*). Formuliert das Ergebnis dieses Vergleichs und versucht, es zu erklären.

M 27
Wir machen eine Befragung zum Thema Familie

Nicht nur in den vorangehenden Abschnitten dieses Kapitels, auch in den meisten anderen Kapiteln dieses Buches finden sich immer wieder Materialien, die auf die Ergebnisse von *Befragungen* Bezug nehmen; viele Statistiken bestehen aus solchen Ergebnissen. Die Befragung ist sicherlich die am häufigsten angewandte sozialwissenschaftliche Forschungsmethode, wenn es um die Erfassung der sozialen Wirklichkeit (d.h. nicht nur von Daten und Fakten, sondern auch von Meinungen und Einstellungen) geht. Es erscheint uns daher wichtig, daß ihr euch einmal etwas genauer mit dieser Methode, ihren Merkmalen, Möglichkeiten und Grenzen vertraut macht und so zu einer besseren Einschätzung von Befragungsergebnissen kommen könnt. Wer Ergebnisse von Befragungen kritisch beurteilen will, muß wissen, wie sie zustande gekommen sind.

Wir haben dazu aus zwei Gründen diese Stelle im Kapitel „Familie" gewählt: 1. Man kann über eine Forschungsmethode am besten etwas lernen, wenn man sie an einem konkreten Beispiel selber ein Stück weit erprobt. 2. Dies Kapitel enthält (s. z.B. M 24–M 26) eine Reihe von Befragungsergebnissen, die z.T. unmittelbar euren eigenen Lebensbereich betreffen. Da dürfte es für euch sicherlich nicht uninteressant sein, diese Ergebnisse mit solchen zu vergleichen, die ihr aufgrund einer von euch selbst durchgeführten Befragung (zu den gleichen Gesichtspunkten) gewonnen habt (zumal z.B. die Ergebnisse in M 26 schon sehr alt sind). Wenn ihr die Sache gründlich angehen wollt, empfehlen wir euch folgende Schritte:

● Informiert euch zunächst über die wichtigsten allgemeinen Gesichtspunkte der Befragungsmethode (Anhang, S. 400f.): Sie berühren einerseits längst nicht alle Fragen und Probleme, die es aus wissenschaftlicher Sicht zu bedenken gilt; andererseits enthält dieser Text eine Reihe von Hinweisen, die ihr bei eurem eigenen Versuch nicht alle zu berücksichtigen braucht, die aber für das bessere Verständnis und die kritische Analyse vieler in diesem Buch enthaltener Materialien wichtig sind.

● Arbeitet sodann die konkreten Empfehlungen durch, die wir zur Planung und Durchführung einer Befragung gegeben haben (Anhang

S. 403f.). Dazu gehört auch die kurze Information darüber, was aus rechtlicher Sicht bei Befragungen im schulischen Bereich zu beachten ist (Anhang S. 405).

● Ihr könnt sodann den Fragebogen (s.u.) mit den Empfehlungen vergleichen, die wir zur Anfertigung von Fragebögen gegeben haben, und ihn ggf. verändern. Er bezieht sich u.a. auf die Materialien M 21, M 24 und M 25/26 und soll euch zu einem schnelleren Vergleich mit den dort mitgeteilten Ergebnissen verhelfen.

● Auf jeden Fall – darauf kommt es ja an – solltet ihr nun den Fragebogen durch einen weiteren Teil ergänzen, den ihr selbst konzipiert. Auf diese Weise könnt ihr die Probleme bei der Auswahl, der Formulierung und der Anordnung von Fragen und Antwortmöglichkeiten aus eigener Praxis kennenlernen.

Fragebogen zum Thema „Familie" (Zutreffendes ist anzukreuzen)

I. **Fragen an 16–18jährige Jugendliche:**
1. Wollen Sie einmal heiraten?   ja ☐   nein ☐   weiß nicht ☐
2. Wollen Sie einmal Kinder haben?   ja ☐   nein ☐   weiß nicht ☐

II. **Fragen an 14–24jährige Jugendliche** (auch die zu I. Befragten können hier antworten):
1. Wie zufrieden sind Sie mit

	sehr zufrieden	überwiegend zufrieden	nur z.T. zufrieden	eher unzufrieden	ganz unzufrieden	keine Antwort
a) der Familie?						
b) der Schule?						

2. Wie beurteilen Sie die Erziehung im Elternhaus?
sehr streng ☐   streng ☐   gütig-milde ☐   zu milde ☐   keine Antwort ☐

III. **Fragen an über 14jährige** (auch die zu I. und II. Befragten können hier antworten):
Auf welche Eigenschaft sollte die Erziehung der Kinder vor allem hinzielen? (Bitte nur eine Möglichkeit ankreuzen!)
1. Selbständigkeit und freier Wille   ☐
2. Ordnungsliebe und Fleiß   ☐
3. Gehorsam und Unterordnung   ☐
  Keine Antwort   ☐

IV. **Frage an Mütter** (von den zu I.–III. Befragten können hier auch die antworten, die Mütter sind)
Ab welchem Alter würden Sie einem normalen Kind bzw. Jugendlichen das jeweilige Verhalten erlauben bzw. zutrauen? (Bitte das Lebensjahr eintragen!)

	Lebensjahr		Lebensjahr
alleine…		selbst entscheiden über…	
mit der Eisenbahn fahren	☐	eigene Kleidung	☐
im möblierten Zimmer in fremder Stadt wohnen	☐	Zeitpunkt, wann Schularbeiten gemacht werden	☐
abends ausgehen	☐	passende Freunde	☐
mitbestimmen bei kleineren, das Kind selbst betreffende Entscheidungen (z.B. Essen, Kleidung)	☐	Verwendung des Taschengeldes	☐
		Eltern kritisieren	☐
		sich aktiv politisch betätigen	☐

V. Frage an Eltern, die zusammen in einem Haushalt leben (von den zu IV. Befragten können hier auch die Mütter antworten, die mit ihrem Mann in einem Haushalt leben; pro Haushalt sollte hier entweder nur die Mutter oder der Vater antworten oder beide zusammen, sofern sie dieselbe Antwort geben können): Wer erledigt i.d.R. folgende Hausarbeiten?

	Frau	Mann	Beide		Frau	Mann	Beide
Frühstück zubereiten				Staub wischen			
Kochen				Wohnungsreparaturen			
Abwaschen				Auto waschen			
Abfall beseitigen				Kinder ins Bett bringen			
Wäsche waschen							

Die Beziehung zwischen Eltern und Kindern ist auch durch *rechtliche Aspekte* gekennzeichnet, die vor allem mit wachsendem Alter der Kinder an Bedeutung gewinnen und zu familiären Konflikten führen können. Von besonderer Wichtigkeit ist hier das Recht der „elterlichen Sorge" (Sorgerecht), dessen Bedeutung und Problematik wir im folgenden kurz darstellen wollen, und zwar in der Weise, daß ihr euch anhand von 2 Beispielen (M 29) und der entsprechenden Rechtsvorschriften (M 30–M 32) selbst ein Urteil zu diesem Problem bilden könnt (vgl. den Arbeitshinweis S. 88).

M 28

„Warum wollt ihr denn nicht mit in den Zoo, das Affenfüttern hat doch immer soviel Spaß gemacht?"

Erläutert, was die Karikatur M 28 zum Ausdruck bringen will. Inwiefern könnte man die Entwicklung, auf die hier Bezug genommen wird, als „natürlich" bezeichnen? Muß sie zwangsläufig zu Konflikten führen?

M 29

Wie weit reicht die elterliche Gewalt? Zwei Beispiele

1. Die Unterhaltung der Familie am Abendessenstisch wird etwas gespannter. Stefan mit seinen 15 Jahren läßt sich nicht mehr von seiner Meinung abbringen. Er möchte nicht nach der 10. Klasse vom Gymnasium gehen, sondern Abitur machen und dann Archäologie studieren, vielleicht ins Ausland gehen. Die Eltern dagegen sähen eine „ordentliche" Berufsausbildung, zum Beispiel bei einer Bank, lieber. Mit 20 Jahren würde er dann schon „gutes Geld" verdienen, und die Akademiker-Schwemme würde ihn auch nicht treffen. So zieht sich der Streit hin, bis dann Stefan einen neuen Gesichtspunkt ins Spiel bringt: Er hätte ein Recht, seinen Berufswunsch zu verwirklichen, und zur Not könnte er seinen Entschluß auch gerichtlich durchsetzen. Mit dieser Äußerung war dann der Familienfrieden endgültig dahin.

2. Noch heftigere Worte fallen in einer anderen Familienrunde: Der Vater der 17jährigen Andrea will ihr verbieten, einen bestimmten Mann wiederzusehen. Vor ein paar Wochen hatte sie ihn kennengelernt und ihn auch den Eltern vorgestellt. Die aber legten ihr Veto ein. Der Mann wäre viel älter als sie, und es wäre völlig unklar, von was er eigentlich seinen Lebensunterhalt bestreiten würde. Vor allem möchten sie nicht, daß Andrea öfter in den Lokalen verkehrt, in die sie von ihm ausgeführt wird. Von dort wäre sie schon spät in der Nacht angetrunken nach Hause gekommen. Kurz: Der neue Freund würde sie völlig verändern und hätte einen schlechten Einfluß auf sie.

(Deutsches Jugendinstitut [Hg.], Wie geht's der Familie? Kösel, München 1988, S. 426; Verf.: Renate Mitleger/Richard Rathgeber)

M 30

Elterliche Sorge für eheliche Kinder

§ 1626 *[Elterliche Sorge; Berücksichtigung der wachsenden Selbständigkeit des Kindes]*

(1) Der Vater und die Mutter haben das Recht und die Pflicht, für das minderjährige Kind zu sorgen (elterliche Sorge). Die elterliche Sorge umfaßt die Sorge für die Person des Kindes (Personensorge) und das Vermögen des Kindes (Vermögenssorge).
(2) Bei der Pflege und Erziehung berücksichtigen die Eltern die wachsende Fähigkeit und das wachsende Bedürfnis des Kindes zu selbständigem verantwortungsbewußtem Handeln. Sie besprechen mit dem Kind, soweit es nach dessen Entwicklungsstand angezeigt ist, Fragen der elterlichen Sorge und streben Einvernehmen an.

§ 1627 *[Ausübung der elterlichen Sorge]*

Die Eltern haben die elterliche Sorge in eigener Verantwortung und in gegenseitigem Einvernehmen zum Wohle des Kindes auszuüben. Bei Meinungsverschiedenheiten müssen sie versuchen, sich zu einigen.

§ 1631 *[Inhalt des Personensorgerechts; Einschränkung von Erziehungsmaßnahmen]*

(1) Die Personensorge umfaßt insbesondere das Recht und die Pflicht, das Kind zu pflegen, zu erziehen, zu beaufsichtigen und seinen Aufenthalt zu bestimmen.
(2) Entwürdigende Erziehungsmaßnahmen sind unzulässig.
(3) Das Vormundschaftsgericht hat die Eltern auf Antrag bei der Ausübung der Personensorge in geeigneten Fällen zu unterstützen.[1]

§ 1631 a *[Ausbildung und Beruf]*

(1) In Angelegenheiten der Ausbildung und des Berufes nehmen die Eltern insbesondere auf Eignung und Neigung des Kindes Rücksicht. Bestehen Zweifel, so soll der Rat eines Lehrers oder einer anderen geeigneten Person eingeholt werden.
(2) Nehmen die Eltern offensichtlich keine Rücksicht auf Eignung und Neigung des Kindes und wird dadurch die Besorgnis begründet, daß die Entwicklung des Kindes nachhaltig und schwer beeinträchtigt wird, so entscheidet das Vormundschaftsgericht. Das Gericht kann erforderliche Erklärungen der Eltern oder eines Elternteils ersetzen.

§ 1631 b *[Unterbringung des Kindes]*

Eine Unterbringung des Kindes, die mit Freiheitsentziehung verbunden ist, ist nur mit Genehmigung des Vormundschaftsgerichts zulässig.[1] Ohne die Genehmigung ist die Unterbringung nur zulässig, wenn mit dem Aufschub Gefahr verbunden ist; die Genehmigung ist unverzüglich nachzuholen. Das Gericht hat die Genehmigung zurückzunehmen, wenn das Wohl des Kindes die Unterbringung nicht mehr erfordert.

(Bürgerliches Gesetzbuch)

---

[1] Mit der Ausführung der Anordnungen nach § 1631 Abs. 3 und § 1631 b kann das Jugendamt* betraut werden; vgl. § 48 c Gesetz für Jugendwohlfahrt.

M 31

Was „elterliche Sorge" konkret bedeutet

Die *Personensorge* umfaßt alle Angelegenheiten, mit denen ein Kind im Alltag konfrontiert wird. Derjenige, dem die Personensorge zusteht, entscheidet über den Aufenhalt des Kindes, über seinen Umgang mit Dritten, vertritt es gerichtlich und außergerichtlich, entscheidet, wieviel Taschengeld es erhält und welche Schule es besuchen kann. Ihm obliegt auch die Entscheidung, ob das Kind ein Internat besuchen soll oder nicht. Personensorge bedeutet so das Erziehungs-, das Aufenthaltsbestimmungs- und das Umgangsbestimmungsrecht der Eltern. Juristisch ausgedrückt heißt dies: Die Personensorge umfaßt jedes Handeln mit Rechtswirkung für das Kind.
Vermögenssorge bedeutet, daß die Eltern verpflichtet sind, das Vermögen des Kindes, sofern es zum Beispiel durch Erbschaft in den Besitz eines Bankkontos gekommen ist, als solches zu erhalten und gegebenenfalls durch Zinsen zu vermehren. In der Regel haften die Eltern für das Vermögen des Kindes nur mit der Sorgfalt, die sie auch in eigenen Angelegenheiten anzuwenden pflegen. Die Eltern müssen sich also nicht in die Fachliteratur auf dem Kapitalmarkt* einarbeiten, sondern es genügt eine Anfrage bei der Bank, ob die Erbschaft so richtig angelegt ist.

Das Sorgerecht endet beim *Mißbrauch,* also dann, wenn der Richter oder das Jugendamt das Kindeswohl gefährdet sieht (s. M 32).

(Deutsches Jugendinstitut [= M 29], S. 426; Verf.: Renate Mitleger/Richard Rathgeber)

M 32 a

Mißbrauch des elterlichen Sorgerechts

§ 1666¹ *[Gefährdung des Kindeswohls]*

(1) Wird das körperliche, geistige und seelische Wohl des Kindes durch mißbräuchliche Ausübung der elterlichen Sorge, durch Vernachlässigung des Kindes, durch unverschuldetes Versagen der Eltern oder durch das Verhalten eines Dritten gefährdet, so hat das Vormundschaftsgericht, wenn die Eltern nicht gewillt oder nicht in der Lage sind, die Gefahr abzuwenden, die zur Abwendung der Gefahr erforderlichen Maßnahmen zu treffen. Das Gericht kann auch Maßnahmen mit Wirkung gegen einen Dritten treffen.
(2) Das Gericht kann Erklärungen der Eltern oder eines Elternteils ersetzen.
(3) Das Gericht kann einem Elternteil auch die Vermögenssorge entziehen, wenn er das Recht des Kindes auf Gewährung des Unterhalts verletzt hat und für die Zukunft eine Gefährdung des Unterhalts zu besorgen ist.

§ 1666a *[Trennung des Kindes von der elterlichen Familie; Entziehung der Personensorge insgesamt]*

(1) Maßnahmen, mit denen eine Trennung des Kindes von der elterlichen Familie verbunden ist, sind nur zulässig, wenn der Gefahr nicht auf andere Weise, auch nicht durch öffentliche Hilfen, begegnet werden kann.
(2) Die gesamte Personensorge darf nur entzogen werden, wenn andere Maßnahmen erfolglos geblieben sind oder wenn anzunehmen ist, daß sie zur Abwendung der Gefahr nicht ausreichen.

(Bürgerliches Gesetzbuch)

M 32 b

Gerichte greifen selten ein

Die Eltern haben „die wachsende Fähigkeit und das wachsende Bedürfnis des Kindes zum selbständigen, verantwortungsbewußten Handeln" zu „berücksichtigen" (s. M 30). Das besagt jedoch noch nichts über das Ergebnis der Entscheidung; die Eltern können ja aufgrund der partnerschaftlichen Gespräche mit der Tochter² zu dem Schluß kommen, daß deren Bedürfnis nach Selbständigkeit größer ist als ihre Fähigkeit zu verantwortungsbewußtem Handeln. Den Eltern steht die Beurteilung der „Reife" des Kindes zu, sie kennen es am besten.
Die Beurteilung der Kindesreife ist jedoch nicht der Willkür der Eltern überlassen; sie mißbrauchen ihr Recht, wenn ihre Erziehungsmaßnahmen

---
¹ Anordnung der Fürsorgeerziehung: § 64 Gesetz für Jugendwohlfahrt – Vor einer Entscheidung im Falle des § 1666 ist das Jugendamt zu hören; vgl. § 48 a Abs. 1 Nr. 5 Gesetz für Jugendwohlfahrt.
² Vgl. M 29

die Gefahr in sich bergen, die Entwicklung ihres Kindes zur Selbständigkeit und Selbstverantwortung erheblich zu hemmen. Wenn zum Beispiel die 17jährige Tochter Beziehungen zu einem jungen Mann aufnimmt, von dem keine ersichtliche Gefährdung des „Kindeswohls" ausgeht, so wäre ein Umgangsverbot der Eltern eine unnötige, ja übermäßige Erziehungsmaßnahme. Wenn sie darunter stark leidet und keinen anderen Ausweg sieht, könnte sich die Tochter in ihrer Not an das Jugendamt wenden. In krassen Fällen wird von dieser Seite das zuständige Vormundschaftsgericht eingeschaltet. Dieses überprüft dann, ob ein elterlicher Mißbrauch des Sorgerechts nach § 1666 BGB[1] vorliegt.

In den meisten Fällen von Sorgerechtsmißbrauch handelt es sich aber um Vernachlässigung oder Mißhandlung von Kindern.

Die Unterdrückung der jugendlichen Entwicklung zur Selbständigkeit wird selten gerichtlich festgestellt, ist aber rechtssystematisch ein Anwendungsfall des § 1666 BGB, ein Fall von Mißbrauch des Sorgerechts.

Die Erziehung soll ja die Entfaltung der Persönlichkeit sichern, indem sie das Kind fortschreitend an die Selbständigkeit heranführt, auf die Volljährigkeit vorbereitet.

Da die Fähigkeit zur Selbstbestimmung nicht über Nacht am 18. Geburtstag kommt, haben schon lange vorher die Eltern, die ja diesem Erziehungsziel verpflichtet sind, dem minderjährigen Kind mit zunehmendem Alter immer mehr Freiheiten in der Lebensgestaltung zu gewähren. Nach Ausführungen des Bundesverfassungsgerichts werden die elterlichen Befugnisse mit abnehmendem Erziehungsbedürfnis und zunehmender Selbstbestimmungsfähigkeit des Kindes zurückgedrängt. Das Elternrecht werde in dem Maße gegenstandslos, in dem das Kind in die Mündigkeit hineinwachse.

(Deutsches Jugendinstitut [= M 29], S. 428 f.; Verf.: Renate Mitleger/Richard Rathgeber)

[1] Vgl. M 32 a

M 29 besteht aus der Beschreibung zweier denkbarer Konfliktfälle zwischen Jugendlichen und ihren Eltern. Versucht mit Hilfe der für diese beiden Fälle relevanten Gesetzestexte (M 30–M 32) zu entscheiden, ob Stefan „seinen Entschluß gerichtlich durchsetzen" könnte und ob Andreas Eltern ihr Sorgerecht mißbrauchen und Andrea sich mit Erfolg an das Jugendamt wenden könnte.
Dazu solltet ihr am besten zunächst M 30–M 32 durcharbeiten und die beiden Fallbeschreibungen (M 29) genau untersuchen (ggf. in Gruppenarbeit). Begründet eure Argumentation und Entscheidung, indem ihr aus M 30–M 32 entsprechende Textstellen heranzieht. Beziet in eure Diskussion auch folgende Fragen ein:
– Sind die Bedenken des Vaters (Fall 1) nicht deshalb gerechtfertigt, weil das von Stefan gewünschte Studium der Archäologie sehr schlechte Berufsaussichten hat? Was wäre, wenn Stefan ein Studium mit guten Berufsaussichten anstreben würde?
– Hat Andrea mit ihrem Verhalten nicht auch gegen das Jugendschutzgesetz (s. Kap. 7, M 14 c) verstoßen (Fall 2)?

M 33 Rechtliche Bedeutung der einzelnen Altersstufen bis zur Volljährigkeit

Vollendung der Geburt	– Beginn der Rechtsfähigkeit (§ 1 BGB), – Beginn der Parteifähigkeit (§ 50 Abs. 1 ZPO), – Beginn der Staatsangehörigkeit – Eintritt der gesetzlichen Amtspflegschaft bzw. Amtsvormundschaft (§ 1709 BGB bzw. § 1791 c Abs. 1 S. 1 BGB)
Vollendetes Lebensjahr	
3	– Beginn der „Kindergartenfähigkeit", z.B. nach dem Bayer. Kindergartengesetz vom 25. 7. 1972 (Artikel 1), – Mitwirkung bei Musik- und anderen Aufführungen, Werbeveranstaltungen, Rundfunk-, Fernseh-, Film-, Foto-, Tonbandaufnahmen bis zu 2 Stunden täglich zwischen 8 und 17 Uhr (einschließlich der Proben) ist mit Genehmigung der zuständigen Aufsichtsbehörde möglich (§ 6 Abs. 1 Nr. 2 a JArbSchG)

5	– Änderung des Familiennamens des Namensgebers des Kindes erstreckt sich auf dieses nur dann, wenn es sich der Namensänderung „anschließt" (vgl. §§ 1617 Abs. 2 S. 1, Abs. 4 S. 2; 1618 Abs. 4; 1737 S. 3; 1740 f Abs. 3; 1757 Abs. 1 S. 4; 1765 Abs. 3 S. 2)
6	– Beginn der Schulpflicht (Schulgesetze d. Länder). – Mitwirkung bei Musik- und anderen Aufführungen, Werbeveranstaltungen, Rundfunk-, Fernseh-, Film-, Foto-, Tonbandaufnahmen bis zu 3 Stunden täglich zwischen 8 und 22 Uhr (einschließlich Proben) ist mit Genehmigung der Aufsichtsbehörde möglich (§ 6 Abs. 1 Nr. 2 b JArbSchG) – Besuch von Filmveranstaltungen erlaubt, wenn die Filme von der obersten Landesbehörde für dieses Alter freigegeben und bis 20 Uhr beendet sind (§ 6 Abs. 3, 4 JSchÖG)
7	– bedingt deliktsfähig (§ 828 Abs. 2 BGB) – beschränkt geschäftsfähig (§ 106 BGB) – partielle Prozeßfähigkeit (§§ 51, 52 ZPO, § 62 Abs. 1 VwGO)
10	– Recht auf Anhörung vor Religionswechsel (§ 2 Abs. 3, 3 Abs. 2 RelKErzG)
12	– Besuch von Filmveranstaltungen erlaubt, wenn die Filme für dieses Alter freigegeben und bis 22 Uhr beendet sind (§ 6 Abs. 2 Nr. 2 JSchÖG) – Kind kann nicht gegen seinen Willen in anderem Bekenntnis erzogen werden (§ 5 RelKErzG)
14	– Beschäftigung in der Landwirtschaft (bis zu 3 Stunden täglich) (§ 5 Abs. 3 JArbSchG) – Zeitungen/Zeitschriften austragen sowie „Handreichungen" beim Sport (bis zu täglich 2 Stunden) sind jeweils zwischen 8 und 18 Uhr zulässig, wenn anschließend kein Schulunterricht und das Fortkommen in der Schule nicht beeinträchtigt wird (§ 5 Abs. 3 JArbSchG) – Recht auf *persönliche* Anhörung des Mdj. in allen seine Personen- und Vermögenssorge betr. Verfahren vor den FamG und VG (§ 50 b Abs. 2 FGG) – freie Religionswahl (§ 5 RelKErzG) – Beginn der strafrechtlichen Verantwortlichkeit [bedingte Strafmündigkeit] (§§ 1 Abs. 2, 3 JGG) – eigenes Rechtsmittelrecht im Jugendstrafverfahren (§55 Abs. 2 S. 2 JGG) – selbständiges Rechtsmittelrecht beim VG und FamG in allen persönlichen Angelegenheiten (§ 59 FGG) – Einwilligung zur Adoption kann der Minderjährige nur selbst erteilen (§ 1746 Abs. 1 S. 3 BGB) – Änderungen des Vornamens und des Familiennamens von adoptierten Kindern sowie des Familiennamens nichtehelicher Kinder sind nur mit deren Einwilligung möglich (§ 1757 Abs. 2 S. 2, Abs. 1 S. 4 bzw. §§ 1617 Abs. 2, 1618 Abs. 2 BGB) – Ehelicherklärung des nichtehelichen Kindes nur mit dessen Zustimmung oder auf seinen Antrag hin zulässig (§ 1729 bzw. § 1740 c BGB) – Antrag auf Aufhebung der Adoption wegen fehlender Einwilligung des Kindes kann nur vom Kind selbst gestellt werden (§ 1762, Abs. 1 BGB) – Möglichkeit, die Ablösung eines Amts- oder Vereinsvormundes (oder: -pflegers) durch eine geeignete Einzelperson sowie die Bestellung eines anderen Vormundes oder Pflegers zu beantragen (vgl. §§ 1887, 1915 BGB) – einem gemeinsamen Vorschlag der Eltern über die Ausübung der elterlichen Sorge bei Getrenntleben oder Scheidung wird durch einen abweichenden Vorschlag des Mdj. die Verbindlichkeit genommen, d.h.: es ist dann allein das Kindeswohl maßgebend (§ 1671 Abs. 3 S. 2 BGB) – Ende des strafrechtlichen Jugendschutzes [sexueller Mißbrauch von Kindern] (vgl. im einzelnen § 176 StGB)
15	– Antragsrecht auf Sozialleistungen (z.B. nach: BAföG, JWG, BSHG, das die gesetzlichen Vertreter aber einschränken können (§ 36 SGB, AT) – aktives und passives Wahlrecht für die Jugendvertretung im Betriebsrat (§ 61 BetrVerfG) – Ende der (allgemeinen) Schulpflicht und u.U. Beginn der Berufschulpflicht (Schulgesetze der Länder) – Ende des grundsätzlichen Beschäftigungsverbotes (§ 7 Abs. 1 JArbSchG)

16	– Eidesfähigkeit (§ 393 ZPO bzw. § 60 Nr. 1 StPO)
	– Beginn der Ausweispflicht (§ 1 PaßG)
	– *Ende einiger Jugendschutzbestimmungen:*
	  – Aufenthalt in Gaststätten ohne Erziehungsberechtigte erlaubt (§ 2 Abs. 1 JSchÖG),
	  – Abgabe und Genuß von alkoholischen Getränken in Gaststätten und Verkaufsstellen gestattet (§ 3 JSchÖG),
	  – Anwesenheit bei öffentlichen Tanzveranstaltungen gestattet (§ 4 Abs. 2 JSchÖG), ab 22 Uhr jedoch nur in Begleitung eines Erziehungsberechtigten (§ 4 Abs. 2 JSchÖG),
	  – Tabakgenuß in der Öffentlichkeit gestattet (§ 9 JSchÖG),
	  – Besuch von Filmveranstaltungen möglich, die für dieses Alter freigegeben und bis 24 Uhr beendet sind (§ 6 Abs. 3, 4 JSchÖG).
	– Eigenes Antragsrecht und Prozeßfähigkeit in Sozialversicherungsangelegenheiten z.B. bei Unfällen – (§§ 1546, 1613 RVO, § 71 SGG)
	– Anhörungsrecht vor Änderungen des Familiennamens (§ 2 Abs. 2 NamensÄndG)
	– Mindestalter zum Heiraten (§ 1 Abs. 2 EheG)
	– *Ende folgender strafrechtlicher Jugendschutzbestimmungen:*
	  – Verletzung der Fürsorge- und Erziehungspflicht (§ 170 d StGB),
	  – Sexueller Mißbrauch von Schutzbefohlenen (§ 174 Abs. 1 Nr. 1 StGB),
	  – Förderung sexueller Handlungen (sog. Kuppelei) Minderjähriger (§ 180 Abs. 1 StGB),
	  – Verführung minderjähriger Mädchen (§ 182 Abs. 1 StGB)
	– Erwerb des Jugendjagdscheines möglich (§ 16 BJagdG)

17		– Möglichkeit, sich freiwillig bei der Bundeswehr zu verpflichten
18		– Volljährigkeit (§ 2 BGB)
		– volle Geschäftsfähigkeit (§ 106 BGB)
		– volle Prozeßfähigkeit (§ 52 Abs. 1 ZPO)
		– volle zivilrechtliche Verantwortlichkeit – *Deliktsfähigkeit* – (§ 828 Abs. 2 BGB)
		– volle strafrechtliche Verantwortlichkeit – *Strafmündigkeit* – (§§ 1, 3 JGG) mit der Möglichkeit, auf noch nicht 21 Jahre alte Täter (Zeitpunkt: Begehung der Tat) evtl. noch das Jugendstrafrecht anzuwenden (§ 105 Abs. 1 JGG)
		– Ehemündigkeit (§ EheG)
		– Ende der elterlichen Sorge (§ 1626 Abs. 1 BGB)
		– Ende von Pflegschaften und Vormundschaften wegen Minderjährigkeit (§§ 1882, 1909, 1915 BGB)
		– Ende sämtlicher Jugendschutzbestimmungen
		– *Ende des strafrechtlichen Jugendschutzes* (d. h. die Strafbarkeit endet bei):
		– sexuellen Handlungen mit leiblichen oder adoptieren Kindern (§ 174 Abs. 1 Nr. 3 StGB)
		– sexuellen Handlungen unter Mißbrauch einer Abhängigkeit (§ 174 Abs. 1 Nr. 2 StGB)
		– homosexuellen Handlungen (§ 175 Abs. 1 StGB)
		– Förderung, Vermittlung oder Bestimmung zur Prostitution – sog. schwere Kuppelei – (§§ 180 a, 180 Abs. 2 StGB)
		– jugendgefährdender Ausübung der Prostitution (§ 184 b Nr. 2 StGB)
		– Verbreitung sog. einfacher Pornographie (§ 184 Abs. 1 Nr. 1, 2, 5, 8 StGB)
		– Mißhandlung von Schutzbefohlenen – sog. Kindesmißhandlung – (§ 223 b StGB)
		– Kindesraub (§ 235 StGB)
		– Entführung unverheirateter Mädchen zu sexuellen Handlungen mit deren Einverständnis (§ 236 StGB)
		– *Wegfall diverser Vergünstigungen im Unterhaltsrecht:*
		– gesteigerte elterliche Unterhaltspflicht endet (§ 1603 Abs. 2 BGB)
		– Vorrang gegenüber anderen Unterhaltsberechtigten entfällt (§ 1609 Abs. 1 BGB)
		– Beschränkung und Wegfall von Unterhaltsansprüchen u. U. möglich (vgl. § 1611 BGB)
		– Anwendung der Regelunterhaltssätze (= bei nichtehelichen Kindern und Kindern aus geschiedenen und nichtigen Ehen) entfällt (§§ 1610, 1615 f BGB)
		– allgemeines aktives und passives Wahlrecht (Art. 38 Abs. 2 GG)
		– aktives und passives Wahlrecht für Betriebsrats- bzw. Personalratswahlen (§ 7 BetrVerfG bzw. § 14 Abs. 1 PersVertrG)
		– Bestellung als Pfleger oder Vormund möglich (§§ 1781 Nr. 1, 1915 BGB)
		– Führerschein der Klassen 1 (Motorräder) und 3 (Pkw) möglich (§ 7 Abs. 1 StVZO)
		– eigene Strafantragsmöglichkeit (§ 77 Abs. 3 StGB)
		– Beginn der Wehrpflicht (§ Abs. 1 WehrpflG)

(Hans Schleicher, Jugend- und Familienrecht, Stam, Köln, 7. Aufl. 1992, S. 341–343)

Abkürzungen:

BGB	– Bürgerliches Gesetzbuch	BSHG	– Bundessozialhilfegesetz
JArbSchG	– Jugendarbeitsschutzgesetz	BetrVerfG	– Betriebsverfassungsgesetz
ZPO	– Zivilprozeßordnung	StPO	– Strafprozeßordnung
VwGO	– Verwaltungsgerichtsordnung	PaßG	– Paßgesetz
RelKErzG	– Gesetz über die religiöse Kindererziehung	EheG	– Ehegesetz
		PersVertrG	– Personalvertretungsgesetz
FGG	– Gesetz über die Angelegenheiten der freiwilligen Gerichtsbarkeit	StVZO	– Straßenverkehrszulassungsordnung
JGG	– Jugendgerichtsgesetz	WehrpflG	– Wehrpflichtgesetz
StGB	– Strafgesetzbuch	BJagdG	– Bundesjagdgesetz

❶ Versucht zu erklären, warum Kindern und Jugendlichen Rechte und Pflichten „Schritt für Schritt erwachsen". Was bedeuten allgemein die Altersstufen, die mit dem 14. und dem 18. Lebensjahr gesetzt sind? (M 33; vgl. auch Kap. 7, M 16, M 29).

❷ In der Übersicht über die rechtliche Bedeutung der einzelnen Altersstufen wirst du sicherlich Bestimmungen finden, die dir bisher noch nicht bekannt waren, vielleicht auch solche, die für dich nicht von Bedeutung sind. Schreibe zuerst die Regelungen heraus, die dir vertraut sind, und versuche dann – ggf. mit Hilfe des Lehrers –, von den übrigen einige für dich wichtige zu erläutern (z.B. Ende der allgemeinen Schulpflicht, Ausweispflicht, Ehemündigkeit; auf die „beschränkte Geschäftsfähigkeit" und die „bedingte Strafmündigkeit" werden wir in M 17 und M 29, Kap. 7, näher eingehen).

Wohnung als Lebensraum der Familie

Die Versorgung der Bevölkerung mit Wohnraum hat sich in den letzten 40 Jahren enorm verbessert. Nahezu alle Haushalte haben Wohnungen, die im Vergleich zu früher größer, vor allem aber besser ausgestattet (Bad, WC, Heizung, Keller usw.) und solider gebaut sind.

Auf diesem insgesamt höheren Niveau der Wohnraumversorgung gibt es aber nach wie vor erhebliche Unterschiede zwischen verschiedenen Haushaltsgruppen: Größe und Qualität der Wohnung, die sich ein Haushalt leisten kann, hängen entscheidend ab von seinen finanziellen Möglichkeiten. Wie sich in dieser Hinsicht die Situation von Familien mit Kindern im Vergleich zu anderen Haushalten darstellt und welche Bedeutung einer ausreichend großen Wohnung als Lebensraum der Familie zukommt, das wollen wir im folgenden in einigen wichtigen Aspekten darstellen.

Vorangestellt ist ein Bericht über die Entwicklung, die in den letzten Jahren zu einer z.T. dramatischen Wohnungsnot geführt und damit auch die Situation für Familien mit Kindern erheblich verschlechtert hat.

M 34

Die neue Wohnungsnot

Wohnungsbau und Wohnungsnot stehen heute nach allen Umfragen ganz oben, wenn es um die Sorgen der Deutschen geht – kein Wunder, hat doch der Wohnungsmangel im Westen bereits zahlreiche kleine und mittlere Städte erreicht, häufen sich die Probleme in den neuen Bundesländern. Dort gelten allein 1,5 Millionen Wohnungen als unbewohnbar, zwei Drittel des Wohnungsbestandes sind sanierungsbedürftig.

Die Lage auf dem Wohnungsmarkt in den neuen Bundesländern ist verhältnismäßig leicht erklärbar. Die staatlich festgeschriebenen und subventionierten* Mieten waren so niedrig, daß die Eigentümer – gleichgültig ob private oder öffentliche – den Erhalt und die Modernisierung von Wohnraum nicht bezahlen konnten. In Westdeutschland dagegen stiegen und steigen nicht nur die Preise für Bauland und Bauleistungen, sondern auch die Mieten und der Wert der Immobilien. Dennoch sank die Bautätigkeit bis 1989 auf einen Nachkriegstiefpunkt. Damals wurden nur noch 220 000 Wohnungen fertiggestellt.

Die Probleme wurden verkannt oder kamen überraschend

Dafür gibt es eine Reihe von Gründen. 400 000 leerstehende Wohnungen Mitte der 80er Jahre verführten die Politik zur Vernachlässigung des Wohnungsbaus und die Bauwirtschaft zum Kapazitätsabbau*, der sich heute noch schmerzlich bemerkbar macht. Es war nicht nur der Bund, der die Wohnungsbauförderung reduzierte. Auch die Länder wähnten sich am Ende des Baubooms, glaubten, der Markt sei gesättigt. Einige Experten, die damals schon vor kommenden Engpässen auf dem Wohnungsmarkt warnten, wurden eher belächelt.

Teilweise überraschende Entwicklungen holten dann aber Politik und Wirtschaft schnell ein. Allein seit 1988 sind 3 Millionen Zuwanderer nach Westdeutschland gekommen, die natürlich auch Wohnraum nachfragten. Gleichzeitig stieg die Zahl der Haushalte um rund 1 Million – vor allem aufgrund geburtenstarker Jahrgänge, die erwachsen wurden, und wegen [...] der von 1968 bis 1991 um 120% auf 6,5 Mio gestiegenen Zahl der Einpersonen-Haushalte. Zudem erhöhten sich die Ansprüche an Wohnraum: Anfang der 60er Jahre wuchs die Wohnfläche jedes Westdeutschen um durchschnittlich jährlich 0,5 m^2 (1960: 25 m^2, 1991: 37 m^2 durchschnittliche Wohnfläche; Ostdeutschland: 26 m^2). [...]

Als Gründe für den schleppenden Wohnungsbau nannte der Deutsche Mieterbund 1992 hohe Grundstückspreise und Zinsen sowie die Baukosten.

Nach Angaben des Mieterbunds müßte eine Neubaukaltmiete zwischen 42 DM und 45 DM pro m² betragen, wenn sie die gesamten Baukosten decken soll.

Explodierende Mieten, Wohnungsmangel fast überall

Die Folgen dieser Entwicklungen sind klar: explodierende Mieten in Ballungsräumen, Wohnungsengpässe in vielen westdeutschen Städten und Regionen, enorme Probleme bei der Unterbringung der steigenden Zahl von Studenten und Baupreissteigerungen. [...]

Betroffen von der Wohnungsnot sind vor allem Einkommensschwache wie Rentner, Arbeitslose und Empfänger von Sozialhilfe*. Die Zahl der Obdachlosen steigt dramatisch an. Im Ergebnis fehlen schon heute nach Schätzungen bis zu 2,5 Millionen Wohnungen. Vier bis fünf Millionen Wohnungen müßten bis zum Jahr 2000 gebaut werden, um die Situation auf den Wohnungsmärkten entscheidend zu verbessern.

(Bundestag Report April 1993, S. 17 f. und Lexikon aktuell 93, S. 464)

M 35

Kinderreichtum immer öfter Grund für Armut

Vor allem steigende Mietkosten machen Familien mit geringem Einkommen zu schaffen

Armut trifft in Deutschland immer mehr Familien mit Kindern. Das hat eine Untersuchung ergeben, die am Montag von der katholischen Wohlfahrtsorganisation Caritas* in Frankfurt vorgelegt wurde. „Das Armutsproblem in Deutschland hat sich deutlich verschoben", sagte der Leiter der Studie, Richard Hauser. Noch vor 20 Jahren seien besonders Rentner in Gefahr gewesen, von Sozialhilfe* abhängig zu werden. Heute seien Familien mit mehreren Kindern und Alleinerziehende besonders gefährdet. „Unter den Familienmitgliedern der Caritas-Klienten sind 33 Prozent Kinder, in der Gesamtbevölkerung sind es nur 14 Prozent."

Die Studie stützt sich auf eine repräsentative* Befragung von 4000 Hilfesuchenden sowie 3000 Mitarbeitern der Caritas in den alten Bundesländern. Die Ergebnisse seien „repräsentativ für die untere Schicht der Bevölkerung", sagte Hauser. Nach Zahlen der Caritas sind in der alten Bundesrepublik 2,8 Prozent der Bevölkerung auf Sozialhilfe angewiesen; etwa zehn Prozent leben unter der sogenannten Armutsgrenze, hat also die Hälfte oder weniger des durchschnittlichen Einkommens zur Verfügung.

Der Studie zufolge wird die Situation für Arme vor allem durch den enormen Anstieg der Mieten immer schwieriger. Gerade noch „tragbar" sei eine Warmmiete von 28 Prozent des Einkommens. Viele Menschen mit geringem Einkommen müßten aber mehr für ihre Wohnung ausgeben, obwohl sie Wohngeld bezögen. Bei den Befragten seien es 41 Prozent gewesen. Zudem machten viele Wohngeldansprüche nicht geltend. Ähnliches gelte für die Sozialhilfe: Auf vier Sozialhilfeempfänger kämen drei „verdeckt Arme", also Menschen, die sich nicht beim Sozialamt melden.

(Süddeutsche Zeitung 1992)

❶ Analysiert die in M 34 beschriebene Lage auf dem Wohnungsmarkt. Ihr könnt euch dabei an folgenden Fragen orientieren:
– Wie ist das schlechte Wohnungsangebot in den neuen Bundesländern zu erklären?
– Inwiefern hat sich auf dem Wohnungsmarkt in Westdeutschland Ende der 80er Jahre eine entscheidende Wende vollzogen?
– Aus welchen Gründen hat sich die Nachfrage nach Wohnungen so stark erhöht?
– Welche Gründe werden für den „schleppenden Wohnungsbau" genannt?

❷ Beschreibt die Ergebnisse der Caritas-Untersuchung (M 35). Was wird hier unter „Armut" verstanden? Welcher Zusammenhang besteht zwischen Armut, der Kinderzahl in einer Familie und der Lage auf dem Wohnungsmarkt? Wie erklärt ihr euch die im Text genannte „verdeckte Armut"?

❸ In M 35 ist davon die Rede, daß das Familieneinkommen nur bis zu einer bestimmten Höhe durch die Mietkosten belastet werden sollte. Erkundigt euch bei euren Eltern, wie hoch dieser Anteil für eure Familie ist.

M 36

Viel zu kleine Wohnungen für Familien mit Kindern

Bei den Wohnflächen ist es wie bei den Einkommen: Sie nehmen zwar mit wachsender Haushaltsgröße zu, aber bei weitem nicht in dem Umfang, der notwendig wäre, den zusätzlichen Flächenbedarf zu decken. So verringert sich die durchschnittliche Wohnfläche pro Person mit jedem weiteren Kind und liegt in Haushalten mit vier und mehr Kindern (ohne Altersbegrenzung) nur noch bei der Hälfte (17 m^2/Person) der Bundesbürger-Durchschnittsfläche. Legen wir nun die längst veralteten und allgemein als viel zu niedrig angesehenen Kölner Empfehlungen als Maßstab an[1], dann zeigt sich, daß mehr als ein Drittel aller Ehepaare mit Kindern und sogar mehr als die Hälfte der zur Miete wohnenden Ehepaare mit Kindern (1,7 Millionen) äußerst beengt wohnen. Nach allem bisher Gesagten überrascht nicht, daß Ehepaare mit Kindern und einem Einkommen unterhalb des Sozialhilfeniveaus* besonders häufig, nämlich zu fast zwei Dritteln, sehr beengt wohnen. Das sind mehr als 100 000 Familien.

Daß es sich bei den flächenmäßig unterversorgten Familien mit Kindern (Ehepaare und alleinerziehende Frauen) nur zu 22% um Eigentümer, aber zu 78% um Mieter handelt (1,9 Millionen Familien), hat auch mit der Größenstruktur des Mietwohnungsangebotes zu tun. Die ist wiederum eine Folge der hohen Mieten für große Wohnungen, die größere Familien oft nicht aufbringen können. Nur etwas mehr als ein Viertel der Mietwohnungen hat mehr als 80 m^2 Wohnfläche.

[1] Den Berechnungen wurden die Kölner Empfehlungen in der Neufassung von 1971 zugrunde gelegt, in denen nach der Größe des Haushalts gestaffelte Mindestwohnflächen festgelegt sind (vgl. Internationaler Verband für Wohnungswesen, Städtebau und Raumordnung IVWSR – Ständiger Ausschuß Miete und Familieneinkommen: Neufassung der Kölner Empfehlungen 1971). Danach werden gefordert (ohne Flur):
- 35,5 m^2 für einen Einpersonenhaushalt
- 51,0 m^2 für einen Haushalt mit 2 Personen
- 64,5 m^2 für einen Haushalt mit 3 Personen
- 74,5 m^2 für einen Haushalt mit 4 Personen
- 92,0 m^2 für einen Haushalt mit 5 Personen
- 107,0 m^2 für einen Haushalt mit 6 Personen

(Deutsches Jugendinstitut [= M 29], S. 336 f.; Verf.: Ilona Mühlich-Klinger/Eberhard Mühlich)

M 37

Wohnverhältnisse von Jugendlichen (13–17jährige)

39% der Jugendlichen (der 13–17jährigen) in den alten Bundesländern sind von ungünstigen und beengten Wohnverhältnissen betroffen. Sie wohnen in einer Mietwohnung und haben kein oder nur ein kleines eigenes Zimmer zur Verfügung. Für weitere 42% bieten die elterlichen Wohnungen zwar nur wenig persönlich verfügbaren Raum (eigenes Zimmer unter 10 qm), im eigenen Haus aber insgesamt wohl ausreichenden Platz. Die übrigen 19% leben in guten bzw. in sehr guten Wohnverhältnissen (ein größeres eigenes Zimmer in Mietwohnung oder eigenem Haus). Dieses Gesamtbild vermittelt eine Vorstellung davon, mit welchen Schwierigkeiten des Wohnungsmarktes Familien heute kämpfen, und belegt, daß Kinder und Familien relativ häufig zu den Verlierern des freien Wohnungsmarktes gehören, auch wenn im westlichen Teil der Bundesrepublik durch wohnungspolitische Maßnahmen in erheblichem Umfang Wohneigentum geschaffen werden konnte.

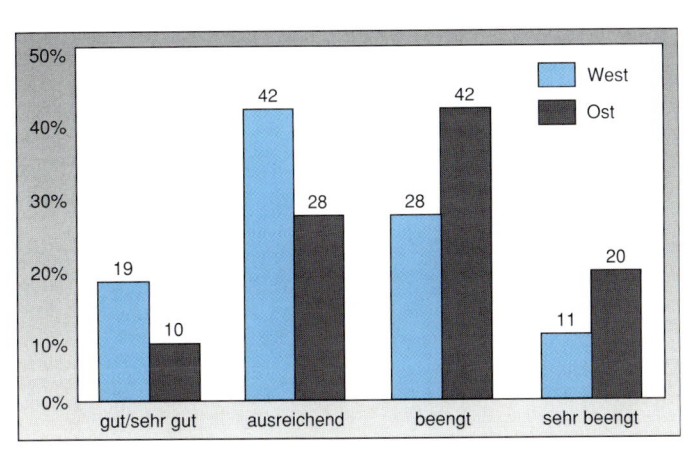

	West	Ost
gut/sehr gut	19	10
ausreichend	42	28
beengt	28	42
sehr beengt	11	20

(Jugend '92, Shell-Studie Bd. 1, Opladen 1993, S. 257)

❶ Erläutert, was es mit den in M 36 genannten „Kölner Empfehlungen" für „Mindestwohnflächen" auf sich hat, und berechnet dann die durchschnittliche Wohnfläche pro Person, die in diesen Empfehlungen für die 6 verschiedenen Haushaltstypen zugrunde gelegt werden. Inwieweit erscheinen euch die Unterschiede gerechtfertigt?

❷ Erklärt, warum im Bereich der Mietwohnungen so wenig große Wohnungen angeboten werden (M 36).

❸ Achtet in M 37 darauf, wie hier die Kennzeichnungen „sehr beengt", „beengt" usw. definiert werden, und beschreibt dann die Wohnverhältnisse von Jugendlichen in den alten und den neuen Bundesländern (s. Grafik).

❹ Wir können hier nicht darstellen, was mit den in M 37 genannten „wohnungspolitischen Maßnahmen" im einzelnen gemeint ist. Fordert dazu ggf. Informationen an, die ihr erhalten könnt beim „Presse- und Informationsamt der Bundesregierung" oder beim Bundesbauministerium (beide: Postfach, 53113 Bonn) oder beim Bau- und Wohnungsamt eurer Gemeinde.

M 38 a

Nachteile enger Wohnungen

Die Nachteile zu enger Wohnungen für die betroffenen Familien liegen auf der Hand. Zum einen kann die Hausarbeit nicht effektiv erledigt werden und erfordert deshalb mehr Aufwand. So ist in einer engen Wohnung häufig nicht genug Platz für eine Vorratshaltung, ja, unter Umständen nicht einmal für das Aufstellen von arbeitsentlastenden Haushaltsgeräten. Der Tiefkühlschrank im Elternschlafzimmer ist unter diesen Umständen leider nichts Ungewöhnliches. Kleine Wohnungen zwingen zudem zum ständigen Aufräumen, da sich die verschiedensten Aktivitäten dauernd überlagern, wie z.B. am Küchentisch, der u.U. zur Vorbereitung des Essens, zur Erledigung von Schulaufgaben, zum Essen, zu Näh- und Bastelarbeiten und zum gemeinsamen Spiel benötigt wird. Ist die Küche klein und von der übrigen Wohnung isoliert – was die Regel, nicht die Ausnahme ist –, dann kann die Arbeit in ihr schon wegen der Enge weder partnerschaftlich von Frau und Mann und unter Einbeziehung der Kinder erledigt, noch kann sie mit der Betreuung der Kinder koordiniert werden.

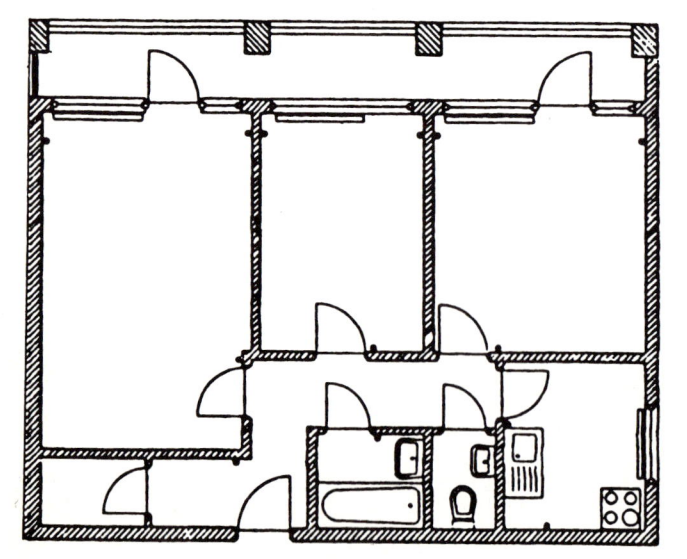

Zum anderen ist es Familien unter beengten Wohnverhältnissen nicht möglich, ihre wechselnden Bedürfnisse nach Nähe und Abstand auszubalancieren. So müßte beispielsweise ein Ehepaar mit drei Kindern eine Sechs-Zimmer-Wohnung haben, wenn jedem Familienmitglied ein Eigenbereich und der gesamten Familie ein Gemeinschaftsbereich (Wohnzimmer/Eßplatz) zur Verfügung stehen soll. Nimmt man noch die übrigen gemeinschaftlich genutzten Bereiche hinzu (Küche, Sanitäreinrichtungen, Abstellräume, Flure usw.) und legt einen Wohnflächenwert von 30 m² pro Person zugrunde, dann braucht eine fünfköpfige Familie eine Wohnfläche von 150 m².

M 38 b **Eine Drei-Zimmer-Wohnung, ca. 78 m²**
(Maßstab 1 cm ≙ 150 cm)

(Deutsches Jugendinstitut [= M 29],
S. 336 ff.; Verf.: Ilona Mühlich-Klinger/Eberhard Mühlich)

❶ Anhand von M 38 a könnt ihr die Nachteile enger Wohnungen zusammenstellen. Geht dabei von den Bedürfnissen aus, welche die einzelnen Familienmitglieder haben, und zeigt auf, inwiefern diese Bedürfnisse in engen Wohnungen nicht hinreichend befriedigt werden können. Dazu werden euch sicherlich noch weitere Gesichtspunkte einfallen. – Informiert euch auch über die Bedingungen, unter denen viele Aussiedler und Asylbewerber wohnen müssen.

❷ An dem Grundriß einer Drei-Zimmer-Wohnung, wie sie in dieser Größe in Mietwohnungsbauten häufig angeboten wird (M 38 b), könnt ihr die in M 38 a genannten Schwierigkeiten und Probleme konkret demonstrieren.
– Nehmt an, die Wohnung solle für ein Ehepaar mit einem Kind eingerichtet werden (nach den in M 36 genannten „Kölner Empfehlungen" müßte sie sogar für 4 Personen ausreichen). Wie würdet ihr die Räume nutzen?
– Meßt die einzelnen Räume genau aus, und überlegt, welche Möbelstücke man aufstellen müßte und wie der Platz dafür verteilt werden könnte. Dazu solltet ihr eine maßstabvergrößerte Zeichnung in euer Heft übertragen und die Größe der wichtigsten Möbelstücke kennen (ein Bett ist ca. 1 m x 2 m groß, ein Kleiderschrank braucht ca. 65 cm Tiefe, ein Schülerschreibtisch müßte etwa 1 m x 0,50 cm groß sein, usw.)
– Beschreibt im einzelnen, welche Probleme sich ergeben, und vergleicht sie mit den Gesichtspunkten, die in M 38 a aufgezählt wurden.

❸ Zum Schluß dieses Abschnitts solltet ihr von euch aus einen Wohnungsgrundriß für eine drei- oder vierköpfige Familie entwerfen, der den Bedürfnissen von Eltern und Kindern gleichermaßen entspricht. Vielleicht könnt ihr zur Diskussion und Begutachtung eures Entwurfs einen „Experten" einladen (z.B. einen Architekten oder den örtlichen Vorsitzenden des Deutschen Mieterbundes, Bundesgeschäftsstelle: Aachener Str. 313, 50933 Köln).

Familienpolitik

Das Grundgesetz (Art. 6) garantiert der Familie den „besonderen Schutz der staatlichen Ordnung". Was mit dieser Bestimmung konkret gemeint ist, hat die Bundesregierung z.B. im „Zweiten Familienbericht" von 1975 genauer erläutert. Alle Maßnahmen, die zum Ziele haben, „die Familie [...] durch materielle und sonstige Hilfen in der Erfüllung ihrer Aufgabe [...] zu stützen und zu fördern", werden dort unter dem Begriff „Familienpolitik" zusammengefaßt.
Daß Familienpolitik notwendig ist, um der Familie bei der Erfüllung ihrer Aufgaben (vgl. M 3) zu helfen und die besonderen Belastungen von Familien mit Kindern auszugleichen („Familienlastenausgleich"), wird von niemandem bestritten. In der öffentlichen Diskussion über die Familienpolitik geht es um die Frage, in welchem *Ausmaß* die staatliche Gemeinschaft den Familien finanzielle und sonstige Hilfen zukommen lassen soll. Diese Diskussion hat sich in den letzten Jahren auch an der Tatsache entzündet, daß die Bevölkerungsentwicklung in der Bundesrepublik Deutschland seit längerer Zeit negativ verläuft (M 12/13), weil in den Familien immer weniger Kinder geboren werden (vgl. M 12), und daß der Grund für diese Entwicklung u.a. auch in der finanziellen Schlechterstellung der Familien mit Kindern gesehen wird.
Im folgenden wollen wir die *Einkommenssituation* von Familien mit Kindern näher untersuchen und einen Überblick über die bestehenden Regelungen des *Familienlastenausgleichs* geben. Zwei dieser Regelungen, das *Kindergeld* und die *Besteuerung*, wollen wir näher erläutern.

M 39 a

„Da schau, deine Putzfrau – fünf Kinder! Wovon die sich diesen Luxus leisten können!"

(Zeichnung: Jupp Wolter)

M 39 b

„Zwei Klassen"

„In unserem Lande gibt es zwei Klassen: die Leute mit Kindern und die Kinderlosen. Die einen haben mehr Arbeit, die anderen haben mehr Geld." Mit diesem überspitzten, aber griffigen Zitat von E. Dessai wird jene Situation umschrieben, in der man heute den entscheidenden Ansatzpunkt aktueller Familienpolitik sieht. Denn Familien mit Kindern sind heute in vielfältiger Hinsicht benachteiligt; insbesondere dann, wenn ein Elternteil nach der Geburt des ersten Kindes aufhört, erwerbstätig zu sein, um sich auf die Erziehungsaufgabe zu konzentrieren. Hierzu ein Beispiel:
Die Ehepartner verdienen vor der Geburt ihres Kindes (1980) monatlich 3377 DM (Mann) und 2129 DM (Frau). Nach Abzug von Steuern und Sozialversicherungsbeiträgen* verbleibt ihnen ein Netto-Einkommen von 3419 DM. – Nach Geburt des ersten Kindes sinkt, bei nur mehr einem Verdiener, das Netto-Einkommen auf 2395 DM. Nach der Geburt des 2. Kindes (1984) beträgt es 2900 DM (brutto 3996 DM + 150 DM Kindergeld). Wäre die Frau ohne Kinder noch im Beruf, betrüge es jetzt 3955 DM (brutto 3996 + 2544 DM). Von den 2395 DM (1980) bzw. 2900 DM (1984) müssen aber nun 3 bzw. 4 statt wie vorher 2 Personen auskommen, und nicht selten muß davon auch noch eine teurere Miete für eine größere Wohnung bezahlt werden.

(Informationen...[= M 22], S. 31; die Einkommensberechnung nach H. Lampert/M. Wingen, Familien und Familienpolitik, Köln 1986, S. 20 f.)

M 40

Kinder kosten Geld

Die Vermutung, daß ein Elternpaar für das Geld, das ein Kind kostet, ein Auto kaufen könnte, stimmt nicht. Richtig ist, daß ein Kind in den 18 Jahren bis zu seiner Volljährigkeit den Gegenwert mehrerer Mittelklassewagen an Aufwendungen fordert. Deshalb auch ist das Geschäft mit dem Kind und mit Waren für das Kind nicht nur sicher, sondern auch lukrativ. Daran ändert sich kaum etwas mit der Kinderzahl insgesamt. Die Erfahrung der vergangenen Jahre lehrt: Mit dem Rückgang der Geburtenzahl stiegen die Ausgaben pro Kind überproportional an.
Das Statistische Bundesamt in Wiesbaden beschreibt den Markt Kind in seiner Sprache: Jeder sechste Deutsche ist ein Kind. Im Schnitt müssen pro Kind und Monat 600 DM aufgebracht werden. Darin aber sind auch die anteiligen Mietkosten für die Wohnung, der anteilige Strom und sogar anteilige Radio- und Fernsehgebühren enthalten. Den Löwenanteil der Summe schlucken allerdings die Käufe von Lebensmitteln und von Kleidung.
Anders als oft angenommen wird, sind Kleinkinder – auch wenn die vielen Neuanschaffungen etwa für Baby-Erstausstattung gerechnet werden – billiger im Unterhalt als größere. Der Deutsche Familienverband in München hat vorgerechnet, daß Kinder im ersten Lebensjahr durchschnittlich 270 DM, die vom zweiten bis zum 7. Lebensjahr 442 DM, die vom 8. bis zum 11. Lebensjahr 570 DM, die vom 12. bis zum 15. Lebensjahr 740 DM

und dann bis zur Volljährigkeit 820 DM im Monat „kosten". Dabei spielt es keine Rolle, daß die älteren Kinder hin und wieder auch Geld – etwa vom Lehrherrn – mit ins Haus bringen.

Die allgemeinen Durchschnittszahlen verschweigen allerdings, daß Geschwister, die im Alter nur wenige Jahre auseinanderliegen, „billiger" im Unterhalt sind. Das hängt damit zusammen, daß sie sich ein Zimmer teilen können, daß sie Kleidung und Möbel von den Vorgängerkindern mit übernehmen und daß es günstiger ist, statt nur einen Kinderteller zwei mit Pudding zu füllen. Mädchen sind etwas anspruchsvoller und modebewußter in der Kleidung und später beim Friseur, weshalb Väter von Töchtern etwas tiefer in den Geldbeutel langen müssen als die Papas von Söhnen.

Summa summarum kostet ein Kind 130 000 DM, bis es das Haus verläßt, vorausgesetzt, es zieht am 18. Geburtstag der Volljährigkeit aus. Interessant auch dies: Seit 1982 hat sich die Summe nur unwesentlich verändert. Kinder sind demnach ziemlich „preisstabil".

(Badische Zeitung vom 4. Juli 1988; Verf.: Gerd Eberhardt)

❶ Beschreibt und interpretiert die Karikatur M 39 a, und erläutert dann, warum in M 39 b von „zwei Klassen" die Rede ist. Scheinen euch die Aussagen von Karikatur und Textzitat übertrieben?

❷ Stellt im Anschluß an den letzten Satz von M 39 b von euch aus zusammen, inwiefern eine Familie mit Kindern auch in vielen anderen Bereichen (Nahrung, Kleidung, Auto, Reisen, Kosten für den Schulbesuch, Beschäftigung von Haushaltshilfen) stärker belastet ist als z.B. ein kinderloses Ehepaar. Berücksichtigt dabei auch die Informationen aus M 40.

M 41 a

Die Rechnung mit dem Haushaltsgeld

Monatlich verfügbares Einkommen* mittlerer Arbeitnehmerhaushalte 1990 (2 Erwachsene, 2 Kinder)

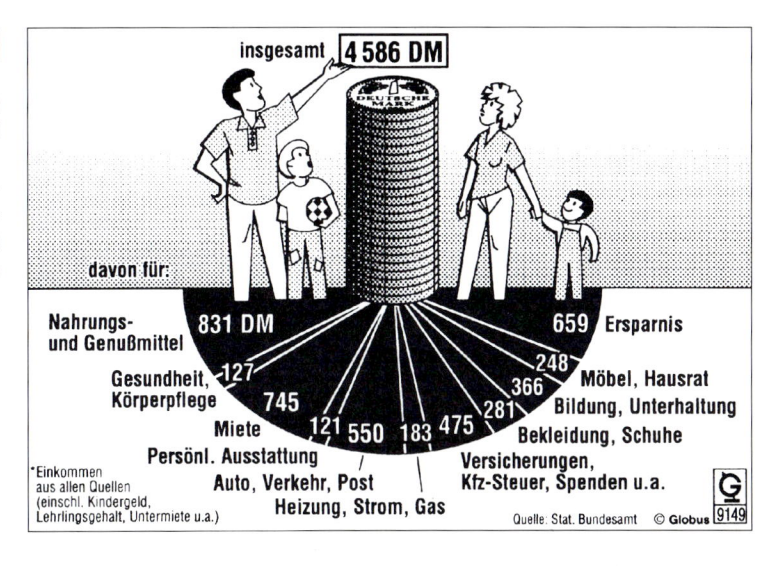

insgesamt 4 586 DM

davon für:
- Nahrungs- und Genußmittel: 831 DM
- Gesundheit, Körperpflege: 127
- Miete: 745
- Persönl. Ausstattung: 121
- Auto, Verkehr, Post: 550
- Heizung, Strom, Gas: 183
- Versicherungen, Kfz-Steuer, Spenden u.a.: 475
- Bekleidung, Schuhe: 281
- Bildung, Unterhaltung: 366
- Möbel, Hausrat: 248
- Ersparnis: 659

*Einkommen aus allen Quellen (einschl. Kindergeld, Lehrlingsgehalt, Untermiete u.a.)

Quelle: Stat. Bundesamt © Globus 9149

M 41 b

Familie Mustermann – Modell und Realität

Viele, die in ihrer Zeitung einmal im Jahr das Haushaltsgeld von „Familie Mustermann" aufgeblättert sehen (vgl. M 41 a) und mit ihrem eigenen Geldbeutel vergleichen, kommen aus dem Staunen nicht mehr heraus: Selbst wenn sie ebenfalls eine vierköpfige Familie haben, Arbeitnehmer sind und ein durchschnittliches Haushaltseinkommen haben, müssen sie mit einigen hundert Mark weniger auskommen als „Familie Mustermann". Daher sieht es auch auf der Ausgabenseite einer Familie mit Durchschnittseinkommen anders aus. Wo weniger aufs Konto überwiesen wird, wird auch weniger auf dem Sparbuch landen. Und wenn das schon für Durchschnittsverdiener unter den Familien gilt, die gegenüber „Familie Mustermann" zurückfallen, gilt es erst recht für junge Familien, die teilweise erst einmal vom Ersparten zehren, und noch viel düsterer sieht es gewöhnlich beim Haushaltsgeld von unvollständigen Familien oder gar bei Arbeitslosen aus. Das Staunen über die Statistik resultiert aus ihrer Methode. Mustermanns repräsentieren den „4-Personen-Arbeitnehmerhaushalt mit mittlerem Einkommen". Dieser stellt eben nur einen modellhaften Versuch der amtlichen Statistik dar, Licht in die Haushaltskassen der Familien und in die Entwicklung ihrer Einnahmen und Ausgaben zu bringen. Festzuhalten ist: Dies ist nur ein bestimmter von mehreren Familien- bzw. Haushaltstypen, und er gibt nicht die durchschnittlichen Budgets* *aller* Familien mit zwei Erwachsenen und zwei Kindern wieder. In den Durchschnitt gehen u.a. ja auch die zahlreichen Privathaushalte mit niedrigeren Einkommen ein. Es ist allerdings sehr schwer, sich ein klares Bild von den Einkommensverhältnissen von Familien zu machen.

Und wenn man ein durchschnittliches Familieneinkommen errechnet hat, sagt das nichts über die Bandbreite der Einkommensverhältnisse und ihre Verteilung und schon gar nichts über die Struktur der Ausgaben, die z.B. je nach Familienphase oder Wohnort (Miete!) sehr verschieden sein können. Betrachtet man nun eine größere Auswahl unterschiedlicher Personenkonstellationen und Einkommensbezieher, ergibt sich in etwa folgende Einkommenshierarchie*, wobei kinderlose Doppelverdienerehepaare durchschnittlich etwa dreimal soviel Geld zur Verfügung haben wie Familien von Langzeit-Arbeitslosen oder ledige Mütter mit Kind:

- Ehepaare ohne Kinder bei Doppelverdienst
- Familien mit einem Kind bei Doppelverdienst
- Familien mit einem Kind ohne Doppelverdienst
- Familien mit zwei Kindern
- Familien mit drei Kindern
- Familien ab vier Kindern
- Junge Familien mit einem Kind

- Junge Familien mit zwei Kindern
- Unvollständige Familien mit einem Kind
- Unvollständige Familien mit zwei Kindern
- Ledige Mutter mit Kind
- Langzeit-Arbeitslose mit Familie je nach vorausgegangener Einkommensklasse

Nicht nur die Familien von Langzeit-Arbeitslosen und „unvollständige" (Eineltern-)Familien sind also wirtschaftlich benachteiligt. Auch junge Familien, besonders wenn sie mehrere Kinder haben, liegen einkommensmäßig unter dem Durchschnitt.

Auch auf der Ausgabenseite sieht es bei vielen Familien ganz anders aus als bei der Modell-„Familie Mustermann". In Großstädten muß eine vierköpfige Familie oft ein Vielfaches der Miete von Mustermanns bezahlen. Und wer eine private Krankenversicherung abgeschlossen hat – vielleicht vor der Eheschließung, weil das für Ledige günstiger ist –, zahlt nun für seine Familie oft einiges mehr als in diesem Modellfall. Bei anderen Typen von Familien kommen noch besondere Posten in der Haushaltsrechnung dazu. So müssen gerade junge Familien oft Raten für ihre Erstanschaffungen bezahlen, und bei unvollständigen Familien fallen noch besondere Kosten für die Kinderbetreuung an (wenn z.B. die alleinstehende Mutter erwerbstätig ist).

(Deutsches Jugendinstitut [= M 29], S. 246; Verf.: Dr. Klaus Wahl)

Anhand von M 41 könnt ihr die Einkommenssituation von Familien genauer untersuchen.
– Erläutert zunächst, wie die Angaben des Schaubildes zustandekommen, und macht deutlich, was „Durchschnittszahlen" bedeuten (und was nicht).
– Was wird unter „mittleren" Haushalten verstanden und warum wird im Text Kritik an diesem „Modell" geübt?
– Inwiefern ergibt sich bei einem geringeren durchschnittlichen Einkommen auch eine andere Verteilung der Ausgaben?
– Von welchen weiteren Faktoren hängt es ab, ob die Verteilung anders aussieht als bei „Familie Mustermann"?
– Erläutert die „Einkommenshierarchie" (Rangfolge der Einkommenshöhe) für Familien. Warum stehen z.B. junge und unvollständige Familien in der unteren Hälfte der Tabelle?

Begründung und Ziele der Familienpolitik

M 42

Unsere Gesellschaft nimmt zu wenig Rücksicht auf die Bindungen und Belastungen, die Menschen zu tragen haben, wenn sie sich für ein Leben mit Familie und Kindern entschieden haben. […] Nach wie vor ist der Wunsch, eine Familie zu gründen und Kinder zu haben, das wichtigste Ziel in der Lebensplanung der überwältigenden Mehrheit aller junger Menschen. Wenn wir aber beobachten müssen, daß sich eine wachsende Zahl von ihnen gehindert sieht, diese Lebensplanung zu verwirklichen, dann ist dies eine Herausforderung an alle, die in Politik und Gesellschaft Verantwortung tragen. Denn diese Menschen haben in einer Demokratie Anspruch darauf, daß ihre Lebensentscheidung respektiert wird.

Es gilt, Rahmenbedingungen zu schaffen, die auch den Familien eine gleichberechtigte Teilhabe an der allgemeinen Wohlstandsentwicklung gewährleisten.

Die Familie hat Anspruch auf eine ausreichende Unterstützung bei der Bewältigung ihrer Aufgaben. Die Bundesregierung fördert daher durch ihre Maßnahmen die Lebensbedingungen der Familien in ihrer selbst gewählten Form. […] Familienpolitik muß mehr soziale Gerechtigkeit für die Familien bringen.

Die materiellen Einbußen, die Familien durch die Erziehung von Kindern und die Pflege von älteren Angehörigen erfahren, müssen in angemessenem Rahmen ausgeglichen werden. Es muß ein Lastenausgleich stattfinden zwischen denjenigen, die Kinder erziehen, und den Kinderlosen in unserer Gesellschaft.

Eltern mit Kindern vergleichen ihren Lebensstandard und ihre Chancen zur Lebensgestaltung nicht nur mit anderen Müttern und Vätern, sondern eben auch mit denen, die keine Kinder zu versorgen haben. […] Sie empfinden es […] zu Recht als belastend, wenn sie in vielen Bereichen des Lebens gegenüber Kinderlosen zurückstehen müssen.

(Leitlinien der Familienpolitik. Rede der Bundesministerin für Familie und Senioren, Hannelore Rönsch, in Bonn am 11.6.1992. Bulletin der Bundesregierung Nr. 66 v. 17.6.92, S. 634)

M 43 **Familienlasten-Ausgleich**

Maßnahmen und Gesetzesgrundlagen	Das sind die einzelnen Ansprüche	Soviel kommt den Familien aus der Staatskasse zugute (in Mio. DM)	Das sind die Anspruchs-Voraussetzungen
A. Übertragungen*			
Kindergeld (§ 1 ff. Bundeskindergeldgesetz)	☐ 70 DM monatlich für das 1. Kind ☐ 130 DM monatlich für das 2. Kind ☐ 220 DM monatlich für das 3. Kind ☐ 240 DM monatlich für jedes weitere Kind	**16 840**	● Für alle Kinder bis zur Vollendung des 16. Lebensjahres. ● Für Kinder über 16 Jahre nur, wenn sie in der Ausbildung sind und weniger als 750 DM verdienen.
Erziehungsgeld[1] (§ 1 ff. Bundeserziehungsgesetz)	☐ 600 DM monatlich für jedes neugeborene Kind (für 24 Monate)	**5 800**	● Der Vater oder die Mutter muß das Kind selbst betreuen. ● Bis zum 24. Lebensmonat des Kindes. ● Für die ersten 6 Lebensmonate des Kindes 600 DM, danach bei gutverdienenden Ehepaaren etwas gemindert. ● Das Erziehungsgeld wird zusätzlich zur Arbeitslosenhilfe*, Sozialhilfe* oder Wohngeld* gewährt.

[1] Neben dem Erziehungsgeld wird für jedes Kind dem erziehenden Elternteil ein Jahr als Versicherungszeit in der Rentenversicherung angerechnet („Erziehungsjahr").

Maßnahmen und Gesetzesgrundlagen	Das sind die einzelnen Ansprüche	Soviel kommt den Familien aus der Staatskasse zugute (in Mio. DM)	Das sind die Anspruchs-Voraussetzungen

B. Steuererleichterungen

Maßnahmen und Gesetzesgrundlagen	Das sind die einzelnen Ansprüche	Soviel kommt den Familien aus der Staatskasse zugute (in Mio. DM)	Das sind die Anspruchs-Voraussetzungen
Kinderfreibeträge[1] (§ 32, Abs. 6, EStG)	☐ 4104 DM jährlich, Abzug vom steuerpflichtigen Einkommen	**17 800**	☐ Kinderfreibeträge gelten für jedes Kind bis zum vollendeten 16. Lebensjahr. Für Kinder in der Ausbildung bis zum vollendeten 27. Lebensjahr.
Haushaltsfreibeträge (§ 32, Abs. 7, EStG)	☐ 5616 DM jährlich, Abzug vom steuerpflichtigen Einkommen ☐ bis zu 4000 DM jährlich, Abzug vom steuerpflichtigen Einkommen in Ausnahmefällen	**810**	☐ Berufstätige Alleinerzieher mit mindestens einem Kind und Anspruch auf Kinderfreibetrag. ☐ Bei außergewöhnlichen Belastungen für alle Kinder unter 16 Jahren, entweder: ○ 480 DM je Kind pauschal oder ○ bis zu 4000 DM für das 1. Kind und ○ bis zu 2000 DM für jedes weitere Kind bei Nachweis.
Ausbildungsfreibeträge (§ 33 a, Abs. 2 EStG).	☐ 1800 DM ⎫ ☐ 2400 DM ⎬ jährlich je Kind Abzug vom steuerpflichtigen Einkommen ☐ 4200 DM ⎭	**700**	● Eigene Einkünfte des Kindes werden angerechnet. ☐ 1800 DM: Das Kind ist auswärts untergebracht.[2] ☐ 2400 DM: Das Kind ist im Haushalt der Eltern untergebracht.[3] ☐ 4200 DM: Das Kind ist auswärts untergebracht.[3]
Baukindergeld (§ 34 f. EStG)	☐ 1000 DM jährlich, Abzug von der Steuerschuld für jedes Kind	**655**	○ Alle Eltern, die eine Wohnung oder ein Haus kaufen oder bauen und selbst bewohnen, können bis zu 8 Jahre lang jährlich für jedes Kind 1000 DM von der Steuerschuld abziehen.
Zahlväterfreibetrag (§ 33 a, Abs. 1 a, EStG)	☐ 600 DM jährlich, Abzug vom steuerpflichtigen Einkommen	**260**	☐ Für Steuerpflichtige, deren Kind beim anderen Elternteil lebt, für das der Steuerpflichtige aufkommt und für das er einen Kinderfreibetrag erhält.
Kinderbetreuungskosten	☐ 1800 DM jährlich[4], Abzug vom steuerpflichtigen Einkommen	**160**	☐ Bei Beschäftigung einer Haushaltshilfe wegen Behinderung des Kindes oder Krankheit eines Familienmitgliedes.
Gesamtsumme		**43 025**[5]	

[1] zum Begriff „Freibetrag" s. M 45 b
[2] Gemeint ist das minderjährige Kind
[3] Gemeint ist das volljährige Kind
[4] Für Alleinerziehende: 4000 DM für das erste und 2000 für jedes weitere Kind
[5] Da nicht bei allen Maßnahmen aktuelle Daten vorliegen, liegt der Betrag weit höher.

(© Deutscher Instituts-Verlag 33/1987; Ergänzungen 1992)

❶ Faßt zusammen, wie in M 42 Familienpolitik begründet wird und welche Ziele die Ministerin setzt. Erläutert dazu vor allem die Begriffe „Familienlastenausgleich" und „soziale Gerechtigkeit".

❷ Die folgende Übersicht über die Maßnahmen staatlicher Familienpolitik ist nicht als Arbeitsmaterial in dem Sinne gedacht, daß ihr alle Einzelmaßnahmen genau verstehen und erläutern sollt. Ihr könnt daraus aber entnehmen, welchen Stellenwert die beiden Maßnahmen haben, auf die wir im folgenden näher eingehen wollen: das Kindergeld und der „Kinderfreibetrag". Macht euch zuvor den Unterschied klar zwischen „Übertragungen"* (dazu gehört das Kindergeld) und Steuererleichterungen (M 43).

M 44
Kindergeld nach dem Bundeskindergeldgesetz (BKGG)

(1) Das Kindergeld beträgt für das 1. Kind 70 Deutsche Mark, für das 2. Kind 130 Deutsche Mark, für das 3. Kind 220 Deutsche Mark und für das 4. und jedes weitere Kind je 240 Deutsche Mark monatlich.

(2) Das Kindergeld für das 2. und jedes weitere Kind wird nach dem in Satz 4 genannten Maßstab stufenweise bis auf einen Sockelbetrag von 70 Deutsche Mark für das 2. Kind, 140 Deutsche Mark für jedes weitere Kind gemindert, wenn das Jahreseinkommen des Berechtigten und seines nicht dauernd von ihm getrenntlebenden Ehegatten bestimmte Einkommensgrenzen übersteigt.

❶ Legt eine einfache Tabelle an, in die ihr aufgrund der Angaben in M 44 das Kindergeld für Familien mit 1, 2, 3, 4, 5 Kindern eintragt (zur Kontrolle: Eine Familie mit 4 Kindern erhält z. Zt. 660 DM Kindergeld).

❷ In einer zweiten Spalte der Tabelle könnt ihr für dieselben Familiengrößen die jeweilige Höhe des Kindergeldes eintragen, wenn bestimmte Einkommensgrenzen überschritten werden (§ 2 BKGG); diese Grenzen liegen z. Zt. bei 45 960 DM Jahreseinkommen für Familien mit 2 Kindern, 57 080 DM für Familien mit 3 Kindern, 68 680 DM für Familien mit 4 Kindern und 80 280 DM für Familien mit 5 Kindern.

❸ Familien mit geringem Einkommen erhalten einen monatlichen Zuschlag zum Kindergeld von bis zu 65 DM. Macht euch den Sinn der beiden Regelungen (Kürzung und Erhöhung) klar. Was will der Staat damit erreichen? Erscheinen euch diese Regelungen gerecht/angemessen/ausreichend?

M 45
Wie Kinder bei der Einkommensteuer berücksichtigt werden

Nach § 32 a des Einkommensteuergesetzes (EStG) bemißt sich die Einkommensteuer* „nach dem zu versteuernden Einkommen". Der „Steuersatz" – er gibt an, wieviel Prozent des Einkommens man als Steuer abzuführen hat – steigt nach einer „Null-Zone" (Steuerfreiheit bis zu einem Einkommen von jährlich 21 000 DM[1] bei Verheirateten) von 19% bis 53% (Spitzensteuersatz) an.

Dies Prinzip gilt für alle Steuerpflichtigen. Um die Familien bei der Steuerzahlung zu entlasten, hat man nun im wesentlichen zwei Regelungen getroffen, die man kennen sollte, wenn man über den „Familienlastenausgleich" diskutiert: das sogen. „Splitting-Verfahren" und den „Kinderfreibetrag". Wir wollen diese beiden Begriffe im folgenden kurz erklären, bevor ihr dann selber an Beispielen die Berechnung durchführen könnt.

---
[1] Gültig für 1993; 1994: 22 000 DM; 1995: 23 000 DM.

M 45 a
Das Splitting-Verfahren

Die Einkommensteuer, die sich nach dem Einkommensteuertarif* ergibt, ist in der Einkommensteuer-Grundtabelle ausgewiesen. Die Einkommensteuer-Grundtabelle gilt für alle Personen, für die nicht das *Splitting-Verfahren* anzuwenden ist, d.h. grundsätzlich für alle nicht verheirateten Personen, für die getrennt lebenden und für die getrennt zu veranlagenden Ehegatten.

Für Ehegatten, die zusammen zur Einkommensteuer veranlagt werden, ist das Splitting-Verfahren anzuwenden. Ehegatten werden zusammen zur Einkommensteuer veranlagt, wenn beide unbeschränkt steuerpflichtig sind und nicht dauernd getrennt leben, diese Voraussetzungen zu Beginn des Veranlagungszeitraums* vorgelegen haben oder im Laufe des Veranlagungszeitraums eingetreten sind und keiner der Ehegatten die getrennte Veranlagung wählt.

Bei dem Splitting-Verfahren wird die Einkommensteuer für die Hälfte des gemeinsam zu versteuernden Einkommens beider Ehegatten aus der Einkommensteuer-Grundtabelle abgelesen und der ermittelte Steuerbetrag sodann verdoppelt. Die nach diesem Verfahren ermittelte Einkommensteuer ist in der Einkommensteuer-Splittingtabelle ausgewiesen.

(Autorentext nach § 32 EStG)

M 45 b

Kinderfreibeträge

Unter einem Steuerfreibetrag versteht man generell, daß von dem, was man verdient (dem Einkommen), ein bestimmter Betrag abgezogen werden kann, für den man also keine Steuern zu zahlen braucht. Das „zu versteuernde Einkommen" (s. Einleitung) besteht also aus dem Einkommen minus die Steuerfreibeträge. In § 32 a EStG heißt es nun:

(6) Ein Kinderfreibetrag von 2052 Deutsche Mark wird für jedes zu berücksichtigende Kind des Steuerpflichtigen vom Einkommen abgezogen. Bei Ehegatten, die [...] zusammen zur Einkommensteuer veranlagt werden, wird ein Kinderfreibetrag von 4104 Deutsche Mark abgezogen, wenn das Kind zu beiden Ehegatten in einem Kindschaftsverhältnis steht.

(Autorentext)

M 45 c **Auszüge aus den Steuertabellen 1990**

Grundtarif		Splittingtarif			
zu versteuerndes Einkommen in DM von – bis	tarifliche Einkommensteuer in DM	zu versteuerndes Einkommen in DM von – bis	tarifliche Einkommensteuer in DM	zu versteuerndes Einkommen in DM von – bis	tarifliche Einkommensteuer in DM
19926 – 19979	2931	27540 – 27647	3196	67500 – 67607	12690
19980 – 20033	2943	27648 – 27755	3218	67608 – 67715	12718
20034 – 20087	2955	27756 – 27863	3240	67716 – 67823	12748
20088 – 20141	2968	.	.	.	.
20142 – 20195	2980				
20196 – 20249	2992				
20250 – 20303	3004				
.	.				
		31644 – 31751	4058	.	.
		31752 – 31859	4082	71604 – 71711	13802
		31860 – 31967	4104	71712 – 71819	13832
		.	.	71820 – 71927	13860
.	.			.	.
39852 – 39905	8036				
39906 – 39959	8052				
39960 – 40013	8067				
40014 – 40067	8083				
40068 – 40121	8098	35748 – 35855	4948		
40122 – 40175	8114	35856 – 35963	4972		
40176 – 40229	8129	35964 – 36071	4994		
.	.	.	.	75600 – 75707	14910
				75708 – 75815	14940
				75816 – 75923	14970
.	.	.	.	.	.

Grundtarif			Splittingtarif					
zu versteuerndes Einkommen in DM von bis		tarifliche Einkommensteuer in DM	zu versteuerndes Einkommen in DM von bis		tarifliche Einkommensteuer in DM	zu versteuerndes Einkommen in DM von bis		tarifliche Einkommensteuer in DM
.		.	39852 – 39959		5862	.		.
.		.	39960 – 40067		5886	.		.
79920	– 79973	21955	40068 – 40175		5910	.		.
79974	– 80027	21977	.		.	.		.
80028	– 80081	21999	.		.	79812	– 79919	16104
80082	– 80135	22021	.		.	79920	– 80027	16134
80136	– 80189	22043	.		.	80028	– 80135	16166
80190	– 80243	22065	.		.	.		.
80244	– 80297	22087	.		.	.		.
.								

❶ Wir wollen die Berechnungen jeweils für einen Haushalt mit einem (relativ niedrigen) Jahreseinkommen von 40 000 DM und für einen Haushalt mit einem höheren Einkommen von 80 000 DM vornehmen. Dabei kommt es darauf an festzustellen, wie sich die steuerlichen Regelungen bei Ehepaaren mit (1, 2, 3) Kindern auswirken im Vergleich zu kinderlosen Ehepaaren bzw. zu Ledigen. Am besten fertigt ihr dazu in eurem Heft nach folgendem Muster eine einfache Tabelle an, in die ihr dann die Steuer- bzw. Einkommensbeträge eintragen könnt:

	40 000 DM Einkommen			80 000 DM Einkommen		
	jährlicher Steuerbetrag	verbleibendes Einkommen jährlich	monatlich	jährlicher Steuerbetrag	verbleibendes Einkommen jährlich	monatlich
Lediger						
kinderloses Ehepaar						
Ehepaar mit 1 Kind						
Ehepaar mit 2 Kindern						
Ehepaar mit 3 Kindern						

❷ Stellt zunächst die Steuerbeträge für Ledige fest (M 45 c). Welchem Tarif in der Tabelle müßt ihr sie entnehmen (s. M 45 a)?

❸ Für zusammen zu veranlagende kinderlose Ehepaare könnt ihr die Beträge ebenfalls leicht feststellen: Aus der Splittingtabelle könnt ihr sie leicht *ablesen;* aus der Grundtabelle könnt ihr sie *berechnen* (s. M 45 c).

❹ Für Familien mit Kindern müßt ihr zunächst die entsprechenden Freibeträge (s. M 45 b) vom Einkommen abziehen und für das verbleibende Einkommen die Steuerbeträge aus der Splitting-Tabelle entnehmen.

❺ Wenn ihr die Steuerbeträge in eure Tabelle eingetragen habt, rechnet auch aus, wieviel den einzelnen Haushalten von ihrem jährlichen bzw. monatlichen Einkommen „nach Steuern" noch bleibt, und tragt diese Beträge in die Tabelle ein.

❻ Nun könnt ihr leicht die gewünschten Vergleiche anstellen. Welcher Haushalt „profitiert" eurer Meinung nach von der Steuerregelung am meisten? Erscheint euch die Entlastung für Familien mit Kindern angemessen (im Vergleich zu kinderlosen Ehepaaren und untereinander im Hinblick auf die Zahl der Kinder)?

❼ Rechnet zu dem verbleibenden Einkommen der Familien mit Kindern auch das jeweils zustehende Kindergeld (s. M 44) hinzu. Wie stellt sich der Vergleich jetzt dar?

M 46

(Zeichnung: Ernst Hürlimann)

M 47 a

Kritik am Ehegattensplitting

Ingrid Matthäus-Maier, MdB, verdeutlicht die Haltung der SPD zum Ehegattensplitting:

„Den anderen Pfeiler des Familienlastenausgleichs stellt das Ehegattensplitting dar. Dieses kommt zwar auch vielen Eltern zugute. Hervorzuheben ist aber, daß die Vorteile des Splittings für die bloße Eheschließung gewährt werden, ohne daß in der Ehe Kinder vorhanden sein müssen. Daß dieses zu höchst ungerechten Ergebnissen führt, zeigen insbesondere die Fälle der alleinerziehenden Eltern: Weder die nichteheliche Mutter noch der Witwer mit drei Kindern kommt in den Genuß des Splittings. Besonders auffällig tritt dies immer wieder Familienvätern vor Augen, deren nicht erwerbstätige Ehefrau stirbt. Zu dem schweren persönlichen Schicksalsschlag kommt hinzu, daß sie nicht mehr dem Splitting unterliegen und sich, obwohl die Kosten für die Fortführung des Haushaltes zum Beispiel durch Einstellung einer Hausgehilfin sogar noch steigen, mit drastischer Mehrbelastung bei der Steuer konfrontiert sehen.

Besonders ärgerlich ist, daß der Steuervorteil aus dem Splitting mit wachsendem Einkommen wächst. So beträgt der maximale Splitting-Vorteil, der 1978 noch bei 12 742 DM im Jahr lag, nach geltendem Recht 19 561 DM im Jahr und wird nach der geplanten Tarifsenkung im Jahr 1990 auf 22 844 DM im Jahr steigen. Wohlgemerkt – den Splitting-Vorteil erhält man durch die bloße Heirat, ohne daß in der Ehe ein Kind vorhanden sein muß! Vergleicht man die Aufwendungen für das Steuersplitting mit den Aufwendungen für die Kinderentlastung, ist verständlich, warum die Bundesrepublik Deutschland international zwar als das ehefreundlichste, bei weitem aber nicht als das kinder- und familienfreundlichste Land gilt."

(Sozialdemokratischer Pressedienst Wirtschaft, 26.04.1988)

M 47 b

> Wollt ihr einander lieben und achten und euer steuerpflichtiges Einkommen getreulich splitten, bis daß der Tod euch scheidet...?

(Zeichnung: Deutsches Allgemeines Sonntagsblatt/Gerhard Mester)

M 48

„Familiensplitting"

Mit einem „Familiensplitting" will die CDU in Zukunft auch unverheiratet zusammenlebende Paare und Alleinerziehende mit Kindern steuerlich fördern. Das sieht der Entwurf für den familienpolitischen Teil des neuen CDU-Programms vor, über den die Grundsatzkommission der Partei am Freitag beraten hat. Die Besteuerung des „Familieneinkommens" soll sich danach künftig grundsätzlich nach der Zahl der Familienmitglieder richten. Das Ehegattensplitting soll dafür verringert werden, wie der Kommissionsvorsitzende Reinhard Göhner und die Leiterin der Arbeitsgruppe, Bundesfamilienministerin Angela Merkel (CDU), mitteilten. Es müsse endlich der „Skandal" beendet werden, daß Eheleute ohne Kinder unter Umständen steuerlich günstiger dastünden als Alleinerziehende mit drei oder vier Kindern, sagte Göhner. Er betonte jedoch, daß es sich noch nicht um einen konkreten Gesetzentwurf handle. Das Familiensplitting solle aber als Ziel in das neue Programm aufgenommen werden. Ziel sei, daß „jemand mit Kindern" in jedem Fall günstiger dastehe als „jemand ohne Kinder". Nach den Worten von Merkel und Göhner will die CDU in ihrem neuen Programm grundsätzlich neben der Ehe erstmals auch andere „familiäre Lebensformen" anerkennen. Man müsse zur Kenntnis nehmen, daß es inzwischen eine Vielzahl nichtehelicher Lebensgemeinschaften gebe. Dazu gehörten nichtverheiratete Paare, Alleinlebende, Verwitwete und Geschiedene.

(Frankfurter Allgemeine Zeitung v. 21.3.1992)

❶ Fasse die Kritik der SPD-Bundestagsabgeordneten (M 47 a) mit eigenen Worten zusammen. Warum nennt sie die Bundesrepublik das „ehefreundlichste", aber nicht das „familienfreundlichste" Land? Welche Textstellen werden durch die Karikaturen M 46 und M 47b illustriert?

❷ Beschreibt die Vorschläge der CDU-Kommission zur Reform der Familienbesteuerung. Schreibt an die „Ministerin für Jugend, Familie, Frauen und Gesundheit" (Kennedyallee 105–107, 53175 Bonn) und erkundigt euch, was aus den Plänen geworden ist (M 48).

3 Massenmedien

Leben mit der Medienflut

M 1

(P.M. Perspektive Kommunikation, 1989/12, S. 62 f.; Fotos: Bavaria [2], Helga Lade [2], Siemens Pressebild)

M 2

Massenkommunikation

a) Unter „Kommunikation" versteht man im allgemeinen den Vorgang des Austausches von Informationen, der entweder sprachlich oder nichtsprachlich (also z.B. durch Gesten, Töne usw.) erfolgen kann.
Zu einem solchen Kommunikationsvorgang gehören nach einem einfachen Modell*
- jemand, von dem die Information (Nachricht) ausgeht („Sender"),
- die Nachricht selbst,
- das Mittel (Medium), mit dem die Nachricht übertragen (gesendet) wird, also in der Regel die menschliche Sprache (oder auch nichtsprachliche Zeichen),
- jemand, der die Nachricht aufnimmt (Empfänger, Rezipient).

b) Massenkommunikation ist jene Form der Kommunikation, bei der Aussagen öffentlich (also ohne begrenzte und personell definierte Empfängerschaft), durch technische Verbreitungsmittel (Medien), indirekt (also bei räumlicher oder zeitlicher oder raumzeitlicher Distanz zwischen den Kommunikationspartnern) und einseitig (also ohne Rollenwechsel zwischen Aussagenden und Aufnehmenden) an ein disperses Publikum vermittelt werden. „Disperses Puplikum" bedeutet eine unbestimmte Menge von Empfängern, die an ganz verschiedenen Orten oder zu verschiedenen Zeiten von derselben Mitteilung erreicht werden können.

(G. Maletzke: Psychologie der Massenkommunikation, Hamburg 1963, S. 32)

M 3

Kommunikationsarmut

Kommunikationsreichtum

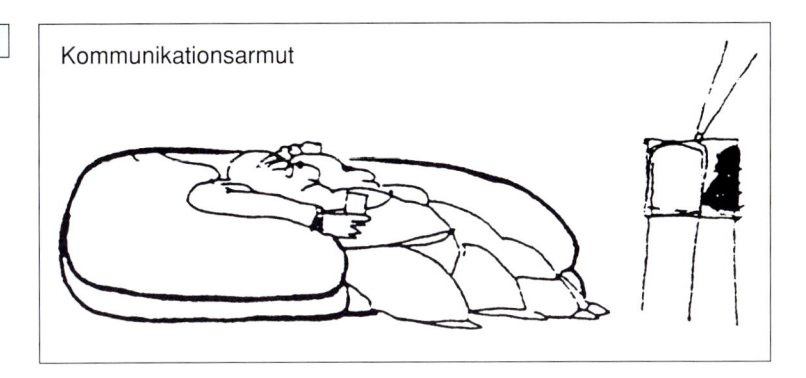

(Zeichnung: Claudius)

❶ M 1 verdeutlicht u.a., was die häufig gehörte Aussage bedeutet, daß wir im „Zeitalter der Massenkommunikation" leben. Versucht, zunächst mit eigenen Worten dieses Schlagwort zu erläutern.

❷ In M 2 wird in drei Schritten genauer formuliert, was man unter Massenkommunikation versteht und was daran typisch ist.
– Erläutert möglichst mit eigenen Worten das einfache Kommunikationsmodell (a), die 4 Merkmale von Massenkommunikation (b) und den Unterschied zwischen direkter wechselseitiger Kommunikation und „Einwegkommunikation".
– Beschreibt die Karikatur M 3, und stellt fest, welche Gesichtspunkte aus M 2 darin angesprochen werden. Wie ist es zu verstehen, daß nach dieser Darstellung durch das Massenkommunikationsmittel Fernsehen mit seiner Fülle von Informationen „Kommunikationsarmut" entsteht? Nehmt zu dieser Darstellung Stellung.
– Fertigt – auch mit Hilfe von M 1 – eine einfache schematische Übersicht über die verschiedenen Massenkommunikationsmittel an. Ihr könnt dabei nach Druck-(Print-)Medien und Bild-Ton- (audiovisuellen) Medien unterscheiden. Versucht auch, die einzelnen Medien noch einmal in Untergruppen (z.B. bei Zeitungen: Tageszeitungen, Wochenzeitungen) aufzuteilen.

M 4 a

(© Gemeinschaftsdienst der Boden- und Kommunalkreditinstitute)

M 4 b

Das „Medienkind"

(Süddeutsche Zeitung, 19./20.12.87)

Das Kind kam mit geistesabwesendem Blick nach Hause, es hatte die Knöpfe eines Walkmans in den Ohren, man konnte die monotonen Rhythmen der Musik noch leise mithören, während das Kind schweigend sein Mittagessen aß. Die Mutter konnte es auch deshalb nicht nach seinen Erlebnissen in der Schule fragen, weil der Familienfernseher auf voller Lautstärke lief. In seinem Zimmer schaute das Kind zur Erholung ein Paar Videoclips an – nicht so etwas Langsames und Langweiliges wie Elefanten, sondern Bilder, die zu den Klängen von Rockmusik in Sekundenbruchteilen wechselten und ständig etwas Neues, Ungewöhnliches und Aufregendes zeigten. Dann legte das Kind eine Schallplatte mit Filmmusik auf und machte Hausaufgaben. Es hatte keine Lust, mit Freunden in der frischen Luft zu spielen, sondern beschäftigte sich noch eifrig und konzentriert mit einem Telespiel, bei dem es darauf ankommt, einen Feind durch schnelle Reaktionen am Computer zu besiegen und auszulöschen. Am Abend saß das Kind mit seinen Eltern im Wohnzimmer vor dem Fernseher, bis es einschlief und ins Bett gebracht wurde.

M 5

Jugend und Medien

Wichtigste Jugendmedien sind bei der meditativen Freizeitgestaltung der Jugendlichen das Fernsehen, Tonträger (Schallplatten, Cassetten, CD) und Bücher. Befragt wurden Jugendliche zwischen 13 und 18 Jahren aus Haupt- und Berufsschule sowie Gymnasiasten aus ländlichen, städtischen und großstädtischen Regionen. Es ergab sich, daß medienaktive Jugendliche besonders engagiert und kontaktfreudig sind. Außerdem bedeutet die Nutzung eines Mediums keine geringere Nutzung anderer Medien. So lesen z.B. Computernutzer durchschnittlich nicht weniger als andere Jugendliche. Die empirische Untersuchung über die Medienwelten Jugendlicher ergab im einzelnen:

Medienbewertung

Befragt nach dem für sie wichtigsten Medium votierten die Jugendlichen in der Rangskala: Fernsehen (33,0 v.H.), Tonträger (Schallplatte/Cassette/CD [20,8 v.H.]), Buch (19,3 v.H.), Radio (12,8 v.H.), Zeitung (4,9 v.H.), Computer (4,0 v.H.), Video (3,5 v.H.), Zeitschriften (2,7 v.H.). Wie erwartet schneidet das Fernsehen am besten ab, jedoch wird das Buch fast genauso oft genannt wie die beliebten Tonträger-Medien. Zusammengenommen sind die auditiven Medien von gleicher Bedeutung wie das Fernsehen.

Medienbesitz

Die Medien im persönlichen Besitz verdeutlichen den hohen Stellenwert medialer Freizeitgestaltung heutiger Jugendlicher. Schon die Jugendlichen unter 14 Jahren sind reichhaltig ausgestattet mit Fernsehen (42 v.H.), Radio (90 v.H.), Walkman (50 v.H.) und neuen Medien wie dem Computer (20 v.H.)

Der Computer repräsentiert besonders deutlich die generellen Besitzunterschiede zwischen Jungen (36 v.H.) und Mädchen (7 v.H.). Jungen verfügen insgesamt über mehr Medien als Mädchen und erweisen sich als Trendsetter im Besitz neuer Medien wie Computer oder Video (12 v.H. zu 5 v.H. Mädchen). Regionale Besitzunterschiede existieren kaum, die Haushalte der Bundesrepublik sind im Stadt-Land-Verhältnis relativ ausgeglichen mit Medien versehen. Allerdings unterscheidet sich sowohl der persönliche Medienbesitz Jugendlicher als auch die Haushaltsausstattung je nach Sozialstatus* und Schulform. Gymnasiasten verfügen über deutlich mehr Bücher und Computer als Haupt- und Berufsschüler, während letztere dagegen mehr Fernseher und Videorecorder besitzen.

Medien und Freizeit

Die Faszination Jugendlicher für Bildschirmmedien und neue Medien wird von Eltern und Erziehern häufig mit der Sorge verfolgt, Bücherlesen oder direkte Erfahrungsschätze würden damit eingeschränkt. Die Ergebnisse der Studie bestätigen das jedoch nicht. Vielmehr gilt, daß Interesse und aktiver Umgang mit vielen Medien genau bei den Jugendlichen vorzufinden sind, die sich auch mit anderen Dingen (Schreiben, Basteln, Sport etc.) beschäftigen, Kontakte zu Gleichaltrigen pflegen, in Jugendgruppen mitarbeiten oder in Vereinen sind. Mediennutzung geht generell nicht zu Lasten anderer Mediennutzung (Computernutzer z.B. lesen durchschnittlich nicht weniger als andere Jugendliche) und ersetzt auch nicht personale Beziehungen.

(Praxis Schulfernsehen Nr. 163/90, S. 73. – Die Ergebnisse stammen aus einer Untersuchung der Univ. Bielefeld, die vom Bundesfamilienministerium gefördert wurde.)

M 6 Mediennutzung und Freizeitbeschäftigung 1993 in %

Mehrmals in der Woche	Gesamt	Männer	Frauen	Alter in Jahren						
				14–19	20–29	30–39	40–49	50–59	60–69	70+
Zeitungen lesen	84,7	86,4	83,3	58,1	75,6	86,0	91,1	91,7	91,9	87,0
Zeitschriften, Illustrierte lesen	46,4	42,7	49,8	47,7	47,8	46,9	45,8	44,0	47,1	46,3
Bücher lesen	20,0	18,1	21,7	36,3	26,1	17,9	17,3	16,2	16,8	16,0
Fernsehen	92,1	92,0	92,2	90,2	88,0	91,4	91,2	94,0	96,0	94,6
Videokassetten ansehen	7,7	9,9	5,8	20,0	13,2	10,0	7,1	3,7	2,5	1,3
Radio hören	84,3	85,4	83,4	87,2	88,0	87,8	86,4	85,1	80,9	72,4
Schallplatten/CD/Kassetten hören	28,1	31,2	25,4	73,6	53,3	32,8	22,8	13,4	8,7	5,5
Ins Kino gehen	0,3	0,4	0,2	0,7	0,8	0,2	0,1	0,1	0,1	0,0
Theater/Konzert	0,2	0,2	0,2	0,2	0,4	0,3	0,2	0,2	0,2	0,1
Handarbeiten	6,2	0,6	11,2	1,4	3,3	5,0	5,0	8,2	11,2	8,3
Basteln, heimwerken	6,2	10,1	2,8	3,4	5,5	7,0	6,4	7,8	7,9	3,5
Sport treiben, trimmen	12,6	15,4	10,2	38,9	20,2	11,7	10,0	8,0	6,7	3,5
Spazieren gehen	23,6	19,4	27,4	12,1	18,5	18,9	16,8	23,2	36,5	39,8
Wandern	2,6	2,7	2,5	0,8	1,7	2,2	2,6	3,2	4,6	2,5
Ausgehen (Restaurant, Kneipe)	7,3	10,1	4,8	15,3	17,8	5,9	5,2	3,5	2,5	1,9
Besuche machen, bekommen	18,2	17,2	19,1	39,3	28,5	15,8	11,8	12,0	13,4	15,3
Schaufensterbummel	4,7	2,9	6,3	8,4	5,8	4,3	3,2	4,5	4,2	3,8
Popmusik hören	26,9	29,7	24,3	72,9	58,2	36,1	20,1	7,3	3,1	1,6
Rockmusik hören	21,6	25,6	18,0	67,4	48,0	27,5	14,4	4,9	1,6	0,9
Klassische Musik hören	8,5	7,8	9,3	4,8	7,3	7,1	9,4	10,3	10,1	9,5
Schlager/Evergreens hören	29,5	25,9	32,8	10,6	16,3	25,9	33,8	39,2	39,0	35,9
Volksmusik hören	24,7	22,0	27,1	2,5	6,6	14,0	24,1	36,6	43,7	43,2

(Quelle: Media-Analyse AG.MA Media-Micro-Census 1993; aus: Media Perspektiven Basisdaten, Daten zur Mediensituation in Deutschland 1993, S. 73)

M 7 Um herauszubekommen, was du so alles tust, sollst du einen beliebigen Schultag aufschlüsseln.

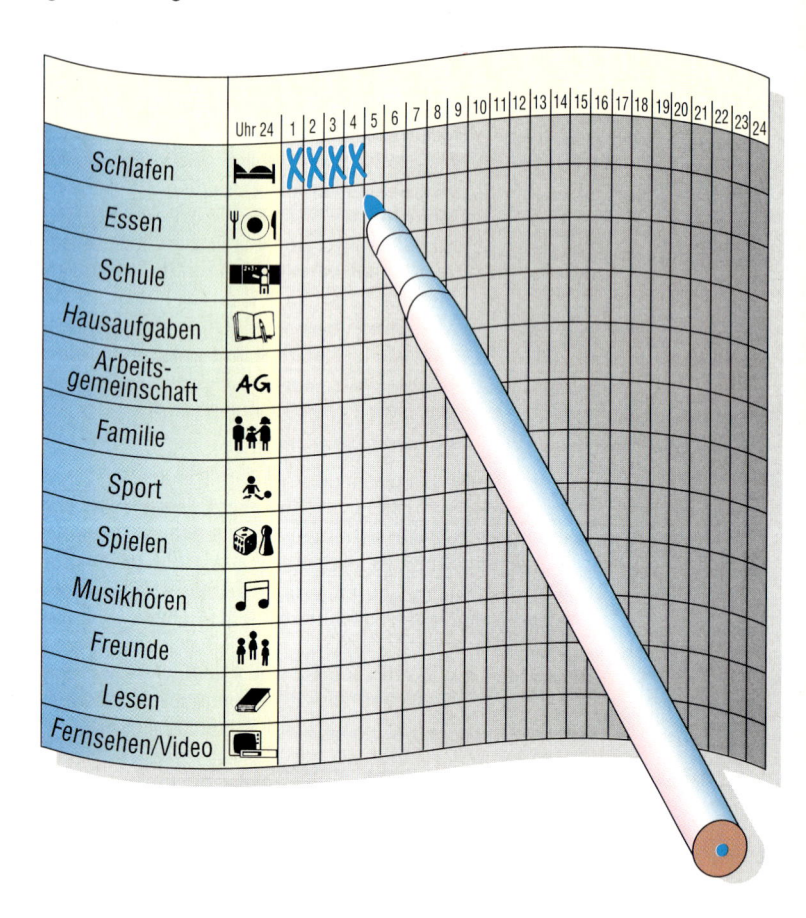

	Uhr 24	1	2	3	4	5	6	7	8	9	10	11	12	13	14	15	16	17	18	19	20	21	22	23	24
Schlafen	🛏	X	X	X	X																				
Essen	🍽																								
Schule																									
Hausaufgaben	📖																								
Arbeits-gemeinschaft	AG																								
Familie																									
Sport																									
Spielen																									
Musikhören	♪																								
Freunde																									
Lesen	📕																								
Fernsehen/Video																									

❶ M 1 und M 4 a/b gehören in gewisser Weise zusammen. Erläutert, was die Fotomontage, die Zeichnung und der Text zum Ausdruck bringen wollen. Inwieweit erkennt ihr in M 4 a und b euer eigenes Verhalten wieder? Findet ihr die beiden Darstellungen „realistisch"? Kommt in ihnen unterschwellig Kritik zum Ausdruck?

❷ M 5 enthält die Ergebnisse einer empirischen (d.h. hier: auf einer repräsentativen* Befragung beruhenden) Untersuchung. Ordnet die Angaben zur Medienbewertung und zum Medienbesitz in einfachen Tabellen, und vergleicht sie ggf. mit denen, die ihr aus einer Befragung in eurer Klasse gewinnen könnt.

❸ Die Tabelle M 6 läßt sich unter vielfältigen Gesichtspunkten auswerten. Macht euch zunächst ihre Anlage und die Grenzen ihrer Aussagekraft klar, und untersucht dann z.B. folgende Fragen:
- Welchen Stellenwert hat der „Medienkonsum" insgesamt im Vergleich zu anderen Freizeitbeschäftigungen?
- Worin liegen die wichtigsten Unterschiede zwischen dem Verhalten von Männern und Frauen?
- In welchen Bereichen sind deutliche Unterschiede zwischen Jugendlichen (14–19 J.) und anderen Altersgruppen bzw. dem Gesamtdurchschnitt festzustellen? Wie sind sie zu erklären?

❹ Macht euch noch einmal klar, wozu M 6 keine genauen Angaben macht, und untersucht dann einmal euer eigenes Freizeitverhalten. Ihr könnt euch dazu an dem Vorschlag M 7 orientieren, den ihr ggf. auch abwandeln könnt, indem ihr z.B. die Angaben in der Seitenspalte ergänzt oder kürzt und/oder die Zeiteinteilung verändert (halbe statt ganze Stunden). Wenn ihr das euch am passendsten erscheinende Muster festgelegt habt, fertigt davon Kopien an, sammelt die ausgefüllten Bogen ein (jede[r] muß am rechten Rand die Zeitanteile für die jeweilige Tätigkeit zusammenfassen) und wertet sie für eure Klasse aus. Stellt dann heraus, was euch an den Durchschnittsergebnissen auffällig erscheint (einige Beschäftigungen können auch gleichzeitig ausgeübt werden), vielleicht auch im Vergleich zu M 6 oder zu eurer eigenen (individuellen) Zeiteinteilung.

M 8

Die tägliche Informationsflut

Familie Müller ist sehr beschäftigt. Vater Müller arbeitet im Labor eines Chemie-Werkes. Mutter Müller versorgt den Haushalt – kochen, waschen, Wohnungspflege – und sie sorgt für die Kinder: Der 16jährige Sohn geht noch zur Schule, ebenso wie die 10jährige Tochter.

Auch für Familie Müller ist abends häufig Fernsehzeit. Dies gilt natürlich nicht so sehr für die Tochter. Vater, Mutter und Sohn wollen sich aber nicht nur unterhalten, sondern auch informieren lassen: durch die aktuellen Nachrichtensendungen, aber auch durch Magazine, die Politik, Wirtschaft, Kultur und andere Themen vermitteln; vielleicht auch durch längere Reportagen oder Diskussions-Sendungen.

Für sie suchen bei der ARD, dem ZDF und bei anderen Fernsehgesellschaften Hunderte von Redakteuren Tag für Tag Themen aus, die möglichst von allgemeinem Interesse oder eben einfach Ereignisse sein müssen. Vater Müller schaltet also sein Fernsehgerät ein, und schon stürzen Ereignisse und Informationen wie ein Sturzbach auf ihn und seine Familie ein: Attentat in Madrid, Luftangriffe im Libanon, Schiffsuntergang in der Nordsee, eine wichtige Konferenz der EG in Rom, Minister-Begegnungen in Washington, Paris und Tokio. Moment-Aufnahmen aus einer Werft in Bremen, einem Stahlwerk in Bochum, einer Automobilfabrik in Paris. Besuch auf einer Tee-Plantage auf Ceylon. Bilder einer Schauspiel-Inszenierung in Berlin und einer Picasso-Ausstellung in Düsseldorf...und so weiter.

Anschließend ein politisches Magazin mit Themen wie: Ausländer in Abschiebehaft, Zunahme der Drogen-Toten, Aktionen der Friedens-Bewegung oder ein Wirtschafts-Magazin mit Berichten über eine Wiederaufbereitungs-Anlage für Kernbrennstoffe, über die Kosten in Altersheimen, einen Bank-Skandal sowie über die Situation der Arbeiter in den Goldminen Südafrikas. Vielleicht folgt dann noch am späten Abend eine politische Diskussion aus Bonn über Fragen der Rüstung, über Renten-Finanzierung oder über die Gleichstellung von Mann und Frau.

Gegen 23.00 Uhr schaltet dann Herr Müller „den Kasten" ab, und alle sinken erregt, verwirrt, aber müde und vielleicht sogar mit einem Druck im Kopf in die Betten. Die Informationsflut hat sie zugedeckt.

Am nächsten Morgen erfahren Müllers aus der Zeitung, daß nach Untersuchungen von Professor Röglin durchschnittlich 180 000 Informationen täglich auf einen Menschen einstürmen. So enthält bereits jeder gesprochene oder gelesene Satz gleich mehrere Informationen. Verarbeiten kann ein

(Zeichnung: Lothar Schneider, in: PZ – Wir in Europa; Hg. Bundeszentrale für politische Bildung, Bonn, Nr. 75/1993, S. 7)

(Horst von Stryk, Dabeisein ist alles. Tiberius, Köln 1984, S. 112 f.)

Mensch unseres televisionären Zeitalters allerdings im äußersten Fall nur 80 000 Informationen. Die restlichen 100 000 sind verloren und sinken ins Nichts. Man könnte also zum Schluß kommen, weniger Information wäre mehr. Doch das weltweite Informationsangebot aller Medien wird bleiben und eher noch weiter zunehmen.

M 8 b

„Eine übermenschliche Aufgabe"

(P.M. Perspektive Kommunikation 1989/2, S. 63)

Einst freuten sich die Fürsten und Ritter, wenn ein fahrender Sänger in ihre Burg kam und ein bißchen vom Geschehen „draußen" berichtete. Heute holen wir uns das Weltgeschehen per Knopfdruck ins Haus – einige Dutzend Fernseh- und Hörfunkprogramme stehen zur Auswahl, Informationen in Zeitungen und Zeitschriften bieten sich an, neue Medien wie Bildschirmtext, Videorecorder, Bildplatten, Videotext und Satellitenfernsehen sind weitere Vermittler von Informationen.

Die Fähigkeit des Menschen, all diese Angebote auch nur zum Teil aufzunehmen, zu verarbeiten und zu speichern, ist aber begrenzt. Um nicht von einem Überangebot an Information erstickt zu werden, müssen wir auswählen, filtern, glaubwürdige und unglaubwürdige Mitteilungen voneinander unterscheiden. Eine oft übermenschliche Aufgabe.

M 8 c

So wenig wird genutzt ...

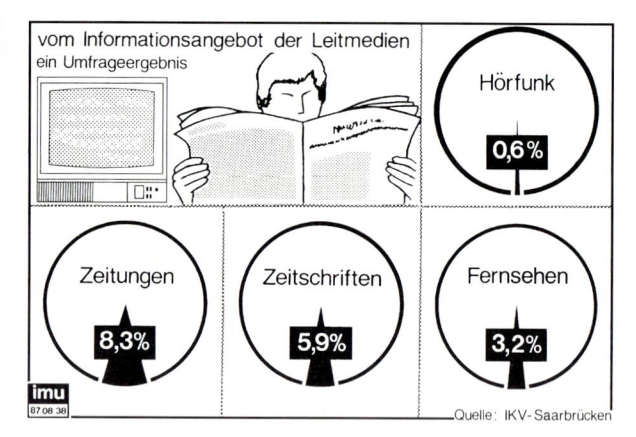

vom Informationsangebot der Leitmedien
ein Umfrageergebnis

Hörfunk 0,6%
Zeitungen 8,3%
Zeitschriften 5,9%
Fernsehen 3,2%

Quelle: IKV-Saarbrücken

Die Bundesbürger werden mit Informationen überlastet, bereits 98 Prozent der angebotenen Informationen werden nicht mehr beachtet. Berücksichtigt wurden hierbei die vier Leitmedien Hörfunk, Fernsehen, Zeitschriften und Zeitungen, die zusammen 97 Prozent des gesamten Informationsangebotes ausmachen. Vergleichbare Berechnungen für die USA weisen aus, daß dort bereits 99,6 Prozent der Informationen unbeachtet und unbenutzt bleiben. Begründet wird die hohe Überlastung damit, daß dem hohen Informationsangebot nur eng begrenzte Aufnahmekapazitäten entgegenstehen. Angesichts der immer weiter steigenden Informationsflut wird die Fähigkeit zur Selektion und Ordnung nötiger denn je.

M 8 d

Schöne neue Bildschirmwelt

Tausend Fernsehkanäle im Jahr 2000 – technisch ist das durchaus machbar. Die Frage nach dem Sinn eines solchen quantitativ und qualitativ veränderten Zukunftsfernsehen soll hier gar nicht erörtert werden. Die Möglichkeiten, die sich durch die unglaubliche Kanalvervielfachung für Programmanbieter und Zuschauer ergeben, sind verwirrend genug.

Am genauesten läßt sich am Beispiel des Zeitungs- und Zeitschriftenmarkts das Fernsehen der Zukunft prognostizieren: 588 Zeitungen mit 337 Nebenausgaben, 444 Werkzeitschriften, 2165 Anzeigenblätter und 17193 Fach- und Publikumszeitschriften finden derzeit ihre Leser in Deutschland. Von A wie *Abrakadabra – Das Magazin des neuen Äons* bis Z wie *ZZA – Der europäische Heimtiermarkt* hat fast jede Interessengruppe ihre speziellen Publikationen. Auf den Fernsehmarkt übertragen, bedeutet dieses Modell, daß bald jede gesellschaftliche Gruppe ihr eigenes Fernsehprogramm produzieren und konsumieren kann.

Neue Technologien machen es möglich. Die Übertragungskapazität wird in Zukunft kein Problem mehr sein. Die Zahl der Kanäle wird sich vervielfachen: Die Übertragungskosten fallen dramatisch. Auch die Produktionskosten sinken: In den USA arbeitet Time Warner in seinen „New York 1 News", einem lokalen 24stündigen Nachrichtenkanal, schon jetzt mit sogenannten Videojournalisten: Fernsehreporter, die ihre Kamera mit sich führen und ihre Berichte auch selbst schneiden. Damit wird die in der Presse 100jährige, im Fernsehjournalismus immerhin 50jährige Tradition der Arbeitsteilung von Bild und Bericht aufgehoben.

Was können 1000 Kanäle, um bei der magischen Zahl zu bleiben, bieten? Folgendes Szenario* ist denkbar: Die ersten 100 Kanäle unterscheiden sich nach amerikanischem Vorbild. Neben den Vollprogrammen der großen Fernsehanstalten wird es immer mehr interessenbezogene Kanäle geben: Nachrichten, Wetter, Sport, Musik, Cartoons, Einkaufen am Bildschirm, religiöse Kanäle, Übertragung der Sitzungen aus dem Bundestag, Einspeisung ausländischer Programme.

Wir ahnen ja bereits aufgrund der Erfahrungen, die wir mit unseren heimischen 30 Kanälen machen, warum die Übersicht auch bei vielfachem Angebot nicht verlorengehen muß: Es werden sich ganz einfach neue Nutzungsgewohnheiten herausbilden, die unserem Verhalten in einem Zeitschriftenladen entsprechen, wo der Kunde sich schnell entschieden hat, welche Tageszeitung, Illustrierte oder Fachzeitschrift er mitnehmen möchte.

Entscheidend wird sein, ob für diese Vielfalt genügend Werbekapazität vorhanden ist, um die Finanzierung zu gewährleisten. Dem befürchteten Zappen, dem Umschalten bei Werbung, dürfte die Werbeindustrie durch „road blocks", wörtlich: Straßensperren, vorbeugen. Gemeint ist, daß die gleiche Werbung zur gleichen Zeit auf vielen Kanälen gezeigt wird.

Natürlich gibt es Auswege; aber die werden kosten: Der Zuschauer zahlt direkt für jede Sendung, die er werbefrei geliefert bekommt. Viele weitere Kanäle werden für dieses Pay per view zur Verfügung stehen. Mit Chipkarte, Rücklaufkanal und Decoder ausgerüstet, kann die Einschaltung registriert und berechnet werden: „Tagesschau" 18 Pfennige, „Wetten, daß...?" 24 Pfennige. Bei diesem Modell bezahlt der Zuschauer nur, was er auch wirklich sieht. Also exakte Bezahlung statt einer Gebührenpauschale oder der lästigen Werbeunterbrechung.

(Süddeutsche Zeitung v. 26.1.93;
Verf.: Hans Jörg Hämmerling)

❶ Lest M 8 a und b, und versucht, möglichst genau die Frage (das Problem) zu formulieren, um das es hier geht. Erläutert, inwiefern die Informationsflut die Menschen vor eine „oft übermenschliche Aufgabe" (M 8 b) stellt.

❷ Erläutert die in M 8 c mitgeteilten Untersuchungsergebnisse, und beachtet dabei auch folgende Fragen:
– Inwiefern setzt diese Untersuchung anders an als die in M 8 a genannte von Prof. Röglin, und warum stehen die Ergebnisse (M 8 a: 100 000 = 55% von 180 000; M 8 c: 98%) nicht im Widerspruch zueinander?
– Wie ist der deutliche Unterschied in der Nutzung der Informationsangebote von Zeitung (8,3%) und z.B. Hörfunk (0,6%) zu erklären (M 8 c)?

❸ In M 8 a wird mit den beiden letzten Sätzen auf einen Widerspruch (ein „Paradox") hingewiesen. Verdeutlicht ihn mit eigenen Worten, und versucht zu erklären, wie es zu diesem (offenbar noch immer größer werdenden) Widerspruch kommt (vgl. auch M 8 d).

❹ M 8 d gibt einen Hinweis darauf, welche Entwicklung im Bereich des Fernsehangebotes für die Zukunft „technisch machbar" ist. Beschreibt diese Entwicklung im einzelnen, und diskutiert die beiden Fragen, a) für wie wahrscheinlich und b) für wie sinnvoll diese Entwicklung zu halten ist.

Information oder Manipulation durch die Presse?

M 9

Presserat rügt „Quick" und „Bild"

(Süddeutsche Zeitung v. 19.7.1987)

Der neue Presserat, das Selbstkontrollorgan der Zeitungen und Zeitschriften, hat die Illustrierte Quick und die Bild-Zeitung für zwei Beiträge gerügt. Der Vorsitzende des Beschwerdeausschusses des Presserats, Manfred Protze, sagte in Bonn, die Quick habe zu einem Bericht über Samstagsarbeit telephonisch Stellungnahmen eingeholt, die dann als Leserbriefe gedruckt worden seien. Eine derartige Manipulation stelle die Glaubwürdigkeit von Leserbriefen und der Berichterstattung insgesamt in Frage. Mit den Grundsätzen der Wahrhaftigkeit und der Sorgfalt seien solche Methoden nicht vereinbar. Die Quick-Redaktion wies die Vorwürfe zurück, weil der Beschwerdeführer gewußt habe, daß seine telephonische Stellungnahme als „Leserbrief" gedruckt würde. Die Bild-Zeitung wurde gerügt, weil sie bei der Berichterstattung über einen Freitod so detaillierte Angaben über Personen und Wohnung gemacht habe, daß eine Identifizierung der Familie des Betroffenen in breiter Öffentlichkeit ermöglicht worden sei. Die Angehörigen, insbesondere zwei minderjährige Kinder, seien dadurch psychisch in Mitleidenschaft gezogen worden. Der Presserat war der Meinung, daß die Zeitung die Intimsphäre der Betroffenen verletzt habe.

Wenn ihr den vorliegenden Pressebericht (M 9) gelesen habt und euch zu den darin angesprochenen Fällen eine Meinung bilden wollt, werdet ihr sicherlich bald merken, daß darin eine Reihe von Begriffen, Fragen und Problemen enthalten sind, die der Klärung bedürfen. Es sind zugleich Fragen, um die es u.a. in diesem Kapitel gehen soll:
— Wie kommen Zeitungsmeldungen zustande?
— An welchen Grundsätzen orientieren sich Journalisten bei ihrer Arbeit?
— Was heißt „Manipulation*", und welche Rolle spielt der „Deutsche Presserat"?
— Gibt es Grenzen der Pressefreiheit, die z.B. darin liegen, daß die „Intimsphäre" der Betroffenen nicht verletzt werden darf?
Vielleicht ergeben sich für euch aus dem Bericht noch weitere Fragen und Probleme, die ihr formulieren solltet, bevor ihr euch der Arbeit an diesem Abschnitt zuwendet.

M 10 a

Woher weiß die Zeitung, was sie weiß?

Ist man, wenn man Zeitung liest, nicht immer wieder erstaunt über die Fülle von Stoff und die Breite der Angebotspalette, die hier auf den Zeitungsseiten zusammengetragen ist? Die Frage, woher die Zeitung eigentlich das alles weiß, drängt sich dem Leser geradezu auf. Schließlich können die Journalisten, die die wichtigsten Ereignisse eines Tages aus aller Welt zusammentragen, nicht überall sein und nicht alles wissen. Die Neuigkeiten aus aller Welt beziehen die Zeitungen von Nachrichtenagenturen. Meldungen über die Geschehnisse im Erscheinungsgebiet einer Zeitung dagegen werden von eigenen Korrespondenten* gesammelt.

Die Agenturen sammeln und verbreiten Nachrichten. Der Lebenslauf einer Meldung ist kurz und sieht, schematisch dargestellt, so aus: Der Mitarbeiter einer Agentur, der Korrespondent, der an einem Ereignis, beispielsweise an einer Pressekonferenz, teilgenommen hat, formuliert eine Meldung. Er gibt sie an das nächste Büro der Agentur weiter; die Deutsche Presse-Agentur (dpa) hat beispielsweise in Bonn und in allen Landeshauptstädten sowie „nachrichtenträchtigen Plätzen" Büros. Von dort geht die Meldung zur Zentralredaktion, im Fall von dpa nach Hamburg, wo die Meldung wie schon zuvor im Landesbüro, eventuell bearbeitet, also gekürzt, umformuliert oder

Blick in die Zentralredaktion der Deutschen Presse-Agentur (dpa)

(Foto: dpa/Carsten Rehder)

ergänzt und, wenn sie wichtig genug ist, an die Kunden weitergegeben wird, also an Zeitungen, Zeitschriften und Rundfunkanstalten, auch an Presse- und Informationsämter und die Pressestellen von Verbänden, die Abonnenten der Agentur sind.

Die Nachrichtenübermittlung selbst hat sich in den letzten Jahren durch den Einzug der Elektronik auch bei den Nachrichtenagenturen grundlegend geändert. Zwar schreibt der Redakteur in einem Landesbüro der dpa nach wie vor auf einer Maschine, die viel Ähnlichkeit mit einer Schreibmaschine hat, aber was er schreibt, wird nicht auf Papier, sondern auf einem Bildschirm sichtbar. Er arbeitet an einem Bildschirm-Terminal, mit dem er per Knopfdruck seine soeben formulierte Meldung an die Zentralredaktion in Hamburg in Bruchteilen von Sekunden weitergeben kann. Sie landet dort in einem Computer, wird von einem Redakteur auf einen Bildschirm gerufen und, wenn er es für richtig hält, an die Kunden weitergegeben, beispielsweise an Zeitungen, die ihrerseits mit rechnergesteuerten Textsystemen arbeiten. Der Redakteur der Zeitung, die dpa abonniert hat, kann die Meldung wiederum auf seinen Bildschirm holen und sie verändern; er kann sie natürlich auch ohne Kürzungen und Umstellungen verwenden.

Die wichtigste Informationsquelle für alle Massenmedien in der Bundesrepublik ist die „Deutsche Presse-Agentur" (dpa), die 1949 aus den drei Nachrichtenagenturen der westlichen Besatzungsmächte hervorging (DENA/US-Zone, DPD/britische Zone und SUEDENA/französische Zone). Eigentümer sind Verleger und Rundfunkanstalten. Sie wählen einen Aufsichtsrat, und dieser bestimmt die Geschäftsleitung und den Chefredakteur. Um die Gefahr einer einseitigen Interessenbildung zu vermeiden,
- darf kein Gesellschafter* mehr als 1,5 Prozent des Stammkapitals besitzen,
- sind unter ihnen mehrere politische und weltanschauliche Richtungen vertreten,
- ist es dem Staat nach dem Statut ausdrücklich verwehrt, Anteile des Gesellschaftskapitals zu erwerben.

Organisationsstatus, Abonnenten und Konkurrenten sorgen also dafür, daß die Deutsche Presse-Agentur nicht in das politische Fahrwasser einer Partei gerät. Auf das Funktionieren dieser drei Kontrollen kommt es so entscheidend an, weil rund ein Drittel aller Tageszeitungen allein durch dpa politische Nachrichten von überregionaler Bedeutung erhält. Die Monopolstellung, die dpa bei diesen Blättern hat, könnte politisch gefährlich werden, wenn die Agentur an diesen Teil der deutschen Presse unter dem Gütezeichen der „Objektivität und Überparteilichkeit" Meldungen liefern würde, die dieses Prädikat nicht verdienen.

Täglich gehen in der dpa-Zentrale aus sehr unterschiedlichen Quellen über 200 000 Wörter ein. Nur ein Drittel davon gibt sie über den dpa-Basisträger weiter, den fast alle bundesdeutschen Tageszeitungen und Rundfunkanstalten beziehen.

(Hermann Meyn, Massenmedien in der Bundesrepublik Deutschland. Colloquium-Verlag, Berlin 1992, S. 170 f.)

M 10 b

Die Flut der Wörter

Die Deutsche Presse-Agentur (dpa) liefert über 70 000 Wörter täglich, das sind 300 DIN-A4-Seiten (zu 240 Wörtern). Reuter bietet täglich fast 200 solcher Seiten an, je 170 Seiten die Associated Press (AP) und der Deutsche Depeschendienst (ddp); dazu kommen bei einigen Redaktionen noch die rund 120 Manuskriptseiten der Agence France Press (AFP). Das ergibt Tag für Tag bis zu 960 Schreibmaschinenseiten, je nach der Zahl der abonnierten Agenturen – einen stattlichen Lexikonband also oder ungefähr fünf Romane von Peter Handke […]

Fünf bis sechs Seiten täglich, je nach Anzeigenlage, umfaßt der Nachrichtenteil der Süddeutschen Zeitung. Sie gilt damit als besonders stark nachrichtenorientiert. dpa, AP, ddp und Reuter, dazu verschiedene kleinere Dienste stehen ihr zur Verfügung – und trotz des vergleichsweise umfangreichen Nachrichtenteils, so hat der Nachrichtenchef Karl Mekiska errechnet, druckt die Süddeutsche Zeitung nur etwa sieben Prozent des Agenturmaterials.

(Wolf Schneider: Unsere tägliche Desinformation. Wie die Massenmedien uns in die Irre führen. Gruner & Jahr [Stern-Buch], Hamburg 1984, S. 178 f.)

M 10 c

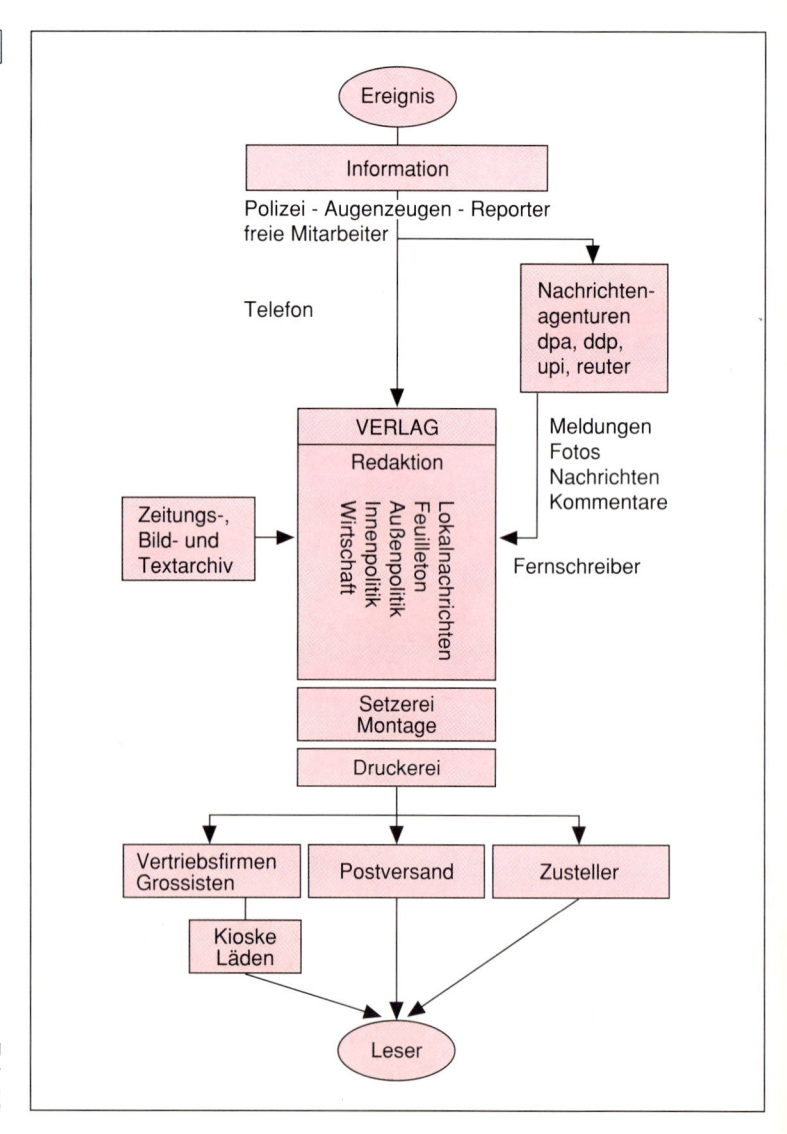

(Landesinstitut für Schule und Weiterbildung. Neue Informations- und Kommunikationstechnologien. Soest 1986, S. 75)

Zwang zur Selektion

M 11

Die Sachzwänge des Journalismus sind einerseits offenkundig und andererseits nicht allen Journalisten in vollem Umfang gegenwärtig, vor allem aber bei ihren Lesern und Hörern überraschend wenig bekannt. Der unentrinnbare, manchmal erstickende Zwang ist der zur Auswahl des wenigsten, zur Selektion*. Nach der alten Faustregel: Das meiste, was auf der Welt passiert, berichten die Agenturen nicht. Das meiste, was die Agenturen berichten, wird nicht gedruckt und nicht gesendet. Das meiste, was gedruckt und gesendet wird, wird nicht gehört und nicht gelesen. Und das meiste, was gehört und gelesen wird, wird nicht verstanden.

Dabei ist dies noch eine euphemistische* Darstellung des Sachverhalts, ja eine gefährliche Halbwahrheit: Was heißt denn „[...] auf der Welt passiert"? Der häufigste Zustand an einem beliebigen Ort der Erde ist erfreulicherweise der, daß überhaupt nichts „passiert", sondern daß Mensch und Tier einigermaßen friedlich vor sich hinleben; der zweithäufigste Zustand ist, daß Menschen und Verhältnisse sich langsam verändern, gänzlich ohne Putsch, Skandal und Erdbeben – also ohne die Knalleffekte, bei denen es Journalisten in den Fingern juckt. Nur die plötzliche Veränderung aber, „die ruckhaften Augenblickseffekte", zumal alles Unerwartete, Regelwidrige und Dramatische, haben die Chance, den Weg in die Öffentlichkeit zu finden.

So erfahren wir über die Normalzustände, den Alltag, in den meisten Ländern wenig – mit der Folge, daß wir entweder meinen, Copacabana und Karneval wären typisch für Rio de Janeiro oder daß wir umgekehrt die Erde für einen Ort der Katastrophen halten, der sie nicht ist.

M 12

(Sprechblase: Phantastisch! In der Welt passiert doch immer genau so viel, wie in meine Zeitung reinpaßt!)

(Zeichnung: Gudrun Schecker)

(Wolf Schneider [= M 10 b], S.11)

❶ Beschreibt anhand von M 10 a–c die Bedeutung und die Arbeitsweise der Nachrichtenagenturen, und bedenkt dabei auch folgende Fragen:
– Kann die in M 10 a beschriebene Schnelligkeit des Nachrichtenflusses auch Nachteile haben?
– Warum ist die angestrebte parteipolitische Neutralität von dpa nicht nur für die Abnehmer, sondern auch für dpa selbst von großer Bedeutung?

❷ Überprüft den politischen Teil (zumeist die ersten Seiten) der in euren Familien gelesenen Tageszeitungen auf die dort angegebenen Nachrichtenquellen hin (Angaben in Klammern zu Beginn des jeweiligen Berichtes durch die Abkürzungen für die Agentur oder für den eigenen Korrespondenten). Läßt sich ein Unterschied in der Verteilung der Quellen zwischen Lokalzeitungen und großen überregionalen Tageszeitungen feststellen?

❸ Erläutert anhand von M 10 b und M 11, welches Problem sich für eine Zeitung aus der „Flut der Wörter" ergibt und inwiefern der „Sachzwang" zur Auswahl dazu führt, daß wir über die „Normalzustände" wenig erfahren. Was will die Karikatur M 12 zu diesem Problem zum Ausdruck bringen?

❹ In M 10 c ist der Weg einer Nachricht vom Ereignis bis zum Leser skizziert. Versucht, zu den beiden Fällen aus M 9 den Nachrichtenweg in das Schema einzuordnen.

❺ Über den Aufbau eines Zeitungsverlages solltet ihr euch später durch einen entsprechenden Besuch informieren (s. dazu Arbeitshinweis 5 nach M 27).

Während in M 10–M 12 die „Sachzwänge" bei der Nachrichtenauswahl im Vordergrund stehen, geht es in M 13 ff. um mögliche persönliche und politische Einstellungen von Journalisten, die – bewußt oder unbewußt – die Nachrichtenauswahl beinflussen.

M 13

Bestimmen die „Schleusenwärter" die Tagesordnung?

In den angesehenen Tageszeitungen und den Nachrichtensendungen von Fernsehen und Hörfunk bestimmen zumeist anonyme Nachrichtenredakteure den Kurs. Diese Redakteure, die „Schleusenwärter" (gate-keeper), […] entscheiden darüber, welcher winzige Bruchteil der täglichen Nachrichtenflut tatsächlich Karriere macht; […] Denn ein Thema kann nur dann Gegenstand der öffentlichen Meinung sein, wenn es durch eine der „Schleusen" hineingelassen wird in die Kommunikationsstränge, das heißt, wenn es auf die Tagesordnung („agenda") der diskussionswürdigen Probleme gerät.

Die amerikanische Publizistik* hat den Begriff des agenda-setting geprägt: Der Journalist „sets the agenda" – er ist es, der die Themen, die er für wichtig hält, auf die Tagesordnung rückt und damit über die Rangordnung der politischen Probleme entscheidet. Er reduziert zum Beispiel eine zweistündige Wahlrede auf ihre einzige Entgleisung in einem einzigen Satz, macht daraus die Schlagzeile – und hat damit jenes Thema in die Welt gesetzt, über das die Kommentatoren nun mit ihren Meinungen herziehen. Er destilliert aus zwanzig Einzelmeldungen das Thema „Kältewelle", er stülpt über ein Sammelsurium von Unruhen und Schießereien den Begriffstopf „Bürgerkrieg" – oder eben nicht. Die Meinung ist frei, doch worüber die Bürger überhaupt Meinungen haben können, das haben zuvor zu einem erheblichen Teil die Journalisten per agenda-setting entschieden. Noch dazu auffallend wenige Journalisten: überwiegend nämlich die von den Nachrichtenagenturen. […] So werden die Journalisten zu Mitschöpfern der Ereignisse.

Die agenda-setting-function, im Deutschen unzulänglich als „Thematisierungsfunktion" oder „Scheinwerfer-Effekt" bezeichnet, hat die landläufige Einschätzung ersetzt, Massenmedien würden ihren Benutzern eine Meinung vorschreiben. Der Schlüsselsatz, der den Anstoß gab: „Die Presse mag überwiegend erfolglos sein, wenn es darum geht, den Leuten zu sagen, was sie zu denken haben. Aber sie sagt den Lesern enorm erfolgreich, worüber sie nachzudenken haben."

(Wolf Schneider [= M 10 b], S. 11 f.)

M 14

Anweisungen der Nachrichtenagentur AP für ihre Auslandskorrespondenten (1913)

„Politische Nachrichten werden nur gewünscht, wenn sie von großem Allgemeininteresse sind oder von besonderer Bedeutung für die Vereinigten Staaten. Kabinettswechsel müssen mit kurzen Angaben der Ursachen mitgeteilt werden. Interviews sollen nur von ersten Autoritäten über Fragen gebracht werden, die die ganze Welt interessieren. Wichtige Ereignisse, die amerikanische Beamte sowie auswärtige Diplomaten betreffen, müssen gekabelt werden. Alle Reklame für amerikanische Konzerne ist zu vermeiden. Feuerschäden und Bankrotte dürfen nur von einer Million Dollar ab gekabelt werden oder wenn beträchtliche Verluste an Menschenleben zu verzeichnen sind. Schiffbrüche, vor allem amerikanischer Schiffe, sollen schnellstens gekabelt werden. Einzelheiten können später folgen. Unterschlagungen unter 500 000 Dollar sollen nur gekabelt werden, wenn besondere Begleitumstände vorliegen oder Amerikaner daran beteiligt sind. Streikmeldungen sind nicht erwünscht, es sei denn, daß sie internationale Komplikationen, Tumulte oder Blutvergießen herbeiführen. Wetterkatastrophen sollen kurz gemeldet werden, wenn zahlreiche Menschen getötet wurden oder große Verluste eintraten. Bei Eisenbahnunfällen sollen auch die vollen Namen amerikanischer Verwundeter oder Opfer gekabelt werden. Mordfälle dagegen, wenn sie nicht von Amerikanern verübt wurden, sollen nur gekabelt werden, wenn ein außerordentliches Interesse vorliegt. Von Prozessen soll nur berichtet werden, wenn sie gegen Staatsbeamte oder Amerikaner statt-

(Hansjoachim Höhne, Die Geschichte der Nachricht und ihrer Verbreiter, Baden-Baden 1977, S. 75)

finden. Hinrichtungen werden nur in Fällen von internationaler Bedeutung gekabelt.
Dringend gekabelt werden sollen Sportereignisse von Wichtigkeit, bei denen Amerikaner eine Rolle spielen. Nicht erwünscht sind dagegen Nachrichten von Raubüberfällen, abnormen Geburten, Entführungen, Verführungen, Selbstmorden und Skandalen."

M 15

„Nachrichtenfaktoren"

Ausgehend von praktischen journalistischen Erfahrungen hat man immer wieder versucht, diejenigen Eigenschaften zu bestimmen, die ein Ereignis besitzen muß, um als Nachricht in die Medien zu gelangen.
Der bis heute prominente „Nachrichtenfaktoren"-Ansatz geht davon aus, daß Journalisten Ereignisse nach wahrnehmungspsychologischen Gesetzen und Regeln – etwa der Vereinfachung, der Personalisierung oder der Übertreibung – beobachten und beschreiben, sich aber zusätzlich bei ihrer Auswahl des Zeitgeschehens an bestimmten Ereignismerkmalen, eben den „Nachrichtenfaktoren", orientieren.
Angesichts der Überfülle des Weltgeschehens können Journalisten nur diejenigen Ereignisse wahrnehmen und beschreiben, die einen oder mehrere „Nachrichtenfaktoren" aufweisen:

● *Ereignisentwicklung:* Kürzere und kurzfristig abgeschlossene Ereignisse werden eher zur Nachricht als langfristige Entwicklungen oder Trends. Beispielsweise wird eher über einen Unfall berichtet als über seine Entstehungsgeschichte.

● *Außergewöhnlichkeit:* Je größer und bedeutsamer ein Ereignis ist, desto eher wird es als Nachricht gemeldet. Die 200-Jahr-Feier zur Französischen Revolution oder der 800. Geburtstag des Hamburger Hafens sind in diesem Sinne berichtenswerter als das Verschwinden(lassen) eines Versuchsprotokolls in einem Industrielaboratorium.

● *Überraschung:* Je unerwarteter das Geschehen, desto größer ist sein Nachrichtenwert. In diesem Sinne haben Rücktritte oder Katastrophen eine viel größere Chance, Nachricht zu werden, als die Überstunden eines Politikers oder die Routineüberprüfung einer Kläranlage.

● *Themenkarriere:* Wenn ein Ereignis erst einmal in den Nachrichten ist, wird darüber auch kontinuierlich berichtet, auch wenn es vergleichsweise wichtigere Themen gibt, die (noch) nicht von den Journalisten ausgewählt wurden. Über kleinere Folgeprobleme der Barschel-Affäre* wird eher berichtet als über vergleichsweise bedeutendere Vorgänge in Staatskanzleien anderer Landesregierungen.

„S'lohnt nicht – nur innere Verletzungen …"
(Zeichnung: Lothar Schneider, in: PZ Nr. 75/1993, S. 19)

● *Bezug auf Elitepersonen:* Je mehr und je intensiver Elitepersonen am Zeitgeschehen beteiligt sind, desto eher kann es zur Nachricht werden. Spitzenpolitiker, Wirtschaftsführer, Experten oder Stars sind zentrale Inhalte nahezu jeder Nachrichtensendung. Elitepersonen dienen – gerade und vor allem auch – den Journalisten […] zur leichteren Einordnung des Geschehens in politische Zusammenhänge.

● *Personenbezug:* Je stärker Personen im Vordergrund stehen, desto eher wird ein Ereignis zur Meldung. Personalisierung kann als eine der wichtigsten Formen der Vereinfachung komplizierter Vorgänge bezeichnet werden. Klassische Beispiele dafür finden sich etwa in der Berichterstattung über Arbeitsmarktprobleme oder Umweltschäden. Anstelle komplexer*, schwer darstellbarer Zusammenhänge kann hier das Schicksal eines einzelnen Arbeitslosen oder eines gerichtlich verurteilten Unternehmers als „Umweltsünder" dargestellt werden.

● *Negativität:* Je negativer das Zeitgeschehen ausfällt, desto wahrscheinlicher kann es zur Nachricht werden. „Only bad news are good news" (Nur schlechte Nachrichten sind gute Nachrichten), kommentieren die amerikanischen Journalisten die Tatsache, daß negative Ereignisse wichtiger, eindeutiger, dominanter und auch unerwarteter sind als positive Meldungen.

(Funkkolleg Medien und Kommunikation. Studienbrief 6, Weinheim/Basel 1991, S. 58 f.)

M 16

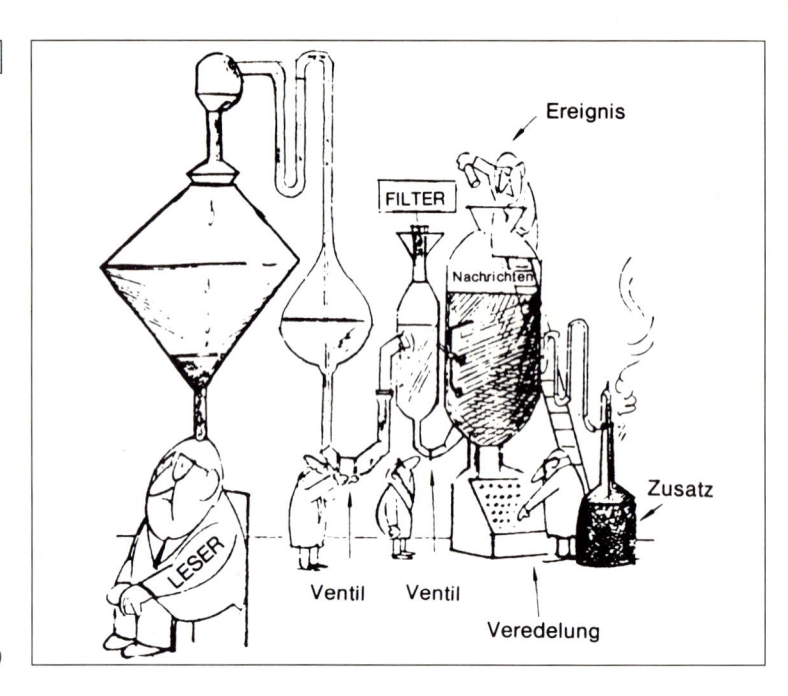

(Zeichnung: Walter Hanel)

❶ Erläutert, was der Begriff „Schleusenwärter" zum Ausdruck bringen will und was die „agenda-setting"-Theorie beinhaltet (M 13). Was unterscheidet diese Theorie von der ebenfalls immer wieder diskutierten Annahme, daß die Presse das Denken der Leser unmittelbar beeinflußt?
Wie beurteilt ihr selbst diese Thesen?

❷ Am Beispiel der amerikanischen Nachrichtenagentur AP (Associated Press) aus dem Jahre 1913 (!) läßt sich sehr konkret feststellen, nach welchen Gesichtspunkten die damaligen „Schleusenwärter" Nachrichten auswählten (M 14). Arbeitet diese Gesichtspunkte (Kriterien, Entscheidungsmaßstäbe) aus den konkreten Anweisungen heraus, und stellt eine begründete Vermutung darüber an, inwieweit diese Maßstäbe – übertragen auf deutsche Verhältnisse – auch heute noch Gültigkeit haben könnten.

❸ M 15 enthält die Ergebnisse einer theoretischen Untersuchung zu der Frage nach den für die Nachrichtenauswahl maßgeblichen Gesichtspunkten. Dabei werden zunächst drei „Gesetze" genannt, die sich aus der Auffassung davon ergeben, auf welche Weise Leser (Hörer, Fernseher) Ereignisse besser und leichter wahrnehmen können. Erläutert zunächst, was mit den drei genannten Gesetzen (Vereinfachung, Personalisierung, Übertreibung) gemeint ist, und untersucht sodann die zusätzlichen „Nachrichtenfaktoren". Vielleicht könnt ihr dabei zu einzelnen Faktoren weitere konkrete Beispiele (z.B. aus eurer Kenntnis der Tagespresse oder der Fernsehnachrichten) anführen.

❹ Vergleicht M 15 mit M 14. Lassen sich bestimmte „Nachrichtenfaktoren" in M 14 nachweisen?

❺ Vielleicht könnt ihr eine aktuelle Tageszeitung bzw. deren Lokalteil daraufhin untersuchen, nach welchen „Kriterien" die darin enthaltenen Nachrichten wahrscheinlich ausgesucht wurden.

❻ Beschreibt die Karikatur M 16. Welche Aspekte der vorausgehenden Materialien will der Zeichner zum Ausdruck bringen?

❼ An dieser Stelle erscheint es wichtig, den vielgebrauchten Begriff „Manipulation" zu klären. Vergleicht dazu die Definition im Glossar, und überlegt: Inwiefern kann man einen Zeitungskommentar eines Journalisten, der sich engagiert für die Politik einer bestimmten Partei einsetzt, nicht als Manipulation bezeichnen? Warum muß sich ein Journalist, der in einem Bericht über ein bestimmtes Ereignis bewußt ein wichtiges Faktum ausläßt, den Vorwurf der Manipulation gefallen lassen?

M 17

Manipulation durch Wortwahl

a) Wie durch die Auswahl der Nachrichten, deren Aufmachung und das Auslassen bedeutungsvoller Nachrichten kann auch durch die Plazierung der Nachricht manipuliert werden: Steht sie am Kopf einer Zeitungsseite bzw. am Anfang der Nachrichtensendung oder erst irgendwo an weniger beachteter Stelle? Eine andere Möglichkeit, ist die Manipulation mit Zahlen, die für Leser oder Hörer nicht nachprüfbar sind. Vielfältige Manipulationsmöglichkeiten sind aber auch durch Wort und Bild gegeben. Z.B. werden Begriffe umgekehrt: Ein militärischer Überfall wird zur „Befriedungsaktion". Gefangenenmord heißt: „Auf der Flucht erschossen", politische Häftlinge werden „Kriminelle", Regierungsgegner nennt man „Volksverhetzer", der Verteidigungsminister wird zum „Kriegsminister". Man liest und hört auch häufig: „Nach Ansicht der Experten..." oder „Beobachter sind der Ansicht...", also Worte, die beim Empfänger Vertrauen einflößen sollen. Wie man mit wenigen Worten einen Text manipulieren kann, sehen Sie hier: Man schreibt nicht:
„X sagte...", sondern:
„X ließ sich dazu hinreißen zu sagen..."
„X, der wegen seiner politischen Uneinsichtigkeit bekannt ist, sagte..."
„X sagte erstaunlicherweise..."
Politische Gegner stempelt man als „radikal", „fanatisch", „faschistisch", „Ultras", „extrem" ab.
Selbst mit den kleinen Anführungszeichen kann manipuliert werden. Welchen Eindruck gewinnen Sie, wenn sie lesen: „... er hielt dies für eine ‚gute' Lösung" oder „... er hielt dies für eine gute Lösung"?

(W. Dieckerhoff u.a., Mitentscheiden – Mitverantworten; Verlag Stamj, Köln-Porz 1981, S. 31 f.)

b) Über die Reaktion der Parteien auf das Ergebnis der Wahl zum Berliner Abgeordnetenhaus berichtete „Der Spiegel" u.a. wie folgt:
„Um Fassung bemüht, jammerte Dregger (CDU) im Präsidium über die Wahlniederlage." „Statt zusammenzurücken, wie von Kohl gewünscht, fielen die Unierten übereinander her."
„Die Freidemokraten machten es sich leichter, als sie ihre Wahlwunden leckten." „Sorgfältig und freudig erregt haben die Sozis auch aus den Reihen der F.D.P. schon Signale aufgefangen."

(Der Spiegel v. 6.2.1989, S. 17–22)

M 18

„Tarnungsmanöver"

(Zeichnung: Luis Murschetz)

[...] Der Autor einer Nachricht schwebt ständig in der Versuchung, mit nachweislich zutreffenden Fakten so zu hantieren, daß nicht in erster Linie diese Fakten, sondern eine Meinung zum Ausdruck kommt – denn es erfordert Charakterstärke, die Rede eines Politikers, die man für töricht oder gefährlich hält, gleichwohl wertefrei zu referieren, und überdies haben viele Journalisten die Erfahrung gemacht: „Meinung profiliert, Objektivität profiliert nicht."

(Dietrich Schwarzkopf, Zehn Hindernisse für die gebotene Objektivität, in: Bentele/Ruoff [Hg.], Wie objektiv sind unsere Medien? Frankfurt 1982, S. 203)

❶ Erläutert, inwiefern die in M 17 zitierten Beispiele über das hinausgehen, was durch Sachzwänge unvermeidlich ist. Überprüft einen aktuellen Zeitungsbericht auf solche oder ähnliche „Manipulationen" hin.

❷ M 18 will auf einen wichtigen Grundsatz hinweisen, gegen den Journalisten nicht selten verstoßen. Erläutert, was der Karikaturist zum Ausdruck bringen will und warum es so wichtig ist, daß Journalisten zwischen Berichterstattung (Information) und eigener Bewertung der berichteten Vorgänge so streng wie möglich unterscheiden. Untersucht aktuelle Zeitungstexte auf dieses Problem hin, und stellt fest, ob ein „Kommentar" deutlich als solcher markiert und ggf. auch graphisch von einem „Bericht" abgesetzt ist.

M 19

„Warum stottert Boris?"

Der folgende Text ist ein Auszug aus einem Bericht der Wochenzeitung „Die Zeit" über die Arbeit in der BILD-Redaktion am Mittwoch, dem 8. August 1990. An diesem Tag zeichnete sich im Nahen Osten nach der Besetzung Kuwaits durch den irakischen Diktator Saddam Hussein eine weitere Verschärfung der Lage ab. – In dem Bericht werden genannt: die beiden Chefredakteure Peter Bartels und Hans-Hermann Tiedje sowie der Herausgeber der BILD-Zeitung, Horst Fust.

Die Themen sind Ideen, Artikel liegen noch nicht vor. Die Chefredaktion beschließt, was daraus gemacht wird, auf welcher Seite, in welcher Länge (z.B. fünf Zeilen). Auf einer Extra-Konferenz werden die wichtigsten Überschriften gemacht. Dann erst wird geschrieben.
Fischsterben, Autotest, Millionenraub, die Möbel von Helga Feddersen, das Herz von Helmut Schmidt, in den Köpfen der BILD-Redakteure spukt es wie auf den Seiten ihrer Zeitung.
Waldheim bei Leipzig. Eine kleine Zeitung hat recherchiert, ein Arzt habe Patienten mit Röntgenstrahlen kastriert. Das meldet die Deutsche Presse-Agentur. Man weiß nicht recht, wie groß man die Geschichte machen soll und auf welcher Seite. Peter Bartels [...] findet „Euthanasie*-Geschichte" gut für einen Kommentar. „Oder ist das Grauen so groß, daß es uns die Sprache verschlägt?"
Und sonst: „Ist einer Frau irgendwo Unrecht geschehen, wird irgendwo ein Kind gequält?"
11.46 Uhr. Die Beschlüsse der Konferenz werden an die BILD-Außenredaktionen durchtelephoniert. Die Zentrale gestaltet die Seiten eins bis drei, die letzte und den Sport. Alles andere geschieht in München, Stuttgart, Essen oder wo auch immer. So machen 700 Redakteure nicht eine BILD-Zeitung, sondern je nach Nachrichtenlage dreißig regional verschiedene.
12.30 Uhr. Überschriften-Konferenz im Chefbüro. Zehn Redakteure, schwarzer Kaffee von der Stärke irakischen Rohöls. Tiedje kneift sich ein kaltes Stückchen von seiner Zigarre ab. DDR, die Röntgenstrahlen. „Waldheim – ein neues Auschwitz", schlägt jemand als Titel für die Story vor, die auf der „Seite für Deutschland" erscheinen soll. Bartels: „Keiner hörte die Schreie der Patienten." Ein anderer: „Was müssen das für Ärzte sein?" – „Grausame Wahrheit über die Zwangskastration." – „Immer, wenn der Arzt

mit der großen Spritze kam." – „Wie Ärzte Menschen verstümmelten."
Diskussion: Sind Menschen wirklich verstümmelt worden? Ist jemand mit der Spritze gekommen? Röntgenstrahlen tun doch nicht weh, wieso Schreie?
Neuer Vorschlag: „Doktor Poppe glaubte bis zum Schluß: Die Patienten lieben mich." – „Warum machen wir nicht 'ne Ich-Zeile?" schlägt jemand vor. „Ich bin ein Opfer von Doktor Poppe." Tiedje: „Warum tun wir uns so schwer mit der Überschrift? Weil wir nicht genug wissen." Deshalb schlägt er vor: „Waldheim. Was hinter diesen Mauern wirklich geschah." Peter Bartels: „Doktor Poppe, der Mabuse* von Waldheim auf der Flucht." Mabuse findet ein Redakteur „zu literarisch". „Doktor Poppe", sagt ein anderer, „klingt doch gut". Weitere Vorschläge: „Teufelsarzt Dr. Poppe", zu nah bei „Teufelskerl", deshalb: „Satansarzt Dr. Poppe." Peter Bartels: „Das Grauen von Waldheim hat einen Namen: Dr. Poppe."
Das ist es. Unter dem Bild des Arztes soll stehen: „Wer hat ihn gesehen?" Wie ein Fahndungsplakat. Das findet man gut.
15 Uhr, Schlagzeilen-Konferenz. Nun geht es um Seite 1, um die paar Worte, mit denen BILD sich verkauft.
Herausgeber Horst Fust sitzt im Kreis der leitenden Redakteure. Boris Becker ist wieder dran. Die heutige Schlagzeile hatte gelautet: „Boris. Schwerer Stotteranfall im TV." Fust beanstandet, daß in dem Artikel vom Mittwoch die Frage nur gestellt, nicht aber beantwortet worden sei. Deshalb ruft Tiedje Klaus-Peter Witt, den BILD-Boris-Experten an. Witt hat eine andere Theorie: Boris sei im Alter von fünfzehn Jahren „dem deutschen Sprachraum entzogen" worden. Seit sieben Jahren ist er im Ausland. Tiedje: „Der spricht deutsch und – wie nennt man das... die Deklinationen – also, da hat er Schwierigkeiten mit." Die Redakteure finden das plausibel.
„Kann man daraus 'ne Schlagzeile machen?" wird gefragt. Vorschläge: Boris stottert – Was Psychologen ihm raten. – B-B-B-B-Boris. Nachrichtenredakteur Thomas Leichsenring: „Ich finde, daß wir uns damit lächerlich machen." – „Wie ist es denn mit: Ich heile Boris"? Ein Doktor Kaiser hat für BILD bereits eine viermonatige Therapie skizziert. Tiedje schlägt vor: „Psychologe: ‚Ich heile Stotter-Becker!" „Warum stottert Boris? Vier Experten geben die Antwort." Das wird beschlossen.
Nächstes Thema. Waldheim soll auf Seite 1 angerissen werden. „Wir haben schon mal vorgedacht", sagt der Chef vom Dienst, „Patienten mit Röntgenstrahlen kastriert." Bartels wehrt sich gegen die Zeile, sie sei zu hart. Tiedje: „Solche Zeilen machen wir hundertmal im Jahr." Bartels: „Nee". Tiedje: „Na gut. Zwanzigmal im Jahr." Bartels zögert. Tiedje sagt: „Das ist eine knallharte Zeile. Da ist Übelkeit drin." Bartels: „Das ist wie mit der Opernsängerin" – eine Anspielung auf die berühmte Schlagzeile vom April vergangenen Jahres: „Opern-Sängerin an Hunde verfüttert." Tiedje: „Die Opernsängerin, das war eine drittklassige Opernsängerin. Aus der dritten Reihe in Barcelona. Dieses hier ist mitten in Deutschland."
Gedankensprung – Eine DDR-Richterin hat sich bei einem Busen-Wettbewerb in der Tschechoslowakei ausgezogen. Siebenundzwanzig Jahre alt, und sie ist auch noch zweite geworden. Gibt es Bilder? Ja. Dann zurück zur Kastration.
Peter Bartels: „Die Röntgenstrahlen haben ja schon was. Jeder Mensch hat Angst vor diesen Strahlen." Die anderen Redakteure stimmen zu. Man muß sogar beim Zahnarzt eine Gummischürze umlegen. „Aber kastriert, das ist ein Rasierklingenwort", insistiert Bartels. „Was ist mit ‚entmannt'?" Tiedje findet: „Kastriert ist ein klares Wort." Er schlägt als Überzeile vor: „SED-Arzt Poppe verschwunden!" Nachrichtenredakteur Leichsenring: „Handelte Poppe denn im Auftrag der SED?"
Bartels will sich mit der Zeile nicht abfinden. „Die Leute kriegen einen Schreck, wenn sie das sehen, und gehen vorbei." Er fürchtet Käuferschwund. Tiedje ist anderer Meinung: „Wir hatten schon Patienten, denen

Benzin unter die Haut gespritzt wurde. Exakt vor'm halben Jahr. ,Stasi spritzte mir Benzin unter die Haut.'" Herausgeber Fust findet: „Die Zeile ist schwer erträglich, aber sie trifft den Punkt. Deckt der Bericht die Zeile?" Bartels fragt auch: „Kommt da noch mehr Material?" Der Ressortleiter versichert: „Wir sind dran. Es wird recherchiert."

Fust: „Heute abend im Fernsehen wird Deutschland kommen und Kuwait." Peter Bartels: „Die Amerikaner sind da. Es geht darum: Wer schießt zuerst?" Fust improvisiert: „Wie ist ,Gift – Atom – Aufmarsch. Was macht der Irre jetzt?' Dazu dieses Hitler-Gesicht." Große Begeisterung. Irak – zwanzig Zeilen vorne, sechzig Zeilen auf Seite 2. Das ist's. Wieder zurück zur DDR. Zu den Röntgenstrahlen.

„Was ist mit einer Dachzeile ,DDR – Neue SED-Greuel aufgedeckt'?" Peter Bartels findet: „Das federt die Kastration ein bißchen ab. Steckt die SED denn dahinter?" Noch einmal diese Frage. [...] 16.00 Uhr [...] Tiedje und Bartels sitzen am „Querbalken", der Kommandobrücke des Produktionsraumes (s. Foto). Tiedje kaut Obst, telephoniert, redigiert, liest Agenturmeldungen, unterstreicht einzelne Sätze, wühlt in Photos.

„Was macht der Irre jetzt?" überlegt er noch einmal laut vor sich hin. „Damit sind wir ganz nah dran." 16.29 Uhr. Die Agentur meldet aus Saudi-Arabien: „Der größte Truppenaufmarsch der Amerikaner seit Vietnam."

Peter Bartels hat noch Zweifel an der Schlagzeile: „Wenn es uns nicht gelingt, diese Bedrohung zu einer Bedrohung für uns zu machen, dann rauscht die ganze Geschichte an uns vorbei." Aus einer Agenturmeldung formuliert er deshalb den Satz: „Ägyptens Präsident: ,Es wird einen fürchterlichen Schlag geben.'" – „Das klingt ungelenk", freut er sich, „und um so seriöser!"

16.57 Uhr. Tiedje beginnt, den Irak-Artikel der „Schnellschuß-Sekretärin", wie sie im Redaktionsdeutsch heißt, in den Computer zu diktieren. Er stellt ihn aus zwanzig Agenturmeldungen zusammen, die er locker in der Hand hält. 33 Zeilen in sieben Minuten.

17.09 Uhr. Herausgeber Fust kommt in den Produktionsraum, liest, was Tiedje geschrieben hat. „Hermann, schön!" sagt er. „Sehr dramatisch." Tiedje diktiert die Fortsetzung des Artikels für die zweite Seite. Die Schnellschuß-Sekretärin tippt so schnell, wie er spricht.

Bartels hadert indessen mit der Überschrift „Was macht der Irre jetzt?": „Der Kunde, der fünf Meter am Kiosk vorbeigeht, weiß nicht, was gemeint ist, wenn er das sieht." Bartels erläutert: „85 Prozent unserer Leser sind uns ja treu. Sie kaufen BILD drei- bis fünfmal die Woche und gehen auch bei Regen raus. Es geht um die halbe Million, die BILD nur manchmal kauft. Die entscheidet über seine Kohle", er zeigt auf Tiedje, „und über meine. Die macht den substantiellen Unterschied."

Im Produktionsraum: Hinten die Chefredakteure, in der Mitte das Manuskript-Förderband

(DIE ZEIT v. 17.8.1990, S. 13 ff.; Verf.: Ulrich Stock)

> **Die Amerikaner marschieren auf**
> # Was macht der Irre jetzt?
>
> „Er greift die Saudis an" ● Alle Europäer raus ● Düstere Drohungen wegen Ölhafen Rotterdam ● Ägyptens Präsident: Es wird einen schrecklichen Schlag geben ● Börse: Die Kurse fallen und fallen
>
> **Berti Vogts: Meine fünf Wünsche an die Bundesliga**
>
> **Neue SED-Greuel**
> ## Patienten mit Röntgenstrahlen kastriert
>
> ## Warum stottert Boris?
> **Vier Experten geben die Antwort**

(Auszüge aus der BILD-Titelseite von Donnerstag, 9. August 1990)

M 20

Mit Schlagzeilen zuschlagen

Das war schon immer die Schwäche des Berufes: Auch im 35. Jahr seiner Tätigkeit als Kassierer der Sparkasse hat Harry S. (58) wieder keine Unterschlagung begangen. Wen soll das interessieren? Normales ist selbstverständlich.

Erst das Gegenteil macht Schlagzeilen: Mann beißt Hund! 5,9 Millionen Ausländer leben in Deutschland. Von ihnen hört man wenig.

Nur in Bestadt machen sie täglich Schlagzeilen. „Gangster rauben illegales Spielcasino aus – Zeugen sprechen von Südländern."

Asylbewerber und besonders der Zuzug einer Roma-Sippe erregten dort die Bevölkerung. Die Tageszeitung trug dem Rechnung. Mit täglichen Meldungen: „Polizei nimmt drei Roma-Mädchen fest." Vorwurf: Taschendiebstahl. Oder: „Zigeunerin 19mal erwischt." Auf derselben Seite findet sich eine weitere Meldung: „Falsche 500er im Umlauf". Die Aufklärung erfolgt Tage später: „Sie stammen aus dem Roma-Quartier." Der Stadtverwaltung wurde gemeldet, daß ein Schwein schwarz geschlachtet worden sei. Also mußten Beamte des Ordnungsamtes und der Veterinäraufsicht eingreifen und im Zigeunerlager ein brutzelndes Ferkel vom Feuer holen: „Behörden holen den Roma ein Schwein vom Grill."

Von den Zigeunern zu den „Südländern" ist ein kurzer Weg. Alles, was dunkel aussieht, macht auch dunkle Geschäfte: „Polizei schnappte zwei Südländerinnen nach Tageseinbruch." Vom Südländer zum Türken gibt es eine direkte Verbindung: „Maskierte rauben Casino aus – vier mit Pistolen bewaffnete Männer – vermutlich Türken – drangen ein. Auch der Betreiber ist ein Türke." Ähnliches hatten vorher schon zwei „Südländer" getan, als sie in einer Spielhalle an der Bochumer Straße 1 600 Mark erbeuteten.

„Wohnwagen sollen zwei bis drei Jahre auf der Cäcilienhöhe stehen", ist ein Bericht betitelt, der über eine Bürgerversammlung zu diesem Thema be-

(Zeichnung: Pit Flick)

richtet. Die Stadt hat 20 Wohnwagen gekauft und will darin etwa 60 Asylanten unterbringen. Dieselbe Seite schmückt als Aufmacher zur Einstimmung die Schlagzeile: „Abschiebung: Libanesen ‚stürmen' Behörde". Und als Unterzeile: „Ausländeramt mit Anträgen auf Aufenthaltserlaubnis überflutet".

5,9 Millionen Ausländer leben in der Bundesrepublik. Nach der Häufigkeit von Schlagzeilen müssen die meisten davon in Bestadt und Umgebung leben. Bestadt ist Gott sei Dank nicht überall.

(PZ Nr. 69, 1992, S. 34; Verf.: Klaus Borde)

M 21

Goldene Regeln: „Todsünden in der Berichterstattung über Ausländer wollt Ihr von mir haben. Es soll witzig oder ironisch werden, also bitte, macht was draus – mir geht da der Humor ab." Galliger Originalton Birgit Buchner. Sie ist Lokalchefin bei einer großen Tageszeitung. Jahrelang hat sie einen Pressedienst für und über Ausländer gemacht und weiß, wie schwer es ist, den Ausländern in der Berichterstattung gerecht zu werden. Sie weiß, was Redakteure anrichten können mit negativen Schlagzeilen und zuviel gutem Willen.

1. Regel: Frau Emilie Schneider sitzt wutschnaubend auf dem Sofa und liest: „Türkenjunge rettet Dreijährige aus brennender Wohnung". „Das hätte unser Fritz genauso gemacht, wenn er zufällig da vorbeigekommen wäre", schimpft sie auf ihren Mann ein. „Aber nein, ein Türkenjunge mußte es sein."
Tun Sie den Türken ruhig mit Jubelartikeln weiterhin was Gutes an! Zeigen Sie immer wieder, daß das doch auch gute Menschen sind! Da werden die Deutschen ganz schnell sauer.

2. Regel: 80 Prozent der Schüler in einer Hauptschule sind Ausländer. Das ist eine klare Aussage. Ob sie was aussagt, ist zweitrangig. Da liest ja schon niemand mehr weiter. Wen interessiert es schon, daß von diesen 35 Kindern 32 blendend hessisch, schwäbisch oder berlinerisch reden, nur drei wegen Sprachschwierigkeiten dem Unterricht nicht folgen können. Differenzieren hält nur auf.

3. Regel: Sie müssen es den Leserinnen und Lesern regelrecht einhämmern, daß sie gefälligst mit ihren Asylbewerbern als Nachbarn auskommen müssen. Toleranz ist erste Christenpflicht. Wo kämen wir denn hin, wenn wir auch noch über die Sorgen deutscher Einheimischer ernsthaft nachdächten?

4. Regel: Erheben Sie mindestens einmal täglich mahnend den Zeigefinger, beweisen Sie den Leuten, wie ausländerfeindlich sie sind! Es wird schon werden. Die glauben es bald selber.

5. Regel: Halten Sie sich nicht unnötig mit Informationen auf. Die Nachricht „Türken stechen Schafe ab im Hinterhof – der Tierschutzverein zetert" genügen völlig, um das Wesentliche zu sagen. Es versteht ja doch niemand den Unterschied zwischen Schächten und Schlachten. Und auch die schlagkräftige Aussage, daß Muslime in ihrer Fastenzeit vor Schwäche am Fließband umfallen, ist zu schön, um genauer untersucht zu werden.

6. Regel: Zweifeln Sie nie, wenn die Polizei von Zeugen berichtet, die einen Taschenräuber als Türken, Marokkaner oder Jugoslawen identifizieren. Denn Zeugen kennen sich aus in der Welt, haben phänomenale Sprachkenntnisse und wissen, daß ein Mann mit rabenschwarzen Haaren und Schnauzer nie und nimmer ein Schwabe sein kann.

(PZ Nr. 69, 1992, S. 35; Autorin: Birgit Buchner)

M 22

Eine Nachricht – drei Meldungen

So meldete am 22. April das HAMBURGER ABENDBLATT ein Naturphänomen:

Riesenkrabben in Norwegen

„In den Tiefen des Meeres hat eine russische Invasion Norwegen erreicht: Riesige Krabben mit einer blaufarbenen Schale, Stielaugen und bis zu acht Kilo Gewicht gehen den Fischern zu Hunderten ins Netz. Bjarne Hansen (44) aus Bugøynes in Nordnorwegen: ‚Wenn der Kutter voll ist, kann einem schon mulmig werden. Man muß ganz schön aufpassen, ihre Scheren können problemlos einen Daumen durchtrennen.'"

Am selben Tag berichtete BILD so:

Alarm! Riesige Krabben steigen aus dem Meer

„Sie fliehen aus dem Eismeer. Sie kommen näher. Und sie kommen in Millionen. Die Monster-Krabben. Sie sind 2,10 m lang, größer als ein Mensch. Ihre Schale ist ein 4 cm dicker Panzer. Sie sind polarblau, sie haben Stacheln. Die beiden Scheren können Hände abzwicken." „Taucher schwammen zu den Monstern. Bjarne Hansen (44): ‚Ich habe sie gesehen, sie sind furchterregend und blitzschnell. Man kann ihnen nicht folgen."
„Die Sowjets haben sie heimlich im Labor gezüchtet, vor 31 Jahren. [...] Seitdem hat sich ihre Größe verdreifacht." „Kriechen sie im Sommer auf die Strände von Sylt?" [...] „Naturwissenschaftler Theo Löbsack: ‚Wir sind schuld, vergiften alles. Jetzt rächt sich die Natur.'"

Die Illustrierte „STERN" berichtete am 22.4.:

Dem Fischer Bjarne Hansen aus dem nordnorwegischen Bugøynes war fette Beute ins Netz gegangen. Einige Dutzend Super-Krebse, manche über zehn Kilo schwer und mitsamt ihren Stelzbeinen bis zu zwei Meter breit, zappelten Mitte April in den Maschen. Mit solchem Getier war der 44jährige noch nie zuvor aus dem Nordmeer nach Hause getuckert. Ihm sei „schon ein bißchen mulmig" zumute gewesen, sagt der Fischer, als auf dem „ganzen Deck die Riesen-Krabben herumkrochen". Doch schnell erkannte der Mann, welchen Schatz er da heraufgezogen hatte. „Es ist unglaublich," verkündete er, „daß etwas so widerlich Aussehendes so gut schmecken kann."
Was Hansen ins Netz ging, ist Meeresbiologen nicht unbekannt. „Paralithodes camtschatica" nennen sie die schwergewichtigen Krustentiere, eine Krabbenart, die seit 20 Millionen Jahren auf unserem Planeten existiert und im Nord-Pazifik und der Behring-See heimisch ist. Russische Wissenschaftler holten Larven und Jungtiere in den 60er Jahren aus den Gewässern um die Kamtschatka-Halbinsel in Nordost-Asien, um die begehrten Proteinlieferanten in den Küstengewässern von Murmansk, vor allem in der Kola-

und der Motowskij-Bucht anzusiedeln und zu züchten. Doch das Programm war zunächst ein Reinfall – in den Netzen der dortigen Fischer landete nichts.

Dafür berichteten 1977 norwegische Zeitungen, daß Kamtschatka-Krabben immer öfter im Varanger-Fjord gefangen wurden – die mächtigen Tiere waren wohl gute 200 Kilometer nach Westen gewandert. Weil die Norweger jedoch mit den Russen vertraglich vereinbart hatten, die Meeresbewohner nicht zu fangen, konnten sich die Krebse, die sich von Muscheln und Seesternen ernähren, ungehindert vermehren – und verbreiten.

„Sie sind ungefährlich und bewegen ihre Scheren sehr sachte." (Foto: dpa/Scanfoto)

❶ In den Materialien M 19–M 21 geht es zum großen Teil um die Formulierung von Schlagzeilen bei der Auswahl und der Gestaltung von Zeitungsnachrichten. Der Bericht M 19 gibt dazu ein konkretes und sehr anschauliches Beispiel aus der Redaktionsarbeit der BILD-Zeitung. Analysiert den Bericht möglichst genau, klärt die Sachverhalte, um die es im einzelnen geht, und versucht herauszuarbeiten, von welchen Gesichtspunkten sich die verantwortlichen Redakteure bei ihren Entscheidungen leiten lassen.

❷ In dem Bericht, aus dem M 19 einen Auszug darstellt, heißt es an anderer Stelle, man könne die BILD-Zeitung nur verstehen, wenn man wisse, daß sie – ganz bewußt – nicht so sehr Informationen, sondern „Emotionen" verkaufen wolle. Erläutert diese Feststellung, versucht, sie an M 19 zu konkretisieren, und nehmt zu dieser Auffassung Stellung. – Zum Typ der BILD-Zeitung als „Boulevard-Zeitung" vgl. später M 31/32.

❸ Beschreibt das Problem, auf das M 20 aufmerksam machen will. Könnt ihr aus der Lokalpresse eurer Heimat Beispiele für ähnliche Verhältnisse wie in „Bestadt" anführen?

❹ In M 21 gibt eine Journalistin aufgrund ihrer Erfahrung Empfehlungen für den Umgang der Presse mit den Problemen von Ausländern. Um die einzelnen „Regeln" richtig zu verstehen, müßt ihr zwei Punkte genau beachten:
a) Die Journalistin wendet sich sowohl gegen eine einseitig negative Berichterstattung über Ausländer als auch gegen „zuviel guten Willen" dabei.
b) Birgit Buchner formuliert ihre „Regeln" (Empfehlungen) z.T. in ironischer Form, d.h. sie meint das Gegenteil von dem, was sie sagt (das kann man an der Art der Formulierung erkennen).
Erläutert unter Berücksichtigung dieser Hinweise mit eigenen Worten, was B. Buchner ihren Kolleginnen und Kollegen empfiehlt, damit „Todsünden in der Berichterstattung über Ausländer" vermieden werden. Diskutiert die einzelnen Regeln, und nehmt dazu aus eurer Sicht Stellung.

❺ M 22 enthält drei Presseberichte über dasselbe Ereignis. Untersucht die Meldungen genau im Hinblick auf ihren Informationsgehalt, auf Unterschiede und Widersprüche. Lassen sich Manipulationen* feststellen? Vgl. auch Arbeitshinweis 2.

M 23

Sie sagen die Unwahrheit

Journalisten lügen, weil sie unter Erfolgszwang stehen oder von ihren Chefs oder Auftraggebern unter Druck gesetzt werden, interessanter zu schreiben als die Konkurrenz. Sie lügen, weil sie nur Informationen verkaufen können, die andere nicht haben. Sie lügen, weil sie in der Redaktionshierarchie* aufsteigen wollen, weil sie mit ihrer Geschichte auf der ersten Seite stehen oder weil sie den Pulitzerpreis* bekommen wollen. Und sie schlittern in die Lüge hinein, weil sie mit Übertreibungen begonnen haben und das Übertriebene immer noch etwas gesteigert werden muß, damit es interessant bleibt.

Kein Reporter wird je untertreiben. Doch die Versuchung, zu übertreiben, liegt in der Luft. Wenn die Wellen vier Meter hoch waren, wird er von fünf Metern schreiben, wenn der Sturm so brauste, daß man Mühe hatte, seinen Nachbarn zu verstehen, wird er sein „eigenes Wort nicht verstanden" haben. Wenn die Sturmflut ein Siebentel von Hamburg überschwemmt hat, wird die Überschrift lauten: „Hamburg ist eine Wasserwüste". Die Verfälschung der Realität beginnt bei fünf Prozent, ehe sie hundert Prozent in der klaren Lüge erreicht. Vorsatz ist beides.

Die hundertprozentige, die dreiste Lüge ist freilich selten, aber es gibt sie, jede ist zuviel, und sie kommt in den besten Blättern vor. [...] Viermal wurde der „stern" vom Deutschen Presserat gerüffelt, weil er Zitate „grob verfälscht oder frei erfunden" oder weil er unvollständig, falsch und aus dem Zusammenhang gerissen zitiert habe (Jahrbücher des Presserats: 1980, S. 22, 24). Bei den angeblichen Hitler-Tagebüchern ist der „stern" auf eine Lüge hereingefallen (was nicht dasselbe wie eine Lüge ist). „Geo" ging einem Pressefotografen auf den Leim, der behauptete, er habe im Westen Chinas einige der letzten freilebenden Pandabären fotografiert: In Wirklichkeit stammen sie aus einem Freigehege (Fotos:[...] „Geo" 9/81).

Eine der schlimmsten und peinlichsten Journalisten-Lügen erschien am 28. September 1980 in der hochangesehenen „Washington Post": die Geschichte eines Achtjährigen, der rauschgiftsüchtig war – so glänzend geschrieben, daß die Autorin, die 26jährige Janet Cooke, dafür den Pulitzer-Preis bekam und daß Nancy Reagan* dem Kind persönlich helfen wollte. Ein halbes Jahr nach dem Erscheinen des Artikels mußte die Autorin beichten, daß dem Kind nicht geholfen werden könne, weil sie es nie gesehen habe. Ein Leser der „Washington Post" zog Fazit: „Glaube nichts, was du liest, und nur die Hälfte dessen, was du siehst" (zitiert nach: Der Spiegel, 19/1981, S. 169).

(Nach: Frankfurter Rundschau vom 29.10.1984)

M 24

(© PIB, Copenhagen)

M 25

Objektivität?

1. Jede Zeitung hat eine Tendenz oder eine Linie. Kein dort angestellter Journalist darf allzu weit von dieser Linie abweichen.
2. Wahr ist, was der Verleger und die Anzeigenkunden als wahr durchgehen lassen.
3. Kein Journalist kann über alles Bescheid wissen. Was er nicht weiß, erfindet er, so gut er kann.
4. Jeder Mensch ist ein Produkt seiner Gene, seines Milieus, seiner Erziehung – also subjektiv geprägt. Warum sollten Journalisten anders sein?
5. Was immer in der Zeitung steht, ist willkürlich aus einem größeren Zusammenhang gerissen und daher nicht objektiv.
6. Objektivität ist Ausgewogenheit, und Ausgewogenheit ist langweilig. Im Journalismus jedoch werden Sensationen, knallharte Pointen und reißerische Überschriften verlangt.
7. Es gibt unbequeme Fakten. Der Journalist, der gern bequem lebt, wird sie „vergessen".

(DIE ZEIT v. 24.8.1984, S. 45; Verf.: Rudolf Walter Leonhard)

❶ In M 23–M 24 geht es um mehr oder weniger bewußte Fälschungen in Presseberichten.
 – In M 23 wird auf unterschiedliche Schweregrade der Nachrichtenverfälschung (von „5 bis 100%") hingewiesen. Welche Motive werden den Journalisten hier unterstellt? Geben die Aussagen auch Hinweise auf das Beispiel M 22?
 – Analysiert den Comic M 24. Von welchem Motiv läßt sich Lucy (hier als Schülerzeitungsreporterin) leiten? Macht euch an diesem Beispiel noch einmal die Merkmale des Begriffs „Manipulation" (vgl. Glossar) klar.

❷ M 25 enthält sieben Thesen, die insgesamt begründen wollen, warum es eine „objektive" journalistische Berichterstattung gar nicht geben kann. Versucht, zu jeder These eine Gegenposition zu entwickeln. Wie würdet ihr selbst die Frage beantworten, ob Objektivität in einer Zeitung möglich ist?

M 26 a

Schranken der Pressefreiheit

Nach Artikel 5 Absatz 2 des Grundgesetzes finden Meinungs-, Informations- und Pressefreiheit „ihre Schranken in den Vorschriften der allgemeinen Gesetze, den gesetzlichen Bestimmungen zum Schutze der Jugend und in dem Recht der persönlichen Ehre". Wer als Journalist oder auch als Bürger gegen das Strafgesetzbuch verstößt, indem er beispielsweise jemanden verleumdet, kann sich nicht auf die Meinungs- und Pressefreiheit berufen. Die allgemeinen Gesetze dürfen allerdings keinesfalls das Grundrecht der Presse- und Meinungsfreiheit in seinem Wesensgehalt antasten. Diese Bestimmung des Artikels 19 des Grundgesetzes hat in der Praxis im Bereich des Persönlichkeitsschutzes für den Gesetzgeber zu einer schwierigen Güterabwägung zwischen dem Grundrecht der Pressefreiheit auf der einen Seite und dem Persönlichkeitsrecht auf der anderen Seite geführt.

Um Bestrebungen des Gesetzgebers abzuwehren, die Pressefreiheit zugunsten anderer Rechte zu beschränken, bildete sich 1956 ein aus zehn Verlegern und Journalisten bestehendes Selbstkontrollorgan der Presse – der Deutsche Presserat. Er machte sich in vielen Resolutionen zum Anwalt der in der Presse Tätigen. In den siebziger Jahren verlagerte sich der Schwerpunkt der Arbeit des Presserates auf die Ahndung von Verstößen der Presse gegen den von ihm erarbeiteten „Pressekodex".

(Informationen... [= M 30], S. 5)

M 26 b

Publizistische Grundsätze (Pressekodex)

1. Achtung vor der Wahrheit und wahrhaftige Unterrichtung der Öffentlichkeit sind oberstes Gebot der Presse.
2. Zur Veröffentlichung bestimmte Nachrichten und Informationen in Wort und Bild sind mit der nach den Umständen gebotenen Sorgfalt auf ihren Wahrheitsgehalt zu prüfen. Ihr Sinn darf durch Bearbeitung, Über-

schrift oder Bildbeschriftung weder entstellt noch verfälscht werden. Dokumente müssen sinngetreu wiedergegeben werden. Unbestätigte Meldungen, Gerüchte und Vermutungen sind als solche erkennbar zu machen.
Bei Wiedergabe von symbolischen Fotos muß aus der Unterschrift hervorgehen, daß es sich nicht um ein dokumentarisches Bild handelt.
3. Veröffentlichte Nachrichten oder Behauptungen, die sich nachträglich als falsch erweisen, hat das Publikationsorgan, das sie gebracht hat, unverzüglich von sich aus in angemessener Weise richtigzustellen.
4. Bei der Beschaffung von Nachrichten, Informationsmaterial und Bildern dürfen keine unlauteren Methoden angewandt werden.
[...]
7. Die Presse achtet das Privatleben und die Intimsphäre des Menschen. Berührt jedoch das private Verhalten eines Menschen öffentliches Interesse, so kann es auch in der Presse erörtert werden. Dabei ist zu prüfen, ob durch eine Veröffentlichung Persönlichkeitsrechte Unbeteiligter verletzt werden.
8. Es widerspricht journalistischem Anstand, unbegründete Beschuldigungen, insbesondere ehrverletzender Natur, zu veröffentlichen.
9. Veröffentlichungen in Wort und Bild, die das sittliche oder religiöse Empfinden einer Personengruppe nach Form und Inhalt wesentlich verletzen können, sind mit der Verantwortung der Presse nicht zu vereinbaren.
10. Auf eine unangemessene sensationelle Darstellung von Gewalt und Brutalität soll verzichtet werden. Der Schutz der Jugend ist in der Berichterstattung zu berücksichtigen.

M 27

(Zeichnung: Peter Kaczmarek)

(Veröffentlicht vom Deutschen Presserat am 12.12.1973)

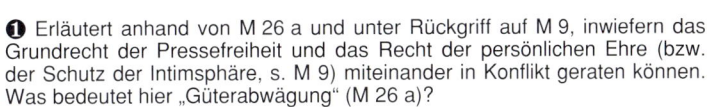

❶ Erläutert anhand von M 26 a und unter Rückgriff auf M 9, inwiefern das Grundrecht der Pressefreiheit und das Recht der persönlichen Ehre (bzw. der Schutz der Intimsphäre, s. M 9) miteinander in Konflikt geraten können. Was bedeutet hier „Güterabwägung" (M 26 a)?

❷ Welches Ziel hat sich der „Deutsche Presserat" gesetzt (M 26 a)? Worin kann die „Ahndung von Verstößen" bestehen (vgl. M 9)?

❸ Versucht die Grundsätze des „Pressekodex" (M 26 b) möglichst durch konkrete Beispiele zu erläutern. Gegen welche Grundsätze hatten „Quick" und „Bild" (s. M 9) verstoßen?

❹ Erklärt die Darstellung der Karikatur M 27. Was ist mit „Berufsethik" gemeint? – Welche weiteren Kriterien (Entscheidungsmaßstäbe) könnten auf den nicht sichtbaren Seiten des Würfels stehen? Welchen Eindruck will diese Darstellung erwecken?

❺ Nach der Bearbeitung des Abschnittes „Information oder Manipulation durch die Presse?" solltet ihr auf jeden Fall den Besuch eines Zeitungsverlages durchführen und/oder einen Redakteur einer Tageszeitung zu einem Gespräch (zu einer „Expertenbefragung"; vgl. dazu den Anhang S. 397) in den Unterricht einladen. Neben zahlreichen Einzelfragen, die die praktische Seite seiner Arbeit betreffen (Tätigkeitsbereich, Größe und Art der Zeitung, Benutzung von Nachrichtenagenturen) solltet ihr folgende Frage nicht vergessen:
– Von welchem Selbstverständnis seiner Arbeit geht der Redakteur aus?

Falls ihr auch den Abschnitt „Ist die Pressefreiheit gefährdet?" (M 28. ff) bearbeiten wollt, solltet ihr den Verlagsbesuch bzw. die Expertenbefragung erst danach ansetzen.

Ist die Pressefreiheit gefährdet?

M 28

Aus dem Grundgesetz für die Bundesrepublik Deutschland

Artikel 5
(1) Jeder hat das Recht, seine Meinung in Wort, Schrift und Bild frei zu äußern und zu verbreiten und sich aus allgemein zugänglichen Quellen ungehindert zu unterrichten. Die Pressefreiheit und die Freiheit der Berichterstattung durch Rundfunk und Film werden gewährleistet. Eine Zensur findet nicht statt.
(2) Diese Rechte finden ihre Schranken in den Vorschriften der allgemeinen Gesetze, den gesetzlichen Bestimmungen zum Schutze der Jugend und in dem Recht der persönlichen Ehre.

Artikel 18
Wer die Freiheit der Meinungsäußerung, insbesondere die Pressefreiheit (Art. 5 Absatz 1) [...] zum Kampfe gegen die freiheitliche demokratische Grundordnung mißbraucht, verwirkt diese Grundrechte [...]

M 29

Angenommen, daß...

(W. Mattes u.a., Politik erleben, Paderborn 1992, S. 75)

A Eines Morgens stellst Du fest, daß keine Zeitung gekommen ist. Dafür liegt ein Flugblatt im Briefkasten, auf dem zu lesen ist, daß das Innenministerium zentral alle Nachrichten im Laufe des Tages herausbringen wird.

B Im Fernsehen wird ein Filmbericht über eine Demonstration angekündigt. Kurz vorher erklärt eine Ansagerin, daß der Film von der Polizei beschlagnahmt wurde. Begründung: Dieser Film regt zu weiteren Demonstrationen an.

C Nach den Nachrichten im Radio wird durchgesagt, daß die Intendanten beschlossen haben, daß künftig keine Kommentare zu politischen Ereignissen mehr gesendet werden dürfen.

D Du stellst fest, daß alle ausländischen Schüler an Deiner Schule vom Rektor einbestellt wurden und anschließend das Schulhaus verlassen. Du gehst zum Rektor und fragst nach dem Grund. Er erklärt Dir, daß das schon in Ordnung geht und das für Dich besser wäre, nicht weiter nachzuforschen.

E In einer von der Polizei durchgeführten Verkehrskontrolle wurde zwei Personen die Fahrerlaubnis entzogen, da sie zuviel Alkohol getrunken hatten. Die Lokalzeitung berichtet am folgenden Tag:
Eine Fahrzeugkontrolle am gestrigen Nachmittag hat gezeigt, daß es immer noch unverbesserliche Verkehrssünder gibt, die eine Gefahr für die Bevölkerung darstellen. So konnte gestern die Polizei Anton Müller und Manfred Klein den Führerschein vorläufig wegen Trunkenheit am Steuer entziehen.

F Abgeordnete verschiedener Bundestagsfraktionen sind in einen Finanzskandal verwickelt. Reporter, die Licht in diese Sache bringen wollen, stoßen auf eine Barriere des Schweigens. Ein Politikwissenschaftler, der im Fernsehen einen Kommentar zu diesem Sachverhalt abgegeben hat, wird sofort entlassen. Presseberichte werden auf Veranlassung der Regierung zensiert, Rundfunk- und Fernsehanstalten dürfen nicht mehr darüber berichten.

G Schüler einer 9. Klasse haben im Kunstunterricht Plakate zum Thema „Gefahr durch Rüstung" entworfen, die in der ganzen Schule, bei Lehrern und Eltern große Anerkennung fanden. Einige Schüler sprechen im Stadtpark Spaziergänger auf diese Problematik an und zeigen die Plakate. Unter ihnen ist auch ein Staatsanwalt, der sofort die Polizei veranlaßt, diese „schändlichen" Plakate zu beschlagnahmen.

❶ Informiere dich über das Grundrecht der Presse- und Informationsfreiheit (M 28).
– Inwiefern ist die Pressefreiheit ein Teil des Grundrechts der freien Meinungsäußerung?
– Inwiefern lassen sich Meinungs-/Pressefreiheit und Informationsfreiheit voneinander unterscheiden (M 28)?
– Warum ist im Grundgesetz nicht ausdrücklich auch das Fernsehen genannt?

❷ Überlegt, inwiefern die Medien, wenn sie ihre Funktionen (M 30) wahrnehmen wollen, in Gefahr geraten können, das „Recht der persönlichen Ehre" (M 28, vgl. M 26 a) zu verletzen. Zum Problem des Jugendschutzes vgl. Kapitel 7.

❸ Eine besondere Grenze der Pressefreiheit ist durch das Grundgesetz (Art. 18) selbst festgelegt (M 28).
– Versuche zu erklären, was mit „freiheitlich demokratische Grundordnung" gemeint ist (vgl. Kap. 5 M 6).
– Was soll mit der Bestimmung des Artikel 18 gewährleistet werden?
– Wie könnte ein solcher Fall, daß jemand das Grundrecht der Meinungs-/ Pressefreiheit „verwirkt" (= verliert), konkret aussehen?

❹ Untersucht, ob und inwiefern in den in M 29 angenommenen Fällen gegen die Bestimmungen des Art. 5 GG wird. Begründet eure Entscheidungen anhand von M 28.

M 30

Die politischen Funktionen der Massenmedien in der Demokratie

In der Demokratie werden den Massenmedien Presse, Hörfunk und Fernsehen drei einander zum Teil stark überschneidende Funktionen zugeordnet:
- Information,
- Mitwirkung an der Meinungsbildung,
- Kontrolle und Kritik.

Zu den weiteren Aufgaben zählen aber auch Unterhaltung und Bildung.

1. Die Informationsfunktion

Die Massenmedien sollen so vollständig, sachlich und verständlich wie möglich informieren, damit die Staatsbürger in der Lage sind, das öffentliche Geschehen zu verfolgen. Mit ihren Informationen sollen die Presse, der Hörfunk und das Fernsehen dafür sorgen, daß der einzelne die wirtschaftlichen, sozialen und politischen Zusammenhänge begreift, die demokratische Verfassungsordnung versteht, seine Interessenlage erkennt und über die Absichten und Handlungen aller am politischen Prozeß Beteiligten so unterrichtet ist, daß er selbst aktiv daran teilnehmen kann – als Wähler, als Mitglied einer Partei oder auch einer Bürgerinitiative. Da unsere Gesellschaft viel zu großräumig geworden ist, kommen wir mit dem direkten Gespräch, der unmittelbaren Kommunikation, nicht mehr aus. Wir als einzelne und die vielfältigen Gruppen, die in dieser Gesellschaft bestehen, sind darauf angewiesen, miteinander ins Gespräch gebracht zu werden – dafür sollen die Massenmedien sorgen. Dabei müssen wir uns der Tatsache bewußt sein, daß wir die Welt zum großen Teil nicht mehr unmittelbar erfahren; es handelt sich überwiegend um eine durch Medien vermittelte Welt.

2. Die Meinungsbildungsfunktion

Bei der Meinungsbildung fällt den Massenmedien ebenfalls eine bedeutsame Rolle zu. Dies ergibt sich aus der Überzeugung, in der Demokratie sei allen am meisten damit gedient, wenn Fragen von öffentlichem Interesse in freier und offener Diskussion erörtert werden. Es besteht dann die Hoffnung, daß im Kampf der Meinungen das Vernünftige die Chance hat, sich durchzusetzen. Auch hier ist natürlich wieder zu bedenken: Die Meinungen, die sich der einzelne Bürger bildet und beispielsweise in politischen Gesprächen formuliert, kommen nicht in erster Linie aufgrund von Wirklichkeitserfahrung, sondern aufgrund von Wirklichkeitsvermittlung durch die Medien zustande.

3. Kritik- und Kontrollfunktion

Im parlamentarischen Regierungssystem obliegt in erster Linie der Opposition die Aufgabe der Kritik und Kontrolle. Diese wird unterstützt und ergänzt durch die Kritik- und Kontrollfunktion der Medien. Ohne Presse, Hörfunk und Fernsehen, die Mißstände aufspüren und durch ihre Berichte unter anderem parlamentarische Anfragen und Untersuchungsausschüsse anregen, liefe die Demokratie Gefahr, der Korruption oder der bürokratischen Willkür zu erliegen. Gegen den Einwand, Kritik könne dem Ansehen des Gemeinwesens schaden, ist zu sagen: Nicht jene, die Mängel aufdeckten, schadeten dem Staat, sondern alle diejenigen, die für solche Mißstände verantwortlich waren. Andererseits wird argumentiert, die Kontrolle der Medien dürfe sich nicht auf den Staat beschränken, sondern müsse sich auf die gesamte Gesellschaft erstrecken. Den Medien als Teil dieser Gesellschaft könne dabei nicht zugestanden werden, eine Art eigenständige vierte Gewalt neben den Institutionen des demokratischen Staates zu sein.

(Informationen zur politischen Bildung, Nr. 208/209, 1990, S. 1 f.; Verf.: H. Meyn)

❶ Beschreibe die drei politischen Funktionen der Massenmedien (M 30).
❷ Inwiefern überschneiden sich die drei Funktionen zum Teil stark?
❸ Versuche Beispiele dafür zu nennen, daß die Massenmedien durch Aufdeckung von Mißständen ihre Kontrollfunktion wahrgenommen haben.
❹ Neben den drei politischen Funktionen wird den Massenmedien auch eine „Unterhaltungsfunktion" zugeschrieben. Erläutere, was damit gemeint ist.

Mitentscheidend für die Presse- und Informationsfreiheit ist, daß die Vielfalt im Zeitungswesen und damit die Vielfalt der veröffentlichten Meinungen erhalten bleibt. **Pressekonzentration** – als ein Prozeß der Verteilung aller erscheinenden Zeitungen auf immer weniger Verlage – bedeutet daher immer auch die Gefahr der Einschränkung der Presse- und Informationsfreiheit.

Im folgenden könnt ihr euch ein Bild vom Ausmaß, den Ursachen und den Folgen der Pressekonzentration in der Bundesrepublik Deutschland machen.

M 31 a

Die Zeitungslandschaft

Zeitungen 1991[1] auf einen Blick

Zahl der Tageszeitungen 411	Auflagen der Tageszeitungen 27,3 Mio.
davon	davon
lok. u. region. Abo-Zeitungen 390	lok. u. region. Abo-Zeitungen 18,8 Mio.
überregionale Zeitungen 8	überregionale Zeitungen 1,6 Mio.
Straßenverkaufszeitungen 11	Straßenverkaufszeitungen 6,9 Mio.
Wochenzeitungen 28	Wochenzeitungen 1,9 Mio.
Sonntagszeitungen 5	Sonntagszeitungen 4,4 Mio.

Auf je 1000 Einwohner kommen in Deutschland 346 Zeitungsexemplare

[1] 1993 ging die Zahl der Tageszeitungen auf 385, die Auflage auf 25,5 Mio. zurück; vgl. M 33.

(Hermann Meyn, Massenmedien in der Bundesrepublik. Berlin 1992, S. 47)

M 31 b

Gedruckte Vielfalt

Bei den Zeitungen besteht eine Vielfalt des Niveaus, der Themenschwerpunkte und der politischen Richtung. Unterscheiden lassen sich:
- *Überregionale Tageszeitungen* mit akzentuierter politischer Linie und relativ anspruchsvollem Niveau, die als wichtigste Träger der argumentativen öffentlichen Meinung auf zentralstaatlicher Ebene gelten können. Zu ihnen gehören u.a. die rechtsorientierte „Die Welt", die liberal-konservative „Frankfurter Allgemeine Zeitung", die liberale „Süddeutsche Zeitung" und die linksorientierte „Frankfurter Rundschau".
- *Regionale Tageszeitungen* in größerer Anzahl und mit insgesamt hoher Auflage, die den Charakter informierender Blätter mit landespolitischem Gewicht (hervorragende Beispiele: Neue Ruhr-Zeitung, Hannoversche Allgemeine Zeitung, Stuttgarter Zeitung) besitzen. [...]
- *Lokale Tageszeitungen,* deren Verbreitungsgebiet sich auf einen oder mehrere Stadt- und Landkreise beschränkt. Sie berichten insbesondere auch über lokale und kommunalpolitische Vorgänge, eine Funktion, die teilweise auch Lokalausgaben oder -teile regionaler und überregionaler Blätter erfüllen.
- *Boulevardblätter* mit magerem Informationsgehalt. Zu nennen sind hier vor allem die überregionale „Bild"-Zeitung mit der weitaus größten, wenn auch im letzten Jahrzehnt zurückgegangenen Auflage aller Tageszeitungen, daneben großstadtbezogene Blätter wie die „BZ" (Berlin).
- *Politische Wochenschriften* mit meist akzentuierter politischer Tendenz, am einflußreichsten das Nachrichtenmagazin „Der Spiegel" und die „Die Zeit". Enger auf bestimmte Adressatengruppen gerichtet sind u.a. der CSU-nahe „Bayernkurier", die rechtsextreme „Deutsche Nationalzeitung" und der „Rheinische Merkur".
- *Illustrierte* und sonstige unterhaltende, fachliche und verbandspolitische, wöchentliche oder monatliche Periodika mit unterschiedlich starken politischen Anteilen. Als politisch engagiert und relevant kann hier vor allem der „Stern" gelten.

(Wolfgang Rudzio, Das politische System der Bundesrepublik Deutschland; Leske, Opladen, 3. Aufl. 1991, S. 204 f.)

M 31 c

Auflagen ausgewählter Zeitungen und Zeitschriften

Zeitung/Zeitschrift	Verkaufte Auflage (in 1000)[1]		
	1970	1980	1991[1]
Bild-Zeitung (Springer-Verlag)	3391	4710	4500
Süddeutsche Zeitung	259	331	389
Frankfurter Allgemeine Zeitung	255	312	391
Die Welt (Springer-Verlag)	226	204	224
Frankfurter Rundschau	147	184	190
Bild am Sonntag (Springer-Verlag)	2169	2483	2665
Die Zeit	262	389	495
Welt am Sonntag (Springer-Verlag)	340	326	406
Rheinischer Merkur	50	141	112
Der Spiegel	890	948	1083
Stern	1634	1741	1302
Bunte	1702	1425	960
Neue Revue	1761	1238	902

[1] 4. Quartal

(Nach: Institut der deutschen Wirtschaft „Zahlen 1992", S. 149)

❶ Verschafft euch anhand von M 31 a–c zunächst einen Überblick über die Vielfalt des Pressewesens in der Bundesrepublik Deutschland. Bringt nach Möglichkeit für die in M 31 b genannten unterschiedlichen Arten von Zeitungen und Zeitschriften jeweils mindestens ein Exemplar in den Unterricht mit.

❷ Wichtig ist vor allem der Unterschied zwischen überregionalen bzw. regionalen Tageszeitungen, die ganz überwiegend im Abonnement verkauft werden, und „Boulevardblättern", die überwiegend an Kiosken verkauft werden und täglich durch eine auffällige Aufmachung die Aufmerksamkeit des Publikums auf sich ziehen müssen (s. M 32).

M 32

Frankfurter Allgemeine
ZEITUNG FÜR DEUTSCHLAND

Samstag, 12. Juni 1993, Nr. 133/23 D — Herausgegeben von Fritz Ullrich Fack, Joachim Fest, Jürgen Jeske, Hugo Müller-Vogg, Johann Georg Reißmüller — 2,00 DM

Wieder Anschläge auf Ausländer in Deutschland

F.A.Z. FRANKFURT, 11. Juni. Die Serie von Brandanschlägen auf Asylbewerberheime und von Türken bewohnte Häuser ist auch in der Nacht zum Freitag fortgesetzt worden. In Modautal-Ernsthofen im Kreis Darmstadt-Dieburg legten unbekannte Täter in einer Asylbewerberunterkunft Feuer. Wie die Polizei mitteilte, entdeckten Heimbewohner das Feuer rechtzeitig und löschten es. Auf einer Treppe zur zweiten Etage hatten die Täter Kleidungsstücke mit Lappen offensichtlich mit Benzin in Brand gesetzt. Niemand wurde verletzt. Auch in einem von 16 Türken bewohnten Mehrfamilienhaus in baden-württembergischen Wahlstadt bei Sinsheim brach am Donnerstagabend Feuer aus. Die Ursache war zunächst noch unklar. Nach Angaben der Polizei wurde ein sechs Monate altes Kind, das möglicherweise eine Rauchvergiftung erlitten hat, in ein Krankenhaus gebracht. Es entstand ein Schaden von etwa 100 000 Mark.

Frankfurter Allgemeine
THEMEN VOM TAGE

Der Garten Böhmens
In der Bischofsstadt Leitmeritz schieben kleine private Betriebe wie Pilze aus dem Boden. Im Industriesektor ist die Lage schwieriger. *Seite 3*

Erinnerung an Tschechow
Kasachstan, das Herzland Mittelasiens, soll jetzt erstmals Entwicklungshilfe aus Deutschland erhalten. *Seite 6*

Ein Doktorand, 350 Doktorväter
Die Ehemaligen der Goetheschule Graudenz haben ihrer „Penne" ein Denkmal gesetzt. Eine Dissertation beleuchtet die Geschichte der Schule in widrigen Zeiten. *Seite 9*

Erichs Auto unter dem Hammer
Wer kauft an diesem Samstag Honeckers Staatskarossen? In Bromine in Niedersachsen werden tausende Interessenten mit dicken Brieftaschen erwartet. *Seite 11*

Favoriten gegen Publikumslieblinge

Kinkel Vorsitzender der FDP
Mahnende Abschiedsworte Lambsdorffs an die Partei
„Generationswechsel" / Genscher als Nachfolger Weizsäckers vorgeschlagen / Der Kongreß in Münster

C.G. MÜNSTER, 11. Juni. Die FDP hat einen neuen Vorsitzenden, den 56 Jahre alten Außenminister und früheren Bundesjustizminister Klaus Kinkel, einen Schwaben mit langer Erfahrung als Staatssekretär und Präsidenten des Bundesnachrichtendienstes. Der FDP-Bundesparteitag in Münster hat ihn am 11. Juni mit der Nachfolge des vor zehn Jahren gewählten Grafen Lambsdorff gewählt, der die Partei seit 1988 leitete hat. Zum Generalsekretär wurde auf Kinkels Vorschlag der bisherige Erste Parlamentarische Geschäftsführer der Bundestagsfraktion und Kölner Abgeordnete Werner Hoyer. Die Wahlen zu Präsidium und Bundesvorstand dauerten bis in den späten Abend.

Der nordrhein-westfälische Landesvorsitzende Möllemann schlug in seinem Grußwort an den Parteitag den früheren Außenminister Genscher als künftigen Bundespräsidenten vor. „Deutschland braucht auch nach 1994 einen Präsidenten des Vertrauens, des Zusammenführens und einen Architekten der inneren Zusammenwachsens." Der Landesverband Nordrhein-Westfalen „wäre froh, wenn Sie mit Ihrer Zustimmung für das Amt des Bundespräsidenten vorgeschlagen werden könnten", sagte Möllemann zu dem Altbundessekretär und Präsidenten des Bundesrichterbundes. Der Bürger und die Delegierten der Bundesversammlung werden vor Mehrheit Ja sagen zu einem Präsidenten Genscher, deshalb bitte ich Sie, sagen Sie ja zu einer Kandidatur." Genscher hörte auf seinem Podiumsplatz regungslos zu. Später ließ er eine Erklärung verbreiten: „Ich habe wiederholt erklärt, ich stehe für eine Kandidatur nicht zur Verfügung und bleibe es. Ich möchte aber gerne noch einmal für den Bundestag kandidieren." Zuvor sollt es eine Unterredung Genschers mit dem Kanzler gegeben haben, in der der ehemalige Außenminister dem jetzigen davon abgeraten haben soll, in seiner Antrittsrede als Parteivorsitzender an diesem Samstag über die Nachfolge Weizsäckers zu sprechen. Möllemann nutzte sein Grußwort dazu, sich gegen die Wehrpflicht auszusprechen. Er verlangte, ein außenpolitischer Kongreß der FDP im September solle darüber befinden. Seinem Nachfolger als Wirtschaftsminister, Rexrodt, sagte Möllemann: „Sie müssen den Verbleib in dieser Regierung von der Rückkehr zur finanzpolitischen Kompetenz abhängig machen; sonst wird der Wähler neue Mehrheiten schaffen."

Lambsdorff forderte in seiner Abschiedsrede die FDP auf, Kinkel geschlossen zu unterstützen. Kinkel übernehme die Führung in einer Periode, die ihm kaum Zeit zum Atemholen lassen werde. Er könne die Bürde seiner Ämter als Außenminister und Parteivorsitzender nur mit Hilfe aller tragen. Lambsdorff sagte: „Auch unter vier Augen, allein, wo es niemand hört, glauben, Liberale und Disziplin, das sei so wortverwandt oder das sei Sozialdemokraten und Solidarität — nur so wird es gehen." Das erfordere: „Schluß mit taktischen Spielchen, Schluß mit Stichsetzen und Winkelzügen." Fortan müsse die FDP für Aufrichtigkeit, für Stil und Glaubwürdigkeit stehen. „Liberale in der Außenministeriat zumuten."

Einige Probleme, die Kinkel in letzter Zeit zugesetzt haben (AWACS-Streit, Asylrecht, Solidarpakt, Somalia-Einsatz der Bundeswehr, Pflegeversicherung) sind in jüngster Zeit mit passablen Lösungsansätzen vom Tisch gekommen.

In kritischer Zeit

Fk. Klaus Kinkel übernimmt den Vorsitz in der FDP in kritischer Zeit, bepackt mit einem Bündel auch persönlicher Probleme. Erst gut zwei Jahre ist er Mitglied der FDP, als Genschers langjähriger Attaché der er Partei zwar kennt, aber dort nicht groß geworden ist. Der knorrige Lambsdorff hat in den knapp fünf Jahren seines Parteivorsitzes fast vergessen gemacht, wie unberechenbar diese Partei sein kann. Wie stark die Querelen auch nach unten sind und wieviel von einer starken Führung abhängt — das wird Kinkel in der schon vergessenen Tradition eines Bangemann Mitte der achtziger Jahre schmerzlich erfahren müssen. Niemand sollte auch übersehen, daß Lambsdorff mit der Doppelbelastung als Außenminister und Parteivorsitzender schon Anfang 1985 abwarf, aus gutem Grunde. Deshalb ist es fahrlässig, die FDP oder die Partei einem in der Kräftezehrenden Kombination des Parteivorsitzes mit dem Außenministeriat zuzumuten.

Andere wie die Bekämpfung der organisierten Kriminalität, die Haushaltssanierung oder die doppelte Staatsbürgerschaft für Ausländer haben noch der Bewältigung. Die Gelassenheit der Amtsübergabe, das eindrucksvolle Stimmengebimmel, das einige neue Vorsitzende sie nehmen nichts weg von den Stürmen, die Kinkel bevorstehen.

Der scheidende Vorsitzende Lambsdorff hat es verstanden, als die Profilneurose der Partei, das unruhige Flattern im Käfig des Zeitgeistes, merklich zu dämpfen. Von ihm kamen klare Vorgaben, sicher, auf profunde wirtschafts- und finanzpolitische Kenntnisse gestützte Urteile, dazu eine kräftige Rauflust. Das hat das Profil der FDP als einer Regierung nachhaltig beeinflußt. Kinkel pflegt, obwohl er gern das Gegenteil behauptet, eine andere Persönlichkeitsstil, was im Verhältnis zum Bundeskanzler freilich auch eine Frage des Jahrganges ist. Die beiden können gut miteinander; Kinkel kann, im Schatten Lambsdorffs, manches dazugeben. Jetzt muß er die ganze Rolle ausfüllen, also auch den Widerspruch formulieren. Ob ihm das gegeben ist, ob er auch insofern in Genschers einstige Doppelrolle zu schlüpfen vermag; das muß sich weisen.

Eine Einmannpartei
Von Karl Feldmeyer

Als Helmut Kohl vor zwanzig Jahren, am 12. Juni 1973, zum Bundesvorsitzenden der CDU gewählt wurde, war die Partei an einem Tiefpunkt. Barzel hatte den Vorsitz niedergelegt. Die CDU konnte froh sein, in dem jungen und bei den Landtagswahlen erfolgreichen rheinland-pfälzischen Ministerpräsidenten den ersten Kandidaten zu haben, mit dem sie auf bessere Zeiten hoffen durfte.

Seither steht die Antwort auf die Führungsfrage in der CDU fest. Kohl hat seine Partei im Griff. Die ihn erwähnten alle, die Konkurrenz zu ihm erkennen ließen...

Die CDU im Osten hat Probleme, eine Organisation aufzubauen, weil ihr die aktiven Mitglieder fehlen. In den alten Bundesländern aber verliert die CDU seit Jahren Mitglieder. In den neuen Ländern spiegeln neue Entrüstung und Desorientierung, während in alten manches CDU-Mitglied insgeheim der Zeit gedenkt, in der man sich wahlwirksam auf die Diskussion darüber konzentrieren konnte, wie der jährliche Wohlstandszuwachs zu verteilen sei.

Die Folgen die Einheit stellen Forderungen an den Vorsitzenden und an

Britische UN-Truppen erwidern Feuer bosnischer Kroaten
Ein Angreifer getötet, zwei verletzt / Muslimischer Hilfskonvoi zweimal überfallen

SARAJEVO, 11. Juni (AP/dpa/Reuter). Gepanzerte Fahrzeuge der UN-Friedenstruppen haben am Freitag das Feuer auf muslimische Milizen erwidert, die zum zweiten Mal einen privaten muslimischen Hilfskonvoi in Zentralbosnien überfielen. Dabei wurden ein bosnisch-kroatischer Angreifer getötet, zwei andere verletzt, berichtete die BBC unter Berufung auf einen britischen Militärsprecher. Der Kommandeur der UN-Truppen hatten den Konvoi aus insgesamt 507 Fahrzeugen unter Begleitschutz genehmigt. Der Lebensmittel und Hilfsgüter in den muslimisch kontrollierten Norden Bosniens bringen sollte. Am Donnerstag abend waren beim ersten Überfall bosnisch-kroatischer Soldaten und Zivilisten auf die Kolonne in der Nähe der Stadt Novi Travnik acht Fahrer und ein Beifahrer getötet worden. Neun Fahrer erschossen, an einer „Wagenburg" außerhalb der zwanzig Fahrzeuge wurden von einer größeren Menge verprügelt worden. Die Kolonne, die seit Tagen in kroatisch zur Hand. Das Tönt: „Die Mark muß runter!" Sie ist völlig überbewertet, weil die deutsche Konjunktur abschmiert. Fällt die Mark tatsächlich, winken Soros & Co. Milliarden-Profite. ● Der Todfeind unseres Geldes, wie kann ich mich wehren - lesen Sie auf Seite 2.

worden war, wollte am Freitag morgen die Fahrt über Vitez in Richtung der muslimischen Linien bei Zenica fortsetzen. Die britischen Bauhelm-Truppen, deren Hauptquartier in Vitez liegt, hatten den Schützenpanzer des Typs Warrior zum Schutz des Konvois aufgeboten. Der überschaubare Lastwagenkolonne war Anfang Mai in privater Initiative von dem muslimisch-kroatischen Industriestadt Tuzla in die kroatische Hafenstadt Split geschickt worden, um rund 100 Tonnen Salz und Natrium-Bikarbonat (Soda) gegen Lebensmittel und Medikamente einzutauschen. Ein weiteres Konvoi von 75 Fahrzeugen, für das schon Anfang April aus der nordbosnischen Stadt Gradačac nach Split gefahren war, wartete am Freitag noch immer in einer muslimischen Scharfschütze hat an der belgradischen Nachrichtensprecher Tanjug am Freitag. Ranko Eler, Kriegsberichterstatter der mehrere Rundfunksender in Serbien, sei an der Front nahe der herzegowinischen Stadt Foca tödlich getroffen worden.

Die beiden Vorsitzenden der internationalen „Jugoslawien"-Konferenz, Lord Owen und Thorvald Stoltenberg, sind am Freitag zum dritten Mal in nur drei Tagen mit dem serbischen Präsidenten Milosevic zusammengekommen, meldete Tanjug. Sie wollten versuchen, Milošević dazu zu bringen, die Stationierung von UNO-Beobachtern an der Grenze zwischen der Bundesrepublik Jugoslawien (bestehend aus Serbien und Montenegro) und Bosnien-Herzegowina zu erlauben.

Kohl: Konsequenzen für Aggressoren

SOFIA, 11. Juni (dpa). Nach Gesprächen mit der Bulgarischen Führung hat Bundeskanzler Kohl am Freitag in Sofia die Aggressoren in Bosnien deutlich vor kommen lassen...

Geheime Milliarden-Spekulationen

Er will unsere Mark zerstören

George Soros (63), Ungar, US-Paß. Will die D-Mark zur Abwertung zwingen

Großangriff auf die D-Mark! Sie soll abgewertet werden!
Dollar, Franc, Gulden, Schweizer Franken, sogar die Lira jagten in den letzten Wochen durch gezielte Käufe in die Höhe. Angriffs: George Soros (63), Ami. Er hat mit einer Gruppe internationaler Fonds-Manager über 100 Milliarden an der Hand. Das tönt: „Die Mark muß runter!" Sie ist völlig überbewertet, weil die deutsche Konjunktur abschmiert. Fällt die Mark tatsächlich, winken Soros & Co. Milliarden-Profite. ● Der Todfeind unseres Geldes, wie kann ich mich wehren – lesen Sie auf Seite 2.

Somalia: UNO-Angriff auf Rebellen
Ein UNO-Vergeltungsschlag gegen die Rebellen von Somalias General Aidid steht unmittelbar bevor: 2200 US-Marineinfanteristen und Piloten von modernen Kampfflugzeugen sind in Alarmbereitschaft. Botschaften und Hilfsorganisationen haben ihr Personal aus Mogadischu abgezogen. Die SPD-Fraktion hielt am Dienstag entscheidend, beim Bundesverfassungsgericht eine einstweilige Verfügung gegen den Bundeswehr-Einsatz beantragt.

Neu: Glücks-Pille für Frauen

Sonnabend, 12. Juni 1993 Nr. 134/25 C 1703 A 60 Pf

Rückenschmerzen, Kopfweh, Depressionen, unreine Haut. Alle 28 Tage leidet die Frau an Regelproblemen. Millionen so schlimm, daß sie nicht mehr arbeiten können. Das könnte ab sofort anders, besser werden, wenn Pharmakologen recht behalten: Eine neue Stoffwechsel-Aktiv-Kapsel (Plantarom) soll die Frauen nicht nur während der kritischen Tage, sondern auch in den Wechseljahren vitaler, jünger, schöner und glücklich machen. Wie die neue Bio-Kapseln wirken, **Seite 5**.

Lafontaine: 228 772 Mark zurückgezahlt
Oskar Lafontaine (SPD) hat eine Pensions-Affäre abgehakt: Saarlands Ministerpräsident (26 288,77 Mark/Monat) hat die 228 772,08 Mark zuviel erhaltener Pensionen an die staatliche Versorgungskasse zurückgezahlt. Das teilte gestern die Landesregierung mit. Der Rechnungshof hatte die Rentenbezüge, die Lafontaine als Ex-Oberbürgermeister von Saarbrücken bekam, als „unrechtmäßig" bewertet.

Bundespräsident: Alle wollen Genscher
Münster – Der FDP-Parteitag in Münster wählte Klaus Kinkel (56, erst 2 Jahre in der Partei) mit 545 Stimmen (87,08%) zum Nachfolger von Otto Graf Lambsdorff. Die beflügelnde mit Tränen in den Augen: „Es war eine in der ..." Ex-Wirtschaftsminister ...

Bild
UNABHÄNGIG · ÜBERPARTEILICH

Boris, du Großmaul
4:6, 6:7 – Stich machte ihn fertig

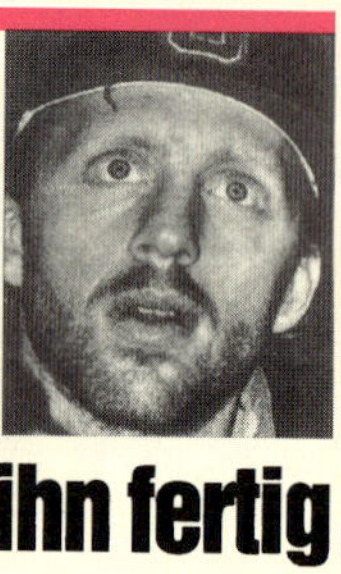

❶ Anhand der Titelseiten einer überregionalen Zeitung und einer Boulevardzeitung vom gleichen Tag (M 32) könnt ihr untersuchen, worin sich beide Zeitungstypen unterscheiden. Beachtet beim Vergleich folgende Gesichtspunkte (ihr könnt dazu auch aktuelle Titelseiten nehmen):
– Welchen Bereichen (Politik, Wirtschaft, Kultur, Sport, Wetter, Sensationelles, Sonstiges) sind die einzelnen Nachrichten (s. Überschriften) zuzuordnen? Welche Unterschiede in der Verteilung ergeben sich?
– Über welche Ereignisse wird in beiden Zeitungen auf der ersten Seite berichtet? Welche Unterschiede bei der Formulierung der Überschriften sind zu erkennen, und wie sind sie zu erklären? Überprüft auch die Formulierungen der übrigen Überschriften.
– Wie lassen sich die Unterschiede in der Aufmachung (dem „Lay-out") der Titelseiten beschreiben und erklären? Wie wirken die Titelseiten insgesamt auf den Betrachter?
– Welche Interessen und Bedürfnisse der Leser werden jeweils besonders angesprochen? Worauf kommt es den jeweiligen Redaktionen vor allem an? Wie beurteilt ihr selbst beide Zeitungen im Hinblick auf die Informationsfunktion der Massenmedien (vgl. M 30)?

❷ Stellt fest, nach welchen Arten von Zeitungen und Zeitschriften die Tabelle M 31 c geordnet ist, und berechnet dann den prozentualen Anteil, den die genannten Zeitungen und Zeitschriften des Springer-Verlags 1991 an der Gesamtauflage der genannten Tages- und Wochenzeitungen haben („Marktanteil"). Zum Marktanteil aller Springer-Tageszeitungen auf dem gesamten Tageszeitungsmarkt der Bundesrepublik s. M 36; zur Stellung des Springer-Verlages auf den Märkten für Boulevard-Zeitungen, für Sonntagszeitungen und für Programmzeitschriften s. M 41, letzter Abschnitt.

M 33

Strukturdaten zur Tagespresse in der Bundesrepublik Deutschland (einschl. West-Berlin)

	BRD (alt) 1954	BRD (alt) 1967	BRD (alt) 1989	DDR 1989	Gesamtdeutschland
Verlagsbetriebe[1], die Tageszeitungen herausgeben	624	535	358	38	384
Vollredaktionen[1]	225	158	119	37	137
Redaktionelle Ausgaben[1]	1500	1416	1344	261	1601
Verkaufsauflagen aller Tageszeitungen in Mio. Exemplaren	13,4	18	20,3	9,6	25,4
Ein-Zeitungs-Kreise[2] Anzahl	85	145	157[3]	.	299
in % aller Kreise	15,2	25,7	47,9[3]	.	55,1
in % der Gesamtbevölkerung	8,5	16,1	35,9[3]	.	38,2

[1] „Vollredaktionen" („Publizistische Einheiten"): Sammelbegriff für Zeitungen, die mindestens mit dem gleichen sogenannten „Mantel" (mindestens die ersten Seiten einer Zeitung mit dem allgemeinen politischen und wirtschaftlichen Teil) erscheinen, aber oft ganz verschiedene Namen tragen und in eigenen „Verlagsbetrieben" erscheinen. „Redaktionelle Ausgaben" unterscheiden sich durch Lokalseiten, die z.B. auf einen bestimmten Ort oder Kreis bezogen sind. Etwa vier Fünftel aller redaktionellen Ausgaben decken als „Kreiszeitungen" jeweils einen Kreis oder Teile davon ab. – Beispiel: Die Publizistische Einheit „Westfälische Nachrichten" erscheint in 8 Verlagen als Herausgebern und 23 redaktionellen Ausgaben.

[2] Ein-Zeitungs-Kreise = Kreise und kreisfreie Städte, in denen die Einwohnerzahl der Gebietsteile überwiegt, deren Bevölkerung sich nur aus einer Tageszeitung über das aktuelle Geschehen informieren kann.

[3] Zahlen von 1985

[4] Daten für Gesamtdeutschland 1991: Verlagsbetriebe 410, Vollredaktionen 158, Redaktionelle Ausgaben 1673, Verkaufsauflage: 27,3 Mio.

(Zusammengestellt aus: Walter J. Schütz, Deutsche Tagespresse 1993, in: Media Perspektiven 4/1994, S. 168 ff.)

M 34 a

Konzentration vermindert Pressevielfalt

Die Zeitungsvielfalt ist in Gefahr. Nach einer täuschenden Zwischenzeit der Beruhigung schreitet die Pressekonzentration fort. [...]
Die Zahl der Publizistischen Einheiten oder Vollredaktionen, die mindestens zweimal in der Woche eine aktuelle Zeitung mit allen Sparten herstellen, ist (seit 1954) um fast die Hälfte geschrumpft (Tabelle M 33).
Für die Konzentration hat man das Schlagwort „Zeitungssterben" erfunden. Aber es führt in die Irre. Die Zeitungen sterben nämlich meistens nicht: Vielmehr werden sie zusammengelegt. Dabei bleiben die Lokalredaktionen und die Lokalteile in der Regel erhalten (weshalb die Zahl der Ausgaben seit 1954 weniger stark gesunken ist; Tabelle M 33). Die politischen Redaktionen werden dagegen verschmolzen. Oder die politische Redaktion der schwächeren Zeitung wird entlassen, und das Blatt erhält, während es den alten Titel beibehält, den „Mantel" (Seiten eins und zwei) von der Stammzeitung des stärkeren Verlags.
Diese Praxis berücksichtigt, daß der Leser über das örtliche Geschehen informiert sein will. Außer seriösen Nachrichten erwartet er Berichte und Kommentare, die Zusammenhänge erklären und Hintergründe erhellen. Die Übernahme des politischen Teils von einer Leitzeitung geht zwar auf Kosten der Selbständigkeit, erhöht aber in der Regel die Qualität des Angebots.
Aus der Sicht des Lesers ist die Konzentration unbedenklich, solange er an seinem Wohnort zwischen mindestens zwei Publizistischen Einheiten mit eigenen politischen und lokalen Teilen wählen kann. Aber in fast der Hälfte aller Kreise ist das schon nicht mehr möglich (Tabelle M 33).
Nachdem das „Darmstädter Tageblatt" 1986 an das „Darmstädter Echo" verkauft und drei Monate später liquidiert worden ist, gibt es jetzt (1987) 23 Großstädte mit einem örtlichen Zeitungsmonopol, darunter mehrere Landeshauptstädte.
Wenn von zwei am Ort konkurrierenden Zeitungen eine aufgibt, ist es fast immer das Blatt mit der kleineren Auflage und dem geringeren Anzeigenaufkommen. Es wäre zu begrüßen, wenn die zu sanierende Zeitung einem auswärtigen Verlag überlassen würde, damit der Wettbewerb aufrechterhalten bleibt. Statt dessen erhält meist die am Ort überlegene Zeitung den Zuschlag. So entstehen örtliche Monopole*. Als die (schwächeren) „Bremer Nachrichten" an die (stärkere) örtliche Konkurrenz „Weser-Kurier" verkauft wurden und nicht an den Springer-Verlag, wurde das in Bremen wie ein Sieg der Pressefreiheit gefeiert. In Wirklichkeit war es die Abrundung einer örtlichen Vormachtstellung.
Alarmieren muß es, wenn der Konzentrationsprozeß sich auf Zeitungen erstreckt, die in ihrem Verbreitungsgebiet die Marktführer sind oder gar das Monopol besitzen. Dabei ist auch die latente* Konzentration in Form von Beteiligungen zu beachten, die in Schleswig-Holstein ein erschreckendes Ausmaß erreicht hat (Stand: 1987). Der Springer-Konzern hat sich in das „Pinneberger Tageblatt" eingekauft. An den „Kieler Nachrichten", die soeben das „Ostholsteinische Tageblatt" (Plön) und die „Segeberger Zeitung" erworben haben, sind die beiden Stämme des Springer-Verlages sogar mit 49 Prozent beteiligt. Seine Beteiligung an den „Lübecker Nachrichten", die sich das „Stormarner Tageblatt" einverleibt haben, wird das Zeitungshaus Springer in nächster Zukunft entscheidend erhöhen.

(Kurt Reumann, Im Sog der Konzentration; in: Frankfurter Allgemeine Zeitung v. 4.9.1987, S. 14)

M 34 b

Zur Situation in Ein-Zeitungs-Kreisen

Die lokale Berichterstattung von Monopolzeitungen wird größtenteils ihrer Aufgabe nicht gerecht, die Leser so vielfältig und umfassend zu informieren, wie es notwendig wäre, damit sie sich eine eigene Meinung zu kommunalen Themen bilden und sich an Entscheidungsprozessen beteiligen könnten. Zu diesem Schluß kommt eine Studie des Publizistikwissenschaftlers Norbert Jonscher, die jetzt (1989) von der Universität Göttingen veröffentlicht wurde.

Rund 36% der Bundesbürger wohnen (1989) in sogenannten „Einzeitungskreisen". Sie haben keine Auswahlmöglichkeit, sondern sind auf eine einzige Zeitung angewiesen, wenn sie sich über das örtliche Geschehen informieren wollen. Exemplarisch untersuchte Jonscher vier niedersächsische Blätter, die in benachbarten Stadt- und Landkreisen erscheinen: die „Braunschweiger Zeitung", die „Salzgitter Zeitung", die „Goslarsche Zeitung" sowie die „Wolfenbütteler Zeitung", die als einzige der vier Zeitungen nicht die Monopol-Stellung in ihrem Verbreitungsgebiet hat: Eine Inhaltsanalyse* der vier Lokalblätter wurde durch Befragung der Lokalredakteure ergänzt.

Ergebnis ist, daß alle vier Zeitungen ihre Informationsaufgabe „nicht oder nur mangelhaft erfüllen", indem sie Themen, die aus ihrer Sicht unliebsam sind (zum Beispiel Umweltverschmutzung durch ortsansässige Unternehmen), „bewußt vernachlässigen" und „auf Kritik und Kontrolle von Politikern und Behörden weitgehend verzichten". In vielen Berichten werde die „heile Welt" örtlicher Organisationen und Vereine gezeigt, wobei fast nie Hintergrundinformationen geliefert würden, stellt Jonscher fest. Über manche Themen (aus Kirche und Wirtschaft) werde in aller Regel zustimmend berichtet. Andere Themen kämen nur bei bestimmten Anlässen vor. Handlungsträger seien dann stets dieselben: Parteien, Vereine und Bürgermeister.

Nach Jonschers Feststellungen ist die Lokalpresse auch äußerem Druck (zum Beispiel Drohungen mit Anzeigenboykott) ausgesetzt. Gelinge es ihr nicht, sich aus dieser Umklammerung zu lösen und politische Funktionen wie Kontrolle und Kritik zu gewährleisten, müsse das Konsequenzen für das demokratische System der Bundesrepublik haben. Den Bürgern werde nicht nur die Mitwirkung an Entscheidungsprozessen erschwert, sondern auch ihr allgemeines Demokratiebewußtsein werde dadurch geschwächt, warnt der Autor.

(Eckart Spoo, In Lokalzeitungen viel heile Welt gefunden, In: Frankfurter Rundschau v. 2.10.1989, S. 21)

M 34 c

Differenzierte Beurteilung notwendig

Die oft diskutierten lokalen Zeitungsmonopole* müssen differenziert beurteilt werden. Einerseits gewährleistet die Betriebsgröße dieser Zeitungen, daß den Redaktionen genügend Mittel zur Verfügung stehen, um sorgfältig zu recherchieren und umfangreich zu informieren; auch wird die Selbständigkeit des Blattes gegenüber lokalen Behörden und Interessengruppen eher gestärkt. Andererseits entfällt natürlich der Leistungsdruck und die gegenseitige Kontrolle, die normalerweise durch die Konkurrenz mehrerer Zeitungen entstehen. Entscheidend für die Beurteilung bleibt, ob bei Monopolzeitungen die Vielfalt von Informationen und Meinungen innerhalb des Blattes (z.B. durch die Veröffentlichungen unterschiedlicher Standpunkte innerhalb der Redaktion) gesichert werden kann. Viele beurteilen dies eher skeptisch. Sie befürchten, daß sich der Spielraum für eine inhaltlich vielgestaltige Presse – zumindest im lokalen Bereich – zunehmend verengt.

(Autorentext nach H. Schatz und Bericht des Bundeskartellamtes über seine Tätigkeit in den Jahren 1981/1982 [in: Drucksache 10/243 S. 75 ff. des Deutschen Bundestages, 10. Wahlperiode])

M 35

Wie Lokalredakteure entscheiden – 5 Fälle

Die Neigung bundesdeutscher Lokalredakteure, bestimmte Themen nicht, zu behutsam oder zu spät aufzugreifen, hat der Leiter des Referates Massenmedien und Journalistenfortbildung der Bonner Bundeszentrale für politische Bildung, Dieter Golombek, anhand von fünf Fällen veranschaulicht, die nach seiner Meinung in den USA alle veröffentlicht worden wären, in deutschen Redaktionen aber große Diskussionen auslösten:

Erstens: Der Oberbürgermeister hat zwei rauschgiftsüchtige Söhne. Einer von beiden ist bereits straffällig geworden. Ist das ein Thema für die Zeitung oder die Privatangelegenheit des Bürgermeisters?

Zweitens: Der Geschäftsführer eines Arbeitslosenprojekts – selbst einst arbeitslos gewesen – hat 25 000 Mark unterschlagen. Die Stadt zieht die Sache glatt, um der guten Sache – dem sinnvollen Arbeitslosenprojekt – nicht zu schaden. Darf die Zeitung mitziehen?

Drittens: Zur Bundesverdienstkreuzverleihung kommt der ohnehin alkoholgefährdete Landrat volltrunken. Daß er Alkoholprobleme hat, ist schon lange bekannt, aber immer Tabu-Thema gewesen. Darf die Zeitung bei der Tabuisierung bleiben?

Viertens: Eines von sieben Gymnasien – es sind zwei zuviel – soll geschlossen werden. Die Räume sollen für die aus allen Nähten platzende Berufsschule genutzt werden. Das Vorhaben der Verwaltung ist nur bedingt populär, aber sehr begrüßenswert. Eine frühzeitige Veröffentlichung würde das Vorhaben gefährden. Soll die Zeitung oder soll sie nicht veröffentlichen?

Fünftens: Die Aids-Hilfe will eine Beratungsstelle in einem Gebäude einrichten, in dem auch ein Facharzt seine Praxis hat. Der Facharzt versucht dies zu verhindern – aus Angst, seine Patienten könnten wegbleiben. Die Zeitung erfährt davon. Soll sie die Geschichte ins Blatt rücken?

So haben die deutschen Redaktionen in diesen konkreten Fällen entschieden: Die Geschichte des rauschgiftsüchtigen Politikersohnes blieb ungeschrieben. Der Fall des Geschäftsführers der Arbeitslosen-Initiative wurde nicht öffentlich gemacht. Der betrunkene Landrat wurde zum Thema gemacht. Die Schulschließung wurde von der Zeitung vorzeitig angesprochen. Die Geschichte des Facharztes und der Aids-Beratungsstelle blieb ungeschrieben.

[Dieter Golombek: Wieviel Zeitung braucht die Demokratie?, in: Die Zeitung, Nr. 4/5, 1990, S. 11]

❶ Analysiert anhand von M 33/34 den „Konzentrationsprozeß" im Pressewesen.
– Macht euch zunächst klar, was man unter „Konzentration" versteht, woran sie hier gemessen wird und inwiefern sie eine Gefahr für die Presse- und Informationsfreiheit darstellen kann (vgl. Einleitungstext zu M 31 a).
– Klärt vor der Auswertung der Tabelle M 33, wie sie aufgebaut ist und wie die darin verwendeten Begriffe zu verstehen sind.
– Beschreibt anhand der Zahlenentwicklung und des Textes M 34 a den Konzentrationsprozeß seit 1954, und zwar zunächst im Hinblick auf das sogen. „Zeitungssterben" und dann vor allem mit Blick auf die Zunahme der „Ein-Zeitungs-Kreise".
– Zu den Folgen, die „Ein-Zeitungs-Kreise" für die Informationsfreiheit und für die Wahrnehmung der Informationsfunktion (s. M 30) haben können, enthält M 34 b weitere Hinweise; M 34 c weist auch auf mögliche Vorteile hin. Erläutert sie und macht deutlich, wovon es abhängt, ob solche „Pressemonopole"* negativ oder positiv zu beurteilen sind.

❷ Erkundet die „Presselandschaft" in eurem lokalen oder regionalen Bereich. Wohnt ihr in einem „Ein-Zeitungs-Kreis", oder machen sich mehrere Zeitungen Konkurrenz? Wie sind die Besitz- und Größenverhältnisse? Welche Unterschiede gibt es ggf. unter den Zeitungen?

❸ M 35 beschreibt kurz das Verhalten von Lokalredaktionen in fünf realen Fallbeispielen. Überlegt, wie ihr euch entschieden hättet, wenn ihr anstelle der Redaktionsleitungen zu entscheiden gehabt hättet. Beziehet in eure Diskussion auch Gesichtspunkte aus M 26 b und M 28, M 30 ein.

M 36 Die zehn größten Verlagsgruppen auf dem Zeitungsmarkt (Tageszeitungen) in der Bundesrepublik Deutschland[1]

Rang	Verlagsgruppe	Zeitungen (Auswahl)	Marktanteil (%)[2]
1	Axel Springer-Verlag AG, Hamburg/Berlin	Bild-Zeitung; Die Welt; Hamburger Abendblatt; B.Z. Berlin; Berliner Morgenpost	22,8 (23,9)
2	Zeitungsgruppe WAZ, Essen	WAZ, Essen; Westfälische Rundschau, Dortmund; Westfalenpost, Hagen	5,6 (5,0)
3	Verlagsgruppe Stuttgarter Zeitung/Rheinpfalz/Südwest-Presse	Stuttgarter Nachrichten; Die Rheinpfalz, Ludwigshafen: Freie Presse, Chemnitz	5,2 (5,0)
4	Verlagsgruppe M. DuMont Schauberg, Köln	Kölner Stadtanzeiger; Express, Köln/Bonn; Mitteldeutsche Zeitung, Halle	4,5 (4,5)
5	Gruner + Jahr AG & Co KG, Hamburg	Sächsische Zeitung; Berliner Zeitung; Hamburger Morgenpost	3,8 (3,2)
6	Verlagsgruppe Süddeutscher Verlag/Friedmann Erben	Süddeutsche Zeitung; Abendzeitung, München/Nürnberg; Donau-Kurier, Ingolstadt	3,3 (3,2)
7	Frankfurter Allgemeine Zeitung GmbH/Frankfurter Societätsdruckerei GmbH	Frankfurter Allgemeine Zeitung; Frankfurter Neue Presse; Märkische Volksstimme, Potsdam	3,1 (3,2)
8	Verlagsgruppe Münchener Zeitungsverlag/Westfälischer Anzeiger/Dirk Ippen	Münchner Merkur; tz, München; Offenbach Post; Westfälischer Anzeiger, Hamm	2,7 (2,4)
9	Holtzbrinck, Stuttgart	Südkurier Konstanz; Main Post, Würzburg; Lausitzer Rundschau (52%); Saarbrücker Zeitung (52%)	2,5
10	Verlagsgruppe Madsack/Gerstenberg, Hannover	Hannoversche Allgemeine Zeitung; Neue Presse, Hannover; Göttinger Tageblatt	2,1 (2,2)

(Quelle: Horst Röper: Daten zur Konzentration der Tagespresse in der Bundesrepublik Deutschland. In: Media Perspektiven 9/1993)

[1] Stand: 1993, 1. Quartal; Gesamtauflage der Tageszeitungen: 25,6 Mio.
[2] In Prozent der Gesamtauflage; in Klammern die Anteile 1991.

M 37a Verbandspräsident: Die Großen teilen den Kuchen unter sich auf

„Zeitungsvielfalt in Gefahr"

Die Pressevielfalt in den neuen Bundesländern wird nach Ansicht des Dachverbandes deutscher Lokalzeitungen durch große Konzerne und einen von ihnen ausgeübten Verdrängungswettbewerb bedroht. Auf dem Jahreskongreß der deutschen Lokalpresse warf Verbandspräsident Klaus Wagner am Dienstag in Bonn der Treuhandanstalt* vor, den „Zeitungskuchen" unter den großen Verlagen aufgeteilt zu haben. „Im Westteil Deutschlands werden nur rund 18 Prozent der Zeitungsauflagen von Großkonzernen gehalten", sagte Wagner. „Rund 87 Prozent der verkauften Auflage im Ostteil befinden sich hingegen in den Händen einiger weniger Großverlage."
In Anwesenheit von Bundesinnenminister Wolfgang Schäuble (CDU) sagte Wagner, nach positiven Ansätzen in der ersten Phase der Wiedervereinigung habe das Zeitungssterben in Ostdeutschland bereits begonnen. Mächtige Verlagshäuser seien mit gigantischen Werbeetats in eine Verdrängungsoffensive gegangen. Diese großen Verlage hielten Preise bewußt niedrig und machten den Lokalblättern das Leben schwer.
Die kritischen Äußerungen Wagners wurden durch den Dortmunder Journalistikprofessor Günther Rager unterstützt. Von rund 100 neugegründeten Tageszeitungen und Wochenblättern nach der Wende seien 70 bereits wieder vom Markt verschwunden. Der Wissenschaftler warf der Treuhand vor, mit der Stärkung großer Regionalzeitungen Monopolstrukturen zu schützen, die in der ehemaligen DDR geschaffen worden seien. Was der Markt in Westdeutschland in mehr als 20 Jahren nicht geschafft habe, sei der Treuhand in einem Jahr gelungen: „85 Prozent der Gesamtauflage sind in Händen von zehn Verlagen."

(Süddeutsche Zeitung, Nov. 1991)

M 37 b

Verkäufe

(Lexikon aktuell '92, Dortmund 1991, S. 264)

(Lexikon aktuell '94, Dortmund 1993, S. 400)

Im April 1991 verkaufte die Treuhandanstalt zehn der ehemals SED*-eigenen Verlage von regionalen Tageszeitungen an westdeutsche Interessenten (Kaufsumme: 850 Mio DM). Die Ostthüringer Nachrichten (Gera, Auflage: 240 000) wurden Mitte 1991 eingestellt. Die Neugründung durch den WAZ-Konzern und die Mainzer Allgemeine Zeitung (je 40%) sowie die Verlagsmitarbeiter (20%) wurde im Juli 1991 vereinbart. Seit Mitte 1990 erscheint die Thüringer Allgemeine (Erfurt, Auflage: 135 000) in einem Verlag, an dem Mitarbeiter und der WAZ-Verlag (Essen) zu je 50% beteiligt sind. Anfang 1991 waren bereits die Freie Presse (Chemnitz, Auflage 1991: 607 000) an den Rheinpfalz-Verlag (Ludwigshafen) und die Mitteldeutsche Zeitung (Halle, Auflage 1991: 528 000) an den Du-Mont-Schauberg-Verlag (Köln) verkauft worden. 1990 hatten der britische Großverleger Robert Maxwell („Daily-Mirror"-Gruppe) und das Hamburger Verlagshaus Gruner + Jahr den Berliner Verlag zu je 50% übernommen.

Die ehemaligen SED*-Zeitungen, die ausnahmslos von großen westdeutschen Verlagen übernommen wurden, konnten ihre in der DDR marktbeherrschende Stellung 1992/93 behaupten. Keine Zeitung wurde eingestellt, die Zahl der Lokalausgaben verringerte sich nur geringfügig von 210 auf 203. Etwa 87% der verkauften Zeitungsauflage in Ostdeutschland brachten wenige westdeutsche Großverlage heraus. Die Mehrheit der mittelständischen und kleinen Zeitungen gab bis Ende 1992 auf, weil die Verleger mit den Großunternehmen, die z.B. niedrigere Abonnementspreise anboten, nicht konkurrieren konnten.

❶ M 36 stellt die Pressekonzentration unter einem anderen Gesichtspunkt dar, nämlich unter dem der „Marktanteile" der größten Verlage in der Bundesrepublik.
– Macht euch zunächst klar, was man unter dem Begriff „Marktanteil" versteht, und beschreibt dann die besondere Stellung des Springer-Verlages (vgl. auch M 31 c).
– Rechnet die Marktanteile der „großen Zehn" zusammen. Welcher Anteil bleibt für die übrigen 375 Zeitungsverlage?

❷ Beschreibt anhand von M 37 a/b die Entwicklung der „Zeitungslandschaft" in den neuen Bundesländern (zur Aufgabe der Treuhandanstalt vgl. Glossar). Inwiefern herrschten in der ehemaligen DDR „Monopolstrukturen" (M 37 a)? Welche Motive und Bedürfnisse führten nach der deutschen Vereinigung zu einem großen Angebot an Lokal- und Regionalzeitungen?
Beschreibt die Entwicklung auf dem Zeitungsmarkt in Ostdeutschland 1991/92 (M 37 b). Vergleicht zu den hier genannten westdeutschen Verlagen auch M 36.
– Hinweis: Die Zahlenangabe des letzten Satzes von M 37 a steht insofern nicht im Widerspruch zu M 36, als hier nur auf die Regionalzeitungen (nicht auch auf die großen überregionalen Zeitungen) Bezug genommen wird.

M 38

Ursachen der Pressekonzentration

Vor allem wirtschaftliche Ursachen
Die vielfältigen Ursachen der Pressekonzentration sind vor allem wirtschaftlicher Art. In einer Untersuchung werden u.a. genannt:
1. die steigenden Personalkosten für den redaktionellen Bereich und die Kostensteigerungen für technische Rohstoffe (vor allem Papier) und maschinelle Ausstattung (vor allem die Einführung der Mikroelektronik* im Druckwesen stellte hohe Ansprüche an die Finanzkraft der Verlage bzw. Druckereibetriebe);
2. die wachsende Angewiesenheit auf Fremdkapital*;

3. die wachsende Abhängigkeit von Werbeeinnahmen, bedingt durch die teils gewollte, teils unvermeidliche Stagnation* der Erlöse aus Straßenverkauf und Abonnement; mit dieser Abhängigkeit stieg der Zwang zu kostenwirksamen Veränderungen wie z.B. vermehrten Anstrengungen zur Steigerung der Auflagenhöhe, zur Verbesserung des „werblichen Umfeldes", zu drucktechnischen Verbesserungen und zu erhöhten Aufwendungen für die Leseranalyse.

Diese Faktoren führten zu einer verschärften Konkurrenzsituation zwischen den einzelnen Verlagsunternehmen bzw. zwischen Presse und anderen Massenmedien und fast durchweg zu einem erhöhten Kostendruck, beides Auswirkungen, die es für Unternehmen, die nach Rentabilitätsgesichtspunkten* geführt werden, unumgänglich erscheinen lassen, aus Rationalisierungsgründen größere Betriebseinheiten zu bilden, d.h. ihre Gewinnchancen durch Fusion* oder Kartellbildung* zu verbessern.

(Prof. Heribert Schatz, Medienpolitik – am Beispiel der Pressekonzentration. In: Massenkommunikation in der Demokratie, Klett, Reihe „Politische Bildung" 1980/81, S. 63)

M 39

Die Bedeutung des Anzeigengeschäfts

Für eine Tageszeitung, die z.B. 1,20 DM kostet, müßte der Leser eigentlich etwa 3,50 DM bezahlen, wenn die Herstellungskosten allein durch den Verkaufspreis gedeckt werden sollten. Knapp zwei Drittel der Kosten werden durch Anzeigenwerbung gedeckt, vor allem durch die Veröffentlichung lokaler Geschäftsanzeigen (47% der Anzeigenwerbung) und von Stellenanzeigen (13%). Die gesamten Herstellungskosten verteilen sich auf die Technik (29%), den Vertrieb und die Zustellung (20%), die Redaktionskosten (16%), das Papier (14%), die Anzeigenabteilung (11%) und die Verwaltung (10%). Bekanntlich richtet sich der Anzeigenpreis nach der Höhe der Auflage: Je mehr Leser eine Zeitung hat, desto mehr Geld kann sie von ihren Anzeigenkunden verlangen (eine Anzeigenseite in „Bild" kostet etwa 220 000 DM, in der WAZ etwa 110 000 DM). Und umgekehrt: Die Inserenten bevorzugen die Zeitungen mit den höchsten Auflagen am Ort. Wer am Ort wenig oder keine Konkurrenz hat, wird hohe Anzeigenpreise durchsetzen können. Andererseits können große Verlage bewußt niedrigere Anzeigenpreise einsetzen, um konkurrierende kleinere Verlage auszuschalten.

(Autorentext)

M 40

(Kurt Halbritter, „Jeder hat das Recht")

„Meine Herren, wir verkaufen hier eine Zeitung und nicht Ihre Meinung."

143

M 41

Das Bundeskartellamt

(Autorentext nach H. Schatz [= M 38] und Bericht des Bundeskartellamtes über seine Tätigkeit in den Jahren 1981/82 [in: Drucksache 10/243, S. 75 ff. des Deutschen Bundestages, 10. Wahlperiode])

Um die Pressekonzentration zu beschränken, wurde 1976 die „Pressefusionskontrolle" eingeführt. Danach muß das Bundeskartellamt* Zusammenschlüsse von Presseunternehmen eigens genehmigen. Es kann die Zustimmung verweigern, wenn durch die Fusion* eine „marktbeherrschende Stellung" entsteht. Dadurch wurde es für Großverlage zunehmend schwieriger, zusätzliche Verlage aufzukaufen. So wurde z.B. der Axel-Springer-Verlag mit zwei Verboten belegt. Springer hat auf den Märkten für Straßenverkaufszeitungen mit „Bild" (78% Marktanteil), für Sonntagszeitungen mit den Blättern „Welt am Sonntag" und „Bild am Sonntag" (95% Marktanteil) und für Programmzeitschriften mit „Hör zu" und „Funkuhr" (50% Marktanteil) überragende Stellungen. Die Mehrheitsbeteiligung am Münchener Zeitungsverlag (Münchener Merkur) wurde daher dem Springer-Verlag ebenso untersagt wie die Fusion* mit dem Burda-Verlag, der selbst zu den größten Verlagen für „Publikumszeitschriften" (Illustrierte, Frauen- und Programmzeitschriften) zählt.

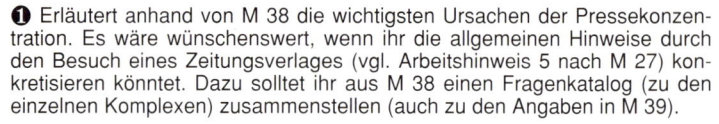

❶ Erläutert anhand von M 38 die wichtigsten Ursachen der Pressekonzentration. Es wäre wünschenswert, wenn ihr die allgemeinen Hinweise durch den Besuch eines Zeitungsverlages (vgl. Arbeitshinweis 5 nach M 27) konkretisieren könntet. Dazu solltet ihr aus M 38 einen Fragenkatalog (zu den einzelnen Komplexen) zusammenstellen (auch zu den Angaben in M 39).

❷ Macht euch anhand von M 39 die Bedeutung des Anzeigengeschäfts klar, und stellt die Beziehung zwischen hoher Auflage und Anzeigenpreisen heraus. Vielleicht könnt ihr anhand je eines Exemplares einer Tageszeitung, der Wochenendausgabe einer Tageszeitung und einer Wochenzeitschrift (z.B. „Der Spiegel") den Anteil der Anzeigen am Gesamtumfang der Zeitung ungefähr berechnen.

❸ Erläutert (auch mit Hilfe der Glossarbegriffe) die Tätigkeit des Bundeskartellamtes (M 41).

❹ Auf welchen Aspekt des Problems Pressekonzentration bezieht sich die Karikatur M 40? Was will sie zum Ausdruck bringen?

Rundfunk und Fernsehen – öffentlich-rechtlich und privat

M 42

Die Entwicklung im Rundfunk- und Fernsehbereich seit 1984

Im Unterschied zum Pressewesen und zu vielen anderen Ländern, in denen auch die Rundfunk- und Fernsehanstalten privaten Firmen (z.B. in den USA) oder dem Staat (z.B. in der früheren DDR) gehören, gab es bei uns bis etwa 1984 (Beginn des Kabelfernsehens, s.u.) im Bereich von Rundfunk und Fernsehen ausschließlich „öffentlich-rechtliche" Anstalten. Dieser Begriff besagt, daß solche Einrichtungen weder in privatem Besitz (wie die Presse) stehen noch dem Staat gehören, daß sie vielmehr Einrichtungen der Gesellschaft, der „Öffentlichkeit" sind, die sich selbst verwalten können und von Vertretern der wichtigsten gesellschaftlichen Gruppen (Parteien, Kirchen, Gewerkschaften, Arbeitgeber, Sportorganisationen usw.) mitbestimmt werden (vgl. dazu M 44). Diese Organisation, für die es in den einzelnen Bundesländern unterschiedliche Modelle gibt – je nachdem, ob die Parteien oder die übrigen gesellschaftlichen Gruppen den größeren Einfluß ausüben –, ist „rechtlich", d.h. durch Gesetze festgelegt.
Seit der Einführung des Kabelfernsehens [...] existieren nun neben den beiden öffentlich-rechtlichen Sendern, der ARD mit ihren elf Landesrundfunkanstalten und dem ZDF, private Sender, wie z.B. SAT 1 und RTL. Über die

(Autorentext) Einführung des Privatfernsehens hat es heftigen Streit und bis 1987 erhebliche rechtliche Unsicherheit gegeben. Erst nachdem das Bundesverfassungsgericht im November 1986 die Grundsätze für das Nebeneinander von privaten und öffentlich-rechtlichen Sendern festgelegt hatte (s. M 45 b), einigten sich die Bundesländer im April 1987 in einem „Medienstaatsvertrag" auf Bestimmungen, nach denen sich die Mediengesetze der einzelnen Länder zu richten haben.

M 43

Die ARD

(Nach: STERN Nr. 11/1993, S. 88)

SFB-Intendant: Günther v. Lojewski
Aufwendungen 91: 420 Mio Mark
Mitarbeiter: 1434

NDR-Intendant u. ARD-Vorsitzender: Jobst Ploog
Aufwendungen 91: 1,1 Mrd. Mark
Mitarbeiter: 3501

ORB-Intendant: Hans-Jürgen Rosenbauer
Aufwendungen 92: 154 Mio Mark
Mitarbeiter: 620

RB-Intendant: Karl-Heinz Klostermeier
Aufwendungen 91: 160 Mio Mark
Mitarbeiter: 642

WDR-Intendant: Friedrich Nowottny
Aufwendungen 91: 1,7 Mrd. Mark
Mitarbeiter: 4446

SR-Intendant: Manfred Buchwald
Aufwendungen 91: 187 Mio Mark
Mitarbeiter: 761

HR-Intendant: Hartmut Kelm
Aufwendungen 91: 598 Mio Mark
Mitarbeiter: 1998

SWF-Intendant: Willibald Hilf
Aufwendungen 91: 804 Mio Mark
Mitarbeiter: 2376

SDR-Intendant: Hermann Fünfgeld
Aufwendungen 91: 614 Mio Mark
Mitarbeiter: 1941

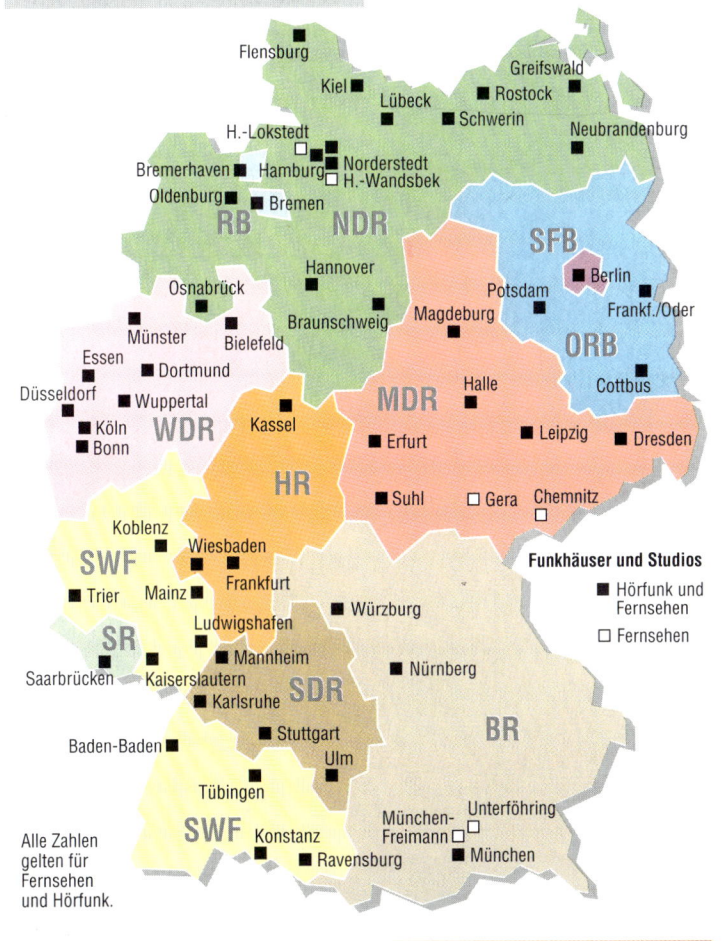

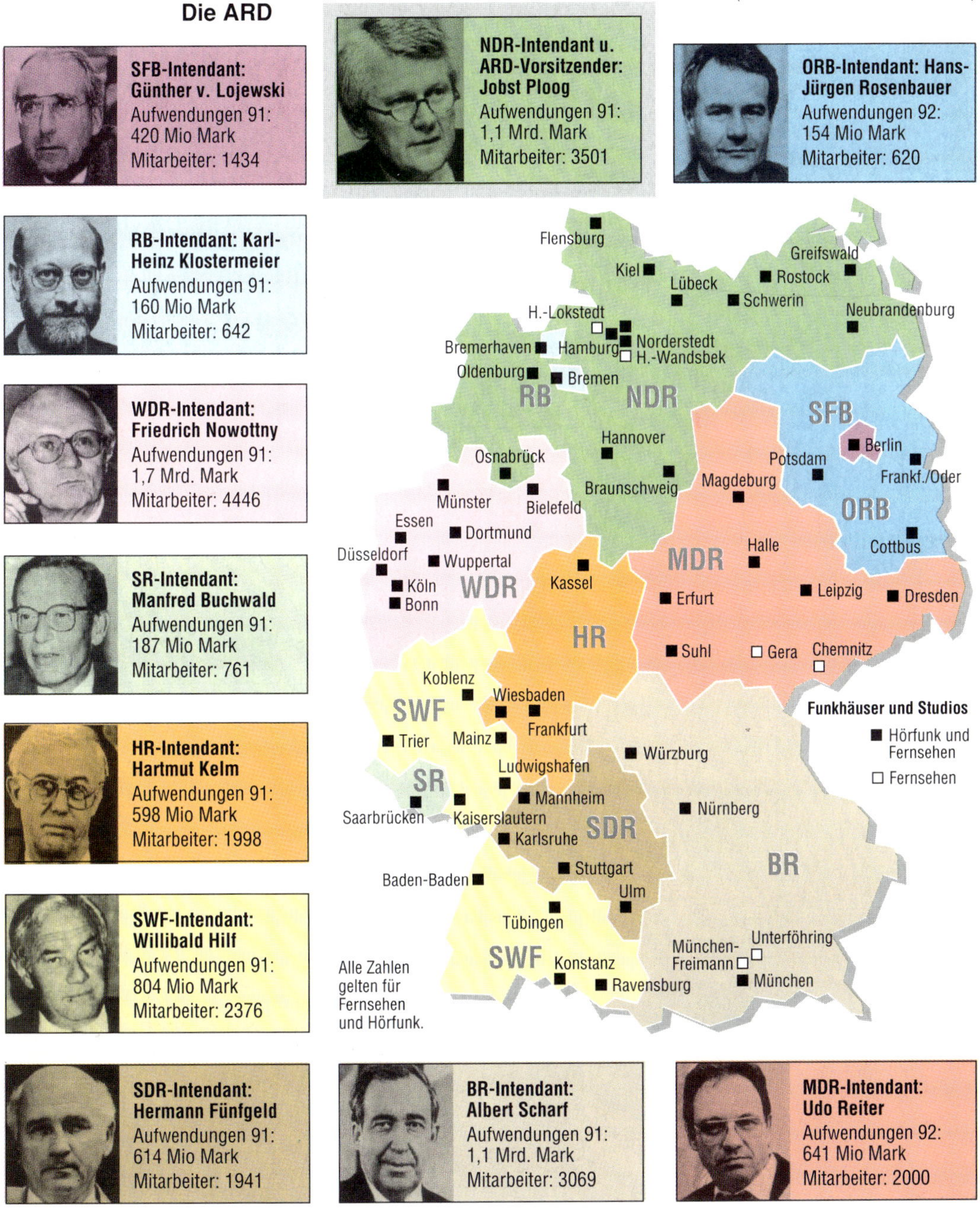

BR-Intendant: Albert Scharf
Aufwendungen 91: 1,1 Mrd. Mark
Mitarbeiter: 3069

MDR-Intendant: Udo Reiter
Aufwendungen 92: 641 Mio Mark
Mitarbeiter: 2000

Funkhäuser und Studios
■ Hörfunk und Fernsehen
□ Fernsehen

Alle Zahlen gelten für Fernsehen und Hörfunk.

M 44

Aufbau einer Rundfunkanstalt am Beispiel des WDR

Der Rundfunkrat des Westdeutschen Rundfunks, der größten ARD-Anstalt, setzt sich aus insgesamt 41 Mitgliedern zusammen. Von diesen werden
- 12 vom Landtag des Landes Nordrhein-Westfalen nach dem Verhältnis der Fraktionen* entsandt;
- weitere 17 von gesellschaftlichen Organisationen (3 Vertreter der Religionsgemeinschaften, 3 der Gewerkschaften, ferner je ein Vertreter der Arbeitgeber-, Handwerker-, Landwirtschafts-, Kommunalen Spitzen-, Verbraucher-, Naturschutz-, Kriegsopfer- und Wohlfahrtsverbände, des Sportbundes, des Jugendrings und der Heimatbünde) bestimmt;
- 9 Mitglieder aus den Bereichen Publizistik, Kultur, Kunst und Wissenschaft (zum Teil durch den Landtag) benannt;
- schließlich vertreten je ein Mitglied die Gruppen der Älteren, der Behinderten und der Ausländer.

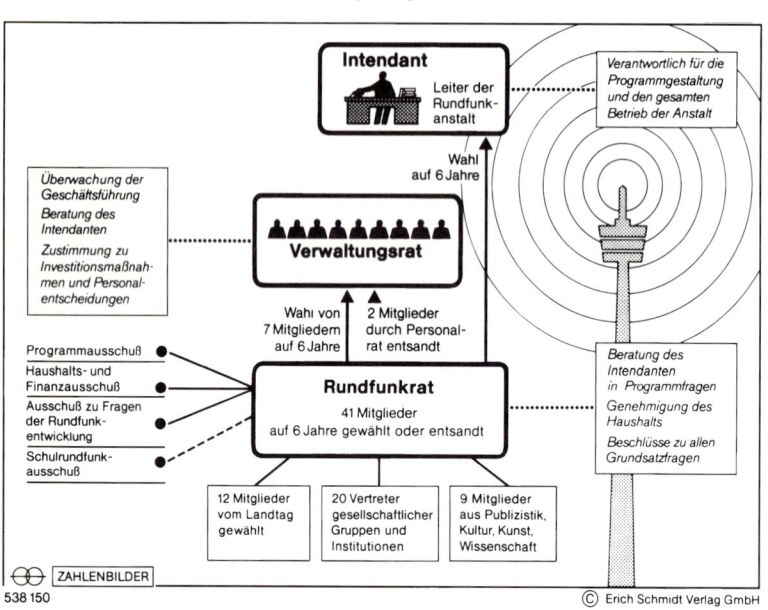

(Wolfgang Rudzio, Das politische System der Bundesrepublik, Opladen 1992, S. 210)

Intendant – Leiter der Rundfunkanstalt / Verantwortlich für die Programmgestaltung und den gesamten Betrieb der Anstalt

Wahl auf 6 Jahre

Verwaltungsrat – Überwachung der Geschäftsführung / Beratung des Intendanten / Zustimmung zu Investitionsmaßnahmen und Personalentscheidungen

Wahl von 7 Mitgliedern auf 6 Jahre / 2 Mitglieder durch Personalrat entsandt

Rundfunkrat – 41 Mitglieder auf 6 Jahre gewählt oder entsandt

- Programmausschuß
- Haushalts- und Finanzausschuß
- Ausschuß zu Fragen der Rundfunkentwicklung
- Schulrundfunkausschuß

Beratung des Intendanten in Programmfragen / Genehmigung des Haushalts / Beschlüsse zu allen Grundsatzfragen

- 12 Mitglieder vom Landtag gewählt
- 20 Vertreter gesellschaftlicher Gruppen und Institutionen
- 9 Mitglieder aus Publizistik, Kultur, Kunst, Wissenschaft

ZAHLENBILDER 538 150 © Erich Schmidt Verlag GmbH

M 45

Besitzverhältnisse bei den privaten Fernsehsendern (Anteile der jeweiligen Gesellschafter in %)

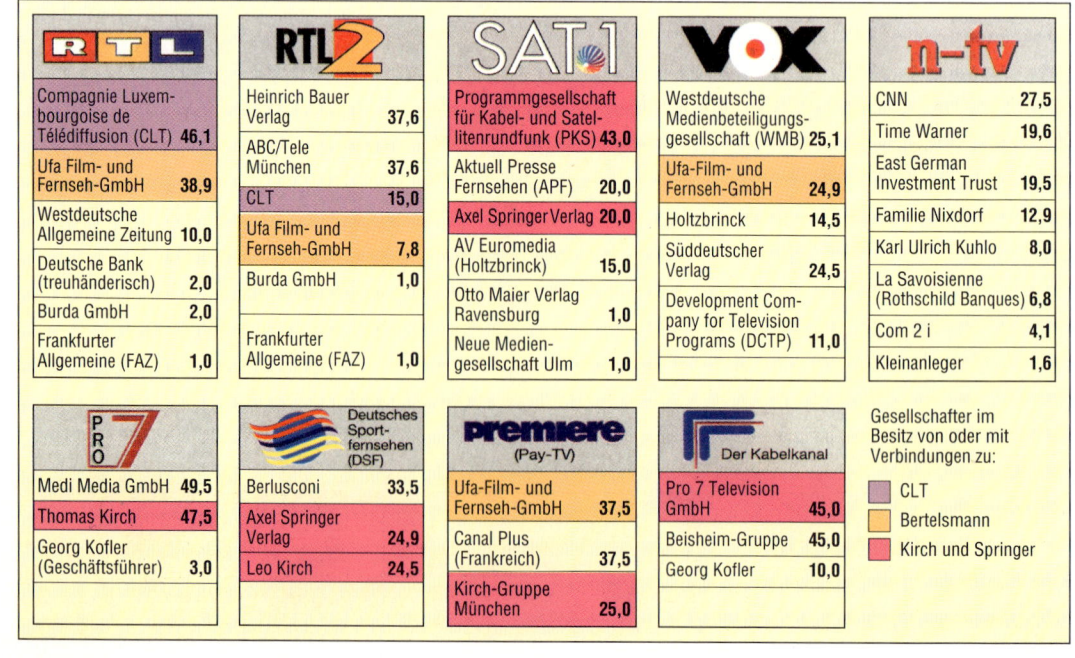

RTL
Compagnie Luxembourgoise de Télédiffusion (CLT)	46,1
Ufa Film- und Fernseh-GmbH	38,9
Westdeutsche Allgemeine Zeitung	10,0
Deutsche Bank (treuhänderisch)	2,0
Burda GmbH	2,0
Frankfurter Allgemeine (FAZ)	1,0

RTL2
Heinrich Bauer Verlag	37,6
ABC/Tele München	37,6
CLT	15,0
Ufa Film- und Fernseh-GmbH	7,8
Burda GmbH	1,0
Frankfurter Allgemeine (FAZ)	1,0

SAT 1
Programmgesellschaft für Kabel- und Satellitenrundfunk (PKS)	43,0
Aktuell Presse Fernsehen (APF)	20,0
Axel Springer Verlag	20,0
AV Euromedia (Holtzbrinck)	15,0
Otto Maier Verlag Ravensburg	1,0
Neue Mediengesellschaft Ulm	1,0

VOX
Westdeutsche Medienbeteiligungsgesellschaft (WMB)	25,1
Ufa-Film- und Fernseh-GmbH	24,9
Holtzbrinck	14,5
Süddeutscher Verlag	24,5
Development Company for Television Programs (DCTP)	11,0

n-tv
CNN	27,5
Time Warner	19,6
East German Investment Trust	19,5
Familie Nixdorf	12,9
Karl Ulrich Kuhlo	8,0
La Savoisienne (Rothschild Banques)	6,8
Com 2 i	4,1
Kleinanleger	1,6

PRO 7
Medi Media GmbH	49,5
Thomas Kirch	47,5
Georg Kofler (Geschäftsführer)	3,0

Deutsches Sportfernsehen (DSF)
Berlusconi	33,5
Axel Springer Verlag	24,9
Leo Kirch	24,5

Premiere (Pay-TV)
Ufa-Film- und Fernseh-GmbH	37,5
Canal Plus (Frankreich)	37,5
Kirch-Gruppe München	25,0

Der Kabelkanal
Pro 7 Television GmbH	45,0
Beisheim-Gruppe	45,0
Georg Kofler	10,0

Gesellschafter im Besitz von oder mit Verbindungen zu:
- CLT
- Bertelsmann
- Kirch und Springer

M 46 a

„Geringere Anforderungen an den privaten Rundfunk"

(Das Parlament Nr. 46/47 vom 15./22.11.1986, S. 7.; Verf.: Christine Landfried)

Zunächst betonen die Richter des 1. Senates* noch einmal den Grundsatz der Staatsfreiheit des Rundfunks […]
Eine Finanzierung des privaten Rundfunks durch Werbung haben die Richter nicht beanstandet.
[…] Eine solche Kommerzialisierung* sei hinzunehmen, solange der öffentlich-rechtliche Rundfunk einen gewissen Mangel an Meinungsvielfalt beim Privatfunk durch sein umfassendes Programmangebot ausgleicht.
Für die Sicherung der Meinungsvielfalt im Bereich von Hörfunk und Fernsehen sind in erster Linie die öffentlich-rechtlichen Rundfunkanstalten verantwortlich. Die Richter sprechen von einer „dualen Ordnung" des Rundfunks; die öffentlich-rechtlichen Rundfunkanstalten müssen die Bevölkerung mit einem „inhaltlich umfassenden Programmangebot" versorgen. Ist diese *Grundversorgung* gesichert, dann sind an private Rundfunkanbieter nicht gleich hohe Anforderungen der Meinungsvielfalt zu stellen.

M 46 b **Was das Bundesverfassungsgericht verlangt**

(Zeichnung: Peter Bensch) Das Richter-Programm

Doch auch der private Rundfunk muß einen Grundstandard an Meinungsvielfalt gewährleisten. Die Mediengesetze müssen klare Richtlinien enthalten, die auch im Privatfunk ein „möglichst hohes Maß an gleichgewichtiger Vielfalt" garantieren. Meinungsvielfalt bedeutet auch im privaten Rundfunk, daß alle politischen und gesellschaftlichen Kräfte, auch Minderheiten, in Funk und Fernsehen zu Wort kommen. Vielfalt muß es in allen Bereichen der Meinungsbildung geben. Meinungsbildung, so die Richter, „vollzieht sich nicht nur durch Nachrichtensendungen, politische Kommentare oder Sendereihen über Probleme der Vergangenheit, der Gegenwart oder der Zukunft, sondern ebenso in Hör- und Fernsehspielen, musikalischen Darbietungen oder Unterhaltungssendungen." (1 BvF 1/84, S. 35)

---

❶ Beschreibt den Unterschied zwischen „privater" und „öffentlich-rechtlicher" Struktur der Medien (M 42, 1. Abschnitt), und macht euch anhand von M 44 den Aufbau einer ARD-Rundfunkanstalt klar, an deren Spitze jeweils ein Intendant mit umfassender Entscheidungsgewalt steht (s. M 43). Erläutert, ggf. mit Hilfe des Lehrers, die Bedeutung und die Größe der einzelnen gesellschaftlichen Gruppen und Organisationen, deren Vertreter im Rundfunkrat den Intendanten und den Verwaltungsrat (Kontrolle der Geschäftsführung des Intendanten) wählen. – Das hier nicht dargestellte Zweite Deutsche Fernsehen (ZDF) ist ähnlich aufgebaut; in seinem Fernsehrat sitzen auch Vertreter der einzelnen Landesregierungen.

❷ M 45 stellt in einer Übersicht dar, wem die wichtigsten privaten Fernsehsender gehören. Beschreibt die Programmschwerpunkte der einzelnen Sender, soweit sie euch bekannt sind, und stellt auch fest, welche Zeitungsverlage an welchen Sendern beteiligt sind (vgl. M 36).

❸ Erläutert, welche Anforderungen das Bundesverfassungsgericht für den öffentlich-rechtlichen und den privaten Bereich festgelegt hat (M 36 a/b; zum Prinzip der „Staatsferne" vgl. M 42). Warum werden an die privaten Anbieter „nicht gleich hohe Anforderungen der Meinungsvielfalt" gestellt? Haltet ihr diese Entscheidung für richtig?

❹ Versucht an konkreten Beispielen zu erläutern, inwiefern sich nach Auffassung des Gerichtes Meinungsbildung (auch politischer Art) auch in „Hör- und Fernsehspielen, musikalischen Darbietungen oder Unterhaltungssendungen" vollzieht (M 46 a, letzter Satz).

M 47 **Struktur der Programmangebote in der Gesamtsendezeit – Anteile an der Sendedauer in Prozent**

	ARD		ZDF		SAT 1		RTL	
Programmkategorien	1989	1992	1989	1992	1989	1992	1989	1992
Information/Bildung	33,4	38,2	39,8	39,9	26,0	21,1	22,5	17,1
Nachrichtensendungen	10,4	8,7	10,2	8,0	6,8	5,6	7,4	5,1
Frühmagazine (ohne Nachrichten)	–	4,6	–	4,4	11,0	4,8	8,4	5,0
Mittagsmagazine	–	2,6	–	2,4	–	–	–	0,9
Politische Informationssendungen	7,9	6,4	7,4	6,8	0,4	0,9	1,3	0,8
Wirtschaftssendungen	1,9	1,6	0,6	0,4	4,3	3,0	1,7	–
Regionalsendungen	1,8	2,0	0,7	2,8	–	3,0	–	–
Zeitgeschichtliche Sendungen	0,5	0,5	1,0	0,8	0,7	–	–	–
Kulturelle Informationssendungen	5,4	2,9	8,0	3,4	1,0	1,0	2,1	0,6
Wissenschafts-/Techniksendungen	0,6	0,9	0,5	1,5	0,1	–	–	–
Diverse Alltagsinformationssendungen	3,8	7,4	7,4	8,6	1,7	2,4	1,0	2,9
Unterhaltende Informationssendungen	1,1	0,6	4,0	0,6	–	0,1	0,5	0,7
Fiction (ohne Kinder-/Jugendprogramm)	30,8	33,8	30,0	33,2	50,7	41,9	49,3	44,6
Spielfilm	12,1	14,4	11,9	14,5	25,4	15,9	13,7	12,3
Fernsehfilm/-spiel	5,8	5,2	7,5	7,2	0,0	2,7	0,4	0,4
Fernsehserie	12,2	14,2	9,1	11,0	25,0	22,0	35,2	30,9
Bühnenstücke	0,7	–	1,5	0,5	0,2	1,3	–	0,9
Nonfiktionale Unterhaltung	6,5	6,3	6,5	4,3	1,3	6,3	4,3	9,9
Talkshows	0,6	1,2	–	0,3	–	1,8	0,4	3,4
Spiele/Shows/Nummern	6,0	6,1	6,5	4,0	1,3	4,5	3,8	6,5
Musik	3,0	1,8	2,2	3,8	–	1,8	5,5	0,8
Sport	8,9	4,6	6,0	4,5	3,8	5,6	4,6	2,4
Kinder-/Jugendsendungen	10,1	9,7	6,5	6,8	6,0	3,0	5,1	10,1
Sonstige Programmsparten (incl. Programmvorschau)	4,4	4,4	6,0	5,9	3,6	3,4	–	3,1
Werbung	2,8	1,3	3,0	1,6	8,5	16,8	6,2	12,1
Sendeminuten gesamt/pro Tag	885	1085	874	1125	1136	1285	1093	1440

(Quelle: Krüger, Udo Michael: Kontinuität und Wandel im Programmangebot. In: Media Perspektiven 6/1993)

❶ In Hinblick auf den Vergleich des Programmangebotes öffentlich-rechtlicher und privater Fernsehsender schlagen wir euch eine kleine Untersuchung vor, die ihr selbständig durchführen könnt:
– Besorgt euch eine Programmzeitschrift und wählt aus ihr die Programme der ARD („1. Programm") und des ZDF („2. Programm") sowie die von SAT 1 und RTL vom selben Tage aus. Fertigt dann mit Hilfe der Tabelle M 47 („Programmkategorien") ein einfaches Schema an, in das ihr die jeweiligen Sendezeiten in Minuten und Stunden eintragen könnt. Falls sich bei der Zuordnung einiger Sendungen zu den Kategorien des Schemas Schwierigkeiten ergeben sollten, könnt ihr sie gemeinsam diskutieren und entscheiden.
– Um ein wirklich aussagekräftiges Ergebnis zu erhalten, müßtet ihr nun in einer Programmzeitschrift für eine ganze Woche die Zeiten aufschreiben, die die verschiedenen Sender jeweils auf die betreffende Art von Sendung verwenden. Damit diese Auswertung für jeden von euch nicht zuviel Arbeit macht, könntet ihr z.B. in vier Gruppen arbeiten, von denen sich jede Gruppe einen der 4 Sender „vornimmt".
– Sammelt nach der Auswertung die Ergebnisse in der Klasse und rechnet nun die gesammelten Sendezeiten in Prozentsätze (für jeden Sender) um. Vergleicht euer Untersuchungsergebnis mit dem in der Tabelle M 47, und stellt die Unterschiede zwischen ARD/ZDF und RTL/SAT 1 heraus.

❷ Aus der Tabelle M 47 könnt ihr auch interessante Veränderungen (1989–1992) im Programmangebot entnehmen (auch im Vergleich der öffentlich-rechtlichen mit den privaten Sendern). Sucht sie heraus, und versucht sie zu erklären.

M 48

Kampf um Marktanteile und Werbeeinahmen

Zehn Jahre nach dem Start des Privatfernsehens haben sich die beiden öffentlich-rechtlichen Anstalten ARD und ZDF längst damit abgefunden: „Die Entwicklung der Marktanteile", so ZDF-Intendant Dieter Stolte, „zeigt insgesamt deutlich eine Tendenz zur Sechsteilung des Marktes, bei denen die vier Großen ARD, ZDF, RTL und SAT 1 jeweils über ein Sechstel der Marktanteile verfügen", die restlichen zwei Sechstel teilten sich die übrigen Privaten sowie die dritten ARD-Programme. Da könne jeder der Großen schon mal die Nase vorn haben. Doch beim Blick in die Zukunft sieht der ZDF-Mann schwarz: Da werden die Öffentlich-Rechtlichen im Kampf um die Marktanteile gegen SAT 1 und RTL, „die fast ausschließlich auf massenattraktive Unterhaltungsprogramme setzen", verlieren müssen. NDR-Intendant Jobst Plog, zugleich amtierender ARD-Vorsitzender, meint denn auch, man müsse sogar bewußt in Kauf nehmen, dann und wann auf dem zweiten oder dritten Platz zu landen [...]

Marktanteil-Entwicklung
(Einschaltquoten in Prozent)

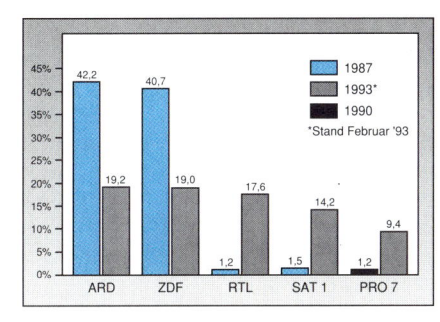

(Quelle: GFK-Fernsehforschung)

Bittere Einsichten für die ARD, die Weihnachten 1992 vierzig Jahre Fernsehen feiern konnte, ebenso wie fürs ZDF, das soeben den dreißigsten Geburtstag hinter sich brachte. Denn nicht nur, daß sie die Zuschauer teilen müssen, in jüngster Zeit sind den Jubilaren auch noch immer mehr Massenattraktionen abhanden gekommen: Im Kampf um begehrte Sportrechte, vor allem für Fußball- und Tennisübertragungen, ziehen die Öffentlich-Rechtlichen immer öfter den kürzeren; mit Millionen-Gagen werben ihnen die Privaten die erfolgreichsten Showstars und und Talk-Moderatoren ab. Die Lizenzen für attraktive Spielfilme und Kaufserien werden dank der vielfältigen privaten Nachfrage immer unerschwinglicher; und selbst das internationale Nachrichtenmaterial zog im Preis an, weil zunehmend auch Spartenkanäle um den Stoff mitbieten.

Zum größten Preisschub kam es bei den Sportrechten. Zahlten ARD und ZDF dem Deutschen Fußball-Bund (DFB) vor zehn Jahren für die Übertragung der Bundesligaspiele gerade mal acht Millionen Mark, so müssen sie jetzt zusammen 55 Millionen hinblättern – für die Zweitrechte. Seit 1988 nämlich haben sich die Privatsender ins Geschäft geschoben. Mit Fußball, so erkannten RTL und SAT 1, sind auf einfache Weise Massen vor die Bildschirme zu holen.

Die jeweiligen Gesellschafter* der beiden Kommerzsender, Bertelsmann/Gruner + Jahr für RTL sowie Springer/Kirch für SAT 1, konnten die beiden öffentlich-rechtlichen Sender allerdings auch leicht ausbooten: In den Privatsendern lassen sich die hohen Lizenzkosten direkt durch Werbung refinanzieren – ein Weg, der ARD und ZDF durch die Beschränkung der

Brutto-Umsätze des Werbefernsehens
(in Millionen DM)

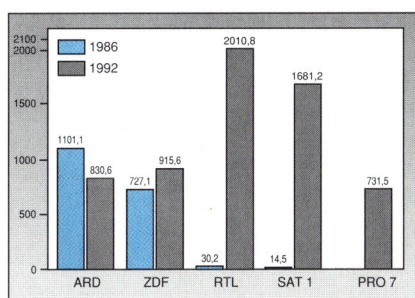

(Quellen: ARD-Werbung, ZDF-Werbefernsehen, RTL, SAT 1 und PRO 7)

Werbezeiten auf werktäglich zwanzig Minuten verwehrt ist. Auf diese Weise gingen dem Ersten und dem Zweiten auch die meisten Tennisturniere verloren [...]

Ausgerechnet zu Zeiten, da jede Mark dringend im Wettbewerb um die Zuschauer benötigt wird, bricht den beiden Anstalten eine nicht geringe Einnahmequelle weg: die Werbung. „In den vergangenen achtzehn Monaten", so kommentierte hämisch das Düsseldorfer Handelsblatt, dessen Verleger selbst im privaten TV-Geschäft engagiert ist, „mußten die öffentlich-rechtlichen Rundfunkanstalten ARD und ZDF im Konkurrenzkampf mit den privaten TV-Anbietern lernen, was freie Marktwirtschaft ist." Solange ARD und ZDF noch alleinige Anbieter von Werbefernsehzeiten waren und solange die Reichweiten* der Privaten noch gering waren, konnten die beiden Anstalten in der Tat die Preise für ihre zwanzig Werbeminuten diktieren. Die Marktwirtschaft ist für sie dennoch nicht ausgebrochen. Denn während die Privatsender rund um die Uhr Werbebotschaften ausstrahlen können, blieben ARD und ZDF auf ihre zwanzig Minuten beschränkt; nach 20 Uhr und sonntags ist jede Werbung tabu.

Mit der zunehmenden Attraktivität der Privatsender setzte in der Werbebranche geradezu ein Run auf die TV-Werbung ein. Die Leidtragenden: neben den großen Massenzeitschriften vor allem ARD und ZDF. Sie mußten nehmen, was übrig blieb von den Werbeetats der Markenartikelindustrie und Dienstleistungsunternehmen. Für die Öffentlich-Rechtlichen kam das fast einer Katastrophe gleich, sind doch auch sie per Staatsvertrag neben den Gebühren auch auf Werbefinanzierung angewiesen. Um überhaupt noch die Werbeblöcke füllen zu können, senkten die ARD-Anstalten ihre Preise schon für 1992 um rund 35 Prozent. Das ZDF zog für dieses Jahr mit einem Abschlag von durchschnittlich zehn Prozent nach. Während der WDR, größter unter den ARD-Sendern, einst rund ein Fünftel seiner Einnahmen aus der Werbung bezog, dürfte dieser Anteil im laufenden Jahr auf nicht einmal fünf Prozent fallen. „Mit dieser dramatischen Entwicklung", so WDR-Intendant Friedrich Nowottny, „ist alles beschrieben, was zu diesem Thema zu sagen ist." Das ZDF, das sogar rund vierzig Prozent seiner Einnahmen aus der Werbung bezog, ist noch stärker betroffen. Allein in diesem Jahr werden dem Mainzer Sender rund 160 Millionen Mark entgehen.

(Die Zeit Nr. 15 v. 5.4.1993, S. 24; Autorin: Gunhild Frese)

M 49 a

30 Sekunden für 100 000 Mark

Der Aufschwung des Werbefernsehens hält an. Und dies, obwohl Umfragen bei Fernsehzuschauern eine zunehmende Abneigung gegen ständige Werbeeinblendungen im Abendprogramm ermittelt haben. Die etablierten Sender haben infolge ihrer gut gefüllten Auftragsbücher die Tarife um weitere rund 10 Prozent erhöhen können; 1992 seien die Preise um 30 Prozent gestiegen, hat Bernd M. Michael im Gespräch mit dieser Zeitung gesagt.

Michael ist Geschäftsführender Gesellschafter der Grey-Deutschland-Gruppe, zu der auch die Mediacom gehört. Mediacom hat 1992 als zweitgrößte deutsche Medienagentur ihr bewirtschaftetes Auftragsvolumen um fast 20 Prozent auf 1,2 Milliarden DM gesteigert.

Ein Werbespot von dreißig Sekunden hat 1992 bei ARD und ZDF in den fernsehintensiven Wintermonaten bis zu 100 000 DM gekostet; in den Sommerferien waren es immerhin noch mindestens 60 000 DM. Aber die öffentlich-rechtlichen Fernsehanstalten sind nicht mehr die Preisführer.

Die Privatsender RTL und SAT 1, Mitte der achtziger Jahre mit Preisen um 4000 DM gestartet, verlangen inzwischen für die halbe Werbeminute im Vorprogramm bis zu 60 000 DM. Nach 20 Uhr berechne RTL den Spot mit bis zu 90 000 DM. Etwa 80 000 DM koste er bei SAT 1, sagte Michael. Gemessen an der im Vergleich zu ARD und ZDF noch immer geringeren Reichweite* von maximal 70 Prozent der Haushalte, sind dies für den Grey-Chef die teuersten Werbesekunden.

Das deutsche Fernsehen habe sich damit im internationalen Vergleich zu einem sehr teuren Werbemedium entwickelt. Für Michael sind Preise erreicht, die internationale Konzerne bei europäischen Markteinführungen zunehmend auf das französische oder britische Werbefernsehen ausweichen ließen.

Die hohen Preise können die Sender erzielen, weil die Nachfrage immer

(Frankfurter Allgemeine Zeitung v. 25.1.1993, S. 16)

noch das Angebot übersteigt. Zwar habe die Etablierung der Privatsender seit Mitte der achtziger Jahre das Angebot der Werbeminuten im Fernsehen kräftig erhöht, aber in den attraktiven Sendezeiten stünden die Kunden aus Industrie und Handel immer noch Schlange, sagt Maerkle. Wie groß der Bedarf an Fernsehwerbung ist, zeigt die Entwicklung der vergangenen Jahre. Alleine 1990 konnten die Sender ihre Werbeeinnahmen um 22,5 Prozent auf 2,8 Milliarden DM erhöhen. Weil die Werbezeiten von ARD und ZDF auf 20 Minuten beschränkt sind, flossen die Mehreinnahmen fast vollständig in die Kassen der privaten Sender. Auch im ersten Halbjahr 1991 hat diese Tendenz angehalten: Die Ausgaben für Fernsehwerbung sind erneut um 23,3 Prozent gewachsen.

M 49 b
Zuschauer schalten Spots weg

(Lexikon aktuell '93, Dortmund 1992, S. 174)

Nach Angaben der Gesellschaft für Media Optimierung (Hamburg) schaltete 1992 rd. die Hälfte der Zuschauer (47%) bei Unterbrecherwerbung öfter um als 1991 und betrachtete mehr als eine Werbeeinblendung pro Film als unzumutbar (42%). Die Gesellschaft für Konsumforschung (Nürnberg) ermittelte im Auftrag von RTL dagegen, daß 1992 nur jeder 11. Zuschauer von RTL während der Werbeeinblendungen auf ein anderes Programm schaltete (sog. Zapping, engl.: abknallen). Eine Untersuchung des Axel Springer Verlags ergab, daß lediglich 2,8% der befragten Zuschauer sich an die Marken beworbener Produkte erinnerte. Das entspricht etwa einem Fünftel des zuletzt 1979 ermittelten Anteils.

M 50 a
Fernsehmüdigkeit

(TV SPIELFILM Nr. 9/1993, S. 2; Verfasser: Klaus Kriesel)

Die Zahl derjenigen, die in Deutschland fernsehen, schrumpft unaufhörlich, obwohl das Fernsehangebot ständig ausgeweitet wird. Zwar findet man hierzulande kaum jemanden, der als TV-Totalverweigerer gelten kann, aber es gibt immer häufiger Abende, an denen der Bildschirm in den Wohnzimmern dunkel bleibt. Knapp die Hälfte der Deutschen (42%) will von der Glotze zur besten Sendezeit (zwischen 20 und 23 Uhr) nichts mehr wissen und fällt so bei der Berechnung der Einschaltquoten völlig unter den Tisch. Die andere Hälfte der Fernsehbesitzer erliegt zwar der TV-Versuchung, aber auch wenn das Gerät läuft, wird das Programm nur von etwa einem Drittel der Zuschauer mit Aufmerksamkeit verfolgt. „Fernsehen wird für die Leute immer unwichtiger", stellt Freizeitforscher Prof. Dr. Horst W. Opaschowski fest (siehe Interview in M 50 b). „Die überwiegende Mehrheit der Zuschauer bügelt, liest, ißt oder schläft vor dem Fernseher. TV dient lediglich als Beiprogramm." Für die häuslichen Rahmenbedingungen des TV-Konsums ist die gängige GfK*-Fernsehforschung blind, denn sie kann nur registrieren, welcher Kanal, wie lange und von wem eingeschaltet worden ist. Ob das Programm aber tatsächlich eines Blickes gewürdigt wird, entgeht den Quoten-Schnüfflern. Michael Darkow, Chef der GfK-TV-Forschung, verteidigt seine Untersuchungsergebnisse und kontert mit einer verblüffenden Feststellung: „Einige Menschen können – übertrieben formuliert – mit geschlossenen Augen fernsehen und bekommen trotzdem alles mit. Andere haben größte Schwierigkeiten, dem Programm zu folgen, selbst wenn sie mit höchster Konzentration zusehen. Was bedeutet es also schon, ob jemand aufmerksam fernsieht?"
Die Fernsehsender wollen von der großen TV-Müdigkeit nichts wissen. Sie tauchen im GfK-Daten-Dschungel ab und verschanzen sich hinter einer fragwürdigen Zahl: den täglichen pro-Kopf-Fernsehminuten. Tatsächlich lassen die Zuschauer, wenn sie denn das Gerät (nebenbei) anwerfen, die Flimmerkiste im Schnitt länger laufen als früher. So stiegen die Einschaltzeiten von 1985 bis 1992 an (von 141 auf 161 Minuten pro Tag). Zudem findet eine Umverteilung statt: „Junge Leute sehen immer weniger Fernsehen, so Darkow, „ältere immer mehr." Sind Fernseh-Konsumenten also eine bedrohte Gattung?

151

M 50 b

„Fernsehen erzeugt permanent ein schlechtes Gewissen"

Prof. Dr. Horst W. Opaschowski ist Leiter des B.A.T. Freizeit-Forschungsinstituts Hamburg.

TV Spielfilm: Herr Opaschowski, die Deutschen sind fernsehmüde. Warum?
OPASCHOWSKI: Der außergewöhnliche Ereigniswert des Fernsehens geht verloren. TV entwickelt sich immer mehr zum familiären Beiprogramm, eine Mischung aus Geräuschkulisse und bunter Tapete.
TVS: Fernsehen wird immer unwichtiger?
OPASCHOWSKI: Genauso ist es. Wir können einen echten Bedeutungsverlust des Fernsehens feststellen. Die Leute haben den Eindruck, je länger sie vor dem Fernseher sitzen, desto mehr verpassen sie.
TVS: Was fehlt den Deutschen denn, wenn sie fernsehen?
OPASCHOWSKI: Sie vermissen das, was beispielsweise den Besuch eines Popkonzerts so attraktiv macht: das Live-Erlebnis, das Gefühl, dabei gewesen zu sein, die Atmosphäre genauso wie die erotische Ausstrahlung, das Sehen-und-Gesehen-werden. Gute Unterhaltung und ein wenig Spannung im TV-Programm, das reicht dem Fernsehpublikum nicht mehr.
TVS: Empfinden die Zuschauer das Fernsehen als Bereicherung oder als Belastung in ihrem Leben?
OPASCHOWSKI: Die TV-Konsumenten haben ein gespaltenes Verhältnis zum Fernsehen. Fernsehen ist immer noch die Freizeitbeschäftigung, für die am meisten Zeit aufgewendet wird, die aber den Leuten nach ihrer eigenen Einschätzung am wenigsten Spaß macht. Bei den vielen persönlichen Schilderungen über schöne Freizeiterlebnisse, die wir im Rahmen unserer B.A.T. Forschung gehört haben, wird das Fernsehen nie erwähnt. Die TV-Konsumenten haben das Gefühl, daß sie dem Fernsehen mehr Zeit widmen, als es dieses Medium eigentlich verdient hat. Deshalb produziert TV-Konsum bei ihnen permanent ein schlechtes Gewissen.

(TV SPIELFILM Nr. 9/1993, S. 26; Interview: Klaus Kriesel)

❶ Anhand von M 48 könnt ihr beschreiben, wie sich das Verhältnis von ARD und ZDF zu den privaten Fernsehsendern seit 1987 entwickelt hat. Worauf ist es nach dieser Darstellung hauptsächlich zurückzuführen, daß die drei großen „Privaten" ihre „Marktanteile" auf Kosten von ARD und ZDF ständig vergrößern konnten? Warum können die „öffentlich-rechtlichen" Anstalten mit der privaten Konkurrenz oft finanziell nicht mithalten?

❷ Um die zentrale Bedeutung der Werbeeinnahmen besser einschätzen zu können, könnt ihr die Informationen aus M 49 a hinzunehmen. Erkundigt euch auch (z.B. bei euren Eltern) nach der derzeitigen Höhe der Rundfunk- und Fernsehgebühren, aus denen die öffentlich-rechtlichen Anstalten rd. 70% ihrer Einnahmen erzielen (ca. 30% aus Werbeeinnahmen).

❸ Bei Wirtschaftsunternehmen und Werbe-Agenturen ist in letzter Zeit eine gewisse Besorgnis über die Wirksamkeit der Fernsehwerbung entstanden. Erläutert anhand von M 49 b, woran das liegen könnte. Wie beurteilt ihr selbst die Fernsehwerbung und ihre Wirksamkeit? Wie verhaltet ihr euch im Hinblick auf das vielberedete „Zapping"?

❹ Erklärt anhand von M 50 a den scheinbaren Widerspruch zwischen den immer steigenden oder doch zumindest gleichbleibenden Einschaltzeiten und der festgestellten „Fernsehmüdigkeit", und arbeitet aus den beiden Texten (M 50 a/b) die (4–5) Gründe heraus, die für die beschriebene Entwicklung genannt werden. Was meint der Freizeitforscher mit seiner Behauptung, Fernsehen erzeuge ein schlechtes Gewissen? Wie müßte sich die Fernsehmüdigkeit längerfristig auf die Werbewirtschaft und die Werbeeinnahmen des Fernsehens auswirken?

❺ Befragt Eltern und Bekannte: Inwieweit stimmen sie den Einschätzungen von Prof. Opaschowski (M 50 b) zu? Wie hat sich ihr eigenes Fernsehverhalten in den letzten Jahren entwickelt?

Wirkungen des Fernsehkonsums

M 51 a

„Fast halb soviel Zeit wie am Arbeitsplatz"

Rund 2376 Stunden beschäftigen sich die Bundesbürger jährlich mit Medien. Ungefähr 930 Stunden davon, also ein Siebtel ihrer wachen Zeit, sitzen sie vor ihren Fernsehern: fünfeinhalb Wochen im Jahr, die Kinder mehr als drei Wochen. Das sind zwar theoretische Zahlen, sie geben keine erfahrbare Wirklichkeit wieder. Sie sagen aber aus, welchen Stellenwert Fernsehen im Alltag der Bundesbürger hat: Ein bundesdeutscher Mediennormalverbraucher verbringt fast halb soviel Zeit am Fernseher wie an seinem Arbeitsplatz.

Fernsehen ist die liebste Freizeitbeschäftigung der Deutschen. Fast 24 Millionen Haushalte haben Fernsehgeräte, also fast alle. Das Fernsehen erreicht täglich ungefähr 88 Prozent der Haushalte, rund 70 Prozent der Erwachsenen und zwei Drittel aller Kinder (zwischen 6 und 13 Jahren). [...]

Diese Zahlen sind vielleicht eindrucksvoll, aber sie sind „wertneutral"; sie beschreiben die statistische Wirklichkeit, aber sie sagen kaum mehr als das, was alle ohnehin wissen: Das Fernsehen ist ein wichtiges Medium und eine beliebte Freizeitbeschäftigung (außerdem eine billige: Die Programmstunde kostet 16,2 Pfennig – ohne Geräteanschaffungskosten –, die Kinostunde das Fünfzigfache). Man kann mit dem Fernsehen fast alle Bundesbürger schnell erreichen.

(Dieter Huhn/Detlef Prinz, Zeitungen, Radio, Fernsehen. Ratgeber für emanzipatorischen Umgang mit den Medien. Köln [Bund-Verlag] 1990, S. 172 f.)

M 51 b

Fernsehnutzung in Deutschland 1992 (alle Haushalte)

Nutzergruppe	ARD	ZDF	Dritte Progr.	RTL	SAT 1	Sonstige	Gesamt
Einschalt- bzw. Sehdauer pro Tag (min)[1]							
Haushalte	60	58	23	46	36	52	275
Erwachsene	37	37	14	28	22	30	168
14–29jährige	20	17	8	21	14	28	108
30–49jährige	32	28	12	30	22	33	157
Ab 50 Jahre	53	57	19	31	28	29	217
Kinder 6–13 Jahre	18	14	6	22	12	32	104
Männer	36	34	14	27	21	31	163
Frauen	38	39	14	29	23	30	173
Durchschnittliche tägliche Reichweite* (%)							
Haushalte	69	64	49	47	45	n.v.	87
Erwachsene	50	46	33	35	32	n.v.	70
14–29jährige	34	30	23	29	25	n.v.	55
30–49jährige	48	42	32	36	33	n.v.	71
Ab 50 Jahre	62	60	41	37	36	n.v.	80
Kinder 6–13 Jahre	34	28	21	28	24	n.v.	63
Männer	49	45	34	35	33	n.v.	69
Frauen	50	47	33	34	32	n.v.	71

n.v. = nicht verfügbar
[1] Untersuchungszeitraum: Montag bis Sonntag, 6.00–6.00 Uhr
Quelle: Gesellschaft für Kommunikationsforschung (GfK)

(Lexikon aktuell '94, Dortmund 1993, S. 226)

M 51 c

„Verkabelte" Kinder schauen häufiger in die Röhre

„Verkabelte" Kleinkinder bis zu sechs Jahren schauen erheblich mehr in die Flimmerkiste als Altersgenossen ohne Programm-Vielfalt. Darauf hat der nordrhein-westfälische Kultusminister Hans Schwier (SPD) am Freitag hingewiesen. Danach beträgt die tägliche Fernsehdauer bei Kindern bis zu drei Jahren 33 Minuten, bei Kindern von vier bis sechs Jahren 87 Minuten, bei sieben- bis neunjährigen 113 Minuten und bei 10- bis 13jährigen immerhin 121 Minuten.

In Haushalten ohne Kabel und Satellit schaute die Gruppe der bis zu Dreijährigen „nur" 17 Minuten, 6jährige 52 Minuten, 9jährige 81 Minuten und die 12jährigen 103 Minuten in die „Röhre". Nach Angaben Schwiers ist der „hohe Fernsehkonsum von Kindern vor allem in den Programmen der privaten Fernsehanstalten am Nachmittag zu sehen." Dies zeige sich schon an den speziell auf Kinder ausgerichteten Werbespots zu diesen Zeiten.

Allerdings lasse sich aus den Fernsehnutzungszeiten keine Aussage ableiten, ob die Kinder bei eingeschaltetem Programm auch wirklich zugeschaut hätten, sagte Schwier. [...]

(Neue Westfälische 1992)

M 51 d

Verkabelt

Fast 20 Millionen Haushalte in der Bundesrepublik könnten derzeit (Anfang 1993) per Kabelanschluß fernsehen oder Radio hören. Das sind knapp 70 Prozent aller 27 Millionen westdeutschen Haushalte und gut 12 Prozent der rund 6,4 Millionen Haushalte in den neuen Bundesländern. Doch in Ost und West sind keineswegs alle bereit oder finanziell in der Lage, ihre Geräte ans Kabel anzuschließen – trotz der immer zahlreicheren TV-Programme, die nur so zu empfangen sind. Nur rund 65 Prozent aller Haushalte (Sept. 1993) nutzen dieses Angebot auch. Mit der deutschen Vereinigung wurde geradezu ein Kabelboom entfacht – doch erst 1997 dürfte das Ziel der Telekom erreicht sein, rund 80 Prozent aller Wohnungen angeschlossen zu haben. Im Westen soll es schon 1995 soweit sein.

(DIE ZEIT 1993)

❶ Beschreibt anhand von M 51 a–c die durchschnittliche Fernsehnutzungsdauer der verschiedenen Altersgruppen. Wie kommt M 51 a zu der Feststellung, daß der Durchschnittsbürger „fast halb soviel Zeit am Fernseher wie an seinem Arbeitsplatz" verbringt? Warum sind es gerade die Kinder, die in „verkabelten" Haushalten häufiger fernsehen als in Haushalten ohne Kabelfernsehen (M 51 c)?

❷ Worauf ist es eurer Meinung nach zurückzuführen, daß auch viele Haushalte, die finanziell dazu in der Lage sind, sich trotzdem nicht „verkabeln" lassen (vgl. M 51 d)?

M 52 a

Fernseh-süchtig?

1971 untersuchte die Münchener „Gesellschaft für rationale Psychologie" die Wirkungen des Fernsehens: 184 Familien und Junggesellen, repräsentativ für die deutschen Fernsehzuschauer, hatten sich bereit erklärt, ein Jahr lang auf das Fernsehen zu verzichten. Die Tester wollten feststellen, wieweit die üblichen Pauschalurteile (Fernsehen verdrängt andere Beschäftigungen, es isoliert usw.) zutreffen. Bereits nach einem Monat ließen zehn Prozent den Apparat wiederkommen, nach drei Monaten hatten 58 Prozent aufgegeben, und im fünften Monat stellte der letzte sein Gerät wieder an. Zuerst gaben auf: Familien mit Kindern, Alleinstehende über 35 Jahre, die 20- bis 49jährigen insgesamt. Am längsten hielten durch: Alleinstehende und Ehepaare ohne Kinder zwischen 20 und 34 Jahren.

In der fernsehlosen Zeit hatte sich der Kinobesuch verdreifacht; der Kontakt zu Freunden und Bekannten sowie die Zeit für Lesen und Spielen verdoppelten sich. Ins Theater, Konzert und Museum ging man ebenso wenig wie vorher.

Die größte Enttäuschung war, daß das Familienleben nicht intensiver wurde, sondern erhebliche Spannungen entstanden:

– Die Eheprobleme stiegen von 32 auf 51 Prozent, die Streitigkeiten nahmen erheblich zu.

– 26 Prozent schlugen ihren Partner (vorher 17%); 93 Prozent prügelten die Kinder (vorher 78%).

- Die Zahl der außerehelichen Verhältnisse stieg bei den Männern von 35 auf 53 Prozent, bei den Frauen von 15 auf 19 Prozent.
- Die großen und kleinen Erziehungsprobleme stiegen von 46 auf 65 Prozent.

Verblüfft stellten die Wissenschaftler fest: „Die Abhängigkeit vom Fernsehen ist heute schon so stark, daß man von einer Sucht sprechen kann." Diese Untersuchung wurde in Großbritannien wiederholt und kam zu den gleichen Ergebnissen.

(Hermann Meyn, Massenmedien in der Bundesrepublik Deutschland. Berlin 1992, S. 202)

M 52 b

„Die scheinen heute ihren fernsehfreien Tag zu haben!"
(Zeichnung: Mussil)

M 53

Was wäre, wenn es kein Fernsehen mehr gäbe?

Antworten von Kindern

Meistens schaute ich nach dieser Frage zuerst in ratlose Gesichter, hörte es schnaufen. „Oje!" und „Das wäre schlimm für mich" und: „Da wär'ne ganz schön leere Ecke auf einmal im Zimmer. Den Fernseher und die Filme würde ich schon vermissen" (*Carina, 12*) [...]

„Als erstes würd ich mich langweilen und dann würd ich Kassetten hören und ab und zu mal zum Freund gehen, oder so. Aber sonntags, da würd ich mich totlangweilen." (*Kai, 12*)

„Wenn jeder bei uns'ne Beschäftigung hätte, dann wär das ja nicht so schlimm. Aber sonst wär das irgendwie nervtötend, ohne Fernsehen, ohne Beschäftigung" (*Patrick, 12*) [...]

„Ich würd's nur die erste Zeit vermissen – bis man sich dran gewöhnt hat. Und dann würd' ich mir halt noch mehr Hobbies suchen: Sport machen, basteln, lesen, Musik hören, Schwimmen gehen,..." (*Stefanie, 12*)

Und auch für Tanja (13) ist es „kein Problem, wenn ich genug Beschäftigung hätte, genug Leute um mich, mit denen ich was zusammen machen kann, dann könnt ich's aushalten. – Aber'n bißchen fehlen würd's mir schon, so meine Lieblingsserien und die Spielfilme." [...]

„Vielleicht wäre es sogar eine Erleichterung. Denn jetzt setzt man sich hin und ärgert sich, wenn man was verpaßt. Aber dann kann man ja nix mehr verpassen. Und die Hausaufgaben, die würde man vielleicht auch nicht mehr so husch-husch machen. Ohne Fernsehen, da hätte man mehr Zeit zum Nachdenken. Denn mit dem Fernsehen, da gewöhnt man sich so dran, keine Ideen mehr zu haben." (*Alexandra, 10*)

„Hast du gelesen, daß Schüler mehr Zeit vor der Glotze verbringen als im Unterricht?" – „Nein, aber ich habe heute Nacht eine Sendung darüber gesehen."
(PZ Nr. 75/1993, S. 3)

„Ohne Fernsehen, da würden viele Eltern bestimmt sonntags mehr unternehmen, weil dann käme zum Beispiel kein Spätfilm. Dann hätten sie Langeweile und dann würden sie bestimmt irgendwohin fahren. Und das fänd' ich toll. Das würd ich gerne machen: öfters mal gemeinsam wegfahren am Sonntag" (*Nadja, 12*)

„Meine Eltern würden wohl lesen, überm Buch hängen. Und mein Vater mit dem Computer spielen" (*Felix, 11*) […]

(Silvia Schopf, Da kann man nichts verpassen; in: Frankfurter Rundschau v. 18.11.1989)

„Also, bei uns gäb's weniger Streit, weil wir uns nicht mehr übers Programm streiten müßten. Weil's ja meistens um die Programme geht" (*Carina, 12*)

❶ Erläutert, auf welche Weise und aufgrund welcher Erkenntnisse Wissenschaftler zu der Feststellung kamen, daß Fernsehen „süchtig" machen könne (M 52 a), und vergleicht dazu auch die Karikatur M 52 b. Wie sind eurer Meinung nach die genannten Verhaltensweisen und Verhaltensänderungen zu erklären?

❷ Überlegt: Würde eine Untersuchung heute (mehr als 20 Jahre nach der in M 52 a beschriebenen) wohl zu denselben Ergebnissen kommen? Vgl. dazu auch M 50 a.

❸ Versucht, in einem Klassengespräch eigene Antworten auf die Frage in der Überschrift zu M 53 zu finden, auch in Auseinandersetzung mit den einzelnen Zitaten aus M 53.

M 54 a

„Die Droge im Wohnzimmer"

Die amerikanische Journalistin Marie Winn hat in ihrem vielbeachteten Buch „The Plug-In-Drug" (dtsch.: „Die Droge im Wohnzimmer") auf eine neuartige Spur von Medienwirkung aufmerksam gemacht. Sie beobachtete, daß häufiges und intensives Fernsehen bei Kindern deren Blick für die Wirklichkeit trübt; sie erleiden einen „Wirklichkeitsverlust" und können das Geschehen auf dem Bildschirm nicht mehr von dem wirklichen Geschehen in ihrer Umwelt trennen. Die Kinder – so belegte Marie Winn – verlieren darüber hinaus zunehmend die Fähigkeiten zum kommunikativen Umgang mit anderen Menschen. […]

Darüber hinaus scheinen besonders die kleineren Kinder unter einem Erlebnisdruck zu stehen, dem sie kaum mehr gewachsen sind. Lehrer an deutschen Grundschulen beobachten, daß es insbesondere nach fernsehintensiven Wochenenden bei den Kindern der unteren Klassen zu regelrechten Erlebnis-Entladungen kommt. Dabei werden wahllos und ohne logischen Zusammenhang Szenenbruchstücke aus bekannten TV-Serien nachgespielt und mit großem motorischen Aufwand abreagiert. […]

(Peter Jordan, Das Fernsehen und seine Zuschauer. Frankfurt 1982, S. 17)

M 54 b

„Stell doch einen anderen Kanal ein"

Die Zahl der Wissenschaftler, Journalisten und Pädagogen, die vor schädlichen Wirkungen zu hohen Fernsehkonsums warnen, ist in den letzten Jahren eher größer geworden. Bücher mit (auf das Fernsehen bezogenen) Titeln wie „Die Droge im Wohnzimmer" und „Wir amüsieren uns zu Tode" haben aber auch Widerspruch gefunden, weil die Gefahren zu übertrieben dargestellt worden seien. Einig ist man sich jedoch weitgehend, daß Menschen (vor allem Kinder und Jugendliche), die zu viel Zeit vor dem Fernseher verbringen, sich selbst die Möglichkeit nehmen, die reale (nicht durch Medien vermittelte) Lebenswelt unmittelbar zu erleben und Erfahrungen zu sammeln, die für die Entwicklung der Persönlichkeit wichtig sind.

Wissenschaftler in den USA vertreten aufgrund einer Untersuchung die These, daß zwischen dem Inhaltsangebot des Fernsehens und der Weltsicht derjenigen, die dies Angebot besonders viel nutzen, ein enger Zusammenhang besteht: Vielseher nehmen die soziale Wirklichkeit eher so war, wie sie im Fernsehen dargestellt wird, und nicht, wie sie in Wirklichkeit ist. In

(Autorentext)

Amerika wurde in einem Cartoon folgende Geschichte dargestellt: Ein Vater fährt mit seinem Sohn auf einsamer Landstraße, ein Reifen platzt, das Rad muß gewechselt werden bei regnerisch-stürmischem Wetter – der Sohn sieht kopfschüttelnd zu und empfiehlt seinem Vater: „Stell doch einen anderen Kanal ein."

M 55 a

Fernsehunterhaltung – Flucht in die Welt der Illusionen?

Diese Unterhaltungsarten sind alle als „Feierabendprogramm" konzipiert. Sie gehen davon aus, daß sich der berufstätige Mensch nach getaner Arbeit entspannen möchte. Als Entspannung wird eine Illusionierung* des Alltags verstanden, der – vorübergehend – vergessen werden soll. Der Konsument entrückt emotionsgeladen in eine Scheinwelt, in der ihm Glück, Jugend, Liebe, Treue, Reichtum, Erfolg, Harmonie – auch Böses, aber das Gute siegt – chic und flott vorgegaukelt werden und für die er mit Rundfunk und Fernsehgebühr auch noch bezahlen muß. Diesen Betrug empfindet der Betrogene nicht. Glücklich, dem grauen Alltag entrinnen zu können, entwickelt sich ein Selbstbewußtsein, das dem Konsumenten das Gefühl gibt, sich einen solchen Feierabend leisten zu können, weil er erarbeitet, verdient ist.

Diese schöne heile Welt soll darüber hinwegtäuschen, aus welcher Realität der unterhaltungssuchende Mensch kommt und in welche er nach Feierabend wieder entlassen wird. Die Illusions-Unterhaltung berieselt den Menschen, betäubt ihn, damit ihm das durch die Spezialisierung der Arbeitswelt einseitig, eintönig gewordene Berufsleben nicht bewußt wird, damit er nicht dazu kommt, über sich selbst, über die Gesellschaft und über sein Verhältnis zur Gesellschaft nachzudenken.

(Hans-Gerd Wiegand, Unterhaltung – gesellschaftskritisch, in: Unterhaltung und Unterhaltende im Fernsehen, Mainzer Tage der Fernsehkritik. Hrsg. v. Gerhard Prager. Hase und Koehler Verlag, Mainz 1971, S. 117f.)

M 55 b

„Siehst du, Maria, die Presse, die Grünen – alles nur Schwarzmalerei und Horror: Das Leben ist ganz anders und wunder-, wunderschön!"

(Zeichnung: Jupp Wolter)

M 55 c

(Zeichnung: Peter Leger; © Haus der Geschichte der Bundesrepublik Deutschland, Bonn)

M 55 d

Fernsehunterhaltung – Befriedigung eines elementaren Bedürfnisses?

Warum soll man an einem ganz dringenden menschlichen Bedürfnis herumnörgeln? In der Tat empfindet doch das Fernsehpublikum diejenigen Programme, die den Alltag problematisieren, als unerträglich. Denn Filme, die unsere Alltags-Tristesse [Freudlosigkeit] nur abbilden – also darstellen, wie sie ist –, wirken langweilig. Demgegenüber werden Filme, die den Alltag illusionieren* – ihn überhöhen –, als angenehm empfunden. Dieter Ertel, Koordinator der Unterhaltungsprogramme des Deutschen Fernsehens (ARD), versteht Fernsehunterhaltung als „redlichen Dienst am Kunden", was zunächst einmal heißt, „dem Kunden anzubieten, wessen er sich bedürftig fühlt: sein tägliches kleines Tivoli*. Es heißt, Amüsement als Wert an sich begreifen, als Befriedigung eines elementaren Bedürfnisses unseres Nächsten, der tagsüber nicht so sehr viel zu lachen hat. Ich lasse mir nicht ausreden, daß ein zufriedener Zuschauer für die kleinen Kämpfe seines Alltags besser gerüstet ist als einer, der sich ärgert."

(Peter Jordan, Das Fernsehen und seine Zuschauer [= M 54 a], S. 92)

❶ In M 54 a/b geht es um die Wirkungen, die häufiges Fernsehen auf Kinder (sogen. „Vielseher") ausüben kann. Erläutert, was mit dem Begriff „Wirklichkeitsverlust" in diesem Zusammenhang gemeint ist. Was soll die Cartoon-Geschichte vom Radwechsel (M 54 b, letzter Abschnitt) verdeutlichen?

❷ M 55 a–d befassen sich mit der möglichen Wirkung bestimmter Fernseh-Unterhaltungssendungen, in denen eine „schöne heile Welt" dargestellt wird. Erläutert zunächst, was damit gemeint ist (vielleicht könnt ihr aktuelle Beispiele solcher Sendungen anführen), und stellt dann heraus, welche Absicht der Autor von M 55 a den „Machern" solcher Sendungen unterstellt. Analysiert dazu auch die beiden Karikaturen M 55 b/c, durch die bestimmte Gesichtspunkte des Textes M 55 a verdeutlicht werden.

❸ M 55 d vertritt eine andere Auffassung zu Unterhaltungssendungen als M 55 a. Erläutert sie, und setzt euch mit beiden Positionen auseinander. Vielleicht könnt ihr auch eure Eltern zu diesem Problem befragen.

M 56 a

Das Fernsehen stellt Wirklichkeit her

Es gibt vielleicht fünfzig Bücher über die Geschichte Argentiniens, fünfhundert über die Kindheit und fünftausend über den amerikanischen Bürgerkrieg. Aber wenn sich das Fernsehen mit einem dieser Themen befaßt, so tut es das einmal und geht dann zum nächsten Gegenstand über. Deshalb ist das Fernsehen zum wichtigsten Erzeuger dessen geworden, was Daniel Boorstin als „Pseudo*-Ereignis" bezeichnet. Er versteht darunter Ereignisse, die eigens für den Publikumskonsum inszeniert werden […]

Das Fernsehen berichtet nicht über diese Ereignisse, es stellt sie her. Und das liegt nicht etwa daran, daß die Fernsehleute zu wenig Phantasie hätten, sondern gerade daran, daß sie ihnen reichlich zu Gebote steht. Sie wissen, daß das Fernsehen beim Publikum ein unersättliches Bedürfnis nach Neuigkeiten und öffentlichen Enthüllungen erzeugt und daß die dynamische Bilderwelt des Fernsehens nicht für den Spezialisten, den Forscher oder den, der einer analytischen* Tätigkeit nachgehen will, da ist. […]

(Neil Postman: Das Verschwinden der Kindheit, S. Fischer Verlag, Frankfurt 1983, S. 93 ff.)

M 56 b

Die Macht des Mediums

Viele Leute richten ihren Tagesablauf nach dem Fernsehprogramm aus. So ist es denn vielleicht kein Wunder, wenn die Fernsehleute meinen, daß sie schalten und walten können, wie sie wollen und jeder sich nach ihnen zu richten habe.

Ein wenig von dieser vermeintlichen Allmacht des Mediums ließen auch die ZDF-Leute erkennen, die am vergangenen Sonntag und Montag zwei Gottesdienste aus der Versöhnungskirche auf dem Gelände der KZ*-Gedenkstätte Dachau übertrugen beziehungsweise aufzeichneten.

Das erste Mal bekamen am Sonntagmorgen die Gottesdienstbesucher die Macht des Fernsehens zu spüren. Aus dem vorgesehenen Ablauf wurde kurzerhand das Glaubensbekenntnis gestrichen, weil es nicht mehr in die Zeit der Live-Übertragung gepaßt hätte. Zudem wurden die Kirchgänger nach einer Liedprobe aufgefordert, ein bißchen schneller zu singen – wegen der Übertragungszeit.

Am Montagabend leisteten sich die TV-Macher dann den Gipfel der Unverschämtheit. Als hätten sie das gesamte Gelände der Gedenkstätte gepachtet, wiesen sie Autofahrer, die zum Gottesdienst wollten, hinaus. Wer verspätet zur Kirche kam, wurde von einem Zerberus am Eingang abgewiesen: „Vielleicht schießen die gerade nach außen, und dann laufen Sie durchs Bild." Viele der so brüsk Ausgesperrten, darunter auch Eugen Keßler von der Lagergemeinschaft Dachau, machten zwar ihrem Unmut Luft, mußten sich jedoch beugen.

Fast kurios mutete ein Eingriff des Fernsehteams am Ende des Gottesdienstgeschehens an. Die Besucher zogen von der Versöhnungskirche zur Jüdischen Gebetsstätte, wurden jedoch unterwegs gestoppt. Erst mußte eine Kamera umgebaut werden. Die Gemeinde nutzte die unfreiwillige Pause zu einem unvorhergesehenen Gebet an der katholischen Todesangst-Christi-Kapelle. Als der Kamera-Umbau dann immer noch nicht beendet war, ging die ganze Prozession noch einmal zurück zur Versöhnungskirche und startete von neuem – diesmal auf die bildgerecht ausgerichtete Kamera zu.

(Süddeutsche Zeitung vom 25.8.1988)

M 56 c

Dichtung und Wahrheit

„Momentchen, Herr Pfarrer, schön der Reihe nach!"
(Zeichnung: Walter Hanel)

(Focus Nr. 11/1993, S. 122; Verf.: Uli Martin/Annette Hoffmann)

Reality-TV pur: Ein Pkw donnert gegen einen Lieferwagen, Sekunden später ein flammendes Inferno – der Benzintank ist explodiert. Millionen Fernsehzuschauer verfolgten diese Bilder im Reportagemagazin „Dateline" des US-Senders NBC.

Dessen Redakteure wollten mit dem nachgestellten Crash vermeintliche Konstruktionsfehler an einem älteren Pick-Up-Truck von General Motors belegen. Doch der Konzern konterte: GM-Detektive entlarvten den TV-Nervenkitzel als dreiste Manipulation*. Die Explosion war gewollt – Mitarbeiter hatten den Unfallwagen mit kleinen Zündsätzen präpariert. Konsequenz: Erst mußte sich Nachrichtenchef Michael Gartner bei General Motors entschuldigen, dann durfte er seine Kündigung einreichen.

Manipulation von Nachrichten: Auch andere US-Networks nehmen es mit der Wahrheit nicht so genau.

● ABC ließ eine angeblich tatsächlich stattgefundene Geldübergabe zwischen einem amerikanischen Diplomaten und einem KGB*-Agenten nachstellen – die Szene war erfunden.

● NBC berichtete über ein vermeintliches Fischsterben – die gezeigten Kreaturen waren von Rangern zu Zählungszwecken betäubt worden.

Weil auch die Nachrichtenshows im Kampf um Einschaltquoten und Werbeeinnahmen mit Sensationen aufwarten müssen, hilft man der Wahrheit nach – Beiträge mit Hollywood-Effekt nehmen zu.

Gleichzeitig sinkt die Glaubwürdigkeit der gesamten Branche. Don Hewitt, Chef-Producer des populären CBS-Magazins „60 Minutes": „Jeder denkt, wir arbeiteten nach denselben Methoden – und seien bloß noch nicht erwischt worden."

❶ M 56 a–c wollen darauf hinweisen, daß das Fernsehen die Ereignisse, über die es berichtet, häufig erst herstellt, sie „konstruiert". Überlegt, a) inwieweit eine solche „Wirklichkeitsverzerrung" durch das Medium Fernsehen unvermeidlich ist und b) wo die Grenze zu einer bewußten „Manipulation", zu einer unerlaubten Verfälschung der Wirklichkeit, liegen könnte. Wie beurteilt ihr die Beispiele M 56 b und M 56 c?

❷ In den letzten Jahren hat das sogen. „Reality-TV" (vor allem bei SAT 1 und RTL) Aufsehen erregt und zu Kritik Anlaß gegeben. Dabei werden z.B. Amateurvideos von Unglücksfällen gesendet, Katastrophen und Kriminaltaten nachgestellt oder Rettungseinsätze gezeigt. Was könnte Politiker von SPD und CDU veranlaßt haben, das Verbot solcher Sendungen zu fordern? Vgl. auch M 57 (letzter Abschnitt).

Der letzte Abschnitt dieses Kapitels befaßt sich mit der immer wieder heftig diskutierten Frage, ob und inwieweit das häufige Anschauen gewalttätiger Szenen im Fernsehen vor allem jüngere Zuschauer so beeinflussen kann, daß sie selbst sich im Alltag häufiger aggressiv und gewalttätig verhalten. Wir können die Diskussion darüber hier nicht in aller Ausführlichkeit entfalten, zumal sich die zahlreichen wissenschaftlichen Untersuchungen zu dieser Frage z.T. widersprechen. Wir beschränken uns daher darauf, nach einer zusammenfassenden Beschreibung der Fernsehgewalt auf deutschen Bildschirmen (M 57) über den aktuellen Stand der Forschung zu dieser Frage („Wirkungsforschung") zu informieren (M 58 a/b) und euch dann Gelegenheit zu geben, in Auseinandersetzung mit diesen Forschungsergebnissen und den Äußerungen von Kindern (M 59), Jugendlichen und Eltern (M 60) eure eigenen Erfahrungen und Einschätzungen in die Diskussion einzubringen.

M 57

Ein „Mords"-Programm

Auf deutschen Fernsehschirmen sind pro Woche rund 4000 Morde zu sehen. In jeder zweiten Sendung kommen Szenen vor, in denen Menschen oder Tiere mit Absicht geschädigt werden. Würde man pro Woche alle Gewaltszenen der sechs größten deutschen Fernsehprogramme aneinanderschneiden, so käme ein 25 Stunden langes Schläger-Epos* zustande.
Diese Rechnung stellen der Utrechter Medienpsychologe Jo Groebel und der Pädagoge Uli Gleich auf. Sie analysierten im Auftrag der nordrhein-westfälischen Landesanstalt für Rundfunk die Gewaltprofile deutscher Fernsehprogramme. Nach einem Zufallssystem schalteten sechs Beurteiler acht Wochen lang zwischen ARD, ZDF, RTL, SAT1, PRO7 und Tele5 hin und her, zählten die Gewaltszenen und ordneten sie vorgegebenen Kategorien zu. Von jedem der sechs Sender wurde auf diese Weise über eine vollständige Fernsehwoche Buch geführt.
Die Bilanz war stattlich: In 582 Sendungen wurden aggressive Handlungen gesichtet. Ein Fünftel davon entfiel auf vollendeten Mord und Totschlag.
Den Löwenanteil der Gewaltszenen stellten Spielfilme und Serien. Allein die Anfangs-Trailer einschlägiger „Action"-Serien machten 3,5 Prozent der Gewaltsumme aus. Das Land der unbegrenzten Möglichkeiten wurde dabei seinem Ruf gerecht: Ein Drittel der aggressiven Film-Szenen spielte in den USA, acht Prozent „auf deutschem Boden". [...]
Groebel und Gleich vermuten, daß Gewaltdarstellungen ein wichtiger Faktor im Wettbewerb der Fernsehanstalten geworden sind. So ist es denn auch wenig verwunderlich, daß die Hitliste der Medienaggression von Privatsendern angeführt wird, allen voran Pro7, wo aggressive Szenen 12,7 Prozent der Sendezeit ausmachen. Tele5 kommt auf 11,7, RTL auf 10,7, SAT 1 auf 7,3, das ZDF auf 7,2 und ARD auf 6,7 Prozent Gewaltanteil. [...]

(Psychologie heute 6/92; Verf.: Anton Rand)

„Wenn in zehn Minuten die Werbung anfängt, dann aber marsch ins Bettchen!"

(Zeichnung: Horst Haitzinger)

Hinsichtlich der qualitativen Gewaltstruktur ergab die Untersuchung, daß am häufigsten gezeigt wurden:

– körperlicher Zwang/leichte Körperverletzung	38,8%
– Bedrohung durch Körperhaltung	31,9%
– Sachbeschädigung	23,5%
– Mord	14,8%
– Schlägerei	13,8%
– schwere Körperverletzung	10,7%
– Beschimpfung	10,4%

Darüber hinaus zeigt die Analyse:
– Aggression im Fernsehen ist meist Aggression von männlichen Erwachsenen.
– Die Darstellung ist häufig Selbstzweck oder wird kaum hinreichend begründet; wenn dies dennoch geschieht, wird sie als Konfliktlösungsmöglichkeit bzw. als Mittel zum Erreichen eines Zieles legitimiert*.
– Wenn überhaupt Konsequenzen gezeigt werden, so wird darin der Angreifer belohnt, das Leid und die Gefühle der Opfer werden nicht berücksichtigt.
– Weniger als 10% der gesamten Darstellung von Aggressionen entfallen auf das Nachrichtenprogramm.

Neben dieser Untersuchung liegt eine weitere Analyse des Fernsehprogramms in bezug auf Gewaltdarstellung vor, die von RTL in Auftrag gegeben wurde. In die Analyse gingen alle Daten der Sendungen von ARD, ZDF, RTL, SAT 1 und PRO 7 in der Woche vom 11. November bis 17. November 1992 ein. Die Ergebnisse dieser Studie ergeben folgendes Bild:
– Von den insgesamt untersuchten 1 291 Sendungen enthielten 764 (59,2%) Gewaltsequenzen, wobei die Sender der ARD, das ZDF und RTL unterdurchschnittlich, SAT 1 und PRO 7 eher überdurchschnittlich Gewaltdarstellungen ausstrahlen.
– Hinsichtlich der lediglich von RTL ausgestrahlten Beiträge im Rahmen des sog. „Reality-TV" ergab die Analyse, daß die Zahl der Gewaltsequenzen zwar deutlich unter dem Durchschnitt aller gewaltdarstellenden Sendungen lag, in bezug auf die *Dauer* der Darstellung jedoch um das Dreifache über dem Durchschnitt lag.
– Bei der Einschätzung von Grausamkeit erreichen die Beiträge des „Reality-TV" den Höchstwert aller Programmformen.
– In den Programmankündigungen der privaten Veranstalter für Spielfilme (sog. „Trailer") liegt der Schwerpunkt häufig auf der Darstellung aktueller Gewalt.

Auch hier wird betont, daß die erhobenen Befunde keine Rückschlüsse auf die Wirkungen beim Zuschauer zulassen.

(AJS Forum 3/93, S. 4 f.)

M 58 a

Drei Theorien zur Wirkung von Gewalt im Fernsehen

Die Psychologen streiten sich darüber, welche Auswirkungen die Gewalt im Fernsehen und – nicht zu vergessen – in Videofilmen auf die Jugendlichen hat.
Die Forschungsergebnisse können in drei Annahmen zusammengefaßt werden.
1. Was man sieht, setzt man auch mehr oder weniger zwangsläufig in Handeln um; brutale Szenen in Western oder Krimis können also direkt dazu führen, daß der Zuschauer aggressiv reagiert: Er schlägt ebenfalls zu. Diese Annahme folgt aus der Beobachtung, daß Mitmenschen durch Nachahmung lernen. Kleine Kinder ahmen die Erwachsenen nach und lernen dabei gehen und sprechen. Später versucht man denjenigen nachzuahmen, der Erfolg hat, den man beneidet usw. „Helden" in brutalen Filmen lösen

Wer Augen hat...

(Zeichnung: Franziska Becker)

(Christa Köhnng/Hans Köhnng: Neue Medien; in: Wochenschau Nr. 5, Sept/Okt. 1984, S. 168 f.)

ihre Probleme scheinbar mühelos mit Gewalt – also spricht zumindest nichts dagegen, dieses Verhalten zu übernehmen. Menschen sind jedoch keine Automaten. Nicht immer und sofort wird Gesehenes in Handeln umgesetzt.

2. Das Ansehen von Gewalt baut eigene Aggressionen ab. Es ist, als ob die eigene aufgestaute Wut, die sich sonst vielleicht in einem tätlichen Angriff auf eine andere Person entladen hätte, beim Ansehen einer brutalen Szene verpufft, später ist die eigene Aggression wie weggeblasen, man ist wieder entspannt.

3. Gewalt wird entsprechend der jeweiligen Lebenssituation und der Persönlichkeit des einzelnen wahrgenommen und verarbeitet. Ist bei jemandem schon die Bereitschaft zu gewalttätigem Handeln vorhanden, fallen entsprechende Filme auch auf fruchtbaren Boden. Weder wird jeder, der brutale Videofilme sieht, über kurz oder lang zum Gewaltverbrecher, noch kann man sagen, daß brutale Szenen überhaupt keine Auswirkungen haben.

M 58 b

Der Stand der Forschung

Gewalt und Aggression sind ein zentraler Bestandteil des Fernsehprogramms. Zwar ist die Debatte über ihre Wirkungen fast so alt wie die Medien selbst, doch gibt es immer wieder neue Entwicklungen, die diese Debatte nach wie vor aktuell erscheinen lassen. Wurde in den letzten Jahren die Wirkung von extremen Horrorvideos und Gewaltpornos diskutiert, so sind derzeit (Stichwort „Reality-TV") Sendungen geplant, bei denen Live-Reportagen von Polizei-Einsätzen [...] gezeigt werden [...].
In der deutschen Medienlandschaft („duales System*") stellt sich die Frage, inwieweit Gewaltdarstellungen ein wichtiger Faktor im Wettbewerb sind. Immerhin gibt es Hinweise, daß sie bei sehr vielen Zuschauern einen großen Attraktivitätsbonus* genießen.
Parallel zu diesen Entwicklungen wird immer wieder auch die Brauchbarkeit und Eindeutigkeit von Forschungsergebnissen über Wirkungen und in neuerer Zeit über entsprechende Bedürfnisse der Zuschauer diskutiert. Zwar findet die These, nach der Mediengewalt eigene Gewaltimpulse sogar abbaut, kaum noch Bestätigung, doch werden von vielen Seiten endgültige Beweise der tatsächlichen „Schädlichkeit" aggressiver Szenen gefordert, bevor man medienpolitische Konsequenzen ziehen müsse.

Andererseits ist aber die Forschungslage doch eindeutiger, als sie manchmal in der Öffentlichkeit dargestellt wird. Allerdings muß dabei auch beachtet werden, daß Medienzugriff und Medienwirkungen nicht in einem sozialen Leerraum stattfinden, sondern eingebettet sind in den Alltag der Zuschauer und abhängen von persönlichen Merkmalen wie Alter, Geschlecht sowie auch eigenen Erfahrungen und Einstellungen. Außerdem können sich Wirkungen auf sehr unterschiedlichen Ebenen abspielen, z.B. kurz- oder langfristig sein, sich eher auf körperliche, Gefühls- oder Denkprozesse beziehen. Bei dieser Differenzierung* dürfte es einleuchten, daß nicht eine einzige Studie oder eine einzige Methode sämtliche Wirkungsfragen klären kann. Notwendig ist eine zusammenfassende Darstellung der international mehr als 5000 vorliegenden Befunde zum Thema und natürlich eine Analyse der je spezifischen nationalen Programm- und Zuschauerstrukturen.

Nimmt man eine solche Differenzierung vor, so lassen sich die folgenden *Wahrscheinlichkeitsaussagen* machen:

1. Nahezu keine neuere Studie belegt den Abbau von Aggressionen durch Mediengewalt.

2. Kaum ein Medienangebot allein allerdings führt *zwangsläufig* zu aggressiven oder gar kriminellen Verhaltensweisen.

3. Dennoch können Medien in Wechselwirkung mit sozialen und persönlichen Faktoren beim Zustandekommen von Angst und Aggression eine *wichtige Rolle* spielen, Verhaltensmuster anbieten, den Gebrauch von Aggression als selbstverständlich oder gar legitim* erscheinen lassen, eine ängstlichere Weltsicht zumindest in den Bereichen erzeugen, in denen eigene Erfahrungsmöglichkeiten weitgehend fehlen, bei einzelnen Szenen auch Schocks hervorrufen.

4. Ein biologisch sinnvolles, *natürliches Bedürfnis des Menschen nach Gewalt* nach dem Motto „Früher Hinrichtungen, heute Mediengewalt!" läßt sich wissenschaftlich nicht belegen. [...]

5. Auf kurzfristiges Befragen können Kinder recht gut wiedergeben, was ihnen an Medienaggressionen gefällt, was sie stört, was ihnen Angst einjagt (s. M 59). Nicht erfaßbar sind damit allerdings mögliche *längerfristige Prägungen* aggressiver oder ängstlicher Weltbilder, bei denen eigene und Medienerfahrungen sich miteinander vermischen, so wie selbst Erwachsene häufig nicht eindeutig rekonstruieren können, woher ihre Umwelterfahrungen im einzelnen stammen.

6. Neben der Analyse einzelner Sendungen und der darauffolgenden kurzfristigen Verarbeitungsprozesse ist es daher notwendig, die *Häufung von Aggression und Gewalt* im Programm festzustellen, um etwas darüber aussagen zu können, mit welcher Wahrscheinlichkeit Zuschauer beim Fernsehen (z.B. als Zapper) auf entsprechende Szenen treffen. [...]

7. Auch wenn schädliche Wirkungen von Mediengewalt nicht pauschal beweisbar sind: Es gibt auf den verschiedenen Ebenen immer noch bedeutend *mehr Indikatoren* für ein Wirkungsrisiko* als für generelle Harmlosigkeit oder gar Nützlichkeit aggressiver Darstellungen.

(Jo Groebel, Der Stand der Diskussion. In: Thema: Gewalt. Klett, Stuttgart 1993, A 4)

(Zeichnung: Thyrso A. Brisólla, in: DIE ZEIT v. 26.11.1993, S. 15)

❶ Faßt die Ergebnisse der Untersuchungen, über die in M 57 berichtet wird, zusammen. Entsprechen sie den Erfahrungen, die ihr selbst mit den Programmen der einzelnen Sender gemacht habt?

❷ Versucht, die in M 58 a aufgeführten drei Theorien mit eigenen Worten zu beschreiben und die Unterschiede zwischen ihnen deutlich zu markieren. Die erste Theorie könnte man als Nachahmungs- oder Lerntheorie bezeichnen, die zweite als Befreiungs- oder „Läuterungstheorie". Wovon hängt es nach der dritten Theorie ab, ob Fernseh-Gewalt den Zuschauer im aggressiven Sinne beeinflußt?

❸ Wir können im Rahmen dieses Abschnittes nicht darstellen, auf welche Weise die „Wirkungsforscher" zu ihren Ergebnissen gekommen sind. Eins der bekanntesten Experimente, mit dessen Hilfe der amerikanische Psychologe Bandura die in M 58 a zuerst genannte Theorie begründet hat, ist in „Politik 1" (Kap. 5, M 37 a) beschrieben. Schlagt dort ggf. nach, und überlegt, warum es schwer ist, in der „Wirkungsforschung" zu sicheren Ergebnissen zu kommen. Warum läßt sich z.B. die zweite Theorie kaum empirisch* (z.B. durch Experimente) überprüfen?

❹ Was haltet ihr von der Karikatur (zu M 58 a)? Diskutiert ihre Aussageabsicht auch noch einmal, wenn ihr den folgenden Text (M 58 b) erarbeitet habt.

❺ M 58 b gibt einen guten Überblick über den aktuellen Stand der Wirkungsforschung zum Thema Fernseh-Gewalt. Ihr solltet ihn am besten abschnittsweise erarbeiten und dabei mit Hilfe des Lehrers/der Lehrerin immer wieder versuchen, die etwas schwierige wissenschaftliche Sprache in eigene Formulierungen zu „übersetzen". Folgende Fragen können euch bei der Erarbeitung helfen:
– Worauf führt der Autor zurück, daß die Diskussion über die Wirkungen von Fernseh-Gewalt immer wieder von neuem in den Vordergrund rückt?
– Zum Stichwort Reality-TV vgl. M 57 und Arbeitshinweis 2 nach M 56, zu Gewaltdarstellungen als „Faktor im Wettbewerb" M 57.
– Im zweiten Abschnitt ist von „medienpolitischen Konsequenzen" die Rede, d.h. z.B. daß man bestimmte Gewaltdarstellungen durch Verbote unterbinden könnte. Von welcher Seite werden wohl die im Text genannten „endgültigen Beweise" gefordert, bevor man solche Konsequenzen zieht? Warum sind nach Meinung des Autors solche Beweise nur schwer zu führen? Warum muß das Problem sehr „differenziert" beurteilt werden?
– Inwiefern nehmen die Aussagen 1.–3. des Textes auf die in M 58 a genannten Theorien Bezug? Wie beurteilen sie diese Theorien?
– Auf welche besonderen Schwierigkeiten der Wirkungsforschung weist der Autor mit den Punkten 5. und 6. hin (Stichworte: längerfristige Wirkungen; Feststellung der „Häufigkeit")?

❻ Versucht zum Abschluß der Erarbeitung, die Hauptaussagen von M 58 b mit möglichst eigenen Worten in knappen Formulierungen zusammenzufassen.

Rambos Kinderstunde

M 59

Sebastian, 12, greift jeden Tag um 18 Uhr zur Fernbedienung, sieht zuerst die Schulserie „Parker Lewis", dann die „Bill Cosby Show", anschließend das Abendprogramm. Nonstop bis 21.30 Uhr.

Alltag in deutschen Kinderzimmern. Experten rätseln über die Folgen von Gewalt- und Erotik-TV.

FOCUS sprach mit einer „ganz normalen sechsten Klasse" (Deutschlehrer Ludwig Bernlochner) in München-Laim über ihre Ansichten zu Gewalt und Sex im TV. Die meisten der 24 Schüler sehen jeden Tag durchschnittlich 2,5 Stunden fern, kennen „Rambo" und „Alien". Sie glauben nicht alles, was sie sehen, und versuchen, sich in dem Wust aus Information und Fiktion* ein Bild von der Realität zu schaffen.

Die TV-Kids

Das TV-Leben der 6 b des Münchner Erasmus-Grasser-Gymnasiums (fünf Mädchen, neunzehn Jungen zwischen elf und dreizehn Jahren):
Nur ein Schüler ohne TV-Gerät, sechs mit eigenem Fernseher, sechzehn mit Kabelanschluß.
50 Prozent sahen den Prügelstreifen „Rambo", 40 Prozent kannten den Horrorfilm „Alien".
TV-Konsum täglich 30 bis 60 Min.: 3 Schüler; bis zu 2 Stunden: 3 Schüler; bis 3 Stunden: 15 Schüler; bis 4 Stunden: 3 Schüler.

Klasse 6b, FOCUS-Red. Bettermann und Frenckell, Lehrer (rechts)

FOCUS: Hat von euch schon jemand einen Film gesehen, bei dem er sich gegruselt hat?
Einheitliches Ja.
Manuel, 13: Ich hab' mal was Schreckliches gesehen: Einen Mann auf dem elektrischen Stuhl, der wurde voll elektrisiert, und dann ist sein Schädel zersprungen.
Andreas, 12: Einmal, bei „Frankenstein", da hat es einem das Hirn rausgebatzt.
Vera, 11: Den „Poltergeist", den hab' ich mit meinem Vater gesehen, da gibt es auch zerfleischte Kinder.
FOCUS: Konntest du denn danach schlafen?
Vera: Ich hatte Angst. Da habe ich im Bett von meinen Eltern geschlafen.
FOCUS: Was findet ihr schlimmer: Tote in den Nachrichten oder im Film?
Verena, 12: Es ist gruseliger im Film.
Johannes: Vielleicht, weil es schlimmer dargestellt wird als in den Nachrichten.
Manuel: Ich hab' mal „Die Reporter" auf PRO 7 gesehen, da war ein Kind, dem hatte eine Granate das Bein zerfetzt. Das war schlimmer als im Film. Denn das Kind kann jetzt wirklich nicht mehr laufen.
FOCUS: Findet du gut, daß so was gezeigt wird?
Manuel: Ja, schon, denn dann sieht man, wie schlimm der Krieg ist.
FOCUS: Glaubt ihr, daß das, was ihr im Film seht, der Realität entspricht?
Stefanie, 12: Bei Columbo, wenn der eine Leiche sucht, dann läßt er den ganzen Garten umgraben. Ich glaube nicht, daß die Polizei das echt tut.
Bastian, 12: Oft ist es aber schon realistisch. Zum Beispiel bei der Mafia, da geht es echt so brutal zu wie im Film.
FOCUS: Viele Leute sagen, Kinder werden gewalttätig, weil sie brutale Filme sehen. Glaubt ihr, daß das stimmt?
Anreas: Ich glaube, auf der Hauptschule passiert das öfter. Die finden das dann cool.
Stefanie: Die denken, wenn die das im Fernsehen machen, dann wird das schon gut sein.
FOCUS: Kommt es oft vor, daß ihr von anderen angepöbelt oder verprügelt werdet?
Verena: Ja, das passiert immer öfter. (Allgemeine Zustimmung)

Michael: Mir hat mal einer ein Feuerzeug an die Jacke gehalten, und dann hat mir sein Freund mit einem Messer ein volles Loch in die Jacke geschnitten.
Manuel: Einmal haben mich zwei, die waren schon 16 oder 18, brutal zusammengeschlagen.
FOCUS: Was waren das für Typen?
Manuel: Das waren halt solche, denen es Spaß macht, einen zu schlagen, damit sie sehen, wie jemand weint.
FOCUS: Wenn Kinder aggressiv sind, glaubt ihr, das liegt nur am Fernsehen, oder hat das vielleicht auch andere Gründe?
Andreas: Nicht nur am Fernsehen. Wenn das zum Beispiel Große machen, dann findet man das cool und will das auch machen.
Vera: Ich glaube, das liegt auch an der Erziehung. Wenn jemand immer von den Eltern geschlagen wird.
Michael: Wenn jemand neu auf eine Schule kommt, dann erkennt ihn keiner an. Erst wenn man einen schlägt, sagen die anderen: Wow, der ist gut.
FOCUS: Welche Filme verbieten eure Eltern?
Vera: Horrorfilme, weil ich dann nicht schlafen kann.
Manuel: Brutale Filme darf ich nur sehen, wenn mein Vater dabei ist.
FOCUS: Glaubt ihr, daß zu viel Fernsehen schädlich ist?
Vera: Ja, wenn man viel guckt, dann hat man gar keine eigenen Gedanken mehr. Dann verblödet man.

(FOCUS Nr. 11 v. 15.3.93, S. 102 ff.; Interview: Stella Bettermann/Jan Frenckell)

M 60

Was Jugendliche und Mütter sagen

Schüler: Der Terminator II war mein erster Gewaltfilm seit langer Zeit. Als ich so zwischen 14 und 16 Jahre alt war, da hat mich so was fasziniert: […] Solche Filme faszinieren in einer gewissen Altersstufe, danach nicht mehr. So ein Film gibt nichts her für die Lebensbewältigung […] Man muß nicht nur lernen, mit Gewalt in den Medien umzugehen, sondern auch mit der Gewalt unter den Mitschülern. Daß man lernt, Konflikte zu sehen und gewaltlos zu lösen, daß man einfach nicht nur stumm dasteht, wenn sich zwei schlagen, sondern daß man einfach sagt, wieso tut er das? Und ich glaube, das hilft viel mehr, wenn die Schüler anfangen zu begreifen, daß sie aus ihrem Passivismus heraus müssen und daß sie selber aufstehen müssen und Gewalt als Gewalt sehen und dagegen angehen.

Schüler: […] Aktenzeichen XY […] so mit zehn oder zwölf Jahren, da habe ich nicht schlafen können, die ganze Nacht […] Aber in dem Film – gut, das ist Science-fiction –, eine Maschine geht rum und erschießt Leute, das ist unrealistisch. Solche Filme provozieren die Gewalt von Jugendlichen überhaupt nicht. Was die Gewalt von Jugendlichen eher provoziert, das sind die sozialen Mißstände usw. Aber das kann man einfach nicht für voll nehmen, das ist lustig, witzig und mehr nicht. Man lacht darüber, wenn man sieht, da nimmt einer ein Maschinengewehr und schießt bom bom bom. Man weiß genau, so was kann man nicht machen. So was hat keine Wirkung auf Gewalttätigkeit und Aggression von Kindern.

Mutter: Meiner Ansicht nach muß Martina gute und schlechte Filme selbst kennenlernen und ihre eigenen Erfahrungen damit machen. Nur heile Welt ist sicher nicht gut. Gewalt gibt es ja auch in Wirklichkeit. Man muß das ja nicht nur negativ sehen, es könnte sie ja auch mal zu größerer Vorsicht anregen. Ich erhoffe mir, daß meine Tochter selbst die Reife hat bzw. entwickelt, damit fertig zu werden.

Mutter: Mein Sohn sitzt wie in ein Märchen vertieft vor dem Apparat und ist während der Sendung nicht ansprechbar. Mein Sohn findet die Handlung überhaupt nicht aggressiv, ich glaube, wir haben da eine andere Ebene von Auseinandersetzung. Mir kommt es so vor, als gäbe es in dieser Serie zwei

Gruppen von Gewalt: die gerechten und die ungerechten Gewalttäter […] Gewalt wird mit Gewalt bekämpft. Das führt bei Till schon zu Imponiergehabe. Auch habe ich schon aggressives Verhalten bei ihm und innerhalb seiner Gruppe bemerkt.

Schüler: Die Gewalt, die da gezeigt wird, ist nicht voll zu nehmen, es ist nicht Realität und wird es auch nie sein. Wenn man den Terminator verbieten will, dann müßte man auch Aktenzeichen XY verbieten. Nach XY konnte ich früher nie schlafen, weil das Realität ist, was man sieht. Aber dieser Film ist unrealistisch, provoziert keine Gewalt.

Schüler: Ich kann durch solche Filme innere Stauungen abreagieren und ausleben […] Das fasziniert mich, diese direkte, kompromißlose Art, wie Schwarzenegger Konflikte löst. Ich habe ein Problem, und das löse ich ohne groß zu diskutieren. Das hat einfach einen inneren Wunsch in mir angesprochen, das möchte ich vielleicht einfach auch mal machen. Aber klar, sage ich mir dann auch, daß ich das nie so umsetzen würde […]

(Wirtschafts-Spiegel, hg. v. Deutschen Sparkassenverlag, Nr. 2/1993, S. 10)

(Zeichnung: Erich Rauschenbach)

❶ Falls ihr nicht im Sinne von M 7 euren eigenen „TV-Konsum" schon festgestellt habt, solltet ihr vielleicht die Angaben zur Klasse 6 b (M 59) zum Anlaß nehmen, diese Überprüfung vorzunehmen und die Ergebnisse für eure Klasse mit den Angaben für die 6 b vergleichen (vgl. auch M 51 a/b).

❷ Hebt hervor, was euch an den Äußerungen der Schüler/innen auffällt. Wie verhalten sich die Aussagen zur Wirkung von Fernsehgewalt zu den Ergebnissen der Forschung (M 58 a/b)?

❸ Analysiert die einzelnen Äußerungen in M 60. Wie beschreiben die Jugendlichen ihre Reaktionen auf Gewaltdarstellungen im Fernsehen? Wie erklären sie die Entstehung von Aggression und Gewalt bei sich und anderen? Was sagen die Mütter dazu? Wie ist der Cartoon zu verstehen?

❹ Fertigt – ggf. als Hausarbeit – eine eigene Stellungnahme zur Frage der Wirkung von Fernsehgewalt an, aus der deutlich wird, daß ihr euch auch mit den wissenschaftlichen Forschungsergebnissen dazu beschäftigt habt.

4 Verbraucher und Markt

WERBUNG

Sonderangebot

PREISE

Verbraucherschutz

(Fotos: ANTHONY/Ege, Schröter; IFA-Bilderteam/Schösser, COMNET)

„Verbraucher und Markt" – ein Thema für Schüler einer Jahrgangsstufe 8? Ist das nicht eher ein Thema für die Eltern? –
Doch auch Kinder und Jugendliche werden in unserer Wirtschaft in vielfältiger Weise umworben. Und das nicht ohne Grund, denn
- Kinder und Jugendliche verfügen über eine erhebliche Kaufkraft (berücksichtigt man die 12–21jährigen, ergibt sich eine Summe von ca. 30 Milliarden DM im Jahr 1993); sie sind somit ein wichtiger Wirtschaftsfaktor.
- Kinder und Jugendliche beeinflussen in starkem Maße die Konsumgewohnheiten in der Familie.
- Konsumgewohnheiten, die schon im frühen Alter „eingeschliffen" werden, werden später selten geändert.

Der 1. Abschnitt dieses Kapitels will vor allem aufzeigen, wie und wovon Verbraucher bei ihren Kaufentscheidungen beeinflußt werden können.

Wir haben ein Fallbeispiel „Thomas braucht neue Turnschuhe" ausgewählt, das in die Thematik einleitet und uns auch bei der weiteren Arbeit zu den verschiedenen Fragestellungen begleitet (bis einschl. 5. Abschnitt).

Wenn wir uns im 1. Abschnitt mit dem Thema „Werbung" beschäftigen, bleibt es nicht aus, daß ihr konkrete Werbeanzeigen in diesem Buch findet. Natürlich wollen wir hier keine Werbung für bestimmte Produkte unterstützen; vielmehr sollen an ausgewählten Beispielen ganz bestimmte Werbetechniken aufgezeigt werden, die Marketingwissenschaftler* entwickelt haben, um Verbraucher gerade für ein bestimmtes Produkt zu interessieren und evtl. zum Kauf zu bewegen. Diese Techniken sollt ihr durchschauen lernen.

Der 2. Abschnitt zeigt anschließend, wie und wo sich Konsumenten über Produkte und für Verbraucher wichtige Gesichtspunkte informieren können.

Der 3. und 4. Abschnitt führt euch ein in wichtige wirtschaftliche Fragestellungen wie z.B. „Wie kommt ein Verkaufspreis zustande?" und „Was ist ein Markt? Wie funktioniert er bzw. soll er funktionieren?"

Sicherlich habt ihr schon öfter gehört oder selbst erlebt, daß Verbraucher mit den Produkten oder den Verkäufern und Geschäften unzufrieden waren. „Welche Rechte und Möglichkeiten hat der Verbraucher eigentlich?" Dieser Frage gehen wir im 5. Abschnitt nach.

Wovon Bedürfnisse beeinflußt werden (Werbung/Meinungsführer/Bezugsgruppen)

Thomas braucht neue Turnschuhe

M 1

Schlecht gelaunt kommt Thomas von der Schule nach Hause und wirft seine Schultasche wütend in die Ecke.
„Jetzt bin ich es aber endgültig leid!" schimpft er laut vor sich hin.
„Nun mal langsam, mein Sohn! Was ist denn schon wieder los?" will seine Mutter wissen.
„Ich brauche unbedingt neue Turnschuhe! Meine sind ja schon uralt! Außerdem meckern alle dauernd an ihnen herum! Sabine findet, daß sie ‚unmöglich' aussehen und völlig ‚out' sind, Gerd ‚quietschen' sie zu laut

(Autorentext)

und Mike meint, ich hätte darin ‚Entenfüße'. Christine, unsere Sportskanone, die sich mit Turnschuhen echt auskennt, weil sie jeden Tag 10–15 km Jogging macht, hat sogar festgestellt, daß die Sohlen viel zu weich und die Hinterkappen viel zu labil sind. Ich sollte aufpassen, daß ich mir die Füße nicht ‚kaputtmache'. Also, du siehst, ich kann unmöglich weiter in diesen ‚Dingern' herumlaufen! Wir müssen neue kaufen! Ich habe in der letzten Woche auch schon ganz tolle in einer Werbeanzeige gesehen!"

„Das sagst du so einfach! Turnschuhe sind gar nicht mal so billig, und ich muß bei meinem Haushaltsgeld ganz schön rechnen. Außerdem braucht dein Bruder Klaus einen neuen Anorak. Also, vorläufig mußt du noch warten!"

Thomas will sich inzwischen erst einmal über Turnschuhe informieren und sieht sich besonders interessiert entsprechende Anzeigen in der Zeitung an:

Bei Thomas ist der Wunsch entstanden, neue Turnschuhe zu kaufen. Welche Gründe dafür ausschlaggebend waren, solltet ihr noch einmal genau herausstellen (M 1). In der ökonomischen* Fachsprache wird Thomas' Wunsch als „Bedürfnis" bezeichnet (vgl. dazu auch „Politik 1", Kap. Bedürfnisse).

Bedürfnisse können nach verschiedenen Merkmalen geordnet werden. Darüber geben euch die folgenden Materialien Aufschluß.

M 2 a

Bedürfnisse der Menschen

Bedürfnisse haben wir, solange wir leben. Schon der Säugling hat Bedürfnisse nach Nahrung, Wärme usw. Er ist sich dessen nicht bewußt, aber er schreit, wenn er Hunger hat oder friert. Am Anfang unserer Bedürfnisse steht ein Gefühl des Mangels. Wir stellen unbewußt oder bewußt fest, daß uns irgendetwas fehlt, das wir unbedingt zum Leben brauchen oder das uns das Leben angenehm macht. Und aus diesem Mangelgefühl heraus entsteht das Bedürfnis (= Wunsch), diesen Mangel zu beseitigen. Und dazu braucht man wirtschaftliche Güter. Ja, man kann sagen, die Wirtschaft hat die Aufgabe, die Mittel bereitzustellen, die wir zur Befriedigung unserer vielfältigen Bedürfnisse brauchen.

Die Bedürfnisse des Menschen sind groß und vielfältig. Um sie übersichtlich zu machen, kann man sie in verschiedene Gruppen einteilen. Man unterscheidet Kollektivbedürfnisse und Individualbedürfnisse. Diese werden wiederum in Existenz-, Zivilisations- und Luxusbedürfnisse unterteilt.

Existenz- oder Grundbedürfnisse

Darunter versteht man die elementaren Lebensbedürfnisse, ohne deren Befriedigung wir nicht leben können. Damit soll das Existenzminimum* sichergestellt werden. Dazu zählen Nahrung, Kleidung und Wohnung.

Zivilisationsbedürfnisse

Sie richten sich nach der Zivilisationsstufe*, d.h. nach dem Lebensstandard eines Volkes. Es sind Bedürfnisse, deren Erfüllung nicht lebensnotwendig ist, die aber das Leben erleichtern und angenehmer machen. Und es sind Bedürfnisse, die den Grad der Zivilisierung der menschlichen Persönlichkeit anzeigen. Zwei Beispiele sollen diese Bedürfnisse erläutern: Die Steinzeitmenschen schliefen auf einem Fell, wir ziehen ein bequemes Bett vor. Früher wusch man die Wäsche auf dem Waschbrett am Bach, heute haben die meisten Haushalte eine Waschmaschine. Die Güter, die wir zur Befriedigung unserer Zivilisationsbedürfnisse benutzen, sind z.B. Radio, Fernseher, Waschmaschine, Bücher, Konzerte usw.

Luxusbedürfnisse

Es ist sehr schwierig, Luxusbedürfnisse eindeutig festzulegen. Sie gehen über die Zivilisationsbedürfnisse weit hinaus. Ihre Befriedigung verleiht Ansehen und Prestige. Man kann sagen, daß Luxusbedürfnisse sich auf Güter richten, die so teuer sind, daß nur ein ganz geringer Teil der Bevölkerung sich diese Güter auch leisten kann, wie z.B. teuren Schmuck, Sportwagen, Hochseeyacht usw. Mit wachsendem Lebensstandard werden die Luxusbedürfnisse geweckt, weil der steigende Wohlstand dafür noch Mittel übrig läßt.

Kollektivbedürfnisse (Gemeinschaftsbedürfnisse)

Viele Bedürfnisse, die der einzelne Mensch hat, kann er durch sein Tun und Handeln nicht allein befriedigen, sondern dazu ist nur die Allgemeinheit in der Lage. Die Befriedigung der Kollektivbedürfnisse ist eine Gemeinschaftsaufgabe, deren Erfüllung aber allen zugute kommen muß. Die Güter zur allgemeinen Bedürfnisbefriedigung nennt man Kollektivgüter.

Bedürfnisse			
Existenzbedürfnis	Zivilisationsbedürfnis	Luxusbedürfnis	Kollektivbedürfnis
Nahrung	Radio	Schmuck	Krankenhaus
Wohnung	Waschmaschine	Luxusvilla	Schule
Kleidung	Auto	Yacht	Straßen

(Aus: Zeep, Wolf-Dieter: Einmaleins der Wirtschaft, hrsg. v. Deutschen Sparkassenverlag, Stuttgart 1981, S. 7 f.)

M 2 b

Stufenleiter der Bedürfnisse

(nach Maslow)

Stufe 5
Bedürfnisse nach Selbsterfüllung
Selbstverwirklichung
volle Verwirklichung
der eigenen Möglichkeiten,
Selbständigkeit

Stufe 4
Bedürfnisse nach
Wertschätzung, nach Prestige, Macht,
Anerkennung

Stufe 3
Soziale Bedürfnisse
Kontakt zu anderen Menschen, Zusammengehörigkeit,
Streben nach Aufnahme in bestimmte Gruppen

Stufe 2
Sicherheitsbedürfnisse
Materielle und immaterielle Sicherung des Arbeitsplatzes, der
Altersversorgung

Stufe 1
Grundbedürfnisse
Befriedigung von Hunger, Durst, Schlaf, Bewegung. Ausreichender
Lebensstandard, Wohlstand, Vermögen.

Diese Bedürfnisse sind der Rangordnung nach gestuft, entsprechend der Theorie einiger amerikanischer Wissenschaftler. Sind die unteren Bedürfnisse (Stufe 1) erfüllt, so werden die nächst höheren am wichtigsten.

(Franz Decker, Wirtschaft und Arbeit, Schöningh Verlag, Paderborn 1980, S. 35)

❶ Erläutere die verschiedenen angeführten „Bedürfnisse", und führe weitere Beispiele an (M 2 a).

❷ Wodurch unterscheiden sich die Kollektivbedürfnisse grundlegend von den anderen genannten Bedürfnissen?

❸ In M 2 b werden Bedürfnisse anders geordnet. Erläutere die Vorgehensweise und versuche, die hier angesprochenen Bedürfnisse an Beispielen zu verdeutlichen.

❹ Versuche, Thomas' Wunsch nach neuen Turnschuhen in die beiden „Ordnungsschemata" (M 2a/b) einzuordnen. Dabei ist es wichtig zu beachten, aus welchen Gründen Thomas neue Turnschuhe kaufen will.

❺ Erscheint dir bei der Bearbeitung von Aufgabe 4 eines der beiden Ordnungsschemata geeigneter zu sein? Begründe deine Meinung!

(Autorentext)

Thomas ist nicht ganz zufrieden mit den Informationen aus den Werbeanzeigen, denn genügend Entscheidungshilfen für einen eventuellen Schuhkauf hat er so nicht bekommen. Als er zufällig seiner Politiklehrerin davon erzählt, erfährt er, daß Werbung auch noch andere Zielsetzungen verfolgt, als den Verbraucher nur zu informieren; und Frau Schwarz nimmt Thomas' Problem zum Anlaß, einige Unterrichtsstunden zum Thema „Werbung" zu halten. Dafür bringt sie interessante Materialien mit.

M 3 a

So beginnt der Tag…

…fröhlich mit einem „Guten Morgen, Guten Morgen, Guten Morgen!"
Im Badezimmer bricht der Kampf aus um „Mein … Dein … Unser Deo", damit die „Aprilfrische eines irischen Frühlings" uns den ganzen Tag begleitet. Mutter hat inzwischen ihrer Haut die „natürliche Hauttönung" gegeben. Sie bereitet in der mit „moderner Technik zum vernünftigen Preis" eingerichteten Küche den Kaffee.
Einen „magenfreundlichen Schonkaffee für die ganze Familie."
„Sie versteht eben die Kunst des Verwöhnens", und jeder „neue Tag" beginnt mit „einer guten Tasse Kaffee."

Oma trinkt statt dessen ein „stilles Heilwasser aus den Quellen des Schwarzwaldes", denn „schließlich ist sie ihrer Gesundheit etwas schuldig!"

Nach dem Frühstück wird noch schnell festgestellt, ob Peter seine Zähne richtig geputzt hat..., „der Kautest bringt den Beweis: rote Zähne, also Zahnbelag". Vater ordnet längeres Zähneputzen an, damit Peter auch morgen „kräftig zubeißen kann".

Nach dem Kaffee holt sich Mutter etwas Leichtes, eine Zigarette, die sie „gut gelaunt genießen" kann. Papa fährt mit seinem „ehrlichen Auto" „des Jahres", in dem er nicht nur „Spaß beim Fahren", sondern endlich auch „Bewegungsfreiheit" hat, zur Arbeit.

(Aus: betrifft uns, 71/6, S. 1)

M 3 b
„Blödsinnig – diese Werbung"

(Zeichnung: Ernst Hürlimann)

M 4 a
Werbung – wozu?

Wer Produkte verkaufen will, muß sie dem Käufer auch bekannt machen. Das Produktangebot ist so vielfältig, daß der Verbraucher dieses Angebot nur in den seltensten Fällen überschauen und beurteilen kann.

Häufig nimmt er gar nicht wahr, welche Vorzüge und Nachteile die einzelnen Produkte haben. Wer Kunden gewinnen will, muß sich schon etwas einfallen lassen.

Das ist auch der Grund, weshalb die Geschäfte ohne Werbung kaum auskommen.

Das gilt auch für politische Werbung, wenn man sich zum Beispiel an Wahlkampagnen und Fernsehauftritte von Politikern erinnert.

Für den Anbieter von Waren hat die Werbung folgende Aufgaben:
– Ein Produkt soll bekannt gemacht werden.
– Sie soll Informationen über das Produkt liefern.
– Sie soll für das Produkt ein gutes Image aufbauen.
– Sie soll den Verbraucher zum Kauf veranlassen.

M 4 b
Wer Produkte verkaufen will, muß seine Kunden kennen

Wer etwas verkaufen will, muß nicht nur wissen, womit er wirbt, sondern er muß auch wissen, wem er was verkaufen will.

Er muß zum Beispiel die Bedürfnisse, Gewohnheiten und Wünsche der Verbraucher kennen, oder er muß sie für seine Ziele entsprechend beeinflussen. Einzelne Unternehmen sind in der Regel überfordert, das zu leisten. Nicht selten werden deshalb Werbeagenturen beauftragt, für sie die Werbemaßnahmen durchzuführen.

Die Werbeagentur beschäftigt Werbefachleute, die Spezialisten für alle möglichen Werbefragen sind und regelrechte „Schlachtpläne" für „Werbefeldzüge" entwerfen.

Sie studieren die Eigenschaften eines Produktes, mögliche Absatzmärkte,

das Verhalten bestimmter Verbrauchergruppen, die Gründe für den Kauf eines Produktes und welche Konkurrenten solch ein Produkt ebenfalls anbieten.
Um zum Beispiel das Verbraucherverhalten von Jugendlichen herauszufinden, untersuchen die Werbespezialisten bis ins Detail,
– über wieviel Geld sie verfügen,
– welche Freizeitgewohnheiten sie haben,
– welche Kleidung sie besonders mögen,
– welche Musik sie gerne hören,
– mit wem sie gerne zusammen sind,
– welche Sprache sie sprechen
und vieles mehr.

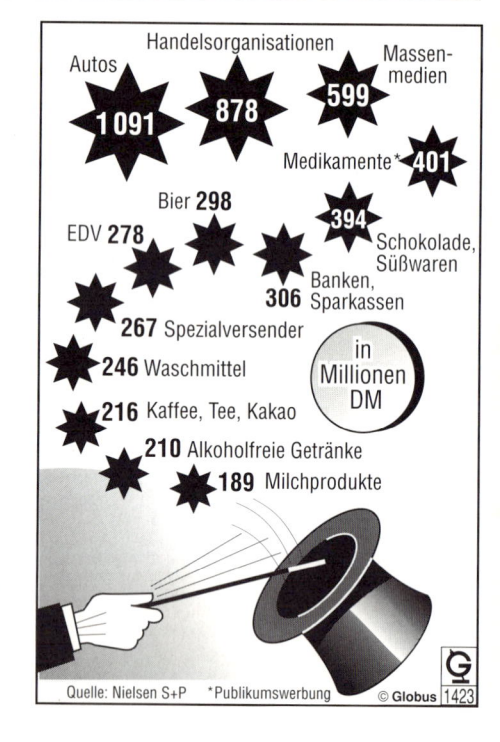

(M 4 a und b aus: F.-J. Kaiser/ H. Kaminski: Jugend und Konsum, Folge 3: Verführer und Verführte, Arbeitsmaterial für Schüler, in: Praxis Schulfernsehen 106/1985)

M 4 c **Wofür Werbung wirbt**

Werbeaufwendungen im 1. Halbjahr 1993 in Mio. DM für:

Handelsorganisationen 878
Autos 1091
Massenmedien 599
Medikamente* 401
Bier 298
EDV 278
Schokolade, Süßwaren 394
Banken, Sparkassen 306
267 Spezialversender
246 Waschmittel
216 Kaffee, Tee, Kakao
210 Alkoholfreie Getränke
189 Milchprodukte

in Millionen DM

Quelle: Nielsen S+P   *Publikumswerbung   © Globus 1423

❶ M 3 a und 3 b benutzt Frau Schwarz zum Einstieg in das Thema „Werbung". Worauf will sie aufmerksam machen?

❷ Ihr könnt versuchen, den Tagesablauf der einzelnen Familienmitglieder „fortzuschreiben" oder den Tag der Familie ausklingen zu lassen: „So endet der Tag…".

❸ M 4 a–c bieten Informationen darüber,
– aus welchen Gründen Werbung gemacht wird,
– wie dabei vorgegangen wird,
– wieviel Geld Werbetreibende 1993 wofür ausgegeben haben.

Ihr könnt für euren Klassenraum eine Wandzeitung zum Thema „Werbung und Werbetechniken" erstellen und darauf diese ersten Informationen zu „Werbung" festhalten. Sucht nach Beispielen für Werbung (z.B. Anzeigen), die sich speziell an Jugendliche richten (woran erkennt man das?).

❹ Versucht Informationen darüber zu bekommen, wie hoch der Anteil der Werbeeinahmen eurer regionalen Tageszeitung(en) an den Gesamteinnahmen ist. Lassen die Zahlen Schlußfolgerungen zu? (Vergleiche auch Kap. 3, M 39, M 48).

M 5

Umsatz und Werbung auf Märkten für Kinder

Auf den Märkten für die 8,5 Millionen Kinder bis fünfzehn Jahren wird viel Geld umgesetzt. 724 Millionen Mark wurden 1986 in der Bundesrepublik für Baby- und Kleinkindernahrung ausgegeben. Rund zwölf Millionen Mark investierten die Hersteller in Werbung für Kleinkindnahrung, damit der Absatz nicht in den Keller rutschte.

Für fast 3,5 Milliarden Mark wurden 1986 vom deutschen Spielwarenhandel Puppen und Holzspielzeug, Eisenbahnen und Kunststoffbären, Felltiere und Gummibälle an Mann, Frau und Kind gebracht. Aus 300 000 verschiedenen Spielwaren galt es, das richtige Material für den Nachwuchs auszusuchen. Der Vier-Personen-Arbeitnehmer-Haushalt mit durchschnittlichem Einkommen ließ 1985 durchschnittlich 262 DM Mark für Spielzeug springen, der Vier-Personen-Beamten- und Angestelltenhaushalt 292 Mark. Die häufigsten Kunden waren Eltern von Kindern unter vierzehn Jahren.

Dem Milliarden-Umsatz standen '85 Ausgaben für die Werbung in Höhe von 52 Millionen Mark gegenüber. Zwei Drittel heimste das Fernsehen ein, der Rest fiel fast vollständig an die Publikumszeitschriften.

Schon 4,65 Milliarden Mark klingelten 1985 in den Kassen des Einzelhandels für Baby- und Kinderkleidung. 468 Mark geben Eltern im Schnitt und pro Jahr mindestens für die Bekleidung eines Kindes aus. Die Zahl dürfte noch höher liegen, denn eine Abgrenzung der Kinderoberbekleidung ist schwieriger, weil viele Zwölf- und Dreizehnjährige bereits in Kleidergrößen für Erwachsene schlüpfen.

(Aus: Vorwärts, Nr. 51/52 v. Dez. 1987; Verf.: Klaus Vater)

M 6

Verhaltensregeln des Deutschen Werberats für die Werbung mit und vor Kindern in Werbefunk und Werbefernsehen, in Kraft getreten im Januar 1974

Der Deutsche Werberat will einem den Grundsätzen des lauteren oder der Wirksamkeit eines leistungsgerechten Wettbewerbs zuwiderlaufenden Verhalten im Wettbewerb entgegenwirken und ein diesen Grundsätzen entsprechendes Verhalten im Wettbewerb anregen.

Er setzt sich für die Einhaltung der „Internationalen Verhaltensregeln für die Werbepraxis" ein, die in Artikel 13 bestimmen: „Die Werbung soll sich nicht die natürliche Leichtgläubigkeit der Kinder oder den Mangel an Erfahrung von Jugendlichen zunutze machen oder ihr Anhänglichkeitsgefühl ausnutzen. Werbung, die sich an Kinder und Jugendliche wendet, soll im Text oder Bild nichts enthalten, was geeignet ist, ihnen geistigen, moralischen oder physischen Schaden zuzufügen."

Der Deutsche Werberat hat deshalb folgende Verhaltensregeln für die Werbung mit und vor Kindern in Werbefunk und Werbefernsehen aufgestellt:

Bei der Werbung mit Kindern und bei der Werbung, die sich speziell an Kinder wendet, sind insbesondere die nachstehenden Grundsätze bei der Gestaltung und Durchführung von Werbemaßnahmen zu beachten:

1. Sie sollen keinen Vortrag von Kindern über besondere Vorteile und Eigenarten des Produktes enthalten, der nicht den natürlichen Lebensäußerungen des Kindes gemäß ist.

2. Sie sollen keine direkten Aufforderungen zu Kauf oder Konsum an Kinder enthalten.
3. Sie sollen keine direkten Aufforderungen von Kindern und/oder an Kinder enthalten, andere zu veranlassen, ein Produkt zu kaufen.
4. Sie sollen nicht das besondere Vertrauen, das Kinder bestimmten Personen entgegenzubringen pflegen, mißbräuchlich ausnutzen.
5. Aleatorische* Werbemittel (z.B. Gratisverlosungen, Preisausschreiben und -rätsel u.ä.) sollen die Umworbenen nicht irreführen, nicht durch übermäßige Vorteile anlocken, nicht die Spielleidenschaft ausnutzen und nicht anreißerisch belästigen.
6. Sie sollen strafbare Handlungen oder sonstiges Fehlverhalten, durch das Personen gefährdet werden können, nicht als nachahmenswert oder billigenswert darstellen oder erscheinen lassen.

(Aus: Deutscher Werberat/edition ZAW. Bonn, 3. Auflage 1987, S. 40)

M 7

Minis machen Freunde

(Alfred Ritter GmbH & Co KG, Waldenbuch)

❶ Versucht, die in M 5 enthaltenen Informationen tabellenförmig festzuhalten. Dazu müßtet ihr zunächst folgendes klären:
– Welche „Märkte" (vgl. M 26 a/b) werden angesprochen?
– Welche Zahlen werden gegenübergestellt?
– Welche Jahreszahlen gilt es festzuhalten/werden miteinander verglichen?

❷ Der Deutsche Werberat hat für die „Werbung mit und vor Kindern" Verhaltensregeln aufgestellt (M 6).
a) Wie wird diese Maßnahme begründet?
b) Versucht, die sechs angeführten Regeln zu verdeutlichen.

❸ In M 7 wird mit Kindern Werbung betrieben. Beurteilt diese Anzeige nach den vom Werberat aufgestellten Regeln. Vielleicht könnt ihr den Werberat selbst um Stellungnahme bitten. (Zentralverband der deutschen Werbewirtschaft e.V. [ZAW], Postfach 20 14 14, 53144 Bonn)

176

M 8 a

Kaufkraftpotential* von Teens und Twens wächst

Das Kaufkraftpotential* der deutschen Jugendlichen zwischen 12 und 21 Jahren wächst. Der Grund: Immer mehr junge Bundesbürger dieser Altersgruppe, die rund 10% der gesamten Bevölkerung in der Bundesrepublik umfaßt, erhalten in Zukunft „höhere Geldzuwendungen und treffen früher als bisher selbständig ihre Kaufentscheidungen". Zu diesem Ergebnis kommt eine Studie der Verlagsgruppe Bauer, Hamburg.

Die Jugendlichen zwischen 12 und 21 Jahren verfügen über eine Geldmenge von insgesamt etwa 30 Mrd. DM, schätzen die Verfasser der Studie. Das Taschengeld werde allerdings nur für wenige ausgewählte Produkte ausgegeben. Darunter befänden sich Unterhaltungselektronik und Home-/Personal-Computer, Bekleidung, Körperpflege und Kosmetik sowie Getränke.

Die Kaufentscheidung der Jugendlichen auf dem Markt der Unterhaltungselektronik werde vor allem durch die *Freizeitbeschäftigungen* „Musik hören" sowie „Fernsehsendungen sehen" beeinflußt, heißt es in der Studie. So besitzen nach Angaben der Verfasser in den alten Bundesländern zwei Drittel der zwischen 13 und 15 Jahre alten Jugendlichen einen Radiorecorder, 40% einen Plattenspieler bzw. eine Stereo-Hifi-Anlage, ein TV-Gerät, ein Koffer- bzw. Taschenradio oder Computer und sogar rund 80% einen Walkman.

In den neuen Bundesländern existiere noch ein großer *Nachholbedarf* an Unterhaltungselektronik. So wünschen sich 26% der ostdeutschen Jugendlichen zwischen 14 und 19 Jahren eine Video-Kamera, in den alten Bundesländern seien es nur 14%; bei Hifi-Stereo-Anlagen in Ostdeutschland 25%, in Westdeutschland sogar 40%.

Entsprechend hoch sei auch das Bedürfnis der Jugendlichen nach *Produktinformationen*. In der Altersgruppe zwischen 14 und 16 Jahren interessieren sich in den alten Bundesländern 60% der Jugendlichen für Informationen über Stereo-Hifi-Anlagen, 51% für Videorecorder, 28% für Home/Personal-Computer, in den neuen Bundesländern sind es 62% für Stereo-Hifi-Anlagen, 58% für Videorecorder, 49% für Home-/Personalcomputer.

Vor allem bei den Home-Computern zeigen die Jugendlichen zwischen 13 und 15 Jahren hohes *Markenbewußtsein*. Wie aus der Studie hervorgeht, sind 59% in dieser Altersgruppe „markenbewußt"; davon können 91% ihre „Markenvorstellung bei der Anschaffung durchsetzen". Relativ hoch sei auch der Anteil der markenbewußten jungen Besitzer bei Videospielen, Walkmen und Stereo-Hifi-Anlagen.

Auch *Kosmetikprodukte* seien bei den Jugendlichen „in". Die Nachfrage nach Kosmetika weise allerdings geschlechtsspezifische Unterschiede auf. Für Pflegeprodukte sowie dekorative Kosmetik interessieren sich in Westdeutschland 37%, in Ostdeutschland 46% der Jugendlichen zwischen 14 und 19 Jahren. Bei der Haarpflege sind es im Westen 57%, im Osten 64%, bei Schönheitskosmetik 33 bzw. 34% und Herrenkosmetik, Rasierbedarf 23 bzw. 32%.

Auch alkoholfreie *Erfrischungsgetränke* stellen bei den Jugendlichen ein großes Markenpotential dar. Nach Angaben der Bauer-Studie liegt der Verbraucheranteil bei fast allen Getränkearten unter den 14- bis 19jährigen erheblich höher als bei den Erwachsenen. Einzige Ausnahme seien Mineralwässer. Das Markenbewußtsein bei einzelnen Getränken unter den Jugendlichen sei unterschiedlich ausgeprägt. Unter den westdeutschen Bundesbürgern zwischen 13 und 15 Jahren achten 38,3% bei Fruchtsäften auf die Marke, 42,5% bei Limonaden, 63,7% bei Cola-Getränken.

Die *Akzeptanz** von Werbung unter den jugendlichen Konsumenten sei teilweise höher als bei den Erwachsenen. Während 54% der 14- bis 19jährigen Werbung unterhaltsam finden, seien es bei den über 20jährigen nur 50%.

Auch der *Unterhaltungswert* der Werbung werde für die Jugendlichen immer wichtiger. So steigt nach Angaben der Bauer-Studie zunehmend der Anspruch hinsichtlich Witz und Originalität der Produktaussagen. Da die jungen Bundesbürger immer „werbegeübter" seien, werden *Klischees** schnell entlarvt.

(HANDELSBLATT v. 5.1.1993)

M 8 b

Klamotten, die anziehen

Je teurer, desto besser – die Industrie hat sich auf die Kids eingestellt und bei ihnen das große Markenbewußtsein geweckt.

Alles ist anders im Land der Markenkids, sie haben eine eigene Sprache, eigene Regeln und eigene Götter. Die heißen Diesel, Stüssy, Chevignon, Nike und Levi's und sind für die Kids genauso wichtig wie für Mami das Louis-Vuitton-Täschchen und der Boss-Anzug für Papi. Was „in" oder „out" ist, wird auf dem Schulhof entschieden.

Schwer am Fuß, weit um die Beine, schmal am Oberkörper und eckig am Kopf: So sieht ein Kind mit den derzeitigen Kult-Klamotten wie Baseballkappe, XX-large-Hose und dem Pulli von Major Force aus.

„Produkte und Marken werden in der Gruppe diskutiert. Wichtige Leitbilder in puncto Kleider sind Stars. Welche Kleidung und Accessoires sie tragen, wird mit großer Aufmerksamkeit beobachtet", sagt Jürgen Meixner, Psychologe und Mitarbeiter des Münchner Instituts für Jugendforschung. Je teurer die Marke, desto besser, glauben 60 Prozent der Jugendlichen in den alten Bundesländern und sogar 63 Prozent in den neuen Bundesländern.

Mit dieser Einstellung lassen sich natürlich gigantische Umsatzsteigerungen erzielen. Nike verdoppelte seinen Umsatz von 1990 bis 1992. Levi Strauss Deutschland steigerte sich von 220 Millionen im Jahr 1990 auf 408 Millionen im vergangenen Jahr. Für 1993 rechnet Marketing Service Manager Alois Burkart mit 500 Millionen. „Anfang der 80er Jahre waren die Zahlen bei uns im Keller. Erst als wir 1985 mit gezielter Jugendwerbung für die 501 begannen, stiegen die Zahlen. Noch vor zehn Jahren war eine Jeans eine Jeans."

Der Kampf um die Konsumkids wird allerdings härter. Das Statistische Bundesamt schätzt, daß die Zahl der Zwölf- bis 21jährigen von heute 7,5 Millionen auf 5,7 Millionen im Jahr 2030 schrumpfen wird. Damit die Industrie weiß, wie man in Zukunft finanzkräftige Kinder ködert, wurden allein in den vergangenen drei Monaten drei Studien von Werbeagenturen über das Lebensgefühl, Einkaufsverhalten und Markenbewußtsein des jungen Europäers angefertigt. „Eurokids", „Future Youth" oder „Yoyo" (Jugend observiert jugendliche Manien) heißen die europaübergreifenden Jugenduntersuchungen, die alle nur das eine feststellen: die Kids von heute betreiben Shopping als Selbstinszenierung, sind zuversichtlich, daß sie auch als Erwachsene genug Geld haben werden, um alle wichtigen Konsumwünsche erfüllen zu können. Ständig im Gespräch bleiben, lautet denn auch das Credo der Werbestrategen für die Zukunft. „Nur dann hat man Chancen, im Markenspeicher positiv etabliert zu werden", so Jürgen Meixner.

(STERN Nr. 41/1993, S. 116f.)

Kinder kommen ganz groß raus – in sportlicher XX-Large Mode
(Foto: Götz Schwan/STERN)

❶ Wie wird das gestiegene Kaufkraftpotential* der deutschen Jugendlichen erklärt (M 8 a)?

❷ Unterscheidet die unterschiedlichen Käufergruppen, und ordnet ihnen die entsprechenden bevorzugten Produkte zu (M 8 a). Überraschen euch einzelne Untersuchungsergebnisse?

❸ Ihr könnt in eurer Klasse/Jahrgangsstufe eine Befragung zum Thema „Taschengeld" durchführen und in diesem Zusammenhang auch die bevorzugten Produkte ermitteln. (Zur Methode der Befragung siehe auch S. 404.)

❹ In M 8 a wird auch der „Unterhaltungswert der Werbung" angesprochen. Was ist damit gemeint? Stelle Vermutungen darüber an, warum im verstärkten Maße Spots mit hohem Unterhaltungswert gesendet werden. Nenne konkrete Beispiele. Nach der Bearbeitung der Materialien M 9–M 16 kannst du begründet zu diesem Aspekt Stellung nehmen.

❺ In M 8 b werden Kinder und Jugendliche als „Konsumkids" dargestellt, die von der Bekleidungsindustrie „geködert" werden. Stellt dar, mit welchen Mitteln und mit welchem Erfolg das geschieht.

❻ „Je teurer die Marke, desto besser!" Bestimmt diese Einstellung auch euer Konsumverhalten? Diskutiert die Folgen, die sich aus dieser Meinung ergeben! (M 8 b)

M 9 a

Aufmerksam machen, anregen, aktivieren

Die Werbung will an erster Stelle die Aufmerksamkeit wecken, weil sie den Verbraucher für die Werbebotschaft zugänglich machen soll.

Durch verschiedene Reize, die wir mit unseren Sinnesorganen aufnehmen, wie z.B. Töne, Bilder und Worte, soll in uns eine innere Spannung oder Erregung entstehen.

Die Werbung benutzt hauptsächlich drei Gruppen von Reizen:
– emotionale Reize, die Gefühle ansprechen,
– gedankliche Reize und
– gegenständliche Reize.

Emotionale Reize

Erzeugt werden diese in der Werbung durch erotische Abbildungen sowie Motive, die auf dem Kindchenschema aufbauen.

Erotische Abbildungen sprechen die sexuellen Gefühle an. Sie sind besonders geeignet, unsere Aufmerksamkeit zu wecken, weil sie sich kaum abnutzen und immer neu wirken. Sie wirken auf fast jeden, unabhängig vom Alter, Geschlecht, von der Bildung usw.

Das „Kindchenschema" beruht auf Abbildungen von kleinen Kindern mit großem runden Kopf, kurzen dicken Gliedmaßen und großen Kulleraugen. Solche Bilder können vor allem bei jungen Frauen emotionale Reize auslösen, weil sie sich an die Muttergefühle wenden.

Gedankliche Reize

Sie entstehen vor allem dann, wenn durch die Werbebotschaft Widersprüche und Überraschungen ausgelöst werden.

Der Verbraucher wird zur gedanklichen Verarbeitung der Information angeregt. Ein Beispiel für gedankliche Reize sind ungewohnte Schreibweisen. In einer Anzeige des Schreibmaschinenherstellers IBM sieht das Wort Schreibmaschine so aus:

schreIBMaschine

In Untersuchungen wurde festgestellt, daß gedankliche Reize den emotionalen Reizen unterlegen sind.

Gegenständliche Reize

Die Größe, Farbe, Helligkeit, Lautstärke der Werbung sind Reize, die ebenfalls unsere Aufmerksamkeit wecken.

Farbige Anzeigen oder Plakate regen mehr an als nichtfarbige. Mehrfarbig gestaltete Werbung hat wiederum eine größere Wirkung als einfarbige. Die Wirkung ist auch von der Größe abhängig. Eine große Anzeige wird häufiger beachtet als eine kleine.

Die Werbung weiß, daß Informationen – und seien sie noch so vernünftig – von allen Menschen nur dann aufgenommen und wirkungsvoll verarbeitet werden, wenn die Empfänger hinreichend wach, aufmerksam, erregt, d.h. aktiviert sind.

M 9 b

„Wir haben ein erstklassiges Plakat, was uns jetzt fehlt, ist ein Artikel, für den wir damit werben können."

(Die Welt, 16.4.1981)

❶ Aus M 9 a könnt ihr erfahren, daß Werbung hauptsächlich drei Gruppen von Reizen verwendet.
– Erläutere diese „Reizgruppen" und beschreibe deren jeweilige Wirkungsweise.
– Untersuche, welche „Reizgruppen" in den in M 9 b dargestellten Anzeigen wiederzufinden sind.

❷ Suche unter diesen Gesichtspunkten Werbeanzeigen aus, und erkläre die verwendeten Werbetechniken (Ergänzt eure Wandzeitung!). Beachtet auch die Anzeigen zu den Jogging-Schuhen (M 1).

M 10 a

Schnellschuß ins Gehirn

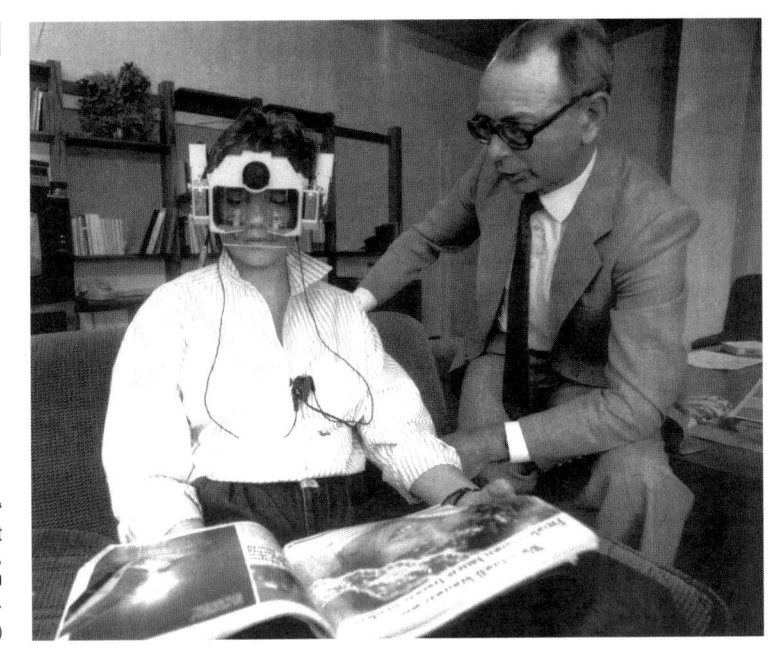

Mit dem „Eye-Mark-Recorder"
testet
Professor Werner Kroeber-Riel,
was Konsumenten
am meisten ins Auge sticht.
(Foto: Fred Ihrt/STERN)

Ein Wissenschaftler belegt, daß die Werbung jeden Menschen manipuliert*.

„Jeder ist manipulierbar", sagt Europas Marketing*-Papst Werner Kroeber-Riel. Das glauben laut einer Umfrage zwar im Prinzip auch 85 Prozent der Bundesbürger, nur für sich selbst schlossen die meisten Befragten das aus. Doch Kroeber-Riel hat in den vergangenen Jahren mit Experimenten und Tests nachgewiesen, daß Konsumenten selbst mit größter Willenskraft nicht in der Lage sind, sich der Manipulation* zu entziehen. „Das Leitbild vom souveränen und vernünftigen Verbraucher, der seine Gefühle stets im Griff hat, der nur nüchtern und rational entscheidet, widerspricht allen verhaltenswissenschaftlichen Erkenntnissen", sagt Kroeber-Riel.

Der Professor nennt da gern ein Beispiel, das sich so hierzulande wohl nicht zutragen könnte, aber gleichwohl zeigt, daß selbst Nonsens mehrheitsfähig wird, wenn die Werbekampagne nur gut genug ist. Im Juli 1967 haben die Einwohner des Dorfes Picoaz in Ecuador bei den Gemeindewahlen ein Fußpflegemittel namens „Pulvapies" zum Bürgermeister gewählt. Der Grund: Eine Pharmafabrik hatte kurz vor der Wahl als Werbe-Gag in großem Stil Flugblätter in Form von Stimmzetteln verteilt mit dem Slogan: „Als Oberbürgermeister der vortreffliche Pulvapies." „Diese Geschichte", meint Kroeber-Riel, „hört sich an wie der Traum eines Manipulateurs." Er, der sich vor 18 Jahren der Beeinflussungs- und Informationsforschung verschrieben hat, verläßt sich lieber auf seine eigenen Untersuchungen, und die enttarnen nicht selten intelligente Menschen als „Konsumäffchen". In seinem heute weltbekannten Saarbrücker Institut für Konsum- und Verhaltensforschung* versuchen Kroeber-Riel und seine zehn Mitarbeiter den unbewußten Reaktionen der Menschen auf die Schliche zu kommen. Zum Beispiel mit einem „Eye-Mark-Recorder", einem Blickaufzeichnungsgerät. Dieses Visier mit Infrarotoptik zeichnet genau auf, wie der Blick eines Menschen eine Anzeige, ein Fernseh-

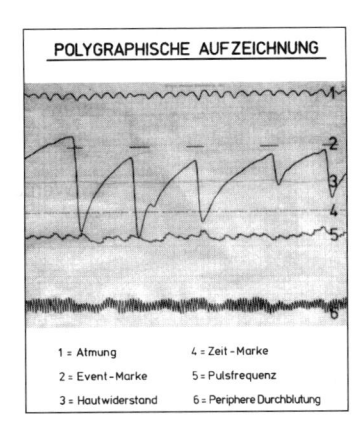

Über Elektroden wird die Reaktion auf eine Anzeige erfaßt und vom Computer ausgedruckt
(Foto: Fred Ihrt/STERN)

POLYGRAPHISCHE AUFZEICHNUNG

1 = Atmung
2 = Event-Marke
3 = Hautwiderstand
4 = Zeit-Marke
5 = Pulsfrequenz
6 = Periphere Durchblutung

bild oder Auslagen in einem Supermarkt abtastet – etwa, ob er bei einem Model zuerst ins Gesicht, auf den Busen oder die Beine schaut. Ein Mensch nimmt nur das richtig wahr, was seinen Blick mindestens 200 Millisekunden lang „fesselt".

Und damit der potentielle* Kunde überhaupt interessiert wird, ist entscheidend, daß er innerhalb der ersten Sekunde gepackt wird, sonst liest oder guckt er meist nicht weiter.

In einer Duftkabine testen die Saarbrücker, ob und welche Produktparfümierung bei Konsumenten ankommt. Dabei geht es nicht etwa nur um Körperpflegemittel und Duftwässerchen, sondern auch um Haushaltsreiniger. Ob der Kunde mit einem Produkt „Sauberkeit" und „Frische" verbindet, hängt entscheidend vom Geruch ab. Doch auch auf anderen Gebieten nimmt die Duftverwendung im Marketing stark zu. Kroeber-Riel: „Immer mehr Produkte werden parfümiert: Spielzeugautos riechen nach Benzin, Apportierknochen für Hunde haben einen starken Fleischgeruch. In Amerika denken Hersteller nun daran, Warenverpackungen auf den Markt zu bringen, die nach ihrem Inhalt riechen – zum Beispiel Kaffeedosen, die Kaffeeduft verströmen." Mit einem sogenannten Programmanalysator werden in Saarbrücken die emotionalen Wirkungen von Werbung, Fernsehsendungen oder auch von Schlagermusik ermittelt. Der Computer digitalisiert* die Gefühle der Testpersonen. Die Wissenschaftler können so für jede Sekunde die Reaktionen des Betrachters festhalten. Mit dieser Methode haben die Saarbrücker einmal nachgewiesen, daß Schlagersänger Chris Roberts ein Problem hat. Fast 60 Prozent der Testpersonen reagierten auf seine Musik positiv. Erschien der Smarty aber höchstpersönlich auf der Mattscheibe, kam der große Einbruch. Diesen Widerspruch hat Chris Roberts wohl nicht lösen können, denn er ist schon eine Zeitlang weg vom Fenster.

Kroeber-Riel und seine Mitarbeiter können mit Hilfe von Stimmfrequenz-Analysen* und Wärmemessungen bewußte oder unbewußte Erregung nachweisen. Hautwiderstandsmessungen* weisen nach, daß wir alle unbewußt reflexhaft reagieren.

[…] Auch an der mittlerweile berühmten Anzeigenkampagne für Beck's Bier hat Werner Kroeber-Riel, wie er sagt, „intensiv mitgewirkt". Er verpaßte dem Gebräu das maritime* Image. Auf das Bild von Weite, Meer und Abenteuer kam der Professor nicht von ungefähr. Einen wesentlichen Teil seiner Arbeitszeit hat das Team von Kroeber-Riel nämlich dem Phänomen der inneren Bilder gewidmet, die ein Mensch ständig abrufbar mit sich herumträgt. Bilder werden leichter und besser behalten als Texte. Man muß also eine angepeilte Zielgruppe nur noch dazu bringen, die eigenen Träume und Sehnsüchte mit dem Bild zu identifizieren, das ein bestimmtes Produkt vermittelt. Der Marlboro-Cowboy ist für Kroeber-Riel ein schon klassisches Beispiel, wie sehr das auf die Konsumenten wirkt. Während seit zwei Jahren weniger Zigaretten geraucht werden, die meisten Marken an Umsatz verlieren, legt die Marlboro ständig zu. Andere Firmen – wie etwa der einstige Renner HB – hecheln dem Abenteuer- und Erlebnis-Image ziemlich hilflos hinterher.

Nach Ansicht des Professors werden die Zeiten für gedruckte und gesprochene Worte schwerer. Das Interesse an Informationen wird noch mehr nachlassen, sie werden immer flüchtiger, nachlässiger und bruchstückhafter aufgenommen. Wer heute und in Zukunft Menschen überzeugen will, muß das vor allem auffällig verpacken, sich „manipulativer Informationstechniken" bedienen – durch das Auslösen erotischer Gefühle etwa. Das aber können am ehesten Bilder.

Dieser Trend, so Kroeber-Riel, sei schon jetzt unübersehbar. Er widerspricht damit Behauptungen, der aufgeklärte Konsument werde informationsbewußter und die Information sachlicher. Daß ein größeres Informationsangebot die Entscheidungsqualität der Bürger verbessert, hält Kroeber-Riel für „Unfug". „Solche [...] Ansichten werden durch häufiges Wiederholen nicht richtiger." Weil die verhaltenssteuernden Techniken immer raffinierter in unsere Gehirne schießen, würden die Informationen immer unsystematischer aufgenommen, der Wille immer häufiger ausgeschaltet. Nach Kroeber-Riel wird zunehmend unbewußter und gefühlsmäßiger entschieden. Deshalb auch hält er die Arbeit seines Instituts für so wichtig. Denn Verbraucheraufklärung sei überhaupt nur noch möglich, wenn man über die Manipulierbarkeit der Menschen so viel wie möglich wisse.

Entziehen kann sich der Manipulation keiner, da ist sich der Professor ganz sicher.

(Stern, 12.11.1987; Verf.: Helgard Köhne)

M 10 b

Der manipulierte Mensch: Von nackter Haut gesteuert

Konsumenten sind durch die Werbung nahezu unbegrenzt manipulierbar. Das ist das Ergebnis einer Untersuchung, die der Freiburger Wirtschaftswissenschaftler Ulrich Ghazizadeh in der jüngsten Ausgabe der Marketingzeitschrift* „Absatzwirtschaft" veröffentlicht. Ghazizadeh zufolge können Werbekampagnen, die ihre Produkte sehr emotional anbieten, den Menschen so stark beeinflussen, daß seine Kritikfähigkeit gemindert wird. Der „Konsumaffe Mensch" gleiche damit den Hunden des russischen Nobelpreisträgers Pawlow, die nach entsprechendem Training schon auf den Ton einer Stimmgabel Speichel produzierten, ohne tatsächlich Fressen vor sich zu haben. Der Mensch sei „durch jegliche sachliche Informationsvermittlung" steuerbar, warnt Ghazizadeh.

Die Erkenntnisse des Wissenschaftlers stammen aus einem monatelangen Großversuch. 250 Mitarbeiter eines Freiburger Pharmaunternehmens schauten sich mehrmals wöchentlich während ihrer Arbeitspausen Informationsfilme über moderne Kommunikationstechniken* an. Das als Veranstaltung der Bundespost getarnte Projekt diente jedoch lediglich dem Zweck, die Wirkung von ins Programm eingestreuten Werbespots zu testen: „Wir haben zu Zahnpastatuben junge nackte Frauen im Bikiniunterteil gezeigt und auch nackte Herren, um die Damen zu aktivieren", berichtet Ghazizadeh. Andere Testpersonen hingegen hätten sachliche Produktwerbung gesehen. Bei späteren Befragungen habe ich dann herausgestellt, daß die Werbespots mit Sex und Urlaubsstimmung wesentlich stärker gewirkt hätten.

Nach Ghazizadehs Einschätzung besteht die Gefahr, daß derartige Produktwerbung immer mehr an Boden gewinnt. Bei vielfach austauschbaren Produkten entscheide zunehmend der stärkere Werbereiz, der intensiv mit Emotionen arbeite. Gerade dagegen sei aber niemand gefeit, wie die Ergebnisse mit den Testpersonen in Freiburg bewiesen.

(Rems-Zeitung v. 22.10.1987)

M 11

Schüler entwerfen Werbeanzeigen

Um die unterschiedlichen Werbetechniken besser durchschauen zu können, hat Frau Schwarz ihre Schüler gebeten, selbst Werbeanzeigen zu entwerfen und dabei die Ergebnisse ihrer gemeinsamen Arbeit zu berücksichtigen.
Die beiden folgenden Anzeigen, die für unterschiedliche Parfüms eines Herstellers werben, fand sie besonders gelungen:

a) Ellen Jacoby, Kl. 8 d

b) Ina Platzhoff, Kl. 8 d

(Autorentext)

❶ Professor Kroeber-Riel ist ein Wissenschaftler, der der Werbung eher einen stärkeren manipulativen* als informativen Charakter zuschreibt (M 10 a).
– Beschreibe, was und wie der Professor getestet hat, um seine These zu begründen.
– Ordne die im Artikel abgebildeten Werbeanzeigen den entsprechenden Forschungsergebnissen zu.

❷ In M 10 b stellt ein anderer Wissenschaftler, der sich mit Werbung beschäftigt, seine Ergebnisse vor. Was hat er herausgefunden?

❸ Kroeber-Riel ist einerseits der Meinung, Verbraucheraufklärung sei nur möglich, wenn man über die Manipulierbarkeit der Menschen so viel wie möglich wisse, andererseits ist er sich aber sicher, daß sich keiner der Manipulation* entziehen kann (M 10 a; vgl. M 3 a). Hältst du das für einen Widerspruch?

❹ Analysiert die von den Schülerinnen angefertigten Werbeanzeigen (M 11 a/b) im Hinblick auf die bisher erarbeiteten Werbetechniken (M 9/10).

❺ Wenn ihr selbst Anzeigen entwerfen wollt (Wandzeitung!), solltet ihr vorher festlegen,
– für welches Produkt ihr werben wollt,
– wer der bevorzugte Käufer (Adressat) sein soll,
– welche Werbetechniken ihr verwenden wollt.

In M 1 wurden noch andere Faktoren genannt, die Thomas' Kaufentscheidung beeinflussen werden: die Meinungen der Klassenkameraden. Marketingfachleute, die u.a. das Kaufverhalten von Verbrauchern erforschen, würden dazu folgendes sagen:

a) Thomas ist Mitglied von verschiedenen Gruppen (Bezugsgruppen) und läßt sich von ihren Mitgliedern beeinflussen (hier: die Schulklasse).

b) In Gruppen hat nicht jedes Mitglied das gleiche Gewicht. Einige Gruppenmitglieder üben einen stärkeren Einfluß als andere aus. Diese Gruppenmitglieder bezeichnet man als Meinungsführer (vgl. Kroeber-Riel, Konsumentenverhalten, München 1975, S. 305; vgl. hierzu auch „Politik 1", Kap. „Bedürfnisse").

Die beiden nächsten Materialien erläutern euch diese Sachverhalte noch etwas genauer.

M 12

Bezugsgruppen-Modell

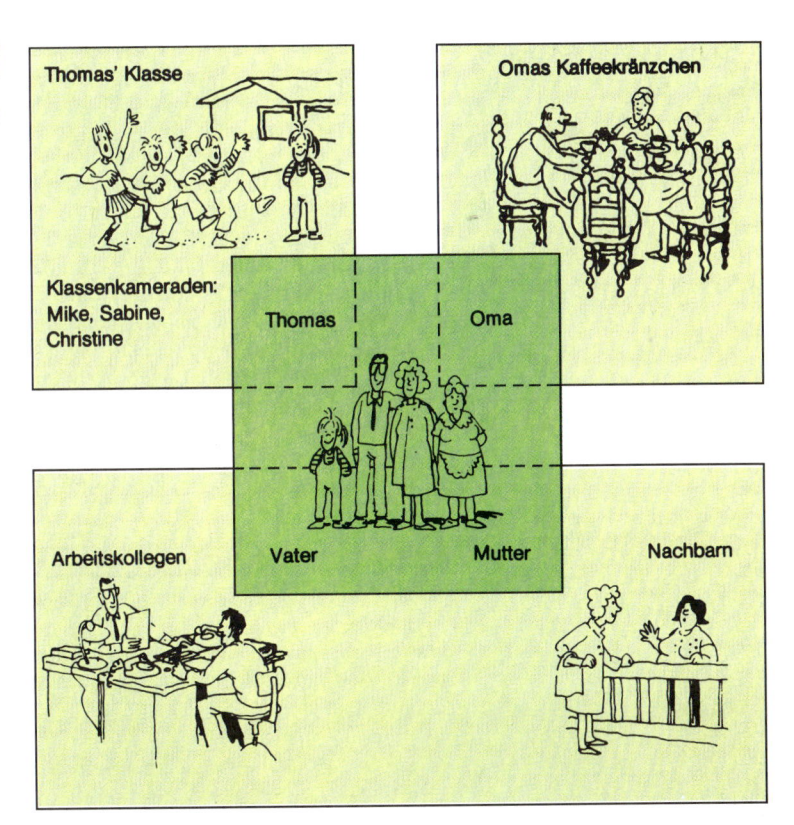

Wer beeinflußt wen?

Menschen leben nicht für sich allein. Zwischen einzelnen Personen und Gruppen bestehen vielfältige Beziehungen und Abhängigkeiten. Eine besondere Bedeutung hat für Jugendliche die sogenannte ‚Peer Group'. Darunter versteht man die *Gruppe der Gleichaltrigen*. Gerade für junge Menschen ist die Mitgliedschaft in einer Gruppe von Gleichaltrigen oft wichtiger als die Beziehungen zu anderen Personen.

So kann es z.B. für Thomas wichtiger sein, von seinen Klassenkameraden die Meinung über seine Turnschuhe zu hören als die Meinung seiner Eltern. Mit den Gleichaltrigen in Einklang zu leben, von ihnen akzeptiert zu werden, ist ein angestrebtes Ziel aller Jugendlichen.

Die Freundesgruppe besitzt, wie man in Untersuchungen festgestellt hat, für Jugendliche die größte Bedeutung in bezug auf Fragen des Geschmacks (z.B. Kleidung, Musik) oder auf Verhaltensweisen, zum Beispiel im Hinblick auf Freizeitverhalten, bis hin zu den Essensgewohnheiten.

Darüber hinaus ist Thomas eingebunden in seine Familie. Hier muß er Rücksicht nehmen auf seine Eltern und Geschwister, beeinflußt diese und wird selbst beeinflußt.

Und auch seine Eltern sind eingebunden in Bezugsgruppen. Dazu zählen beispielsweise Vaters Arbeitskollegen, mit denen er auch privat Kontakt hat, und die Freunde und Nachbarn. Jeder steht letztlich in einer mehrfachen Beziehung und wechselseitigen Abhängigkeit zu anderen Personen und Gruppen.

(Praxis Schulfernsehen 106/1985, S. 104)

M 13

Sabines Vorbild macht Mode

In ihrer Klasse gilt sie als besonders modebewußt; sie ist damit für manchen neuen Modetrend der Vorreiter.

Solche Personen werden von Fachleuten auch als sogenannte *„Meinungsführer"* bezeichnet. Die anbietende Wirtschaft setzt auf solche Personen, um ihre Waren und Dienstleistungen an den Mann bzw. an die Frau zu bringen.

Meinungsführer können aber auch Persönlichkeiten des gesellschaftlichen Lebens sein: Sportler, Schauspieler, Sänger u.ä.

Diesen Beeinflussungsprozeß muß man sich so vorstellen:
1. Massenmedien wie Radio, Fernsehen, Zeitschriften, Werbefernsehen senden Kaufimpulse an den Konsumenten aus. Manche Personen sind für diese Werbebotschaften empfänglicher als andere.
   Sie sind, wie in unserem Beispiel Sabine, immer auf dem laufenden. Sie wissen, welche neuen Produkte auf dem Markt sind, was gerade „in" ist. Diese Personen kaufen auch bestimmte Produkte eher als andere und sind somit Vorreiter für andere Personen.
2. Aber damit nicht genug. Meistens sind solche Meinungsführer auch noch besonders kontaktfreudig und gesellig. Sie halten mit ihrem Wissen nicht hinter dem Berg und beeinflussen damit ihre Mitmenschen ganz erheblich.

So wie Sabine für die Mode in der Klasse zuständig ist, gilt Christine als besonders kompetent für den Sportartikel-Markt, zum Beispiel für Jogging-Schuhe, und beeinflußt deshalb bei entsprechenden Käufen zweifellos ihre Freunde.

Das gilt auch für andere Bereiche. Jeder kennt in seinem Umfeld Personen, die für bestimmte Gebiete als besonders sachverständig angesehen werden und die man um Rat fragen kann.

(Autorentext)

❶ Erläutere das Bezugsgruppenmodell (M 12)! Die Zeichnung enthält für jedes Familienmitglied nur eine Bezugsgruppe. Versuche, jeweils eine weitere zu finden.

❷ Verdeutliche, wie ein bestimmtes Verhalten z.B. eines Familienmitgliedes zu möglichen Konflikten zwischen den unterschiedlichen Bezugsgruppen führen kann (z.B. die Kleidung der Tochter bei der Schulentlassungsfeier u.ä.). Finde weitere Beispiele!

❸ Erläutere den Beeinflussungsprozeß, der im „Meinungsführermodell" (M 13) beschrieben wird. Wenn ihr schon mit „Politik 1" (Kap. II, M 15/16) gearbeitet habt, wird euch dieses Modell bekannt sein.

❹ Gibt es für dich – vielleicht sogar in der Klasse – in bestimmten Angelegenheiten auch einen Meinungsführer?

Die anbietende Wirtschaft macht sich auch diese Erkenntnisse (M 12/13) für die Werbung zunutze. Die nächsten Materialien (M 14–M 16) sollen das verdeutlichen.

M 14 a **Steffi Graf als „Meinungsführerin"**

(Foto: BONGARTS/Michael Kunkel)

(Foto: Barilla)

(Foto: Barilla)

Der folgende Text bezieht sich auf die Situation von 1987. Seine Aussagen zur Bedeutung der Werbung mit Steffi Graf gelten aber weiterhin, auch wenn die Weltranglisten-Erste ihre Werbepartner z.T. gewechselt hat (s. M 14a).

M 14 b

Eine Säule für die großen Etats*

Im Fernsehen war es nachher eine runde Sache von 30 Sekunden: Steffi spielt Tennis, kommt lächelnd aus der Dusche, cremt sich ein und sagt brav ihren Text, der aus einem einzigen Satz besteht: „Ich verlaß mich voll auf Jade". Das Ganze untermalt mit beschwingter Musik.
Eineinhalb Tage dauerten die Dreharbeiten für diesen Spot. Eineinhalb

Tage für 30 Sekunden. Wie aufwendig so eine kleine Produktion sein kann, wußte Steffi nicht. Meinte die 18jährige hinterher: „Also, Fotomodell könnte ich nicht werden, das ist ein Wahnsinnsjob." Bei kaltem, regnerischen Wetter hatte sie am Hamburger Rothenbaum für Vertragspartner Jade, einen Kosmetikproduzenten, auf dem Centre Court gestanden und eine Einstellung nach der anderen abgedreht. „Ständig mußten wir darauf warten, daß irgendeine Wolke am Himmel verschwindet," stöhnte Steffi, aber dafür hatte sie hinterher eine Verpflichtung weniger auf dem Kalender.
Verträge wollen erfüllt sein. Vertragspartner fordern Zeit.

Doch man kommt sich entgegen, schließlich profitieren beide Seiten nicht schlecht voneinander. Steffis Partner haben mit der Nummer eins alle einen hübschen Reibach gemacht, der ihnen höhere Verkaufszahlen bringt; die 18jährige kassiert satte Prämien.

Wie hoch die sind, darüber schweigen sich die Betroffenen zwar aus, aber laut einer vorsichtigen Schätzung des Fachblatts „Horizont" (Zeitung für Marketing, Werbung und Medien) im Oktober 1987 soll Steffi Graf von adidas 1,5 Millionen Mark jährlich erhalten, von Opel 1,2 Millionen, von Granini eine Million, von Mode-Designer Gerry Weber 750 000 DM, von Jade 700 000, von Dunlop 500 000. Vergessen wurde in dieser Auflistung die „Bild"-Zeitung, für die Steffi regelmäßig kurze Artikel (Kommentare) schreibt. Wie aus der Sport-Redaktion verlautet, soll ihr dafür ein jährliches „Zeilenhonorar" von knapp 500 000 Mark zufließen.

[...]

Vor allem junge Käufer werden angesprochen

Wichtig ist den Firmen, daß sie glaubwürdig werben. So wie auch Steffi Graf daran liegt, nur für Produkte aufzutreten, mit denen sie sich identifizieren kann. Für die Firmen ist das ein Leichtes, bringen sie mit dem Image* von Steffi Graf doch so unverdorbene Merkmale wie jung, sympathisch, dynamisch, leistungsbetont, natürlich oder modern in Verbindung. Damit läßt sich wahlweise fast jedes Produkt an den Mann und an die Frau bringen, vom Fruchtsaft bis zum Auto.

Steffis ständige Präsenz* in den Medien, der Wiedererkennungswert in Anzeigen, auf Titelblättern, Postern oder Autogrammkarten bringt den Firmen, an die sie vertraglich gebunden ist, jedoch nicht nur bessere Verkaufszahlen. Die Weltranglisten-Erste frischt ihr Image auf, was besonders im Fall Opel zutrifft (Slogan: „Fragen Sie Steffi, wie wichtig eine ausgefeilte Technik ist"). Hat der Rüsselsheimer Autoproduzent bis vor zwei Jahren noch recht biedere Fahrzeug-Modelle konzipiert, so kann er seine neuen sportlichen Wagen dank Steffi jetzt besser promoten*.

Und vor allem junge Käufer leichter begeistern als früher. Wobei hier schon wieder ein bißchen getrickst wird, denn die 18jährige selbst fährt keines jener sportlichen Geschosse, für die sie in Anzeigen wirbt, sondern ein langsameres Modell mit Automatik-Gangschaltung. „Aus Sicherheitsgründen", wie Herbert Höfl, Leiter der Abteilung Produkt-Promotion* bei Opel, meint, „weil Steffi ihren Führerschein noch nicht so lange hat". [...]

Auf die Frage, warum er, der Mode-Produzent Gerry Weber, denn ausgerechnet mit einer Spitzensportlerin für Alltags-Mode werbe, gibt Gerry Weber die einleuchtende Antwort: „Weil Steffi Graf so einen hohen Bekanntheitsgrad in Deutschland hat, und weil sie optimal dazu geeignet ist, den jüngeren Teil meiner Kollektion zu präsentieren." Außerdem werde Steffi weltweit dermaßen von den Medien hofiert, daß auch er inzwischen viel mehr Aufmerksamkeit für seine Arbeit bekäme.

Als er die 18jährige im letzten Jahr mit auf die Düsseldorfer Modemesse Igedo nahm, sei der Erfolg phänomenal gewesen: „Ich habe dort noch nie so viele Journalisten und Fotografen auf einem Haufen gesehen. Die kamen alle wegen Steffi."

(Aus: tennismagazin Nr. 5, 1988, S. 100 ff.; Verf.: Stephanie Grix)

M 15

M 16

PRESTIGE VERÄNDERT DEN MANN.

EIN MANN MIT PRESTIGE HAT DIE WAHL: DEN DUFT VON ORIGINAL HERB ODER AROMATIC FRESH.

Spaß am eigenen Dreh
De echte Halfzware uit Holland

DRUM

(Autorentext)

Unternehmen werben für ihre Produkte auch damit, daß sie den Käufern ihrer Produkte quasi „versprechen": „Wenn du dieses Produkt kaufst, bist du ein(e) erfolgreiche(r) Frau/Mann, dann gelingt dir alles, dann gehörst du zu einer ganz bestimmten Gruppe von Menschen, dann bist du attraktiv" u.a.m. Sie machen ihre Käufer also glauben, daß sie durch den Kauf dieses bestimmten Produktes in Rollen* „schlüpfen" könnten, die sie sich schon immer gewünscht haben, z.B. die Rolle des besonders sportlichen Autofahrers, des treusorgenden Vaters u.a.m.

Man sagt auch: Der Konsum dieser Produkte verleiht ein bestimmtes „Image". Die Anzeige oben links ist ein Beispiel dafür.

❶ M 14 a informiert über die Werbepartner von Steffi Graf 1993. – Sie macht für die unterschiedlichsten Produkte Werbung. Ist sie für diese besonders kompetent?

❷ Beschreibe die Bedeutung, die Werbeverträge für Steffi Graf hatten und haben (positive und negative Aspekte; M 14 b).

❸ Aus welchen Gründen entscheiden sich die genannten Firmen gerade für Steffi Graf? Was versprechen sie sich von ihr (M 14 b)? Gelten alle Gründe für Steffi Graf auch heute noch?

❹ Beschreibt die Anzeigen M 15 und M 16 genau und erläutert, inwiefern M 15 dem Bezugsgruppenmodell (s. M 12) zuzuordnen ist und welches „Image" in M 16 verliehen werden soll.

❺ Versucht, weitere Beispiele für die hier gezeigten Werbestrategien zu finden und in der Klasse zu erläutern.

Informationsmöglichkeiten für den Verbraucher:
Stiftung Warentest und Verbraucherzentralen

M 17

Jogging-Schuhe im Test

„Hallo Thomas! Du wolltest dir doch unbedingt gescheite Turnschuhe kaufen! Ich hab' da was für dich!" stürzt Christine in die Klasse und hält eine Zeitschrift in die Luft. „Du hast wirklich Glück! Die ‚Stiftung Warentest' hat gerade im letzten Heft ihre Ergebnisse zum Joggingschuh-Test veröffentlicht! Das solltest du dir einmal ansehen!"
„Was ist denn ‚Stiftung Warentest'? will Thomas wissen. „Gib mal her!" Interessiert scharen sich mehrere um ihn und schauen ihm über die Schulter, als er das Heft aufschlägt und in ihm herumblättert.
„Woher hast du das?" fragt Thomas. „Meine Eltern haben diese Zeitschrift abonniert, du kannst die einzelnen Testhefte aber auch bei ‚Verbraucherzentralen' und ‚Verbraucherberatungsstellen', die es in vielen Städten gibt, einsehen", weiß Christine.

(Autorentext)

**Was sie ist
Wie sie arbeitet**

Jährlich 1700 Produkte getestet

Stiftung Warentest

Die STIFTUNG WARENTEST wurde 1964 von der Bundesregierung als Institut zur Durchführung vergleichender Warentests und Dienstleistungsuntersuchungen in Berlin gegründet. Ihre in der Satzung festgelegte Aufgabe ist, „die Öffentlichkeit über objektivierbare Merkmale des Nutz- und Gebrauchswertes sowie über objektivierbare Merkmale der Umweltverträglichkeit" von Waren und Dienstleistungen zu unterrichten. Außerdem gehört es laut Satzung zu ihren Aufgaben, die Verbraucher über Möglichkeiten und Techniken einer optimalen privaten Haushaltsführung aufzuklären. Zur Erfüllung dieser Aufgabe führt die STIFTUNG WARENTEST nach wissenschaftlichen Methoden Untersuchungen an Waren und Dienstleistungen durch oder beauftragt geeignete Institute mit derartigen Untersuchungen. Über die Ergebnisse der Prüfungen informiert die Stiftung den Verbraucher neutral, allgemeinverständlich und sachgerecht durch Kommunikationsmittel aller Art, insbesondere durch die Zeitschriften test und FINANZtest. Mittlerweile werden jährlich rund 1700 Produkte in etwa 100 vergleichenden Warentests geprüft. Das Testprogramm umfaßt Bereiche wie: Haushalt, Unterhaltungselektronik, Informationstechnik, Foto/Optik, Kraftfahrzeuge, Heimwerken/Garten, Nahrungs- und Genußmittel, Warenpflege/Reinigungsmittel, Heizung, Wärmedämmung.
Ein weiterer Arbeitsschwerpunkt sind die Dienstleistungstests, insbesondere in den Bereichen Versicherungen, Banken und Sparkassen, Freizeit und Verkehr sowie öffentlicher Dienst.
Neben den Qualitätsurteilen, die für Waren und Dienstleistungen ermittelt werden, werden stets auch Preise veröffentlicht. In der Regel handelt es sich dabei um Preisangaben, die im Handel ermittelt werden; als „von – bis" Preise spiegeln sie die Spanne des vom Verbraucher zu zahlenden Preises für das getestete Angebot wider. […]
Die Arbeit der Stiftung wird durch eigene Einnahmen – im wesentlichen durch den Verkauf der institutseigenen Publikationen – und durch Bundeszuschüsse finanziert. 80 Prozent der Erträge erwirtschaftet die Stiftung selbst, 20 Prozent stammen aus Bundesmitteln. […]
Seit mehr als 25 Jahren erscheint test, die Monatszeitschrift der STIFTUNG WARENTEST. Von den insgesamt etwa 1 Million Exemplaren, die pro Monat verkauft werden, gehen 800 000 an Abonnenten. test hat also einen sehr festen und großen Leserstamm.

(Broschüre der Stiftung Warentest, 1/1992)

❶ Erläutert die Zielsetzung der „Stiftung Warentest", und beschreibt ihre Arbeit.
❷ Warum erscheinen in der „Test"-Zeitschrift keine Anzeigen gewerblicher Unternehmen?
❸ Was unterscheidet die „Stiftung" von einem „normalen" Unternehmen?

In der nächsten Freistunde setzen sich Christine und Thomas zusammen und sehen sich die Testergebnisse zu den Joggingschuhen genauer an. Vielleicht ist ja für Thomas ein geeigneter Schuh dabei!

M 18

Preiswerte halten Schritt

„Mit Preisen zwischen 170 und 300 Mark sind die 20 Laufschuhe unseres Tests auch für ambitionierte* Hobbysportler gedacht. Erfreulich, daß die meisten Modelle höheren Ansprüchen genügen. Leider gibt es aber selbst in dieser Preisklasse qualitative Ausrutscher.
Noch mehr als der Fuß-Gänger ist der Läufer auf hochwertiges Schuhwerk angewiesen. Beim Laufen wird der Körper weitaus stärker belastet als beim Gehen. Etwa das Dreifache des eigenen Körpergewichts muß ein Läufer Schritt für Schritt auffangen. Das ist eine enorme Belastung für das gesamte Knochengerüst – von der Ferse bis zur Schädeldecke. Eine kleine Bewegungsanalyse macht deutlich, welche Aufgaben ein guter Laufschuh erfüllen muß.

■ Bei fast allen Läufern prallt der Fuß zunächst mit der Außenseite der Ferse auf den Boden, wobei an den Fußsohlen ein starker Druck entsteht und eine Stoßwelle den ganzen Körper durchläuft. Der Laufschuh soll beide Belastungen dämpfen.

■ In der zweiten Phase knickt der Fuß nach innen – der natürliche Dämpfungsmechanismus des Körpers. Der medizinische Fachausdruck dafür heißt Pronation. Leider neigen viele Läufer zu einem ungesund starken Einknicken, der sogenannten Überpronation. Sie gilt als direkte Ursache für viele Beschwerden im Fuß- und Kniebereich. Der Laufschuh soll den Fuß stützen, um der Überpronation entgegenzuwirken.

■ Dritte Phase: Der Fuß rollt über Mittel- und Vorfuß ab und verläßt den Boden. In dieser Phase wird der durch die Pronation abgesenkte Fußinnenrand wieder angehoben. Der Orthopäde nennt das Supination. Die Aufgabe des Laufschuhs ist es, den Fuß in dieser Bewegung zu unterstützen.

Stützen und Führen

Für die Läufergesundheit ist die Überpronation am bedrohlichsten. Bei den Herstellern rennt man – so scheint es zumindest – mit diesem Problem offene Türen ein. Laufschuhe mit besonders ausgeprägter Stützwirkung finden sich in fast jedem Spezialprospekt. Wir haben unser Testfeld nach normalen und speziell gegen Überpronation angebotenen Schuhen geordnet. Obwohl sich die beiden Varianten im Schuhgewicht nur wenig unterscheiden, wirken die Überpronationsmodelle fast immer stabiler und manchmal sogar etwas klobig. Der erhöhte Materialeinsatz soll dem Fuß offenbar besseren Halt verleihen. Doch der Schein trügt: Nach dem Ergebnis unserer biomechanischen Prüfung [...] sind die Überpronationsschuhe in ihrer vermeintlichen Paradedisziplin kaum besser als die herkömmlichen Laufschuhe unseres Tests. Man kann das Ergebnis aber auch ins Positive wenden. Die meisten untersuchten Schuhe haben im Neuzustand mindestens zufriedenstellende Stützwirkung – auch diejenigen, die gar nicht extra als Modelle für Überpronierer angeboten werden. [...]"

191

Ausgewählt, geprüft, bewertet

Im Test: 19 Laufschuhmodelle zwischen etwa 170 und 250 Mark sowie – als Besonderheit – ein Modell mit „Pumpsystem" für rund 300 Mark. Neun der ausgewählten Fabrikate sind laut Anbieter besonders für Läufer mit Überpronation geeignet. Einkauf der Prüfmuster: August/September 1992.

■ Preise
Anbieterbefragung im Januar 1993.

■ Bewertung
Technische Prüfung 20%, Biomechanische Prüfung 40%. Praktische Prüfung 25%, Orthopädische Beurteilung 15%.

■ Abwertung
Bei einem „Mangelhaft" in der Praktischen Prüfung konnte auch das test-Qualitätsurteil nicht besser sein. „Große" Materialunterschiede zwischen linkem und rechtem Schuh führten zur Abwertung der Technischen Prüfung um eine Stufe. Bei „mangelhaftem" Urteil im Punkt Überpronationsverhalten wurde auch die Biomechanische Prüfung auf diese Stufe abgewertet.

■ Technische Prüfung
Die Haltbarkeit der Schuhe wurde nach insgesamt 400 gelaufenen Kilometern beurteilt. Dabei achteten wir insbesondere auf Abnutzungserscheinungen an Obermaterial, Profil und Einlegesohle, die Kompression der Zwischensohle, ein mögliches Lösen der Außensohle sowie den Zustand von Nahtverbindungen, Schuhverschluß und Innenmaterial. Materialunterschied linker/rechter Schuh im Fersenbereich: Bestimmung der Rückprallelastizität [...], wobei eine Masse von 8,5 Kilogramm aus einer Höhe von fünf Zentimeter fiel. Die Wasserdampfdurchlässigkeit wurde [...] bei 32°C, die Feuchtigkeitsaufnahme durch 24stündige Lagerung bei 32°C und 95% relativer Luftfeuchtigkeit sowie anschließender Trocknung bei 20°C und 65% relativer Feuchtigkeit bestimmt.

■ Biomechanische Prüfung
Jedes Schuhmodell wurde von insgesamt 27 verschiedenen Läufern (ohne grobe Fußformabweichungen) getragen, wobei die Laufgeschwindigkeit etwa 12 km/h betrug und die Bedingungen einer ebenen Asphaltstraße simuliert wurden. Die Versuche wurden mit jedem Schuh fünfmal wiederholt.
In den biomechanischen Prüfungen wurden [...] die Belastungen des Bewegungsapparates bestimmt. Als Maß für die Dämpfung ermittelten wir die Stoß- und die Druckbelastung. [...] Zur Ermittlung der Pronationskontrolle bestimmten wir den Pronationswinkel und die Pronationsgeschwindigkeit. Die Führung beim Abstoßen vom Boden (Supination) ermittelten wir über den Supinationswinkel. Die Veränderung der biomechanischen Eigenschaften wurde nach 220 km (siehe praktische Prüfung) untersucht.

(Fotos: Stiftung Warentest, Heft 5/1987, S. 462)

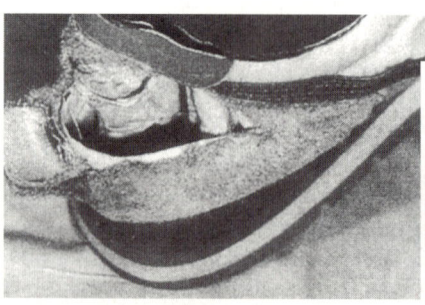

Die scharfe Hinterkappe hat das Innenfutter und das Außenleder durchgeschabt. Der Läufer bekam es schmerzlich zu spüren.

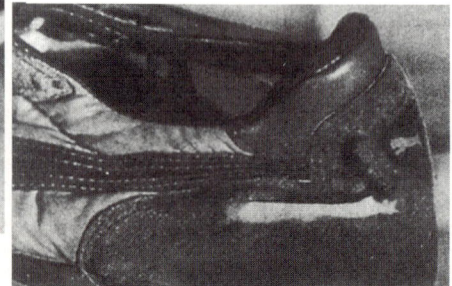

■ Praktische Prüfung

22 Testläufer liefen im Rotationsverfahren mit jedem Schuhmodell auf einer exakt ausgemessenen 10-km-Strecke, die sowohl Asphalt- als auch Geländepassagen einschloß und auch wegen ihrer Berg- und Talführung hohe Anforderungen an Läufer und Schuhwerk stellte. Die Juroren hatten nach jedem Lauf einen Fragebogen zu Laufeindruck und Handhabung des gerade benutzten Paares auszufüllen. Bei der Handhabung wurden unter anderem das An- und Ausziehen, der Schuhverschluß und das Festziehen der Senkel beurteilt.

■ Orthopädische Prüfung

Die orthopädische Beurteilung erfolgte subjektiv durch einen Orthopäden, einen Orthopädieschuhmacher und einen Biomechaniker. Aus den Einzelurteilen wurde das arithmetische Mittel gebildet.

(Stiftung Warentest, Heft 5/1993, S. 71, 73)

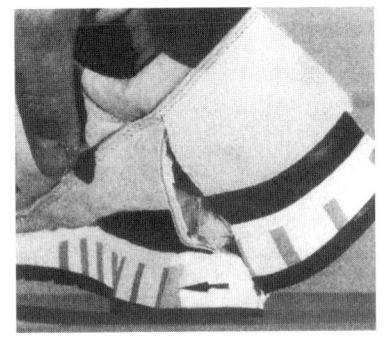

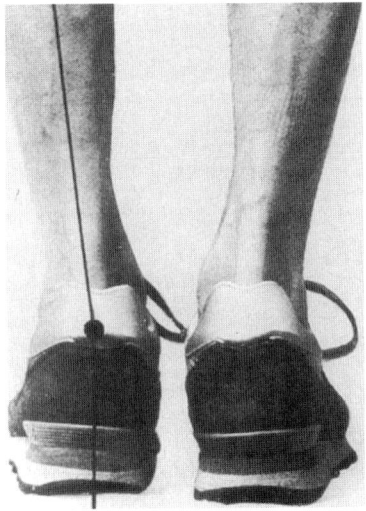

Beim Aufschneiden der Schuhe nach dem Lauftest entdeckt: Die Keilversteifung geht nur wenige Millimeter in die Sohle hinein. Ein solcher Schuh bietet dem Fuß beim Joggen nur ungenügenden Halt.

Die Neigung zum Knickfuß (links) wird bei diesem Schuh im Lauf der Zeit noch verstärkt: ungenügendes Pronationsverhalten.

(Stiftung Warentest, Heft 5/1987, S. 462)

Umweltverträglichkeit

Obwohl Laufschuhe keine Wegwerfartikel sind, landen sie doch meist schneller im Müll als die meisten Straßenschuhe. So eifrig, wie die Firmen immer neue Dämpfungsmaterialien entwickelt und verfeinert haben, so wenig haben sie sich bislang um die Entsorgung des ausgedienten Endproduktes gekümmert. In einem Laufschuh kommen mitunter mehr als 20 verschiedene Stoffe zum Einsatz – mit dem Ergebnis, daß sich die heute angebotenen Modelle nicht geregelt entsorgen lassen. Immerhin haben viele Hersteller das Problem inzwischen erkannt und in Angriff genommen. Wann jedoch der „Bio-Laufschuh" das Marktrennen aufnehmen wird, ist heute völlig ungewiß.

Ob und wie bedenklich die Produktion der in den Schuhen verwendeten Kunststoffe ist, läßt sich angesichts der Vielzahl und komplexen Zusammensetzung der Materialien leider kaum ermitteln. Unserer Kritik an dem Nike-Air-Gas SF_6 [...] wird übrigens von der Firma entgegengehalten, daß dieser Stoff allenfalls in minimaler Weise zum Treibhauseffekt beitrage. Wir halten diese Umweltbelastung jedoch nach wie vor für unnötig und begrüßen es, daß die Firma Nike – ihren eigenen Angaben zufolge – nach einer umweltverträglicheren Alternative zum Gas SF_6 forschen läßt. Das Nike-Air-System ist nicht zu verwechseln mit dem Karhu-Air-Cushion-Verfahren, die Karhu-Schuhe enthalten nach Firmenauskunft kein Gasgemisch, sondern Luft.

(Stiftung Warentest, Heft 5/1993, S. 73)

FREIZEIT + REISEN
Test Laufschuhe

Produkt Anbieter-Adressen siehe Seite 73	Laut Anbieter für Läufer ohne Fußprobleme			
	Adidas **Equipment Running** **Cushion**	**Adidas** **Torsion** **Response Class**	**Asics** **A6-Gel**	**Karhu** **Athletic**
Preis in DM ca.	230,—	170,—	170,—	220,—
Lieferbare Größen lt. Anbieter	5 bis 13	5½ bis 13, 14, 15	6 bis 13, 14, 15	5 bis 13
test-QUALITÄTSURTEIL	**GUT**	**GUT**	**GUT**	**GUT**
Ergänzende Hinweise				
TECHNISCHE MERKMALE (nicht bewertet) Gewicht (US-Größe 9) in g ca.	323	349	336	348
Fersenkappe hochgezogen	□	□	□	■
Obermaterial	Netznylon	Nylongewebe	Nylongewebe	Nylongewebe
Besatzmaterial	Synthetik rauh	Synthetik rauh	Synthetik glatt	Synthetik glatt
Laufsohle	Gummi	Leichtzellmaterial	Gummi	Gummi
Zwischensohle	Leichtzellmaterial	Leichtzellmaterial	Leichtzellmaterial	Leichtzellmaterial
Reflektor	■	□	□	■
TECHNISCHE PRÜFUNG	**gut**	**sehr gut**	**gut**	**sehr gut**
Größenabweichung von UK-Norm	gering + eine halbe Nummer zu klein	sehr gering ++	gering + eine halbe Nummer zu klein	mittel eine Nummer zu kl...
Haltbarkeit	sehr gut ++	sehr gut ++	gut +	sehr gut
Materialunterschiede linker/rechter Schuh im Fersenbereich	mittel o	gering +	mittel o	sehr gering
Wasserdampfdurchlässigkeit	sehr groß ++	sehr groß ++	sehr groß ++	sehr groß
Feuchtigkeitsaufnahme und Trocknen	sehr gut ++	gut +	gut +	gut
BIOMECHANISCHE PRÜFUNG	**gut**	**gut**	**gut**	**gut**
Dämpfung: Stoßbelastung beim Aufkommen	gut +	sehr gut ++	gut +	zufriedenstellend
Dämpfung: Druckbelastung an der Fußsohle	gut +	sehr gut ++	gut +	gut
Stützen beim Aufkommen (Überpronationsverhalten)	sehr gut ++	gut +	gut +	zufriedenstellend
Führen beim Abstoßen (Supinationsverhalten)	sehr gut ++	sehr gut ++	sehr gut ++	sehr gut
Funktionsverluste nach 220 km	mittel o	gering +	sehr gering ++	sehr gering
PRAKTISCHE PRÜFUNG	**gut**	**gut**	**gut**	**zufriedenstell...**
Subjektiver Läufereindruck	gut +	gut +	gut +	zufriedenstellend
Handhabung	gut +	gut +	gut +	gut
ORTHOPÄDISCHE BEURTEILUNG	**zufriedenstellend**	**zufriedenstellend**	**zufriedenstellend**	**gut**

■ = vorhanden   □ = nicht vorhanden   *) Führt zur Abwertung (siehe »Ausgewählt...« auf Seite 73)

Balance	Nike Air Pegasus	Reebok Trek HXL	Brooks Mojo	Puma System XC 6000[1)	Avia ARC 2080
—	170,—	170,—	170,—	250,—	Nicht mehr im Angebot
3	6 bis 13, 14, 15	6 bis 13½, 14½	7 bis 12, 13	6 bis 12	6½ bis 12, 13, 14
	GUT	**GUT**	**ZUFRIEDEN-STELLEND**	**MANGELHAFT**	**GUT**
reren Weiten lieferbar napp erreicht			GUT knapp verfehlt	Drehscheibe anstelle eines Schnürsystems	GUT knapp erreicht
3	340	362	337	344	371
	■	□	□	■	□
ylon	Nylongewebe	Nylongewebe	Netznylon	Nylongewebe	Netznylon
rauh	Synthetik glatt	Synthetik glatt	Synthetik rauh	Synthetik rauh	Synthetik glatt
	Gummi	Gummi	Gummi	Gummi	Leichtzellmaterial
zellmaterial/ ethan	Polyurethan	Leichtzellmaterial	Polyurethan	Leichtzellgummi	Leichtzellmaterial
	□	■	■	□	■
	gut	**gut**	**gut**	**zufriedenstellend**	**gut**
ering ++	gering + eine halbe Nummer zu klein	gering + eine halbe Nummer zu klein	sehr gering ++	sehr gering ++	sehr gering ++
+	zufriedenstellend o	zufriedenstellend o	zufriedenstellend o	sehr gut ++	gut +
+	sehr gering ++	sehr gering ++	mittel o	groß *) —	mittel o
roß ++	sehr groß ++	sehr groß ++	sehr groß ++	sehr groß ++	sehr groß ++
+	gut +	gut +	gut +	gut +	sehr gut ++
	gut	**gut**	**zufriedenstellend**	**zufriedenstellend**	**gut**
+	gut +	gut +	mangelhaft —	mangelhaft —	sehr gut ++
o	gut +	gut +	mangelhaft —	mangelhaft —	sehr gut ++
+	zufriedenstellend o	zufriedenstellend o	gut +	gut +	zufriedenstellend o
t ++	sehr gut ++	sehr gut ++	sehr gut ++	sehr gut ++	sehr gut ++
ering ++	gering +	sehr gering ++	gering +	gering +	gering +
denstellend	**gut**	**gut**	**gut**	**mangelhaft *)**	**zufriedenstellend**
enstellend o	gut +	gut +	gut +	mangelhaft —	zufriedenstellend o
enstellend o	gut +	zufriedenstellend o	gut +	gut +	zufriedenstellend o
edenstellend	**zufriedenstellend**	**zufriedenstellend**	**zufriedenstellend**	**mangelhaft**	**zufriedenstellend**

[1]) Lt. Anbieter Auslaufmodell.

(Stiftung Warentest, Heft 5/1993, S. 490)

SPORT/FREIZEIT/CAMPING

STIFTUNG WARENTEST test KOMPASS — LAUFSCHUHE

Heft 5/1993

Bewertung	Preis in DM ca.	Technische Prüfung 20%	Biomechanische Prüfung 40%	Praktische Prüfung 25%	Orthopädische Beurteilung 15%	Test-Qualitätsurteil
Laut Anbieter für Läufer ohne Fußprobleme						
Adidas Torsion Response Class	170,–	++	+	+	○	gut
Asics A6-Gel	170,–	+	+	+	○	gut
Brooks Mojo Men's	170,–	+	○	+	○	zufriedenstellend
Nike Air Pegasus	170,–	+	+	+	○	gut
Reebok Trek HXL	170,–	+	+	+	○	gut
Karhu Athletic	230,–	++	+	○	+	gut
Adidas Equipment Running Cushion	230,–	+	+	+	○	gut
New Balance M 997	250,–	+	+	○	○	gut
Puma System XC 6000[1)]	250,–	○	○	–*)	–	mangelhaft
Avia ARC 2080	Nicht mehr im Angebot	+	+	○	○	gut
Laut Anbieter für Läufer mit Pronationsproblemen						
New Balance M 720	190,–	–	+	+	○	zufriedenstellend
Puma Trinomic XS 850 Plus	190,–	+	○	+	○	zufriedenstellend
Avia 2050	200,–	+	+	–*)	○	mangelhaft
Karhu Orto	200,–	○	+	+	+	gut
Reebok Ventilator II	200,–	+	+	○	○	gut
Nike Air Max ST	240,–	+	+	+	○	gut
Adidas Equipment Running Support	250,–	+	+	+	+	gut
Asics Gel-Exult	250,–	–	○	+	+	zufriedenstellend
Brooks Beast[2)]	250,–	+	+	○	○	gut
Besonderheit: Laufschuh mit »Pumpsystem«						
Reebok The Pump Graphite	300,–	○	–	○	–	mangelhaft

*) Führt zur Abwertung   [1)] Lt. Anbieter Auslaufmodell   [2)] Lt. Anbieter ab Februar '93 Einlegesohle geändert

(Stiftung Warentest, Heft 5/1993, S. 111)

❶ Erläutere zunächst die im Testbericht (M 18) dargestellten „Aufgaben eines guten Laufschuhs", und kläre dabei die Fachausdrücke „Pronation" und „Supination".

❷ Untersuche den Testbericht unter folgenden Fragestellungen:
a) Nach welchen Gesichtspunkten wurden die zu testenden Schuhe ausgesucht?
b) Welchen Prüfungen werden die Sportschuhe im einzelnen unterzogen?
c) Wie kommt die Stiftung Warentest zur abschließenden Bewertung („Qualitätsurteil")?

❸ Vergleiche die einzelnen „test-Qualitätsurteile" (in der ersten Übersicht sind nur die Schuhe für Läufer ohne Fußprobleme enthalten). Könntest du dir vorstellen, daß du dich trotz eines nur „zufriedenstellenden" oder gar „mangelhaften" Testurteils für einen solchen Joggingschuh entscheidest? Erläutere deine Überlegungen!

❹ Ermittle ein neues abschließendes „test-Qualitätsurteil" für von dir ausgewählte Joggingschuhe, indem du die Ergebnisse der Einzelprüfungen anders gewichtest, als es die Stiftung Warentest getan hat (z.B. die biomechanische Prüfung zu 60% und/oder die praktische Prüfung zu 10%); vergib dazu für die Einzelurteile folgende Punkte: sehr gut = 5 Punkte, gut = 4 Punkte, zufriedenstellend = 3 Punkte, mangelhaft = 2 Punkte und sehr mangelhaft = 1 Punkt.

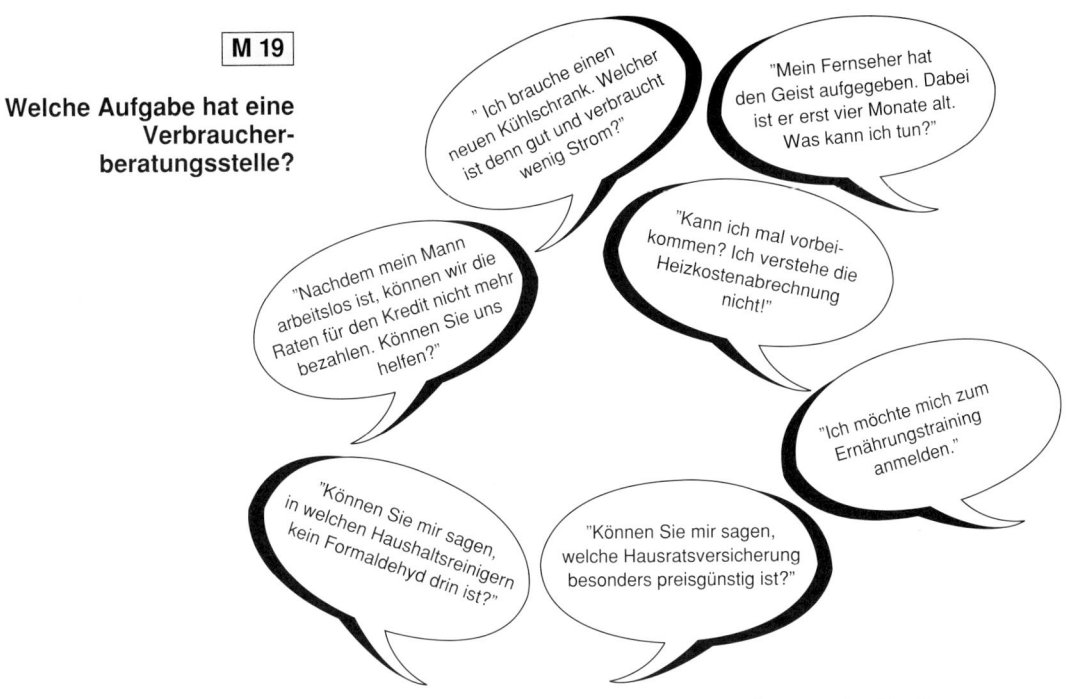

M 19

Welche Aufgabe hat eine Verbraucherberatungsstelle?

"Ich brauche einen neuen Kühlschrank. Welcher ist denn gut und verbraucht wenig Strom?"

"Mein Fernseher hat den Geist aufgegeben. Dabei ist er erst vier Monate alt. Was kann ich tun?"

"Nachdem mein Mann arbeitslos ist, können wir die Raten für den Kredit nicht mehr bezahlen. Können Sie uns helfen?"

"Kann ich mal vorbeikommen? Ich verstehe die Heizkostenabrechnung nicht!"

"Ich möchte mich zum Ernährungstraining anmelden."

"Können Sie mir sagen, in welchen Haushaltsreinigern kein Formaldehyd drin ist?"

"Können Sie mir sagen, welche Hausratsversicherung besonders preisgünstig ist?"

In welchen Bereichen wird Verbrauchern geholfen?

Vorkaufsberatung	Wir informieren Verbraucher vor vielen Anschaffungen für den privaten Haushalt – über Marktangebot, Qualität, Preis, Umweltverträglichkeit. Und zwar hinsichtlich aller wichtigen Produktsparten, vom Auto-Zubehör über die HIFI-Anlage bis zur Zitronenpresse.
Haushaltsbudget-Beratung	Wir helfen, mit dem Einkommen besser auszukommen.
Rechts- und Reklamationsberatung	Wir beraten Verbraucher über ihre Rechte, sowohl vor Kauf und Vertragsabschluß als auch nachher, wenn es Ärger mit Händlern, Handwerkern und Herstellern gegeben hat. Wir durchleuchten das Kleingedruckte, geben Rat zum richtigen Reklamieren und setzen uns bei Bedarf auch schriftlich für Verbraucher ein.
Kreditberatung und Entschuldungshilfe	Wir informieren Verbraucher vor der Aufnahme von Krediten. Wir überprüfen Kreditverträge rechtlich. Wir zeigen Möglichkeiten, was man tun kann, wenn das Geld für die Raten fehlt. Sofern unsere Personalkapazität reicht, helfen wir überschuldeten Haushalten, von ihren Schulden herunterzukommen. Auch durch Verhandlungen mit Gläubigern.
Umweltberatung	Wir informieren Verbraucher, was sie tun können, um die Umwelt zu schonen: so beim Kauf von Geräten, bei Haushaltschemikalien, Wasch- und Reinigungsmitteln. Wir geben Tips zum Wassersparen, zur Abfallvermeidung und Abfallentsorgung.
Ernährungsberatung	Wir informieren Verbraucher, wie sie sich vollwertig und preiswert ernähren können und helfen bei Lebensmittelreklamationen. Wir bieten Kurse über Vollwert-Ernährung sowie Ernährungstrainings zum Abnehmen an. Bei aktuellen Problemen im Lebensmittelbereich informieren wir schnell und sachkundig.
Energieberatung	Wir beraten Verbraucher, wenn sie Fragen zum Energiesparen bei Heizungsanlagen und baulichen Wärmeschutz haben, oder wenn es Probleme mit der Heizkostenabrechnung gibt.

Versicherungsberatung   Wir beraten Verbraucher über alle Fragen bei Personen- und Sachversicherungen. Wir erläutern, welche Versicherungen sinnvoll sind, was sie kosten dürfen, welchen Schutz man erwarten kann, wie man Versicherungen kündigen kann. (Wir helfen derzeit nicht bei Reklamationen von Schadensregulierungen).

Bau- und Wohnökologieberatung   Verbraucher, die bauen, umbauen oder renovieren wollen, beraten wir über ökologisches Bauen und gesundes Wohnen – so über schadstoffarme Baustoffe, Raumklima, Wintergärten, u.v.a.m.

Textil-Reklamationsberatung   Wir begutachten Textilschäden nach der Wäsche oder der chemischen Reinigung und helfen Verbrauchern bei Streitfällen, ihre Rechte durchzusetzen.

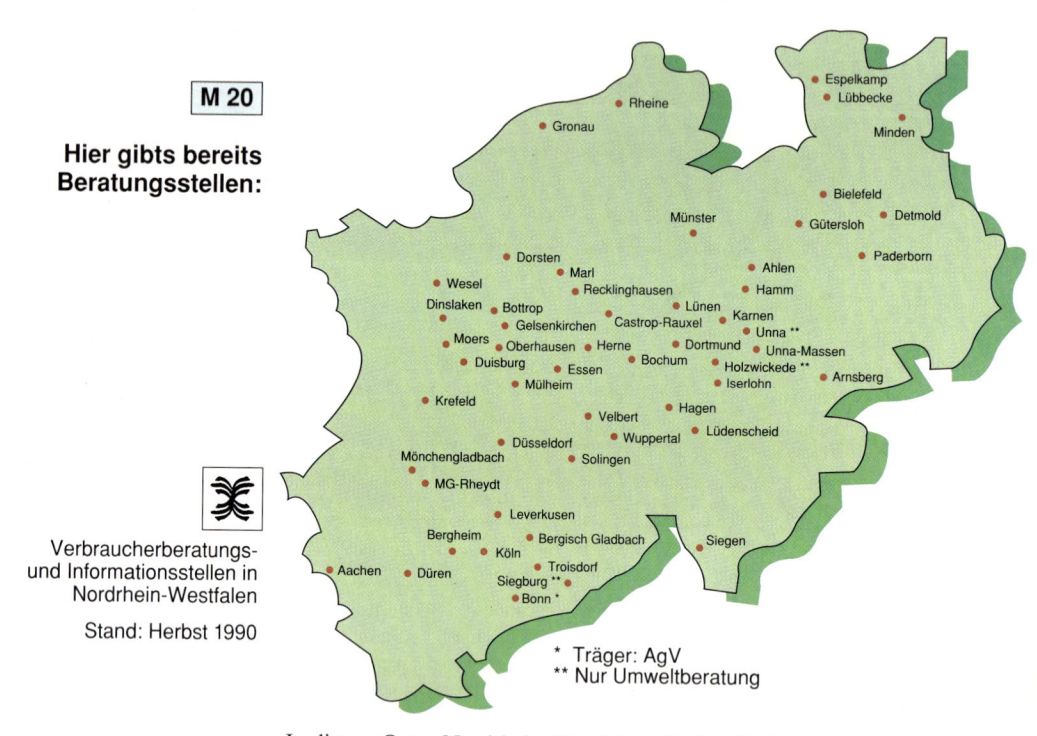

M 20

Hier gibts bereits Beratungsstellen:

Verbraucherberatungs- und Informationsstellen in Nordrhein-Westfalen

Stand: Herbst 1990

Orte: Espelkamp, Lübbecke, Rheine, Gronau, Minden, Bielefeld, Münster, Gütersloh, Detmold, Dorsten, Marl, Ahlen, Paderborn, Wesel, Recklinghausen, Hamm, Dinslaken, Bottrop, Lünen, Kamen, Moers, Gelsenkirchen, Castrop-Rauxel, Unna**, Oberhausen, Herne, Dortmund, Unna-Massen, Duisburg, Essen, Bochum, Holzwickede**, Arnsberg, Krefeld, Mülheim, Iserlohn, Velbert, Hagen, Düsseldorf, Wuppertal, Lüdenscheid, Mönchengladbach, Solingen, MG-Rheydt, Leverkusen, Bergheim, Bergisch Gladbach, Siegen, Aachen, Düren, Köln, Troisdorf, Siegburg**, Bonn*

* Träger: AgV
** Nur Umweltberatung

In diesen Orten Nordrhein-Westfalens finden Sie Beratungsstellen der Verbraucher-Zentrale Nordrhein-Westfalen bzw. in Bonn die der Arbeitsgemeinschaft der Verbraucherverbände (AgV). Sollte Ihnen der Weg dorthin zu weit sein, können Sie unsere Broschüre zu Verbraucherfragen und unsere Monatszeitung „Verbraucher Aktuell" auch per Post beziehen. Eine aktuelle Broschürenliste, einen Prospekt über den Verbraucher-Paß oder ein Probeexemplar von „Verbraucher Aktuell" erhalten Sie bei:

Verbraucher-Zentrale NRW e.V.
Mintropstraße 27, 40215 Düsseldorf

(M 19 u. M 20 aus: Verbraucher-Zentrale NRW e.V. [Hrsg.], Verbraucher-Zentrale über 50mal in Nordrhein-Westfalen, Informationsbroschüre, Düsseldorf 1990)

❶ In den „Sprechblasen" in M 19 sind Fragen und Wünsche formuliert, die häufig in Verbraucherberatungsstellen zu hören sind. Ordnet diese den einzelnen in M 19 angeführten Aufgabenbereichen zu.
Drei Bereiche werden nicht angesprochen. Entwerft dafür selbst „Sprechblasen".

❷ Informiert euch mit Hilfe von M 20 über die in NRW eingerichteten Verbraucherberatungsstellen. Stellt die Anschrift und die Öffnungszeiten der für euch zuständigen Beratungsstelle fest, und erkundet vor Ort, welche Beratungsleistungen sie anbietet, denn nicht in jeder Beratungsstelle können alle Aufgabenbereiche in gleicher Weise abgedeckt werden.

Wie kommt eigentlich der Verkaufspreis zustande?

M 21

Welche Kosten entstehen?

Thomas nimmt Christines Test-Heft mit nach Hause, um seinen Eltern die Ergebnisse des Joggingschuh-Tests zu zeigen.

„Seht einmal, was Christine heute mit in die Schule gebracht hat: einen Testbericht über Joggingschuhe! Echt interessant! Wir haben ihn uns schon angesehen und angestrichen, welche Schuhe für mich wohl in Frage kämen!" Die Eltern, Klaus und Thomas setzen sich an den Küchentisch und schlagen den Testbericht auf.

„Die Preise sind ja ganz schön ‚gesalzen'", meint Klaus. „Und vor allem ist es erstaunlich, daß ein Hersteller einen ‚gut' getesteten Schuh für 150,– DM anbieten kann, und ein anderer will dafür 250,– DM haben!"

„In dem Heft steht: ‚Spitzenpreise sind bei Joggingschuhen oft nur mit einer ausgeklügelten Verkaufsstrategie zu erklären, die auf Prestige und Image* setzt', erklärt Thomas, aber wie im allgemeinen so ein Verkaufspreis zustande kommt, das würde mich auch interessieren."

„Dazu kann ich dir Informationen geben", meint Thomas' Mutter. „Ich habe irgendwo eine Broschüre, in der am Beispiel eines Staubsaugers die Kosten für Produktion und Absatz einmal zusammengestellt werden. Das läßt sich sicherlich in den grundsätzlichen Überlegungen auch auf Produktion und Absatz von Sportschuhen übertragen. Hoffentlich finde ich das jetzt wieder!" – Mutter hat Glück und kommt bald mit der Broschüre in der Hand zurück.

(Autorentext)

„Versuchen wir, die Kosten[1] für die Produktion und den Absatz des Staubsaugers zusammenzustellen:

Material für die Fertigung		38,80 DM
Löhne und Gehälter (Personalkosten)	8,79 DM	
Fertigungslöhne einschl. Lohnnebenkosten		
Hilfslöhne für die Fertigung, Gehälter für Konstruktion, Arbeitsvorbereitung,	14,25 DM	47,85 DM
Verwaltung und Vertrieb	7,80 DM	
Soziale Leistungen (u. übrige Lohnnebenkosten)	5,40 DM	
3. Gemeinkosten	1,87 DM	
Abschreibung und Zinsen		
Werkzeug- und Maschinenwartung	4,73 DM	
Energiekosten, Hilfs- und Betriebsstoffe		24,30 DM
Verwaltungs- und Raumkosten	4,50 DM	
Übrige Gemeinkosten		
Gesamtkosten des Staubsaugers		110,95 DM

---

[1] Unter Kosten versteht man die mit ihren Preisen bewerteten Güter, die für die Erstellung der betrieblichen Leistung notwendig sind. Bei den folgenden Zahlenbeispielen ist zu berücksichtigen, daß sie aus dem Jahre 1974 stammen. Es kommt hier aber nicht auf die absoluten Preise an, die natürlich inzwischen erheblich gestiegen sind, sondern auf die Verteilung und Gewichtung der verschiedenen Kostenarten. Daran hat sich auch nach 20 Jahren nichts Wesentliches geändert. Allerdings: Die „Lohnnebenkosten" sind im Vergleich zu den reinen Lohnkosten deutlich angewachsen; auf je 100 DM Lohn kamen 1992 84 DM Nebenkosten (1974: 61 DM).

Fertigungsmaterial

Das sind Kunststoffteile, Bleche, Kupferdrähte, Schrauben und eine Menge Einzelteile. Insgesamt besteht ein Staubsauger aus 157 verschiedenen Teilen, die produziert und montiert werden müssen. Das erklärt, warum unser Teststaubsauger allein DM 38,80 an *Materialkosten* verursacht.

Personalkosten

Die Arbeitszeit bei der Herstellung eines Staubsaugers macht nicht viel mehr als eine Stunde aus. Obwohl viele Mitarbeiter daran beteiligt sind (z.B. Stanzer, Dreher, Schleifer, Wickler), hat jeder von ihnen nur Minutenarbeit zu erledigen. Entsprechend gering ist der Anteil der *Fertigungslöhne* an den gesamten *Lohnkosten*.

Das hat mindestens vier Gründe:
– Maschinen und maschinelle Anlagen haben „vorgearbeitet". Ihr Staubsauger ist nur dann in einer Stunde zusammengebaut, wenn Sie vorher mehrere hunderttausend Mark Kapital investiert haben. Um einige Pfennige bei den Kosten je Stück einzusparen, müssen Sie zuerst arbeitssparende Maschinen und Werkzeuge anschaffen.
– Viele Menschen haben „vorgearbeitet": der Konstrukteur, der Designer (Formgestalter), der Arbeitsplaner, der Kostenrechner und der Materialeinkäufer, der Werkzeugkonstrukteur und der Werkzeugmacher. Andere arbeiten mit: die Vorarbeiter, die Meister, die Prüfingenieure.
– Und für jeden Hundertmarkschein, den Sie als Unternehmer für geleistete Arbeitszeit aufwenden, müssen Sie heute mindestens 60 Mark für „*Nebenkosten*" aufbringen. Das sind die Arbeitgeberbeiträge für die soziale Sicherung* (Renten-, Kranken-, Arbeitslosen- und Unfallversicherung), für Lohnfortzahlung im Krankheitsfall, für die gesetzlich geregelte Vermögensbildung*, für Urlaubsgeld und für Weihnachtsgeld. Auch das Kantinenessen, Fahrgeldzuschüsse und andere freiwillige Leistungen schlagen zu Buch.

Insgesamt kostet Sie jeder Staubsauger an Personalkosten DM 47,85.
– Weitere Arbeitskräfte treten erst dann in Aktion, wenn die Produktion längst abgeschlossen ist: Packer, Lagerarbeiter, Lieferwagenfahrer, der gesamte Kundendienst, die Angestellten in der Verkaufsabteilung. Wieder andere arbeiten in der Verwaltung des Unternehmens: im Personalbüro, in der Buchhaltung, in der Rechnungsprüfung, in der Postzentrale und so fort.

Gemeinkosten

Materialkosten und Fertigungslöhne können jedem einzelnen Staubsauger aufgrund genauer Aufzeichnungen und Rechnungsunterlagen direkt zugerechnet werden. Man nennt sie daher „*Einzelkosten*". Das ist bei den Abschreibungen*, den Zinsen und bei vielen anderen Kosten nicht möglich. Sie müssen von der Gesamtzahl unserer produzierten Staubsauger gemeinsam getragen werden. Sie werden als „*Gemeinkosten*" in den Verkaufspreis mit einem genau ermittelten Prozentsatz eingerechnet. Da haben wir zum Beispiel die *Abschreibung**: Wenn Sie ein Werkzeug kaufen oder herstellen, das 22 000 Mark kostet und zwei Jahre hält, dann müssen Sie jedes Jahr beim Verkauf Ihrer Staubsauger 11 000 DM für die Abnutzung Ihres Werkzeuges kalkulieren. Produzieren Sie in einem Jahr 550 000 Staubsauger, dann betragen die Abschreibungskosten für dieses eine Werkzeug pro Staubsauger zwei Pfennig. Für Ihre Produktion brauchen Sie aber über 200 Werkzeuge und Maschinen, die Sie alle wegen Abnutzung abschreiben müssen, um die im Laufe der Zeit verbrauchten Anlagen durch neue ersetzen zu können.

Da haben wir zum Beispiel die *Zinsen:*
Im Durchschnitt sind heute die Unternehmen der Metallindustrie zu etwa drei Viertel mit fremdem Geld und nur zu etwa einem Viertel mit Eigen-

mitteln finanziert. Natürlich müssen die Zinsen im Preis wieder hereingeholt werden.

Da haben wir zum Beispiel die Kosten für die *Hilfs- und Betriebsstoffe*. Zu den Hilfsstoffen zählt eine Menge Kleinmaterial, das Bestandteil des Produktes wird: zum Beispiel Schrauben, Farben, aber auch das Verpackungsmaterial u.ä. Betriebsstoffe hingegen werden nicht im Produkt verarbeitet. Sie dienen zum Ingangsetzen, Unterhalten und Reinigen der Anlagen und Maschinen: Treibstoffe, Brennstoffe, Schmiermittel u.ä.

Da haben wir noch viele andere Gemeinkosten: von der Büroklammer bis zum Diktatband, vom Telefon bis zu den Mietkosten, vom Strom- bis zum Heizölverbrauch und so weiter.

Alles in allem summieren sich die Gemeinkosten, die in jedem Staubsauger stecken, auf DM 24,30. Zählen Sie zusammen:

Die Selbstkosten Ihres Staubsaugers liegen bei DM 110,95. Sie bestehen zu annähernd gleichen Teilen aus Fertigungsmaterial (rund 35 Prozent) und aus Personalkosten (rund 43 Prozent). Dieses Verhältnis ist aber kein Naturgesetz. Es gibt Betriebe, in denen die Personalkosten einen größeren Anteil haben (*lohnintensive* Betriebe) und andere, in denen Maschinenarbeit die größte Rolle spielt (*kapitalintensive* Betriebe)".

(Wieviel verstehen Sie von der Wirtschaft? Hrsg.: Institut der deutschen Wirtschaft, Köln 1974, S. 7 ff.)

❶ Erkläre den Begriff „Kosten" an dem Staubsaugerbeispiel.
❷ Worin besteht der Unterschied zwischen Einzel- und Gemeinkosten? Erkläre den Begriff „Abschreibungen".
❸ Warum müssen die Abschreibungen in der Kostenrechnung berücksichtigt werden?
❹ Worin besteht der Unterschied zwischen lohn- und kapitalintensiven Betrieben?
❺ Nenne Beispiele für lohn- und kapitalintensive Betriebe.
❻ Stell dir vor, die Gewerkschaften hätten höhere Löhne durchgesetzt. Wie würde sich das auf die Kostenrechnung auswirken? Was könnte das Unternehmen tun, um die Personalkosten zu senken?
❼ Versuche ansatzweise, eine ähnliche Kostenrechnung für Thomas' Turnschuhe aufzustellen.

M 22

Werden die Konkurrenten berücksichtigt?

„Zu Ihren wichtigsten Entscheidungen gehört es, den richtigen Preis für Ihre Produkte zu finden. Er muß [...] niedrig genug sein, um einen guten Absatz zu sichern und [...] hoch genug, um die Kosten zu decken und einen angemessenen Gewinn zu erzielen.

Bei seinen Preisentscheidungen orientiert sich der Unternehmer an zwei wichtigen Faktoren. Es sind:

Die Selbstkosten,

in unserem Falle also DM 110,95. Wenn Sie Ihren Staubsauger billiger verkaufen (oder verkaufen müssen), dann machen Sie Verlust. Das können Sie vielleicht eine kurze Zeitspanne verkraften, z.B. wenn Sie Reserven haben oder an anderen Produkten genug verdienen. Auf die Dauer geht das aber nicht. Warum, das werden Sie sehr schnell herausbekommen.

Die Konkurrenz

schläft nicht. Sie können Ihren Staubsauger auf die Dauer nicht für DM 125,– anbieten, wenn Ihr wichtigster Konkurrent ein qualitativ vergleichbares Gerät für DM 120,– verkauft. Sie müssen Angebot und Nachfrage auf Ihrem Markt gut beobachten und so schnell wie möglich

(Institut der deutschen Wirtschaft [= M 21], S. 12)

berücksichtigen. Nur so erwirtschaften Sie den für Sie günstigsten Preis[1], der Ihren Umsatz erhöhen und den in unserer wettbewerbsorientierten Wirtschaft erreichbaren Gewinn abwerfen soll".

---

[1] Vergessen Sie nicht, daß Ihr Angebotspreis noch nicht der Verbraucherpreis ist. Auch beim *Handel* entstehen schließlich Kosten: Personalkosten für Verkäufer und Buchhaltung, Abschreibungskosten für Ladeneinrichtung, Zinsen für Kapitalbeschaffung und Lagerhaltung, Ladenmiete, Strom, Werbung und so fort. Auf den Ladenpreis Ihres Staubsaugers haben Sie als Hersteller aber keinen Einfluß mehr. Es kann sein, daß der eine Händler Ihr Gerät ohne Gewinn verkauft, der andere als „Zugpferd" sogar unter seinen eigenen Kosten. Alles in allem wird sich der Ladenpreis Ihres Staubsaugers auf rund DM 170,– bis DM 180,– stellen, darin stecken allein rund DM 23,50 Mehrwertsteuer*, nämlich fünfzehn Prozent.

❶ Welche Faktoren beeinflussen die Höhe des Preises?
❷ Wenn die Lohnkosten um 10% steigen, müssen dann auch die Staubsaugerpreise um 10% steigen?
❸ Wann erzielt der Staubsaugerproduzent einen Gewinn?
❹ Stelle dir vor, der Staubsaugerproduzent hätte keine Konkurrenz, er wäre Alleinanbieter (Monopolist). Welchen Einfluß hätte das auf seine Möglichkeiten, die Preise festzusetzen? Wie würde sich das auf seinen Gewinn auswirken? Welche Folgen hätte das für den Verbraucher?
❺ Was könnte ein einzelner Staubsaugerproduzent tun, um seinen Gewinn zu steigern?

M 23

Dem Verbraucher auf der Spur

Zwischen Ohnmacht und Wut resümiert in einer Ruhrstadt die Besitzerin eines Geschäfts für Haushaltswaren das veränderte Verhalten der Kunden. […] Man unterhalte in den Augen der Leute als Fachhändler […] lediglich noch ein Ausstellungshaus mit individueller Beratertätigkeit, wo der Käufer auf Pirsch gehe – kaufen würde er anschließend im Discount*, auf der ‚grünen Wiese'. Der Geschäftsführer bestätigt: Nicht Ausnahme, sondern eher die Regel seien Anrufe zur Modellvorführung von Rasenmähern vor dem Eigenheim – abends, weil dann auch der Hausherr zugegen ist. Der ‚Kunde' lasse sich etliche Modelle vorführen und fahre bei passender Gelegenheit zielbewußt zum Discount. Die Regel sei ferner, daß die Leute das Hauptgerät am ‚billigsten' Platz kaufen, Zusatz- und Ersatzteile aber beim Fachhändler, denn die muß dieser billiger beschaffen.
Am Beispiel eines Staubsaugers von Siemens rechtfertigt der Geschäftsführer den geforderten Preis des Fachhändlers von 150 Mark. Ohne den Kundendienst könnte man ihn wie bei der Wiesen-Konkurrenz (Verbrauchermarkt vor der Stadt) auch für 120 Mark liefern, sagt er. Er müßte aber berechnen: eine halbstündige Beratung durch eine gutbezahlte Fachkraft, Lieferung frei Haus, kostenfreie Beschaffung der Ersatz- und Zusatzteile, Dienstleistung bei möglichen Garantiereparaturen oder bei Tausch…

(Frankfurter Allgemeine Zeitung, 26.7.1974; Verf.: Key Liv Landmann)

❶ Beachte bei der Erarbeitung von M 23 folgende Hinweise:
– Stelle die genannten Gründe für die unterschiedlichen Preise zusammen.
– Welche weiteren Gründe könnten dabei eine Rolle spielen?
– Welche Folgen können sich aus dem beschriebenen Verhalten der Verbraucher für das Fachgeschäft bzw. den Discounthandel ergeben?
– Welche Folgen können daraus langfristig für den Verbraucher entstehen?
❷ Erkundigt euch in einem Geschäft des Fachhandels, ob dort ähnliche Erfahrungen gemacht werden, wie in M 23 beschrieben.
❸ Was spräche aus der Sicht von Thomas dafür, im Fachhandel oder im Discount seine neuen Turnschuhe zu kaufen?

Thomas und Klaus meinen, man müßte Unternehmer sein. Dann könnte man mit dem erzielten **Gewinn*** ein flottes Leben führen. Doch in der Broschüre finden sie dazu auch Informationen, die sie zunächst staunen lassen:

M 24 a

Was machen die Unternehmer mit dem Gewinn?

„Bei einem Verkaufspreis an den Handel von DM 117,– und Selbstkosten von DM 110,95 bleibt Ihnen bei jedem Staubsauger ein Gewinn von DM 6,05; das sind 5,2 Prozent des Verkaufspreises an den Handel.
Dieser Gewinn gehört Ihnen allerdings nicht allein. Der Staat macht seine Ansprüche geltend. Von jeweils 100 Mark Gewinn kassiert der Staat – Bund, Länder und Gemeinden – im Durchschnitt 60 Mark an Gewinnsteuern. Von Ihrem Gewinn (DM 6,05) müssen Sie also rund DM 3,65 an das Finanzamt abführen, bleiben also je Staubsauger DM 2,40 übrig, das sind ganze 2 Prozent Ihres Verkaufspreises. Einen erheblichen Teil davon benötigen Sie für den Kauf zusätzlicher Maschinen und Anlagen (Neuinvestitionen) und als Rücklage für schlechte Konjunkturzeiten*. Denn die Beträge, die Ihnen aus der Abschreibung* zur Verfügung stehen, reichen noch nicht einmal ganz aus, um den verbrauchten Maschinen- und Werkzeugbestand zu ersetzen (Ersatzinvestitionen), da Investitionsgüter* inzwischen auch teurer geworden sind, Sie aber nur von den alten Anschaffungskosten abschreiben dürfen (das schreiben die Steuergesetze vor). Jede Maschine, die Sie als Ersatz oder zur Vergrößerung Ihres Unternehmens anschaffen, und jede Neuentwicklung, die besser, aber auch teurer ist, müssen Sie finanzieren. Rund die Hälfte Ihres versteuerten Gewinns müssen Sie erfahrungsgemäß dafür im Betrieb stehenlassen (so macht es jedenfalls die Mehrzahl der Industriebetriebe)". (Institut der deutschen Wirtschaft [= M 21], S. 15 f.)

M 24 b

Soviel verdient die Industrie

Jedes Unternehmen muß Gewinne machen. Denn schreibt es immer wieder rote Zahlen, dann muß es schließlich vom Markt verschwinden, und mit ihm verschwinden die Arbeitsplätze. Dieser Zusammenhang ist weithin bekannt. Weniger bekannt ist die Höhe des Gewinns, der beispielsweise in der Industrie durchschnittlich erzielt wird. Eine Untersuchung des Ifo-Instituts brachte kürzlich Licht ins Dunkel. Das Ergebnis: Von jedem eingenommenen 1000-DM-Schein gehen 697 DM wieder hinaus – vor allem natürlich für den Materialeinsatz, also für Rohstoffe und Halbfabrikate von anderen Unternehmen (s. Schaubild). Von den restlichen 303 DM sind 246 DM für die Lohnkosten bestimmt. Weitere 34 DM sind Abschreibungen, also Aufwendungen für Verschleiß und Alterung der Produktionsanlagen. Nur 23 DM sind Überschuß, der allerdings noch versteuert werden muß. Anders ausgedrückt, der Anteil des Gewinnes am Umsatz* betrug in der deutschen Industrie im Jahre 1984 durchschnittlich 2,3 Prozent. Aber natürlich lagen viele Industriezweige unter und viele über diesem Durchschnitt. Beispielsweise machten die Hersteller von Büromaschinen und die Stahlwerke Verluste, während kleinere und mittlere Unternehmen der Pharmaindustrie zwischen 11 und 13 Prozent vom Umsatz als Gewinn buchen konnten.

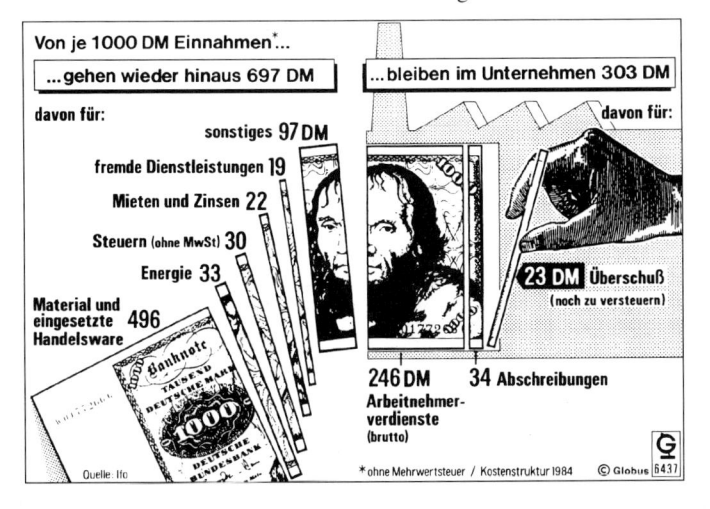

(Statistische Angaben: Ifo-Institut, Globus, 26.1.1987)

Von je 1000 DM Einnahmen*...

...gehen wieder hinaus 697 DM

davon für:
- sonstiges 97 DM
- fremde Dienstleistungen 19
- Mieten und Zinsen 22
- Steuern (ohne MwSt) 30
- Energie 33
- Material und eingesetzte Handelsware 496

...bleiben im Unternehmen 303 DM

davon für:
- 23 DM Überschuß (noch zu versteuern)
- 34 Abschreibungen
- 246 DM Arbeitnehmerverdienste (brutto)

Quelle: Ifo *ohne Mehrwertsteuer / Kostenstruktur 1984 © Globus 6437

M 25 a

Von 100 Mark in der Kasse des Einzelhändlers gingen wieder hinaus für:

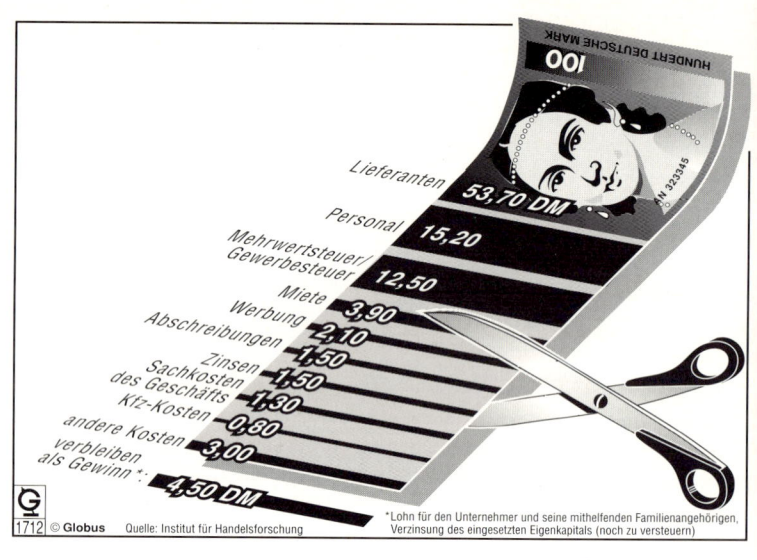

- Lieferanten 53,70 DM
- Personal 15,20
- Mehrwertsteuer/Gewerbesteuer 12,50
- Miete 3,90
- Werbung 2,10
- Abschreibungen 1,50
- Zinsen 1,50
- Sachkosten des Geschäfts 1,30
- Kfz-Kosten 0,80
- andere Kosten 3,00
- verbleiben als Gewinn* 4,50 DM

*Lohn für den Unternehmer und seine mithelfenden Familienangehörigen, Verzinsung des eingesetzten Eigenkapitals (noch zu versteuern)

Quelle: Institut für Handelsforschung

M 25 b

Was in den Ladenkassen bleibt

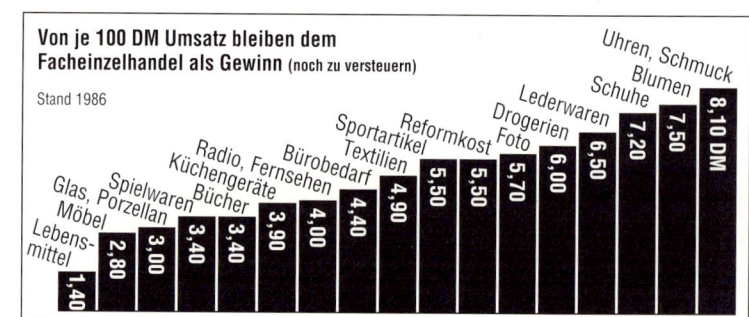

(Nach Globus-Schaubild Nr. 9982)

Von je 100 DM Umsatz bleiben dem Facheinzelhandel als Gewinn (noch zu versteuern)
Stand 1986

- Lebensmittel 1,40
- Glas, Porzellan, Möbel 2,80
- Spielwaren 3,00
- Radio, Fernsehen, Küchengeräte 3,40
- Bürobedarf, Bücher 3,40
- Textilien 3,90
- Sportartikel 4,00
- Reformkost 4,40
- Foto 4,90
- Drogerien 5,50
- Lederwaren 5,50
- Schuhe 5,70
- Blumen 6,00
- Uhren, Schmuck 6,50
- 7,20
- 7,50
- 8,10 DM

❶ Warum besteuert der Staat Gewinne (M 24 a)?

❷ Worin besteht der Unterschied zwischen Ersatz- und Neuinvestitionen (M 24 a)?

❸ Welcher Zusammenhang besteht zwischen Gewinnen, Investitionen und dem Wachstum der Wirtschaft?

❹ In M 24 b wird ein Zusammenhang zwischen Gewinnen und Arbeitsplätzen als bekannt vorausgesetzt. Versuche ihn zu erläutern.

❺ Kennzeichne die Gewinnsituation in der Industrie* (M 24 b).

❻ Beachte bei der Beschreibung der Gewinnsituation bitte folgendes:
– Es werden Durchschnittszahlen* angegeben! Worüber geben sie keinen Aufschluß?
– Es handelt sich hier um Prozentzahlen! Angenommen, ein Unternehmen macht 2,3% Gewinn bei einem Umsatz von 100 Mio. DM. Wie hoch ist absolut gesehen sein Gewinn?
– Für einen Unternehmer ist es sehr wichtig, mit welcher Rendite* er gearbeitet hat, d.h. z.B., in welchem Verhältnis sein Gewinn zum eingesetzten Gesamtkapital (Eigenkapital + Fremdkapital) steht (vgl. auch M 21). Ein Beispiel: Herr Möchtegern hat 100 000 Mark gespart und nimmt bei der Bank zusätzlich einen Kredit von noch einmal 100 000 Mark auf. Mit diesen 200 000 DM eröffnet er einen „Computershop". Im Laufe des Geschäftsjahres macht er 1,2 Mio DM Umsatz, und bei einem Gewinn (Erlös minus sämtliche Kosten wie z.B.: Löhne, Mieten, Zinsen) von angenommenen 2,5% hat er 30 000 DM Gewinn (2,5% vom Umsatz).
Wieviel % beträgt jedoch seine Rendite*?

❼ Informiere dich über die Gewinnsituation im Facheinzelhandel. Lassen sich die Angaben in M 25 a mit denen in M 25 b vereinbaren?

Wie der Markt funktioniert – funktionieren soll!

Thomas kennt nun Faktoren, die den Preis eines Gutes beeinflussen. Er erinnert sich aber auch, gelesen zu haben, daß **Angebot** und **Nachfrage** den Preis bestimmen. „Angebot und Nachfrage bestimmen die Preise auf dem **Markt**", so hieß die Überschrift eines Artikels in der Zeitung. Was hat es nun damit auf sich?

M 26 a

Treffpunkt „Markt"

Einer der wichtigsten Begriffe der Wirtschaftslehre und zugleich einer der schwierigsten ist der Begriff „Markt". Das Wort dient der Abgrenzung der beiden möglichen Grundformen der Lenkung einer Volkswirtschaft voneinander: Marktwirtschaft (s. M 27 a) oder Zentralverwaltungswirtschaft*: Wenn man das Wort „Markt" hört, denkt man zunächst vermutlich an den Wochenmarkt, der in Städten regelmäßig abgehalten wird. Immer wenn Anbieter eines Gutes und Nachfrager nach diesem betreffenden Gut zusammentreffen, spricht man von Markt. Nach dieser Begriffsbestimmung ist die Anzahl von Märkten recht groß; man kann sie nach verschiedenen Gesichtspunkten unterscheiden und zusammenfassen.

Märkte können zunächst nach dem *Gut* eingeteilt werden, das jeweils gehandelt wird. So kann man den Getreidemarkt, den Kaffeemarkt, den Kapitalmarkt*, den Automarkt usw. unterscheiden. Den Pkw-Markt müßte man in einen Markt für Kleinwagen, Mittelklassewagen und Luxuswagen, aber auch in einen Markt für Neu- und Gebrauchtwagen einteilen.

Ein ganz besonderer Markt ist die *Börse*. Die Börse ist der organisierte Markt für Wertpapiere*, Devisen* oder Waren, an dem während der Börsenstunden aufgrund von Kauf- und Verkaufsaufträgen von vereidigten Maklern* Preise festgestellt werden.

Ein weiteres Kriterium, um Märkte einzuteilen, ist in der *Zahl der Marktteilnehmer* zu sehen, die als Anbieter und/oder Nachfrager einander gegenüberstehen. So spricht man etwa von einem *Monopol*, wenn auf wenigstens einer Seite – Anbieter und/oder Nachfrageseite – nur eine Marktpartei vorhanden ist. Beim *Oligopol* stehen wenige Anbieter (Nachfrager) vielen oder ebenfalls wenigen Nachfragern (Anbietern) gegenüber.

(„Der Markt" – Informationsbroschüre des Deutschen Sparkassenverlages, Stuttgart; Verf.: Volker Teichert)

M 26 b

M 26 c

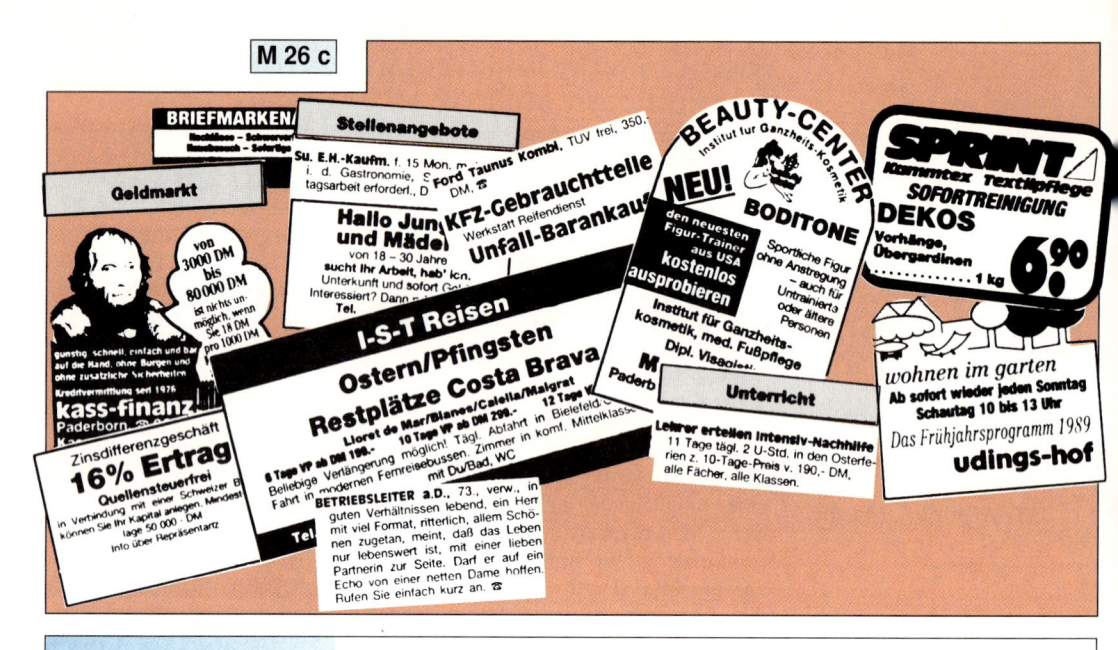

❶ Erläutere den Begriff „Markt" (M 26 a).

❷ Wann spricht man von „Monopolen"/„Oligopolen" (M 26 a)? Welche Bedeutung können Monopole/Oligopole für den Verbraucher haben? Kennst du Märkte, die als Oligopol zu bezeichnen sind? Wie ist der Markt für Laufschuhe (s. M 18) einzuordnen?

❸ Erläutere, um welche Güter es auf den in M 26 b genannten Märkten geht.

❹ In M 26 c findest du Anzeigen, mit denen bestimmte Produkte oder Dienstleistungen angeboten oder nachgefragt werden. Von welchen Märkten kann man hier sprechen?

M 27 a

Den Preis bestimmt der Markt

Unternehmer, die Güter oder Dienstleistungen herstellen, möchten diese Produkte verkaufen. Sie produzieren für die Bedürfnisse der Konsumenten. Diese Bedürfnisse sind sehr unterschiedlich. Für die Güter möchten die Verbraucher möglichst wenig bezahlen, denn bei *niedrigen Preisen* können mehr Bedürfnisse befriedigt werden als bei hohen. Die Nachfrager – so kann man die Verbraucher ja bezeichnen – sind also an niedrigen Preisen interessiert. Die Unternehmer als Anbieter sind dagegen an möglichst *hohen Preisen* interessiert, weil sie an ihrer Produktion verdienen wollen. Der Gewinn ist ein wichtiger Anreiz für die Produktion von Gütern und Dienstleistungen. Aus dieser unterschiedlichen Interessenlage von Anbietern und Nachfragern entsteht ein *Konflikt*. Die Frage nach dem Austragungsort dieses Konflikts und insbesondere, wie er ausgetragen wird, führt zu der weiteren Frage, wie denn in unserem Wirtschaftssystem Angebot und Nachfrage zusammenkommen. Woher wissen die *Konsumenten,* welche Güter zur Bedürfnisbefriedigung angeboten werden, und wie erfahren die *Produzenten,* welche Wünsche und Vorstellungen seitens der Nachfrager bestehen? Gibt es eine Einrichtung, wo sich beide Seiten treffen, und ist diese in der Lage, Angebot und Nachfrage zusammenzubringen?

Der *Markt* übernimmt diese wichtige Aufgabe. Er hat dem Wirtschaftssystem der Bundesrepublik Deutschland den Namen gegeben: *Marktwirtschaft* […] Der Markt sorgt für den Ausgleich dieser gegenläufigen Interessen, indem er die *Preisbildung* ermöglicht. Der sich als Kompromiß bildende Marktpreis bestimmt, was die Produzenten tatsächlich erhalten bzw. was die Konsumenten tatsächlich bezahlen müssen […]

M 27 b

Wie funktioniert die Preisbildung am Markt?

Die individuelle *Nachfrage* eines Wirtschaftssubjekts* besteht in seiner Absicht, eine bestimmte Menge eines bestimmten Gutes zu kaufen, wenn der geforderte Preis einen bestimmten Betrag nicht überschreitet. Faßt man alle individuellen Nachfragen nach einem Gut zusammen, so erhält man die Gesamtnachfrage nach diesem Gut. Grundsätzlich wird von einem Gut um so mehr gekauft, je billiger dieses Gut ist (Sonderangebot!). Umgekehrt wird von einem Gut um so weniger gekauft, je teurer dieses Gut ist („*Preis-Mengen-Zusammenhang*").

Ein *sinkender Preis erhöht die Nachfrage* nach einem Gut, weil entweder neue Käufer für dieses Produkt gewonnen werden können oder aber die bisherigen Käufer mehr von diesem Gut kaufen.

Beispiel: Gut „Apfelsinen"

Preis in DM/kg	nachgefragte Menge in kg
10,–	5
8,–	7
6,–	10
5,–	12
4,–	14
2,–	18
1,–	25

Die *Anbieter* verhalten sich genau umgekehrt wie die Nachfrager. Das individuelle Angebot eines Wirtschaftssubjekts besteht in seiner Absicht, eine bestimmte Menge eines bestimmten Gutes zu verkaufen, wenn der erzielbare Preis mindestens einen bestimmten Betrag erreicht. Wie an anderer Stelle bereits deutlich wurde, wird die Höhe dieses Betrages von der Höhe der Kosten bestimmt. Die individuellen Angebote an einem Gut werden – entsprechend wie die individuellen Nachfragen – zum Gesamtangebot an einem Gut zusammengefaßt. Grundsätzlich gilt: Je höher der erzielbare Marktpreis ist, desto mehr Anbieter werden ihre Waren anbieten, desto größer wird das Angebot auf dem Markt sein. Demnach besteht auch beim Angebot ein *Preis-Mengen-Zusammenhang*.

Wir ersehen aus den Werten unseres Beispiels, daß nur bei einem Preis, nämlich bei 5,– DM, angebotene und nachgefragte Mengen übereinstimmen. Bei diesem Preis werden 12 kg Apfelsinen umgesetzt. Wir nennen diesen Preis den *Gleichgewichtspreis*.

Preis in DM/kg	angebotene Menge in kg
1,–	5
2,–	7
4,–	10
5,–	12
6,–	14
8,–	18
10,–	25

Warum pendeln sich Angebot und Nachfrage bei diesem Preis ein? Bei einem höheren Preis würde ein *Angebotsüberschuß* entstehen. Dieser Preis hat eine Vielzahl von Anbietern auf den Markt gelockt. Er läßt sich jedoch langfristig nicht realisieren, da eine Konkurrenz unter den Verkäufern einsetzt. Sie unterbieten sich mit dem Preis gegenseitig und versuchen so, ihre Waren zu verkaufen. Es entsteht ein Hang zu sinkenden Preisen, bis Angebots- und Nachfragemengen übereinstimmen. Anbieter, die zum Preis von 5,– DM ihre Ware nicht mehr verkaufen können, weil sie zu hohe Produktionskosten haben, müssen aus dem Markt scheiden, die Angebotsmenge sinkt.

Bei einem Preis von beispielsweise 2,– DM dagegen besteht ein *Nachfrageüberschuß*. Bei diesem Preis wird mehr nachgefragt als angeboten. Dieser Nachfrageüberschuß führt zu höheren Preisen, da die Anbieter merken, daß eine starke Konkurrenz unter den Nachfragern besteht. Gleichzeitig schreckt der steigende Preis bereits einige Käufer vom Kauf ab, weil sie sich die teurer werdende Ware nicht mehr leisten können oder wollen. Erst beim Preis von 5,– DM gleichen sich nachgefragte und angebotene Mengen aus.

Durch diesen *Preismechanismus* wird automatisch das Marktgleichgewicht hergestellt. Solange die angebotenen oder nachgefragten Mengen überwiegen, besteht die Tendenz zu fallenden bzw. steigenden Preisen. Bei dem Gleichgewichtspreis – und nur bei diesem – ist der Markt geräumt. Das bedeutet, daß die Pläne der Nachfrager und Anbieter hier übereinstimmen. Kein Anbieter sitzt mehr auf unverkauften Waren, kein Käufer ist vorhanden, der zu diesem Preis keine Waren erhalten hat.

Der Preis beeinflußt Angebot und Nachfrage
Angebot und Nachfrage beeinflussen den Preis

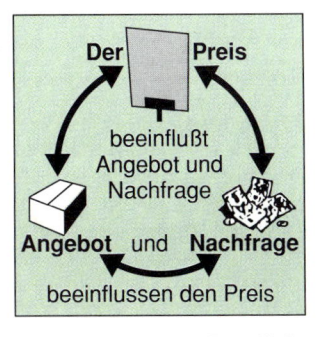

(M 27 a/b nach: Zeep, W.-D.: Einmaleins der Wirtschaft, Deutscher Sparkassenverlag, Stuttgart 1981, S. 67–71)

M 27 c

WSV: Einzelhandel sitzt auf warmer Kleidung

Des einen Freud, des anderen Leid: Führen die milden Temperaturen dieses Winters bisher zu erheblichen Einsparungen bei den Heizkosten, klagen die Einzelhändler über mangelnden Umsatz bei wärmender Kleidung. Und: Auch der erste Tag des Winterschlußverkaufs (WSV) brachte in dieser Hinsicht keine entscheidende Wende. Tischdecken, Bettwäsche und Unterkleidung zu Preisen zwischen fünf und 20 Mark waren die absoluten Renner. Wintermäntel, dicke Jacken und Wollsachen dagegen blieben in den meisten Geschäften Ostwestfalens zunächst unberücksichtigt. Dennoch, der Vorjahresumsatz des ersten Tages wurde fast überall wieder erreicht.

„Nach dem lauen Winter waren unsere Lager bis zum Rand gefüllt. Soviel Ware wie in diesem Jahr ist zum WSV noch nie übrig geblieben", so die einhellige Meinung der Geschäftswelt. „Die meisten Kleidungsstücke sind im kommenden Winter kaum noch zu verkaufen, sie müssen in den nächsten zehn Tagen über den Ladentisch." Nicht zuletzt aus diesem Grund sind Preisnachlässe um 50 Prozent keine Seltenheit. Hochwertige Markenartikel werden sogar bis zu 70 Prozent billiger angeboten. [...]

(Westfälisches Volksblatt v. 26.1.88; Verf.: Wolfgang Schäffer)

M 27 d

(Zeichnung: Harald R. Sattler)

M 27 e
Zeitungsmeldungen

Schlechte Aussichten für den Schrottmarkt
Preise drastisch gesunken / Besitzer von Altautos müssen zuzahlen

Wer heute dem Schrotthändler ein altes Auto andienen will, der muß, je nach Entfernung zum nächsten Shredder, bis zu 50 DM für Transport und Erfassung zuzahlen, damit ihm der Schrotthändler das Auto überhaupt abnimmt. Ähnliches gilt für andere ausgediente Geräte, etwa Kühlschränke oder Waschmaschinen.

Altpapier-Überangebot

Köln (dpa/VWD). Der Umsatz des deutschen Altpapierhandels stürzte von 1,1 Milliarden DM 1985 auf 490 Millionen DM im vergangenen Jahr. Ursache dieses Einbruchs war ein starker Preisverfall, der von einem Überangebot an Altpapier ausgelöst wurde. Dies geht aus dem soeben veröffentlichten Geschäftsbericht des Bundesverbands Papierrohstoffe (Köln) hervor.

Apfelpreise steigen

Münster (Eig. Meld.) Äpfel werden in diesem Jahr 30 Prozent teurer sein als 1986, da die Obsternte deutlich schlechter ausfällt, teilte die Landwirtschaftskammer Westfalen-Lippe gestern in Münster mit.

Überproduktion drückt Ölpreis

London (dpa/VWD). Berichte über eine anhaltende Überproduktion auf den Weltmärkten haben den Ölpreis am Montag an den freien Märkten um mehr als einen Dollar je Barrel nach unten gedrückt. Gestern erholte sich in London der Preis für Brent-Nordseeöl zur Oktoberauslieferung wieder um 50 Cent auf 17,70 Dollar je Barrel. Er lag damit aber immer noch 80 Cent niedriger als am Schluß der Vorwoche und deutlich unter dem OPEC-Grundpreis von 18 Dollar. In Rotterdam kostete das Barrel (Oktober-Lieferung) 17,60 Dollar. Marktbeobachter sagten wegen der Überproduktion in den Staaten am persischen Golf ein Anhalten des Preisdrucks voraus.

(Jörn Altmann, Volkswirtschaftslehre, Gustav Fischer Verlag, Stuttgart 1993, S. 24/40)

❶ a) Erläutere den „Konflikt" zwischen den sich auf dem Markt befindenden Anbietern und Nachfragern (M 27 a).
b) Wie kommt es zu einem Ausgleich der Interessen (M 27 a)?

❷ Erläutere die Preisbildung am Markt (M 27 b) und gehe dabei in folgenden Schritten vor:
– Kennzeichne zunächst das Verhalten der Nachfrager bei wechselnden Preisen und begründe es.
– Kennzeichne das Verhalten der Anbieter bei wechselnden Preisen und begründe es.
– Kläre, was unter dem „Gleichgewichtspreis" zu verstehen ist.
– Erläutere, warum es zu einem Gleichgewichtspreis kommt, und argumentiere mit den Begriffen „Angebotsüberschuß" und „Nachfrageüberschuß".

❸ Verdeutliche die Faktoren, die die Preisbildung in den in M 27 c–e beschriebenen Fällen beeinflussen. Welche Zusammenhänge zwischen Preis–Angebot–Nachfrage lassen sich feststellen?

❹ Marktquiz: Steigt, sinkt oder bleibt der Preis?
a) Das Angebot bleibt, die Nachfrage steigt.
b) Das Angebot bleibt, die Nachfrage bleibt.
c) Das Angebot bleibt, die Nachfrage sinkt.
d) Das Angebot steigt, die Nachfrage steigt.
e) Das Angebot steigt, die Nachfrage bleibt.
f) Das Angebot steigt, die Nachfrage sinkt.
g) Das Angebot sinkt, die Nachfrage steigt.
h) Das Angebot sinkt, die Nachfrage bleibt.
i) Das Angebot sinkt, die Nachfrage sinkt.

Für das Verständnis des „Marktmechanismus" ist die Erkenntnis wichtig, daß die in M 27 dargestellte Preisbildung nur erfolgt, wenn man davon ausgeht, daß ganz bestimmte Bedingungen erfüllt sind. Und zwar machen die Wirtschaftswissenschaftler die folgenden Annahmen (M 28 a):

M 28 a

Annahmen – Funktionsbedingungen des Marktes

- **Rationalprinzip**

Jeder Marktteilnehmer versucht, für sich den größten Nutzen herauszuholen.

- **Viele Anbieter, viele Nachfrager**

Auf einem Markt müssen sich viele Anbieter und Nachfrager gegenüberstehen:

- **Vollständige Markttransparenz**

Vollständige Markttransparenz oder völlige Marktübersicht heißt, daß jeder Marktteilnehmer zu jedem Zeitpunkt genaueste Informationen über alle Marktdaten besitzt. Diese Marktdaten beziehen sich auf das gehandelte Gut, seine Funktion, seine Zusammensetzung usw., den Preis des Gutes, die angebotene und die nachgefragte Menge, die Lieferungs- und Zahlungsbedingungen, die tatsächlichen Orte, an denen das Gut angeboten wird (z.B. Läden) usw. All diese Informationen wären notwendig, damit jeder Marktteilnehmer sich gemäß dem ökonomischen Prinzip* verhalten könnte.

- **Homogenität der Güter**

Auf einem Markt dürfen nur sog. homogene Güter gehandelt werden, d.h. sie müssen absolut gleich sein. Ein Beispiel; Auto ist noch lange nicht gleich Auto! Selbst einen einheitlichen Markt für z.B. VW Golf gibt es nicht.

- **Präferenzen**

Räumliche Präferenzen

Auf den Märkten dürfen weder Anbieter noch Nachfrager über räumliche Präferenzen verfügen. Räumliche Präferenzen sind Vorteile, die sich ein Marktteilnehmer aufgrund seines Standortes gegenüber Konkurrenten erhoffen kann. Dazu zählen beispielsweise der Lebensmittelhändler, der sein Geschäft „gleich um die Ecke" hat, eine Tankstelle an der Autobahn, Geschäfte in Einkaufsstraßen oder das Wissen der Kunden um die Möglichkeit, jederzeit einen Parkplatz direkt vor der Ladentür zu finden.

Persönliche Präferenzen

Kein Marktteilnehmer darf über persönliche Präferenzen verfügen. Zu den persönlichen Präferenzen sind z.B. Verwandtschaftsbeziehungen zu einem Anbieter oder Nachfrager zu zählen, wenn dadurch festgelegte Kauf- bzw. Verkaufsgewohnheiten entstanden sind. Die besonders hübsche Verkäuferin in einem bestimmten Geschäft, die „traditionelle" Einkaufstätte oder auch die Möglichkeit, Neuigkeiten aus dem Wohnviertel beim Einkauf in einem bestimmten Geschäft austauschen zu können, sind weitere Beispiele.

Zeitliche Präferenzen

Zeitliche Präferenzen dürfen ebenfalls bei keinem Marktteilnehmer existieren. Als Beispiel sei ein Zeitschriftenhändler genannt, der aus irgendwelchen Gründen eine bestimmte Zeitschrift einen Tag früher als jeder andere Zeitschriftenhändler anbieten kann.

M 28 b

Schwierigkeiten beim Kauf eines Regenschirms

(Eugen Schmalenbach:
Der freien Wirtschaft zum Gedächtnis,
Opladen, Köln 1958, S. 58)

Ich brauchte seinerzeit einen neuen Regenschirm. Es war zu überlegen, wie ich in meiner Rolle als Abnehmer die [...] mir obliegende Pflicht der Auswahl am besten treffen könnte. In Köln gibt es, so nahm ich an, etwa 50 Läden, in denen man einen Regenschirm kaufen kann. Diese müßte ich pflichtgemäß alle aufsuchen [...]; dann gibt es schätzungsweise 200 Sorten Regenschirme für Herren. Da es ein schwarzer Regenschirm mit gebogener Krücke sein sollte, mag sich die Sortenzahl auf 100 ermäßigen. Nun aber geht es mir um einen möglichst dauerhaften Regenschirm, dessen Stoff, Stock und Mechanik lange halten und auch bei starkem Wind lange brauchbar bleiben soll. Ich fand heraus, daß, allein um die Güte der Regenschirmstoffe auf Haltbarkeit und Wasserdurchlässigkeit zu prüfen, ein Kursus nötig sei, den ein Freund auf Wochen Dauer schätzte [...] Auch die Mechanik sei, so meinte er, in ihrer Qualität verschieden, wenn man eine sachkundige Auswahl treffen wolle. Diese Überlegungen führten dahin, daß ich, um mich und meine Familie mit dem nötigen Hausrat und der nötigen Bekleidung zu versehen, meinen Beruf aufgeben und dazu noch einen Assistenten anstellen müsse. Dieses bedenkend, verzichtete ich auf jede Konkurrenzprüfung, ging in den nächsten Laden und kaufte unter den 10 vorgelegten Schirmen einen ohne lange Prüfung und zahlte dafür, was gefordert wurde.

M 28 c

Verbraucherverhalten im Alltag

(M 28 a und c nach: Kaiser, F.J./
Kaminski, H. u.a.; Unterrichtsmodelle zur Verbraucherbildung in Schulen, Modell 6, hrsg. v. Stiftung Verbraucherinstitut Berlin und Verbraucherzentrale NRW Düsseldorf 1985, S. 71 ff. und S. 77)

● Klaus weiß, daß Schulhefte bei „Meyers" 0,50 DM kosten, er kauft sie aber nebenan im Schreibwarengeschäft Freier, obwohl sie dort 0,60 DM kosten.
● Frau Renger kauft ihre Waschmaschine im einzigen Elektrogeschäft des Dorfes. In Paderborn ist die gleiche Marke 70 DM billiger. Frau Renger: „Das mag schon sein, aber..."
● Bisher war Metzger Remmert der einzige Metzger im Dorf, aber seit einigen Wochen hat sich ein zweiter im Dorf niedergelassen. Die Dorfbewohner sind über die Preise erstaunt und über die Reaktion von Metzger Remmert. Das hätten sie nicht für möglich gehalten...
● „Du, Klaus, komm, bei Elektro-Meier haben sie in der Schallplattenabteilung eine neue Verkäuferin. Toll, sage ich Dir...Ich glaube, ich kaufe nur da die neue LP".

M 28 d

Verbrauchskultur

(Süddeutsche Zeitung
vom 7./8.2.1981)

In den Lehrbüchern ist die Welt noch nicht in Ordnung. Dort wimmelt es von Wirtschaftssubjekten*, die als „souveräne" Verbraucher mancherlei Güterqualitäten und -preise vergleichen, um schließlich zu einer optimalen Kaufentscheidung zu gelangen.
In weiten Bereichen des Konsumentenlebens dominiert anderes Verhalten: Geltungsnutzen durch Demonstrativkonsum ist es, was dort zählt: Da mag der eine kein Sporthemd mehr überstreifen, das nicht das Signet des berühmten Jean St. Prestige trägt, und einen anderen schaudert's bei dem Gedanken, mit einer Armbanduhr herumlaufen zu müssen, die nicht aus der weltbekannten Werkstatt von Elitex stammt. Ob das Preis-Leistungs-Verhältnis bei Produkten mit sogenannten großen Namen in jedem Falle günstiger ist als bei billigeren Konkurrenzartikeln aus dem Kaufhaus nebenan, mag dahingestellt bleiben. Der Käufer weiß es nicht und kann es mangels Fachkenntnis auch kaum überprüfen, aber er glaubt eben daran, und das tut allen gut, ihm und dem Anbieter.
Eine (noch weiter) verfeinerte Form anspruchsvollen Verbraucherverhaltens wurde allerdings jüngst im amerikanischen Charleston/West Virginia beobachtet. Als dort der Inhaber einer Tankstelle den Benzinpreis um 30% erhöhte und zusätzlich auch noch auf einer Reklametafel verkündete, daß er nun die höchsten Benzinpreise der ganzen Stadt verlange, kam es bei ihm zu einer kräftigen Absatzsteigerung, weil die Autofahrer Edelbenzin witterten. Merke: Der wahre Lebenskünstler kauft ein teures Produkt gerade dann, wenn man dessen besondere Vorzüge weder sieht noch fühlt ... Denn alle Herrlichkeit ist innerlich.

M 29

Was auf einem Markt alles passiert

Wenn man vom Markt spricht, stellt sich der gewöhnliche Sterbliche meistens einen Wochenmarkt vor, wo an vielen Ständen Obst, Gemüse, Pullover, Blumen, Unterhosen, Töpfe usw. herumliegen. Vor den Tischen drängeln sich die Kunden, gucken herum und fragen nach diesem und jenem. Die Marktfrauen ~~fröhlich~~ vor locken die Kunden mit lauter Stimme herbei und bieten ~~sich~~ ihre Waren an.

prüfen

Es gibt also Angebot und Nachfrage. Wie ~~wir~~ wir im Unterricht gelernt haben, entsteht immer, wenn die beiden aufeinanderprallen, ein Markt. Dann bilde ich sogar mit „Tante Emma" für kurze Zeit einen Markt, wenn ich mir in ihrem Laden eine Limo kaufe. So sind eigentlich alle Menschen ständig von ~~etwa~~ ungeheuren Mengen von Märkten umgeben.

Das Wort „treffen" paßt hier besser

Tante Emma →

← Riegen

mini-Markt

Einige Märkte sind weltbekannt wie zum ~~Bleistift~~ Beispiel der Hamburger Fischmarkt, der Pariser Flohmarkt oder der Grundstücksmarkt, der Baumarkt, der Viehmarkt und so fort. Manche Märkte heißen gar nicht Markt, sondern Börse, was einen schon verwundert. Da gibt es unter anderem die Wertpapierbörse, die Frachtenbörse, die Getreidebörse, ~~die Geldbörse~~.

„Börsengeschäfte" begannen im 15. Jahrhundert. Treffpunkt war das Haus der Familie Beuerse in Brügge. Daher der Name

Natürlich kosten alle ~~diese~~ Waren und Dienstleistungen, die man haben möchte, Geld, aber nicht immer gleichviel. Der Preis richtet sich nach Angebot und Nachfrage, wie man sehr gut beim Obst und Gemüse sehen kann. Im Sommer, wenn der Salat am Schießen ist und die Pflaumen nur so rangeschwemmt werden, ist das Angebot größer als die Nachfrage.

Deutsch!

Wenn der Händler nicht auf seiner Ware sitzenbleiben will, muß er die Preise senken. Im Winter, wo jeder scharf ist auf Vitamine und was Grünes, ist die Nachfrage nach frischem Obst und Gemüse oft größer als das Angebot. Dann steigen die Preise, und zwar so lange, bis sich Angebot und Nachfrage ausgeglichen haben.

Das ist dann der gleiche wichtige Preis

So kann man eigentlich sagen, daß der Preis eine Art Wegweiser ist, nicht nur für Verbraucher, sondern auch für Unternehmer.

Sitzenbleiber

In unserer Marktwirtschaft wird nämlich niemand gezwungen, ein Produkt zu einem bestimmten Preis zu kaufen oder zu verkaufen.

Sind die Preise niedrig, verdient der Händler wenig oder nichts. Es sind eben zu viele Konkurrenten auf dem Markt, die sich gegenseitig überbieten. Für den Verbraucher ist das dufte. Aber das Ding hat einen Pferdefuß.

Wenn die Unternehmer nicht mehr genug verdienen, besteht die Gefahr, daß sie pleite gehen. Das ist auch nicht der wahre Jakob: Denn wenn weniger anbieten können, die Übriggebliebenen höhere Preise verlangen.

Bei hohen Preisen macht der Unternehmer einen schönen Reibach. Der lockt wieder andere Unternehmer an wie der Honig die Bienen. Sie bieten die gleichen Waren auch an, und was passiert? Die Preise rutschen.

Schon die alten Marktforscher wußten: Konkurrenz belebt das Geschäft. Nehmen wir nur mal den Automarkt. Hier stehen unheimlich viele Marken und Modelle zur Auswahl. Die Auto-Hersteller buhlen um die Kunden rum und preisen ihre Wagen in den höchsten Tönen. Der eine lobt die Zuverlässigkeit seines Autos, der andere die Sparsamkeit, der nächste preist den niedrigen Preis, die vielen Extras und was der Dinge mehr sind.

Und was tut der Käufer? Er kauft seinen fahrbaren Untersatz bei dem Hersteller oder Händler, der ihm das günstigste Angebot macht.

So zieht der Verbraucher seinen Nutzen aus dem Wettbewerbe, der auf den Märkten herrscht. „Und das", sagt mein Vater, „ist bereits eine soziale Leistung unserer Marktwirtschaft."

Aber das ist ein Kapitel für sich.

Randbemerkungen:
- nicht so schnodderig
- Schreibe lieber „gutes Geschäft"
- Wortwahl beachten
- Du nervst mich mit Deiner schrecklichen Sprachschluderei
- Stimmt

Preise: (A) steigend, (B) rutschend

(Aus: K. Schmitz, Unsere Soziale Marktwirtschaft, hrsg. von der Industrie- und Handelskammer zu Koblenz, Koblenz 1980)

❶ Erläutert die einzelnen angeführten Annahmen und diskutiert, ob die unterstellten Bedingungen in der Realität gegeben sind (M 28 a). Auf welche Annahmen nimmt M 28 b Bezug?

❷ M 28 c zeigt Beispiele dafür, wie Verbraucherverhalten im Alltag oft aussieht. Welche Bedingungen sind in den Beispielen nicht erfüllt, und welche Auswirkungen hat das auf die Preisbildung auf den entsprechenden Märkten?

❸ Erläutert das in M 28 d beschriebene Kaufverhalten. Trifft es eurer Meinung nach auf „weite Bereiche des Konsumentenlebens" zu?

❹ Wenn die gemachten Annahmen (M 28 a) sich z.T. mit der Realität nicht decken, hat das „Preisbildungsmodell" deshalb keinen Aussagewert? Vgl. M 27 c–e.

❺ Welche Aufgaben kann im Hinblick auf die für das Preisbildungsmodell unterstellten Bedingungen die „Stiftung Warentest" (s. M 17) übernehmen?

❻ M 29 könnte das Ergebnis eines Schüleraufsatzes sein. Hat der Schüler im Unterricht gut aufgepaßt?
Beurteile seine Arbeit, und berücksichtige auch, wo er etwas darstellt oder bewertet. Hat er etwas vergessen?

Der Verbraucher und sein Recht

M 30

„Da ist ja ein Riß!"

Thomas hat sich schon lange für ein bestimmtes Paar Joggingschuhe entschieden. Deshalb freut er sich sehr, als seine Mutter ihm endlich erlaubt, sich nun die gewünschten Schuhe zu kaufen.
Zielgerichtet verlangt er in dem Sportgeschäft seine „Marke", probiert sie kurz an und freut sich, daß dieses Paar im Preis „heruntergesetzt" ist. „Da hab' ich aber Glück gehabt", denkt er und kann gar nicht schnell genug nach Hause kommen, um die Schuhe dort stolz „vorzuführen".
„Mensch, die sehen ja echt super aus!" meint Klaus, als er sie prüfend in den Händen hält. „Aber sieh doch einmal hier, hier ist ja ein Riß!"
Thomas bekommt einen Schrecken: „Wo? Zeig' her!"
Tatsächlich, an einer Stelle am rechten Schuh sind Leder und Sohle nicht richtig „verschweißt".
„Was mach ich nun? Vielleicht waren sie deshalb im Preis heruntergesetzt!" befürchtet Thomas. „Die Verkäuferin sagte noch zu mir: ‚Heruntergesetzte Ware ist vom Umtausch ausgeschlossen'. Von einem kaputten Schuh hat sie aber nichts gesagt! So eine Gemeinheit!"
Nach längerem Überlegen entschließt sich Thomas, zu einer Verbraucherberatungsstelle zu gehen, denn – das weiß Thomas durch Christines Information – dort wird ja auch eine „Reklamationsberatung" angeboten. Dort will er sich erst einmal „schlau machen". Klaus geht auch mit. – In der Beratungsstelle schildert Thomas seinen Fall. „Ach, das ist ja ganz eindeutig", meint die Beraterin. „Mit einigen Hinweisen könnt ihr den Fall bestimmt lösen." Sie überreicht den beiden Jungen die folgenden Informationen (M 31 a/b).

(Autorentext)

M 31 a

Gewährleistung wegen Mängel der Sache

§ 459 (Haftung für Sachmängel)

(1) Der Verkäufer einer Sache haftet dem Käufer dafür, daß sie zu der Zeit, zu welcher die Gefahr auf den Käufer übergeht, nicht mit Fehlern behaftet ist, die den Wert oder die Tauglichkeit zu dem gewöhnlichen oder dem nach dem Vertrage vorausgesetzten Gebrauch aufheben oder mindern. Eine unerhebliche Minderung des Wertes oder der Tauglichkeit kommt nicht in Betracht.

(2) Der Verkäufer haftet auch dafür, daß die Sache zur Zeit des Übergangs der Gefahr die zugesicherten Eigenschaften hat.

§ 460 (Kenntnis des Käufers)

Der Verkäufer hat einen Mangel der verkauften Sache nicht zu vertreten, wenn der Käufer den Mangel bei dem Abschlusse des Kaufes kennt. Ist dem Käufer ein Mangel der im § 459 Abs. 1 bezeichneten Art infolge grober Fahrlässigkeit unbekannt geblieben, so haftet der Verkäufer, sofern er nicht die Abwesenheit des Fehlers zugesichert hat, nur, wenn er den Fehler arglistig verschwiegen hat.

§ 462 (Wandelung; Minderung)

Wegen eines Mangels, den der Verkäufer nach den Vorschriften der §§ 459, 460 zu vertreten hat, kann der Käufer Rückgängigmachung des Kaufes (*Wandelung*) oder Herabsetzung des Kaufpreises (*Minderung*) verlangen.

§ 463 (Schadensersatz wegen Nichterfüllung)

Fehlt der verkauften Sache zur Zeit des Kaufes eine zugesicherte Eigenschaft, so kann der Käufer statt der Wandelung oder der Minderung *Schadensersatz* wegen Nichterfüllung verlangen. Das gleiche gilt, wenn der Verkäufer einen Fehler arglistig verschwiegen hat.

(Bürgerliches Gesetzbuch [BGB]; Auszüge)

§ 464 (Vorbehalt bei Annahme)

Nimmt der Käufer eine mangelhafte Sache an, obschon er den Mangel kennt, so stehen ihm die in den §§ 462, 463 bestimmten Ansprüche nur zu, wenn er sich seine Rechte wegen des Mangels bei der Annahme vorbehält.

§ 477 (Verjährung der Gewährleistungsansprüche)

(1) Der Anspruch auf Wandelung oder auf Minderung sowie der Anspruch auf Schadensersatz wegen Mangels einer zugesicherten Eigenschaft verjährt, sofern nicht der Verkäufer den Mangel arglistig verschwiegen hat, bei beweglichen Sachen in *sechs Monaten* von der Ablieferung, bei Grundstücken in einem Jahre von der Übergabe an. Die Verjährungsfrist kann durch Vertrag verlängert werden.

§ 480 (Gattungskauf)

(1) Der Käufer einer nur der Gattung nach bestimmten Sache kann statt der Wandelung oder der Minderung verlangen, daß ihm an Stelle der mangelhaften Sache eine mangelfreie geliefert wird.

M 31 b

Dein Recht als Käufer

1. Verkäufer sind verpflichtet, für fehlerhafte Waren zu haften. Fehlerhaft ist z.B.
– eine verbogene Schallplatte,
– eine Uhr mit einem Zeiger,
– ein Kleid, bei dem der Ärmel schief eingesetzt ist,
– ein Buch, bei dem eine Seite fehlt.
2. Der Käufer kann die fehlerhaften Waren zurückgeben und den Kaufpreis zurück- oder die gleiche Ware noch einmal verlangen.
3. Der Käufer kann eine Herabsetzung des Kaufpreises verlangen, wenn er die fehlerhafte Ware behalten will.
4. Der Verkäufer muß eine fehlerhafte Ware nicht zurücknehmen, wenn der Käufer den Fehler beim Kauf der Ware kannte.
5. Der Verkäufer darf die Rückgabe einer fehlerhaften Ware nicht ausschließen, z.B. durch ein Schild: Keine Rückgabe möglich.

(Aus: Verbraucher-Zentrale NRW e.V., Dafür gibt es doch die Verbraucherberatung, Arbeitshilfe für das 5.–7. Schuljahr, S. 12 [vergriffen])

Thomas und Klaus haben aufgrund der Informationen (M 31 a/b) relativ schnell eine Lösung des Problems gefunden, wenn auch kleine Spitzfindigkeiten zu beachten waren. Auf jeden Fall hat es ihnen richtig Spaß gemacht!

❶ Macht euch mit den wichtigsten Bestimmungen zur Gewährleistung vertraut (M 31 a/b). Wann könnte man von einer „unerheblichen Minderung" (§ 459 BGB) sprechen? Was ist mit „grober Fahrlässigkeit" (§ 460) gemeint?
❷ Formuliert eine Lösung zum Problem von Thomas' Joggingschuhen, und begründet sie.

Die Beraterin hat das Interesse von Thomas und Klaus bemerkt und sie gefragt, ob sie Lust hätten, noch andere „typische" Verbraucherfälle zu bearbeiten.
Die Jungen bejahen dies und erhielten daraufhin eine kleine „Fallbeispielsammlung" (M 32–M 36) mit dem noch zusätzlich erforderlichen Informationsmaterial (M 37–M 39). Diese Materialien nahmen sie mit in die Schule und gaben sie Frau Schwarz für den Politikunterricht.
Frau Schwarz bittet die Schüler, die Fallbeispiele mit Hilfe der erhaltenen Informationen zu bearbeiten und ihre jeweilige Lösung mit den entsprechenden Paragraphen und Bestimmungen zu begründen.

M 32

Umtausch

[Comic:]
— Vielen Dank! / Herzlichen Glückwunsch zum Geburtstag!
— Oh, die hab ich schon in Englisch! / Macht nichts – tausch ich um.
— SCHALLPLATTEN / Ich möchte die Schallplatte umtauschen! Sie müssen umtauschen, denn bei meinen Eltern haben Sie das auch getan! / Das geht nicht!

M 33

Der Rock mit dem Webfehler

Sandra will sich in der Boutique Mario einen Rock kaufen. Sie sieht ein großartiges Modell und ist erstaunt, daß es nur 20,– DM kostet. Die Verkäuferin teilt ihr mit, daß der Rock einen Webfehler hat und deshalb so billig ist. Sandra findet, daß der Webfehler nicht stark auffällt und nimmt den Rock mit.

Zu Hause zeigt sie ihn sofort ihrer Freundin Claudia. Claudia findet den Rock altmodisch und hält es für unmöglich, mit einem solchen Webfehler herumzulaufen.

Sandra gefällt der Rock nun nicht mehr. Sie geht zur Boutique Mario und will den Rock umtauschen. Die Verkäuferin weigert sich, Sandra besteht auf der Rückgabe des Kaufpreises, weil der Rock fehlerhaft ist.

Kann Sandra die Rückgabe des Kaufpreises verlangen?

M 34

Sabine und der Plattenspieler

Sabine hat sich Geld zusammengespart und kauft sich den langersehnten Plattenspieler. Sie probiert ihn zu Hause natürlich gleich aus. Aber schon nach Abspielen einiger Platten muß sie feststellen, daß der Plattenspieler unregelmäßig läuft. Wütend packt sie den Plattenspieler zusammen, geht zurück ins Geschäft und will einen neuen Apparat.

Hat Sabine dazu das Recht?
Wie wird sich der Händler verhalten?

M 35

Mofakauf mit Folgen

Thomas, 15 Jahre alt, wollte schon immer ein Mofa haben, wie auch seine anderen Schulkameraden. Als seine Eltern nicht im Hause sind, holt er sich sein Sparbuch aus dem Schreibtisch des Vaters und hebt 900,– DM ab. Von diesem Geld kauft er ein kaum gebrauchtes Mofa vom Händler. Damit seine Eltern den Kauf nicht so schnell mitbekommen, stellt er das Mofa bei seinem Freund unter. Nach 14 Tagen rutscht er mit dem Mofa auf nassen Blättern aus und prallt gegen einen Laternenpfahl. Das Mofa ist leicht beschädigt und nicht mehr fahrbereit. Da Thomas eine Platzwunde am Kopf hat, die genäht werden muß, erzählt er notgedrungen seinen Eltern die ganze Geschichte.

Die Eltern sind empört, daß der Händler ihrem Jungen ein derart gefährliches Zweirad verkauft hat und fordern ihn auf, sofort den Kaufpreis herauszugeben.

Wer muß für das beschädigte Mofa haften?

(M 32–M 35 aus: Verbrauchererziehung in der Sekundarstufe I, hrsg. vom Landesinstitut für Curriculumentwicklung, Lehrerfortbildung und Weiterbildung, Neuss o.J., S. 67, 76, 86)

M 36 a

Automatenkauf

Elfi Damm ist starke Raucherin. Am späten Sonntagabend gehen ihr die Zigaretten aus. Was tun? Sie nimmt einige Markstücke und läuft zum Zigarettenautomaten. Sie wirft die Münzen ein und zieht sich eine Packung ihrer Lieblingsmarke.
1. Es handelt sich hierbei um einen Kaufvertrag: ja / nein.
2. Wenn, was ab und zu mal vorkommt, das Geld im Automaten bleibt, die Warenklappe sich jedoch nicht ziehen läßt, dann …
3. Was wäre, wenn a) in der Warenklappe eine falsche Marke eingefüllt gewesen wäre?
    b) Frau Damm an der falschen Klappe gezogen hätte?

M 36 b

Bestellung beim Versandhaus

Karl Auwalder sieht im Versandhauskatalog eine Wohnwand für 1999,– DM. Da er sie gerne haben möchte, füllt er einen Bestellschein aus und schickt ihn an das Versandhaus.
1. Es handelt sich hierbei um einen Kaufvertrag: ja / nein.
2. Es ergeben sich folgende Pflichten
    a) für Herrn Auwalder:
    b) für das Versandhaus:
3. Als die Wohnwand geliefert wird, möchte Herr Auwalder sie nicht mehr haben. Er verweigert die Annahme. Darf er das?
4. Was wäre, wenn die Lieferung erst 6 Monate nach der Bestellung erfolgt wäre?

(M 36 a/b: P wie Politik, HS 9; Paderborn 1989, S. 176)

M 37 a

Geschäftsfähigkeit (Bürgerliches Gesetzbuch §§ 106–110)

§ 106 (Beschränkte Geschäftsfähigkeit Minderjähriger)

Ein Minderjähriger, der das siebente Lebensjahr vollendet hat, ist nach Maßgabe der §§ 107 bis 113 in der Geschäftsfähigkeit beschränkt.

§ 107 (Einwilligung des gesetzlichen Vertreters)

Der Minderjährige bedarf zu einer Willenserklärung, durch die er nicht lediglich einen rechtlichen Vorteil erlangt, die Einwilligung seines gesetzlichen Vertreters.

§ 108 (Vertragsabschluß ohne Einwilligung)

(1) Schließt der Minderjährige einen Vertrag ohne die erforderliche Einwilligung des gesetzlichen Vertreters ab, so hängt die Wirksamkeit des Vertrages von der Genehmigung des Vertreters ab.

(2) Fordert der andere Teil den Vertreter zur Erklärung über die Genehmigung auf, so kann die Erklärung nur ihm gegenüber erfolgen; eine vor der

Aufforderung dem Minderjährigen gegenüber erklärte Genehmigung oder Verweigerung der Genehmigung wird unwirksam. Die Genehmigung kann nur bis zum Ablaufe von zwei Wochen nach dem Empfange der Aufforderung erklärt werden; wird sie nicht erklärt, so gilt sie als verweigert.
(3) Ist der Minderjährige unbeschränkt geschäftsfähig geworden, so tritt seine Genehmigung an die Stelle der Genehmigung des Vertreters.

§ 109 (Widerrufsrecht des anderen Teils)

(1) Bis zur Genehmigung des Vertrages ist der andere Teil zum Widerruf berechtigt. Der Widerruf kann auch dem Minderjährigen gegenüber erklärt werden.
(2) Hat der andere Teil die Minderjährigkeit erkannt, so kann er nur widerrufen, wenn der Minderjährige der Wahrheit zuwider die Einwilligung des Vertreters behauptet hat; er kann auch in diesem Falle nicht widerrufen, wenn ihm das Fehlen der Einwilligung bei dem Abschluss des Vertrags bekannt war.

§ 110 („Taschengeldparagraph")

Ein vom Minderjährigen ohne Zustimmung des gesetzlichen Vertreters geschlossener Vertrag gilt als von Anfang an wirksam, wenn der Minderjährige die vertragsmäßige Leistung mit Mitteln bewirkt, die ihm zu diesem Zwecke oder zur freien Verfügung von dem Vertreter oder mit dessen Zustimmung von einem Dritten überlassen worden sind.

M 37 b

Erläuterungen

Minderjähriger:	Jugendlicher im Alter von 7 bis 17 Jahren
Geschäftsfähigkeit:	Die Fähigkeit, ab 18 Jahre einen gültigen Vertrag schließen zu können
gesetzlicher Vertreter:	z.B. Eltern, Vormund
Willenserklärung:	Äußerung gegenüber einer anderen Person mit der Absicht, eine Rechtsfolge herbeizuführen, z.B. einen Gegenstand zum Kauf anbieten
Wirksamkeit von Verträgen:	Gültigkeit von Verträgen; der Vertrag ist in Ordnung
Widerruf:	einen Vertrag wieder rückgängig machen wollen
vertragsmäßige Leistung:	Erfüllung der Pflicht aus dem Vertrag; z.B. der Verbraucher bezahlt und nimmt die Ware ab, der Verkäufer liefert und nimmt das Geld

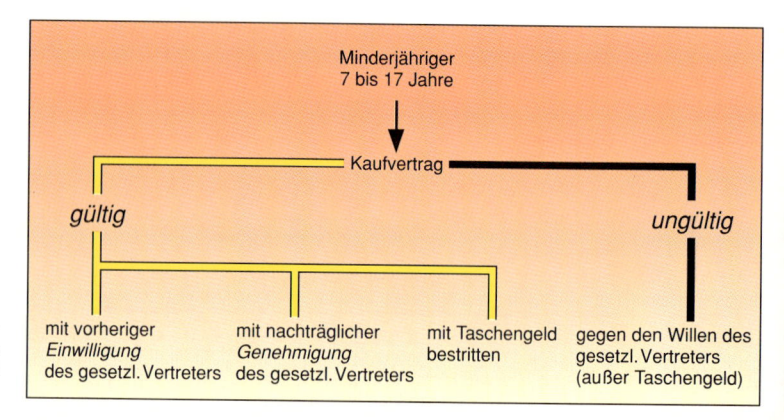

Minderjähriger 7 bis 17 Jahre
→ Kaufvertrag

gültig
- mit vorheriger *Einwilligung* des gesetzl. Vertreters
- mit nachträglicher *Genehmigung* des gesetzl. Vertreters
- mit Taschengeld bestritten

ungültig
- gegen den Willen des gesetzl. Vertreters (außer Taschengeld)

(Aus: Verbrauchererziehung in der Sek. I, hrsg. Landesinstitut für Curriculumentwicklung, Lehrerfortbildung und Weiterbildung, Neuss, S. 78 f.)

Kauf – Umtausch – Reklamationen

M 38

Vertrag ist Vertrag

„Ein Kaufvertrag kann schriftlich, mündlich oder stillschweigend abgeschlossen werden. Der Verkäufer ist verpflichtet, den Kaufgegenstand mängelfrei und rechtzeitig zu übergeben und dem Käufer das Eigentum daran zu verschaffen. Der Käufer ist verpflichtet, die Ware anzunehmen und den Kaufpreis dafür zu entrichten. Wenn Sie eine Ware angezahlt haben, dann liegt ebenfalls bereits ein Kaufvertrag vor. Sie können von Kaufverträgen nicht zurücktreten, auch nicht innerhalb einer Woche! Ein Widerrufsrecht gibt es nur bei echten Ratenkaufverträgen, und die sind ganz selten.

Umtausch

Freundliche Händler nehmen die Ware oft zurück, auch wenn sie eigentlich in Ordnung ist, aber dem Käufer doch nicht gefällt. Sie können einen Umtausch nicht verlangen. Sie wissen ja, Vertrag ist Vertrag.

Beim Umtausch darf man sich eine andere Ware aussuchen, den Kaufpreis erhält man meist nicht zurück. Ein Umtauschrecht besteht aber nur, wenn der Händler dies beim Kauf versprochen hat, zum Beispiel auf dem Kassenbon. Bei Sonderangeboten oder im Schlußverkauf kann man fast nie umtauschen.

Garantie bei jedem Kauf

„Bei Sonderangeboten, herabgesetzten Schuhen, reduzierten Pullovern, Ausverkaufsware gibt es keine Garantie. Da hat man eben Pech gehabt", sagt mancher Händler, wenn Sie die fehlerhafte Ware erbost zurückbringen. Dies stimmt nicht! Jedes Geschäft muß 6 Monate Garantie – oder Gewährleistung, wie die Juristen sagen – auf jede neue Ware geben. Dies gilt für alle Bestandteile der Ware, zum Beispiel auch für den Stoff bei Polstermöbeln, auch für den Reißverschluß bei Schuhen, auch für das Armband der Uhr. Woher der Händler die Ware hat oder ob er selbst über den Schaden überrascht war, spielt keine Rolle. Der Händler hat ja Ihr gutes Geld für tadellose Ware erhalten. Außerdem gilt für jeden Kauf: Möglichst Kassenzettel aufheben!

Reklamation ausgeschlossen?

Ein Schild an der Kasse, ein Aufdruck oder Stempel auf dem Kassenzettel, der Reklamationen verbietet, ist ohne Bedeutung. Bei jedem Kauf haben Sie 6 Monate Garantie. Der Händler darf diese Garantiezeit nicht verkürzen! Leider liest man immer wieder: „Reklamationen nur innerhalb 8 Tagen". Melden Sie uns diese Gesetzesverstöße! Wir werden gegen den Händler vorgehen!"

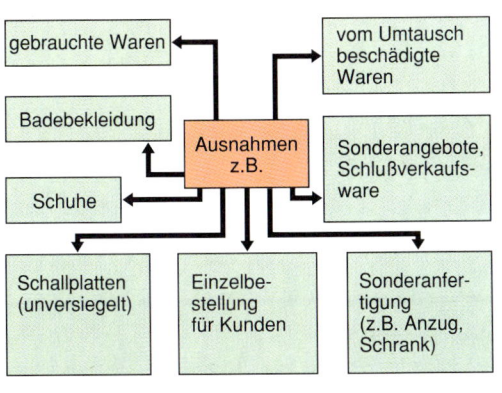

(Merkblatt einer Verbraucherberatungsstelle, aus: Verbrauchererziehung in der Sek. I, Hrsg. Landesinstitut für Curriculumentwicklung, Lehrerfortbildung und Weiterbildung, Neuss, S. 98)

NOCHMAL: UMTAUSCH EINWANDFREIER WARE IST EINE FREIWILLIGE LEISTUNG DES HÄNDLERS.

freiwillig üblich (i.d.R. gegen Gutschrift)

Ausnahmen z.B.
- gebrauchte Waren
- Badebekleidung
- Schuhe
- Schallplatten (unversiegelt)
- Einzelbestellung für Kunden
- vom Umtausch beschädigte Waren
- Sonderangebote, Schlußverkaufsware
- Sonderanfertigung (z.B. Anzug, Schrank)

---

❶ Verfahrt mit den Fallbeispielen (M 32–M 36) so wie die Schüler von Frau Schwarz. Ihr könnt euch dazu ggf. in Gruppen aufteilen. Ein weiterer Fall findet sich in Kap. 6, M 17 a/b.
Vielleicht fallen euch selbst noch weitere Problemfälle ein, oder ihr habt selber schon entsprechende Erfahrungen gemacht.

❷ Ggf. könnt ihr mit euren Lösungen der Fallbeispiele zu einer Verbraucherberatungsstelle gehen und die Richtigkeit überprüfen lassen.

M 39 a

Was sind Allgemeine Geschäftsbedingungen?

Warum gibt es Allgemeine Geschäftsbedingungen?

Für alle Rechtsprobleme sind ausreichende Regelungen im „Bürgerlichen Gesetzbuch" (BGB) enthalten. Allgemeine Geschäftsbedingungen (AGB) sind darum eigentlich nicht notwendig. Andererseits fassen sie für den Käufer überschaubar eine Fülle von gesetzlichen Regelungen zusammen. Die Anbieter verwenden sie, um die Rechte der Käufer einzuschränken, selten, um sie auszudehnen. Das AGB-Gesetz v. 9.12.1976 legt den Rahmen für diese Bestimmungen fest. Die Vorschriften, die dieses Gesetz zum Schutz der Käufer enthält, können nicht durch irgendwelche Bestimmungen in den Geschäftsbedingungen umgangen werden (§ 7 AGB-Gesetz).

Was sind Allgemeine Geschäftsbedingungen?

Sie sind...

...vorformulierte Vertragsbedingungen, die in einer Vielzahl von Verträgen verwendet werden (Vordrucke).

Wann erlangen sie Gültigkeit? Sie sind gültig, wenn der Käufer...

...bei Abschluß des Vertrages ausdrücklich auf sie hingewiesen wird

...sie deutlich einsehen und gut lesen kann

...mit ihnen einverstanden ist.

Allgemeine Geschäftsbedingungen sind also keine Gesetze und fallen auch nicht vom Himmel. Der Käufer muß sie nicht akzeptieren!

Was kann der Käufer tun?

Der Käufer kann...

...sie ändern oder streichen lassen, denn persönliche Vereinbarungen haben immer Vorrang.

Ist der Anbieter mit der Änderung oder Streichung einverstanden...

...gelten die für den Käufer günstigeren „Gewährleistungsrechte" (s. M 31).

nicht einverstanden... ...besser einen anderen Verkäufer suchen! ...mindestens die AGB-Bestimmungen in aller Ruhe am besten zu Hause durchlesen ...bei Unklarheiten in der nächsten Verbraucherberatungsstelle nachfragen.

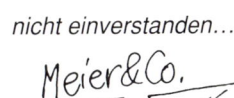

(Ralf Liedtke u.a., Im Dschungel des Kleingedruckten; © Verbraucher-Zentralen Nordrhein-Westfalen und Hamburg, Stiftung Verbraucherinstitut, 3. Aufl. 1993)

M 39 b

(Aus: Informationsdienst der Sparkassen und Landesbanken, Deutscher Sparkassenverlag [Hg.]: Wirtschaftliche Grundbegriffe Teil VIII, Stuttgart 1984, S. 32 u. 35 [vergriffen])

❶ Was versteht man unter den Allgemeinen „Geschäftsbedingungen", und wann erlangen sie Gültigkeit (M 39)?

❷ Zeige auf, wann Allgemeine Geschäftsbedingungen nachteilig für den Verbraucher sind.

❸ Vielleicht haben eure Eltern noch Vertragsformulare früherer Anschaffungen, auf denen die Allgem. Geschäftsbedingungen abgedruckt sind. Untersuche sie auf Bestimmungen, die die dir bekannten Verbraucherrechte einschränken bzw. ausschließen würden.

❹ Analysiert den in M 39 b dargestellten Fall.
 – Welchen Fehler hat die Kundin gemacht? Was sagt der Verkäufer?
 – Könnte es sein, daß der Verkäufer den wahren Wert des Gebrauchtwagens schon vorher gewußt hat? Ist er trotzdem im Recht?

❺ Am Ende dieses Abschnittes sollt ihr Bescheid wissen über die wichtigsten Bestimmungen zu: Gewährleistungsansprüchen (M 31), (beschränkter) Geschäftsfähigkeit (M 37), Umtausch bei einwandfreier Ware (M 38) und Allgemeinen Geschäftsbedingungen (M 39).

5 Wir erkunden einen Betrieb

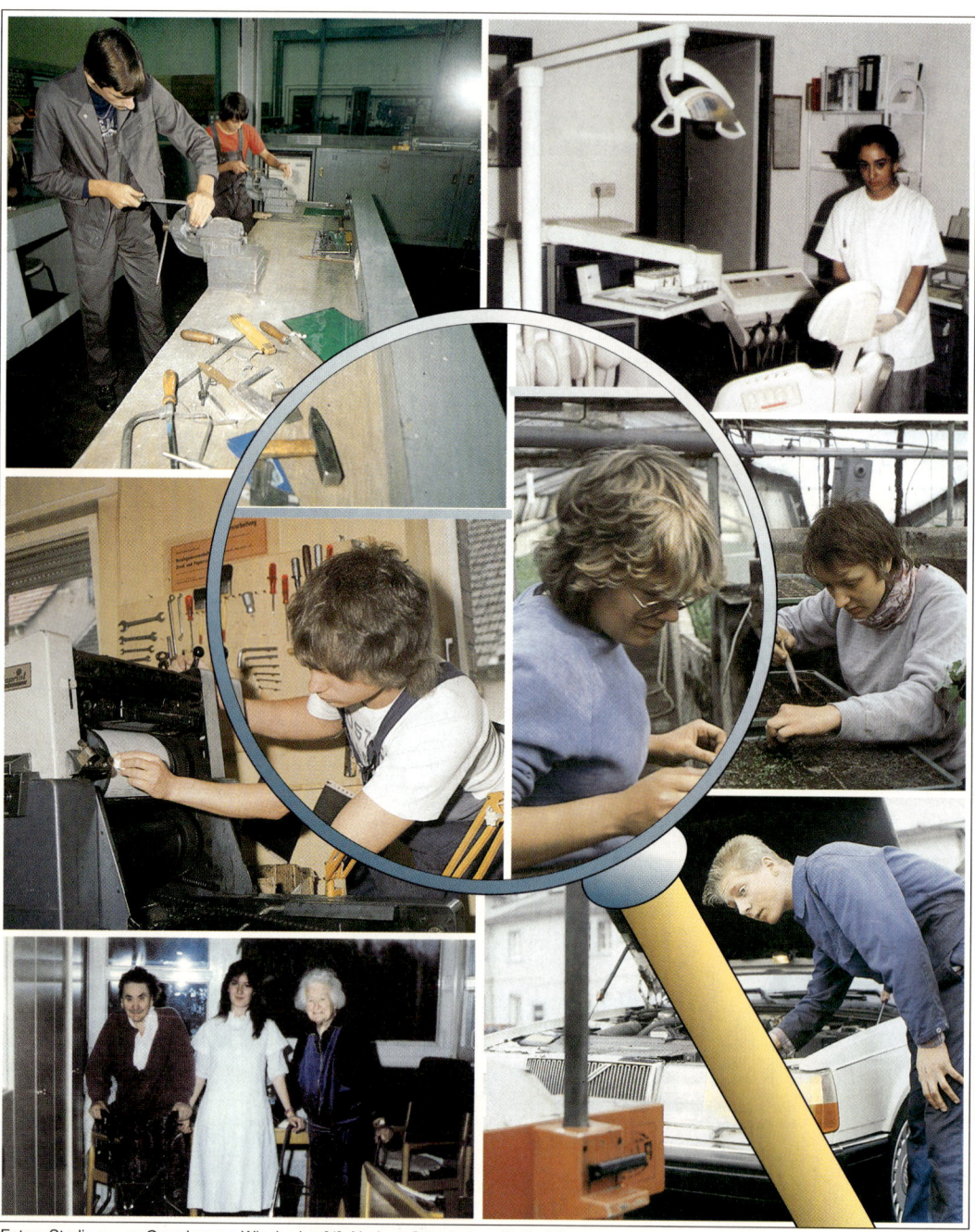

(Fotos: Studio m + m Grundmeyer, Wiesbaden [4]; Norbert Grundacker, Berlin [2])

Worum es in diesem Kapitel geht

Je nachdem, wofür man sich besonders interessiert, kann man einen Betrieb unter ganz verschiedenen Gesichtspunkten untersuchen. Denn: Betriebe sind vielschichtige Gebilde. In ihnen wird etwas hergestellt oder angeboten (*wirtschaftlicher* Gesichtspunkt), in Betrieben arbeiten Menschen zusammen und gehen miteinander um (*sozialer* Gesichtspunkt), die Arbeit in vielen Betrieben ist an bestimmte Maschinen, Gebäude und Arbeitsabläufe gebunden (*technisch-organisatorischer* Gesichtspunkt), und für alle Betriebe gelten vielerlei gesetzliche Vorschriften (*rechtlicher* Gesichtspunkt).

Damit ihr euch über einen bestimmten Betrieb möglichst gut informieren und daraus bestimmte Erkenntnisse gewinnen könnt, schlagen wir euch an dieser Stelle eine „BETRIEBSERKUNDUNG" vor.

Diese Form der Information bietet euch die Möglichkeit, wesentliche Teile der betrieblichen Wirklichkeit „vor Ort" zu erfassen, die Arbeit und die Menschen dort aus eigener Anschauung kennenzulernen und insofern eigene Erfahrungen zu machen, als ihr ein Stück weit selber im Betrieb mitarbeiten könnt. Ihr braucht euch nicht – wie sonst häufig im Unterricht – darauf zu beschränken, durch das Lesen von Texten etwas über die Wirklichkeit zu erfahren. Allerdings muß eine solche Betriebserkundung sorgfältig im Unterricht vor- und nachbereitet werden.

Zunächst müßt ihr wissen, was alles in einem Betrieb erkundet werden kann, ihr müßt Entscheidungen treffen, welche Art von Betrieb ihr erkunden wollt und welche Gesichtspunkte euch besonders interessieren. Wie wollt ihr die Informationen gewinnen? Durch Befragungen, Beobachtungen, Interviews u.ä.? Wie wollt ihr die gewonnenen Informationen festhalten, auswerten? Ihr seht, vieles muß bedacht werden!

Um die gesamte Betriebserkundung vernünftig zu planen und in ihren einzelnen Teilen und Phasen übersichtlich zu gestalten, bietet sich als Hilfe eine WANDZEITUNG an (nach einer Idee von K.J. Ballmann und Horst Sammtleben, in: arbeiten und lernen, Heft 55, 1988, S. 16 ff). Diese Wandzeitung ist der Vorbereitungs- und Auswertungsphase entsprechend in unterschiedliche „Zeitungsseiten" aufgeteilt *(V = Vorbereitung, A = Auswertung)*, die die Arbeitsschritte in den einzelnen Phasen überschaubar machen und zeigen können, wo ihr euch innerhalb dieser Arbeitsschritte jeweils befindet. Der zeitliche Ablauf des Unterrichts wird von diesen einzelnen Wandzeitungsseiten her bestimmt.

Die Seiten werden im folgenden vorgestellt und teilweise mit näheren Hinweisen versehen. Kopiert die einzelnen Wandzeitungsseiten (DIN A 3) oder zeichnet sie ab (laßt genügend Raum für eure eigenen Eintragungen) und bringt sie in eurem Klassenraum an.

Der zweite Teil dieses Kapitels umfaßt den INFORMATIONSBLOCK mit Materialien (M) zu den einzelnen Gesichtspunkten (s.o.), unter denen ihr einen Betrieb erkunden könnt.

Die konkrete Durchführung der Erkundung könnt ihr dann vielleicht in einer Fotoserie dokumentieren und durch erläuternde Hinweise ergänzen. Die Arbeit zu diesem Kapitel kann auch als erste Vorbereitung zum *Betriebspraktikum* angesehen werden.

Vorbereitung

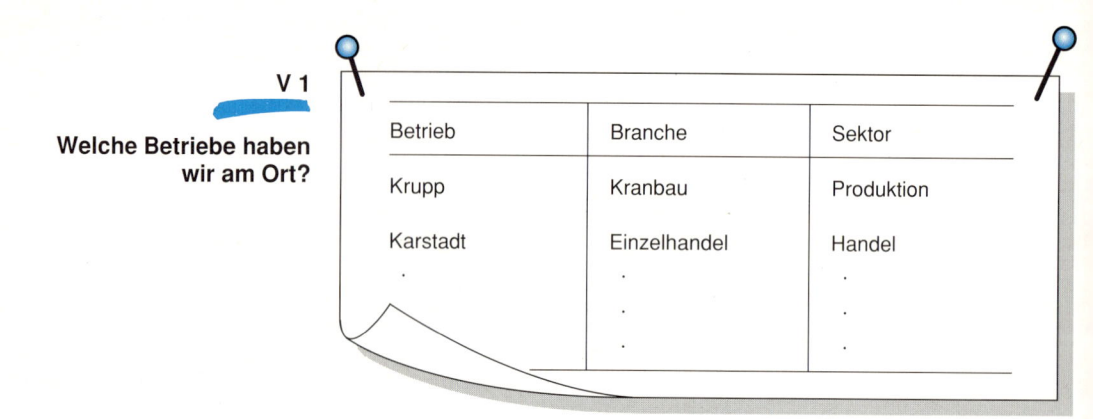

V 1

Welche Betriebe haben wir am Ort?

Betrieb	Branche	Sektor
Krupp	Kranbau	Produktion
Karstadt	Einzelhandel	Handel
.	.	.
.	.	.
.	.	.

Verfaßt eine Zusammenstellung (oder eine Auswahl) der am Ort bzw. in der Umgebung ansässigen Betriebe. Dabei könnt ihr euch des Branchenteils im Telefonbuch bedienen oder Informationen bei der zuständigen Industrie- und Handelskammer (IHK) einholen.

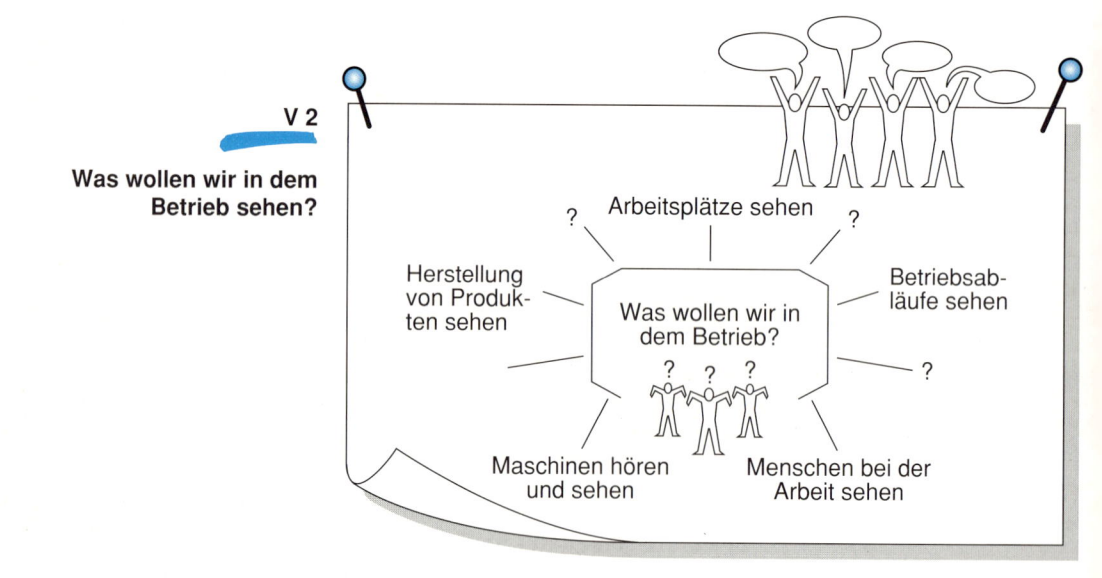

V 2

Was wollen wir in dem Betrieb sehen?

- Arbeitsplätze sehen
- Herstellung von Produkten sehen
- Betriebsabläufe sehen
- Maschinen hören und sehen
- Menschen bei der Arbeit sehen

Was wollen wir in dem Betrieb?

Zunächst gilt es zu überlegen, was ihr eigentlich im Betrieb sehen wollt: Interessieren euch eher Produktionsabläufe, technische Ausstattungen, Arbeitsplätze oder z.B. der Umgang mit Kunden? Das ist für die Auswahl des Betriebes wichtig: Soll ein handwerklicher Betrieb, ein Dienstleistungsunternehmen*, ein Produktionsbetrieb oder ein Handelsunternehmen erkundet werden (vgl. dazu Informationsblock, M 1)? Vielleicht könnt ihr hier noch keine endgültige Entscheidung treffen. Vielleicht ist es aber auch so, daß ihr an eurem Wohnort gar keine große Auswahl habt, auch deswegen, weil viele Betriebe keine Betriebserkundungen zulassen. In diesem Fall müßt ihr eure Planung auf einen bestimmten Betrieb zuschneiden, dessen Bereitschaft ihr frühzeitig erkundet habt (s. Vs.).

V 3

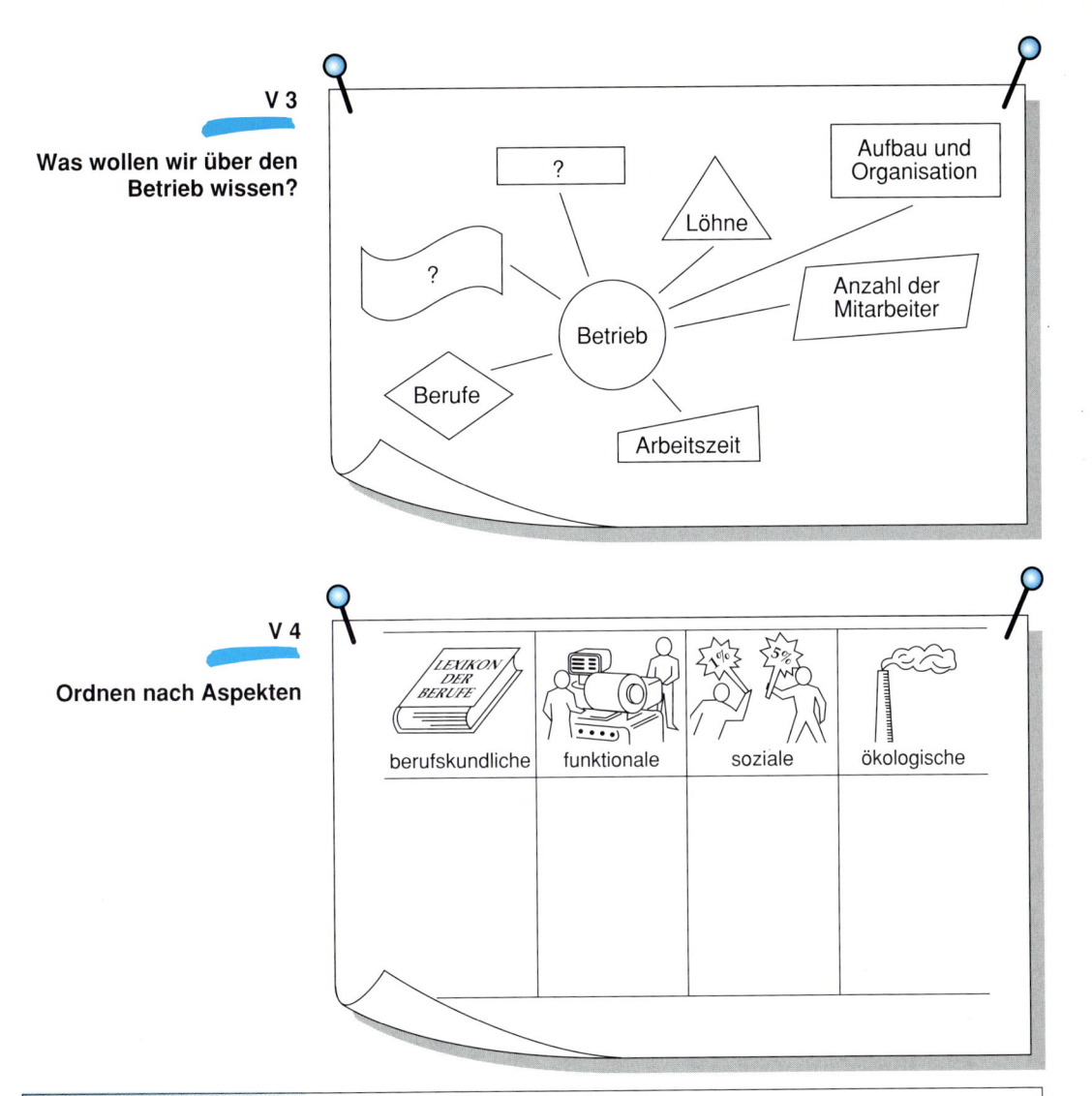

Was wollen wir über den Betrieb wissen?

[Mindmap: Betrieb – ?, Löhne, Aufbau und Organisation, Anzahl der Mitarbeiter, Arbeitszeit, Berufe, ?]

V 4

Ordnen nach Aspekten

berufskundliche	funktionale	soziale	ökologische

V 3/V 4
Was wollt ihr über den Betrieb wissen? Sammelt zunächst alle Wünsche und ordnet diese dann den Aspekten (V 4) zu, unter denen Betriebserkundungen vorbereitet und durchgeführt werden können.

Berufskundlicher (berufsorientierter) Aspekt
Bei einer Betriebserkundung mit berufskundlichem Schwerpunkt könnt ihr konkrete Berufsfelder oder Berufe kennenlernen und Einblicke in berufstypische Tätigkeiten gewinnen. Ihr könnt euch vor Ort über Ausbildungs- und Weiterbildungsmöglichkeiten, über Einstellungsvoraussetzungen, Berufsanforderungen und -aussichten informieren. Vielleicht könnt ihr so erste Hilfen für das Erkennen eigener Neigungen, Interessen und Fähigkeiten erlangen.

Funktionaler (ökonomisch-technologischer) Aspekt
Bei diesem Erkundungsschwerpunkt könnt ihr euch einen Überblick verschaffen über grundlegende *Bereiche* in einem Betrieb, z.B. Beschaffung, Produktion, Vertrieb, Leitung und Verwaltung, und darüber, wie diese Bereiche miteinander arbeiten (Aufbauorganisation: Regelung der Zuordnung von Aufgaben zu Mitarbeitern: Wer trägt für bestimmte Aufgaben die Verantwortung und darf Weisungen erteilen?). Außerdem geht es um die Frage: *Wie* wird in diesem Betrieb gefertigt/produziert/gearbeitet? Welche technischen Anlagen sind vorhanden? Wie sind die Arbeitsplätze angeordnet? Gibt es automatisierte*, rationalisierte*, arbeitsteilige* Fertigungsverfahren? Wie ist der eigentliche Arbeitsablauf? (u.a.m.)

Sozialer Aspekt

Erkundungen unter sozialem Aspekt ermöglichen Einblicke in *Arbeitsbedingungen* (z.B. Gestaltung des Arbeitsplatzes, Arbeitszeit, Pausen- und Urlaubsregelung), in das *Sozialgefüge* eines Betriebes (z.B. Betriebshierarchien*, Betriebsklima, Forderungen der Arbeitnehmer), Überblicke über *Entlohnungsformen* (z.B. Lohn und Gehalt, Tarifvereinbarungen, Gewinnbeteiligungen, Prämien, Urlaubsgeld), Einblicke in *soziale Leistungen* eines Betriebes (z.B. Humanisierung* am Arbeitsplatz, sanitäre Anlagen, Betriebskindergarten, Kantine, Sozialräume, Betriebssport) und Einblicke in die Arbeit der *Interessenvertretung* (z.B. Jugendvertreter, Vertrauensmänner, Betriebs- und Personalrat, Gewerkschaften, Konfliktsituationen und deren Lösung).

Ökologischer Aspekt

Bei dieser Schwerpunktsetzung geht es hauptsächlich um die Frage „Arbeitet dieser Betrieb umweltverträglich?" Es könnte also z.B. untersucht werden, welche Rohstoffe verarbeitet werden; ob bei der Herstellung umweltbelastende Verunreinigungen (Luft, Wasser u.a.) entstehen; wie evtl. schädliche Rückstände entsorgt werden; inwieweit umwelttechnische Auflagen erfüllt werden müssen. (u.a.m.)

Zu diesen Aspekten werden im Informationsteil (S. 230 ff.) Materialien angeboten, die euch bei der Entscheidung für einen Schwerpunkt und bei der vorbereitenden Arbeit hilfreich sein können.

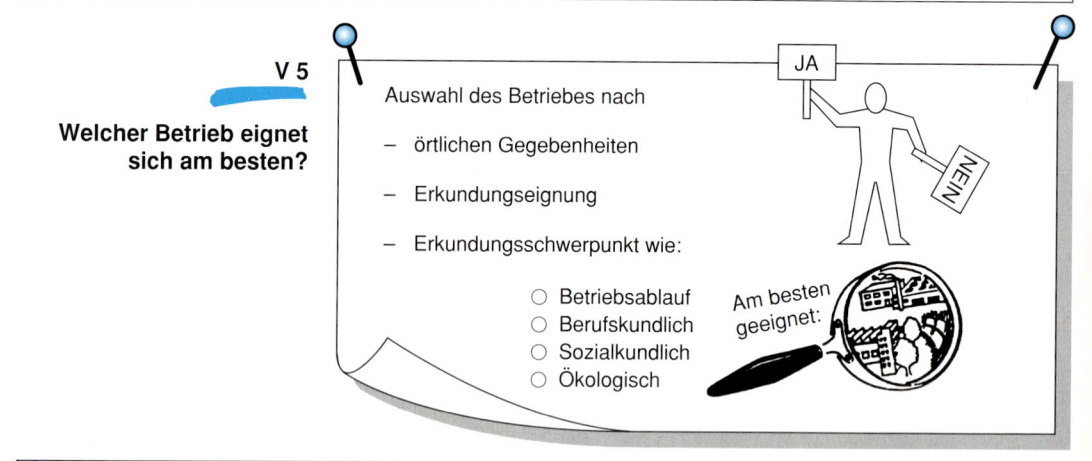

V 5

Welcher Betrieb eignet sich am besten?

Auswahl des Betriebes nach

– örtlichen Gegebenheiten

– Erkundungseignung

– Erkundungsschwerpunkt wie:

  ○ Betriebsablauf
  ○ Berufskundlich
  ○ Sozialkundlich
  ○ Ökologisch

Am besten geeignet:

Legt jetzt den Betrieb für die Erkundung und den Erkundungsschwerpunkt fest! Vielleicht könnt ihr sogar arbeitsteilig vorgehen und mehrere Schwerpunkte festlegen. Achtung: Das bedeutet aber sowohl für euch als auch für den konkreten Betrieb einen höheren Arbeits- und Organisationsaufwand!

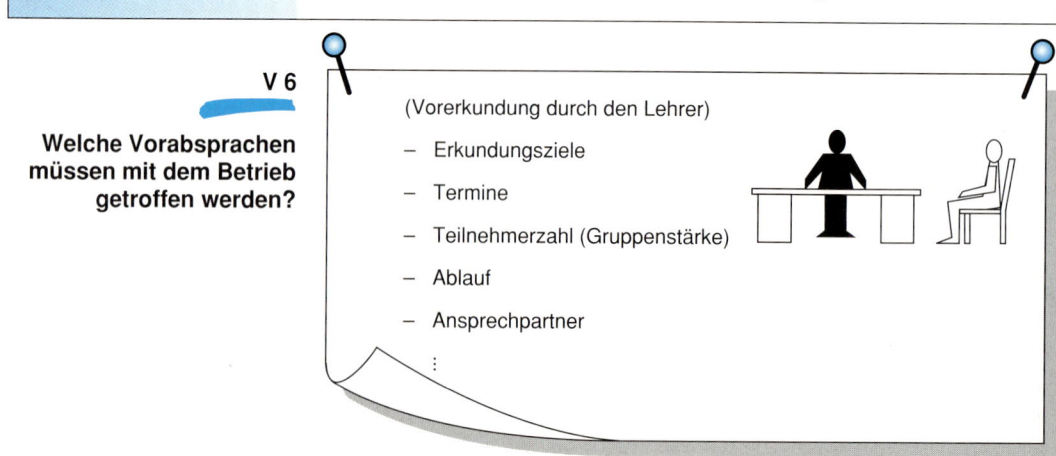

V 6

Welche Vorabsprachen müssen mit dem Betrieb getroffen werden?

(Vorerkundung durch den Lehrer)

– Erkundungsziele

– Termine

– Teilnehmerzahl (Gruppenstärke)

– Ablauf

– Ansprechpartner

⋮

Vor der Durchführung sind Vorabsprachen mit dem Betrieb erforderlich, die am besten euer Lehrer/eure Lehrerin treffen sollte.
Möglicherweise können nicht alle Wünsche berücksichtigt werden!

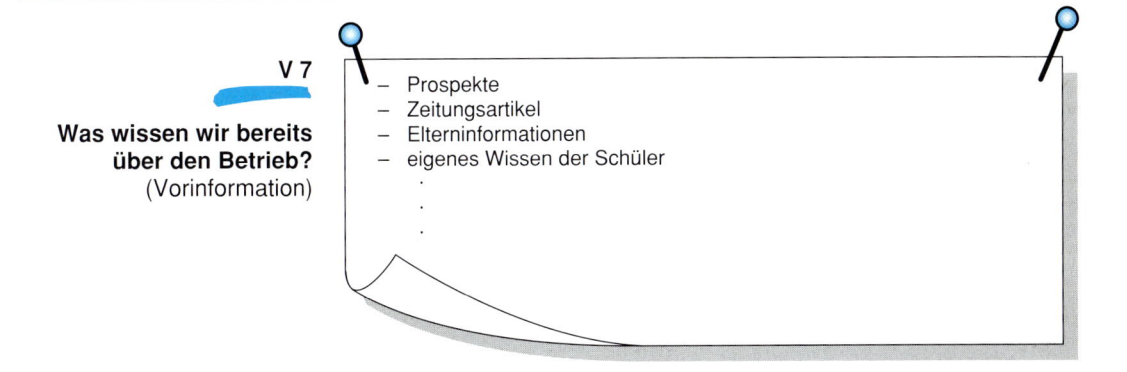

V 7

Was wissen wir bereits über den Betrieb?
(Vorinformation)

- Prospekte
- Zeitungsartikel
- Elterninformationen
- eigenes Wissen der Schüler
  .
  .
  .

Dokumentiert, was ihr bereits über den ausgewählten Betrieb wißt oder schon in Erfahrung bringen könnt.

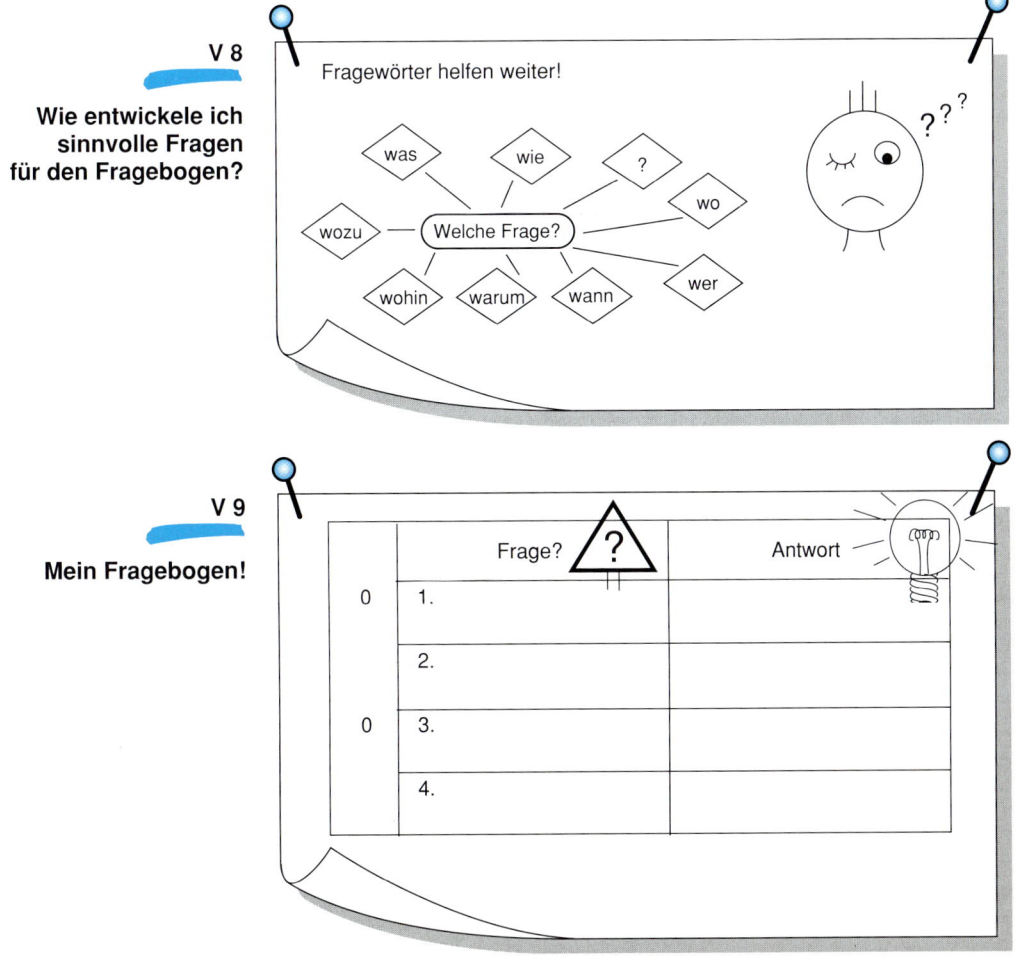

V 8

Wie entwickele ich sinnvolle Fragen für den Fragebogen?

Fragewörter helfen weiter!

was — wie — ? — wo — wer — wann — warum — wohin — wozu — Welche Frage?

V 9

Mein Fragebogen!

		Frage?	Antwort
0	1.		
	2.		
0	3.		
	4.		

227

V 10

Wie sollen die Informationen erfaßt werden?

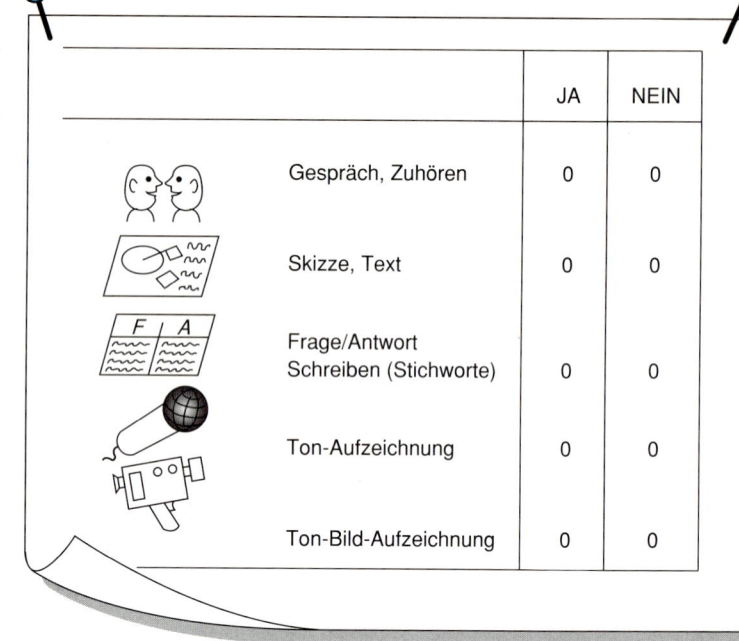

		JA	NEIN
	Gespräch, Zuhören	0	0
	Skizze, Text	0	0
	Frage/Antwort Schreiben (Stichworte)	0	0
	Ton-Aufzeichnung	0	0
	Ton-Bild-Aufzeichnung	0	0

V 8/V 9/V 10
In dieser Unterrichtsphase müßt ihr festlegen, wie ihr während der Erkundung die gewünschten Informationen einholen und sichern wollt.
Müßt ihr einen Fragebogen entwickeln? Wollt ihr beobachten? Wie haltet ihr die Ergebnisse fest (Skizze, Stichworte, Tonbandaufzeichnungen, Ton-Bild-Aufzeichnungen, evtl. Informationsbroschüren des Betriebes)?
Die Anwendung der genannten Techniken muß geübt werden! Im Anhang zu diesem Politik-Buch findet ihr Hinweise zu den Methoden der „Befragung" und der „Expertenbefragung". Wenn ihr statistisches Material vom Betrieb einholt, können die Hinweise zur „Analyse von Statistiken" nützlich sein.

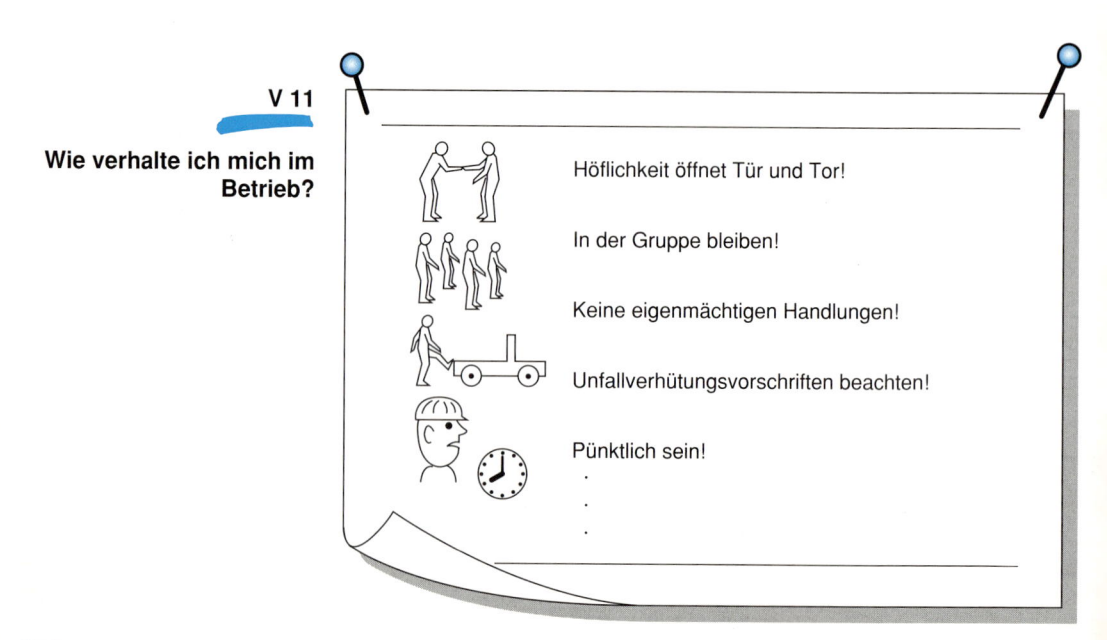

V 11

Wie verhalte ich mich im Betrieb?

Höflichkeit öffnet Tür und Tor!

In der Gruppe bleiben!

Keine eigenmächtigen Handlungen!

Unfallverhütungsvorschriften beachten!

Pünktlich sein!

V 12

Besichtigungsprogramm festlegen – in Absprache mit dem Betrieb!

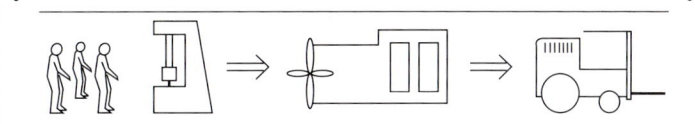

Treffpunkt/Uhrzeit:

Name des Betreuers:

Ablaufplan (z.B.):
- Begrüßung
- spezielle Unfallverhütungsvorschriften
- Gruppeneinteilung
- Erkundung des Betriebes gemäß Erkundungsschwerpunkt
- PAUSE –
- gemeinsame Nachbesprechung
- Klärung noch offener Fragen
- Dank und Verabschiedung

Jetzt seid ihr für die Erkundung vorbereitet. Denkt daran, daß ihr Gäste des Betriebes seid!
In Absprache mit dem Betrieb muß das Programm für die Erkundung festgelegt werden (Schülerdelegation/Lehrer).

Auswertung

A 1

Vorstellung des Informationsmaterials

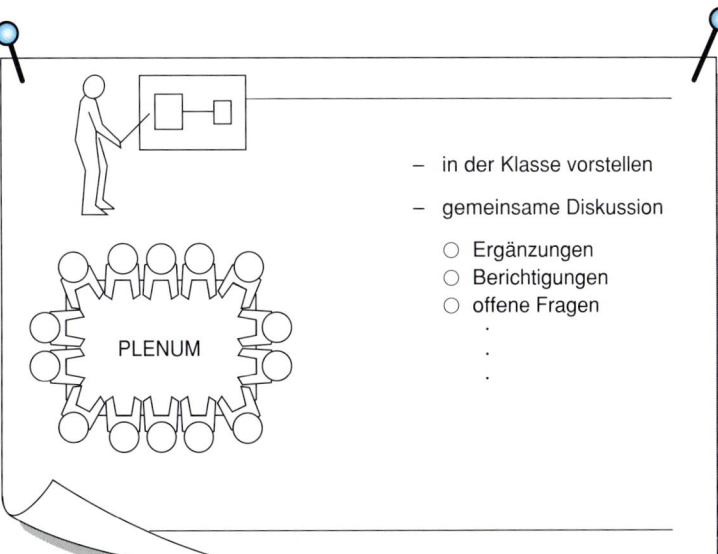

- in der Klasse vorstellen
- gemeinsame Diskussion
  - ○ Ergänzungen
  - ○ Berichtigungen
  - ○ offene Fragen

PLENUM

A 2 Auswertung – aber wie?

Darstellung von Informationen mit Hilfe geeigneter Darstellungstechniken
- Texte, Tabellen
- logische Pläne
- graphische Darstellung
- zeichnerische Darstellung
- Modelldarstellung
- Realobjekte
- audio-visuelle Aufzeichnungen

A 3 Sind noch Fragen offen geblieben?

Frage

Expertenbefragung

! Frage beantwortet
? Frage nicht beantwortet

A 4 Mappe erstellen – Spiegelbild unserer Leistung

Betriebserkundung
Klasse: 9b

Betrieb erhält die Mappe zur Einsichtnahme

V: Vorbereitung
D: Durchführung
A: Auswertung

ZIEL – geschafft

A 1/2/3/4
Nach der Erkundung stellt ihr in der Klasse das Informationsmaterial vor und plant das weitere Vorgehen bei der Auswertung! Achtet darauf, welche Materialien verwendet werden! Wer bearbeitet welche Materialien? Wie sollen sie ausgewertet, verwendet werden? Fehlen noch Informationen? (A 3). Entscheidet euch, wie ihr die gewonnenen Ergebnisse dokumentieren wollt (z.B. Betriebserkundungsmappe, Ausstellung für Mitschülerinnen und Mitschüler, Lehrerinnen und Lehrer, Eltern).

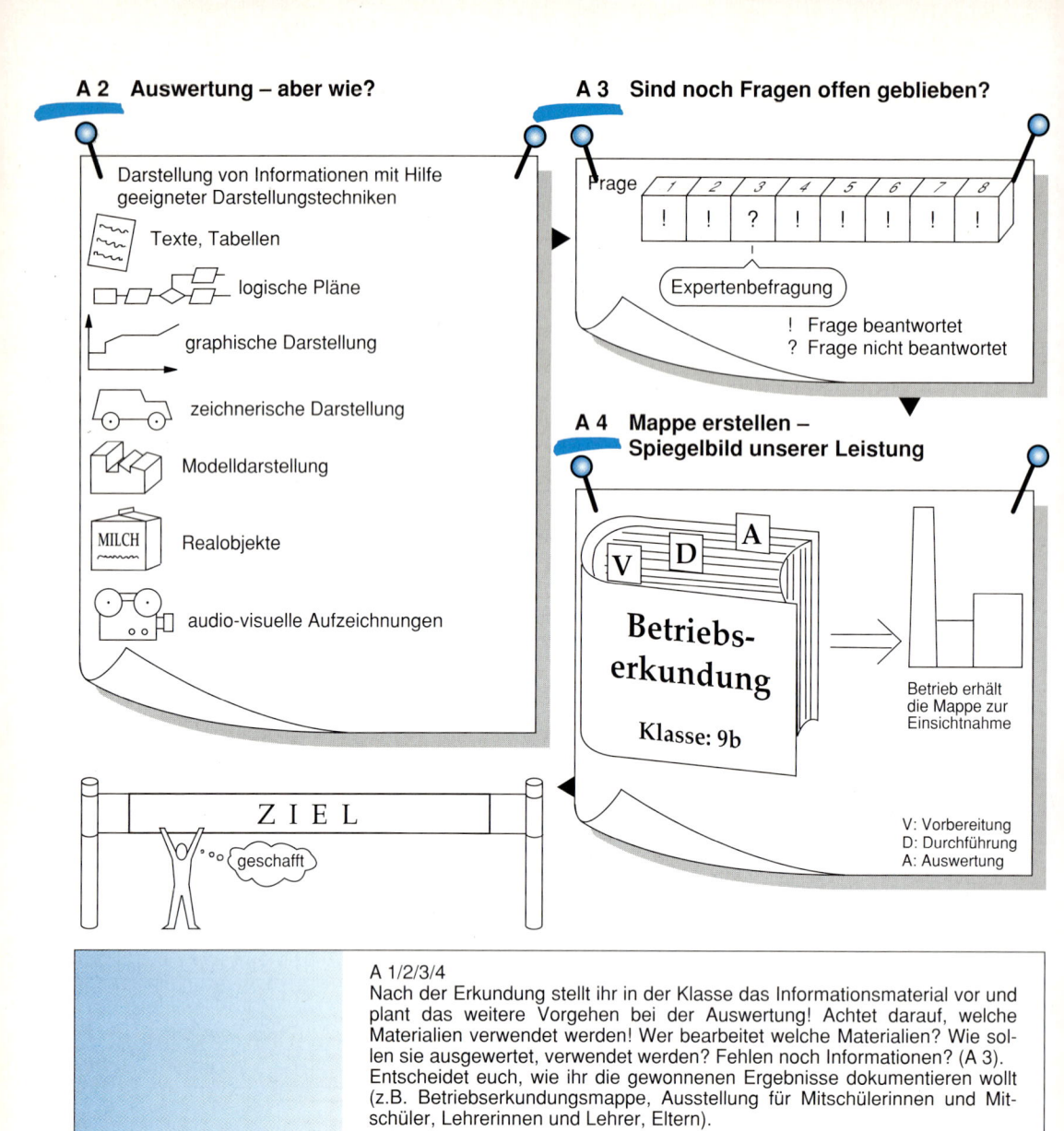

Informationsblock

Der Informationsteil ist nach den vier vorgeschlagenen Erkundungsaspekten gegliedert. Zu diesen Aspekten werden Materialien angeboten, mit Hilfe derer ihr die Erkundung gezielt vorbereiten könnt. Diese Materialien sind *nicht* – so wie ihr es bisher gewohnt seid – *mit konkreten Aufgabenstellungen* versehen, weil ihr selbst entscheiden müßt, welche Materialien ihr für die Erkundungsvorbereitung nutzen wollt und wie das geschehen soll. In aller Regel gilt es also, aus dem gesamten Angebot eine *Auswahl* zu treffen (je nach der Art des Betriebs, für den ihr euch entscheidet, und nach den gewählten Erkundungsschwerpunkten). Möglicherweise müßt ihr dieses Informationsangebot aber auch eigenständig erweitern und/oder aktualisieren.

Übersicht über die Materialien

Funktionaler Aspekt	Sozialer Aspekt
M 1 Gliederung der Betriebe	M 9 Tarifauseinandersetzungen
M 2 Die Standortfrage	M 10 Arbeitnehmerorganisationen
M 3 Beschaffung – Produktion – Absatz	M 11 Spielregeln für den Streik
M 4 Aufbau eines Betriebes	M 12 Das Betriebsverfassungsgesetz
M 5 Betriebswirtschaftliches Funktionensystem	M 13 Allgemeine Mitbestimmungsorgane
M 6 Betriebshierarchie	M 14 Der Betriebsrat im Unternehmensaufbau
M 7 Fertigungsverfahren	M 15 Jugend- und Auszubildendenvertretung im Betrieb
M 8 Gewinn und Verlust	M 16 Die abgestuften Rechte des Betriebsrates
	M 17 Lohnformen
	M 18 Humanisierung der Arbeit
	M 19 Arbeitsbogen für die Erkundung eines Arbeitsplatzes

Berufskundlicher Aspekt	Ökologischer Aspekt
M 20 Möglichkeiten zur beruflichen Orientierung	M 27 Betrieb und Umwelt
M 21 Qualifikationsbedarf der Wirtschaft	M 28 Öko-Checkliste
	M 29 Ansatzmöglichkeiten für aktiven Umweltschutz
M 22 Ausbildungsberufe	M 30 Industrie und Umweltschutz
M 23 Tätigkeitsbereiche	
M 24 Erkundungsfragen	
M 25 Lehrstellenmarkt	
M 26 Wo hat der Nachwuchs Chancen?	

Hinweis: Die Materialien zum funktionalen Aspekt beziehen sich überwiegend (M2–M8) auf Produktionsbetriebe.

Funktionaler Aspekt

M 1

Die Gliederung der Betriebe in der Gesamtwirtschaft

1. Produktion	–	Industrie, Bergbau, Handwerk, Landwirtschaft
2. Handel	–	Großhandel, Zwischenhandel, Einzelhandel
3. Verkehr	–	Transport, Spedition, Lagerung
4. Geldwesen	–	Banken, Sparkassen, Versicherungen
5. Verwaltung	–	öffentliche und private Verwaltungen
6. Dienstleistungen	–	alle unmittelbar auf Bedürfnisbefriedigung gerichteten Arbeitsleistungen
7. freie Berufe	–	Ärzte, Rechtsanwälte, Künstler

Die Gliederung bezieht sich auf die Spalte „Sektor" in V1. – „Verkehr" und „Geldwesen" sind hier gesondert ausgewiesen; man kann sie auch dem Dienstleistungsbereich (6.) zuordnen.

M 2

Die Standortfrage

Jedes industrielle Unternehmen wird seine Produktionsstätten in der Regel an dem Ort errichten, der den größten wirtschaftlichen Nutzen verspricht. Von der Art der Produktion wird die *Wahl des Standorts* entscheidend bestimmt. So sind reine *Gewinnungsbetriebe* auf ganz bestimmte Standorte angewiesen: Sie können nämlich Kohle, Erdöl, Gas, Erze, Kies usw. nur dort fördern, wo diese Naturschätze vorkommen. Aber auch andere *materialorientierte Betriebe*, z.B. Eisen- und Stahlwerke, Ziegeleien, holz- oder kalksteinverarbeitende Betriebe, siedeln sich in der *Nähe der Rohstoffquellen* an, um die Transportkosten für die Roh-, Hilfs- und Betriebsstoffe möglichst niedrig zu halten.

Arbeits- und lohnorientierte Betriebe fällen ihre Standortentscheidung im Hinblick auf das vorhandene *Angebot an menschlicher Arbeitskraft*. Fehlt es an Arbeitskräften – wie in der Bundesrepublik Deutschland bis zum Beginn der siebziger Jahre –, so werden zahlreiche Produktionsstätten in ländliche Gebiete verlegt, deren Arbeitskraftreserven noch nicht voll ausgeschöpft sind. Die Lohnkostenvorteile, die sich in ländlichen Gegenden oder im Ausland bieten, können die Wahl des Standorts ebenfalls beeinflussen. In Fertigungszweigen, die höhere technologische Anforderungen stellen, wird es dagegen in erster Linie darauf ankommen, entsprechend ausgebildete Fachkräfte zu finden und deren oft durch Generationen weitergegebene Arbeitserfahrung zu nutzen.

Absatzorientierte Betriebe richten sich bei der Standortwahl nach ihrem wichtigsten Absatzgebiet. Sie sind vornehmlich in dichtbesiedelten Gegenden anzutreffen, wie z.B. das Baugewerbe, das Nahrungsmittelgewerbe oder die Brauereien. Zulieferbetriebe entscheiden sich oft für einen Standort in der Nähe der von ihnen bedienten Großunternehmen. Ölgesellschaften errichten ihre Raffinerien unweit der Verbraucherzentren.

Verkehrsorientiert sind mehr oder weniger alle Industriebetriebe. Handelsbetriebe oder Unternehmen, die ihre Erzeugnisse über weite Entfernungen und an einen großen Abnehmerkreis versenden, bevorzugen als Standort Verkehrsknotenpunkte, Umschlagplätze an Wasserstraßen usw. Günstige Verkehrswege gleichen bisweilen andere Standortmängel aus.

Neben den genannten Faktoren können noch *weitere Gründe* für die Standortwahl entscheidend sein, so zum Beispiel die Strom- und Wärmeversorgung, die zu beachtenden Umweltschutzbestimmungen, die staatlichen Subventionen, die bei der Ansiedelung in bestimmten Gebieten gewährt werden, die kommunalen Förderungsmaßnahmen, die Grundstücksverhältnisse und die Boden- und Baupreise.

(Schmidt-Zahlenbilder)

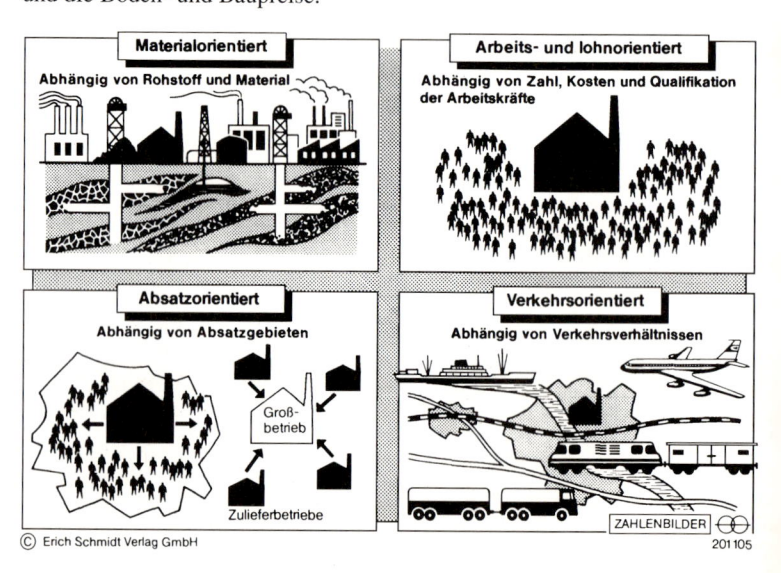

M 3 Beschaffung – Produktion – Absatz

Beschaffung
von ● Arbeitskräften
● Betriebsmitteln
● Werkstoffen

Aufgabe des Betriebes:
Sicherstellen, daß
1. das Material (was?)
2. in erforderlicher Menge (wieviel?)
3. von einem Lieferanten (woher?)
4. zum richtigen Zeitpunkt (wann?) vorhanden ist.

▶

Produktion
Aufgabe des Betriebes z.B.:
● Planung des Produktionsprogramms und des
● Fertigungsablaufs

Entscheidungen sind zu treffen:
● welche Produkte
● in welchen Mengen
● in welcher Ausstattung
sollen wie hergestellt werden?

▶

Absatz
Aufgabe des Betriebes z.B.:
– welche Lage am Markt?
– welche Ziele werden angestrebt?
– welche Mittel werden wie, wann eingesetzt? (Produktpolitik, Preispolitik, Absatzwegepolitik, Kommunikationspolitik)

Beschaffung   Wer Sachgüter produzieren oder Dienstleistungen bereitstellen will, muß dafür zunächst die erforderlichen Voraussetzungen, d.h. die sog. *betrieblichen Produktionsfaktoren* beschaffen:

● Menschliche Arbeitsleistungen
● Betriebsmittel
● Werkstoffe

Der Betrieb hat dafür Sorge zu tragen, daß *menschliche Arbeitsleistungen* zur Verfügung stehen, die im Arbeitsprozeß benötigt werden.
[…]
Als *Betriebsmittel* zählen vor allem die Maschinen, Werkzeuge und sonstige Anlagen, z.B. Computer. Erforderlich sind aber auch Büroeinrichtungen oder Grundstücke, auf denen die Fabrikhallen und Verwaltungsgebäude stehen. Betriebsmittel sind auch die Verkehrsmittel (z.B. LKW's, Pkw's) eines Unternehmens.
Und schließlich sind *Werkstoffe* erforderlich: Rohstoffe, z.B. Baumwolle, Wolle, synthetische Fasern, Hilfsstoffe (Leim, Nägel) und Betriebsstoffe (Kraftstoffe für Maschinen, LKW's).
Zusammengefaßt geht es bei der Beschaffung um folgende Fragen:

● Was wird beschafft?
● Wann wird beschafft?
● Bei wem wird beschafft?
● Wo wird beschafft?

Die Produktion   Mit Hilfe der betrieblichen Produktionsfaktoren werden Güter produziert bzw. Dienstleistungen erstellt. Was zählt alles zur Produktion? Es geht dabei nicht nur um das Herstellen von Produkten wie z.B. Kaffeemaschinen, Stoffen, Garnen, Schränken, Zucker, Mehl, Computern, sondern auch das Reparieren von Autos, Haarschnitte, das Entwerfen von Kleidern, die Betreuung im Kindergarten und im Altenheim sind Leistungen, die man als „Produktion" bezeichnen kann.
Die hergestellten Sachgüter und erbrachten Dienstleistungen sollen wiederum an andere Wirtschaftsteilnehmer, wie z.B. Verbraucher oder Unternehmen, verkauft werden […], damit Finanzmittel zurück in den Betrieb fließen, die für die Beschaffung der betrieblichen Produktionsfaktoren erforderlich sind.
Die Betriebe wollen eine hohe Wirtschaftlichkeit und eine hohe Produktivität* erreichen. Dazu sind eine Reihe von Überlegungen anzustellen.

Zunächst muß entschieden werden, wo der Standort eines Betriebes sein soll […].

Es ist auch zu überlegen, welche Art der Fertigung gewählt werden soll. *Einzelstücke,* wie z.B. ein maßgearbeiteter Schrank, werden in einer anderen Arbeitsorganisation hergestellt als *Massengüter,* wie z.B. Büroklammern oder Kugelschreiber. Bei der Einzelfertigung produziert der Betrieb nach Wunsch des jeweiligen Kunden. Fabrikausrüstungen, Schiffe erstellen in der Industrie verschiedene Arbeitsgruppen. Im Maschinen- und Apparatebau herrscht Fließfertigung vor. Mischformen und Überschneidungen der Produktionsverfahren treten jedoch immer wieder auf.

Der Absatz Ein Unternehmen muß für seine Produkte und Dienstleistungen auf dem Markt Abnehmer, Verbraucher finden.

Welche Überlegungen hat ein Unternehmen anzustellen, um erfolgreich am Markt zu sein?

1. Analyse der Absatzchancen
z.B. – Wie verhalten sich die Verbraucher, welche Produkte wollen sie?
– Welche Mit-Konkurrenten haben wir noch am Markt?
– Welche Verbrauchergruppe wollen wir ansprechen?

2. Welche Ziele wollen wir verfolgen?
z.B. – die Marktanteile für unser Produkt sollen erhöht werden
– unser Produkt soll bekannter werden
– der Umsatz soll erhöht werden

3. Mit welchen Mitteln sollen die Ziele erreicht werden?
z.B. – *Produktpolitik* (Qualität, Sortiment, Markt)
– *Preispolitik* (Rabatte, Skonto usw.)
– Wahl der Absatzwege, Transportmittel, Auslieferungslager
– *Kommunikationspolitik* (Werbung, Verkaufsförderung, Schulung)

(Nach: Kaiser, F.J./Kaminski, H., Arbeitslehre-Wirtschaft NRW 9/10, Braunschweig 1991, S. 48 f., 54)

M 4

Aufbau eines Betriebes

M 5

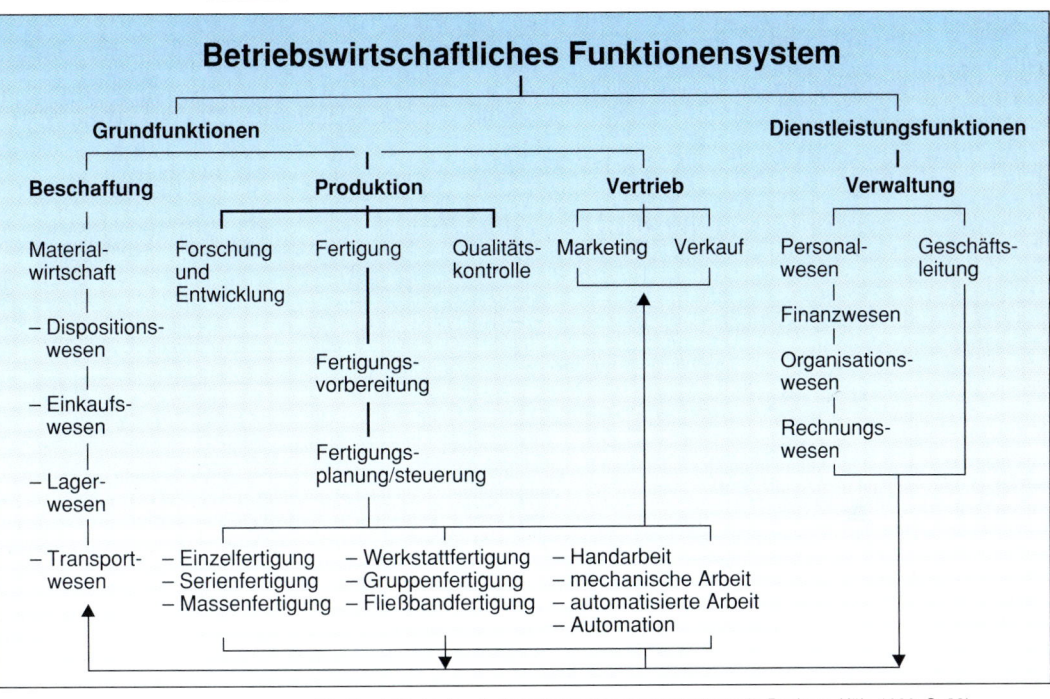

Betriebswirtschaftliches Funktionensystem

Grundfunktionen

Beschaffung

Materialwirtschaft

- Dispositionswesen
- Einkaufswesen
- Lagerwesen
- Transportwesen

Produktion

- Forschung und Entwicklung
- Fertigung
  - Fertigungsvorbereitung
  - Fertigungsplanung/steuerung
- Qualitätskontrolle

- Einzelfertigung
- Serienfertigung
- Massenfertigung

- Werkstattfertigung
- Gruppenfertigung
- Fließbandfertigung

- Handarbeit
- mechanische Arbeit
- automatisierte Arbeit
- Automation

Vertrieb

- Marketing
- Verkauf

Dienstleistungsfunktionen

Verwaltung

- Personalwesen
- Finanzwesen
- Organisationswesen
- Rechnungswesen
- Geschäftsleitung

(G. Ebert, Marktwirtschaft im Spiel. Planspiel: Wettbewerb, Bachem, Köln 1988, S. 28)

M 6

Betriebshierarchie*

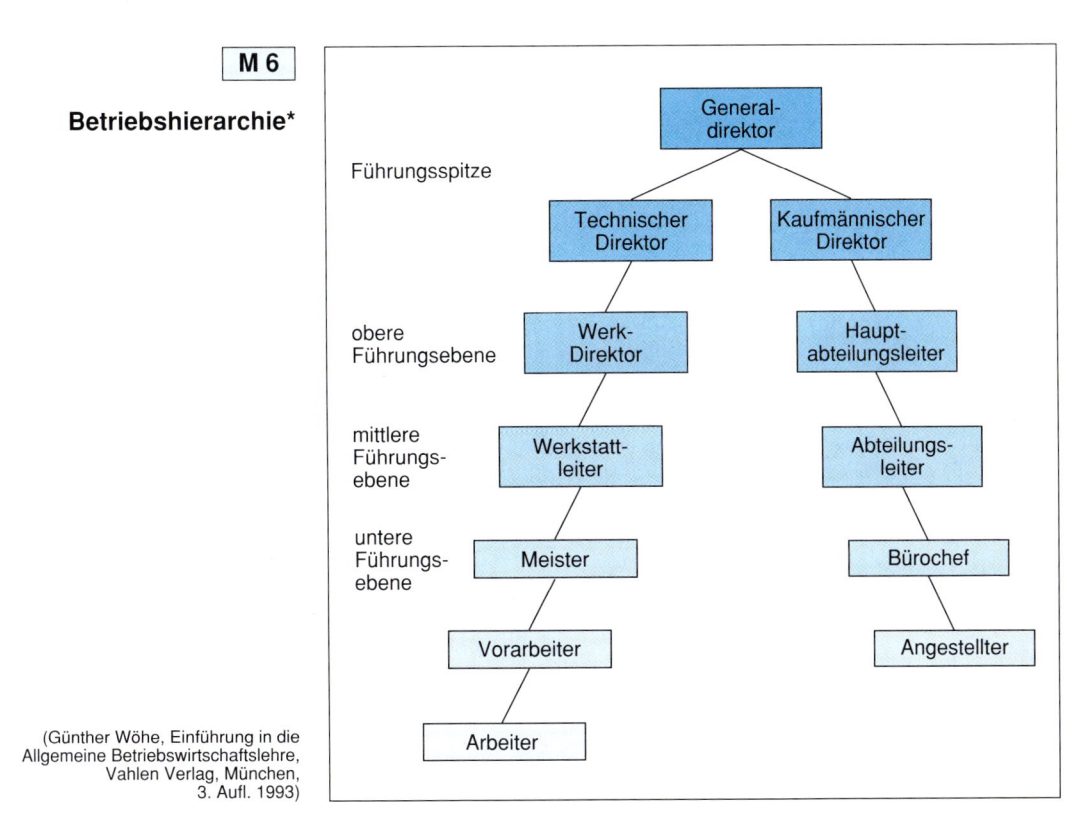

Ebene	Technische Linie	Kaufmännische Linie
Führungsspitze	Generaldirektor	
	Technischer Direktor	Kaufmännischer Direktor
obere Führungsebene	Werk-Direktor	Hauptabteilungsleiter
mittlere Führungsebene	Werkstattleiter	Abteilungsleiter
untere Führungsebene	Meister	Bürochef
	Vorarbeiter	Angestellter
	Arbeiter	

(Günther Wöhe, Einführung in die Allgemeine Betriebswirtschaftslehre, Vahlen Verlag, München, 3. Aufl. 1993)

M 7
Industrielle Fertigungsverfahren und ihre Anwendungsschwerpunkte

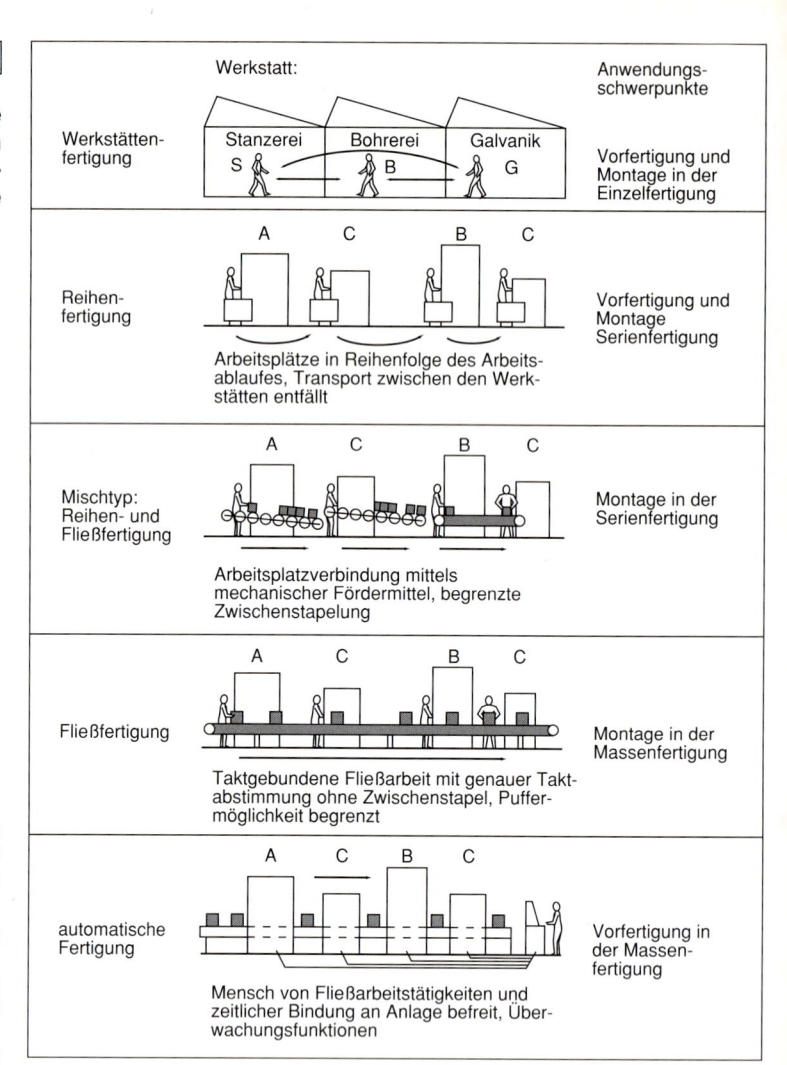

Verfahren	Darstellung	Anwendungsschwerpunkte
Werkstättenfertigung	Werkstatt: Stanzerei S – Bohrerei B – Galvanik G	Vorfertigung und Montage in der Einzelfertigung
Reihenfertigung	A C B C — Arbeitsplätze in Reihenfolge des Arbeitsablaufes, Transport zwischen den Werkstätten entfällt	Vorfertigung und Montage Serienfertigung
Mischtyp: Reihen- und Fließfertigung	A C B C — Arbeitsplatzverbindung mittels mechanischer Fördermittel, begrenzte Zwischenstapelung	Montage in der Serienfertigung
Fließfertigung	A C B C — Taktgebundene Fließarbeit mit genauer Taktabstimmung ohne Zwischenstapel, Puffermöglichkeit begrenzt	Montage in der Massenfertigung
automatische Fertigung	A C B C — Mensch von Fließarbeitstätigkeiten und zeitlicher Bindung an Anlage befreit, Überwachungsfunktionen	Vorfertigung in der Massenfertigung

(REFA, Methodenlehre des Arbeitsstudiums, Teil 3: Kostenrechnung, Arbeitsgestaltung, München, 5. Auflage 1976, S. 186)

M 8
Gewinn und Verlust

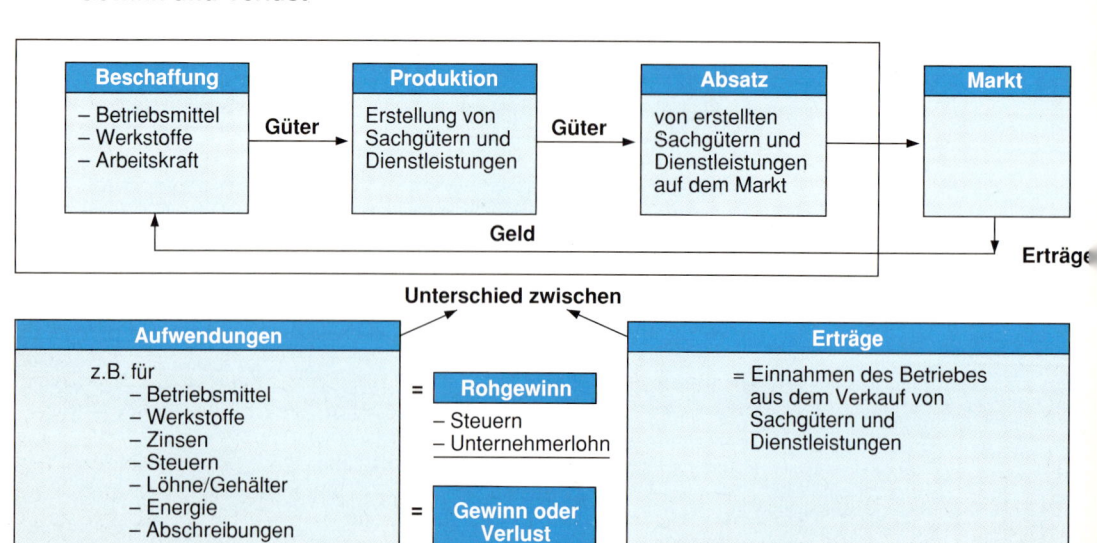

Beschaffung		Produktion		Absatz	Markt
– Betriebsmittel – Werkstoffe – Arbeitskraft	Güter →	Erstellung von Sachgütern und Dienstleistungen	Güter →	von erstellten Sachgütern und Dienstleistungen auf dem Markt	

← Geld · Erträge →

Unterschied zwischen

Aufwendungen		Erträge
z.B. für – Betriebsmittel – Werkstoffe – Zinsen – Steuern – Löhne/Gehälter – Energie – Abschreibungen	= **Rohgewinn** – Steuern – Unternehmerlohn = **Gewinn oder Verlust**	= Einnahmen des Betriebes aus dem Verkauf von Sachgütern und Dienstleistungen

[…] Da es grundlegendes Ziel eines Betriebes ist, Gewinne zu erzielen, muß er die erstellten *Dienstleistungen* und produzierten *Güter* auf dem Markt gewinnbringend absetzen. Dem Strom der Güter und Dienstleistungen entgegengesetzt fließt ein *Geldstrom* zurück in den Betrieb.

Die Einnahmen, die ein Betrieb für seine verkauften Sachgüter und Dienstleistungen erzielt, nennt man *Erträge*. Diese sind natürlich noch nicht der Gewinn eines Betriebes. Vielmehr müssen diesen Erträgen alle Aufwendungen gegenübergestellt werden. Das Ergebnis dieser Gegenüberstellung ist zunächst der *Rohgewinn* eines Betriebes. Von diesem Rohgewinn sind die *Steuern* abzuziehen, die ein Betrieb zu zahlen hat, und z.B. der *Unternehmerlohn*. Dieser sog. Unternehmerlohn ist ein Betrag, den ein Unternehmer bekommen würde, wenn er eine vergleichbare Tätigkeit in einem anderen Betrieb ausüben würde und nicht in seinem eigenen Betrieb arbeitete.

Bei den Aufwendungen erscheint auch der Begriff „*Abschreibungen*"*. Was ist damit gemeint? Maschinen, die für die Produktion verwendet werden, nutzen im Laufe der Zeit ab. Hat eine Maschine z.B. eine Lebensdauer von 5 Jahren und kostet sie bei der Neuanschaffung 10 000 DM, dann könnte man sagen, daß sie jedes Jahr (10 000 DM:5) 2000 DM an Wert verliert. Diese 2000 DM nennt man Abschreibung. Wenn ein Betrieb nach fünf Jahren eine neue Maschine installieren will, dann muß er jährlich 2000 DM zurücklegen, um wieder die 10 000 DM für eine neue Maschine zusammen zu haben.

Deshalb sind die jährlichen 2000 DM, die die Maschine an Wert verliert, Aufwendungen, die ein Unternehmen von seinen Erträgen abziehen muß, wenn es sich nicht selbst täuschen will. Die 2000 DM werden deshalb als Kosten mit in die Preise für Güter und Dienstleistungen einberechnet. […]

(Kaiser, F.J./Kaminski, H., Arbeitslehre-Wirtschaft NRW 9/10, Westermann, Braunschweig 1991, S. 66)

Sozialer Aspekt

M 9

Tarifauseinandersetzungen in der Bundesrepublik Deutschland

Wie in allen demokratischen Ländern mit marktwirtschaftlichen* Wirtschaftssystemen werden in der Bundesrepublik Deutschland Löhne, Arbeitsbedingungen und Arbeitszeit nicht vom Staat festgelegt, sondern von den Arbeitgebern und Arbeitnehmern selbst ausgehandelt (*Tarifautonomie**). Um verhandlungsstark zu sein, haben sich die einen in *Arbeitgeberverbänden,* die anderen in *Gewerkschaften* zusammengeschlossen. Die Lohntarifverträge werden in der Regel jedes Jahr neu ausgehandelt. Über die Arbeitszeit, den Urlaub, Urlaubsgeld oder die Höhe von Prämien für die Schichtarbeit* werden längerfristige Verträge abgeschlossen. Man nennt sie *Manteltarifverträge,* sie haben eine Laufzeit von zumeist fünf Jahren.

Wenn eine der beiden Parteien den alten Vertrag gekündigt hat, beginnen die Verhandlungen. Sie finden jedoch nicht zwischen den „Dachorganisationen" (Gesamtverbänden von Arbeitnehmern und Arbeitgebern), sondern zwischen den zuständigen Mitgliedsverbänden statt. Es verhandeln also nicht DGB (Deutscher Gewerkschaftsbund) und BDA (Bundesvereinigung der Deutschen Arbeitgeberverbände), sondern zum Beispiel für den Bereich der Metallindustrie die „IG Metall" und „Gesamtmetall" in den einzelnen Tarifgebieten*. Sie bilden jeweils Verhandlungskommissionen (Tarifkommissionen), die versuchen, die Forderungen der Arbeitgeber durchzusetzen. Jede Seite ist bemüht, in oft zähen Verhandlungsrunden für sich einen Erfolg zu verbuchen, denn keine Partei kann es sich erlauben, am Ende mit einem schlechten Verhandlungsergebnis vor ihre Mitglieder zu treten.

Wenn diese Tarifverhandlungen nicht zu einem Erfolg führen, kann es zu einem Arbeitskampf (s. M 11) kommen.

(Autorentext)

M 10 Arbeitnehmerorganisationen in Deutschland

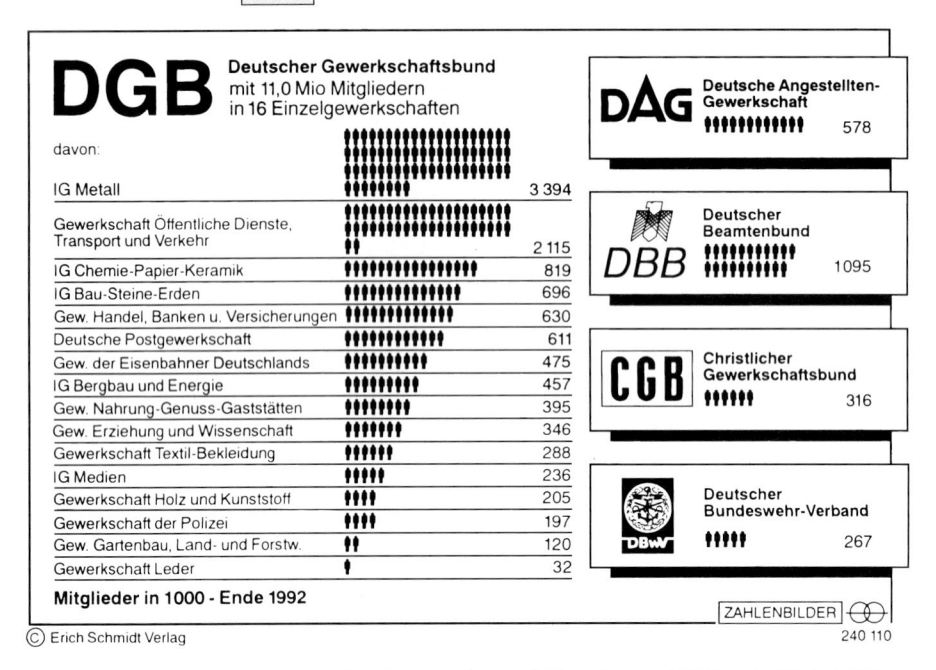

DGB — Deutscher Gewerkschaftsbund mit 11,0 Mio Mitgliedern in 16 Einzelgewerkschaften

davon:

Gewerkschaft	Mitglieder
IG Metall	3 394
Gewerkschaft Öffentliche Dienste, Transport und Verkehr	2 115
IG Chemie-Papier-Keramik	819
IG Bau-Steine-Erden	696
Gew. Handel, Banken u. Versicherungen	630
Deutsche Postgewerkschaft	611
Gew. der Eisenbahner Deutschlands	475
IG Bergbau und Energie	457
Gew. Nahrung-Genuss-Gaststätten	395
Gew. Erziehung und Wissenschaft	346
Gewerkschaft Textil-Bekleidung	288
IG Medien	236
Gewerkschaft Holz und Kunststoff	205
Gewerkschaft der Polizei	197
Gew. Gartenbau, Land- und Forstw.	120
Gewerkschaft Leder	32

Mitglieder in 1000 - Ende 1992

© Erich Schmidt Verlag

DAG — Deutsche Angestellten-Gewerkschaft 578

DBB — Deutscher Beamtenbund 1095

CGB — Christlicher Gewerkschaftsbund 316

DBwV — Deutscher Bundeswehr-Verband 267

In der Bundesrepublik gibt es (1992) rd. 35,8 Millionen Erwerbstätige; davon sind 89,9% (rd. 32,2 Mio.) abhängig beschäftigt. 41,7% (10,9 Mio.) der abhängig Beschäftigten im früheren Bundesgebiet (rd. 26,1 Mio.) sind Arbeiter, 49% (rd. 12,8 Mio.) sind Angestellte, und 9,3% (rd. 2,4 Mio.) sind Beamte. Der Organisationsgrad (d.h. der prozentuale Anteil derjenigen, die gewerkschaftlich organisiert sind) ist bei den einzelnen Gruppen unterschiedlich hoch: Bei den Arbeitern beträgt er rd. 50%, bei den Angestellten 20% und bei den Beamten 64%. Unter den 7,76 Mio. Mitgliedern des DGB waren (1987) 5,18 Mio. Arbeiter, 1,77 Mio. Angestellte und 0,81 Mio. Beamte.

M 11 Spielregeln für den Streik

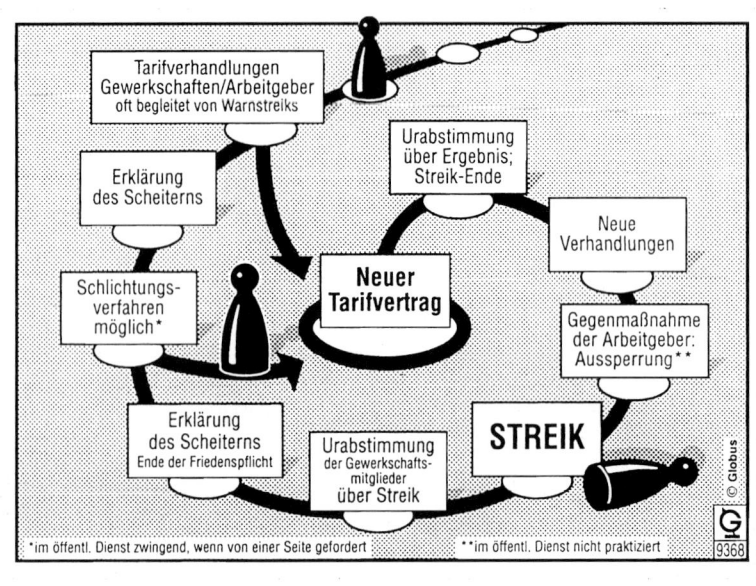

- Tarifverhandlungen Gewerkschaften/Arbeitgeber oft begleitet von Warnstreiks
- Erklärung des Scheiterns
- Schlichtungsverfahren möglich*
- Erklärung des Scheiterns — Ende der Friedenspflicht
- Urabstimmung der Gewerkschaftsmitglieder über Streik
- STREIK
- Gegenmaßnahme der Arbeitgeber: Aussperrung**
- Neue Verhandlungen
- Urabstimmung über Ergebnis; Streik-Ende
- Neuer Tarifvertrag

*im öffentl. Dienst zwingend, wenn von einer Seite gefordert   **im öffentl. Dienst nicht praktiziert

M 12

Das Betriebsverfassungsgesetz

(Aus: Mitbestimmung im Betrieb, Berufsorientierung Heft 16, Unterrichtsmaterialien zur Arbeits-, Wirtschafts- und Gesellschaftslehre, hrsg. von A. Ammen u.a., Level, Hannover 1980)

Durch das Betriebsverfassungsgesetz von 1972 werden Arbeitnehmern im Betrieb eine Reihe von *Beteiligungsrechten* eingeräumt, mit denen sie betriebliche Entscheidungen beeinflussen und in einem bestimmten Umfang auch mitgestalten können. Diese Beteiligungsrechte werden nicht unmittelbar durch die Arbeitnehmer selbst ausgeübt: Das Gesetz legt fest, daß sie durch einen von den Arbeitnehmern gewählten *Betriebsrat* wahrgenommen werden. Der Betriebsrat hat Beteiligungsrechte in sozialen, personellen und wirtschaftlichen Angelegenheiten.

Anwendungsbereich des Betriebsverfassungsgesetzes: Das Betriebsverfassungsgesetz gilt für alle deutschen Unternehmen mit mindestens 5 Beschäftigten. Das Betriebsverfassungsgesetz findet im öffentlichen Dienst (z.B. Polizei, Justiz, Stadt, Banken) keine Anwendung. Für die Arbeitnehmer in diesen Bereichen gilt das *Personalvertretungsgesetz* von 1974. Das Personalvertretungsgesetz entspricht aber weitgehend dem Betriebsverfassungsgesetz.

M 13

Mitbestimmung im Betrieb – Allgemeine Mitbestimmungsorgane

Der Betriebsrat als Arbeitnehmervertretung

Allgemeines: Der Betriebsrat ist der Verhandlungspartner des Arbeitgebers. Er ist also ein reines Arbeitnehmerorgan, in dem Arbeiter und Angestellte, Frauen und Männer sowie Arbeitnehmer verschiedener Beschäftigungsarten entsprechend ihrem zahlenmäßigen Verhältnis repräsentiert sein sollen. Die Größe des Betriebsrats ist abhängig von der Beschäftigtenzahl: Betriebe mit 5–20 Arbeitnehmern haben einen Betriebsobmann, von 21–50 drei, von 51–150 fünf, von 151–300 sieben, von 301–600 neun Betriebsräte usw. Zur besseren Aufgabenerfüllung werden in größeren Betrieben eine gesetzlich festgelegte Zahl von Betriebsräten von ihrer beruflichen Arbeit freigestellt und Betriebsausschüsse gebildet. Die Kosten der Betriebsratstätigkeit hat der Arbeitgeber zu tragen. *Wahlen:* Die Wahl des Betriebsrats erfolgt in geheimer und unmittelbarer Wahl auf drei Jahre, wobei Wiederwahl zulässig ist. Aktiv wahlberechtigt sind alle Arbeitnehmer über 18 Jahre (leitende Angestellte* sind ausgeschlossen); passives Wahlrecht setzt darüber hinaus eine Betriebszugehörigkeit von mindestens sechs Monaten voraus. Wahlberechtigt sind auch ausländische Arbeitnehmer.

Betriebsräte werden in Betrieben mit in der Regel mindestens fünf wahlberechtigten Arbeitnehmern gewählt. Die Initiative zur Wahl eines Betriebsrats muß von den Arbeitnehmern ausgehen.

In Betrieben mit mehr als fünf jugendlichen Arbeitnehmern wird eine *Jugendvertretung* gewählt, deren Aufgabe in der Wahrnehmung der besonderen Interessen der jugendlichen Arbeitnehmer liegt. Sie verhandelt jedoch nicht mit dem Arbeitgeber unmittelbar, vielmehr fungiert der Betriebsrat als vermittelnde Instanz.

In Unternehmen mit mehr als 100 ständigen Beschäftigten wird ein *Wirtschaftsausschuß* gebildet. Seine Aufgabe besteht in der Beratung wirtschaftlicher Angelegenheiten mit der Unternehmensleitung und in der Unterrichtung des Betriebsrats.

Betriebs- bzw. Jugendversammlungen bestehen aus den Arbeitnehmern bzw. jugendlichen Arbeitnehmern des Betriebs. Sie werden in der Regel viermal im Jahr vom Betriebsrat bzw. der Jugendvertretung einberufen und nehmen die Berichte ihrer Vertretungsorgane entgegen.

Umfaßt eine Unternehmung mehrere Einzelbetriebe, werden ein *Gesamtbetriebsrat* und eine Gesamtjugendvertretung, in Konzernunternehmen* ein Konzernbetriebsrat bzw. eine Konzernjugendvertretung gebildet. Sie haben jeweils gemeinsame Aufgaben zu erfüllen, die die Kompetenzen der untergeordneten Organe überschreiten.

Zur Regelung von Konflikten zwischen Arbeitgeber und Betriebsrat kann eine paritätisch besetzte, unter Leitung eines neutralen Vorsitzenden stehen-

("Arbeiten und lernen", Mitbestimmung in Schule und Betrieb, Heft 16, Friedrich-Verlag, Seelze 1981, S. 13; Verf.: Dr. Stephan Laske)

de *Einigungsstelle* errichtet werden. Sie wird entweder mit Zustimmung beider Parteien oder – im erzwingbaren Einigungsverfahren – auf Antrag nur einer Stelle tätig. Ihr Spruch wird wirksam, wenn sich die Parteien ihm entweder unterwerfen oder wenn das Gesetz vorsieht, daß die Entscheidung der Einigungsstelle die Einigung zwischen Arbeitgeber und Betriebsrat ersetzt, wie beispielsweise in allen in § 87 Abs. 1 genannten Angelegenheiten, in denen der Betriebsrat ein Mitbestimmungsrecht besitzt.

M 14

Der Betriebsrat im Unternehmensaufbau

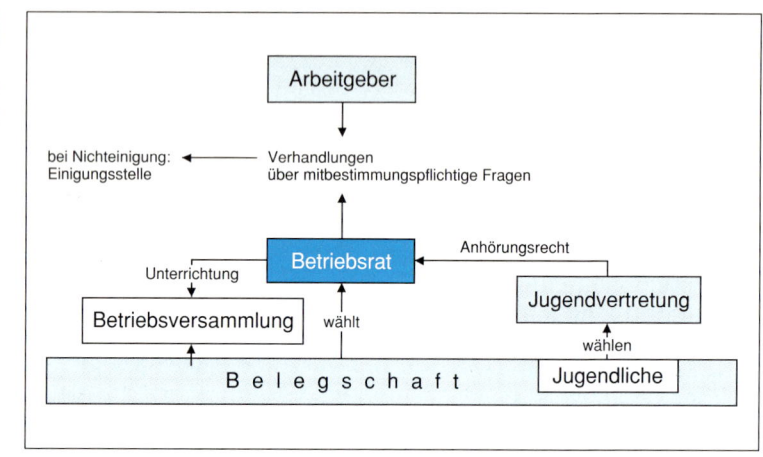

(Politik-Aktuell für den Unterricht, Nr. 9/84, S. 1)

M 15

Jugend- und Auszubildendenvertretung im Betrieb

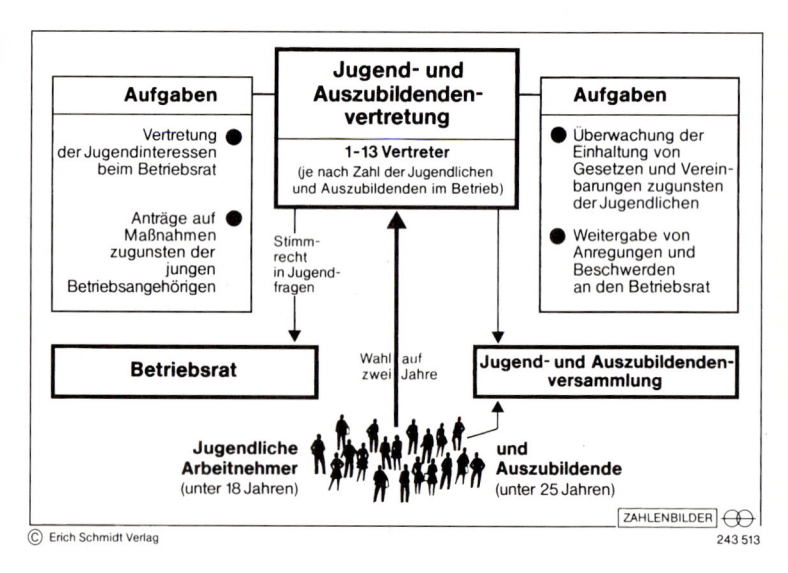

M 16

Die abgestuften Rechte des Betriebsrates

Das Betriebsverfassungsgesetz von 1972 unterscheidet bei den Mitwirkungsrechten des Betriebsrates zwischen verschiedenen Bereichen. Neben Aufgaben im *allgemeinen* Bereich liegen die entscheidenden Mitbestimmungsrechte des Betriebsrates bei den *sozialen, personellen* und *wirtschaftlichen* Angelegenheiten im Betrieb. Dabei sind die Mitwirkungs- und Mitbestimmungsrechte bzw. -möglichkeiten bei den sozialen Angelegenheiten am stärksten und bei den wirtschaftlichen Angelegenheiten am schwächsten. Dazwischen liegen die personellen Angelegenheiten.

Welche Aufgaben der Betriebsrat nach dem Betriebsverfassungsgesetz im einzelnen hat, zeigt die folgende Aufstellung.

Aufgaben im allgemeinen Bereich	Aufgaben im sozialen Bereich	Aufgaben im personellen Bereich	Aufgaben im wirtschaftlichen Bereich
• Interessenvertretung der Belegschaft • Überwachung der Einhaltung der Gesetze und Vereinbarungen, die dem Schutz der Arbeitnehmer dienen • Weiterleitung berechtigter Beschwerden an den Arbeitgeber • Eingliederung Schwerbehinderter und sonstiger schutzbedürftiger Arbeitnehmer • Vorbereitung der Wahl der Jugendvertretung • Abhaltung von Betriebsversammlungen	• Abschluß von Arbeitsordnungen (Tragen von Schutzkleidung, Rauchverbot, Türkontrollen usw.) • Beginn und Ende der täglichen Arbeitszeit sowie der Pausen • Gleitende Arbeitszeit, Überstunden, Sonderschichten • Aufstellen von Entlohnungsgrundsätzen (Zeitlohn, Prämien, Akkord) • Zeit, Ort und Art der Lohn- und Gehaltszahlung • Aufstellung eines Urlaubsplanes • Überwachung der Arbeitnehmer durch Stechuhren, Filmkameras usw. • Unfallverhütung • Betriebliches Vorschlagswesen • Vermögenswirksame Leistungen	• Personalplanung (Auswahlrichtlinien, Formulierung von Einstellungs- und Personalfragebögen,...) • Förderung der beruflichen Aus- und Weiterbildung • Entfernung betriebsstörender Arbeitnehmer • In Unternehmen mit mehr als 20 Arbeitnehmern ist der Betriebsrat von jeder – Einstellung – Entlassung – Ein- und Umgruppierung – Versetzung zu unterrichten. Verweigert er innerhalb einer Woche seine Zustimmung, so kann diese auf Antrag des Arbeitgebers durch das Urteil des Arbeitsgerichtes ersetzt werden.	• Mitbestimmungsrecht bei geplanten Betriebsänderungen, wenn dadurch wesentliche Nachteile für die Arbeitnehmer zu erwarten sind, z.B.: • Stillegung des Betriebes oder wesentlicher Teile • Verlegung des Betriebes oder wesentlicher Teile • Zusammenschluß mit anderen Betrieben • Grundlegende Änderung der Betriebsorganisation • Einführung neuer Arbeitsmethoden und Fertigungsverfahren • Aufstellung eines Sozialplanes zur Milderung der Folgen einer Betriebsänderung

(Gabler Kleines Lexikon Wirtschaft, Wiesbaden, 5. Aufl. 1991, S. 34)

M 17

Lohnformen

Grundsätzlich lassen sich folgende Lohnformen unterscheiden:
Zeitlohn: Die Entlohnung erfolgt hier auf der Basis der aufgewandten Arbeitszeit, z.B. Stundenlohn, Wochenlohn, Monatsgehalt.
Stücklohn: Die Entlohnung erfolgt nach der erbrachten Arbeitsleistung. Einzelakkord und Gruppenakkord sind typische Beispiele für den Stücklohn.
Prämienlohn: Er ist eine Mischform von Zeit- und Stücklohn.
Beteiligungslohn: Die Mitarbeiter werden über ihren rechtlich abgesicherten Lohn hinaus am Kapital und/oder Erfolg des Unternehmens beteiligt.

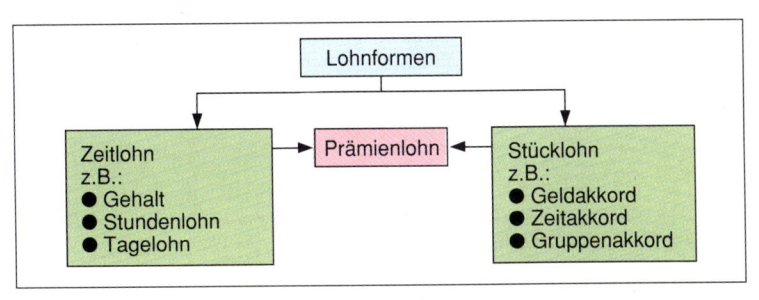

```
                    Lohnformen
         ┌──────────────┼──────────────┐
         ▼              ▼              ▼
      Zeitlohn      Prämienlohn     Stücklohn
        z.B.:                         z.B.:
      • Gehalt                     • Geldakkord
      • Stundenlohn                • Zeitakkord
      • Tagelohn                   • Gruppenakkord
```

Humanisierung der Arbeit

M 18

Die meisten Bemühungen um Humanisierung der Arbeit gehen von der Voraussetzung aus, daß der Mensch in erster Linie seine Einkommens- und Sicherheitswünsche befriedigen will.

Zu einer *menschengerechten Gestaltung der Arbeit* gehört aber vor allem auch, daß sie dem Arbeitnehmer Spaß macht und ihm Zufriedenheit verschafft. Das setzt voraus, daß der Arbeiter weniger betrieblichen Sachzwängen ausgeliefert wird und seine Arbeitswelt mitgestalten kann.

Die sehr weitgehende *Arbeitsteilung** in vielen Wirtschaftsbereichen hat jedoch monotone Arbeitsabläufe geschaffen, die eigenverantwortliches Handeln häufig nicht zulassen.

Die notwendige Humanisierung der Arbeit verlangt von den Betrieben, daß sie:

- für die Sicherheit vor Unfall und Krankheit infolge der Arbeitsbedingungen Sorge tragen;
- Arbeitsplätze, Maschinen, Arbeitsgeräte und auch die Arbeitsumgebung so gestalten, daß menschengerechte Arbeitsbedingungen geschaffen werden;
- den Wunsch der Arbeiter nach mehr Freiheits- und Verantwortungsspielraum in der Arbeit berücksichtigen;
- Möglichkeiten für mehr persönliche Anerkennung und persönlichen Kontakt schaffen.

Maßnahmen zur Humanisierung der Arbeit erstrecken sich vor allem auf drei Bereiche, und zwar auf die:

Ergonomische Arbeitsgestaltung

Dabei geht es um die Anpassung der Arbeit an den Menschen durch eine körpergerechte Gestaltung der Arbeitsplätze und der Bedienungselemente. Dazu gehört auch die Beachtung der Arbeitsbedingungen (Lärm, Klima, Beleuchtung, Gase, Staub, Strahlen usw.).

Arbeitsstrukturierung

Hier geht es darum, den Arbeitsablauf so zu organisieren, daß günstige Voraussetzungen durch Arbeitsplatzwechsel, Arbeitserweiterung und Arbeitsbereicherung geschaffen werden.

Personalführung

Die Personalführung sollte den kooperativen Führungsstil, d.h. die Delegation* von Verantwortung, ermöglichen. Die Mitarbeiter sind Menschen mit bestimmten Bedürfnissen.

Arbeitsplatzwechsel

Hier geht es um einen Tätigkeitswechsel, der keine neuen Kenntnisse und Fähigkeiten benötigt. Dadurch soll einseitige Belastung und Monotonie vermieden werden.

Arbeitserweiterung

Hier geht es um eine Erweiterung einer Tätigkeit durch weitere gleichwertige Aufgaben. Dadurch soll die Arbeit abwechslungsreicher werden.

Arbeitsbereicherung

Hier geht es um eine Erweiterung einer Tätigkeit durch weitere qualifizierte Aufgaben. Dadurch wird die Verantwortung für die Arbeit umfangreicher.

(Kaiser, F.J./Kaminski, H., Arbeitslehre-Wirtschaft NRW 9/10, Braunschweig 1991, S. 60 f.)

M 19

Erkundung eines Arbeitsplatzes

Diesen Arbeitsbogen könnt ihr verwenden, wenn ihr einen konkreten Arbeitsplatz in einem Industriebetrieb „erkunden" wollt! (Auch für den berufskundlichen Aspekt verwendbar!) Wenn ihr ein Handels- oder Dienstleistungsunternehmen erkundet, könnt ihr vielleicht einen eigenen Fragebogen entwickeln.

Arbeitsbogen für die Betriebserkundung am: _____
Name des Schülers/der Schülerin: _____

Betrieb: _____

Berufsfeld: _____

Arbeitsplatz: _____

Arbeitsaufgabe: _____

Arbeitsgegenstand: _____

Arbeitstyp	Berufsbereich	Arbeitsbedingungen
○ 1. Werkbankfertigung	○ Material verarbeiten	○ Einzelarbeit
○ 2. Maschinelle Werkstättenfertigung	○ Zusammenbauen, montieren	○ Partnerarbeit
○ 3. Reihenfertigung	○ Bedienen und überwachen von Maschinen und Anlagen	○ Gruppenarbeit
○ 4. Fließbandfertigung	○ Untersuchen und messen	Arbeiter/in verrichtet seine/ihre Tätigkeit
○ 5. Maschinelle automatische Fertigung	○ Zeichnen und reproduzieren	○ sitzend ○ stehend
○ 6. Verfahrenstechnische Fließfertigung	○ Sichern, in Ordnung halten	○ gebückt ○ liegend
○ 7. Baustellenfertigung		

Raum für weitere Eintragungen, Skizzen usw.

Arbeiter/in arbeitet bei
○ Tageslicht
○ künstlichem Licht

Am Arbeitsplatz ist es
○ geruchvoll   ○ warm
○ geruchlos   ○ angenehm
                ○ kalt

○ sehr laut
○ laut
○ leise
○ sehr leise

Arbeitszeit
von _____ bis _____ Uhr
○ Normalschicht
○ Wechselschicht
Wie lange arbeitet der/die Arbeiter/in schon an dem Arbeitsplatz?
_____ Monate
_____ Jahre
Wieviel Stücke schafft der/die Arbeiter/in
in der Minute
in der Stunde

Einrichtungen des technischen Arbeitsschutzes:

Einschränkungen durch den sozialen Arbeitsschutz
für Jugendliche ☐   Frauen ☐

Berufskundlicher Aspekt

M 20 Möglichkeiten zur beruflichen Orientierung

	Angebote seitens der Berufsberatung und anderer Institutionen	Möglichkeiten zur Eigeninitiative
Maßnahmen:	– Informationsveranstaltungen sowie themenspezifische Veranstaltungen der Berufsberatung in der Schule – Sprechstunden der Berufsberatung in der Schule – Sprechstunden im Arbeitsamt – berufskundliche Vortragsveranstaltungen – berufskundliche Ausstellungen – berufliche Einzel- bzw. Gruppenberatung (ggf. einschl. psychologischer Begutachtung) – Seminarveranstaltungen der Berufsberatung (z.B. Bewerbertraining) – Betriebsbesuche/Arbeitsplatzerkundungen – Tage der Offenen Tür bei Betrieben bzw. bei Bildungseinrichtungen/Hochschulen – Einführungsvorträge an Hochschulen – Beratung/Information durch die Studienberatung – Arbeitsgemeinschaften in der Schule	– Gespräche mit Berufsvertretern – Expertenbefragungen – Ferienpraktika, Vorpraktika – Ferien-Jobs – (gelegentliche) Nebentätigkeit als Schüler (Hobby-Kurse) – Informationsgespräche mit Ausbildungs- und Personalabteilungen – Informationsgespräche mit Ausbildungsberatern der Kammern – Informationsgespräche bei Sekretariaten der Hochschulen bzw. Fachbereiche – Informationsgespräche bei Studentenwerken der Hochschulen – Informationsgespräche mit Studentischen Verbänden – Informationsgespräche mit Gewerkschaften/Berufsverbänden – Tage der Offenen Tür bei Betrieben
Selbstinformationseinrichtungen der Berufsberatung:	Berufsinformationszentren – Lesemappen – berufskundliche Kurzfilme – Diareihen – Hörprogramme – Bücher – BiZ-Computer	
Medien:	– „Beruf Aktuell" – „Blätter zur Berufskunde"[2] – STEP-plus (für Absolventen Sek. I)[1] – abi Berufwahl Magazin[1] – IZ (Informationszeitung der Berufsberatung) – mach's richtig	– Fachbücher, Fachzeitschriften – berufskundliche Ratgeber-Literatur – Studienführer – Studieneinführungsliteratur – Sendungen in Hörfunk und Fernsehen – Tages- und Wochenzeitungen, Magazine

[1] Herausgeber: Bundesanstalt für Arbeit, Regensburger Str. 104, 90478 Nürnberg; STEP-Versandstelle: Postfach 1134, 68519 Viernheim; „Beruf Aktuell" ist in jeder Schule vorhanden.
[2] Einzusehen in den Arbeitsämtern und in Bibliotheken (auch in Schulen); Bestellkarten für zwei kostenlose Hefte in „Beruf Aktuell" oder beim Arbeitsamt.

(Floren u.a., Sozialkunde – Arbeitsbuch 9/10, Paderborn 1989, S. 195 f.)

M 21

Qualifikationsbedarf der Wirtschaft in der Bundesrepublik Deutschland 1976–2000

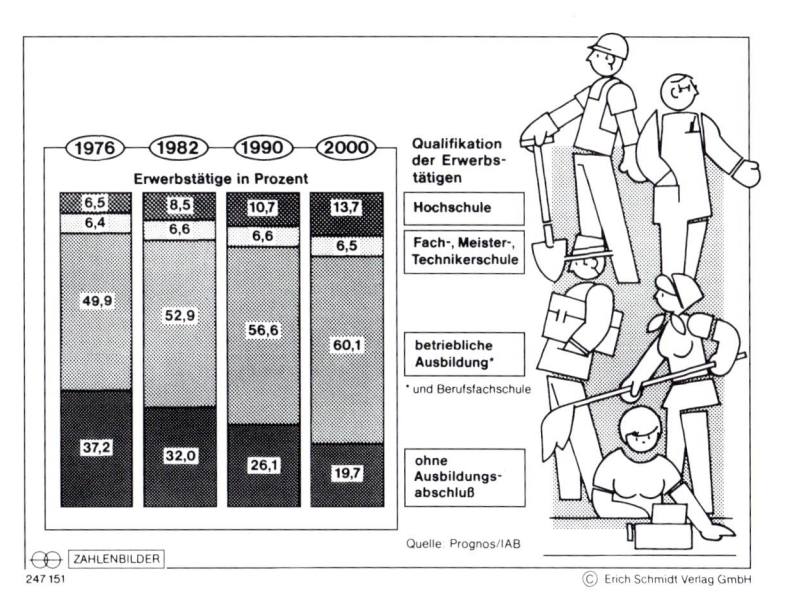

	1976	1982	1990	2000	Qualifikation der Erwerbstätigen
Hochschule	6,5	8,5	10,7	13,7	
Fach-, Meister-, Technikerschule	6,4	6,6	6,6	6,5	
betriebliche Ausbildung*	49,9	52,9	56,6	60,1	*und Berufsfachschule
ohne Ausbildungsabschluß	37,2	32,0	26,1	19,7	

Erwerbstätige in Prozent

Quelle: Prognos/IAB

M 22

Ausbildungsberufe

Es gibt etwa 450 nach dem Berufsbildungsgesetz anerkannte Ausbildungsberufe. Für sie ist keine bestimmte Schulausbildung als Zugangsvoraussetzung vorgeschrieben. Entscheidend ist nur, daß man einen Ausbildungsplatz in einem Betrieb erhält, der für den entsprechenden Beruf ausbildet. Die Ausbildung ist meist dual (= lat. zweizahlig), d.h. sowohl *Betrieb* als auch *Berufsschule* wirken bei der Ausbildung mit. Man spricht deshalb auch von Ausbildungsberufen im „dualen System". Damit soll eine möglichst enge Verzahnung von Theorie und Praxis erreicht werden. Die Dauer der Ausbildung ist je nach Beruf unterschiedlich. Sie reicht von einem bis zu dreieinhalb Jahren. Am Ende der Ausbildungszeit kann durch eine Prüfung das Abschlußzeugnis über die erreichte berufliche Qualifikation erworben werden (z.B. Gesellen-, Gehilfen- oder Facharbeiterprüfung). Gleichzeitig bzw. als Teil dieser Gesamtprüfung wird die Abschlußprüfung in der Berufsschule abgelegt.

Die *betriebliche Ausbildung* erfolgt in einem Handwerksbetrieb, in der Industrie, im Handel, in der Verwaltung oder in einem sonstigen Unternehmen (z.B. Bauernhof, Arztpraxis, …). Voraussetzung hierfür ist der Abschluß eines Berufsausbildungsvertrags. Die *Berufsschule* ist eine Pflichtschule für alle Jugendlichen, die sich in einer Ausbildung in einem anerkannten Ausbildungsberuf befinden, einer Erwerbstätigkeit als ungelernter Arbeiter nachgehen, ein Vorpraktikum (z.B. Haushaltspraktikum) ableisten oder arbeitslos sind. Der Unterricht findet meist an ein bis zwei Tagen in der Woche statt. In manchen Ausbildungsberufen (z.B. Optiker oder Forstwirt) gibt es auch Block-Unterricht, d.h., daß die Auszubildenden mehrere Tage oder Wochen am Stück Unterricht haben.

Je nach Beruf muß ein anderer *Berufsschultyp* besucht werden. So findet der Unterricht für einen Mechaniker an der Gewerblichen Berufsschule, für einen Industriekaufmann an der kaufmännischen Berufsschule, für eine Hauswirtschafterin an der Hauswirtschaftlich-pfle-

Berufsausbildung im dualen System

Lernort Betrieb	Lernort Berufsschule
Auszubildende (Lehrlinge)	Berufsschüler/innen
Grundlagen der Ausbildung:	
Berufsausbildungsvertrag	Schulpflicht
Ausbildungsordnungen	Lehrpläne
Berufsbildungsgesetz	Schulgesetze der Länder

gerisch-sozialpädagogischen Berufsschule und für einen Landwirt an der Landwirtschaftlichen Berufsschule statt. An allen Berufsschulen werden neben den berufsbezogenen Fächern, wie z.B. Fachkunde oder Fachrechnen, auch allgemeinbildende Fächer, wie Deutsch oder Gemeinschaftskunde, unterrichtet.

Damit man sich einen Überblick über die Vielzahl von anerkannten Ausbildungsberufen verschaffen kann, sind sie in „Beruf Aktuell" in 12 Tätigkeitsbereiche gegliedert. Die Zuordnung eines Berufes zu einem bestimmten Tätigkeitsbereich erfolgte danach, welche Tätigkeit in diesem Beruf überwiegt. [...]

(Fiederle, X., Filser, F. [Hrsg.]: P wie Politik, RS 9, Paderborn 1990, S. 19)

M 23

Tätigkeitsbereiche

1. Material verarbeiten
2. Zusammenbauen, montieren
3. Gestalten
4. Bedienen und Überwachen von Maschinen und Anlagen
5. Bebauen und züchten
6. Untersuchen und messen
7. Zeichnen und reproduzieren
8. Bedienen und beraten
9. Wirtschaften
10. Verwalten
11. Sichern, in Ordnung halten
12. Versorgen und betreuen

M 24

Erkundungsfragen

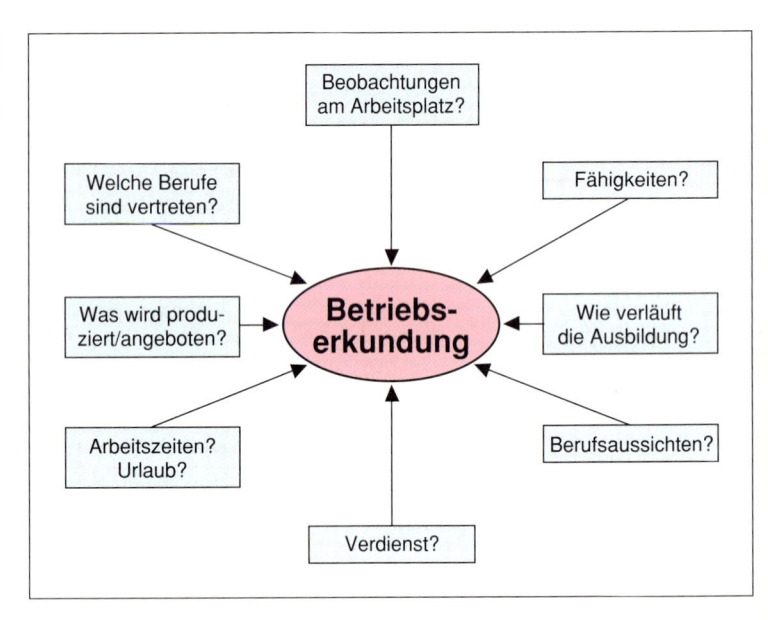

Betriebserkundung:
- Beobachtungen am Arbeitsplatz?
- Welche Berufe sind vertreten?
- Fähigkeiten?
- Was wird produziert/angeboten?
- Wie verläuft die Ausbildung?
- Arbeitszeiten? Urlaub?
- Berufsaussichten?
- Verdienst?

Wer Näheres über Beruf und Betrieb während der Erkundung erfahren will, dem reichen die Beobachtungen nicht aus. Zu viele Fragen bleiben offen. Durch gezielte Nachforschungen bei Arbeitnehmern oder Ausbildungsleitern werden u.a. die Berufsvoraussetzungen geklärt: Welche Schulbildung ist für den erkundeten Beruf erforderlich? Werden bestimmte Fähigkeiten erwartet? Müssen bestimmte körperliche Voraussetzungen da sein? Die Ausbildungsdauer eines Berufes sollte erkundet werden, ebenso die Prüfungsvoraussetzungen.

Wichtig ist die Frage nach den Berufsaussichten: Wie steht es mit der Zahl der Bewerber gegenüber den angebotenen Ausbildungsplätzen? Wie sind die Fortbildungsmöglichkeiten innerhalb des Berufes? Sind Spezialisierungen möglich? Für die meisten Schüler ist die Frage nach dem Verdienst während und nach der Ausbildungszeit interessant. Auch der Betrieb sollte erkundet werden. Was wird genau hergestellt? Ist es ein Zulieferebetrieb? Wie viele Leute arbeiten im Betrieb? Welche Berufe können ausgeübt werden? Wie werden die Arbeitszeiten oder der Urlaub geregelt? Wie steht es mit bestimmten Sozialleistungen in dem Betrieb, wie mit Weihnachts- oder Urlaubsgeld? Gibt es eine innerbetriebliche Rentenleistung? Das wird in den Betrieben durchaus unterschiedlich gehandhabt.

(Fiederle, X./Filser, F. [Hrsg.]: P wie Politik, RS 9, Paderborn 1990, S. 39)

M 25

Lehrstellenmarkt

Auszubildende nach Ausbildungsbereichen

Ausbildungsbereich	Auszubildende[1] Insgesamt	Frauenanteil(%)	1992[4] abgeschlossene Verträge
Industrie und Handel[2]	756 416	42,9	246 739
davon:			
Kaufmännische Berufe	445 452	62,5	159 764
Gewerbliche Berufe	310 964	14,8	86 975
Handwerk	486 911	27,0	162 363
davon:			
Gewerbliche Berufe	433 189	19,9	144 503
Kaufmännische Berufe[3]	53 722	84,1	17 860
Freie Berufe	130 262	95,9	56 200
Öffentlicher Dienst	63 445	46,6	20 942
Landwirtschaft	29 748	32,9	10 428
Hauswirtschaft	9 673	97,8	3 088
Seeschiffahrt	425	4,9	156

[1] In Westdeutschland am 31.12.1990; [2] inkl. Banken, Versicherungen, Gast- und Verkehrsgewerbe; [3] inkl. sonstiger Berufe im Handwerk; [4] Die Zahl der Verträge nahm gegenüber 1991 insgesamt um 7,3% ab, insbesondere bei Industrie (−11,4%) und Landwirtschaft (−12,4%). Quelle: Statistisches Bundesamt (Wiesbaden)

(Lexikon aktuell '94, Dortmund 1993, S. 333)

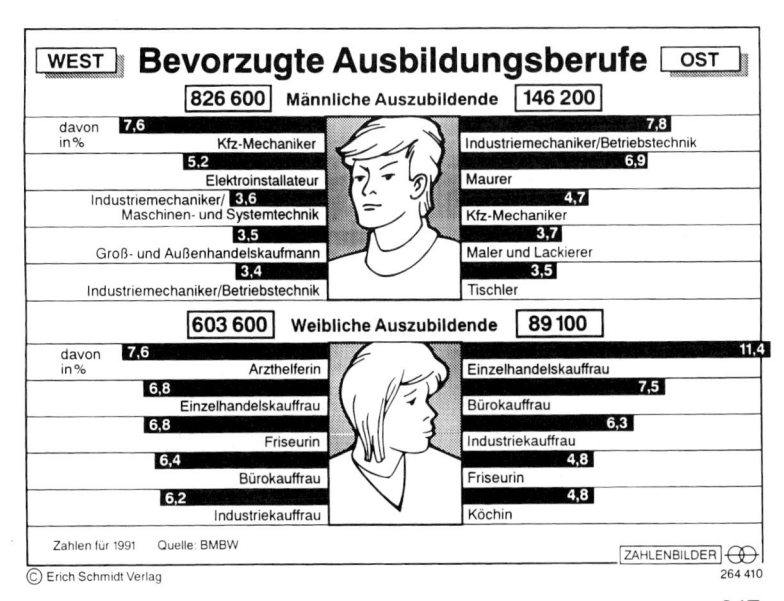

Bevorzugte Ausbildungsberufe

WEST — **826 600** Männliche Auszubildende — **OST** — **146 200**

davon in %:

WEST	%	OST	%
Kfz-Mechaniker	7,6	Industriemechaniker/Betriebstechnik	7,8
Elektroinstallateur	5,2	Maurer	6,9
Industriemechaniker/Maschinen- und Systemtechnik	3,6	Kfz-Mechaniker	4,7
Groß- und Außenhandelskaufmann	3,5	Maler und Lackierer	3,7
Industriemechaniker/Betriebstechnik	3,4	Tischler	3,5

603 600 Weibliche Auszubildende **89 100**

davon in %:

WEST	%	OST	%
Arzthelferin	7,6	Einzelhandelskauffrau	11,4
Einzelhandelskauffrau	6,8	Bürokauffrau	7,5
Friseurin	6,8	Industriekauffrau	6,3
Bürokauffrau	6,4	Friseurin	4,8
Industriekauffrau	6,2	Köchin	4,8

Zahlen für 1991   Quelle: BMBW

© Erich Schmidt Verlag

M 26

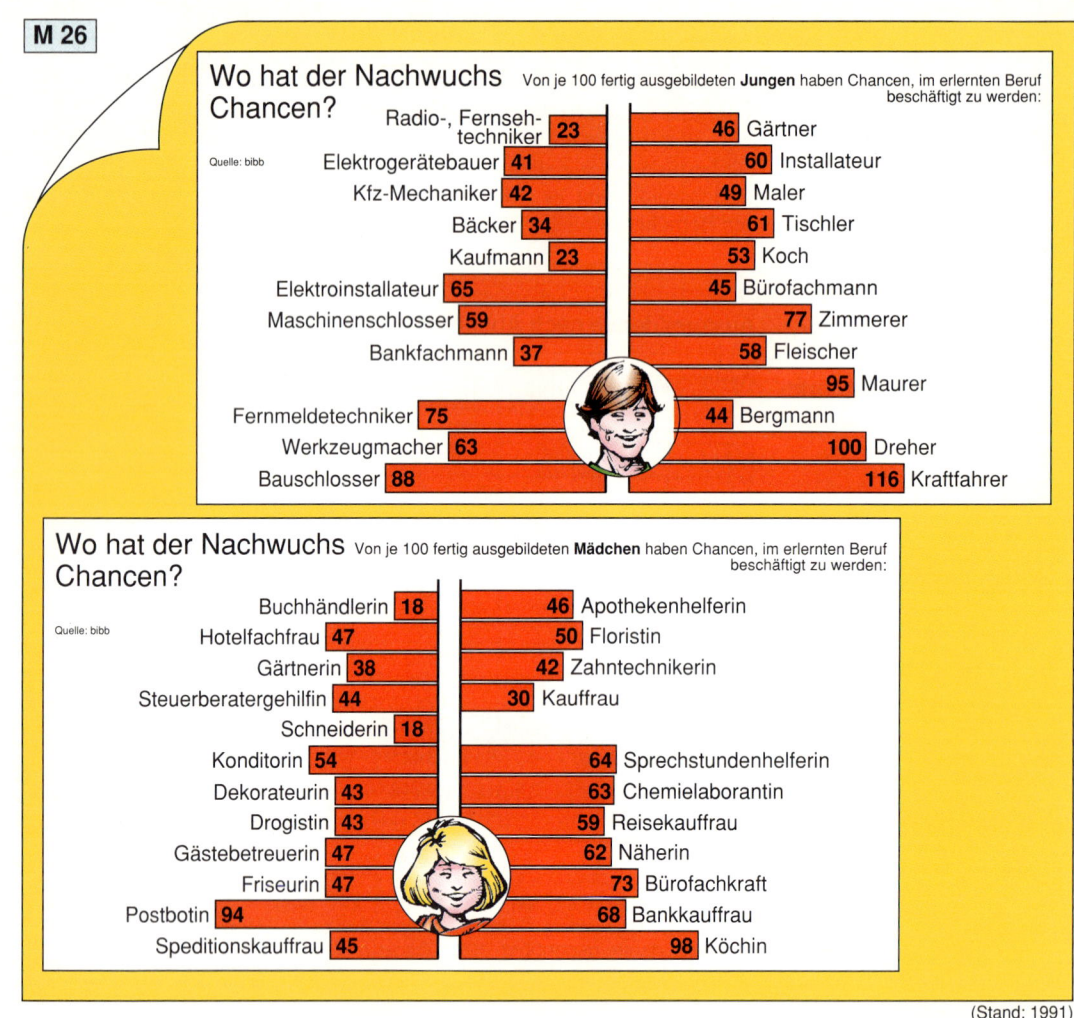

Wo hat der Nachwuchs Chancen? Von je 100 fertig ausgebildeten **Jungen** haben Chancen, im erlernten Beruf beschäftigt zu werden:

Quelle: bibb

Beruf	Wert		Wert	Beruf
Radio-, Fernsehtechniker	23		46	Gärtner
Elektrogerätebauer	41		60	Installateur
Kfz-Mechaniker	42		49	Maler
Bäcker	34		61	Tischler
Kaufmann	23		53	Koch
Elektroinstallateur	65		45	Bürofachmann
Maschinenschlosser	59		77	Zimmerer
Bankfachmann	37		58	Fleischer
			95	Maurer
Fernmeldetechniker	75		44	Bergmann
Werkzeugmacher	63		100	Dreher
Bauschlosser	88		116	Kraftfahrer

Wo hat der Nachwuchs Chancen? Von je 100 fertig ausgebildeten **Mädchen** haben Chancen, im erlernten Beruf beschäftigt zu werden:

Quelle: bibb

Beruf	Wert		Wert	Beruf
Buchhändlerin	18		46	Apothekenhelferin
Hotelfachfrau	47		50	Floristin
Gärtnerin	38		42	Zahntechnikerin
Steuerberatergehilfin	44		30	Kauffrau
Schneiderin	18			
Konditorin	54		64	Sprechstundenhelferin
Dekorateurin	43		63	Chemielaborantin
Drogistin	43		59	Reisekauffrau
Gästebetreuerin	47		62	Näherin
Friseurin	47		73	Bürofachkraft
Postbotin	94		68	Bankkauffrau
Speditionskauffrau	45		98	Köchin

(Stand: 1991)

Ökologischer Aspekt

M 27 **Betrieb und Umwelt**

Beschaffung

Beispiele:
- umweltverträglichere Materialien beschaffen (z.B. Lacke, Schmierstoffe, Papier)
- Lieferanten beeinflussen
- Verzicht auf Stoffe und Techniken, die Nebenwirkungen für Mensch, Tier, Pflanzen haben

usw.

Produktion

Beispiele:
- umweltverträglichere Produkte herstellen
- Lebens- u. Nutzungsdauer der Produkte verlängern
- Reparaturfreundlichkeit erhöhen
- gefahrlose Abfallbeseitigung bedenken
- Nutzenergie verringern
- Wiederverwertungseigenschaften der Produkte erhöhen

usw.

Absatz

Beispiele:
- bessere Informationen über umweltfreundliche Produkte vermitteln
- umweltfreundliche „Rückführsysteme" für Produkte entwickeln
- Umweltbewußtsein fördern, z.B. über Werbung

usw.

Auf allen Ebenen muß überlegt werden, wie sich die Umweltsituation verbessern läßt.

Dies gilt für Konsumenten, es gilt für den Staat, und es gilt selbstverständlich auch für die Betriebe. Im Betrieb gibt es viele Ansatzpunkte für einen umweltbewußteren Umgang mit Rohstoffen, Produkten, Herstellungsverfahren.

Schon bei der **Beschaffung** von Materialien, Roh-, Hilfs- und Betriebsstoffen kann darauf geachtet werden, wie es sich mit ihrer Umweltverträglichkeit verhält. Wenn z.B. der Staat mit seinen vielen Verwaltungen in den Gemeinden, Städten, Ländern und beim Bund bei seinen Beschaffungen lediglich Umweltpapier bestellt, dann hat dies großen Einfluß auf die Papierindustrie.

Auch bei der **Produktion** gibt es viele Möglichkeiten für einen umweltbewußten Umgang mit Energie, Luft, Wasser. Auch Abfälle, Schadstoffe und Lärm gilt es zu verringern. Produkte können so gestaltet werden, daß sie eine höhere Lebensdauer haben, reparaturfreundlicher sind und nicht nur Wegwerf-Eigenschaften haben: Einmal gebraucht und dann in den Müll!

Schon bei der Gestaltung eines neuen Produktes hat man daran zu denken, was mit ihm nach dem ordnungsgemäßen Gebrauch geschieht, d.h. wer Produkte herstellt und verarbeitet, hat auch für ihren Verbleib Sorge zu tragen. Immer mehr wird beklagt, daß zu keiner Zeit so viel wertvolle Rohstoffe in wertlosen und gleichzeitig umweltbelastenden Abfall verwandelt worden sind.

Deshalb wird es immer wichtiger zu überlegen, wie eine bessere Ausnutzung von Rohstoffen und Energien erfolgen kann. Man spricht von „Recycling".

Aber auch im **Absatzbereich** ließe sich vieles verbessern. Die Verbraucher sind besser über umweltfreundliche Produkte zu informieren. Die Werbung der Unternehmen könnte das Umweltbewußtsein verstärken. Allerdings müssen die Argumente auch richtig und nachprüfbar sein. Sonst wird das Mißtrauen der Verbraucher nur noch größer, zu Recht, wie die Umweltskandale der letzten Jahre zeigen. […]

(Kaiser, F.J./Kaminski, H., Arbeitslehre-Wirtschaft NRW 9/10, Braunschweig 1991, S. 64)

M 28

Öko-Checkliste zur Schwachstellenanalyse (für Betriebe)

Viele Unternehmen setzen heute Öko-Checklisten ein, um jene Schwachstellen aufzuspüren, aus denen Ökorisiken erwachsen können.

Objekt	Art des Risikos	Handlungsbedarf für	
		innerbetriebl. Schutzmaßnahmen	außerbetriebl. Deckungsvorsorge, z.B. Versicherungen
Standort	geologische Verhältnisse, Nachbarschaft, Altlasten		
Gebäude	Brand, Rohrbruch		
Produkte	Freisetzung von Schadstoffen		
Verfahren	Umweltbelastung		
Lagerung	Freisetzung von Schadstoffen		
Abwasser	Wasserverschmutzung		
Abluft	Luftverschmutzung		
Abfall	Bodenbeanspruchung		
Transport	Unfälle mit Freisetzung von Schadstoffen		
Personal	Unfälle und Umweltverschmutzung durch Unkenntnis		

Zur Gefahr der Umweltkriminalität vgl. Kap. 7, M 41–44.

M 29 Ansatzmöglichkeiten für aktiven Umweltschutz in Handwerksbetrieben

	Belastungen aus Betriebsstätten	*Entsorgung*	*Materialbeschaffung*
Bauhauptgewerbe	– Asbestemissionen bei Abbruchmaßnahmen – Lärmbelastungen durch Baumaschinen	– Verwertung von Bauschutt und Straßenaufbruch – Chemikalienrückstände (z.B. Isoliergründe und Holzschutzmittel)	– Asbest-Zement-Produkte (Dachdecker) – Holzschutzmittel (Zimmerer) – Beschichtungsstoffe
Maler und Lackierer	– Lösemittelemissionen aus Lackieranlagen	– Reinigungsabwässer – Abgebeizte Lack- und Farbschlämme – Lack- und Farbenrückstände	– Lacke und andere Beschichtungsstoffe
Kraftfahrzeughandwerk/ Tankstellen	– Mineralölhaltige Abwässer (Ölabscheider) – Lösemittelemissionen aus Lackierereien – Benzolemissionen beim Betanken	– Diverse Kraftfahrzeugchemikalien (z.B. Bremsflüssigkeit) – Batterien – Altöl – Ölabscheiderrückstände	– Kaltreiniger – Autoreinigungs- und Pflegemittel – Angebot bleifreien Ottokraftstoffs sowie Autogas
Schlossereien, Schmieden, Reparaturwerkstätten für Landmaschinen	– Schadstoffhaltige Abwässer – Lärmbelästigungen durch Schmiedearbeiten und andere Metallbearbeitung	– Altölbeseitigung und und Beseitigung der Ölabscheiderrückstände – Reinigungs- und Entfettungsrückstände – Beizen, Säuren, Laugen	– Kaltreiniger

(Neuberg, T.: Arbeitsplatz und Umwelt, Winkler Verlag Gebrüder Grimm, Darmstadt 1991, S. 33 f.)

M 30

Industrie und Umweltschutz

Industrie und Umweltschutz

Ausgaben für Umweltschutz in Mrd. DM
- 1971–1975: 31,0
- 1976–1980: 37,1
- 1981–1985: 52,1
- 1986–1990: 93,8

1971–1990 insgesamt 214 Mrd. DM
davon für:
- Lärmminderung: 9,7
- Abfallbeseitigung: 20,0
- Luftreinhaltung: 116,5
- Gewässerschutz: 67,8
(Mrd. DM)

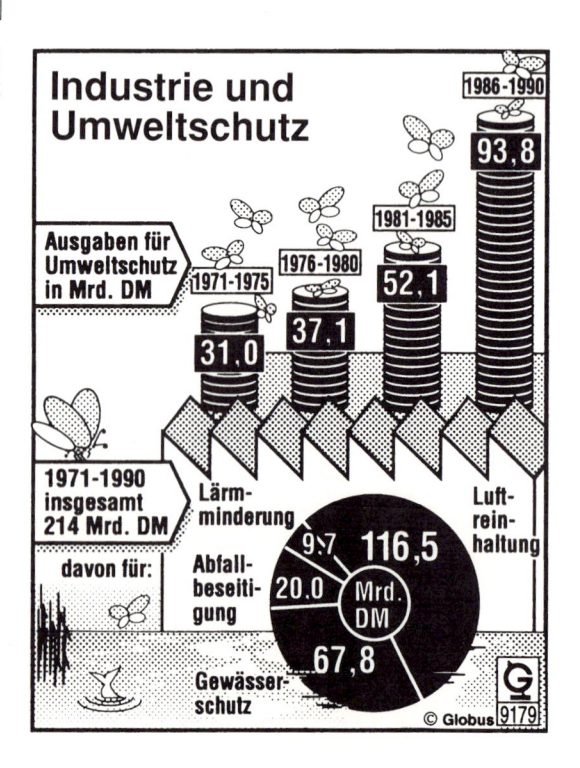

© Globus 9179

6 Parlamentarische Demokratie

(Foto: Bundesbildstelle/Faßbender)

Die politische Ordnung in der Bundesrepublik Deutschland wird als Demokratie bezeichnet. „Demokratie" kommt aus dem Griechischen und heißt wörtlich übersetzt „Herrschaft des Volkes". Nicht ein einzelner oder wenige sollen in einer Demokratie die politischen Entscheidungen treffen, sondern das Volk, d.h. die Gesamtheit der Bürger eines Staates.

In diesem Kapitel könnt ihr zunächst im ersten Abschnitt („Der Weg zur Demokratie") die Grundgedanken der Demokratie aus dem Zusammenhang der Geschichte ihrer Entstehung in Europa und den USA kennenlernen. Es soll dabei auch deutlich werden, warum Demokratie in der Bundesrepublik Deutschland als eine politische Ordnung betrachtet wird, die es zu bewahren und auszubauen gilt. Im zweiten Abschnitt („Die parlamentarische Demokratie in der Bundesrepublik Deutschland") findet ihr eine systematische Darstellung der in unserem Land verwirklichten Demokratie. Im dritten und vierten Abschnitt („Der Gang der Gesetzgebung", „Aus der Arbeit von Abgeordneten und Regierung") könnt ihr an konkreten Beispielen verfolgen, wie wichtige politische Institutionen in unserer Demokratie arbeiten. Gleichzeitig sollen aber auch Probleme unserer Demokratie deutlich werden. Der erste und zweite Abschnitt liefern damit grundlegende Informationen über unsere Demokratie, die an ausgewählten Beispielen aus den nächsten Abschnitten vertieft werden können. Es ist jedoch auch möglich, von konkreten Problemen, wie sie in den letzten Abschnitten beschrieben werden oder wie sie laufend in Presse, Rundfunk und Fernsehen verfolgt werden können, auszugehen und dann auf Materialien aus den beiden ersten Abschnitten zurückzugreifen.

Dieses Kapitel konzentriert sich auf die Institutionen unserer Demokratie wie Parlament, Regierung usw. Eine vollständige Darstellung der Demokratie in der Bundesrepublik und ihrer Probleme ist nicht beabsichtigt. Eine Weiterführung erfolgt in Band 3 dieses Unterrichtswerkes in dem Kapitel „Parteien und Demokratie in Deutschland". Dort geht es vor allem um die Rolle von Parteien und Bürgern im politischen Entscheidungsprozeß und die aktuellen Probleme der Parteien.

Der Weg zur Demokratie

M 1

Frankreich unter König Ludwig XIV. (1643–1715)

An den Anfang haben wir einige Materialien über eine politische Ordnung der Vergangenheit gestellt. Frankreich unter König Ludwig XIV. war ein Staat, der für die damalige Zeit in vielerlei Hinsicht modern, ja fortschrittlich war: Es gab eine geordnete Regierung, eine gut organisierte Verwaltung und eine ordentliche Rechtsprechung. Der König arbeitete mit einem Staatsrat, dem Minister – am Anfang für Finanzen, das Militär und die Außenpolitik – angehörten. Beamte des Königs übten Polizeiaufgaben aus, überwachten das Militär und sorgten für die Einziehung von Steuern. Es gab regelmäßig tagende Gerichtshöfe, die nach einheitlichen Gesetzen Recht sprachen und dabei von königlichen Beamten überwacht wurden. Ein oberstes Hofgericht entschied Fälle von grundsätzlicher Bedeutung. Frankreich war damit in dieser Zeit ein Vorbild für viele Staaten Europas. Und doch war die politische Ordnung in Frankreich zu dieser Zeit nicht demokratisch.

M 2

Ludwig XIV.

(Gemälde von H. Rigaud, 1701)

(Autorentext)

❶ Untersuche, wie der König auf dem Bild (M 2) dargestellt wird. Achte auf seine Kleidung und die Symbole der königlichen Macht.
❷ Kennzeichne die Stellung des Königs, wie sie aus M 2 deutlich wird.

M 3

Die Regierungsgrundsätze Ludwigs XIV.

„Ich wollte die oberste Leitung [des Staates] ganz allein in meiner Hand zusammenfassen. [...] Es [gibt] aber in allen Angelegenheiten bestimmte Einzelheiten, um die wir uns nicht kümmern können, da unsere Überlastung und auch unsere hohe Stellung uns das nicht gestatten. Ich faßte daher den Vorsatz, nach Auswahl meiner Minister mit jedem von ihnen dann und wann einmal ins einzelne zu gehen, und zwar dann, wenn er es am wenigsten erwartete.

Ich bin über alles unterrichtet, höre auch meine geringsten Untertanen an, weiß jederzeit über Stärke und Ausbildungsstand meiner Truppen und über den Zustand meiner Festungen Bescheid, gebe unverzüglich meine Befehle zu ihrer Versorgung, verhandle unmittelbar mit den fremden Gesandten, empfange und lese die Depeschen und entwerfe selber die Antworten, während ich für die übrigen meinen Ministern das Wesentliche angebe. Ich regle Einnahmen und Ausgaben des Staates und lasse mir von denen, die ich mit wichtigen Ämtern betraue, persönliche Rechnung legen; ich halte meine Angelegenheiten so geheim, wie das kein anderer vor mir getan hat, verteile Gnadenerweise nach meiner Wahl."

(Geschichte in Quellen, Bd. 3 [Bayerischer Schulbuchverlag], München 1976, S. 426 f.)

M 4

Ein Edikt* des Königs

Im Jahre 1598 hatte ein Vorgänger Ludwigs XIV. den Anhängern des reformierten* Glaubens in Frankreich, den Hugenotten*, freie Religionsausübung zugestanden.

Edikt Ludwigs XIV. von 1685

Wir tun zu wissen kund, daß Wir aus Unserer sicheren Erkenntnis, königlichen Allgewalt und Macht [...] das Edikt* zu Nantes, 1598, aufheben.
1. Infolgedessen gefällt es Uns, daß alle Kirchen der angeblich reformierten Religion unverzüglich zerstört werden. 2. Wir verbieten Unseren Untertanen von der ‚reformierten Religion‘, sich noch ferner zu versammeln, um Gottesdienst zu halten. 3. Wir befehlen allen ‚reformierten‘ Predigern, die sich nicht bekehren wollen, 14 Tage nach der Veröffentlichung Unseres Edikts Unser Königreich zu verlassen bei Strafe der Galeeren. [...] 7. Die Kinder sollen in der katholischen Religion erzogen werden.

(Gekürzt und sprachlich vereinfacht nach G. Guggenbühl, Quellen zur allgemeinen Geschichte, Bd. 3, Zürich 1965, S. 231 ff.)

M 5

Kriegserklärung Ludwigs XIV. an die Vereinigten Niederlande vom 6.4.1672

Das Mißfallen Seiner Majestät über das Betragen, das die Generalstaaten der Vereinigten Niederlande seit einiger Zeit ihm gegenüber gezeigt haben, hat sich so vermehrt, daß Seine Majestät ohne Verminderung seines Ansehens nicht länger seine Empörung [...] zurückhalten kann. [...] Deshalb erklärt Seine Majestät hiermit den Generalstaaten den Krieg zu Wasser und zu Lande.

(M. Mignet: Négociations relatives á la Succession d'Espagne sous Louis XIV., Band 3, Paris 1838, S. 710)

M 6

Ein königlicher Verhaftbefehl (Lettre de cachet), gerichtet an einen Inselgouverneur

Auf Bitten der nächsten Verwandten des Jean-Philippe de Villeneuve de Languedoue habe Ich seine Überführung auf die Inseln von Sainte-Villeneuve befohlen, um die ärgerlichen Folgen, die sein liederliches Leben haben könnte, zu verhindern. Ich schreibe Ihnen diesen Brief, um Ihnen mitzuteilen, daß es Mein Wille ist, daß er dort aufgenommen und bis auf anderweitigen Befehl festgehalten werden soll. Nahrung und Unterhalt trägt seine Familie.

(Geschichte in Quellen, Bd. 3 [Bayerischer Schulbuchverlag], München 1966, S. 441)

M 7

Der Staat Ludwigs XIV.

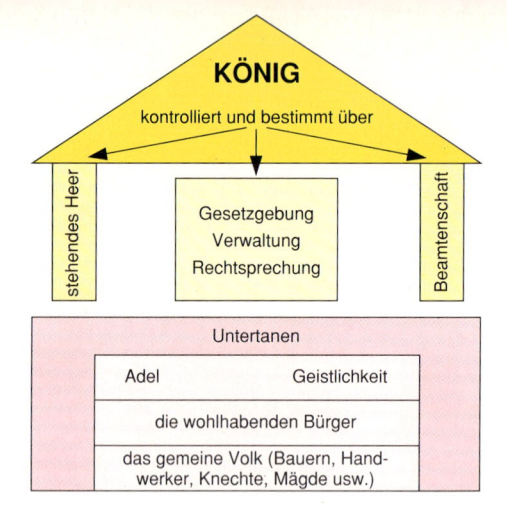

```
                    KÖNIG
           kontrolliert und bestimmt über
    ┌──────────┬──────────────┬──────────────┐
    │stehendes │ Gesetzgebung │ Beamtenschaft│
    │  Heer    │ Verwaltung   │              │
    │          │ Rechtsprechung│             │
    └──────────┴──────────────┴──────────────┘
                    Untertanen
                Adel      Geistlichkeit
                die wohlhabenden Bürger
                das gemeine Volk (Bauern, Hand-
                werker, Knechte, Mägde usw.)
```

(Schema der Autoren)

M 8

Was ist Absolutismus*?

Der Bischof Bossuet begründet im Jahre 1682 in seiner Schrift „Die Politik nach den Worten der Heiligen Schrift" die politische Ordnung des Absolutismus*:

„Alle Welt beginnt mit der monarchischen* Staatsform. Sie hat ihr Vorbild in der väterlichen Gewalt, d.h. in der Natur selber. Die Menschen werden allesamt als Untertanen geboren, und die väterliche Autorität, die sie an den Gehorsam gewöhnt, gewöhnt sie zugleich daran, nur ein Oberhaupt zu kennen […] Die monarchische* Staatsform ist die dauerhafteste und damit auch die stärkste. Niemals ist die Einheit besser gewahrt als unter einem einzigen Oberhaupt. Der Fürst blickt von einem höheren Standort aus; man darf darauf vertrauen, daß er weiter sieht als wir; deshalb muß man ihm ohne Murren gehorchen: denn das Murren ist schon so viel wie eine Neigung zum Aufruhr.

Die Fürsten handeln als Gottes Diener und Statthalter auf Erden. Durch sie übt er seine Herrschaft aus. Die königliche Gewalt ist absolut. Der König braucht niemandem Rechenschaft abzulegen über das, was er befiehlt. Ohne diese absolute Gewalt kann er weder das Gute tun noch das Böse unterdrücken. Der einzige Schutz des Untertanen gegen die Staatsgewalt muß seine Unschuld sein […] Infolgedessen wird derjenige, der dem Fürsten den Gehorsam verweigert, als Feind der menschlichen Gesellschaft zum Tode verurteilt. Der ganze Staat ist in der Person des Fürsten verkörpert!"

(J.B. Bossuet: Politique tirée des propres paroles de l'Ecriture Sainte, Paris, 1709, Buch 2–6, gekürzt)

❶ Untersuche mit Hilfe von M 3–M 6, wie Ludwig XIV. seine Aufgabe als König versteht und worüber er Entscheidungen trifft.
❷ Erkläre das Schema in M 7. Ziehe M 3 bis M 6 zur Erläuterung hinzu.
❸ Untersuche, wie der Bischof Bossuet die politische Ordnung in Frankreich unter Ludwig XIV. beschreibt und wie er sie begründet (M 8).
❹ Erkläre, warum diese Ordnung in M 8 als Absolutismus bezeichnet wird. Du kannst dazu auch M 7 hinzuziehen.
❺ Nimm aus heutiger Sicht zu den Vorstellungen Bossuets Stellung.

M 9

Die Demokratie wurde erkämpft

Demokratie ist, wie das Beispiel der Herrschaft Ludwigs XIV. zeigt, nicht selbstverständlich. Sie mußte in langen Auseinandersetzungen erkämpft werden. Diese sind auch heute noch nicht beendet, wie ein Blick auf die politischen Verhältnisse in vielen Ländern der Welt zeigt. Wichtige Erfolge in diesem Kampf wurden in England, den englischen Kolonien in Nordamerika und in Frankreich errungen.

In *England* scheiterten im 17. Jahrhundert die Versuche des Königs, eine ähnlich unumschränkte Herrschaft wie die Ludwigs XIV. aufzurichten, am Widerstand des Parlaments. So wurde eine ursprünglich zur Beratung des

Königs dienende Versammlung von Vertretern der einzelnen Grafschaften, Städte und Ortschaften genannt. Das Parlament teilte sich in Oberhaus (Mitglieder des höheren Adels und Bischöfe) und Unterhaus (Mitglieder des niederen Adels und Bürger der Städte). Der König wurde in einem Bürgerkrieg besiegt (1649), einer seiner ebenfalls absolutistisch* gesinnten Nachfolger in der „Glorreichen Revolution" gestürzt (1688). In dieser und der folgenden Zeit gelang es dem Parlament, das die entscheidende Macht erlangte, immer mehr Rechte gegenüber dem König durchzusetzen (siehe M 15 bis M 17).

In *Nordamerika* wollten die dort lebenden englischen Siedler ihre inneren Angelegenheiten selbst regeln und wehrten sich vor allem gegen die wirtschaftliche Bevormundung durch England. So wollten sie keine Steuern mehr zahlen, wenn sie nicht Anteil an der staatlichen Gewalt erhielten. Als König und Parlament in England dieser Forderung nicht nachkamen, brach der amerikanische Unabhängigkeitskrieg aus. Die aus den bisherigen Kolonien gebildeten Vereinigten Staaten von Amerika siegten und wurden 1783 eine Republik mit eigener Regierung (siehe M 12 und M 14).

Kurz darauf (1789) kam es in der *Französischen Revolution* zu einem Aufstand großer Teile des Volkes gegen den König. Dem französischen König wurde zunächst das Recht genommen, unumschränkt zu regieren. Später wurde er abgesetzt. Frankreich wurde für einige Zeit Republik* (siehe M 11).

In *Deutschland* entwickelten sich demokratische Bestrebungen zunächst im Gefolge der Französischen Revolution. Der Versuch, auch in Deutschland mehr Demokratie zu verwirklichen, scheiterte jedoch in der niedergeschlagenen Revolution von 1848/49. Das 1871 gegründete deutsche Kaiserreich blieb, trotz einiger demokratischer Elemente, ein monarchischer* Obrigkeitsstaat. Erst nach dem verlorenen 1. Weltkrieg und der Revolution vom November 1918 wurde in Deutschland in der Weimarer Republik eine demokratische Ordnung verwirklicht, die jedoch 1933 durch den Nationalsozialismus wieder beseitigt wurde. In der 1949 gegründeten Bundesrepublik Deutschland wurde für einen Teil Deutschlands dann wieder eine demokratische Ordnung verwirklicht. Mit der Wiedervereinigung Deutschlands im Jahre 1990 (Beitritt der ebenfalls seit 1949 bestehenden Deutschen Demokratischen Republik zur Bundesrepublik Deutschland) wurde diese Ordnung auf ganz Deutschland ausgedehnt (siehe M 21).

In all diesen Auseinandersetzungen wurden nach und nach die Vorstellungen von Demokratie entwickelt, nach denen auch die politische Ordnung der Bundesrepublik Deutschland gestaltet wurde. Durch einige Dokumente aus diesen Auseinandersetzungen sollt ihr wesentliche Grundgedanken der Demokratie kennenlernen.

(Autorentext)

M 10

Der Grundsatz der Gewaltenteilung

Der französische Philosoph Montesquieu unterscheidet drei Arten von Gewalt in einem Staat und erklärt sie folgendermaßen:
1. Die gesetzgebende Gewalt (Legislative). Auf Grund dieser Gewalt werden Gesetze gegeben, verbessert und aufgehoben.
2. Die vollziehende Gewalt (Exekutive). Sie besteht nach Montesquieu darin, Krieg zu führen und Frieden zu schließen, die Beziehungen zu anderen Ländern zu gestalten, für die innere Sicherheit und die Ausführung der Gesetze zu sorgen.
3. Die richterliche Gewalt (Judikative). Sie besteht darin, Verbrechen zu bestrafen und Urteile in Streitigkeiten von Privatpersonen zu sprechen.
Weiter sagt er:
„Wenn in derselben Person oder der gleichen obrigkeitlichen Körperschaft die gesetzgebende Gewalt mit der vollziehenden vereinigt ist, gibt es keine Freiheit; denn es steht zu befürchten, daß derselbe Monarch oder derselbe Senat* tyrannische Gesetze macht, um sie tyrannisch zu vollziehen.

Es gibt ferner keine Freiheit, wenn die richterliche Gewalt nicht von der gesetzgebenden und vollziehenden getrennt ist. Ist sie mit der gesetzgebenden Gewalt verbunden, so wäre die Macht über Leben und Freiheit der Bürger willkürlich, weil der Richter Gesetzgeber wäre. Wäre sie mit der vollziehenden Gewalt verknüpft, so würde der Richter die Macht eines Unterdrückers haben.

Alles wäre verloren, wenn derselbe Mensch oder die gleiche Körperschaft der Großen, des Adels oder des Volkes diese drei Gewalten ausüben würde: die Macht, Gesetze zu geben, die öffentlichen Beschlüsse zu vollstrecken und die Verbrechen oder die Streitsachen der einzelnen zu richten […]"

(Montesquieu, Vom Geist der Gesetze, XI, 6 in der Übersetzung von E. Forsthoff, in: Klassiker der Staatsphilosophie, hrsg. von Arnold Bergstraesser und Dieter Oberndörfer, Band 1, Stuttgart 1975, S. 239 f.)

❶ Erläutere anhand der in M 9 geschilderten geschichtlichen Ereignisse die Überschrift „Die Demokratie wurde erkämpft".

❷ Untersuche den in M 10 wiedergegebenen Text des französischen Philosophen Montesquieu:
– Welche Gewalten unterscheidet er? Welche Aufgaben haben sie?
– Wie soll die Verteilung der Gewalten aussehen? Welche Begründung gibt Montesquieu?

❸ Vergleiche die Auffassungen Montesquieus mit den politischen Auffassungen des Absolutismus. In M 7 ist der Aufbau des absolutistischen Staates in einem Schema dargestellt. Entwirf ein entsprechendes Schema, in dem die Staatsauffassung Montesquieus dargestellt wird.

M 11

Aus der Erklärung der Menschen- und Bürgerrechte durch die französische Nationalversammlung vom 26.8.1789

Am 26. August 1789 beschlossen die vom französischen Volk in eine Nationalversammlung* gewählten Vertreter die folgende Erklärung der Menschen- und Bürgerrechte:

1. Die Menschen werden frei und gleich an Rechten geboren und bleiben es […]

2. Der Zweck jeder staatlichen Vereinigung ist die Erhaltung der natürlichen und unverjährbaren Menschenrechte. Diese Rechte sind Freiheit, Eigentum, Sicherheit und Widerstand gegen Unterdrückung.

3. Der Ursprung jeder Herrschaft liegt wesensmäßig beim Volke; keine Körperschaft, kein einzelner kann Herrschaft ausüben, die nicht ausdrücklich von ihm ausgeht […]

6. Da alle Bürger vor dem Gesetz gleich sind, so sind sie auch alle in der gleichen Weise zu allen Ehrenämtern, öffentlichen Stellungen und Beschäftigungen gemäß ihren Fähigkeiten zugelassen, ohne einen anderen Unterschied als den ihrer Kräfte und Geistesgaben.

7. Niemand darf außer in den durch das Gesetz bestimmten Fällen angeklagt, verhaftet oder gefangengehalten werden und nur nach den Formen, die es vorgeschrieben hat […]

10. Niemand darf wegen seiner Ansichten, selbst nicht der religiösen, bedrängt werden […]

11. Die freie Mitteilung der Gedanken und Ansichten ist eines der kostbarsten Menschenrechte; daher kann jeder Bürger frei sprechen, schreiben, drucken, mit dem Vorbehalt, daß er veranwortlich ist für den Mißbrauch dieser Freiheit in den von dem Gesetz festgelegten Fällen.

(G. Franz, Staatsverfassungen, S. 287 f.)

M 12

Aus der Unabhängigkeitserklärung der Vereinigten Staaten von Amerika vom 4.7.1776

Folgende Wahrheiten erachten wir als selbstverständlich: daß alle Menschen gleich geschaffen sind; daß sie von ihrem Schöpfer mit gewissen unveränderlichen Rechten ausgestattet sind; daß dazu Leben, Freiheit und das Streben nach Glück gehören; daß zur Sicherung dieser Rechte Regierungen unter den Menschen eingesetzt werden, die ihre rechtmäßige Macht aus der Zustimmung der Regierten herleiten; daß, wenn immer irgendeine Regierungsform sich als diesen Zielen abträglich erweist, es Recht des Volkes ist,

(M. Jonas: Die Unabhängigkeitserklärung der Vereinigten Staaten von Amerika, hg. von der Niedersächsischen Landeszentrale für Politische Bildung. Hannover 1964, S. 36 f.)

sie zu ändern oder abzuschaffen und eine neue Regierung einzusetzen und diese auf solchen Grundsätzen aufzubauen und ihre Gewalten in der Form zu organisieren, wie es ihm zur Gewährleistung seiner Sicherheit und seines Glückes geboten zu sein scheint […]

M 13　Menschenrechtserklärungen und die Wirklichkeit in den USA und Frankreich

M 13 a

Aus einer „Erklärung der Rechte der Frau und Bürgerin" in Frankreich 1791

Die französische Schriftstellerin Olympe de Gouges veröffentlichte 1791 eine Erklärung, die an die Menschenrechtserklärung der Nationalversammlung von 1789 (siehe M 11) anknüpfte:

Wir, die Mütter, Töchter, Schwestern, Vertreterinnen der Nation, verlangen in die Nationalversammlung aufgenommen zu werden. In Anbetracht dessen, daß Unkenntnis, Vergessen oder Mißachtung der Rechte der Frauen die alleinigen Ursachen öffentlichen Elends und der Korruptheit der Regierung sind, haben wir uns entschlossen, in einer feierlichen Erklärung die natürlichen, unveräußerlichen und heiligen Rechte der Frau darzulegen, damit diese Erklärung allen Mitgliedern der Gesellschaft ständig vor Augen ist und sie unablässig an ihre Rechte und Pflichten erinnert; damit die Machtausübungen von Frauen ebenso wie jene von Männern jederzeit und somit auch mehr geachtet werden können; damit die Beschwerden von Bürgerinnen, nunmehr gestützt auf einfache und unangreifbare Grundsätze, sich immer zur Erhaltung der Verfassung, der guten Sitten und zum Wohl aller auswirken mögen.

(Ute Gerhard, Menschenrechte – Frauenrechte 1789, in: Viktoria Schmidt-Linsenhoff [Hg.], Sklavin oder Bürgerin? Französische Revolution und neue Weiblichkeit, Frankfurt 1989, S. 70)

Anmerkung: Frauen blieben in Frankreich bis zum Jahr 1946 vom Recht zu wählen und gewählt zu werden ausgeschlossen. Für die Männer wurde das allgemeine Wahlrecht 1848 eingeführt, 1791 erhielten nur etwa zwei Drittel der Männer über 25 Jahren dieses Recht (abhängig vom Besitz).

M 13 b

Eine Sklavenauktion in den Südstaaten der USA

„Das Angebot bestand aus 436 Männern, Frauen und Kindern […] Die Auktion wurde Wochen vorher in allen größeren Zeitungen der Südstaaten angezeigt […] Tagelang vorher waren alle Hotels in Savannah bis zum Dachboden besetzt, vorwiegend von Negerspekulanten aus Nord- und Südkarolina, Virginia, Georgia, Alabama und Louisiana, die ein gutes Geschäft zu machen hofften […] Die Sklaven blieben Tag und Nacht auf der Rennbahn, ein Teil von ihnen über eine Woche lang […] Man hatte sie möglichst früh dorthin geschafft, um den Käufern Gelegenheit zu geben, sie genau zu besichtigen und zu prüfen […] Der Käufer öffnete ihnen den Mund, prüfte die Zähne, kniff sie in Arme und Schenkel, um die Muskeln zu probieren, ließ sie auf und ab gehen und alle möglichen Verrenkungen machen, um zu sehen, ob sie lahm oder wund waren, und stellte dazu eine Menge Fragen, die sich auf ihre Kenntnisse und Fähigkeiten bezogen." (New York Tribune vom 9.3.1859)

(Fragen an die Geschichte, Geschichtliches Arbeitsbuch für die Sekundarstufe I, hg. von Heinz Dieter Schmid, Band 3: Europäische Weltgeschichte, Hirschgraben, Frankfurt a. m. 1981, S. 103)

Anmerkung: Die Sklaverei wurde in den USA erst 1865 nach einem blutigen Krieg der Nordstaaten und der Südstaaten, der mit einem Sieg des Nordens endete, abgeschafft.

M 14

Aus der Diskussion über die politische Ordnung der neu gegründeten Vereinigten Staaten von Amerika (1787/88)

In den Jahren 1787/88 erschienen in mehreren New Yorker Zeitungen eine Reihe von Aufsätzen, in denen die Verfasser es sich zum Ziel gesetzt hatten, die grundlegenden Gedanken der amerikanischen Verfassung zu erläutern. Daraus zwei kurze Auszüge:

a) Der Geist der republikanischen Freiheit verlangt […], daß nicht nur alle Macht vom Volke auszugehen habe, sondern daß auch alle mit dieser Macht betrauten Personen vom Volk abhängig bleiben sollen, indem sie nur für eine kurze Spanne Zeit ernannt werden, und daß selbst während dieser kurzen Zeit

die Macht nicht in wenige, sondern in viele Hände gelegt werde.
b) In einer Republik* ist es von großer Wichtigkeit, nicht nur die Gemeinschaft gegen Unterdrückung seitens der die Regierung ausübenden Männer zu schützen, sondern auch den einen Teil der Gemeinschaft gegen Ungerechtigkeit von seiten des anderen Teiles zu schützen. Natürlich haben die verschiedenen Klassen der Gemeinschaft verschiedene Interessen. Wenn eine Majorität* durch ein gemeinsames Interesse geeint ist, erscheinen die Rechte der Minorität* ungesichert […]
[In der Republik der Vereinigten Staaten] ist die Gemeinschaft selbst in so viele Teile, Interessen und Klassen aufgesplittert, daß den Rechten des Einzelnen oder einer Minorität von einer Interessengemeinschaft der Majorität kaum Gefahr droht […] In der Republik der Vereinigten Staaten mit ihrer großen Ausdehnung und ihrer Vielfalt von Interessen, Parteien und Sekten wird es kaum zur Bildung einer Mehrheit der Gemeinschaft kommen, es sei denn auf der Grundlage der Gerechtigkeit und des Gemeinwohls.

(The Federalist Nr. 37 und Nr. 51, zitiert nach: Klassiker der Staatsphilosophie II, hrsg. von Dieter Oberndörfer und Wolfgang Jäger, Koehler, Stuttgart 1971, S. 56 und 73 f.)

❶ Arbeite heraus, was in M 11 über das Wesen des Menschen und seine Rechte gesagt wird. Stelle dazu alle Aussagen zusammen, in denen a) von Freiheit und b) von Gleichheit die Rede ist.

❷ Überlege, welche praktische Bedeutung die Aussagen über die Rechte des Staatsbürgers, über Freiheit und Gleichheit für den einzelnen Staatsbürger haben können.

❸ Vergleiche die Situation der Schwarzen in den USA und der Frauen in Frankreich, wie sie in M 13 deutlich werden, mit den Aussagen zu den Menschenrechten in M 11 und 12. Welches Problem wird aus diesem Vergleich deutlich?

❹ Stelle aus M 11 bis M 12 wichtige Aussagen über die angestrebte politische Ordnung, insbesondere das Verhältnis von Volk und Regierung, zusammen. Erläutere, inwiefern sich diese politische Ordnung von der des Absolutismus unterscheidet.

❺ Arbeite heraus, welches Problem die Autoren von M 14 in dem Verhältnis von Mehrheit und Minderheit in einer Demokratie sehen und wie dieses Problem ihrer Meinung nach gelöst werden kann.

M 15

Das englische Parlament im 18. Jahrhundert

Das House of Commons mit William Pitt bei einer Sitzung im Jahr 1793. Gemälde von Karl Anton Hickel, 1793
(By Courtesy of The National Portrait Gallery, London)

M 16

Das Parlament als Repräsentativ-Körperschaft

(Karl Loewenstein: Der britische Parlamentarismus, Reinbek 1964, S. 143 f.)

Unter Parlament versteht man heute „eine sich aus einer begrenzten Zahl von Mitgliedern zusammensetzende Körperschaft, deren offizielle Funktion darin besteht, andere Personen, die wegen ihrer großen Zahl oder räumlichen Distanz nicht selbst daran teilnehmen können, zu ‚vertreten‘ und an ihrer Stelle verbindlich für sie zu handeln. Das Parlament ist also eine ‚Repräsentativ‘-Körperschaft, in der nach der heutigen demokratischen Theorie alle erwachsenen Staatsbürger ‚vertreten‘ sein müssen. Die Technik, mit der die ‚Repräsentation‘* aller Staatsbürger in die beschränkte Vertreterzahl im Parlament umgesetzt wird, ist die Wahl" […]

M 17

Die Rechte des englischen Parlaments

(Autorentext)

Bis zum 15. Jahrhundert erreichten die Vertreter der Grafschaften, Städte und befestigten Flecken, die sich als Parlament regelmäßig versammelten, das Recht, bei der Gesetzgebung und der Festsetzung der Steuern mitzuwirken, die von ihnen gezahlt wurden. Dem König war es schließlich kaum noch möglich, ohne Zustimmung des Parlaments die für die öffentlichen Aufgaben erforderlichen Mittel aufzubringen. 1689 mußte der König einer Erklärung zustimmen, „daß die Gelderhebung für Zwecke der Krone […] ohne Bewilligung des Parlaments […] ungesetzlich ist […]" Da der König in der Vergangenheit immer wieder versucht hatte, seine Gegner im Parlament durch Anklagen vor Gericht außer Gefecht zu setzen, wurde in der gleichen Erklärung festgelegt, daß das Parlament das Recht habe, alle Angelegenheiten des Landes frei zu debattieren und daß „Debatten* und Verhandlungen im Parlament nicht zum Gegenstand einer Anklage oder einer Untersuchung vor Gericht oder sonstwo gemacht werden dürfen […]" Weitere wichtige Bestimmungen dieser Erklärung waren, daß niemand die Wahl des Parlaments behindern durfte, daß der König und seine Regierung sich nicht über die vom Parlament beschlossenen Gesetze hinwegsetzen durften und daß „die Aufstellung und Unterhaltung eines stehenden Heers im Königreich in Friedenszeiten ungesetzlich" sei. In der Folgezeit bürgerte es sich ein, daß die Regierung aus dem Parlament genehmen Persönlichkeiten oder einflußreichen Parlamentsmitgliedern gebildet wurde. Denn nur so bestand Aussicht, daß das Parlament, bei dem zunehmend die alleinige Entscheidung über die Gesetze lag, den Gesetzesvorschlägen der Regierung zustimmte. Damit setzte sich nach und nach der Grundsatz durch, daß die Regierung dem Parlament verantwortlich wurde, das heißt, die Regierung mußte zurücktreten, wenn sie nicht das Vertrauen des Parlaments hatte.

M 18 Aufgabe und Grundsätze einer demokratischen Wahl

M 18 a

Aufgaben der Wahl

Die grundlegende Aufgabe der Wahlen in einer Demokratie besteht darin, die Herrschaft des Volkes zu verwirklichen. Im einzelnen soll durch die Wahl u.a.

– die personelle Zusammensetzung des Parlaments bestimmt werden (Personenauswahl),
– die Vertretung der unterschiedlichen Meinungen und Interessen im Parlament erreicht werden (Repräsentation),
– die Richtung der Politik für eine begrenzte Zeit bestimmt werden (Richtungsbestimmung),
– die Ausübung der politischen Macht durch das Parlament und eine von ihm bestellte Regierung als berechtigt anerkannt werden (Legitimation).

Parlament und Regierung treffen in einer modernen Gesellschaft, in der sehr viele Menschen zusammenleben, ständig Entscheidungen, die das Leben der Menschen beeinflussen und auch gegen ihren Willen bestimmen, ohne daß alle an diesen Entscheidungen beteiligt sind. In einer Demokratie kann die Ausübung von Macht nicht selbstverständlich sein.

Es darf die Berechtigung einer solchen Ausübung von Macht auch nicht aus einer göttlichen Einsetzung („König von Gottes Gnaden") oder der Verfügung über militärische Mittel („Die Macht kommt aus den Gewehrläufen.") hergeleitet werden, sondern muß vom Volk durch regelmäßige Wahlen („Herrschaft auf Zeit") übertragen werden. Wenn die Ausübung von Macht so legitimiert wird, kann von allen Mitgliedern dieser Gesellschaft erwartet werden, daß sie die Entscheidungen des Parlaments und der Regierung respektieren, auch wenn sie sie im Einzelfall für falsch halten.

Die genannten vier Aufgaben können Wahlen nur erfüllen, wenn sie bestimmten Grundsätzen entsprechen. Sie müssen allgemein, unmittelbar, frei, geheim und gleich sein.

(Autorentext)

M 18 b

Grundsätze der Wahl

Die Wahl muß „*allgemein*" sein, das Wahlrecht darf also nicht von irgendwelchen Vorbedingungen (Besitz, Geschlecht, Rasse, Religionszugehörigkeit, Weltanschauung oder dergleichen) abhängig gemacht werden. Dies gilt für das aktive Wahlrecht, also das Recht zu wählen, ebenso wie für das passive, das Recht, gewählt zu werden.

Die Wahl muß „*unmittelbar*" sein, aus den abgegebenen Stimmen muß sich also direkt ergeben, wer gewählt wurde. Es darf keine zusätzliche Entscheidung dazwischengeschaltet sein. […]

Die Wahl muß „*frei*" sein, das heißt, jeder Wähler muß seine Stimme abgeben können, ohne daß politischer, wirtschaftlicher oder sozialer Druck auf ihn ausgeübt wird, um seine Entscheidung zu beeinflussen. Es darf aber auch niemand durch solchen Druck gehindert werden zu kandidieren. Frei muß auch die Wahlwerbung sein. […]

Die Wahl muß „*gleich*" sein. Für das aktive Wahlrecht bedeutet das: Die Stimme jedes Wählers muß bei der Zählung das gleiche Gewicht haben. Für das passive: Die Durchführung der Wahl muß allen Kandidaten/kandidierenden Parteien die gleichen Chancen geben, gewählt zu werden. […]

Die Wahl muß „*geheim*" sein. Durch diesen Grundsatz soll die Freiheit der Wahl gewährleistet werden. Sicherungen wie Wahlzellen, verdeckte Stimmabgabe, versiegelte Wahlurnen, amtliche Wahlzettel usw. müssen dafür sorgen, daß die Stimme unbeeinflußt abgegeben werden kann.

(Wolfgang Niess, Bundestagswahl, in: Über die Wahl hinaus, hrsg. von Wolfgang Niess, Rowohlt, Reinbek 1980, S. 13)

M 19

Wahlrecht in Preußen 1849–1918

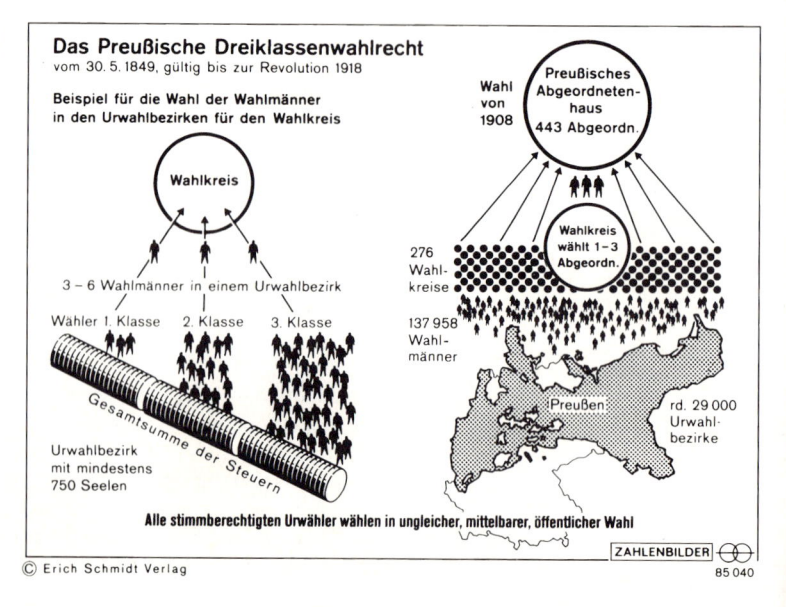

Das Preußische Dreiklassenwahlrecht
vom 30. 5. 1849, gültig bis zur Revolution 1918

Beispiel für die Wahl der Wahlmänner in den Urwahlbezirken für den Wahlkreis

Wahlkreis

3 – 6 Wahlmänner in einem Urwahlbezirk

Wähler 1. Klasse · 2. Klasse · 3. Klasse

Gesamtsumme der Steuern

Urwahlbezirk mit mindestens 750 Seelen

Wahl von 1908

Preußisches Abgeordnetenhaus 443 Abgeordn.

Wahlkreis wählt 1–3 Abgeordn.

276 Wahlkreise

137 958 Wahlmänner

Preußen

rd. 29 000 Urwahlbezirke

Alle stimmberechtigten Urwähler wählen in ungleicher, mittelbarer, öffentlicher Wahl

© Erich Schmidt Verlag

ZAHLENBILDER 85 040

(Autorentext)

Preußen war im deutschen Kaiserreich von 1871 der größte der zum Reich gehörenden Bundesstaaten. In Preußen galt seit 1849 das Dreiklassenwahlrecht. Alle männlichen Preußen mit Ausnahme der Empfänger von Armenunterstützung waren ab dem 24. Lebensjahr wahlberechtigt. Preußen war in ca. 29 000 Urwahlbezirke aufgeteilt, in denen die Wahlberechtigten, die sogenannten Urwähler, nach dem Steueraufkommen in drei Klassen eingeteilt waren. In der ersten Klasse waren einige Höchstbesteuerte (1850: 4,7% der Wähler), in der zweiten Klasse wenige Wähler mit höherem Steueraufkommen (1850: 12,6%), in der dritten Klasse die restlichen Wähler einschließlich derjenigen, die keine Steuern zahlten (1850: 82,7%). Jede Steuerklasse eines Urwahlbezirks wählte getrennt je ein oder zwei Wahlmänner (abhängig von der Größe des Bezirkes), also insgesamt drei oder sechs pro Wahlbezirk. Die in den Urwahlbezirk gewählten Wahlmänner wählten in 276 Wahlkreisen gemeinsam je ein bis drei Abgeordnete, insgesamt 443 für das preußische Abgeordnetenhaus. Die 1., 2. und 3. Klasse hatten also dasselbe Gewicht in der Versammlung der Wahlmänner. Die Wahlkreise konnten von der Regierung willkürlich eingeteilt werden. So bestimmten z.B. bei der Wahl von 1908 80 000 Urwähler in dem ländlichen Wahlkreis Greifenberg/Pommern zwei Abgeordnete, die 321 000 Urwähler in der Industriestadt Kattowitz/Oberschlesien nur einen. Ebenfalls 1908 erhielten die Sozialdemokraten mit 598 522 Stimmen sieben Mandate, die Konservative Partei mit 354 786 Stimmen 152 Mandate.

❶ Erkläre die Aufgaben der Wahlen in einem parlamentarischen System, und erläutere die Grundsätze einer demokratischen Wahl und ihre Bedeutung (M 18).

❷ Beschreibe das preußische Dreiklassenwahlrecht (M 19). Erkläre, warum die Sozialdemokraten bei der Wahl von 1908 mit fast 600 000 Stimmen nur sieben, die konservative Partei mit rd. 355 000 Stimmen 152 Mandate erhielt.

❸ Überprüfe, inwieweit die Wahlen in Preußen von 1849 bis 1918 den Grundsätzen einer demokratischen Wahl entsprachen (M 19 in Verbindung mit M 18).

M 20

Verfassung

(Autorentext)

Verfassung nennt man das grundlegende Gesetz eines Staates, in dem die Grundzüge der politischen Ordnung festgelegt sind. Eine Verfassung enthält u.a. Bestimmungen darüber, welche Aufgaben und Befugnisse das Parlament und die Regierung haben, wie ein Parlament gewählt wird und wie eine Regierung in ihr Amt kommt. Sie bestimmt auch, welche Rechte der Bürger gegenüber dem Staat und welche Pflichten der Staat gegenüber dem Bürger hat.

M 21

Aus dem Grundgesetz der Bundesrepublik Deutschland

In den folgenden Auszügen aus dem Grundgesetz haben wir einige für die politische Ordnung in der Bundesrepublik zentrale Bestimmungen zusammengestellt. Wie schon aus M 13 deutlich wurde, bedeuten demokratische Bestimmungen noch nicht eine demokratische Praxis. Die Probleme und Schwierigkeiten, die sich bei der Umsetzung und Handhabung dieser Bestimmungen immer wieder in der Praxis ergeben, können an dieser Stelle nicht dargestellt werden. Einige Probleme werden in den folgenden Abschnitten und in anderen Kapiteln dieses Buches näher behandelt. An dieser Stelle soll nur gezeigt werden, daß und wie das Grundgesetz an die in den letzten Jahrhunderten entwickelten Vorstellungen von Demokratie anknüpft.

Aus dem Grundgesetz der Bundesrepublik Deutschland

Artikel 1	(1) Die Würde des Menschen ist unantastbar. Sie zu achten und zu schützen ist Verpflichtung aller staatlichen Gewalt. (2) Das Deutsche Volk bekennt sich darum zu unverletzlichen und unveräußerlichen Menschenrechten als Grundlage jeder menschlichen Gemeinschaft, des Friedens und der Gerechtigkeit in der Welt.
Artikel 3	(1) Alle Menschen sind vor dem Gesetz gleich. (2) Männer und Frauen sind gleichberechtigt. (3) Niemand darf wegen seines Geschlechtes, seiner Abstammung, seiner Rasse, seiner Sprache, seiner Heimat und Herkunft, seines Glaubens, seiner religiösen oder politischen Anschauungen benachteiligt oder bevorzugt werden.
Artikel 4	(1) Die Freiheit des Glaubens, des Gewissens und die Freiheit des religiösen und weltanschaulichen Bekenntnisses sind unverletzlich. (2) Die ungestörte Religionsausübung wird gewährleistet.
Artikel 5	(1) Jeder hat das Recht, seine Meinung in Wort, Schrift und Bild frei zu äußern und zu verbreiten und sich aus allgemein zugänglichen Quellen ungehindert zu unterrichten. Die Pressefreiheit und die Freiheit der Berichterstattung durch Rundfunk und Film werden gewährleistet. Eine Zensur findet nicht statt.
Artikel 8	(1) Alle Deutschen haben das Recht, sich ohne Anmeldung oder Erlaubnis friedlich und ohne Waffen zu versammeln.
Artikel 20	(1) Die Bundesrepublik Deutschland ist ein demokratischer und sozialer Bundesstaat. (2) Alle Staatsgewalt geht vom Volke aus. Sie wird vom Volke in Wahlen und Abstimmungen und durch besondere Organe der Gesetzgebung, der vollziehenden Gewalt und der Rechtsprechung ausgeübt. (3) Die Gesetzgebung ist an die verfassungsmäßige Ordnung, die vollziehende Gewalt und die Rechtsprechung sind an Gesetz und Recht gebunden.
Artikel 38	(1) Die Abgeordneten des Deutschen Bundestages werden in allgemeiner, unmittelbarer, freier, gleicher und geheimer Wahl gewählt. Sie sind Vertreter des ganzen Volkes, an Aufträge und Weisungen nicht gebunden und nur ihrem Gewissen unterworfen. (2) Wahlberechtigt ist, wer das achtzehnte Lebensjahr vollendet hat; wählbar ist, wer das Alter erreicht hat, mit dem die Volljährigkeit eintritt. (3) Das Nähere bestimmt ein Bundesgesetz.
Artikel 97	(1) Die Richter sind unabhängig und nur dem Gesetz unterworfen.

(Die deutschen Verfassungen des 19. und 20. Jahrhunderts, hrsg. von H. Hildebrandt, Schöningh, Paderborn 1983, S. 116 ff.)

❶ Erkläre die Bedeutung einer Verfassung für eine Demokratie (M 20).

❷ Stelle die im Grundgesetz enthaltenen Bestimmungen über die politische Ordnung in der Bundesrepublik Deutschland zusammen (M 21). Zur Erklärung kannst du auf die vorhergehenden Materialien und das Glossar zurückgreifen. Bei einigen sehr schwierigen Punkten wird eine Hilfe durch deinen Lehrer/deine Lehrerin unumgänglich sein.

❸ Stelle auch hier Zusammenhänge zwischen den Bestimmungen für die demokratische Ordnung in der Bundesrepublik und früher entwickelten Vorstellungen von Demokratie zusammen.

❹ Die in M 21 enthaltenen Bestimmungen beschreiben, wie die Vorbemerkung schon betonte, zunächst einmal, wie die politische Ordnung der Bundesrepublik gestaltet werden soll. In der Wirklichkeit kann es jedoch auch Abweichungen und Probleme geben, die hier nicht alle aufgeführt werden können. Auf ein Beispiel (Probleme im Zusammenhang mit dem Grundsatz der Verantwortlichkeit der Regierung) wird im letzten Abschnitt dieses Kapitels eingegangen.

Die parlamentarische Demokratie in der Bundesrepublik Deutschland

(Fotos: Bundesbildstelle [6], SPD [4], Bundesminist. der Finanzen, CDU [2], Hess. Ministerium für Umwelt, Energie u. Bundesangelegenheiten, Büro R. Scharping, Pressestelle der Landesregierung Schleswig-Holstein/Frank Ossenbrink)

M 22 Gesichter

M 23

Symbole von Verbänden und Parteien

Allgemeiner Deutscher Automobilclub
Bund der Vertriebenen
Bundesverband der Deutschen Industrie
Christlich-Demokratische Union Deutschlands
Christlicher Gewerkschaftsbund Deutschlands
Deutsche Angestellten-Gewerkschaft
Deutscher Beamtenbund
Deutscher Gewerkschaftsbund
BÜNDNIS 90 / DIE GRÜNEN
Freie Demokratische Partei
Gewerkschaft Bau-Steine-Erden
Gewerkschaft Öffentliche Dienste, Transport und Verkehr
Greenpeace e.V. (Verein für den Schutz und die Bewahrung der Natur und des menschlichen Lebens)
Industriegewerkschaft Metall
Sozialdemokratische Partei Deutschlands
Verband der Kriegs- und Wehrdienstopfer, Behinderten und Sozialrentner Deutschlands e.V.

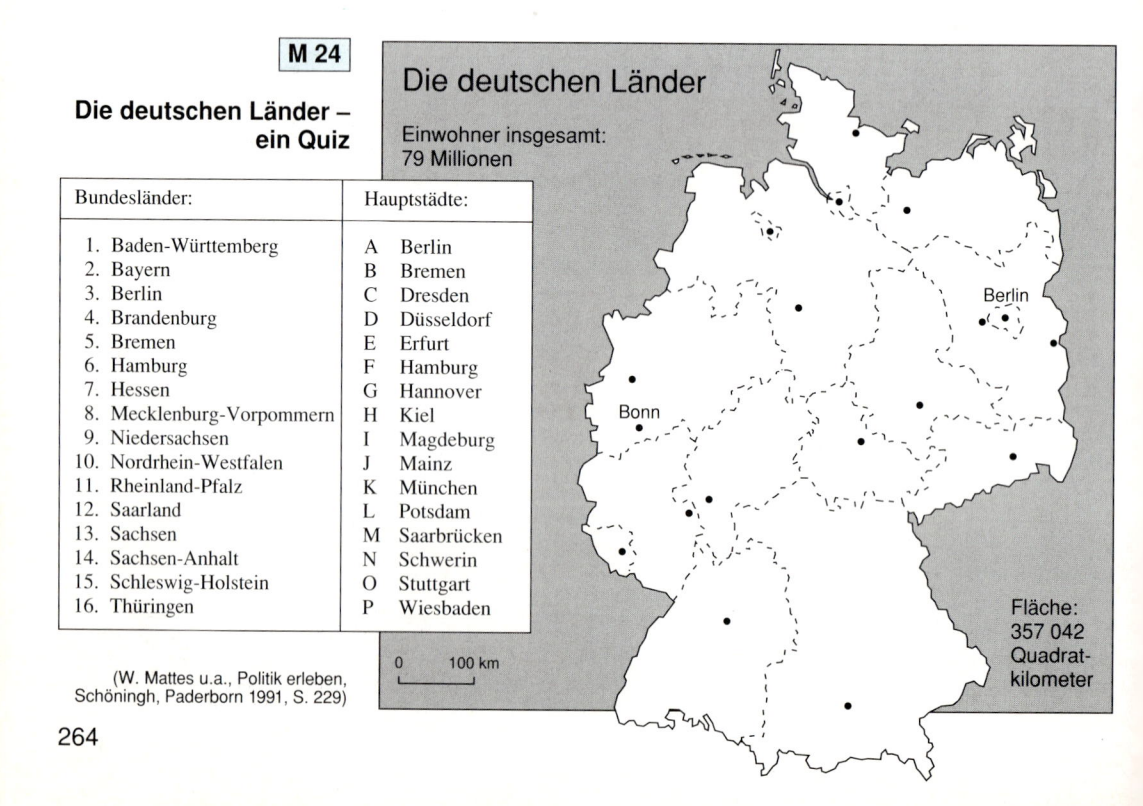

(Zusammenstellung durch die Autoren)

M 24

Die deutschen Länder – ein Quiz

Die deutschen Länder

Einwohner insgesamt: 79 Millionen

Fläche: 357 042 Quadratkilometer

Bundesländer:		Hauptstädte:	
1.	Baden-Württemberg	A	Berlin
2.	Bayern	B	Bremen
3.	Berlin	C	Dresden
4.	Brandenburg	D	Düsseldorf
5.	Bremen	E	Erfurt
6.	Hamburg	F	Hamburg
7.	Hessen	G	Hannover
8.	Mecklenburg-Vorpommern	H	Kiel
9.	Niedersachsen	I	Magdeburg
10.	Nordrhein-Westfalen	J	Mainz
11.	Rheinland-Pfalz	K	München
12.	Saarland	L	Potsdam
13.	Sachsen	M	Saarbrücken
14.	Sachsen-Anhalt	N	Schwerin
15.	Schleswig-Holstein	O	Stuttgart
16.	Thüringen	P	Wiesbaden

(W. Mattes u.a., Politik erleben, Schöningh, Paderborn 1991, S. 229)

M 25

Zeitungsschlagzeilen

Staatliche Hilfe soll Parteien zu mehr Bürgernähe zwingen
Die Empfehlungen der vom Bundespräsidenten eingesetzten Kommission zur Parteienfinanzierung

Landtag in Magdeburg verabschiedet Haushalt

Bundesrat berät über Gesetz zur Standortsicherung

Kommunen: Recht auf Kindergartenplatz ist zu teuer

Aktive Asylpolitik angekündigt
Bundesländer wollen Mitspracherecht in der EG intensiv nutzen

Verfassungsgericht will sein 218-Urteil im April verkünden

Koalition streitet um Mieterschutz

Kohl sieht neue Chancen in Indien
Kanzler wirbt in Neu-Delhi für Wirtschaftsbeziehungen

Druck auf Abgeordnete verneint
Streit in Union über Staatsziel Umweltschutz setzt sich fort

Ministerpräsidenten wollen in Potsdam heute zu einer Regelung kommen

Länder streiten um Finanzbedarf

Die Bundesregierung billigt die Reform der Bahn

„Über Familie und Beruf nachdenken"
Aufforderung der Familienministerin Rönsch / Ein Zwischenbericht

Vogel bestätigt seinen Abschied vom Bundestag

(Neue Westfälische/
Frankfurter Allgemeine Zeitung/
Frankfurter Rundschau, Februar 1993)

❶ Kennst du die Namen der in M 22 abgebildeten Personen? Was weißt du über sie?

❷ Ordne die Symbole und Embleme den aufgelisteten Parteien und Organisationen zu (M 23). Was weißt du über sie?

❸ Prüfe dein Wissen über die Lage der deutschen Bundesländer und ihrer Hauptstädte, indem du in eine vergrößerte Kopie von M 24 die entsprechenden Eintragungen machst (Auflösung in M 37 c).

❹ Stelle eine Liste der politischen Institutionen und politischen Ämter zusammen, die in den Schlagzeilen (M 25) vorkommen. Was weißt du von ihnen?

❺ Um welche Bereiche und Themen der Politik geht es in den Schlagzeilen (M 25)? Was weißt du darüber?

❻ An welche wichtigen politischen Ereignisse der letzten Wochen erinnerst du dich? Untersuche mit Hilfe deiner Zeitung, welche Themen jetzt aktuell sind.

Die in M 22 dargestellten Personen spielen in Staat und Politik in der Bundesrepublik eine wichtige Rolle. Sie repräsentieren damit auch die demokratische Ordnung in der Bundesrepublik. Auch in den in M 25 wiedergegebenen Schlagzeilen und in den täglichen Berichten von Fernsehen, Rundfunk und Zeitung begegnen uns die Politik und die politische Ordnung der Bundesrepublik. Die folgenden Materialien dieses Abschnittes sollen euch die notwendigen *Grundinformationen* über unsere politische Ordnung geben, bevor in den weiteren Abschnitten einzelne Probleme genauer behandelt werden. Ihr könnt bei Bedarf immer wieder in diesem Abschnitt nachschlagen, wenn ihr euch mit den weiteren Abschnitten oder dem aktuellen politischen Geschehen beschäftigt.

M 26

Die Teilung der Staatsgewalt in Bund und Ländern

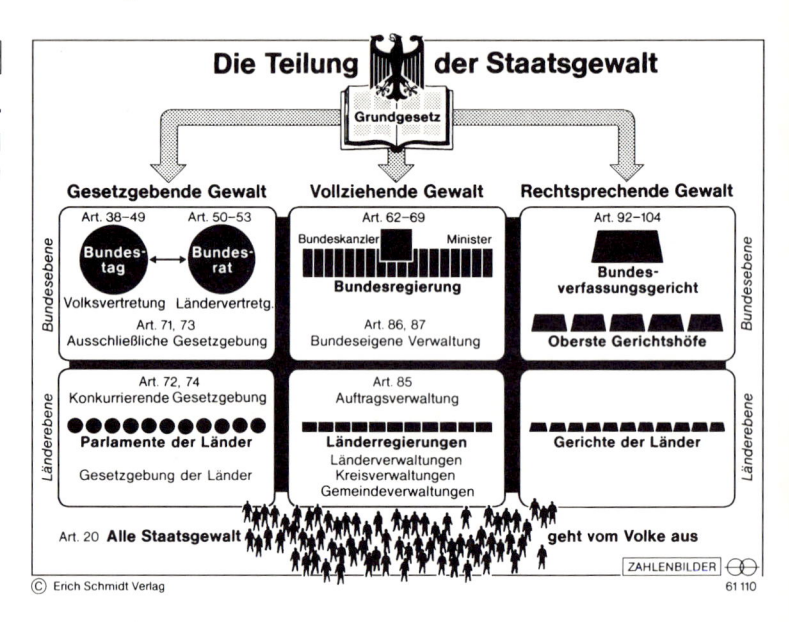

Die Teilung der Staatsgewalt

Grundgesetz

Gesetzgebende Gewalt	Vollziehende Gewalt	Rechtsprechende Gewalt
Art. 38–49 / Art. 50–53 **Bundestag ↔ Bundesrat** Volksvertretung / Ländervertretg. Art. 71, 73 Ausschließliche Gesetzgebung	Art. 62–69 Bundeskanzler — Minister **Bundesregierung** Art. 86, 87 Bundeseigene Verwaltung	Art. 92–104 **Bundesverfassungsgericht** Oberste Gerichtshöfe
Art. 72, 74 Konkurrierende Gesetzgebung **Parlamente der Länder** Gesetzgebung der Länder	Art. 85 Auftragsverwaltung **Länderregierungen** Länderverwaltungen Kreisverwaltungen Gemeindeverwaltungen	**Gerichte der Länder**

Art. 20 **Alle Staatsgewalt** geht vom Volke aus

© Erich Schmidt Verlag — ZAHLENBILDER 61 110

Zur Erläuterung des Schemas:
Die Bundesrepublik Deutschland ist, wie der Name sagt, ein *Bundesstaat,* d.h. ein Staat, in dem sechzehn Bundesländer zusammengeschlossen sind.
Die *Bundesländer* haben neben dem Bund ihre eigenen Staatsorgane und ihre eigenen Zuständigkeiten. Im Grundgesetz finden sich eine Reihe von Vorschriften, wie die Zuständigkeiten zwischen Bund und Ländern verteilt sind. Dabei fällt alles, was den Gesamtstaat betrifft und einheitlich geregelt werden muß, in die Zuständigkeit des Bundes. Der *Bund* ist allein zuständig u.a. für die Beziehungen zu anderen Staaten einschließlich der Wirtschaftsbeziehungen, die Verteidigung, das Währungs- und Geldwesen, Bundesbahn, Bundespost und den Zoll. Auf diesen Gebieten hat der Bund die *ausschließliche* Gesetzgebung.
Gemeinsam mit den Ländern ist der Bund u.a. zuständig für das Zivil- und Strafrecht*, die wichtigsten Steuern, Wirtschafts-, Sozial-, Verkehrs- und Wohnungspolitik, die Landwirtschaft, den Umweltschutz und die Atomenergie. Für diese Gebiete besteht die *konkurrierende* Gesetzgebung, d.h. Bund und Länder können auf diesen Gebieten Gesetze erlassen, jedoch haben die Länder hier nur soweit die Möglichkeit der Gesetzgebung, als der Bund von seinem Recht nicht Gebrauch macht („Bundesrecht bricht Landesrecht." Art. 31 Grundgesetz).
Auf einigen Gebieten wie z.B. dem Hochschulwesen hat der Bund das Recht einer *Rahmengesetzgebung,* die von den Ländern bei ausfüllenden Gesetzen beachtet werden muß.

(Autorentext)

In einigen Gebieten haben die *Länder* die *ausschließliche* Zuständigkeit und die alleinige Gesetzgebung, so z.B. im Gemeinde- und Polizeirecht und im Schulwesen („Kulturhoheit" der Länder).

Die Bundesländer spielen auch im Gesamtstaat eine entscheidende Rolle. Sie sind über den *Bundesrat,* in dem Vertreter der einzelnen Länderregierungen sitzen, wesentlich an der Gesetzgebung des Bundes beteiligt (siehe den Abschnitt „Parlament und Gesetzgebung"). Weiter führen sie mit bestimmten Behörden (z.B. Landesarbeitsämter) Bundesgesetze im Auftrag des Bundes aus (Auftragsverwaltung).

M 27 Regierungssystem und Staatsorgane der Bundesrepublik Deutschland

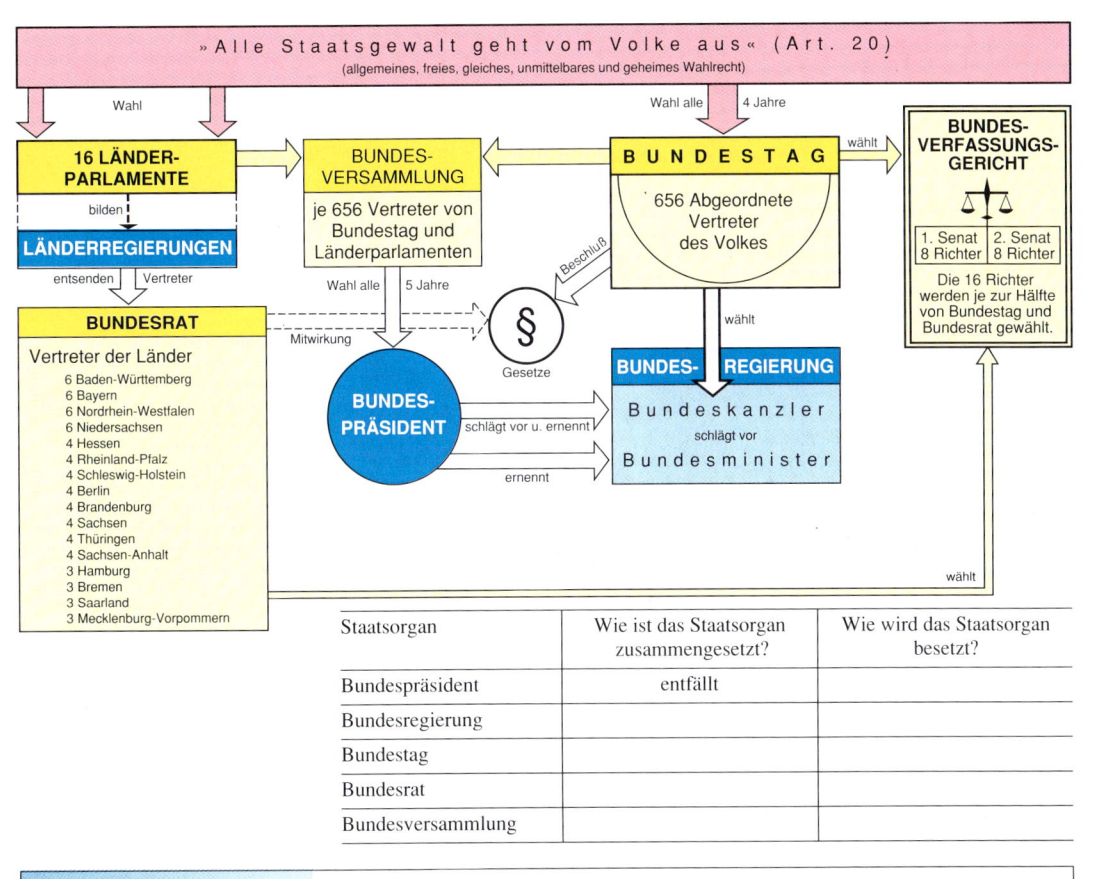

»Alle Staatsgewalt geht vom Volke aus« (Art. 20)
(allgemeines, freies, gleiches, unmittelbares und geheimes Wahlrecht)

16 LÄNDERPARLAMENTE (Wahl) bilden → **LÄNDERREGIERUNGEN** entsenden Vertreter → **BUNDESRAT** Vertreter der Länder

- 6 Baden-Württemberg
- 6 Bayern
- 6 Nordrhein-Westfalen
- 6 Niedersachsen
- 4 Hessen
- 4 Rheinland-Pfalz
- 4 Schleswig-Holstein
- 4 Berlin
- 4 Brandenburg
- 4 Sachsen
- 4 Thüringen
- 4 Sachsen-Anhalt
- 3 Hamburg
- 3 Bremen
- 3 Saarland
- 3 Mecklenburg-Vorpommern

BUNDESVERSAMMLUNG – je 656 Vertreter von Bundestag und Länderparlamenten – Wahl alle 5 Jahre → **BUNDESPRÄSIDENT** – schlägt vor u. ernennt / ernennt

BUNDESTAG – Wahl alle 4 Jahre – 656 Abgeordnete Vertreter des Volkes – Beschluß Gesetze (Mitwirkung) – wählt → **BUNDESREGIERUNG** – Bundeskanzler – schlägt vor – Bundesminister

BUNDESVERFASSUNGSGERICHT – 1. Senat 8 Richter | 2. Senat 8 Richter – Die 16 Richter werden je zur Hälfte von Bundestag und Bundesrat gewählt.

Staatsorgan	Wie ist das Staatsorgan zusammengesetzt?	Wie wird das Staatsorgan besetzt?
Bundespräsident	entfällt	
Bundesregierung		
Bundestag		
Bundesrat		
Bundesversammlung		

❶ Beschreibe mit Hilfe des Schaubildes und des Textes den Aufbau der staatlichen Ordnung in der Bundesrepublik Deutschland (M 26). Beschreibe die Aufgabenverteilung zwischen Bund und Ländern und erkläre, was unter „ausschließlicher Gesetzgebung", „konkurrierender Gesetzgebung" und „Rahmengesetzgebung" zu verstehen ist. Nähere Informationen zum Grundsatz der „Teilung der Staatsgewalt" findest du in M 10.

❷ Stelle die Informationen zusammen, die das Schaubild über die Staatsorgane der Bundesrepublik (M 27) enthält. Du kannst dazu die oben abgedruckte Tabelle ins Heft übertragen und ausfüllen.

❸ Nähere Informationen über Aufgaben und Arbeit der genannten Staatsorgane enthalten die folgenden Materialien: Bundesverfassungsgericht: M 43, Bundespräsident: M 42, Bundesregierung: M 40–M 41 und M 63–M 64, Bundestag und Bundesrat: M 47–M 50 und M 54–M 61.

M 28

Stimmzettel der Bundestagswahl 1990

Stimmzettel
für die Wahl zum Deutschen Bundestag im Wahlkreis 63 Bonn
am 2. Dezember 1990

Sie haben 2 Stimmen

hier eine Stimme für die Wahl eines/einer Wahlkreisabgeordneten

Erststimme

hier eine Stimme für die Wahl einer Landesliste (Partei/Listenvereinigung)
— maßgebende Stimme für die Verteilung der Sitze insgesamt auf die einzelnen Parteien/Listenvereinigungen —

Zweitstimme

Nr.	Erststimme-Kandidat	Partei		Zweitstimme-Partei	Landesliste-Kandidaten
1	Prof. Dr. Ehmke, Horst — Professor für öffentliches Recht, Bonn, Am Römerlager 4	**SPD** Sozialdemokratische Partei Deutschlands		**SPD** Sozialdemokratische Partei Deutschlands	Willy Brandt, Anke Fuchs, Dr. Christoph Zöpel, Franz Müntefering, Ingrid Matthäus-Maier
2	Limbach, Editha — Hausfrau, Bonn-Lengsdorf, Im Rebgarten 3	**CDU** Christlich Demokratische Union Deutschlands		**CDU** Christlich Demokratische Union Deutschlands	Dr. Norbert Blüm, Dr. Dorothee Wilms, Dr. Norbert Lammert, Dr. Horst Waffenschmidt, Irmgard Karwatzki
3	Wend, Ingeborg — Hausfrau, Bonn-Röttgen, Auf den Steinen 40	**F.D.P.** Freie Demokratische Partei		**F.D.P.** Freie Demokratische Partei	Hans-Dietrich Genscher, Dr. Otto Graf Lambsdorff, Dr. Irmgard Adam-Schwaetzer, Jürgen W. Möllemann, Dr. Burkhard Hirsch
4	Hering, Stefanie — Journalistin, Bonn, Kasernenstr. 28	**GRÜNE** DIE GRÜNEN		**GRÜNE** DIE GRÜNEN	Marie-Theresia Knäpper, Gerd Billen, Tatjana Böhm, Wolfgang Templin, Almut Kottwitz
5	Köhne, Josef — Rentner, Bonn, Graurheindorfer Str. 67	**CM** Christliche Mitte		**CM** CHRISTLICHE MITTE	Maria-Adelgunde Mertensacker, Rae Kraus, Dr. Franz Erig, Christine Schilling, Heinrich Kersting
6	Münch, Anton — Verwaltungsangestellter, Bonn-Bad Godesberg, Eltviller Str. 10	**DIE GRAUEN** Initiiert vom Senioren-Schutz-Bund "Graue Panther" e.V. ("SSB-GP")		**DIE GRAUEN** laitiiert vom Senioren-Schutz-Bund "Graue Panther" e.V. ("SSB-GP")	Gertrud Unruh, Lisette Milde, Johannes Verhülsdonk, Günter Nierstenhöfer, Hans Schemmer
7	Heller, Walter — Polizeibeamter, Köln 90, Niederkasseler Str. 3c	**REP** DIE REPUBLIKANER		**REP** DIE REPUBLIKANER	Ursula Winkelsett, Otto W. Strauß, Dr. Volker Grumbrecht, Burkhard Stieglitz, Bernhard Nowak
8				**FRAUEN** FRAUENPARTEI	Margret Ittenbach, Christa Ackermann, Hans Wrede, Irmgard Löper, Günter Pröhl
9	Schulz, Hans-Joachim — Kaufmann, Siebengebirgsring 29a, Lohmar 21 — Honrath	**NPD** Nationaldemokratische Partei Deutschlands		**NPD** Nationaldemokratische Partei Deutschlands	Martin Mussgnug, Peter Markert, Vera Heiderich, Erwin Kemna, Udo Holtmann
10	Riefer, Klaus Michael — Student, Bonn-Beuel, Röhfeldstr. 73	**ÖDP** Ökologisch-Demokratische Partei		**ÖDP** Ökologisch-Demokratische Partei	Edgar Guhde, Bernhard Suek, Eckhard Müller, Stephan von Wahl, Prof. Ingeborg Bingemer
11				**PDS/ Linke Liste** Partei des Demokratischen Sozialismus/Linke Liste	Ursula Jelpke, Peter Jaszczyk, Dr. Helga Adler, Reiner Lombard, Anna Schulte
12	..., Andreas — Angestellter, ...hausstr. 44	**Patrioten** Patrioten für Deutschland		**Patrioten** Patrioten für Deutschland	Helga Zepp-LaRouche, Friedrich Schippmann, Hartmut Cramer, Walter vom Stein, Karl-Michael Vitt
13				**VAA** Vereinigung der Arbeitskreise für Arbeitnehmerpolitik und Demokratie	Karl Lohmann, Eva Gürster, Wolfgang Kohlitz, Heidrun Abel, Frank Hoffmann

Hinweis: Die Lücken in den beiden Spalten für die Erststimme und die Zweitstimme bei dem Stimmzettel der Bundestagswahl ergeben sich daraus, daß Parteien, die mit Landeslisten antreten, nicht in allen Wahlkreisen Wahlkreiskandidaten aufstellen und daß auch Einzelbewerber kandidieren können.

(Quelle: Bundesbildstelle)

M 29 Aktives und passives Wahlrecht

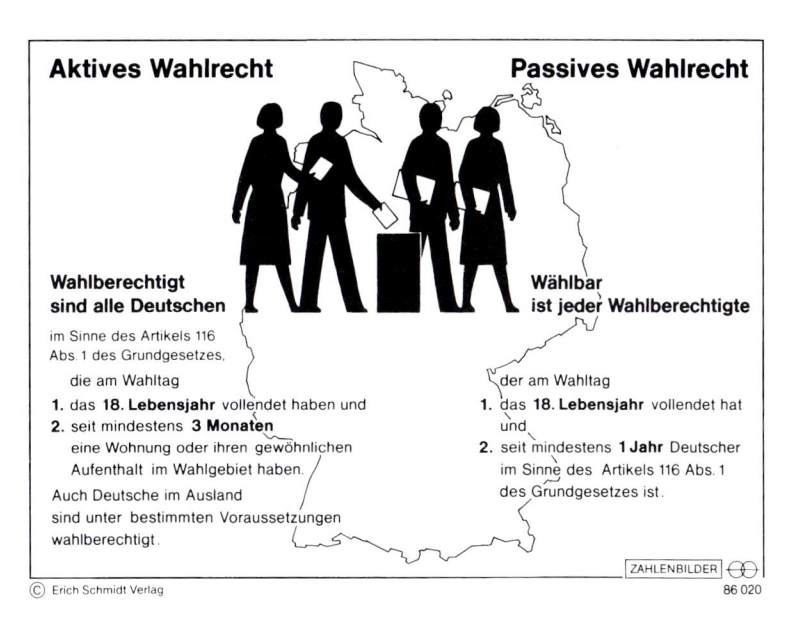

Aktives Wahlrecht

Wahlberechtigt sind alle Deutschen

im Sinne des Artikels 116 Abs. 1 des Grundgesetzes,
 die am Wahltag
1. das **18. Lebensjahr** vollendet haben und
2. seit mindestens **3 Monaten** eine Wohnung oder ihren gewöhnlichen Aufenthalt im Wahlgebiet haben.

Auch Deutsche im Ausland sind unter bestimmten Voraussetzungen wahlberechtigt.

Passives Wahlrecht

Wählbar ist jeder Wahlberechtigte

der am Wahltag
1. das **18. Lebensjahr** vollendet hat und
2. seit mindestens **1 Jahr** Deutscher im Sinne des Artikels 116 Abs. 1 des Grundgesetzes ist.

© Erich Schmidt Verlag   ZAHLENBILDER 86 020

M 30 Das Wahlsystem der Bundesrepublik Deutschland

Auf die Zweitstimme kommt es an

Bei der Bundestagswahl hat jeder Wahlberechtigte zwei Stimmen; sie heißen Erststimme und Zweitstimme

Wahlentscheidend ist nur die Zweitstimme

Denn nach dem Anteil der Parteien an den Zweitstimmen...

...richtet sich ihr Anteil an den 656 Bundestagssitzen

Partei A B C D E

Wozu dann noch die Erststimme?

Damit die Wähler direkt über die Person entscheiden können, die ihren Wahlkreis im Bundestag vertritt

- Die Parteien stellen Kandidaten in den Wahlkreisen auf.
- In jedem Wahlkreis gibt es nur einen einzigen Sieger; es ist jener Kandidat, der die meisten Erststimmen erhält. Er zieht in den Bundestag ein.
- Da es nur 328 Wahlkreise gibt, ist damit erst die Hälfte der 656 Bundestagssitze besetzt.
- Die andere Hälfte wird so verteilt: Jede Partei zieht von der Gesamtzahl der gewonnenen Sitze (siehe oben) jene ab, die von den Wahlkreissiegern dieser Partei besetzt sind. Die verbleibenden Sitze bekommen Kandidaten von den Landeslisten der Partei.
- Wenn eine Partei mehr Wahlkreissieger hat, als ihr Bundestagssitze zustehen, bekommt sie entsprechend zusätzliche Sitze. Dann erhöht sich auch die Gesamtzahl der Bundestagssitze („Überhangmandate").

© Globus   8611

Bei der Bundestagswahl hat jeder Wahlberechtigte (d.h. jeder Deutsche ab dem 18. Lebensjahr) zwei Stimmen.
Die auf die Landeslisten* der Parteien entfallenen Zweitstimmen werden auf Bundesebene zusammengezählt. Aus diesen Zweitstimmen wird entsprechend der Verhältniswahl [dem Verhältnis der abgegebenen Stimmen] die Gesamtzahl der gewählten Abgeordneten für die einzelnen Parteien ermittelt. Bei der Mandatsverteilung werden allerdings nur Parteien berücksichtigt, die mindestens 5% der abgegebenen Stimmen erhalten oder in mindestens drei Wahlkreisen ein Direktmandat [...] errungen haben. Mit der Erststimme wird aus den Wahlkreisen je ein Kandidat [...] direkt als Abgeordneter in den Bundestag gewählt. Von der Zahl der Mandate, die die Parteien aufgrund der Zweitstimmen zu beanspruchen haben, werden die über die Erststimme direkt gewonnenen Mandate abgezogen. Die restlichen Mandate gehen an die Landeslistenbewerber der Parteien [...]. Die bereits direkt Gewählten werden bei der Mandatsverteilung auf den Landeslisten übergangen.
Dieses Bundestagswahlsystem [...] wird als „personalisierte Verhältniswahl" bezeichnet.

(Betrifft uns, Nr. 46: Der Wähler entscheidet, Bergmoser + Höller, Aachen 1980, S. 9)

M 31

Auf die Zweitstimme kommt es an

Allein die Zweitstimme entscheidet – mit dieser Botschaft mühen sich seit Beginn des Bundestagswahlkampfs Politiker, Parteien und Medien um „Aufklärung" des mündigen Bürgers. Denn vielfach wird – fälschlich – die Erststimme für „erstrangig", die Zweitstimme für „zweitklassig" gehalten. Tatsache ist: Welche Partei gewinnt oder verliert, bemißt sich ausschließlich anhand der Zweitstimmen. Die Formel für die Stärkeverhältnisse der einzelnen Fraktionen im Bundestag lautet: Je mehr Zweitstimmen, desto mehr Abgeordnete. Die sogenannte Erststimme entscheidet dagegen nur darüber, welche Politiker einer Partei ins Parlament ziehen, nicht aber wie viele. Anders ausgedrückt: Alle über die Erststimmen direkt ins Parlament gewählten Kandidaten (dies sind 50 Prozent aller Abgeordneten) machen rein zahlenmäßig ihre Fraktionen nicht stärker, als sie ohnehin würden. Denn die Gesamtzahl der auf diesem Wege errungenen Mandate wird bei der Zweitstimmen-Zählung sogleich wieder abgezogen. Beispiel: Stehen einer Partei aufgrund der Zweitstimmen 100 Mandate zu und hat diese Partei bereits 30 Mandate mit Hilfe der Erststimmen errungen, so bekommt sie nur noch 70 Mandate zugeteilt. Ob mit oder ohne erfolgreiche Erststimmen-Kandidaten: Die betreffende Partei erhält 100 Abgeordnete – nicht mehr und nicht weniger. Nur in ganz seltenen Ausnahmen entfallen auf eine Partei mehr Direktmandate, als ihr aufgrund der Zweitstimme eigentlich zustehen. Dann ziehen für diese Partei die „überzähligen" Direktkandidaten zusätzlich in den Bundestag ein. Wahlentscheidend waren solche „Überhangmandate" jedoch noch nie. Fazit: Wahlen in der Bundesrepublik Deutschland sind letztlich immer Zweitstimmen-Wahlen gewesen.

(Stuttgarter Nachrichten, 5.3.1983; Verfasser: Bernd Stadelmann)

M 32

Der Ablauf der Wahl

Das Bundeswahlgesetz schreibt die Vorbereitung und den Ablauf der Wahl genau vor. Es bestimmt auch das Verhalten im Wahllokal. Die Wahlhandlung ist öffentlich, jeder kann dabei zusehen. Der Wähler begibt sich zunächst an den Tisch des Wahlvorstandes. Dort zeigt er seinen Wahlausweis vor und wird in der Wählerliste abgehakt. So wird verhindert, daß jemand zweimal wählt. Dann erhält der Wähler einen Stimmzettel und einen Umschlag. In der Wahlkabine kreuzt er den Wahlkreiskandidaten (Erststimme) und die Partei (Zweitstimme) an, für die er sich entschieden hat. Er braucht aber auch nur seine Erststimme oder nur seine Zweitstimme abzugeben; auch kann er sich mit seiner Erststimme für den Kandidaten der einen Partei und mit der Zweitstimme für eine andere Partei entscheiden. Ungültig sind Stimmzettel, die auf einer der beiden Spalten mehr als ein Kreuz enthalten oder leer abgegeben werden. Hat der Wähler seine Entscheidung getroffen, steckt er den Stimmzettel in den Umschlag und wirft diesen in die Wahlurne. Wähler, die am Wahltag auf Reisen sind, können ihre Wahl brieflich treffen. Zu diesem Zweck müssen sie rechtzeitig von ihrer Gemeindebehörde den amtlichen Wahlbrief anfordern.

(Die Bundesrepublik Deutschland: Schulfunk 1970, Sonderheft, Lübeck 1970, S. 42)

M 33

Ein schöner Wahltag!

Am Mittwoch war Bundestagswahl. Mein Süßer wollte schon lange mit mir wählen gehen. Wir hatten einen Familienstimmzettel, obwohl wir erst verlobt sind. Aber Ossi meint, man müsse den Frauen möglichst früh klarmachen, wo es in der Politik langgeht. Nachdem wir am Eingang die Wahlgebühr von 5,– DM bezahlt hatten, suchten wir uns eine schöne blaue Wahlkabine, die war nämlich für die Wähler der „Blauen" vorgesehen. Dann überlegten wir uns lange, welche Namen wir eintragen sollten. Ich behauptete zwar, wir dürften nur ein Kreuzchen machen, aber Ossi sagte, Kreuzchen seien für Analphabeten. Der Wahlleiter kontrollierte den Stimmzettel, ob wir auch alles richtig gemacht hatten, und dann durfte ich den Zettel in einen großen Papierkorb werfen, auf dem das Wort „URNE" stand. Der Wahlleiter bat uns, Frau Müller im 1. Stock Bescheid zu sagen, daß sie als einzige im Haus noch nicht gewählt habe. Der Heimweg war sehr kurz, weil wir mit dem Taxi fah-

(P wie Politik, RS 10, hg. von Xaver Fiederle und Franz Filser, Schöningh, Paderborn 1989, S. 58)

ren konnten; das kostete uns keinen Pfennig, weil die Partei für alle, die sie gewählt hatten, die Taxigebühr bis 5,– DM bezahlte. Ossi erklärte mir, das sei die berühmte 5%-Klausel. Ein schöner Wahltag war zu Ende.

M 34

Wahl zum „Bundestag" vom **.**.**** (konstruiertes Beispiel) – Ermittlung der Zusammensetzung des „Bundestages"

Das folgende konstruierte Beispiel wurde gegenüber der Wirklichkeit stark vereinfacht: Statt 656 Mandaten nur 20, statt 328 Wahlkreisen nur 10, nur je 10 Namen auf den Kandidatenlisten (vgl. M 30). Auch das Verfahren der Berechnung der Sitzverteilung wurde vereinfacht. Bei den wirklichen Bundestagswahlen werden die Sitze nach einem bestimmten mathematischen Verfahren auf Grund der Zahl abgegebener Stimmen berechnet. In diesem Beispiel könnt ihr euch mit der einfachen Formel begnügen, daß der Anteil der Mandate genau dem Anteil an den abgegebenen Stimmen (50% der Stimmen = 50% der Mandate) entspricht. Zu wählen: 20 Abgeordnete insgesamt, bei Überhangmandaten (siehe M 31) kann sich diese Zahl erhöhen, 10 Direktkandidaten in 10 Wahlkreisen.

Das Wahlergebnis

I. Erststimmenergebnis (Wahlkreisergebnisse in % der Stimmen):

1. Wahlkreis		6. Wahlkreis	
Willi Stolper	(Partei A) = 7%	Uli Birkenholz	(Partei A) = 2%
Ruth Fischer	(Partei B) = 34%	Ulrich Hoffmann	(Partei B) = 57%
Richard Hinde	(Partei C) = 27%	Heinrich Schulze	(Partei C) = 15%
Hans-Gerd Klös	(Partei D) = 32%	Beate Mackensen	(Partei D) = 26%
2. Wahlkreis		7. Wahlkreis	
Andre Zaubermann	(Partei A) = 27%	Gustav Wende	(Partei A) = 1%
Ulrich von Gersdorff	(Partei B) = 26%	Herbert Feist	(Partei B) = 35%
Theodor Herrmann	(Partei C) = 26%	Willi Glatzer	(Partei C) = 17%
Alwin Napp-Peters	(Partei D) = 21%	Bruno Zaster	(Partei D) = 47%
3. Wahlkreis		8. Wahlkreis	
Heidrun Brest	(Partei A) = 11%	Karl Pritzel	(Partei A) = 44%
Ingrid Brentano	(Partei B) = 8%	Werner Köllmann	(Partei B) = 43%
Konrad Eder	(Partei C) = 23%	Rudolf Ulich	(Partei C) = 8%
Friedrich Weinert	(Partei D) = 58%	Hans Jürgens	(Partei D) = 5%
4. Wahlkreis		9. Wahlkreis	
Waltraud Bröll	(Partei A) = 4%	Rainer Schmidt	(Partei A) = 9%
Rebecca Jochimsen	(Partei B) = 48%	Willi Vogt	(Partei B) = 31%
Gotthard Wiswede	(Partei C) = 27%	Andreas Becker	(Partei C) = 23%
Jutta Grenzel	(Partei D) = 21%	Gerhard Schumacher	(Partei D) = 37%
5. Wahlkreis		10. Wahlkreis	
Carola Fuchs	(Partei A) = 6%	Gudrun Lampert	(Partei A) = 13%
Friedrich Hesse	(Partei B) = 38%	Karl Bettelheim	(Partei B) = 29%
Michael Conrad	(Partei C) = 16%	Bernd Hölldobler	(Partei C) = 16%
Heiner Lichtenstein	(Partei D) = 40%	Sissy Vehrenkamp	(Partei D) = 42%

II. Zweitstimmenergebnis: Auf die Kandidatenlisten der Parteien entfielen:
Partei A: 5% der Stimmen
Partei B: 40% der Stimmen
Partei C: 20% der Stimmen
Partei D: 35% der Stimmen

Die Kandidatenlisten der Parteien

Kandidatenliste Partei A:	Kandidatenliste Partei B:	Kandidatenliste Partei C:	Kandidatenliste Partei D:
1. Heidrun Brest	1. Willi Vogt	1. Konrad Eder	1. Hans-Gerd Klös
2. Uli Birkenholz	2. Rebecca Jochimsen	2. Heinrich Schulze	2. Bruno Zaster
3. Rainer Schmidt	3. Ulrich von Gersdorff	3. Rudolf Ulich	3. Jutta Grenzel
4. Gustav Wende	4. Herbert Feist	4. Gotthard Wiswede	4. Heiner Lichtenstein
5. Carola Fuchs	5. Karl Bettelheim	5. Richard Hinde	5. Beate Mackensen
6. Karl Pritzel	6. Ruth Fischer	6. Bernd Hölldobler	6. Hans Jürgens
7. Willi Stolper	7. Ingrid Brentano	7. Michael Conrad	7. Gerhard Schuhmacher
8. Gudrun Lampert	8. Friedrich Hesse	8. Andreas Becker	8. Sissy Vehrenkamp
9. Andre Zaubermann	9. Werner Köllmann	9. Willi Glatzer	9. Alwin Napp-Peters
10. Waltraud Bröll	10. Ulrich Hoffmann	10. Theodor Herrmann	10. Friedrich Weinert

(Autorentext)

❶ Untersuche den Stimmzettel der Bundestagswahl (M 28). Welche Informationen gibt er? Welche Fragen wirft er auf? Nähere Informationen zum Verständnis des Stimmzettels geben die folgenden Materialien.

❷ Stelle fest, wer wählen darf und wer gewählt werden darf (M 29).

❸ Beschreibe das Wahlsystem der Bundesrepublik Deutschland und den Ablauf der Wahl (M 30–M 32). Erkläre den Unterschied zwischen Direkt- und Listenmandat, die Bedeutung von Erst- und Zweitstimme, und was ein Überhangmandat (M 30) ist. Stelle fest, wie viele Überhangmandate sich bei der Bundestagswahl 1994 ergaben (M 38; vgl. M 27).

❹ Überprüfe die Erzählung von dem „schönen Wahltag" (M 33) und stelle in einer Tabelle die Fehler und die notwendigen Korrekturen gegenüber.

❺ M 34 enthält in vereinfachter Form das Ergebnis einer „Bundestagswahl", die es natürlich in dieser Form nie gegeben hat und auch nie geben wird. Mit Hilfe der in M 31 und M 32 enthaltenen Informationen kannst du die Zusammensetzung dieses „Bundestages" namentlich ermitteln. Gegenüber der Wirklichkeit von Bundestagswahlen ist in diesem Beispiel auch das Verfahren der Berechnung der Sitze vereinfacht worden.

❻ Erkläre, wie die Grundsätze einer demokratischen Wahl (M 18 b) bei den Vorschriften zum Ablauf der Bundestagswahl berücksichtigt wurden.

M 35
Das Grundgesetz über die Parteien
(Die Deutschen Verfassungen [= M 21], S. 125)

Artikel 21
Die Parteien wirken bei der politischen Willensbildung des Volkes mit. Ihre Gründung ist frei. Ihre innere Ordnung muß demokratischen Grundsätzen entsprechen. Sie müssen über die Herkunft ihrer Mittel öffentlich Rechenschaft geben.

M 36
Was ist eine Partei?

In einer Partei finden sich Menschen mit gleichen Interessen und gemeinsamen politischen Absichten zusammen: Sie wollen die Ordnung ihres Staates beeinflussen oder bestimmen. Ihre Ziele und Absichten geben sie in ihren Parteiprogrammen bekannt.

Jede Partei versucht, so groß und einflußreich wie möglich zu werden, um allein oder in Zusammenarbeit mit anderen Parteien ihre Ziele durchzusetzen. In fast allen Staaten wird der Aufbau des Staates und seine Politik von den Parteien beeinflußt. Auch in der Bundesrepublik Deutschland wirken die Partien an der politischen Willensbildung des Volkes mit, das bedeutet, sie geben den Bürgern die Möglichkeit, ihre Interessen und ihren Willen durchzusetzen. In der Regel werden Mitglieder von Parteien als Abgeordnete für das Parlament gewählt: Sie beschließen stellvertretend für das Volk die Gesetze.

Die größte Versammlung jeder Partei ist der Parteitag: Er findet in der Regel einmal im Jahr statt und dauert mehrere Tage. Teilnehmer sind gewählte Delegierte, das heißt Abgesandte aus allen Teilen des Landes. Diese Vertreter der sogenannten unteren Gruppen sind unter anderem bevollmächtigt, die Mitglieder für den Vorstand der Partei zu wählen, der die wichtigsten Aufgaben der Partei übernimmt.

Je reger die Mitarbeit in den unteren Gruppierungen einer Partei ist, um so geringer ist die Gefahr, daß der Parteivorstand allein über die Ziele und Maßnahmen seiner Partei entscheidet.

Die Ausgaben der Parteien, zum Beispiel für Mitarbeiter, Büros, Werbung und Wahlkämpfe, werden zum größten Teil aus Mitgliedsbeiträgen und Spenden bezahlt. In der Bundesrepublik Deutschland wird ein Teil der Ausgaben für die Wahlkämpfe aus Steuermitteln ersetzt. In der Bundesrepublik Deutschland gibt es etwa 60 Millionen wahlberechtigte Staatsbürger (West: 48 Mio., Ost: 12 Mio.), davon sind etwa 2,4 Millionen Mitglieder der verschiedenen Parteien (1991).

(Hilde Kammer, Elisabeth Bartsch: Jugendlexikon Politik, Rowohlt, Reinbek, S. 135)

M 37

Die im Bundestag vertretenen Parteien der Bundesrepublik Deutschland

Die Geschicke der Bundesrepublik Deutschland werden entscheidend durch die einzelnen Parteien und Parteienbündnisse (Koalitionen) bestimmt. Von der Gründung der Bundesrepublik 1949 bis zum Jahre 1966 stellten CDU und CSU als führende Regierungsparteien meistens zusammen mit der F.D.P. die Bundesregierung. Von 1966 bis 1969 bestand eine „große Koalition" von CDU/CSU und SPD. Von 1969 bis 1982 war die SPD in einem Bündnis mit der F.D.P. die führende Regierungspartei (sozialliberale Koalition). Seit 1982 regieren wieder CDU/CSU und F.D.P.

Die *Christlich-Demokratische Union* (CDU) und *Christlich-Soziale Union* (CSU) wurden 1945 als christlich orientierte Parteien von Bürgern katholischen und evangelischen Glaubens gegründet. CDU und CSU sind „Schwesterparteien", d.h. die CSU beschränkt ihr Wirkungsgebiet ausschließlich auf Bayern, während die CDU im übrigen Bundesgebiet arbeitet. CDU/CSU verstehen sich als alle Schichten und Gruppen des Volkes umfassende, soziale*, liberale* und konservative* Strömungen vereinende demokratische Volksparteien, deren Politik auf dem christlichen Verständnis vom Menschen und seiner Verantwortung vor Gott beruht.

Die Anfänge der *Sozialdemokratischen Partei Deutschlands* (SPD) gehen bis in das Jahr 1863 zurück. Lange war die SPD eine reine Arbeiterpartei, bis sie sich nach dem 2. Weltkrieg in der Bundesrepublik Deutschland zu einer „linken Volkspartei" entwickelte, die auch andere Schichten und Gruppen der Bevölkerung vertritt. Gerechte und gleiche Lebensbedingungen für jeden sollen im Rahmen der Demokratie, mit Zustimmung der Mehrheit der Bevölkerung erreicht werden. Die 1945 gegründete *Freie Demokratische Partei* (F.D.P.) versteht sich als Partei des Liberalismus*, d.h. die Freiheit des einzelnen Menschen und deren Sicherung ist für sie vorrangiges Ziel. Grundsatz der Partei ist, daß es ohne Bildung und ohne Eigentum jedes einzelnen Menschen auf die Dauer auch keine Freiheit und kein Wohlergehen für die Gemeinschaft geben kann.

Die Grünen wurden als Bundespartei 1980 gegründet. Sie sind damit die jüngste der im Bundestag vertretenen Parteien. Sie entstanden aus Bürgerinitiativen zum Schutz der Umwelt und insbesondere zur Verhinderung von Kernkraftwerken. Sie setzen sich vor allem für einen besseren Umweltschutz und für mehr direkte Demokratie und eine bessere Beteiligung aller unmittelbar Betroffenen an staatlichen Entscheidungen ein.

Bei der Bundestagswahl 1990 verfehlten die Grünen den Einzug in den Bundestag, in dem sie seit 1983 vertreten waren. Im Herbst 1992 schlossen sie sich mit Bürgerrechtsgruppen aus den neuen Bundesländern (der ehemaligen DDR), die seit 1990 als „Grüne/Bündnis 90" mit einer kleinen Gruppe von 8 Abgeordneten im Bundestag vertreten waren, zu einer neuen Partei *„Bündnis 90/Die Grünen"* zusammen. Diese neue Partei ist in fast allen Landesparlamenten vertreten. Die *Partei des Demokratischen Sozialismus* (PDS) ist im Dezember 1989 aus der SED*, der ehemaligen Staatspartei der DDR*, hervorgegangen. Sie hat sich von ihrer Vergangenheit als Partei eines diktatorischen, bürokratischen Sozialismus* losgesagt und versteht sich heute als Sammelbecken aller linken, sozialistisch* orientierten Kräfte, die eine „an den Interessen der breiten Masse der Bevölkerung orientierte Politik" vertreten.

(Fotos: Bundesbildstelle [2], Bundesminist. der Finanzen, Büro R. Scharping, Bündnis 90/Die Grünen, PDS)

(Autorentext)

M 38 Die Parteien in Bundestag, Bundesregierung und Bundesrat

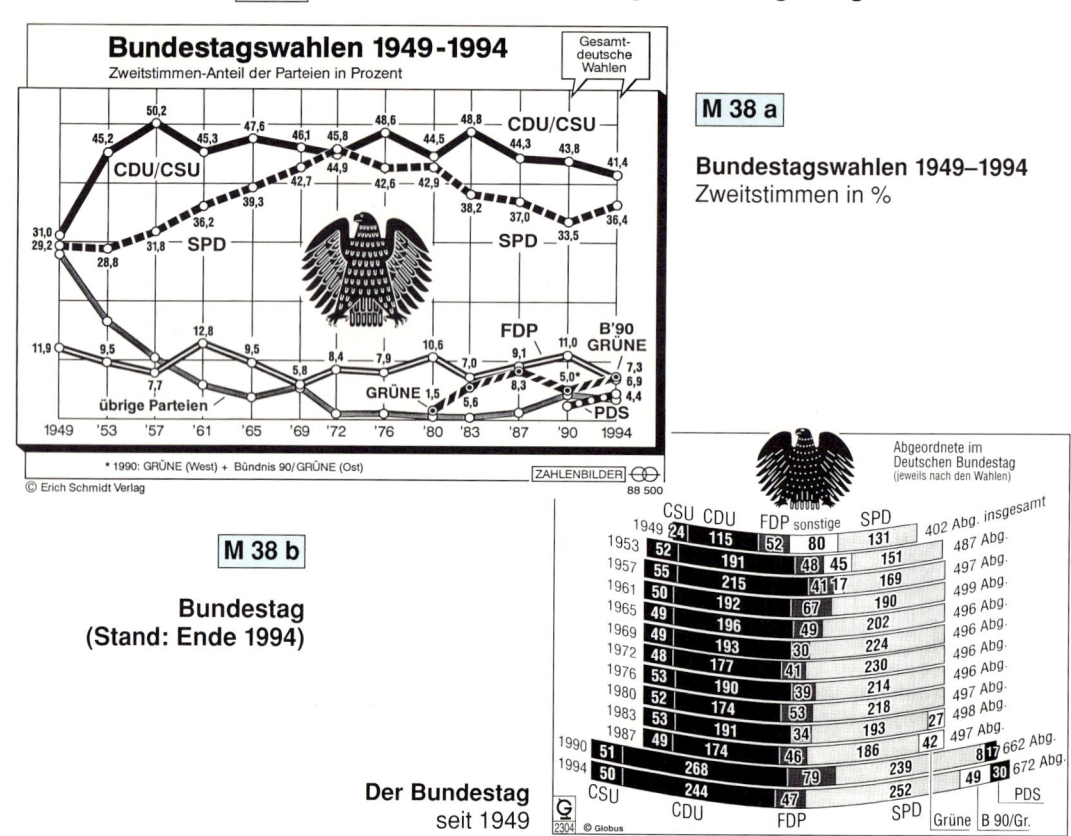

Bundestagswahlen 1949-1994
Zweitstimmen-Anteil der Parteien in Prozent
Gesamtdeutsche Wahlen

CDU/CSU: 31,0 – 45,2 – 50,2 – 45,3 – 47,6 – 46,1 – 45,8 – 48,6 – 44,5 – 48,8 – 44,3 – 43,8 – 41,4
SPD: 29,2 – 28,8 – 31,8 – 36,2 – 39,3 – 42,7 – 44,9 – 42,6 – 42,9 – 38,2 – 37,0 – 33,5 – 36,4
FDP: 11,9 – 9,5 – 7,7 – 12,8 – 9,5 – 5,8 – 8,4 – 7,9 – 10,6 – 7,0 – 9,1 – 11,0 – 6,9
GRÜNE: 1,5 – 5,6 – 8,3 – 5,0* – 7,3 / B'90 GRÜNE
übrige Parteien / PDS 4,4

1949 '53 '57 '61 '65 '69 '72 '76 '80 '83 '87 '90 1994

* 1990: GRÜNE (West) + Bündnis 90/GRÜNE (Ost)

© Erich Schmidt Verlag — ZAHLENBILDER 88 500

M 38 a

Bundestagswahlen 1949–1994
Zweitstimmen in %

M 38 b

Bundestag
(Stand: Ende 1994)

Abgeordnete im Deutschen Bundestag
(jeweils nach den Wahlen)

Jahr	CSU	CDU	FDP	sonstige	SPD	B90/Gr.	PDS	Gesamt
1949	24	115	52	80	131			402 Abg. insgesamt
1953	52	191	48	45	151			487 Abg.
1957	55	215	41	17	169			497 Abg.
1961	50	192	67		190			499 Abg.
1965	49	196	49		202			496 Abg.
1969	49	193	30		224			496 Abg.
1972	48	177	41		230			496 Abg.
1976	53	190	39		214			497 Abg.
1980	52	174	53		218			497 Abg.
1983	53	191	34		193	27		498 Abg.
1987	49	174	46		186	42		497 Abg.
1990	51	268	79		239	8 17		662 Abg.
1994	50	244	47		252	49	30	672 Abg.

Der Bundestag seit 1949

© Globus 2304

M 38 c

Die Bundesländer

Deutschlands Länder
Einwohnerzahlen in Millionen

- SCHLESWIG-HOLSTEIN 2,6 (Kiel)
- HAMBURG 1,6
- MECKLENBURG-VORPOMMERN 1,9 (Schwerin)
- BREMEN 0,7
- NIEDERSACHSEN 7,2 (Hannover)
- SACHSEN-ANHALT 3,0 (Magdeburg)
- BERLIN 3,4
- BRANDENBURG 2,6 (Potsdam)
- NORDRHEIN-WESTFALEN 17,1 (Düsseldorf)
- THÜRINGEN 2,7 (Erfurt)
- SACHSEN 4,9 (Dresden)
- HESSEN 5,7 (Wiesbaden)
- RHEINLAND-PFALZ 3,7 (Mainz)
- SAARLAND 1,1 (Saarbrücken)
- BADEN-WÜRTTEMBERG 9,7 (Stuttgart)
- BAYERN 11,2 (München)

© Globus 8506

M 38 d

Sitzverteilung im Bundesrat

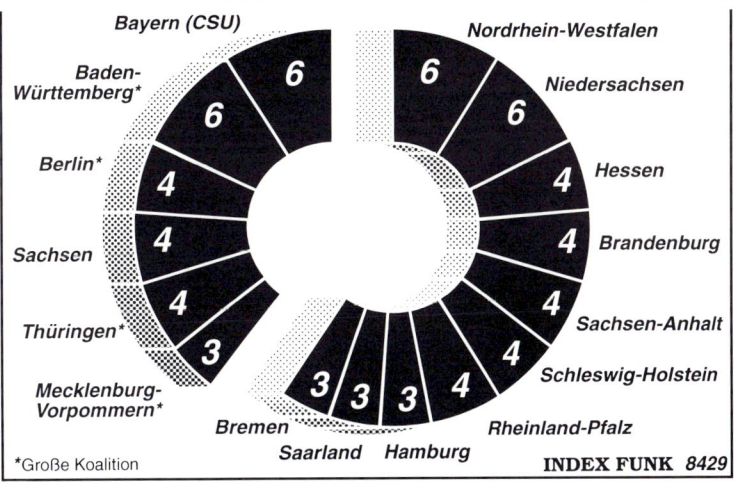

Stimmen im Bundesrat

CDU-geführte Länder insgesamt 27 Stimmen

SPD-geführte Länder insgesamt 41 Stimmen

- Bayern (CSU): 6
- Baden-Württemberg*: 6
- Berlin*: 4
- Sachsen: 4
- Thüringen*: 4
- Mecklenburg-Vorpommern*: 3
- Bremen: 3
- Saarland: 3
- Hamburg: 3
- Rheinland-Pfalz: 4
- Schleswig-Holstein: 4
- Sachsen-Anhalt: 4
- Brandenburg: 4
- Hessen: 4
- Niedersachsen: 6
- Nordrhein-Westfalen: 6

*Große Koalition

INDEX FUNK 8429

M 39

Die Bundesregierung

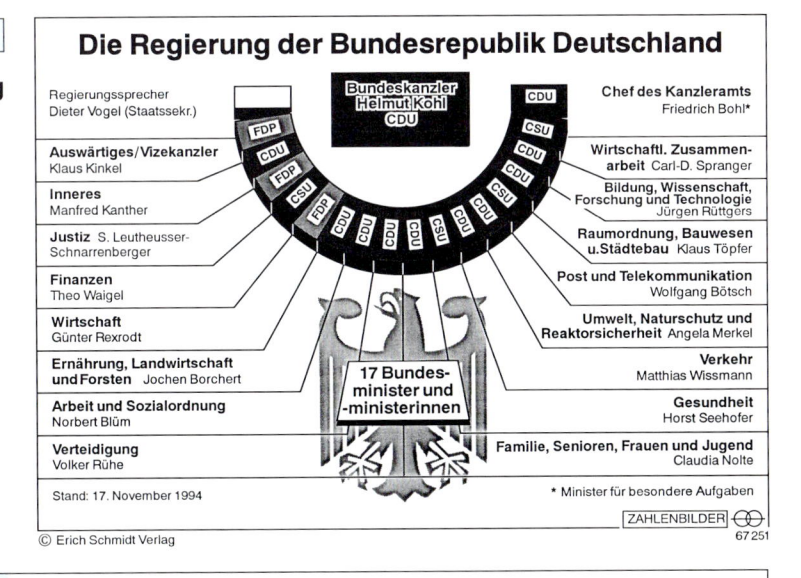

Die Regierung der Bundesrepublik Deutschland

Bundeskanzler Helmut Kohl (CDU)

- Regierungssprecher: Dieter Vogel (Staatssekr.)
- Chef des Kanzleramts: Friedrich Bohl*
- Auswärtiges/Vizekanzler: Klaus Kinkel (FDP)
- Wirtschaftl. Zusammenarbeit: Carl-D. Spranger (CSU)
- Inneres: Manfred Kanther (CDU)
- Bildung, Wissenschaft, Forschung und Technologie: Jürgen Rüttgers (CDU)
- Justiz: S. Leutheusser-Schnarrenberger (FDP)
- Raumordnung, Bauwesen u. Städtebau: Klaus Töpfer (CDU)
- Finanzen: Theo Waigel (CSU)
- Post und Telekommunikation: Wolfgang Bötsch (CSU)
- Wirtschaft: Günter Rexrodt (FDP)
- Umwelt, Naturschutz und Reaktorsicherheit: Angela Merkel (CDU)
- Ernährung, Landwirtschaft und Forsten: Jochen Borchert (CDU)
- Verkehr: Matthias Wissmann (CDU)
- Arbeit und Sozialordnung: Norbert Blüm (CDU)
- Gesundheit: Horst Seehofer (CSU)
- Verteidigung: Volker Rühe (CDU)
- Familie, Senioren, Frauen und Jugend: Claudia Nolte (CDU)

17 Bundesminister und -ministerinnen

Stand: 17. November 1994
© Erich Schmidt Verlag

* Minister für besondere Aufgaben

ZAHLENBILDER 67 251

---

❶ Untersuche, wie das Grundgesetz die Rolle der Parteien bestimmt (M 35), welche Aufgaben und Ziele eine Partei hat und wie sie organisiert ist (M 36).

❷ Beschreibe die großen Parteien in der Bundesrepublik. Worin unterscheiden sie sich (M 37)? M 37 kann nur sehr knappe Informationen über die Parteien geben. Eine ausführliche Darstellung findet sich in dem Kapitel „Parteien und Demokratie in Deutschland" im 3. Band dieses Unterrichtswerkes.

❸ Untersuche, wie sich die Stimmenanteile der Parteien seit 1949 entwickelt haben (M 38 a). Welche Parteibündnisse haben die Politik in der Bundesrepublik Deutschland bestimmt (M 38 b)?

❹ Untersuche die Vertretung der Parteien in Bundesregierung, Bundestag und Bundesrat (M 38 b,d, M 39). Mögliche Veränderungen gegenüber dem hier dargestellten Stand, die du nicht kennst, kann dir dein Lehrer/deine Lehrerin nennen. Vergleiche die Mehrheitsverhältnisse in Bundestag und Bundesrat.

M 40

Die Bundeskanzler

Konrad Adenauer (CDU) 1949–1963

Ludwig Erhard (CDU) 1963–1966

Kurt Georg Kiesinger (CDU) 1966–1969

(Fotos: Bundesbildstelle/Schafgans, Reineke)

Willy Brandt (SPD) 1969–1974

Helmut Schmidt (SPD) 1974–1982

Helmut Kohl (CDU) seit 1982

M 41

Bestimmungen des Grundgesetzes über die Bundesregierung

(Die deutschen Verfassungen [= M 21], S. 141)

Aus dem Grundgesetz

Artikel 62

Die Bundesregierung besteht aus dem Bundeskanzler und den Bundesministern.

Artikel 65

Der Bundeskanzler bestimmt die Richtlinien der Politik und trägt dafür die Verantwortung. Innerhalb dieser Richtlinien leitet jeder Bundesminister seinen Geschäftsbereich selbständig und unter eigener Verantwortung. Über Meinungsverschiedenheiten zwischen den Bundesministern entscheidet die Bundesregierung.

M 41 a

Aufgaben der Bundesregierung

(Hartwich u.a., Politik im 20. Jahrhundert, Westermann, Braunschweig 1976, S. 248)

Bei der Bundesregierung liegt die Aufgabe der politischen Führung. Von ihr sollen die wesentlichen Impulse und Initiativen zur Gestaltung der inneren Verhältnisse und der auswärtigen Beziehungen ausgehen. Die Bundesregierung bedarf aber der Zustimmung der „Regierungsparteien" im Bundestag. Das ergibt sich aus ihrer Bestellung, ihrer politischen Einbindung und der Notwendigkeit, die meisten politischen Maßnahmen durch ein Gesetz verbindlich zu machen.

Die Bundesregierung hat außerdem als Spitze der „vollziehenden Gewalt" auch die politische Verantwortung für die Ausführung der Gesetze, soweit der Bund zuständig ist. Ihr ist also neben der politischen Führung eine Fülle von staatlichen Aufgaben übertragen. Die starke Stellung des Bundeskanzlers sichert ihr dafür ein hohes Maß an Macht und Einfluß bei der Gestaltung der Politik.

M 42

Bundeskanzler-silbenrätsel

Silben:
AMT – AMTS – BUN – BUN – BUNDES – CHEF – DENT – DES – DES – EID – FRAK – FÜHRER – GE – GRUND – KANZ – KANZ – KOALITION – LER – LER – LINIEN – MI – NISTER – OPPO – PRÄ – RAT – REGIER – REGIER – RICHT – SCHMIDT – SETZ – SI – SI – TAG – TION – TIONS – UNGS – UNGS – VIZE

_____ _____ ? _____ _____
Stellvertreter des Bundeskanzlers

? _____ _____ _____ _____ _____
„Gegenspieler" des Bundeskanzlers

_____ ? _____ _____
Wählt den Bundeskanzler

? _____ _____ _____
Anderer Begriff für Bundeskanzler

? _____ _____
Formel bei der Amtsübernahme des Bundeskanzlers

_____ ? _____
An der Bundesgesetzgebung beteiligtes Organ

_____ ? _____ _____
Zusammenschluß von Abgeordneten der gleichen Partei

_____ _____ ?
Ehemaliger Bundeskanzler

_____ _____ _____ ? _
Der Kanzler bestimmt die politischen…

_____ ? _____
Vom Kanzler dem Präsidenten zur Ernennung vorgeschlagen

_____ _____ _____ ? _____ _____
Zusammenschluß von Parteien im Parlament, um regieren zu können

_____ ? _____ _____
Verbindliche Aussagen über das Amt des Kanzlers befinden sich im…

_____ ? _____ _____
Vorschlagsberechtigter für das Amt des Kanzlers gegenüber dem Bundestag

_____ _____ ? _____
Den Kanzler zur Erledigung seiner Aufgaben unterstützende Behörde

Hinweis: Ein Teil – aber nicht alle – der richtigen Begriffe kommt auch in den vorhergehenden Materialien vor.

(P wie Politik, RS 10, hg. von Xaver Fiederle und Franz Filser, Schöningh, Paderborn 1989, S. 68)

Die Lösung ergibt den Vor- und den Nachnamen des ersten Bundeskanzlers:

? ? ? ? ? ?   ? ? ? ? ? ? ?

❶ Untersuche, wie das Grundgesetz das Verhältnis von Bundeskanzler und Bundesminister beschreibt (M 41). Beschreibe genau den Zusammenhang zwischen den drei Sätzen des Artikel 65.

❷ Beschreibe mit Hilfe von M 41 a die Aufgaben der Bundesregierung. Informationen über die Arbeit der Bundesregierung findest du in dem nächsten Abschnitt „Der Gang der Gesetzgebung". Mit dem Problem der Kontrolle der Regierung beschäftigen sich die Materialien M 63 und M 64.

❸ Eine spielerische Möglichkeit zur Überprüfung deines Wissens über Amt und Aufgabe des Bundeskanzlers findest du in M 42.

M 43

Der Bundespräsident

Roman Herzog (CDU)
Bundespräsident seit 1994
(Foto: dpa/Bernd Hanselmann)

(Hilde Kammer/Elisabeth Bartsch
[= M 36], S. 34 f.)

An der Spitze der Bundesrepublik Deutschland steht als Staatsoberhaupt der Bundespräsident. Er wird auch als der erste Mann im Staat bezeichnet. Der Bundespräsident wird für die Dauer von fünf Jahren von der *Bundesversammlung* (s. M 27) gewählt. Er kann für fünf Jahre wiedergewählt werden, das jedoch nur einmal. […] Zum Bundespräsidenten kann jeder Deutsche gewählt werden, der über 40 Jahre alt ist und das Recht hat, zu wählen und gewählt zu werden.

Der Bundespräsident ist nicht für die Politik der Bundesrepublik verantwortlich. […] Er repräsentiert, das heißt, er vertritt die Bundesrepublik nach außen und innen. Es stehen ihm dafür unter anderen die folgenden *Rechte* zu:
Er empfängt und beglaubigt Botschafter fremder Staaten;
er unterzeichnet Verträge mit anderen Staaten, die durch seine Unterschrift in Kraft treten;
er unterzeichnet nach eigener Entscheidung die vom Bundestag beschlossenen Gesetze und verkündet sie im Bundesgesetzblatt;
er ernennt den vom Bundestag gewählten Bundeskanzler;
er kann begnadigen, das bedeutet, er kann die Strafe eines Verurteilten mildern oder aufheben [nur bei Urteilen von obersten Bundesgerichten]; er verleiht das Bundesverdienstkreuz*.

Die Bundespräsidenten der Bundesrepublik Deutschland

(Fotos: Bundesbildstelle)

Dr. Theodor Heuss: 1949–1959

Dr. h. c. Heinrich Lübke: 1959–1969

Dr. Gustav Heinemann: 1969–1974

Walter Scheel: 1974–1979

Dr. Karl Carstens: 1979–1984

Dr. Richard von Weizsäcker: 1984–1994

M 44 a

Das Bundesverfassungsgericht

Das *Bundesverfassungsgericht*, das im Gegensatz zu den anderen obersten Bundesorganen seinen Sitz nicht in Bonn, sondern in Karlsruhe hat, *sorgt dafür, daß Geist und Buchstaben der Gesetze, Handeln der Judikative* und Exekutive* mit der Verfassung übereinstimmen.*
[...] Die *Funktion als „Hüter der Verfassung" kann nicht hoch genug eingeschätzt* werden; die *Entscheidungen* des Bundesverfassungsgerichts *binden nämlich alle anderen staatlichen Organe.* Die je acht Richter der beiden Senate, die nicht von sich aus initiativ*, sondern *nur auf Antrag tätig* werden, besitzen umfassende Kompetenzen. Das Bundesverfassungsgericht *legt das Grundgesetz letztverbindlich aus,* wenn es zu Kontroversen zwischen den obersten Bundesorganen* kommt (Organstreitigkeiten), *entscheidet über Meinungsverschiedenheiten zwischen Bund und Ländern* (bundesstaatliche Streitigkeiten), *prüft die Vereinbarkeit von Rechtsnormen* mit solchen übergeordneter Art* (Normenkontrolle). Jedes Gesetz muß mit der Verfassung übereinstimmen. Das Bundesverfassungsgericht beschäftigt sich insbesondere auch mit *Verfassungsbeschwerden, die der Bürger einlegen kann,* wenn er sich durch einen Akt der öffentlichen Gewalt in einem Grundrecht verletzt glaubt. Um das Bundesverfassungsgericht nicht zu überlasten, *muß der vorherige Rechtsweg (im allgemeinen) erst ausgeschöpft sein.*

(Foto: Bundesbildstelle/Reineke)

Das Bundesverfassungsgericht hat bisher eine Reihe von grundlegenden, teils spektakulären Entscheidungen gefällt (z.B. über Parteiverbote, Regierungsfernsehen, Parteienfinanzierungen, Hochschulgesetzgebung, Grundvertrag*, Abtreibung und Kriegsdienstverweigerung). Es hat viele betont liberale* Urteile verkündet. Sowohl die *Gleichberechtigung von Mann und Frau* als auch die *Rechtsstellung des unehelichen Kindes* sind durch sie gefördert worden. Obwohl durch die Art der Wahl – sie erfolgt nach einem ausgeklügelten Modus je zur Hälfte durch einen zwölfköpfigen Wahlausschuß des Bundestages und den Bundesrat mit einer Zweidrittelmehrheit – Neutralität und Unabhängigkeit der Richter erreicht werden sollen, läßt sich natürlich nicht ganz ausschalten, daß die Wahl auch nach parteipolitischen Gesichtspunkten geschieht. Ob damit immer der nötige Respekt vor der richterlichen Unabhängigkeit gewahrt wird, ist umstritten. Andererseits bleibt zu bedenken, daß es notwendig sein kann, politischem Proporzdenken bei der Wahl der Bundesverfassungsrichter Rechnung zu tragen, da das Bundesverfassungsgericht *Entscheidungen von politisch weitreichendem Rang trifft.* Im übrigen ist eine Wiederwahl eines Richters nach Ablauf seiner zwölfjährigen Amtsperiode nicht zulässig, um etwaige Rücksichtnahmen auszuschalten.

(Eckhard Jesse, Die Demokratie in der Bundesrepublik Deutschland, Colloquium Verlag, Berlin, 7. Aufl. 1986, S. 45 f.)

M 44 b

Geringe Erfolgsquote bei Verfassungsbeschwerden

Im Grundgesetz der Bundesrepublik Deutschland sind eine Reihe von Grundrechten festgeschrieben (z.B. Schutz der Menschenwürde, Gleichheit vor dem Gesetz, Glaubens- und Gewissensfreiheit, Meinungsfreiheit). Wer sich durch Gerichtsurteile oder Gesetze in seinen Grundrechten verletzt fühlt, kann beim Bundesverfassungsgericht in Karlsruhe eine Verfassungsbeschwerde einlegen. Seit September 1951 bis Ende 1990 wurde über 78 000mal von diesem Recht Gebrauch gemacht. Das waren rund 96 Prozent aller Eingaben beim Karlsruher Gerichtshof. Im Sinne der Kläger wurden 2,3 Prozent der Verfassungsbeschwerden entschieden.

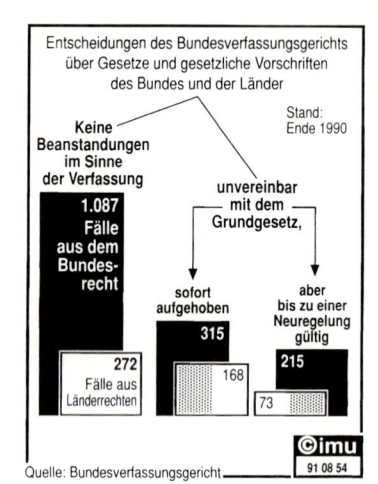

(910853 © imu)

Entscheidungen des Bundesverfassungsgerichts über Gesetze und gesetzliche Vorschriften des Bundes und der Länder

Stand: Ende 1990

Keine Beanstandungen im Sinne der Verfassung: 1.087 Fälle aus dem Bundesrecht

unvereinbar mit dem Grundgesetz,

sofort aufgehoben: 315

aber bis zu einer Neuregelung gültig: 215

272 Fälle aus Länderrechten

168

73

Quelle: Bundesverfassungsgericht

©imu 91 08 54

M 44 c

Im Schnittfeld von Recht und Politik

Es ist das große Verdienst des Bundesverfassungsgerichts, dafür gesorgt zu haben, daß die Grundrechte nicht nur auf dem Papier stehen, sondern die Tätigkeit der Legislative und der Exekutive sowie die Verfahren und Entscheidungen der Fachgerichte lebendig durchdringen. Es hat durch seine Rechtsprechung die politische Ordnung als ganze stark beeinflußt. Dies wirft allerdings auch die Frage nach der Grenze zwischen verfassungsrechtlicher Prüfung und politischer Wertung, zwischen Recht und Politik, auf. Entscheidungen des Bundesverfassungsgerichts können das politische Kräftespiel maßgeblich verändern. Ungeachtet solcher möglichen politischen Folgewirkungen handelt es sich aber um *Rechtsentscheidungen;* Maßstab der verfassungsrechtlichen Prüfung sind ausschließlich die Vorschriften der Verfassung. Dies bedeutet: Das Bundesverfassungsgericht übt durchaus Macht aus, aber eine Macht im Dienst der Verfassung, an die es selbst gebunden ist. Auch wenn eine Entscheidung in den politischen Raum hineinwirkt, bleibt sie für das Gericht eine Streitigkeit um Rechtsfragen. Das Bundesverfassungsgericht ist in seiner Rechtsprechung immer bemüht gewesen, dem Rechnung zu tragen und die Grenzen zwischen Verfassungsrecht und Politik einzuhalten – auch wenn im Einzelfall einmal Kritik laut geworden ist.

(Legislative, Exekutive, Rechtsprechung; Dümmler, Bonn 1993, S. 61)

❶ Beschreibe die Aufgabe des Bundespräsidenten, und kennzeichne seine Rolle in der politischen Ordnung in der Bundesrepublik (M 43). Erläutere auch die Zusammensetzung der Bundesversammlung (M 27), deren einzige Aufgabe die Wahl des Bundespräsidenten ist.

❷ Die Bedeutung des Bundesverfassungsgerichtes für die politische Entwicklung ist in den letzten Jahren immer größer geworden. Beschreibe seine Stellung innerhalb des politischen Systems und seine Aufgaben (M 44a/b). Was meint man damit, wenn man es als „Hüter der Verfassung" bezeichnet?

❸ Ein konkretes Beispiel für die Entscheidungen des Bundesverfassungsgerichtes (vgl. M 44 b) findest du in M 46. Welcher der in M 44 a genannten Aufgaben ist es zuzuordnen?

❹ Erläutere die Aussage, daß das Bundesverfassungsgericht im „Schnittfeld von Recht und Politik" (M 44 c) handelt. Vielleicht könnt ihr eine Entscheidung nennen, die das „politische Kräftespiel" (z.B. zwischen Regierung und Opposition) beeinflußt hat.

❺ Mit den Aufgaben und der Tätigkeit von Bundestag und Bundesrat, die in diesem Abschnitt ausgespart wurden, beschäftigen sich ausführlich die beiden folgenden Abschnitte dieses Kapitels (zum Bundestag vgl. Einleitung S. 281).

Der Gang der Gesetzgebung

In den beiden vorangegangenen Abschnitten ist deutlich geworden, daß das Parlament, die Volksvertretung, eine zentrale Rolle in einer parlamentarischen Demokratie spielt. Im einzelnen kann man folgende Aufgaben oder Funktionen des Bundestages unterscheiden:
1. Wahl des Bundeskanzlers als Grundlage der Regierungsbildung (**Wahlfunktion**);
2. Beratung und Beschluß von Gesetzen als den allgemeinverbindlichen Regelungen für das Gemeinwesen (**Gesetzgebungsfunktion**);
3. Vertretung der Bevölkerung mit einer angemessenen Berücksichtigung ihrer vielschichtigen, teilweise einander widerstreitenden Interessen (**Repräsentations- bzw. Artikulationsfunktion**);
4. Kontrolle der Regierung und der ihr unterstellten Behörden (**Kontrollfunktion**).

Dieser Abschnitt beschäftigt sich genauer mit der Gesetzgebungsfunktion. Ihr könnt den Prozeß der Gesetzgebung an einem *Beispiel* aus den Jahren 1991 bis 1993 (Gesetz zum *Namensrecht*) verfolgen. In M 46 wird das Problem, um das es in dem Gesetzgebungsverfahren geht, beschrieben. M 47 enthält ein „Puzzle" mit verschiedenen Stationen dieses Gesetzgebungsverfahrens, das ihr mit Hilfe des Schemas „Der Weg eines Gesetzes" (M 48) richtig zusammensetzen könnt. M 49 und M 59 enthalten Informationen über an einem Gesetzgebungsverfahren beteiligte Institutionen, die ihr aus dem vorhergehenden Kapitel noch nicht kennt. M 52 enthält dann Materialien, mit denen ihr die unterschiedlichsten Positionen, die in dem Gesetzgebungsverfahren vertreten wurden, nachvollziehen könnt. Mit Hilfe dieser Materialien könnt ihr euch eine eigene Meinung zu den unterschiedlichen im Gesetzgebungsverfahren vertretenen Positionen bilden. Ihr könnt auch in einer Art *„Parlamentsspiel"* die einzelnen Positionen auf unterschiedliche Gruppen in der Klasse verteilen und unter der Leitung eines „Bundestagspräsidenten" bzw. „Bundestagspräsidentin" die Alternativen diskutieren und in einer Abstimmung eure Entscheidung treffen. Hilfen für ein solches „Parlamentsspiel" in der Form einer Geschäftsordnung findet ihr in M 53. Den Inhalt des tatsächlich vom Bundestag beschlossenen Gesetzes könnt ihr dann in M 54 nachlesen.

Die Arbeit mit dem Fallbeispiel kostet etwas Zeit und Mühe, wenn ihr euch – wie in diesem Abschnitt vorgeschlagen – nicht nur allgemein mit dem Thema Gesetzgebung, sondern auch mit dem konkreten Problem, um das es geht, auseinandersetzt. Wenn ihr das Fallbeispiel nicht bearbeiten wollt, findet ihr in M 48 bis M 51 allgemeine Materialien zur Gesetzgebung durch Bundestag und Bundesrat. Im letzten Abschnitt dieses Kapitels findet ihr Materialien über die Kontrollfunktion des Bundestages.

Wie kommt es zu einem Gesetz?

M 45

[…] Das Gesetzgebungsverfahren beginnt mit der Vorlage eines Gesetzentwurfes. […] Gesetzesvorlagen können nach Artikel 76 GG nur eingebracht werden
● von der Bundesregierung
● aus der Mitte des Bundestages oder
● vom Bundesrat.

Gesetzesvorlagen […] kommen durch die unterschiedlichsten Anstöße zustande. Einzelne Bürger oder Gruppen von Bürgern, Gewerkschaften oder Wirtschaftsverbände […] fordern neue Regelungen oder die Verbesserung bestehender Vorschriften. Von den Behörden, die Gesetze auszuführen haben, kommen Anregungen zu Änderungen, wenn Mängel bei der Ausführung aufgetreten sind. Politische Parteien, Fraktionen oder einzelne Abgeordnete drängen auf Verwirklichung von Programmen oder Ankündigungen. Internationale Verträge bedürfen der Form eines Bundesgesetzes […]. In allen diesen Fällen kann es schließlich zur Vorlage eines Gesetzentwurfes kommen. Zuvor muß der Gesetzentwurf erarbeitet werden.

Am häufigsten geschieht dies in den Bundesministerien. Deshalb werden die meisten Gesetzesvorlagen von der Bundesregierung im Bundestag eingebracht. Entwürfe für Bundesgesetze werden auch von Landesministerien erarbeitet. Sie werden dann von der Landesregierung dem Bundesrat zugeleitet, damit dieser von seinem Initiativrecht Gebrauch macht. Gesetzesvorlagen kommen auch aus der Mitte des Bundestages […].

Für die Erarbeitung eines Gesetzentwurfes sind zahlreiche Überlegungen über die Folgen der beabsichtigten Regelung erforderlich sowie viele Besprechungen mit Fachleuten, mit Verbänden von Betroffenen und mit Behörden, die die Regelungen auszuführen hätten. Entwürfe eines federführenden Ministeriums werden dem Bundeskabinett vorgelegt und müssen von diesem beschlossen werden, um als „Regierungsvorlage" beim Bundestag eingebracht werden zu können.

(Klaus F. Arndt/Wolfgang Heyde/Gebhard Ziller, Legislative, Exekutive, Rechtsprechung; Bund, Länder, Kommunen; Dümmler's Verlag, Bonn 1993, S. 25)

M 46 Die Ausgangslage

M 46 a

Das Problem des Namensrechtes

1896 legte das Bürgerliche Gesetzbuch* noch schlicht fest, daß bei einer Eheschließung die Frau den Namen des Mannes erhält. Erst 1957, nach dem Gesetz zur Gleichberechtigung der Frau, dachte man an eine mögliche Berücksichtigung des weiblichen Namens bei einer Heirat. Von da an konnte die Frau ihren sogenannten Mädchennamen an den Namen des Mannes anhängen.

In den siebziger Jahren wurde gegen diese – ganz symbolisch zu verstehende – „Anhängsel-Regelung" geklagt. Das Bundesverfassungsgericht in Karlsruhe erklärte sie 1978 schließlich für verfassungswidrig.

Inzwischen hatte die Bonner Regierung – damals unter SPD-Kanzler Helmut Schmidt – selbst eine Reform des Namensrechts beschlossen, über die in Bundestag und Bundesrat heftig gestritten wurde. Der Vermittlungsausschuß mußte angerufen werden. Heraus kam 1976 jener Kompromiß, den die Richter in Karlsruhe nun teilweise für verfassungswidrig erklärten. Damals wurde erstmals beschlossen, daß sowohl der Geburtsname der Frau als auch der des Mannes gemeinsamer Ehename sein könne. Bei einem Doppelnamen wird der Geburtsname auch nicht mehr angehängt, sondern vorangestellt.

Im Konfliktfall wurde das männliche Vorrecht jedoch stets beibehalten. Wollte die Frau ihren Namen zu dem der Familie und der gemeinsamen Kinder machen, mußte sie den Mann hiervon überzeugen. Widersetzte er sich, hatte er sich damit bereits durchgesetzt. Denn stimmte der Mann nicht zu, wurde sein Name der Familie und den Kindern einfach gesetzlich verordnet.

Die juristische Fachwelt hieß diesen „Stichentscheid" zugunsten des Mannes überwiegend gut. In dem bekannten „Münchner Kommentar" wird dazu vielsagend erklärt, der Frau sei ein Namenswechsel eher zumutbar, „da sie als die zumeist jüngere vor der Heirat weniger lang im Berufsleben stand, nachher zur Versorgung der Kleinkinder einige Jahre aus dem Beruf ausscheidet sowie überdies in ihm häufig weniger hohe Positionen einnimmt".

(Frankfurter Rundschau, 15.03.1991; Verfasserin: Ursula Knapp)

M 46 b

Die Regelung von 1976 in der Praxis

Wenn also Anton Müller Fräulein Sabine Meier heiratet, können die Ehegatten […] auch den Ehenamen „Meier" tragen, so daß Anton Müller nach der Eheschließung Anton Meier heißt. Der Gesetzgeber hat […] ermöglicht, daß der bisherige Namenszusammenhang „Anton Müller" unzertrennt erhalten bleibt, weil derjenige Ehegatte, dessen Geburtsname nicht Ehename wird (also Anton Müller), dem Ehenamen (also Meier) seinen bisherigen Geburtsnamen voranstellen kann, so daß in unserem Fall der Name auch „Anton Müller-Meier" lauten kann, wenn dies Anton Müller will. Dasselbe gilt umgekehrt: Wird der Name „Müller" Ehename, kann die Frau sich Sabine Meier-Müller nennen.

(E. Schumann, Einführung zu „Familien-, Ehe- und Scheidungsrecht". In: Unser Recht, Große Sammlung deutscher Gesetze, hrsg. von E. Schumann, Beck, München 1982, S. 285)

M 46 c

Eine Entscheidung des Bundesverfassungsgerichts zum Namensrecht (März 1991)

Karlsruhe kippt ein Vorrecht des Mannes

Namensgesetz für Heirat verfassungswidrig

Das Gesetz von 1976, wonach im Streitfalle der Name des Mannes gemeinsamer Ehename wird, verstößt gegen die Gleichberechtigung. Diese Entscheidung hat am Donnerstag das Bundesverfassungsgericht (BVG) in Karlsruhe veröffentlicht.

Der Beschluß des Ersten Senats hat zur Folge, daß der Bonner Gesetzgeber ein neues Ehenamensrecht schaffen muß. Bis dahin hat Karlsruhe eine Übergangsregelung getroffen. Danach können von nun an sowohl der Mann als auch die Frau nach der Heirat ihren Namen behalten. Wird kein gemeinsamer Name angegeben, erhalten Kinder den Namen, den die Eltern bestimmen. Dabei kann der Name der Mutter oder der des Vaters, aber auch ein Doppelname gewählt werden. Einigen sich die Eltern nicht, gilt der Doppelname, die Reihenfolge entscheidet im Zweifel der Standesbeamte per Los. (AZ.: 1 BvL 83/86 und 24/88)

Das BVG betont, daß mit dieser Übergangsregelung dem Gesetzgeber nicht vorgegriffen wird. Der kann eine andere Regelung beschließen. Allerdings ist es nicht mehr möglich, dem männlichen Namen im Zweifel den Vorrang einzuräumen. Vorstellbar wäre nach der BVG-Entscheidung, ganz auf einen gemeinsamen Ehenamen zu verzichten oder bei keiner Einigung das Los entscheiden zu lassen.

Für Ehen, die bereits geschlossen sind, muß Bonn eine Übergangsregelung beschließen. Paare, die keinen gemeinsamen Ehenamen vereinbart hatten und deshalb den männlichen gesetzlich verordnet bekamen, müssen die Möglichkeit zur Änderung erhalten.

(Frankfurter Rundschau, 15.3.1991; Verfasserin: Ursula Knapp)

❶ Erkläre, wie es zur Erarbeitung eines Gesetzentwurfs kommt (M 45). Was geschieht, bevor der Gesetzentwurf ins Parlament eingebracht wird? Am Ende von M 45 wird von einer „Regierungsvorlage" ausgegangen, also von einem von der Bundesregierung eingebrachten Gesetzesvorschlag. Ein Gesetzentwurf kann jedoch auch vom Bundesrat oder aus dem Bundestag eingebracht werden. Siehe dazu M 51. Eine weitere in M 45 nicht erwähnte Möglichkeit, wie es zu einem Gesetz kommen kann, ergibt sich aus M 46.

❷ Das Namensrecht ist in Deutschland seit 1896 durch das Bürgerliche Gesetzbuch (BGB) geregelt. Grundinformationen über das BGB findest du im Glossar am Ende des Buches. Beschreibe mit Hilfe von M 46 a die Entwicklung des Namensrechtes seit 1896 und das damit verbundene Problem. Artikel 3 des Grundgesetzes, auf das sich das Bundesverfassungsgericht in seiner Entscheidung von 1978 berief, findest du in M 21.

❸ Erkläre, wie sich das bis zum März 1991 gültige Namensrecht in der Praxis auswirkte (M 46 b).

❹ Erkläre, was die Entscheidung des Bundesverfassungsgerichtes vom März 1991 für das seit 1976 geltende Namensrecht bedeutet, wie das Bundesverfassungsgericht seine Entscheidung begründet und welchen Auftrag es an den Gesetzgeber, d.h. dem Parlament gegeben hat (M 46 c).

❺ In M 44 sind die Aufgaben des Bundesverfassungsgerichts beschrieben. Stelle fest, welche der dort genannten Aufgaben das Bundesverfassungsgericht mit diesem Beschluß wahrgenommen hat und warum es dem Gesetzgeber Aufträge geben kann.

❻ Erkläre noch einmal die in M 44 enthaltene Aussage, das Bundesverfassungsgericht agiere „im Schnittfeld von Politik und Recht" an Hand der in M 46 c beschriebenen Entscheidung.

M 47

Stationen eines Gesetzgebungsverfahrens

In dem folgenden „Puzzle" sind Stationen der Entstehung eines Gesetzes in den Jahren 1991 bis 1993 zusammengestellt. Neben dem eigentlichen Gesetzgebungsverfahren ist auch die politische Auseinandersetzung berücksichtigt. Die folgende Anordnung ist zufällig. Hinweise zu dem Umgang mit dem Puzzle findest du in den an M 51 anschließenden Arbeitshinweisen.

I Die SPD-Fraktion bringt noch vor der Bundesregierung einen Gesetzentwurf zur Reform des Namensrechts ein.

I Die Koalition hat sich nach langen Verhandlungen zwischen den Fraktionen über die Neuregelung des Namensrechts geeinigt. Damit können die Beratungen in den zuständigen Ausschüssen nach längerer Unterbrechung weitergehen.

E Die Koalitionsparteien CDU, CSU und FDP haben sich nach Auskunft von Bundesjustizminister Kinkel über die Neuregelung des Namensrechts verständigt. Die Bundesregierung will den Gesetzentwurf bald in den Bundestag einbringen. CSU-Generalsekretär Huber meldete jedoch für die CSU Widerstand gegen die vorgesehene Lösung an.

H Im Bundesjustizministerium ist ein Referentenentwurf für eine Änderung des Namensrechts erarbeitet worden. Er soll zunächst innerhalb der Bundesregierung und mit den Koalitionsfraktionen (CDU/CSU, FDP) abgestimmt werden, bevor er in den Bundestag eingebracht wird.

E Die Bundesregierung bringt einen Gesetzentwurf zur Neuregelung des Namensrechts in den Bundestag ein. Er soll mit dem Entwurf der SPD-Fraktion in den zuständigen Fachausschüssen des Bundestages beraten werden.

C Der Bundestag behandelt den Gesetzentwurf der SPD-Fraktion zur Änderung des Namensrechts in 1. Lesung und überweist ihn an die zuständigen Ausschüsse. Federführend ist der Rechtsausschuß.

U Der Bundestag behandelt den im Rechtsausschuß neu gefaßten Gesetzentwurf der Bundesregierung zum Namensrecht. In der Debatte machen die Koalitionsparteien (CDU, CSU, FDP) auf der einen Seite und die Opposition (SPD, PDS) noch einmal ihre unterschiedlichen Standpunkte deutlich. Mit den Stimmen der Koalitionsfraktionen wird der Gesetzentwurf der SPD abgelehnt und der veränderte Entwurf der Bundesregierung beschlossen.

T Der Rechtsausschuß des Bundestages hat die beiden vorliegenden Gesetzentwürfe zur Neuregelung des Namensrechts verworfen. Eine erneute Beratung ist erst nach einer endgültigen Einigung innerhalb der Koalition zu erwarten.

B Der Gesetzentwurf der SPD-Fraktion zur Änderung des Namensrechts wird ein halbes Jahr, nachdem er in den Bundestag eingebracht wurde, im Rechtsausschuß beraten. Der Rechtsausschuß verständigt sich auf eine Vertagung bis zur Vorlage eines entsprechenden Entwurfes der Bundesregierung.

G Das Bundesverfassungsgericht erklärt das seit 1976 geltende Namensrecht für verfassungswidrig und verpflichtet den Gesetzgeber zu einer Neufassung.

R Die Bundesregierung beschließt einen Gesetzentwurf zur Neuregelung des Namensrechts.

L Bundesjustizminister Kinkel kündigt an, er werde in Kürze einen Gesetzentwurf zum Namensrecht einbringen. Er reagierte damit auf die kürzlich vom Bundesverfassungsgericht getroffene Entscheidung zum Namensrecht.

G Der Bundespräsident verkündet das Gesetz zur Neuregelung des Namensrechts im Bundesgesetzblatt und setzt es damit in Kraft.

E Die SPD-Fraktion beschließt einen Gesetzentwurf zur Änderung des Namensrechts, den sie in Kürze in den Bundestag einbringen will.

ä Der Rechtsausschuß des Bundestages beschließt mit der Mehrheit der Koalition einen gegenüber dem Entwurf der Bundesregierung veränderten Gesetzentwurf für ein neues Namensrecht.

C Der Bundesrat nimmt zu dem Gesetzentwurf der Bundesregierung Stellung. Mit der Mehrheit der von der SPD geführten Länder verlangt er Änderungen im Sinne des Gesetzentwurfes der SPD-Fraktion.

H Zum wiederholten Male hat der Rechtsausschuß des Bundestages die Behandlung der Namensrechtsreform vertagt, Justizministerin Leutheusser-Schnarrenberger wurde ausgeladen. Hintergrund ist, daß die Koalitionsfraktionen sich noch nicht über den von der Bundesregierung eingebrachten Gesetzentwurf geeinigt haben.

N Der Bundesrat stimmt dem vom Bundestag beschlossenen Gesetz zu.

285

M 48

Der Weg eines Gesetzes

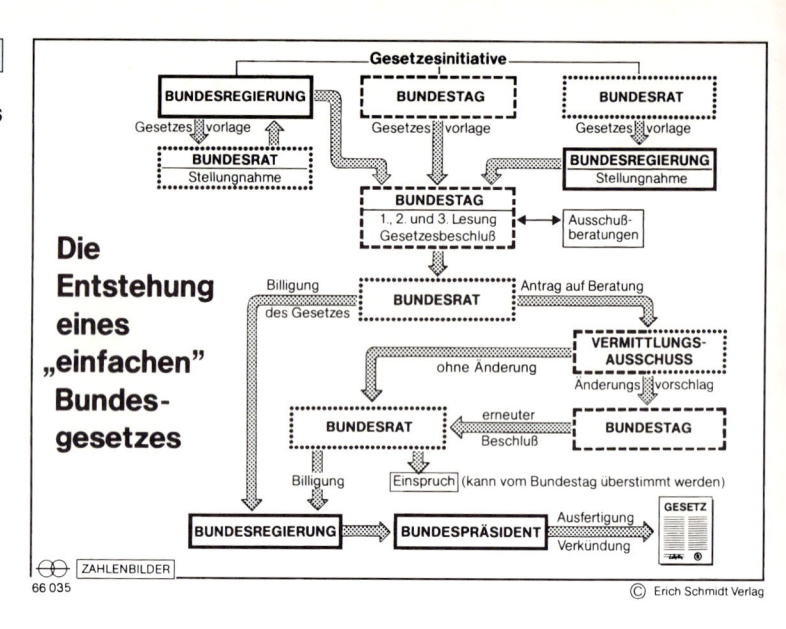

Die Entstehung eines „einfachen" Bundesgesetzes

[Schaubild: Gesetzesinitiative – Bundesregierung / Bundestag / Bundesrat → Gesetzesvorlage → Bundesrat Stellungnahme / Bundesregierung Stellungnahme → Bundestag 1., 2. und 3. Lesung Gesetzesbeschluß ↔ Ausschußberatungen → Billigung des Gesetzes / Bundesrat → Antrag auf Beratung → Vermittlungsausschuss (ohne Änderung / Änderungsvorschlag) → Bundesrat / Bundestag erneuter Beschluß → Billigung / Einspruch (kann vom Bundestag überstimmt werden) → Bundesregierung → Bundespräsident → Ausfertigung Verkündung → GESETZ – ZAHLENBILDER 66 035 © Erich Schmidt Verlag]

(Autorentext)

Das Schema beschreibt die Entstehung eines sogenannten *„einfachen"* Bundesgesetzes. So werden Gesetze genannt, die nach dem Grundgesetz nicht unbedingt der Zustimmung des Bundesrates bedürfen. Bei solchen Gesetzen kann der Bundesrat nur Einspruch erheben. Dieser Einspruch kann jedoch vom Bundestag überstimmt werden, woraufhin das Gesetz in Kraft treten kann.

Anders ist es bei *zustimmungsbedürftigen* Gesetzen. Bei diesen Gesetzen kann ein Beschluß des Bundestages nur Gesetz werden, wenn der Bundesrat ihm ausdrücklich zugestimmt hat.

Der Bundesrat kann, wenn seine Änderungswünsche im Vermittlungsverfahren (s. M 50) nicht berücksichtigt werden, das Gesetz durch seinen Einspruch endgültig zu Fall bringen. Zustimmungsbedürftige Gesetze sind alle Gesetze, bei denen die Einnahmen und Ausgaben der Länder berührt werden oder die von den Ländern und ihren Verwaltungen mit durchgeführt werden müssen. Da das in der Regel der Fall ist, sind fast alle wichtigen Gesetze von der Zustimmung des Bundesrates abhängig.

M 49

Die Fachausschüsse des Bundestages

Viele Gesetzentwürfe sind heute so spezialisiert, daß nur Fachleute darüber beraten können. Darum richtet der Bundestag Ausschüsse ein, die sich mit besonderen Fragen, Gesetzesvorlagen, Änderungen u.a. beschäftigen. Ihnen gehören Abgeordnete aller im Parlament vertretenen Parteien an. Die Ausschüsse werden entsprechend den Fraktionsstärken* besetzt. Von den Fraktionen werden Fachleute in die Ausschüsse entsandt. Die Ausschüsse können auch von sich aus Sachverständige, die nicht Mitglieder des Bundestages sind, zur Beratung hinzuziehen.

Die Ausschüsse tagen in der Regel nicht öffentlich, sie können jedoch in Ausnahmefällen die Öffentlichkeit zulassen und öffentliche Anhörungen von Sachverständigen oder Interessenvertretern durchführen. In den Ausschüssen fallen in den meisten Fällen die eigentlichen Entscheidungen, weil die Abgeordneten der einzelnen Fraktionen sich in der Regel der Meinung der aus ihrer Fraktion in die einzelnen Ausschüsse entsandten Fachleute anschließen. Die Ausschüsse erstatten über ihre Arbeit einen Bericht, der allen Bundestagsabgeordneten zugeleitet wird und Gegenstand der weiteren Beratung im Plenum ist. Eine Übersicht über die Ausschüsse des 1990 gewählten 12. Bundestages gibt dir das Schaubild.

(Autorentext)

Die ständigen Ausschüsse des 12. Bundestages

CDU/CSU	SPD	FDP	PDS/LL	B 90/Grüne	Ausschußmitglieder		Ausschußvorsitz	CDU/CSU	SPD	FDP	PDS/LL	B 90/Grüne
9	6	2	1	1	Ausschuß für Wahlprüfung, Immunität und Geschäftsordnung	19	29 Ausschuß für Familie und Senioren	14	10	3	1	1
15	12	4	1	1	Petitionsausschuß	33	29 Ausschuß für Frauen und Jugend	14	10	3	1	1
19	15	5	1	1	Auswärtiger Ausschuß	41	29 Ausschuß für Gesundheit	14	10	3	1	1
19	15	5	1	1	Innenausschuß	41	41 Ausschuß für Verkehr	19	15	5	1	1
9	6	2	1	1	Sportausschuß	19	41 Ausschuß für Umwelt, Naturschutz und Reaktorsicherheit	19	15	5	1	1
14	10	3	1	1	Rechtsausschuß	29	19 Ausschuß für Post und Telekommunikation	9	6	2	1	1
19	15	5	1	1	Finanzausschuß	41	31 Ausschuß für Raumordnung, Bauwesen und Städtebau	14	11	4	1	1
18	14	5	1	1	Haushaltsausschuß	39	35 Ausschuß für Forschung, Technologie u. Technikfolgenabschätzung	17	12	4	1	1
19	15	5	1	1	Ausschuß für Wirtschaft	41	31 Ausschuß für Bildung und Wissenschaft	14	11	4	1	1
17	12	4	1	1	Ausschuß für Ernährung, Landwirtschaft und Forsten	35	35 Ausschuß für wirtschaftliche Zusammenarbeit	17	12	4	1	1
18	13	4	1	1	Ausschuß für Arbeit und Sozialordnung	37	19 Ausschuß für Fremdenverkehr	9	6	2	1	1
18	13	4	1	1	Verteidigungsausschuß	37	33 EG-Ausschuß	15	12	4	1	1

ZAHLENBILDER 64 113 © Erich Schmidt Verlag

M 50

Der Vermittlungsausschuß

(Autorentext)

Der Vermittlungsausschuß besteht aus 16 Mitgliedern des Bundesrates (je ein Mitglied aus jedem Land) und 16 Vertretern des Bundestages (Mitglieder von Regierungsparteien und Opposition entsprechend ihrer Stärke im Bundestag). Der Vermittlungsausschuß tritt in Aktion, wenn es zu Meinungsverschiedenheiten über Gesetzesvorlagen zwischen Bundestag und Bundesrat kommt. Wenn der Bundesrat Einwände gegen einen Gesetzesbeschluß des Bundestages hat und eine Abänderung erreichen will, ruft er den Vermittlungsausschuß an. Der Vermittlungsausschuß kann den Gesetzesbeschluß des Bundestages billigen oder verändern, er wird dann dem Bundesrat und gegebenenfalls dem Bundestag zur erneuten Beschlußfassung zugeleitet. Der Vermittlungsausschuß hat insbesondere dann eine große Bedeutung, wenn in Bundestag und Bundesrat andere Parteien die Mehrheit haben, wie es von 1969 bis 1982 der Fall war. Der Vermittlungsausschuß tagt grundsätzlich nicht öffentlich.

M 51 Das Gesetzgebungswerk des Deutschen Bundestages

	Wahlperioden des Bundestages										
	1. 1949–1953	2. 1953–1957	3. 1957–1961	4. 1961–1965	5. 1965–1969	6. 1969–1972	7. 1972–1976	8. 1976–1980	9. 1980–1983	10. 1983–1987	11. 1987–1990	12.[1]
Gesetzesinitiativen von:												
Bundesregierung	472	446	394	368	415	351	461	322	146	280	321	182
Bundestag	301	414	207	245	225	171	136	111	58	183	227	142
Bundesrat	32	17	5	8	14	24	73	52	38	59	47	38
Gesetzesbeschlüsse auf Initiativen von:												
Bundesregierung	392	368	348	329	372	259	427	288	104	237	267	104
Bundestag	141	132	74	96	80	58	62	39	16	42	68	38
Bundesrat	12	7	2	2	9	13	17	15	8	32	15	10

(Quelle: Deutscher Bundestag, Bonn) [1] Stand: 31.12.1992

❶ Bringe die verschiedenen Stationen des Gesetzgebungsprozesses in die richtige Reihenfolge (M 47). Ihr könnt die richtige Reihenfolge ermitteln, indem ihr die mit Buchstaben gekennzeichneten Stationen in die richtige Reihenfolge (Nr. 1 bis Nr. 18) bringt. Bei dieser Aufgabe hilft euch das in M 48 enthaltene Schema. Daneben müßt ihr aber auch auf Hinweise in den Beschreibungen der Stationen achten, aus denen ihr die Reihenfolge ableiten könnt. Die erste Station wird bereits in M 46 c beschrieben. In der richtigen Reihenfolge gelesen, ergibt sich aus den Buchstaben ein Begriff, der ein hinter dem Streit um das Namensrecht stehendes Grundproblem kennzeichnet. Die Auflösung findet ihr am Ende des Kapitels. Dort sind auch die genauen Zeitangaben zu finden, die es erlauben, die zeitliche Dauer bestimmter Phasen einzuschätzen.

❷ Stelle fest, welche der in M 47 enthaltenen Stationen in dem Schema in M 48 enthalten sind und welche nicht. Untersuche, wer an dem Entscheidungsprozeß beteiligt ist und wie die einzelnen Institutionen und Gruppen aufeinander reagieren. Versuche zu unterscheiden, wo die formellen Beschlüsse gefaßt werden und wo die zentralen Weichenstellungen geschehen.

❸ Charakterisiere zusammenfassend die Rolle der einzelnen Staatsorgane. Welche Bedeutung haben die Parteien in diesem Prozeß? (M 47 und M 48)

❹ Erkläre den Unterschied zwischen einem einfachen und einem zustimmungsbedürftigen Gesetz (M 48). Welche Bedeutung hat der Bundesrat auf Grund der Tatsache, daß die Mehrzahl der wichtigen Gesetze zustimmungsbedürftige Gesetze sind? Welche Aufgaben und welche Bedeutung hat in diesem Zusammenhang der Vermittlungsausschuß (M 50)?

❺ Stelle an Hand von M 49 fest, was Bundestagsausschüsse sind, welche Aufgaben sie haben und wie sie zusammengesetzt sind. Überlege, welche die zuständigen Ausschüsse für die Gesetzentwürfe zum Erziehungsurlaub sind.

❻ Untersuche an Hand von M 51, wie sich die Gesetzesinitiativen zwischen Bundesregierung, Bundestag und Bundesrat verteilen. Einen Hinweis zur Erklärung der Unterschiede gibt dir M 41.

|M 52| **Positionen zur Neugestaltung des Namensrechtes**

|M 52 a|

Der Antrag der SPD-Fraktion

1. Die Ehegatten behalten ihren vor der Eheschließung geführten Namen bei, es sei denn, daß sie sich für einen gemeinsamen Ehenamen entscheiden. Dabei haben sie weitestgehende Wahlfreiheit. Zum Ehenamen können sie einen ihrer Geburtsnamen oder einen neuen zusammengesetzten Doppelnamen bestimmen.

2. Kinder, deren miteinander verheiratete Eltern unterschiedliche Namen führen, können den Namen der Mutter, den des Vaters oder einen aus beiden Namen zusammengesetzten Namen erhalten. Auch hier besteht Wahlfreiheit. Die Entstehung von Vielfachnamen ist ausgeschlossen. Im Falle der (seltenen) Nichteinigung erhält das Kind einen durch Los ermittelten Doppelnamen, zusammengesetzt aus den Elternnamen.

3. Der Entwurf der SPD enthält auch die vom BVerfG angemahnte Übergangsregelung für Altehen mit der Möglichkeit, sich für eine der nun eröffneten Möglichkeiten zu entscheiden.

In der Begründung des Entwurfes der SPD-Fraktion heißt es:

Der Zwang zur Führung eines gemeinsamen Ehenamens ist weder nach Artikel 6 Abs. 1 GG, wonach Ehe und Familie unter dem besonderen Schutz der staatlichen Ordnung stehen, noch zur Dokumentation der Zusammengehörigkeit der Ehegatten erforderlich.

In diesem Zusammenhang muß auch gesehen werden, daß die Bundesrepublik Deutschland innerhalb der Europäischen Gemeinschaft mit ihrem Zwang zu einem gemeinsamen Ehenamen (Familiennamen) nahezu allein steht. […]

Aus diesen Gründen räumt der Entwurf den Ehegatten die größtmögliche Freiheit für die Gestaltung ihres Namens im Falle der Eheschließung ein.

Der Entwurf will daher mit der Möglichkeit, einen aus den Elternnamen zusammengesetzten Doppelnamen wählen zu können, dazu beitragen, daß sich die Zahl der Fälle, in denen sich die Eltern nicht einigen können, verringert. Treffen die Eltern dennoch keine Bestimmung, ist es sachgerecht, dem Kind unter dem Gesichtspunkt der Gleichberechtigung der Eltern einen Doppelnamen zu geben und die Reihenfolge der Namen einer Zufallsentscheidung zu unterwerfen. Am geeignetsten erweist sich hier ein durch den Standesbeamten herbeigeführter Losentscheid. Mit diesem Verfahren, das zwar im Hinblick auf das Persönlichkeitsrecht nicht vollauf zufriedenstellend sein mag, wird sichergestellt, daß kein Elternteil benachteiligt wird.

(Pressemitteilung der SPD-Bundestagsfraktion vom 14.11.1991, Bundestagsdrucksache 12/617, S. 7 f.)

M 52 b

Der Gesetzesvorschlag der Bundesregierung

1. *Wahl des Ehenamens:*

a) Die Ehegatten sollen auch künftig einen Ehenamen bestimmen. Die ihnen zur Verfügung stehenden Wahlmöglichkeiten sind jedoch gegenüber dem geltenden Recht erweitert. So können die Ehegatten
– einen ihrer Geburtsnamen,
– einen Familiennamen, den ein Ehegatte führt (das kann auch ein „erheirateter Name" sein), oder
– einen aus diesen Namen zusammengesetzten – höchstens aber zweigliedrigen – Doppelnamen zum Ehenamen bestimmen. Die Bildung von Namensketten ist also ausgeschlossen.

b) Ehegatten, die keinen Ehenamen bestimmen wollen, werden nicht länger zur Führung eines Ehenamens gezwungen; sie können vielmehr auch in der Ehe ihren bisherigen Namen fortführen.
[…]

c) Ehegatten können auch noch nach der Eheschließung – etwa anläßlich der Geburt gemeinsamer Kinder – einen Ehenamen bestimmen. Den Ehegatten soll damit die Möglichkeit gegeben werden, sich in Anpassung an die im Laufe der Zeit möglicherweise veränderten Lebensumstände auch noch nach der Eheschließung für einen Ehenamen zu entscheiden. An die einmal getroffene Bestimmung eines Ehenamens bleiben die Ehegatten gebunden.

2. *Name der Kinder:*

a) Kinder sollen auch künftig stets den Ehenamen ihrer Eltern erhalten. Eltern, die keinen Ehenamen führen, sollen den Geburtsnamen ihres Kindes einvernehmlich bestimmen. Dabei stehen ihnen dieselben Wahlmöglichkeiten offen wie bei der Bestimmung eines Ehenamens.

b) Können sich die Eltern auf einen Kindesnamen nicht verständigen, soll das Kind einen aus den Familiennamen der Eltern zusammengesetzten, höchstens zweigliedrigen Doppelnamen erhalten. Über die Reihenfolge der Familiennamen in diesem Doppelnamen soll der Standesbeamte durch das Los entscheiden. Der Entwurf versteht diesen Losentscheid als eine bloße „Auffangregelung": Sie soll nur in seltenen Ausnahmefällen, in denen die Ehegatten keinen Ehenamen führen und sich auch über den Kindesnamen nicht verständigen können, eingreifen.

("recht": Zur Neuordnung des Namensrechts, eine Information des Bundesministers der Justiz, Bonn 1992)

M 52 c

Vorschlag der Abgeordneten Christina Schrenk (Bündnis 90/Die Grünen)

1. Jede Person behält grundsätzlich – auch bei Eheschließung – ihren Namen.
2. Kinder erhalten den Namen der Mutter.
3. Bereits verheiratete Personen können auf Antrag ihren Geburtsnamen wieder annehmen.

Dieser Vorschlag hat folgende Vorteile:

1. Der Name gibt Auskunft über die Identität einer Person, nicht jedoch, wie beispielsweise ein Doppelname, über ihren Familienstand. Dadurch wird eine von vornherein unterschiedliche Behandlung von verheirateten und unverheirateten Personen verhindert. Auch die Tatsache, ob ein Kind aus bestehender Ehe oder aus einer anderen Beziehung stammt, wird nicht mehr über den Namen ersichtlich. Außerehelichen Kindern sowie Kindern aus geschiedenen Ehen bleibt die Namensfrage erspart. Die Führung des mütterlichen Namens wird zur Normalität.

2. Der Vorschlag ist ein weiterer Schritt zur Stärkung der Position von Frauen in der Gesellschaft. Seit vielen Jahrhunderten sind Familiennamen Männernamen. Dadurch wird eine weibliche Genealogie verhindert und die Bedeutung von Frauen geschichtlich unsichtbar gemacht.

3. Durch das gesetzlich verbriefte Recht auf die Weitergabe des eigenen Namens soll der Tatsache Rechnung getragen werden, daß Frauen Kinder gebären und austragen. Unabhängig davon, welche Person das Kind später versorgt und großzieht, ist die Leistung, die eine Frau schon vor seiner Geburt erbringt, wesentlich größer als die des Mannes. Dies ist ein objektiver biologischer Unterschied, der eine Differenzierung* zwischen Frauen und Männern auch unter der Berücksichtigung von Artikel 3, Absatz 2 Grundgesetz zu Gunsten von Frauen zulässig macht.

(Pressedienst Gruppe Bündnis 90/ Die Grünen im Bundestag, Ausgabe Nr. 144/91 vom 13.06.91)

M 52 d

Die Ausgangsposition der FDP

Äußerungen der FDP-Abgeordneten Sabine Leutheusser-Schnarrenberger in der Bundestagssitzung vom 13.6.1991 und in der Sitzung des Rechtsausschusses vom 13.11.91:

Bundestagssitzung vom 13.6.1991:

Der Gesetzentwurf der SPD greift eine alte Forderung der FDP-Frauenpolitikerinnen und auch eines Teils der männlichen FDP-Politiker auf. […]
– Wir hatten die Forderung schon in unseren Wahlprogrammen, und zwar nicht nur für die Bundestagswahl 1990, sondern auch für vorausgehende Wahlen. Sie lautete: Jeder Ehepartner soll, wenn er dies will, nach der Eheschließung seinen Namen behalten können. Der Familienname für die Kinder ist zu vereinbaren. […]
Daß jeder Ehepartner seinen Geburtsnamen bei einer Eheschließung behalten kann, ist eine Möglichkeit; ich möchte dies besonders betonen. Diese Bestimmung des Ehenamens sollte künftig bei der Eheschließung eintreten, wenn keine andere Erklärung zum Führen eines gemeinsamen Familiennamens abgegeben wird.
Das Urteil des Bundesverfassungsgerichts* beinhaltet keine Verpflichtung zur Beibehaltung des einheitlichen Familiennamens; es schreibt aber auch nicht vor, ihn abzuschaffen. Es fordert eine geschlechtsneutrale Bestimmung des Ehenamens in Fällen, in denen sich die Ehegatten nicht über den Ehenamen einigen können. In diesen angesichts eines Straußes von Gestaltungsmöglichkeiten, den wir anbieten sollten, wahrscheinlich sehr wenigen Fälle führen die Ehepartner ihren Geburtsnamen weiter. […]
Ich darf zum Schluß vielleicht nur noch auf den heiklen Punkt zu sprechen kommen, wie sich dies auf die zweite Generation, auf die Generation der Kinder, auswirken soll. Ich bin der Auffassung, daß man auch hier ein Bündel von Gestaltungsmöglichkeiten für die Auswahl des Namens für den Fall, daß sich die Ehepartner nicht auf einen gemeinsamen Ehenamen einigen können, anbieten muß und daß damit schon die Anzahl der Fälle, für die es zu einer gesetzlichen Regelung kommen muß, äußerst gering bleiben wird.
Die Problematik wird an den Gesetzentwürfen der SPD deutlich. In ihrem ersten Entwurf ging sie, was die Reihenfolge der Teile des Doppelnamens betrifft, vom Alphabet aus; jetzt hat sie das Los vorgesehen. Ein Zufallsmoment ist in beiden Alternativen* enthalten. Ich meine, wir sollten uns mit diesem Thema […] beschäftigen.

Rechtsausschuß vom 13.11.1991:

In den Fällen, in denen die Eltern keinen gemeinsamen Ehenamen führten und für das Kind keine Namenswahl träfen, erscheine ein Losentscheid zur Bestimmung der Reihenfolge der Namen innerhalb des Doppelnamens auf den ersten Blick zwar wenig sympathisch, man werde jedoch, sofern keine Alternativen gefunden werden könnten, wohl oder übel an dieser Lösung festhalten müssen.

(Verhandlungen des Deutschen Bundestages, 12. Wahlperiode, 31. Sitzung vom 13.6.1991, S. 2407 f. und Protokoll der 25. Sitzung des Rechtsausschusses vom 13.11.1991. S. 25/29–25/30)

M 52 e

Die Position der CSU

Der Generalsekretär der CSU Huber lehnt den Vorschlag ab, daß Eheleute nach der Heirat ihre unterschiedlichen Namen behalten können:
Die CSU bestehe darauf, daß nach der Eheschließung weiterhin ein gemeinsamer Familienname geführt werde, weil jede andere Regelung ein „Namenschaos" hervorrufen würde, erklärte er der Zeitung „Welt am Sonntag". Laut Huber ist der Vorschlag Kinkels (s. M 52 b) ein „glatter Mißgriff". Ehe und Familie seien Lebensgemeinschaften, die auch durch einen gemeinsamen Namen erkennbar sein müßten.

(dpa-Meldung vom 16.2.1992)

M 52 f

Der Bundestagsabgeordnete Horst Eylmann faßt die Position der CDU zusammen

Konnten sich die Verlobten über den Ehenamen nicht einigen, kam der Name des Mannes zum Zuge. Diese gesetzliche Regelung widersprach dem Gleichberechtigungsgebot. Das Bundesverfassungsgericht* hat sie schon im März 1991 für verfassungswidrig erklärt und das Parlament aufgefordert, das Namensrecht in diesem Punkt neu zu regeln. Ein Gesetzentwurf liegt nun seit einigen Monaten vor. Danach sollen die Eheleute ihren eigenen Namen behalten dürfen, wenn sie sich auf keinen gemeinsamen Ehenamen einigen können.
Das mag zwar Traditionalisten* schrecken, ist aber letztlich vernünftig. Das Interesse, die eigene Namensidentität zu wahren, ist höher einzuschätzen als die Verlautbarung der Eheschließung mittels eines einheitlichen Ehenamens. Das Institut der Ehe muß darunter keineswegs leiden: Die meisten EG-Länder haben eine entsprechende Regelung.
Zu klären ist dann nur noch der Name des Kindes. In den seltenen Fällen, in denen sich die Eltern nicht darauf verständigen können, ob es nach dem Vater oder der Mutter heißen soll, mag gelost werden – am besten in Gegenwart der Eltern, damit diesen die Peinlichkeit des Vorganges nicht erspart bleibt. Richter sollten mit der Entscheidung nicht befaßt werden. Nach welchen Gesichtspunkten könnten sie schon entscheiden, ob das Kind Meier oder Müller heißen soll?
Hätte sich das Bundesjustizministerium mit einer solchen bescheidenen Lösung des Problems begnügt, könnte man zufrieden sein. Aber man sah dort offenbar mangels anderer drängender Aufgaben die Zeit für gekommen, die Deutschen mit einer umfassenden Neuregelung des Namensrechts zu beglücken. Eine besondere Vorliebe entwickelten die Verfasser des Gesetzentwurfs für Doppelnamen. Die Ehepartner können ihn aus ihren Einzelnamen in beliebiger Reihenfolge zusammensetzen. Auch die Kinder erhalten dann diesen kombinierten Namen. Was auch der Fall ist, wenn die Eltern keinen gemeinsamen Ehenamen führen und sich nicht auf einen Familiennamen für das Kind einigen können. Und wenn sie sich nicht einmal über die Reihenfolge der beiden Namen einigen können? Dann muß der Standesbeamte das Los ziehen.
Nun bringt allerdings die Zulassung von Doppelnamen eine Kalamität mit sich. Vierfachkombinationen drohen, wenn die Eltern bereits Doppelnamen führen. Vielleicht haben aber die Verfasser des Gesetzentwurfs die Notwendigkeit, in diesen Fällen eine Grenze bei zwei Namensbestandteilen zu ziehen, nicht als Unglück empfunden. Denn das Erfordernis, aus vier Namensbestandteilen jeweils zwei auszusondern und in verschiedener Reihenfolge zu-

sammenzustellen, eröffnete ihnen die Chance, heiratswilligen doppelnamigen Paaren eine ganze Reihe von Optionen* anzubieten. Diese vermehren sich noch dadurch, daß Ehepaare bei der Bestimmung des Namens nicht nur ihren Geburtsnamen, sondern auch denjenigen – einfachen oder doppelten – Namen einbringen können, den sie nach einer früheren Eheschließung tragen. Führt also Frau Krause nach der Heirat mit Baron von Hohenheim dessen Namen, läßt sie sich dann scheiden und heiratet Herrn Motzki, so können diese beiden fürderhin als Baron und Baroneß von Hohenstein durchs Leben gehen. Daß man sich in vielen Fällen auch noch nachträglich für einen anderen Namen entscheiden kann, überrascht bei diesem Maß an Wahlfreiheit nicht.

Ein solches Gesetz, da können wir sicher sein, würde alsbald die Namen der meisten Deutschen nicht nur länger, sondern auch „schöner" machen. Vielleicht wird es auch die Heiratsfreudigkeit erhöhen. Wer nämlich mit seinem Geburtsnamen unzufrieden ist, braucht nur zu heiraten, am besten mehrmals. [...]

Der Name würde zu einem schicken Mäntelchen, mit dem man sich modisch kleiden und auch verkleiden kann. Die Ordnungsfunktion des Namens müßte wohl eine bei der Geburt verliehene Personenkennziffer übernehmen, die bei allen Namensänderungen unverändert bliebe.

Der Bundestag könnte allerdings noch ein Einsehen haben. Er könnte dieses Monstrum ministerieller Regelungswut bis auf die wenigen nützlichen Teile dorthin legen, wohin es gehört – zu den Akten.

Horst Eylmann, CDU-Bundestagsabgeordneter, ist Vorsitzender des Rechtsausschusses.

(Die Zeit Nr. 9 vom 26.2.1993, S. 14)

Hinweis: Der Inhalt des am Ende des Verfahrens verabschiedeten Gesetzes ist in M 54 zusammengefaßt.

| M 53 |

Eine Spiel- und Verhandlungsordnung für ein „Parlamentsspiel"

Die folgende Spiel- und Verhandlungsordnung gibt die Regeln für eine spielerische Nachbildung einer Parlamentssitzung vor. Sie ist den Geschäftsordnungen des Bundestages und der Landtage nachgebildet. Im einzelnen werden die vorgesehenen Rollen, die Organisation der Parlamentssitzung, der Gegenstand der Parlamentssitzung und die Regeln für die Gestaltung der Sitzung vorgegeben. Voraussetzung für die Durchführung des Spiels ist eine Beschäftigung mit dem Problem des Namensrechts (M 46 a bis M 46 c) und den unterschiedlichen Auffassungen, die zu diesem Problem vorhanden sind (M 52). Weiter müssen alle Spielteilnehmer mit den folgenden Regeln vertraut sein:

I. Bildung der Fraktionen und der Regierung

§ 1 Mindestens drei Mitglieder der Klasse vertreten als „Bundeskanzler", als „Bundesminister der Justiz" und als „Bundesminister für Frauen und Jugend" die Bundesregierung.

§ 2 Aus den Mitgliedern der Klasse werden mindestens zwei Fraktionen gebildet: eine Mehrheitsfraktion, die die Bundesregierung trägt, und eine Minderheitsfraktion, die in der Opposition zur Regierung steht. In der Mehrheitsfraktion sind die in M 52 beschriebenen Positionen von CDU und CSU und in der Minderheitsfraktion die Positionen von SPD und eventuell auch von Bündnis 90/Die Grünen vertreten. Es können auch mehr als zwei Fraktionen gebildet werden. Eine Fraktion darf nicht weniger als drei Mitglieder umfassen.

§ 3 Die Fraktionen wählen einen Vorsitzenden/eine Vorsitzende und einen Stellvertreter/eine Stellvertreterin. Fraktionen, die weniger als fünf Mitglieder umfassen, wählen nur einen Gruppensprecher/eine Gruppensprecherin. Die Namen der Vorsitzenden sind dem Präsidium schriftlich mitzuteilen.

§ 4 Die Fraktionen treten vor der Parlamentssitzung zu Beratungen zusammen, in denen sie die Wahlen nach § 3 durchführen, den Gegenstand der Parlamentssitzung vorberaten und ihr Vorgehen in der Sitzung vorbereiten. Auch die Bundesregierung tritt zu einer vorbereitenden Kabinettssitzung zusammen.

II. Wahl und Aufgabe des Präsidiums

§ 5 Das Präsidium setzt sich aus drei Mitgliedern zusammen, die nicht alle aus einer Fraktion stammen dürfen. Die Mitglieder des Präsidiums werden von der Klasse gewählt. Das Präsidium ist für einen ordnungsgemäßen Ablauf entsprechend dieser Geschäftsordnung verantwortlich.

§ 6 Ein Mitglied des Präsidiums leitet in Absprache mit den beiden anderen Mitgliedern die Sitzung. Ein Wechsel in der Leitung der Sitzung ist möglich. Die beiden anderen Mitglieder des Präsidiums unterstützen den Sitzungsleiter/die Sitzungsleiterin bei der Führung der Rednerliste und der Aufnahme von Anträgen.

§ 7 Bei Streitigkeiten über das Verfahren und die Auslegung dieser Geschäftsordnung entscheidet das gesamte Präsidium nach Anhörung der Fraktionsvorsitzenden mit Mehrheit. Eine Änderung der Geschäftsordnung ist während des Spiels nicht möglich.

III. Gang der Beratungen

§ 8 Gegenstand der Beratungen ist die Neuregelung des Namensrechts. Es finden zwei Beratungsrunden statt. In der ersten Beratungsrunde findet eine allgemeine Aussprache über die Vorschläge der Bundesregierung, der Fraktion von CDU und CSU, der Fraktion der SPD und ggf. der Fraktion von Bündnis 90/Die Grünen (siehe M 51) statt.

§ 9 Nach der ersten Beratungsrunde findet eine Pause statt, in der die Regierung und die Fraktionen den bisherigen Verlauf der Beratungen auswerten und entscheiden, ob sie ihre bisherigen Vorschläge aufrecht erhalten, sie verändern oder zugunsten eines anderen Vorschlags zurückziehen. Die Regierung und die Fraktionen teilen ihre Entscheidung dem Präsidium schriftlich mit.

§ 10 In der zweiten Beratungsrunde werden nur noch die verbliebenen Vorschläge beraten. Sie werden nach dem Ende der Beratung zur Abstimmung gestellt.

IV. Sitzungsordnung

§ 11 Das Präsidium eröffnet und schließt die Beratungen. Der Sitzungsleiter erteilt das Wort auf der Grundlage einer Rednerliste. Er bestimmt unter Berücksichtigung der Stärke der Fraktionen die Reihenfolge der Redner. Mitglieder der Bundesregierung erhalten jederzeit das Wort.

§ 12 Jeder Beitrag darf nicht länger als fünf Minuten dauern. Eine weitere Redezeitverkürzung kann von der Versammlung auf Antrag eines Abgeordneten beschlossen werden. Über einen entsprechenden wird ohne Aussprache abgestimmt. Über die Einhaltung der Redezeitbegrenzung wacht der Sammlungsleiter. Er muß nach einmaligem Hinweis auf das Ende der Redezeit das Wort entziehen.

§ 13 Zum Verfahren und zur Geschäftsordnung wird das Wort auf Verlangen außerhalb der Reihenfolge erteilt. Beiträge zur Geschäftsordnung müssen kurz sein und dürfen keine Aussagen zum Gegenstand der Beratungen enthalten.

§ 14 Schluß der Beratung kann beschlossen werden, wenn mindestens ein Sprecher jeder Fraktion Stellung genommen hat. Über den Antrag wird ohne Aussprache abgestimmt.

§ 15 Zwischenfragen an den Redner kann der Sitzungsleiter mit Zustimmung des Redners zulassen. Zwischenzeit und Beantwortung dürfen nicht auf die Redezeit angerechnet werden.

§ 16 Bei Verletzungen der Ordnung erteilt der Sitzungsleiter einen Ordnungsruf. Nach drei Ordnungsrufen kann er einen Abgeordneten aus dem Saal verweisen.

V. Abstimmung

§ 17 Nach Schluß der Beratung stellt der Sitzungsleiter die verbliebenen Vorschläge zur Abstimmung. Zuerst wird über den Antrag abgestimmt, der die stärksten Veränderungen gegenüber der bisherigen Regelung enthält, dann über die weiteren Anträge nach diesem Gesichtspunkt.

§ 18 Abgestimmt wird durch Handzeichen. Ein Antrag gilt als zugestimmt, wenn er die Mehrheit der abgegebenen Stimmen erhält. Stimmenthaltungen werden bei der Berechnung der Mehrheit nicht mitgezählt. Stimmengleichheit gilt als Ablehnung.

M 54

Das seit 1994 geltende neue Namensrecht (Gesetz vom 16.12.1993)

Bundestag verabschiedete ein neues Namensrecht

Frau Müller und Herr Schulze werden künftig auch nach ihrer Heirat Frau Müller und Herr Schulze heißen können und für ihre Kinder einen von beiden Namen frei wählen können. Der Bundestag verabschiedete am Donnerstag mit den Stimmen der Koalition das neue Namensrecht, das den Ehepartnern faktisch die freie Entscheidung über den Familiennamen erlaubt. [...]

Die Neufassung sieht vor:

● Ehepartner „sollen" zwar einen gemeinsamen Familiennamen wählen, müssen das aber nicht. Mann und Frau können statt dessen entweder ihren Geburtsnamen oder den zur Zeit der Heirat geführten Namen aus einer früheren Ehe behalten. Bis zu fünf Jahren nach der Hochzeit kann die Wahl eines gemeinsamen Familiennamens noch nachgeholt werden.

● Wird ein gemeinsamer Ehename gewählt, muß das der Geburtsname der Frau oder des Mannes sein. „Erheiratete" Namen aus früheren Ehen können nicht zum Ehenamen werden, ebensowenig Doppelnamen, die aus beiden Geburtsnamen zusammengesetzt sind. Allerdings kann der Ehepartner, dessen Name nicht der Familienname wurde, seinen Namen an den Ehenamen anfügen.

● Wenn einer der Ehepartner einen „erheirateten" Namen aus früherer Ehe in der neuen Ehe behalten hat, kann er diesen Namen auch einem Kind aus der neuen Ehe geben. Die Kinder können aber nicht einen Doppelnamen, aus den Nachnamen von Mutter und Vater zusammengesetzt, als Namen bekommen.

● Haben die Eltern keinen gemeinsamen Ehenamen vereinbart und können sie sich nicht auf einen Geburtsnamen für die Kinder einigen, kann das Vormundschaftsgericht angerufen werden, das dann einem der beiden Elternteile das Recht zuspricht, den Namen zu bestimmen. Allerdings gilt die Gerichtsentscheidung nur als letztes Mittel und damit fast schon als vorgezogener Scheidungsprozeß.

● Für bereits bestehende „Altehen" gilt die Regelung, daß der Ehepartner, der seinen Namen aufgegeben hat, seinen alten Namen entweder wieder annehmen oder an den Ehenamen anfügen kann. [...]

Einen Teilerfolg konnte der ehemalige deutsche Adel verbuchen, der gegen Teile der Neuregelung seinen Einfluß geltend gemacht hatte: Heiratet ein sogenannter Adeliger eine sogenannte Bürgerliche, kann sie den Adelsnamen nach einer Scheidung auch bei erneuter Heirat behalten, nicht aber auf einen neuen Ehemann übertragen. Die Kinder, die aus dieser zweiten Ehe hervorgehen, können dagegen wieder kleine Fürsten und Prinzessinnen sein.

(Frankfurter Rundschau v. 29.10.1993, S. 36)

❶ Für die Beschäftigung mit M 52 gibt es zunächst folgende Möglichkeit: Ihr könnt die unterschiedlichen Standpunkte in Einzel- oder Partnerarbeit erarbeiten, dann im Klassengespräch vergleichen und abschließend auf dem Hintergrund eurer eigenen Meinungen diskutieren. Für die Erarbeitung und den Vergleich der einzelnen Standpunkte ist es hilfreich, sich die einzelnen Standpunkte und ihre Konsequenzen mit folgendem Schema zu verdeutlichen (vgl. auch M 46 b):

Vertreter des Vorschlags	Gemeinsamer Ehename verpflichtend ja/nein	Wahlmöglichkeiten für den Ehenamen	Regelungen für Kinder	Regelungen für den Fall der Scheidung
Bundesregierung				
SPD				
FDP				
CDU				
Bündnis 90/Grüne				

❷ Die zweite Möglichkeit ist ein kleines Parlamentsspiel. Die notwendigen Hinweise dazu findet ihr in M 53.

❸ Erarbeite an Hand von M 54 die am Ende des Gesetzgebungsverfahrens getroffene Entscheidung über das Namensrecht. Vergleiche sie mit der Ausgangslage (siehe M 46 a) und den unterschiedlichen Ausgangspositionen in diesem Verfahren (M 52). Ist das Ergebnis aus deiner Sicht zufriedenstellend?

Auflösung des „PUZZLES" zum Gesetzgebungsverfahren

G	Das Bundesverfassungsgericht erklärt das seit …	Nr. 1 März 1991
L	Bundesjustizminister Kinkel kündigt an, er …	Nr. 2 März 1991
E	Die SPD-Fraktion beschließt einen …	Nr. 3 März 1991
I	Die SPD-Fraktion bringt noch vor der …	Nr. 4 April 1991
C	Der Bundestag behandelt den Gesetzentwurf …	Nr. 5 Mai 1991
H	Im Bundesjustizministerium ist ein …	Nr. 6 Juni 1991
B	Der Gesetzentwurf der SPD-Fraktion zur …	Nr. 7 November 1991
E	Die Koalitionsparteien CDU, CSU und FDP …	Nr. 8 Februar 1992
R	Die Bundesregierung beschließt einen …	Nr. 9 April 1992
E	Die Bundesregierung bringt einen …	Nr. 10 August 1992
C	Der Bundesrat nimmt zu dem Gesetzentwurf …	Nr. 11 Oktober 1992
H	Zum wiederholten Male hat der …	Nr. 12 Februar 1993
T	Der Rechtsausschuß des Bundestages hat die …	Nr. 13 Februar 1993
I	Die Koalition hat sich nach langen …	Nr. 14 April 1993
G	Der Rechtsausschuß des Bundestages …	Nr. 15 Oktober 1993
U	Der Bundestag behandelt den im …	Nr. 16 Oktober 1993
N	Der Bundesrat stimmt dem vom Bundestag …	Nr. 17 November 1993
G	Der Bundespräsident verkündet das Gesetz …	Nr. 18 Dezember 1993

(Autorentext)

Gesuchter Begriff: GLEICHBERECHTIGUNG

Aus der Arbeit von Abgeordneten und Regierung

|M 55| Berichte aus dem Bundestag und Karikaturen über den Bundestag

|M 55 a| „Skandal..."

Skandal: Nur 6 Abgeordnete im Bundestag

Blamabel: Bei der Umweltdebatte saßen gestern Nachmittag so wenig Abgeordnete im Bundestag, **daß Vizepräsident Hans Klein (CSU) die**

Sitzung abbrach!
Nur 6 von 662 Parlamentariern interessierten sich fürs Thema. Bei Sitzungsbeginn waren noch 50 Parlamentarier da.

(Auszug aus der Titelseite der BILD-Zeitung vom 23.04.93, S. 1; Foto: dpa/Popp)

M 55 b

„Hitziges Wortgefecht" – aus einer Bundestagssitzung (November 1988)

Bundeskanzler Helmut Kohl (CDU)
(Foto: Bundesbildstelle/Reineke)

Zu einer heftigen Auseinandersetzung kommt es zwischen Bundeskanzler Dr. Helmut Kohl und dem Vorsitzenden der SPD-Fraktion Dr. Hans-Jochen Vogel. Kohl wirft dem Oppositionsführer vor, er betreibe mit einer Plakataktion gegen die Gesundheitsreform „Volksverhetzung". Hier folgen Auszüge des hitzigen Wortgefechts:

Dr. Kohl, Bundeskanzler:
Nun, Herr Abgeordneter Vogel,
(Dr. Vogel [SPD]: Herr Abgeordneter Kohl!)
ziehen Sie durchs Land und machen Volksverhetzung in Sachen Gesundheitsreform.
(Lebhafter Beifall bei der CDU/CSU – Zurufe von der SPD: Unerhört!)
– Doch, doch, das machen Sie.
(Weitere anhaltende Rufe von der SPD – Glocke des Präsidenten)
Herr Abgeordneter Vogel, wenn Sie die Flugblätter lesen, die Ihre Partei draußen gegen Blüm, gegen mich und andere verteilt, dann müssen Sie erkennen, daß das unerträglich ist, und das muß hier einmal zur Sprache gebracht werden.
(Lebhafter Beifall bei der CDU/CSU und der F.D.P.)
[...]
Ich habe diesen Begriff wirklich aus der Empörung über das gebraucht, was ich jeden Tag draußen an Flugblättern lesen muß. Wenn es Ihnen um den Begriff geht, bin ich gerne bereit, diesen Begriff zu streichen, Herr Abgeordneter Vogel; damit habe ich kein Problem. Aber ich erhalte den Vorwurf aufrecht, daß Sie Tag für Tag überall in der Bundesrepublik Deutschland eine Propaganda machen, die von A bis Z unwahr und unrichtig ist, die nicht der Wahrheit entspricht.
Ich habe, als ich ihre Empörung bemerkt habe, sofort eine Richtigstellung vorgenommen. Ich möchte mir wünschen, daß Sie sich bei Ihren Bemerkungen einmal ebenso verhielten. Das gilt es noch einmal zu sagen.
(Beifall bei Abgeordneten der CDU/CSU und der F.D.P. – Unruhe bei der SPD – Zuruf von der SPD: So etwas darf einem Bundeskanzler nicht passieren! – Frau Dr. Däubler-Gmelin [SPD]: Das darf ein Bundeskanzler nicht machen!)
– Meine Damen und Herren, ich weiß, Sie sind sehr stark im Austeilen. Aber Sie sind sehr schwach im Hinnehmen, wenn andere Ihnen einmal mit der gleichen Münze zurückzahlen.
(Beifall bei Abgeordneten der CDU/CSU – Zurufe von der SPD [...])

Dr. Vogel (SPD): Herr Präsident! Meine sehr verehrten Damen und Herren! Die Szene, die wir soeben erlebt haben und die durch die Unbesonnenheit des Bundeskanzlers herbeigeführt worden ist, war bedrückend.
(Zuruf von der CDU/CSU: Hetzer! – Dr. Waigel [CDU/CSU]: Ach Gott, ach Gott! – Weiterer Zuruf von der CDU/CSU: Staatsschauspieler!]
Es ist ohne Beispiel, daß der Bundeskanzler der Bundesrepublik Deutschland dem Vorsitzenden der stärksten Oppositionsfraktion und seiner gesamten Fraktion Volksverhetzung vorwirft.
(Zurufe von der CDU/CSU)
Das ist ein Wort, meine sehr verehrten Damen und Herren, das an die Zeit vor 1933 erinnert. Ich nehme zur Kenntnis, daß Sie nach wiederholter Aufforderung, Herr Bundeskanzler, den Ausdruck „Volksverhetzung" zurückgenommen haben. Ich nehme ebenso zur Kenntnis, daß die Unionsfraktion den Ausdruck „Volksverhetzung" mit stürmischem Beifall begleitet hat.
(Zuruf von der CDU/CSU: Sie hetzen ja schon wieder!)
Ich warte darauf, daß sich auch der Vorsitzende dieser Fraktion zur Korrektur und zur Zurücknahme entschließt. Herr Bundeskanzler, ich habe heute morgen festgestellt, daß Sie zum Dialog nicht fähig sind. (Dr. Waigel [CDU/CSU]: Kehren Sie vor Ihrer Tür!)
Ihr Ausbruch hat diese Feststellung unterstrichen.

Hans-Jochen Vogel, Vorsitzender der SPD-Fraktion im Bundestag
(Foto: Bundesbildstelle/Schambeck)

(Das Parlament Nr. 49 vom 2.12.1988, S. 4)

M 55 c

„Wetten, keiner merkt..."

"WETTEN, KEINER MERKT, DASS ES MEINE REDE VON DER LETZTEN BUNDES-TAGSDEBATTE IST"

(Zeichnung: Horst Haitzinger)

M 55 d

„Hiermit ist die Jugend-Debatte eröffnet ..."
(Zeichnung: Günter Ryss)

M 55 e

(Zeichnung: Horst Haitzinger)

M 56

Ein Bundestagspräsident faßt Kritik aus der Bevölkerung am Bundestag zusammen:

(Abschiedsansprache des damaligen Bundestagspräsidenten Carl Carstens nach seiner Wahl zum Bundespräsidenten am 31.5.1979 im Bundestag, in: Das Parlament Nr. 23, 9.6.1979, S. 11)

Kein Thema hat mich und uns alle, was die Arbeitsweise des Bundestages anlangt, so stark beschäftigt wie die Gestaltung unserer Plenarsitzungen. Aus der Bevölkerung wird mancherlei Kritik an uns geübt, übrigens, möchte ich sagen, durchweg Kritik, die aus einer positiven Grundeinstellung zum Deutschen Bundestag herrührt. Unsere Bürger identifizieren sich sehr wohl mit dem Deutschen Bundestag als ihrer Volksvertretung, aber sie üben Kritik an mancherlei Erscheinungsformen, die wir bieten. Sie meinen – und ich glaube, darin haben sie sogar recht –, daß viele unserer Sitzungen, auch unserer wichtigen Sitzungen, zu schwach von Kolleginnen und Kollegen des Hauses besucht sind. Sie meinen, daß die Reden, die hier gehalten werden, zu lang seien. Sie meinen, daß zu viele Reden abgelesen werden. Daß manche Reden zu schwer verständlich seien, sagen auch manche Bürger, und schließlich [...] stört es manche Bürger, daß die Reden hier oft oder gelegentlich sehr scharf werden.

❶ Beschreibe, wie die beiden Berichte (M 55 a und M 55 b) aus dem Bundestag auf dich wirken. Fasse den Eindruck von der Arbeit des Bundestages zusammen, den man aus den beiden Berichten bekommen kann.

❷ Beschreibe die Karikaturen, und erkläre die Absicht der Zeichner (M 55c–M 55 e).

❸ Stelle die Kritikpunkte an der Arbeit des Bundestages zusammen, die M 56 nennt. Hast du ähnliche oder andere Kritik am Bundestag selbst schon gehört?

M 57 Plan einer Sitzungswoche des Bundestages

```
Deutscher Bundestag                          Bonn, 15. Januar 1993
ZT 5/14 - 1421                               Hausruf: 2551
- Tagungsbüro -                              Stand: 8.00 Uhr
                         W o c h e n p l a n

 für Plenar-,Ausschuß-,Fraktions-,Gruppen- u. Arbeitskreis/-gruppensitzungen
              in der Woche vom 18. bis 22. Januar 1993

           AKTUELLER STAND: VIDEOTEXT PARLAMENTSKANAL TAFEL 400

Montag, 18. Januar 1993                      Uhr:  Sitzungssaal:   Tel:
Ausschuß für Umwelt, Naturschutz und Reaktor-
   sicherheit - ö f f e n t l i c h -  (17)  10.00       F  12     5081
Ausschuß für Raumordnung, Bauwesen und
   Städtebau - ö f f e n t l i c h -   (19)  10.00       F  12     5081
```

```
                              - 2 -
CDU/
Komm  Arbeitsgruppe 13 (Verteidigung)               10.30    NH 2701    5681
Frak  Arbeitsgruppe 14 (Europa)                     10.30    NH 2701    5681
      Arbeitsgruppe 15 (Wirtschaftliche Zusammenarbeit) 10.30 NH 2701   5681
SPD-  Arbeitsgruppe 17 (Bildung und Wissenschaft)   11.00    NH 2303    5491
Arbe  Arbeitsgruppe "Menschenrechte u. humanitäre Hilfe" 12.00 NH 1716  3408
Arbe  Arbeitsgruppe "Junge Gruppe"                  12.30    ++++)       --
Frak  Ausschußgruppe Petitionen                     12.30    NH 2122     --
      Gruppe der Vertriebenen- u.Flüchtlingsabgeordneten 13.00 x)       2152
F.D.  Arbeitnehmergruppe                            13.30    ++++)       --
Arbe  Fraktionssitzung                              15.00 CDU/CSU Saal  5181
Arbe
Frak  SPD-Fraktion
Arbe  Arbeitsgruppe "Abrüstung u. Rüstungskontrolle"  8.00   NH 2703    5691
      Arbeitsgruppe "Fremdenverkehr"                  8.00   NH 2522     --
Grup  Arbeitsgruppe "Gesundheit"                      9.00   NHA 323    4913
Grup  Arbeitsgruppe "Frauen u. Jugend"                9.00   HTA 117    5697
      Arbeitsgruppe "Umwelt"                          9.00   NHA 322    4913
```

- 3 -

GRUPPE BÜNDNIS 90/DIE GRÜNEN
Arbeitskreis I   9.00   HT   10   --
Arbeitskreis II   10.00   HT 202   --
Arbeitskreis III   10.00   HT 614 9264
Gruppensitzung   14.00   HT   12 9385
Gruppenvorstandssitzung   20.00   HT 228 5518

Mittwoch, 20. Januar 1993
133. P l e n a r s i t z u n g   13.00   xxxx)   --
- Befragung der Bundesregierung anschließend
  Fragestunde (60 Minuten) -

Petitionsausschuß   (2)   8.00   NH 2102 5381

- 4 -

Donnerstag, 21. Januar 1993
Christliche Morgenfeier   8.30   P   085   --
134. P l e n a r s i t z u n g   9.00   xxxx)   --
- Fragestunde 13.30 Uhr (60 Minuten) -
Ältestenrat   13.00   A   118   --

U.A. "Wiedergutmachung"   (4)   8.00   NH 2304 5491
U.A. "Streitkräftefragen in den neuen
      Bundesländern"   (12)   8.30   NH 2701 5681
Ausschuß für Ernährung, Landwirtschaft und
      Forsten   (10)   8.30   ##)   --
1. Untersuchungsausschuß - ö f f e n t l i c h - 9.00 NH 1903 5291
Rechnungsprüfungsausschuß   (8)   9.15   NH 2501 5581
Auswärtiger Ausschuß   (3) 10.00   NH 2704 5691

CDU/CSU-Fraktion
Gesprächskreis "Energie"   16.15   F   213 5181

SPD-Fraktion
Querschnittsgruppe "Gleichstellung"   8.00   NH 2702 5681
Querschnittsgruppe "Einheit Deutschlands"   8.00   NH 2302 5481
Arbeitsgruppe "Arbeit und Sozialordnung"   14.00   NH 1901 5281
Gruppe junger Abgeordneter   15.30   NHA 122 4830
Arbeitsgruppe "Stoffpolitik"   16.00   NH 2702 5681

F.D.P.-Fraktion
Arbeitsgruppe "Fremdenverkehr und Tourismus" 8.00   T IX 208 9358

Freitag, 22. Januar 1993
Christliche Morgenfeier   8.30   P   085   --
135. P l e n a r s i t z u n g   9.00   xxxx)   --

Enquete-Kommission "Schutz des Menschen und
                   der Umwelt"   8.00   NH 1903 5291
U.A. für Menschenrechte und humanitäre Hilfe (3) 8.00 NH 2703 5691

SPD-Fraktion
Arbeitsgruppe "Wirtschaftliche Vereinigung" 8.00   NH 2104 5391

      +) Bonn-Center
     ++) Restaurant Neues Hochhaus
    +++) Heussallee 30, Zimmer 52
   ++++) Deutsche Parlamentarische Gesellschaft
      x) Landesvertretung Baden-Württemberg
     xx) Presseraum Plenarsaal
    xxx) Besucherzentrum, Raum 1
   xxxx) Plenarsaal Wasserwerk
      #) Hotel Bristol
     ##) Berlin (UBA)
    ###) Landesvertretung Schleswig-Holstein
   ####) Heussallee 38
      *) schriftliche Ausschußmitteilung liegt **noch nicht vor**

(Vorlage: Deutscher Bundestag, Bonn)

M 58

Erfahrungsbericht eines Neulings im Parlament

Ein Greenhorn im Parlament

Eigentlich hatte sich die Pädagogin Marie-Luise Schmidt nur als Kandidatin aufstellen lassen, weil den GRÜNEN in Hamburg „schlicht die Frauen ausgegangen waren". Die Partei erhielt bei der Bundestagswahl 1987 überraschende 8,3 Prozent der Stimmen, und so zog die junge Frau über die Landesliste als Abgeordnete in den Bundestag ein. Zwei Reporter begleiteten sie die ersten beiden Wochen in ihrem parlamentarischen Amt.

Schon der erste Arbeitstag in Bonn ist prallvoll angefüllt mit Terminen und mit „Sitzungsterror in schlecht gelüfteten Räumen". Frau Schmidt ist Mitglied im Innenausschuß. Ab 10.00 Uhr nimmt sie an einem „Hearing"* zur Ausländer- und Asylpolitik teil.

Als Mittagessen auf dem Weg zum Abgeordnetenhaus, dem „langen Eugen", dient ein Pfefferminzbonbon. Die 31jährige Frau muß umschalten. Um 13.00 Uhr tagt die Arbeitsgruppe für pränatale Diagnostik*. Sie wird sich sofort in alle Fragen der Gentechnologie* einarbeiten müssen, denn sie gehört ebenfalls dem Ausschuß für Forschung und Technologie an, und man erwartet von ihr, daß sie eine Expertenrolle einnimmt. Um 16.00 Uhr soll sie mit einigen Kollegen aus der Partei eine Fraktionssitzung vorbereiten, in der es um die Stellungnahme der GRÜNEN zur Neuordnung des Post- und Fernmeldewesens geht.

Als sie gegen 20.00 Uhr in ihr kleines Appartement kommt, müssen noch Pressespiegel, Ausschuß- und Fraktionsunterlagen und die Post durchgearbeitet werden.

„Ich bin fäärtig!" diktiert sie den Reportern ins Mikrofon.

Zwei Wochen später.

Frau Schmidt hat, ohne die Anwesenheit von Fernsehkameras, ihre erste Rede im Parlament gehalten. Sie fühlte sich eher genervt als aufgeregt, denn sie kam erst spätabends um 10.00 Uhr dran.

Marie-Luise Schmidt zieht eine erste Bilanz über die Rolle eines Abgeordneten (und sie schließt dabei die Kolleginnen und Kollegen aller Bundestagsfraktionen mit ein): „Ich möchte gut machen, was ich hier mache. Ich merke schon jetzt, daß ich nur noch Vorlagen, Ausschüsse, Parteistrategien und Tagesordnungen im Kopf habe…" „Hier arbeitest du, bis du tot umfällst."

(Nach: Christiane Grefe: Ein Greenhorn im Parlament, in: Zeitmagazin v. 21. April 1989)

M 59

Der deutsche Bundestag stellt die Arbeit seiner Abgeordneten dar

Die Arbeit eines Abgeordneten beginnt morgens mit dem Abholen und der Durchsicht der Post: ein bis zwei Kilo Papiere, die durchgearbeitet werden müssen. Ab neun Uhr stehen Arbeitssitzungen auf dem Terminkalender. Das Plenum tagt oder Ausschüsse oder Arbeitskreise der Fraktionen und besondere Arbeitsgruppen.

Nach kurzer Unterbrechung in der Mittagszeit geht es weiter. Der Abgeordnete sitzt am Schreibtisch in seinem Zimmer zwischen Aktenbergen. Er empfängt Besucher, führt Telefongespräche, informiert sich, erledigt Post. Er verhandelt in den Ministerien, weil es zum Beispiel um den Straßenbau in seinem Wahlkreis geht oder um ein Gesetz, für das er der Sachverständige seiner Fraktion ist.

An Wochenenden und in der sitzungsfreien Zeit arbeitet er im Wahlkreis oder wieder am Schreibtisch. Er spricht auf Veranstaltungen, diskutiert mit Bürgern, schreibt Artikel, bereitet Reden vor, berichtet den Wählern von seiner Arbeit.

Sicher gibt es auch Abgeordnete, die nicht so viel zu tun haben. Im allgemeinen ist aber dieser Tätigkeitsbericht über die Arbeit der Mitglieder des Bundestages eher unter- als übertrieben. Viele Abgeordnete stehen an der Grenze ihrer physischen Leistungsfähigkeit.

Diese Belastung zwingt den Abgeordneten dazu, manchmal zwei Dinge zur gleichen Zeit zu tun. Im Plenum liest er zum Beispiel die Zeitungen, die er lesen muß, um informiert zu sein; im Arbeitszimmer verfolgt er die Debatten am Lautsprecher mit. Wenn er im Plenum, vor allem bei Abstimmungen, gebraucht wird, ist er zur Stelle. Die Arbeitsmethoden und Arbeitsmöglichkeiten des Deutschen Bundestages werden immer weiterentwickelt und den Erfordernissen angepaßt. Die Abgeordneten haben Hilfskräfte, und die Verwaltung des Deutschen Bundestages stellt zahlreiche Mittel zur Verfügung, um dem Parlament seine Aufgaben [...] zu erleichtern. Der wissenschaftliche Hilfsdienst im Bundestag wird immer weiter ausgebaut.

Sekretärinnen und Assistenten der Abgeordneten, die nach Prüfung durch die Bundestagsverwaltung eingestellt werden, können dem Abgeordneten die einfache, die technische Arbeit abnehmen, die seine Zeit zu sehr beansprucht. Qualifizierter Nachwuchs bekommt damit auch eine Chance, die Arbeit des Parlaments kennenzulernen und wichtige Erfahrungen zu sammeln. Die Arbeit der Abgeordneten setzt Verantwortungsbewußtsein und große Sachkenntnisse voraus. Sie erfordert auch außergewöhnlich viel Zeit. Im Durchschnitt arbeiten die Abgeordneten 70 Stunden in der Woche.

(Presse- und Informationszentrum des Deutschen Bundestages [Hrsg.], 70 Stunden in der Woche [...], Bonn o.J.)

M 60 **Das Zeitbudget der Bundestagsabgeordneten** (in Std/Woche)

Die Tätigkeiten eines Bundestagsabgeordneten – Ergebnisse einer Befragung von Abgeordneten

	Sitzungswoche	Sitzungsfreie Woche
Sitzungen:		
Bundestagsplenum	5,5	–
Bundestagsausschüsse, -arbeitskreise	7,5	–
Vorbesprechungen zu Sitzungen	1,8	–
Bundestagsfraktion	3,3	–
Landesgruppen	1,7	–
Fraktionsvorstand, -arbeitskreise/-gruppen	4,6	–
Parteigremien	1,8	3,4
Sonstige Gruppen, Kommunale Organe	1,9	1,5
	28,1	4,9
Informations- und Kontakttätigkeiten:		
Informations- und Kontaktgespräche	4,0	–
Pressegespräche	1,1	1,3
Betreuung von Besuchsgruppen	1,5	–
Wählersprechstunde	–	4,8
Empfänge/repräsentative Verpflichtungen	2,1	6,5
Telefonate	4,6	6,1
Referate und Diskussion	1,8	4,1
Arbeitsessen	2,0	1,5
Parteiveranstaltungen	–	6,5
sonstige Tätigkeiten	2,0	2,4
	19,1	33,2
Administrative und Routinetätigkeiten:		
Sichtung und Bearbeitung der Post	8,1	6,1
Besprechung mit persönl. Mitarbeitern	3,7	–
Lesen	3,9	5,3
	15,7	11,4

	Sitzungswoche	Sitzungsfreie Woche
Innovative Tätigkeiten:		
Ausarbeitung von Reden und Artikeln	2,7	4,1
Fachl. und polit. Vorbereitung, Einarbeitung	2,6	5,1
Teilnahme an Kongressen und Seminaren	1,3	2,7
	6,6	11,9
Sonstige Tätigkeiten:		
Reisen	6,1	6,6
Beruf	1,0	7,9
Mittagessen	1,3	2,2
	8,4	16,7
Gesamtarbeitszeit	77,9	78,1

(Dietrich Herzog, Abgeordnete und Bürger, Opladen 1990, S. 85–91)

Umfrage 1988/89 mit 167 (Sitzungswochen) bzw. 155 Bundestagsabgeordneten (sitzungsfreie Wochen).

❶ Kennzeichne das Bild, das sich aus dem Plan einer Sitzungswoche des Bundestages für die Arbeit der Abgeordneten ergibt (M 57).
❷ Beschreibe, wie ein Neuling die Arbeit einer Abgeordneten erlebt (M 58). Welche Entwicklung wird in diesem Bericht deutlich?
❸ Vergleiche die zusammenfassende Beschreibung der Arbeit der Bundestagsabgeordneten in M 59 mit den Befragungsergebnissen in M 60. Wofür wenden die Abgeordneten die meiste Zeit auf? Was kommt deiner Meinung nach zu kurz?

M 61

Eine stellvertretende Bundestagspräsidentin über die Kritik am Bundestag

(Liselotte Funcke, damals Vizepräsidentin des Bundestags, erklärt die Nichtanwesenheit vieler Abgeordneter bei Bundestagssitzungen:)

– Kein Mensch kann stundenlang zuhören. Wer dies verlangt, sollte einmal bei sich selbst ausprobieren, wieviel und wie lange er Reden aufzunehmen in der Lage ist. Abgeordnete sind auch nur Menschen. Sollte man sie zwingen, stundenlang anwesend zu sein, wäre das eine Zeitvergeudung letztlich ohne Sinn.
– Politik ist heute Team-Work. Es kann nicht ein Abgeordneter in allen politischen Gebieten zu Hause sein. Jeder hat Schwerpunktgebiete, in die er sich verstärkt einarbeiten muß, dafür kann er andere in den Einzelheiten seinen Kollegen überlassen. Ein stundenlanges Anhören von Reden in fremden politischen Bereichen nimmt Zeit und Konzentration für das eigene Schwerpunktgebiet fort.
– Die Meinungsbildung der Abgeordneten vollzieht sich nicht im Plenum des Bundestages, sondern in Ausschüssen, Fraktionssitzungen, Parteitagen, Kommissionen. Die Plenarsitzung dient der Unterrichtung der Öffentlichkeit. In einer freien Demokratie soll die Bevölkerung am Entstehen eines Gesetzes oder an der Kontrolle der Regierung durch das Parlament teilhaben können. Sie soll erfahren, warum ein Gesetzentwurf vorgelegt wird, was er enthält, wie Koalition und Opposition darüber denken und welche Alternativen es gibt. Für diese Informationen der Öffentlichkeit bedarf es

keines vollen Plenarsaals, sondern informativer Reden, aufmerksamer Berichterstatter bei den Medien und ausreichend großer Besuchertribünen.
– Die Arbeitswoche eines Abgeordneten in Bonn ist randvoll gefüllt mit Fraktions-, Ausschuß- und Kommissionssitzungen, Besprechungsterminen, Betreuung von Besuchern aus dem Wahlkreis, Vorbereitungen im eigenen Fachgebiet, Briefwechsel, Informationsgesprächen, Fachlektüre, Zeitungsauswertung. Es müßten wichtige Arbeiten unerledigt bleiben, wenn $1^1/_2$ Tage in der Woche allein der Anwesenheit im Plenum vorbehalten bleiben müßten. Der Öffentlichkeit kann aber schwerlich an unzureichender Sachvorbereitung, unerledigter Korrespondenz, mangelndem Kontakt mit der Bevölkerung und versäumten Fachgesprächen des Abgeordneten gelegen sein.
– Aus diesen Gründen ist in allen traditionellen freien Parlamenten der Welt die Anwesenheit im Plenum begrenzt. Nur dort, wo die Abgeordneten nicht viel zu sagen haben, weil die Politik anderswo gemacht wird, gibt es volle Häuser. Möchte das nicht zu denken geben?

(Liselotte Funcke als Vizepräsidentin des Deutschen Bundestages, in: Deutsche Zeitung Nr. 8 vom 16. Februar 1979)

M 62   Bundestagsabgeordnete über die Plenarsitzungen

M 62 a
Der Bundestagsabgeordnete Apel (SPD) 1972

Solche Plenarsitzungen sind, wie es Fachleute nennen, „permanenter (ständiger) Wahlkampf". Im Deutschen Bundestag wird den Bürgern gezeigt, wie sich die politischen Kräfte zu den vielfältigen Problemen unseres Landes stellen und wie sie sie lösen wollen. Hier sind alle politischen Parteien gemeinsam in einem Saal vertreten. Sie sind der gegenseitigen Kritik ausgesetzt. Sie können keine unbewiesenen Behauptungen aufstellen, denn der Widerpart reagiert prompt. Die Redner müssen klar und überzeugend reden, sie müssen Persönlichkeit zeigen, ohne die Bürger zu schrecken. Denn es geht nicht nur darum, gut im Plenarsaal zu argumentieren. Es geht vor allem auch darum, entweder direkt über Rundfunk oder Fernsehen oder indirekt über die Presse den eigenen Wählern und Anhängern Argumente zu liefern und Unentschlossene zu gewinnen. Es gibt keine härtere Bewährungsprobe für Politiker und ihre Argumente als das Auftreten im Plenum.

(Hans Apel: Bonn, den..., Tagebuch eines Bundestagsabgeordneten, Köln 1972, S. 125)

M 62 b
Der Bundestagsabgeordnete Irmer (FDP) 1987

Meine Damen und Herren, ein wesentlicher Punkt fällt bei den Plenardebatten auf: Eigentlich müßte es doch das Ziel der Debatte* sein, daß man andere, die einem zuhören, überzeugen kann. Deshalb müßte es an sich normal sein, daß am Ende der Debatte Meinungsumschwünge stehen, daß sich der eine oder andere etwas anders überlegt, weil er eben dem Kollegen zugehört hat. Das findet ja nun hier aus den bekannten Gründen nicht statt. Deshalb sollten wir doch vielleicht sagen, was wir hier sind: Wir sind eine PR-Veranstaltung*. Es ist der Demokratie wichtig, daß die Öffentlichkeit auch das Parlament kontrollieren kann, und das tut sie ja über das Fernsehen und die anderen Medien. Machen wir uns nichts vor: Wir sind hier im wesentlichen eine PR-Veranstaltung.
Das wird überdeutlich, wenn man sieht, wie z.B. vor Wahlkämpfen oder vor Wahltagen die Debatten geführt werden. [...] Wir sollten vielleicht eine Änderung der Geschäftsordnung dahingehend vorsehen, daß man sich auch ausdrücklich zum Wahlkampf melden kann. Das wäre zumindest ehrlich, denn so haben wir es hier erlebt.
(Heiterkeit und Beifall bei allen Fraktionen)

(Das Parlament Nr. 40/41 vom 3./10.10.1987, S. 4)

M 62 c

Der Bundestagsabgeordnete Horst Eylmann (CDU) 1993

Die Kritik an langweiligen Debatten vor leeren Reihen wird unter den Bundestagsabgeordneten immer lauter. Am 29. April platzte dem Vorsitzenden des Rechtsausschusses, Horst Eylmann (CDU/CSU), der Kragen, als er zur Ersten Lesung eines SPD-Gesetzentwurfes über die Verjährung von Straftaten in der ehemaligen DDR Stellung nehmen sollte. Solche Debatten seien ein „inhaltsleeres Ritual zur Unterrichtung einer mäßig interessierten Öffentlichkeit und zur Verewigung der Redner im Stenographischen Protokoll", zürnte der CDU-Politiker. Und in der Zweiten und Dritten Lesung – der Debatte vor der Abstimmung über Gesetzentwürfe – „spielen wir hier im Plenum Entscheidungen nach", die längst hinter verschlossenen Türen in den Ausschüssen gefallen seien. Das ganze sei eine „erbärmliche Öffentlichkeitsarbeit" für den Bundestag. Eylmann forderte eine energischere Suche nach Wegen für mehr Transparenz* und Attraktivität der Parlamentsarbeit.

(Das Parlament Nr. 19 vom 7.5.1993, S. 1)

❶ Erkläre, wie in M 61 das Fehlen vieler Abgeordneter bei Bundestagsdebatten begründet wird. Erkläre die Aussage, nur dort, wo die Abgeordneten nicht viel zu sagen haben, gebe es volle Häuser.

❷ Beschreibe, wie die drei Bundestagsabgeordneten die Plenarsitzungen des Bundestages sehen und welche Bedeutung sie ihnen zuschreiben (M 62). Überlege, inwieweit einige der in M 55 und M 56 geschilderten Erscheinungen aus der Bundestagsarbeit durch die Aussagen von M 61 erklärt werden.

M 63 **Kontrolle der Regierung durch das Parlament**

M 63 a

Kontrollinstrumente des Bundestages

Der Bundestag hat zur Kontrolle der Regierung die folgenden Instrumente:
- Die *Große Anfrage* muß schriftlich gestellt und von mindestens 26 Abgeordneten (Fraktionsstärke) unterstützt werden. An deren Beantwortung durch die Regierung schließt sich im Plenum eine Aussprache an, wenn mindestens 26 Abgeordnete sie verlangen. Vor allem die Opposition nutzt diese Möglichkeit, um die Regierung zu zwingen, Rede und Antwort zu stehen und Rechenschaft über Vorgänge von grundsätzlichem Interesse abzulegen. Anderseits versucht die Opposition, ihre Alternativen darzustellen und Schwächen der Regierung zur Sprache zu bringen. Große Anfragen, deren Anzahl in den letzten Legislaturperioden zurückging, sind ein Mittel der politischen Auseinandersetzung.
- *Kleine Anfragen,* die nach der Geschäftsordnung Auskunft über „bestimmt bezeichnete Bereiche" verlangen, werden von mindestens 26 Abgeordneten schriftlich gestellt und ebenso beantwortet.
- Die auf 60 Minuten begrenzte *Mündliche Anfrage* (Fragestunde). Die Fragen muß der Abgeordnete – jeder darf in einer Sitzungswoche bis zu zwei an die Bundesregierung richten – in der Regel drei Tage vor der Fragestunde einreichen.
Da die Abgeordneten (vorher nicht bekannte) Zusatzfragen stellen, können die Minister und die Staatssekretäre von der Opposition in die Enge getrieben werden.
- Die *Aktuelle Stunde,* erst 1965 eingeführt, dient dazu, die Debatten lebendiger zu gestalten. Um der „Lust am Monologisieren" entgegenzuwirken, darf jeder Redebeitrag eine Dauer von fünf Minuten nicht überschrei-

ten. Geht die Redezeit der Regierung über 30 Minuten hinaus, verlängert sich die Aussprache um diese Zeit. Aktuelle Stunden, die mindestens 26 Abgeordnete beantragen müssen, können im Anschluß an eine Fragestunde stattfinden.

● *Untersuchungsausschüsse,* die das Parlament auf Antrag eines Viertels seiner Mitglieder einberuft, sollen Mißstände und undurchsichtige Sachverhalte unabhängig von anderen Staatsorganen klären. Der Ausspruch eines Ausschußvorsitzenden: „Wir werden doch kein Eigentor schießen" charakterisiert das Dilemma* eines Untersuchungsausschusses. Wahrheitsfindung und die parteipolitische Bindung der Abgeordneten lassen sich nämlich nicht immer auf einen Nenner bringen. Da die Zusammensetzung eines Untersuchungsausschusses die Mehrheitsverhältnisse des Parlaments widerspiegelt, ist die parlamentarische Opposition auch hier in der Minderheit. Sie hat aber die Möglichkeit, durch ein Minderheitsvotum* die öffentliche Meinung für sich einzunehmen.

(Informationen zur politischen Bildung Nr. 119/124, Das parlamentarische System der Bundesrepublik Deutschland, Neudruck Bonn 1980, S. 40 f.; Verfasser: Eckard Jesse)

M 63 b

Gewaltenteilung und Regierungskontrolle

Artikel 20 des Grundgesetzes (siehe M 21) unterscheidet in Anlehnung an die klassische Lehre von der Gewaltenteilung (siehe M 10) die drei Staatsgewalten gesetzgebende Gewalt, ausführende Gewalt und rechtsprechende Gewalt.

Der ursprüngliche Gedanke der Gewaltenteilung, wie er von Montesquieu entwickelt wurde (siehe M 10), sah drei voneinander unabhängige Gewalten (gesetzgebende, ausführende und rechtsprechende Gewalt) vor, die sich zum Schutz der Freiheit und zur Vermeidung von Machtmißbrauch gegenseitig im Gleichgewicht halten und kontrollieren sollten. In dieser ursprünglichen Form der Kontrolle der Regierung durch das Parlament steht das Parlament als ganzes einer von ihm unabhängigen, z.B. durch einen Fürsten eingesetzten Regierung gegenüber.

Diese Form von Gewaltenteilung und Regierungskontrolle besteht in der Bundesrepublik nicht mehr. Die Regierung geht aus der Mehrheit des Parlaments hervor. Der Regierungschef ist häufig Vorsitzender seiner Partei und zugleich Abgeordneter im Parlament. Auch die anderen Mitglieder der Regierung sind in der Regel Abgeordnete. Sie sind also Mitglied zweier Gewalten, der gesetzgebenden Gewalt und der ausführenden Gewalt. Sie sitzen im Bundestag auf der Regierungsbank und stimmen gleichzeitig als Abgeordnete mit ab, die Trennung der politischen Gewalten ist verwischt. Daraus folgt eine neue Form der Kontrolle: Regierung und Regierungsparteien werden durch die Opposition kontrolliert, während die Kontrolle der Regierung durch die Regierungsparteien wegen der engen Verbindung eingeschränkt ist. Aber auch die Regierungsparteien kontrollieren die Regierung:

„Während die Mehrheit durch möglichst verborgene Kontrolle möglicher öffentlicher Kritiker an der Regierung zuvorzukommen und damit möglichen Einbußen ihrer eigenen Machtposition vorzubeugen und diesbezügliche Kritik möglichst unwirksam zu halten versucht, ist die Opposition bemüht, möglichst öffentlich und laut durchschlagend und unmittelbar zu kritisieren, mit dem Ziel, die Regierung abzulösen."

(Graphik: Hermann Falke)

Ursprüngliche Vorstellung von Regierungskontrolle

Regierung
↑
Parlament

Neue Form der Regierungskontrolle

Regierung
↑ Kontrolle   ↑ Kontrolle
Regierungs- Oppositions-
fraktion   fraktion
     Kontrolle

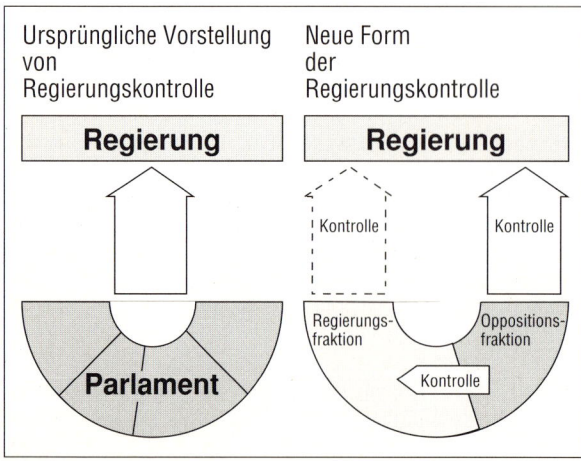

(Autorentext, das Zitat aus: Uwe Thaysen, Parlamentarisches Regierungssystem in der Bundesrepublik Deutschland, Opladen 1976, S. 65)

Die Rolle der Opposition

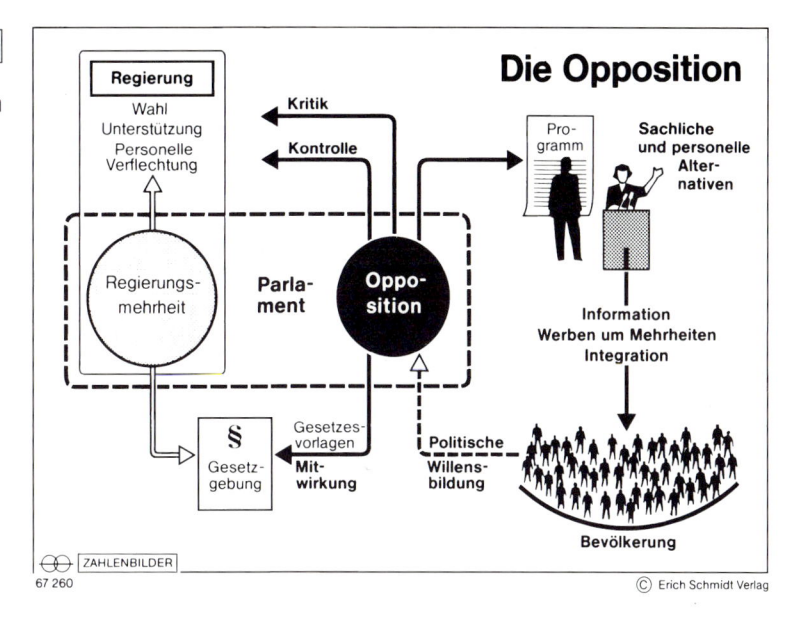

M 64

Die Opposition

[Schaubild: Regierung – Wahl, Unterstützung, Personelle Verflechtung; Regierungsmehrheit – Parlament – Opposition; Kritik, Kontrolle; Gesetzgebung – Gesetzesvorlagen, Mitwirkung; Programm, Sachliche und personelle Alternativen; Information, Werben um Mehrheiten, Integration; Politische Willensbildung; Bevölkerung. ZAHLENBILDER 67 260 © Erich Schmidt Verlag]

Im parlamentarischen Regierungssystem ist es also Aufgabe der Opposition zu kritisieren. Kritisieren im echten Sinne des Wortes kann nur derjenige, der über Vorgänge Bescheid weiß. Bescheid weiß nur derjenige, der kontrolliert. Die vornehmste Aufgabe der Opposition im parlamentarischen Regierungssystem ist daher die Kontrolle. Ihr ist es aufgegeben, alle Handlungen der Regierung zu überprüfen, offenzulegen, zu kritisieren. Eine Opposition, die diese Aufgabe nicht wahrnimmt, verdient den Namen Opposition nicht. Ihre Kritiktätigkeit muß die Opposition aber auch beflügeln, es besser machen zu wollen als die anderen, als die augenblicklich Regierenden. Sie muß selbst zur Macht streben, um die von ihr kritisierten Maßnahmen durch bessere ersetzen zu können. Aber auch nur diese; denn Opposition im parlamentarischen Regierungssystem heißt eben, noch einmal wiederholt, nicht „Opposition um der Opposition willen", sondern bedeutet tätige Teilnahme am Staat. Verantwortung in diesem Staat tragen meint auch, der Regierungsmehrheit dort zuzustimmen, wo die eigene Einsicht dies verlangt.

(Heinz Rausch: Bundestag und Bundesregierung, eine Institutionenkunde, München 1976, S. 24 f.)

Das wichtigste Problem ist wohl, daß die Opposition besonders unter der einseitigen Bewertung von Handeln im Vergleich zum Reden leidet und unter der unmittelbaren Folgenlosigkeit aller Kritik. Kaum eine Regierung wird durch Kritik gestürzt. Oppositionelles Handeln erscheint demnach nie als unmittelbares Handeln; als Adressat tritt immer die Öffentlichkeit auf, in der man sich um eine günstige Ausgangsbasis für die nächste Wahl bemüht.

(Th. Ellwein: Das Regierungssystem der Bundesrepublik Deutschland. Westdeutscher Verlag, Opladen 1977, S. 252 ff.)

❶ Beschreibe die Instrumente der Kontrolle der Regierung durch das Parlament (M 63 a). Wie wirken die einzelnen Instrumente? Welche erscheinen am wirkungsvollsten? Beispiele für den Gebrauch der Instrumente findest du regelmäßig in der Tagespresse.
❷ Erkläre den Unterschied zwischen der ursprünglichen und der neuen Form der Regierungskontrolle (M 63 b). Inwieweit kann man heute von einer Kontrolle der Regierung durch das Parlament sprechen?
❸ Erkläre die Aufgabe der Opposition in einer parlamentarischen Demokratie (M 64). Warum spricht man von den „harten Bänken" der Opposition?

7 Recht und Rechtsstaat

(Fotos: STARK/present, HERZOG/present, dpa/Witschel)

Ladendiebstahl ist kein Kavaliersdelikt

M 1

„Der Einstand"

Peter K. ist neu in der Klasse 10 einer Realschule. Es ist doppelt schwer für ihn, Anschluß zu finden, denn seine Familie zog erst unlängst vom Lande in die große Industriestadt. Peter ist dazu etwas schüchtern und spricht noch Dialekt.

Er ist daher froh, als es ihm gelingt, über seinen Banknachbarn Willi Kontakt zu einer der „Cliquen" in der Klasse zu finden. Allerdings herrscht in dem „Klub", in den er aufgenommen werden soll, eine recht fragwürdige Kameraderie, denn man verlangt von ihm, etwas zum Einstand zu stiften, und zwar im „Selbstbedienungsverfahren!" „Der ist doch viel zu doof, auch nur 'ne kleine Platte zu klauen", spottet Klaus, der mit dem Eintritt des Neuen in die Clique nicht einverstanden ist. Das will Peter nicht auf sich sitzen lassen. Noch am gleichen Nachmittag stiehlt er in einem großen Kaufhaus eine Schallplatte und wird dabei erwischt.

Am nächsten Morgen ist in der Klasse der Teufel los. „Wie konnte der sich bloß so doof anstellen", spotten die einen, die Mehrheit der Klasse allerdings, der Peter leid tut, überlegt, wie man ihm aus der Patsche helfen könnte. „Geh' du doch mal 'rüber zu dem Geschäftsführer und sprich mit ihm", fordern sie Werner B., den Klassensprecher, auf. „Wenn du ihm sagst, daß der Peter bloß geklaut hat, weil Klaus gemeint hat, er wäre ein Blödmann, dann ziehen die vielleicht die Anzeige noch zurück."

Werner läßt sich schließlich breitschlagen. Er macht sich auf den Weg ins Kaufhaus. Herr Pfeiffer, der Geschäftsführer, hört ihn zunächst ruhig an, erläutert ihm dann aber den Standpunkt des Geschäftsinhabers. „An dem, was du da von deinem Klassenkameraden erzählt hast, ist sicher etwas Wahres dran, solche Fälle kennen wir. Aber Diebstahl bleibt Diebstahl! Was meinst du, was passieren würde, wenn wir da immer nachgeben würden? Du sagst, du willst sogar den Schaden, den Peter angerichtet hat, ersetzen, aber kannst du dir eigentlich vorstellen, was für ein Schaden entstünde, wenn wir, wie du, solche Fälle als ‚Bagatelle' abtun würden? Weißt du überhaupt, wie hoch der Schaden ist, der jährlich durch solche Diebstähle entsteht? Die Dummen, die den Schaden zahlen müssen, sind am Ende die ehrlichen Kunden; denn die müssen höhere Preise bezahlen, weil die Verluste mitgedeckt werden müssen. Deshalb können wir die Anzeige nicht zurückziehen, schließlich leben wir in einem Rechtsstaat. Peter ist mit seinen vierzehn Jahren nach dem Jugendgerichtsgesetz (§ 1 Abs. 2; § 3; s. M 30) Jugendlicher und im Falle des Ladendiebstahls voll verantwortlich für sein Tun. Er muß die Folgen tragen."

Enttäuscht über den Ausgang des Gesprächs kommt Werner am nächsten Morgen in die Klasse. „Peter wird doch angezeigt", sagt er, als die anderen ihn bestürmen, was der Geschäftsführer zu der ganzen Sache gemeint habe. „Er hat von Strafmündigkeit geredet und von Rechtsstaat, aber was er damit eigentlich gemeint hat, ist mir nicht ganz klar geworden!"

„Die sind doch gemein, gleich einen anzuzeigen, bloß weil er eine kleine Platte mitgenommen hat. Dabei wollte er doch eigentlich gar nicht klauen, das müßten die doch einsehen", so lautet der Kommentar. Die Klasse ist zum großen Teil auf Peters Seite. Einige aber meinen, daß nicht nur er schuld sei, sondern auch die, die ihn zum Klauen angestiftet haben.

(Johannes Erger/Annemarie Haase/Heinrich Küppers, Gestaltung und Gefährdung des Rechtsstaates, R. Oldenbourg Verlag, München 1978, S. 2)

M 2

greifen Sie zu...
Das neue Sortiment ist da

(Fotos: Günter Schlottmann)

❶ Peter versuchte, Anschluß zur Gruppe zu bekommen, und ist dabei in einen Konflikt geraten (M 1). Beschreibe diesen Konflikt, und überlege, welche Lösungsmöglichkeiten es für Peter gab.

❷ Wer ist deiner Meinung nach am meisten Schuld daran, daß es zum Diebstahl gekommen ist: Peter, der sich überreden ließ, oder Klaus, der ihn angestiftet hat?

❸ In M 1 wird von einem Gespräch berichtet, das Klassensprecher Werner mit dem Geschäftsführer des Kaufhauses geführt hat.
a) Bildet zwei Gruppen: Die erste sucht Argumente für Werner, die zweite für den Geschäftsführer.
b) Spielt verschiedene Möglichkeiten des Gesprächs, in dem Werner den Geschäftsführer davon überzeugen will, die Anzeige zurückzunehmen. Jeweils ein Mitglied aus den beiden Gruppen soll dabei die Rolle eines Gesprächspartners übernehmen.
Bevor ihr beginnt, klärt folgende Punkte:
– Überlegt, von welchen Faktoren außer den Sachargumenten Verlauf und Ergebnis des Gespräches beeinflußt werden könnten (z.B. Zeitknappheit des Geschäftsführers, rhetorische* Überlegenheit eines Beteiligten, Gesprächsatmosphäre, Einfluß Dritter auf die Gesprächspartner).
– Wie wirken sich diese Punkte aus?
– Es ist wichtig, vorher zu vereinbaren, unter welchen inhaltlichen Vorgaben das Rollenspiel stattfindet. Den Rahmen bildet die Darstellung in M 1. Wenn ihr zusätzliche Elemente hineinbringen wollt, müßt ihr euch vorher gemeinsam darauf verständigen.
– Legt eine Obergrenze für die Dauer des Gesprächs fest, damit es in seinem Verlauf nicht „zerfasert".
– Der Verlauf des Gesprächs und die in ihm genannten Argumente sollten protokolliert werden, damit hinterher bei der Auswertung nichts vergessen wird.
– Überlegt gemeinsam, unter welchen Gesichtspunkten ihr das Gespräch anschließend auswerten wollt.

❹ Erkläre, welches grundsätzliche Problem durch die beiden Fotos verdeutlicht wird (M 2).

❺ Die Zahl der Ladendiebstähle könnte man sicher verringern, indem man die Präsentation der Ware verändert und den Selbstbedienungsbereich wieder verkleinert. Überlege, warum dies die Kaufleute nur sehr ungern tun.

M 3

Ladendiebstahl in der Statistik

M 3 a

Vorsicht Langfinger!

Ladendiebstähle in der Bundesrepublik Deutschland
in 1000

Jahr	Anzahl
1980	287
1982	342
1984	342
1986	350
1988	354
1990	458
1991	469
1992	530
1993	671

(Angaben 1991–1993 für gesamtes Bundesgebiet)

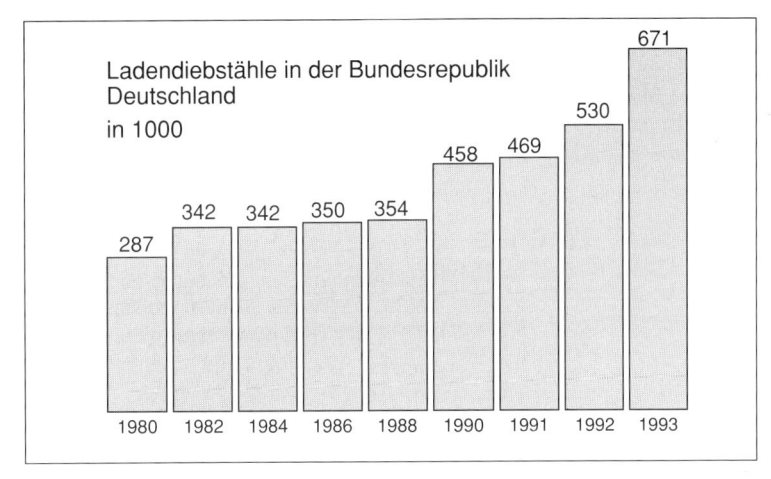

M 3 b

„Ladendiebstahl ist kein Kavaliersdelikt"

Bei 500 000 festgestellten Ladendiebstahltaten im vergangenen Jahr und einem Gesamtschaden von jährlich rund 2,5 Milliarden DM ist dieses Phänomen der Massenkriminalität kein Kavaliersdelikt, sondern eine Straftat. Diese Auffassung hat die Bundesarbeitsgemeinschaft der Mittel- und Großbetriebe des Einzelhandels (BAG), Köln, auf einer Veranstaltung zum Thema „Ladendiebstahl" vertreten. Der Verband kritisiert in diesem Zusammenhang Bemühungen, die Bedeutung des Ladendiebstahls im strafrechtlichen Wertesystem herabzustufen, um Arbeitsentlastungseffekte zu erzielen. Bei einer Einstellung der Strafverfahren gegen Ersttäter sei offen, wie Ersttäter identifiziert werden können. Eine Registrierung derartiger Fälle erfolge nicht, so daß in vielen Fällen die Verfahren gegen Wiederholungstäter eingestellt würden, weil es sich um vermeintliche Ersttäter handele, kritisiert der Verband. Nach einer Umfrage der Arbeitsgemeinschaft geben die Handelsunternehmen etwa 0,25 Prozent ihres Umsatzes für Vorbeugemaßnahmen zur Bekämpfung des Ladendiebstahls aus. Hochgerechnet zahle der deutsche Einzelhandel rund 1,5 Milliarden DM im Jahr, um solche Diebstähle zu verhindern oder aufzudecken.

(Frankfurter Allgemeine Zeitung, 20.2.1993)

M 4

Dunkelziffer und Inventurdifferenzen

M 4 a

Tatsächlicher Schaden ist kaum zu ermitteln

Der Einzelhandel muß in jedem Jahr Milliardenbeträge „verschmerzen"

Ein prüfender Blick, ein schneller Griff und die zwei Musikkassetten verschwinden unter dem Jacket. Ladendiebstahl – noch immer eines der häufigsten Strafdelikte in der Bundesrepublik. [...]
Doch nur ein winziger Bruchteil der Diebstähle im Einzelhandel wird bekannt. Fachleute schätzen die Dunkelziffer auf bis zu 95 Prozent. Der durch diese Delikte entstandene Schaden ist deshalb kaum zu beziffern.

„Verläßliche Zahlen wird es in diesem Bereich wohl niemals geben", weiß Dieter Bosch, Sprecher der Bundesarbeitsgemeinschaft der Mittel- und Großbetriebe des Einzelhandels in Köln. Um die tatsächlichen Verluste der Betriebe ermitteln zu können, würden daher die Inventurdifferenzen herangezogen.
Diese setzten sich zusammen aus Kundendiebstählen, Mitarbeiter- und Lieferantendelikten, Verderb (hauptsächlich im Lebensmittelbereich) sowie statistischen Mängeln (falsche Buchungen).

(Westfalen-Blatt, 4.7.1989; Verfasser: Wolfgang Schäffer)

M 4 b

Wie entsteht die Inventurdifferenz?

Kritiker vermuten, daß Ladendiebstähle heute oft auch als eine Art „Feigenblatt" für Inventurdifferenzen* im Einzelhandel mißbraucht werden. Aber Tatsache ist, daß die Ladendiebstahls-Tendenz seit Jahren steigend ist. Ladendiebstahl ist heute eine volkswirtschaftlich relevante* Größe.

Aufgrund von Erfahrungen gibt es für die Aufschlüsselung der Inventurdifferenz* eine Faustregel: „Ein Drittel sind innerbetriebliche Fehler, beispielsweise falsche Buchungen oder falsche Auszeichnungen; ein weiteres Drittel wird durch Kundendiebstahl verursacht, das letzte Drittel fällt auf den Lieferanten- und Angestelltendiebstahl."

Eine namhafte Unternehmensberatung hat 72 000 Ladendiebstähle ausgewertet. Ergebnis: In den großen Supermärkten gingen nicht weniger als 17,5% der Diebstähle eben nicht auf das Konto von unehrlichen Kunden, sondern Angestellte und Lieferanten hatten lange Finger gemacht. Und das sind nur die erfaßten Diebstähle. Alle anderen illegalen Manipulationen von Lieferanten und Angestellten, die ebenso die Warenverluste vergrößern, aber beispielsweise als Bruch, Verderb oder Verschleiß ausgegeben werden, ergeben erst das Gesamtbild, mit dem der Einzelhandel zu Recht wenig zufrieden ist.

(Thomas Dreiskämper, in: WirtschaftsSpiegel, hg. vom Deutschen Sparkassenverband, Heft 4/1988, S. 12 f.)

M 4 c

Wie hoch sind die Verluste?

Der deutsche Einzelhandel rechnet mit einem Reingewinn von 1,5 Prozent vom Umsatz. Der könnte glatt doppelt so hoch sein (oder mancher Preis niedriger), denn 1,5 Prozent ist auch meist die Inventurdifferenz – der Unterschied zwischen dem, was nach Ein- und Verkauf am Ende eines Jahres noch da sein müßte, und dem, was wirklich da ist. Dieser Schwund machte im Jahr 1990 bei 690 Milliarden Gesamtumsatz rund zehn Milliarden Mark aus.

(Der Stern, Nr. 20/ 1992, S. 132; Verfasser: Peter Juppenlatz)

M 4 d

„Douglas ist kein Einzelfall"

Welchen Umfang die „Inventurdifferenz" mitunter erreicht, wurde jüngst bei der Bilanzveröffentlichung der Douglas Holding AG in Düsseldorf deutlich. Der Fehlbetrag der Einzelhandelsgruppe [...] summierte sich 1992 auf stolze 41 Millionen DM. Die Aktionäre mußten sich dagegen mit 36 Millionen DM begnügen.

Douglas ist kein Einzelfall. Auch bei der Karstadt AG sind Diebe mittlerweile die ganz großen Abkassierer. Die Inventurdifferenz im vergangenen Geschäftsjahr: knapp 179 Mio. DM. Während früher die Faustregel galt, daß die Mankosumme zu je einem Drittel auf das Konto von zwielichtigen Kunden, eigenem unehrlichem Personal und irgendwelchen Abrechnungsfehlern ging, sind laut Karstadt-Sprecher Holger Martens inzwischen die „externen" Diebe mit der Hälfte dabei. „Genau 60 613 Delikte haben wir im vergangenen Jahr in unseren Häusern aufgedeckt, fast 9 000 mehr als 1991." Als Beute besonders begehrt: Parfums, CDs und Musikkassetten, Lebensmittel, Schreibwaren und Spiele.

Bei Karstadt Bielefeld wurden 1992 sogar doppelt so viele Diebe wie ein Jahr zuvor – nämlich etwa 1000 – ertappt, eine Zunahme, die der örtliche Geschäftsführer mit dem erheblich gestiegenen Aufwand vor allem beim Sicherheitspersonal erklärt. „Da die Polizei nicht genügend Beamte abstellen kann, sind wir zu Selbstschutzmaßnahmen gezwungen", so Günter Kirsch. In Bielefeld sollen sie demnächst in einer Art „mobilen Eingreiftruppe" gipfeln. Private Ordnungshüter werden dann auch außerhalb der Läden, auf den Einkaufsstraßen, patrouillieren, um die Täter besser weiterverfolgen zu können. Kirsch: „Davon versprechen wir uns einiges." Die einzige vom Gesetzgeber legitimierte Ordnungsmacht, die Polizei, nicht sehr viel. In Bielefeld zum Beispiel, wo sie – was einmalig in Nordrhein-Westfalen ist – eine regelrechte Ladendiebstahltruppe (interne Bezeichnung: „Ladi") unterhält, wird auf die mangelhaften Kompetenzen der

„schwarzen Sheriffs" hingewiesen. „Das Gewaltmonopol* haben nur wir", betont „Ladi"-Mitglied Bernd Spilker. Die Bielefelder Zahlen belegen im übrigen die besondere Dramatik der Lage aus seiner Sicht nicht. Zwar habe in der Leinenstadt die Zahl der bekanntgewordenen Ladendiebstähle ebenfalls zugenommen (1992: 3447), ihr Anteil an der gemeldeten Gesamtkriminalität sei jedoch gefallen (13,8 Prozent).

Auch den überdurchschnittlich hohen Ausländeranteil (gut ein Fünftel) relativieren die Spezialisten von der Polizei. Ihre These: Die Vorurteile derjenigen, die aufpassen, führen zu einer Vorauswahl möglicher Täter. Das führt bei einer Aufdeckungsquote von nur fünf Prozent automatisch zu einer verfälschten Wirklichkeit.

(Neue Westfälische v. 28.5.1993; Verfasser: Volker Pieper)

❶ Überlege, wer durch Ladendiebstähle geschädigt wird. Ladendiebstahl ist eine ernst zu nehmende Straftat, für die es keine Rechtfertigung gibt und die keineswegs als harmloser „Sport" angesehen werden kann. Welche Argumente sprechen gegen eine solche Verharmlosung? Ziehe bei der Bearbeitung dieser Frage auch die Zahlenangaben aus M 3 und M 4 hinzu.

❷ Erläutere zusammenfassend, wie sich die Zahl der Ladendiebstähle seit 1980 entwickelt hat. Suche Vergleichszahlen, mit deren Hilfe du die Angaben über die Zahl der Fälle und die Höhe der Verluste anschaulich machen kannst (M 3, M 4).

❸ Erläutere, warum die für die verschiedenen Jahre vorgelegten Zahlen nicht vergleichbar sind (M 3 a).

❹ Erläutere die Aussagen aus M 4 b zur Inventurdifferenz*: M 4 macht deutlich, daß es nicht nur Kunden sind, die für Diebstähle verantwortlich sind. Erläutere, welche weiteren Ursachen für Inventurdifferenzen es gibt.

❺ In M 4 d kommt zum Ausdruck, daß die zunehmende Zahl der ertappten Diebe auch mit Maßnahmen der Geschäfte zusammenhängt. Erläutere diesen Zusammenhang und auch die Hinweise der Bielefelder Polizei. Zu den Tätergruppen vgl. später M 7.

❻ Nach Angaben des Bundesinnenministeriums wurden 1992 insgesamt 529 756 Fälle von Ladendiebstahl erfaßt. Überlege, welche Folgen solche Diebstahlsziffern haben. Berücksichtige dabei die Polizei, das Justizwesen, Geschäftsinhaber und Verbraucher.

❼ Sammelt Informationen über Ladendiebstähle in eurer Stadt oder Gemeinde. Befragt dazu den Einzelhandelsverband, Geschäftsinhaber und die Polizei. Möglicherweise gibt es in eurem Ort auch eine Werbegemeinschaft, in der sich ortsansässige Kaufleute zusammengeschlossen haben, die euch ebenfalls weiterhelfen könnten. Erkundigt euch dabei vor allem danach, ob es bestimmte Tätergruppen gibt, welche Motive eine Rolle spielen und welches Ausmaß Ladendiebstahl inzwischen angenommen hat.

(Jugendkriminalität. Wir diskutieren. Hg. v. Minister für Arbeit, Gesundheit und Soziales des Landes NRW in Verbindung mit dem Innenminister, Justizminister und Kultusminister NW, 6. Auflage 1988)

❶ Die Bildergeschichte (M 5) zeigt, wie ein junges Mädchen Jeans haben möchte, die ihm eigentlich zu teuer sind. Erörtert im Rahmen eines Klassengesprächs folgende Fragen:
– Warum ist Gabi so scharf auf die „Jil-Jeans", obwohl sie die teuersten sind?
– Was würdet ihr in Gabis Situation tun?
– Handelt es sich bei dem, was Gabi tut, um eine Straftat? Wie nennt man das, was Gabi hier versucht?

❷ Wie könnte die Geschichte weitergehen?

M 6

Jugendamt beobachtet Zunahme von Ladendiebstählen – 13jährige Schüler wollen Mut beweisen

„Oft bedeutet diese Mutprobe die Eintrittskarte zu einer Clique"

„Klauen ist ein gefährlicher Sport und kann teuer werden"

(Lippische Landes-Zeitung, 7.5.1993)

Teure Befriedigung der Abenteuerlust

Unter den Schülern der Bergstadt scheint es eine neue Sportart zu geben: Klauen ohne aufzufallen. In Oerlinghauser Geschäften werden derzeit jedenfalls Ladendiebstähle registriert, die über das bislang gewohnte Maß hinausgehen.

Auf dem Schreibtisch von Siegfried Huss (49), Diplomsozialarbeiter in der Oerlinghauser Außenstelle des Kreisjugendamtes, häufen sich die roten Mappen, die über Ladendiebstähle im jugendlichen Alter angelegt werden. Sie dienen den Sozialbehörden und der Staatsanwaltschaft als Informationsquelle. Die Ladendiebstähle erfolgten weniger mit dem klassischen Ziel der persönlichen Bereicherung als vielmehr aus Statuserwägungen gegenüber Mitschülern und Freunden, berichtet Huss im Gespräch mit der LZ. „Oft bedeutet diese Mutprobe die Eintrittskarte zu einer Clique", führt der Sozialarbeiter aus. Doch gingen die Diebereien derzeit über solche Cliquenbildungen hinaus.

Die Langfinger: Schüler im Alter von 12 bis 16 Jahren – besonders häufig 13jährige. Oft werde eine längere Schulpause zu einem Beutezug genutzt, um anschließend auf dem Schulhof mit dem Diebesgut zu prahlen. So seien die Motive für den Ladendiebstahl zumeist Abenteuerlust, Nervenkitzel, Mutprobe, Selbstbeweis.

Siegfried Huss warnt einerseits davor, die Sache zu dramatisieren; doch müsse andererseits jetzt ein deutliches Signal gesetzt werden, das die Kinder und Jugendlichen zur Besinnung bringt. In der Regel sei es mit der Lust am sportlich motivierten Diebstahl vorbei, wenn ein Jugendlicher erst einmal erwischt worden sei und die unangenehmen sozialen Folgen am eigenen Leib zu spüren bekommen habe, berichtet Huss. Deshalb seien die meisten Diebe „Einmaltäter". Reihenweise fliegen sie auf, seit ein Geschäft einen Detektiv beauftragt hat. Da fallen an einem Morgen dann regelmäßig mindestens ein halbes Dutzend Anzeigen an.

Die erwischten Kinder und Jugendlichen kommen nicht nur aus kaputten Familien mit problematischem sozialen Hintergrund. Oftmals fallen die gutsituierten Eltern aus allen Wolken, wenn sie durch Polizei (Hausdurchsuchung) oder das Jugendamt (Strafanspruch) mit dem räuberischen Fehltritt ihres Filius* konfrontiert werden. Die öffentliche Reaktion hat es in sich: Der Geschäftsinhaber erstattet Anzeige bei der Polizei. Die ordnet gegebenenfalls eine Hausdurchsuchung an. Der Dieb wird polizeilich vernommen. Der Staatsanwalt erhebt eventuell Anklage, und es kommt zum Prozeß vor dem Jugendgericht, das eine Strafe in Form von gemeinnütziger Arbeit verhängt (zum Beispiel Rasenmähen fürs Altenheim, Pflege der Grünanlagen). „Klauen ist ein gefährlicher Sport und kann sehr teuer werden", warnt Siegfried Huss. Für eine vom Filius gestohlene Ware im Wert von vielleicht 4,98 DM zahlen die Eltern am Ende 50 Mark für die Anzeige, und der reuige Sünder erbringt 10 Stunden gemeinnützige Arbeit im Wert von vielleicht 100 Mark. Macht 150 Mark. Dazu kommt ein Eintrag ins Erziehungsregister, Hausverbot im Geschäft, Anlage der roten Akte, die den Jugendlichen fortan bis zu seinem 24. Lebensjahr begleitet.

Damit Kinder und Jugendliche nicht unbedacht in die rote Akte hineinschlittern, plant das Jugendamt einen Aufklärungsfeldzug. Huss hat schon mit den Schulleitern gesprochen, die den Mutproben-Klau und seine verheerenden Folgen demnächst auch im Unterricht intensiv thematisieren wollen, damit die Schüler wissen, auf was sie sich einlassen, wenn sie meinen, sich als ganze Kerle beweisen zu müssen.

Außerdem will er sich in jedem einzelnen Fall sofort mit den Eltern in Verbindung setzen. Als ärgerlich empfindet der Sozialarbeiter, daß diese „Einmaldelinquenz*" die Straftatenstatistik der Polizei aufbläht und so ein irreführendes Bild der Sicherheitslage in der Bergstadt erzeugt. „Verglichen mit der anonymen Kriminalität der Großstädte leben wir hier in einer heilen Welt", sagt Huss und hofft, daß dies so bleibt.

❶ In M 1 wurde über den Schüler Peter K. berichtet, der eine Platte gestohlen hatte, um Anschluß an eine der Cliquen in seiner Klasse zu finden. M 6 knüpft daran an. Fälle wie der von Peter K. werden in diesem Zeitungsartikel jedoch nicht aus der Sicht der Schüler, sondern aus der eines Sozialarbeiters* betrachtet, der im Jugendamt arbeitet. Wodurch unterscheiden sich die beiden Betrachtungsweisen? Überlege, worauf diese Unterschiede zurückzuführen sind.

❷ Der Sozialarbeiter macht sich Gedanken über die Motive der Schüler. Zu welchen Ergebnissen kommt er? Hältst du sie für richtig? Begründe deine Meinung (M 6).

❸ Der Sozialarbeiter warnt einerseits davor, „die Sache zu dramatisieren". Andererseits müsse „ein deutliches Signal gesetzt werden, das die Kinder und Jugendlichen zur Besinnung bringt." Erläutere seine Überlegungen, und beziehe dazu Stellung. Wie sollte man sich deiner Meinung nach gegenüber Kindern und Jugendlichen verhalten, die beim Ladendiebstahl erwischt werden? (M 6)

❹ Erläutere, welche Folgen Ladendiebstähle für jugendliche Täter haben (M 6).

❺ Überlegt, ob ihr einen Sozialarbeiter des Jugendamtes, einen Mitarbeiter der Polizei oder einen Vertreter des Einzelhandels in den Unterricht einladen wollt. Fragt dazu gegebenenfalls bei der Stadt- oder Gemeindeverwaltung, der Polizeidienststelle, dem Einzelhandelsverband, der örtlichen Werbegemeinschaft oder einzelnen Geschäftsinhabern an.

M 7 Wer sind die Täter?

M 7 a
Täter kommen aus allen Schichten

(Thomas Dreiskämper, in: WirtschaftsSpiegel, hg. vom Deutschen Sparkassenverband, Heft 4/1988, S. 12 f.)

Das erschreckende Phänomen ist, daß es längst nicht mehr überwiegend Jugendliche sind, die aus Geltungsbedürfnis stehlen oder aufgrund einer unsinnigen Mutprobe Sachen aus Regalen entwenden, die sie unter Umständen noch nicht einmal gebrauchen können. Heute stehlen Bürger aller sozialen Schichten, und die Anzahl der Wiederholungstäter im Amateurbereich nimmt ständig zu. Ladendiebstahl aber ist kein Kavaliersdelikt mehr, so meinen nicht nur die betroffenen Händler, sondern auch die Staatsanwaltschaften und die Polizei. Laut Statistik stieg die Anzahl der Wiederholungstäter auf mittlerweile zwei Drittel aller Erwischten.

M 7 b
Aus einer Reportage des „Stern"

Armut ist selten der Grund für Grapscherei. Auch Leute, die es nicht nötig haben, wiegen wie selbstverständlich drei Bananen für die Preistaste ab und tun dann noch zwei in die Tüte oder sacken die Äpfel zu 3,99 Mark ein und tippen bei 2,99.

Bessere Kreise sind ebenfalls manchmal schlecht, wenn die Gelegenheit da ist. Typisches Beispiel vom 4. Frankfurter Polizeirevier: Auf der Toilette eines Kaufhauses an der Zeil, der Einkaufsmeile mit dem höchsten Umsatz in Deutschland, findet eine Frau eine Tüte mit teurer Kleidung. Ihr Mann sieht eine Chance: Umtausch. Obwohl die beiden keine Quittungen haben, können sie die Kassiererin beschwatzen und bekommen 398 Mark.

„Die waren so gut angezogen, ich dachte mir nichts dabei", sagt die, als kurz darauf die Eigentümerin der Ware kommt. Ein Detektiv faßt das Pärchen. Sieh an, ein stadtbekannt seriöser Herr. Empört streitet er ab. Auf der Wache nimmt die Frau die Gaunerei allein auf sich. Hauptkommissar Fritz Kreutz: „So ist es immer, wenn wir bekannte Leute erwischen. Alles auf die Frau." […]

Zunehmend in Supermärkten und Warenhäusern klauen Drogenabhängige. Detektiv Stoperan: „Die Beschaffungskriminalität geht deutlich weg von Autoaufbruch und Handtaschenraub und rein in den Einzelhandel." Viele werden von Hehlern geschickt, Bestellung im Kopf. Für kriminelle Wiederverkäufer ist die Suchtseuche ein Glück, Fixer sind dankbare Helfer. Sie stehlen ohne Hemmungen, weil sie in ihrer Not Tag für Tag bestimmte Summen brauchen. So sind Ballantine's Whisky und Jacobs Krönung zur Zwischenwährung geworden. Eine Flasche bringt zehn Mark, ein Paket Kaffee fünf. Ein Schuß Heroin kostet mal 30, mal 40 Mark – das kann jeder rechnen. Viele Märkte, im Norden etwa 200, haben diese beiden Genußmittel schon aus den Selbstbedienungsregalen genommen und geben sie nur noch auf Nachfrage aus dem Schrank her. „Die Spanne ist so klein, daß ich für einen geklauten Ballantine's elf verkaufen muß, um das auszugleichen", sagt ein Hamburger „Pro"-Marktleiter.

Ausreden von Ladendieben
Gesammelt von 6. Kommissariat im Polizeipräsidium Köln

- Ich hatte getrunken.
- Das hat das Kind getan.
- Ich weiß nicht, wie man in Selbstbedienungsläden kauft.
- Ich wollte nur umtauschen.
- Die Kassiererin war nicht da.
- Ich wollte meinem Mann die Sachen draußen zeigen.
- Ich wollte die Aufmerksamkeit des Personals testen.
- Ich wollte die Sachen bei Tageslicht besehen.
- Ich dachte, mein Mann hätte alles bezahlt.
- Ich hatte ein unschönes sexuelles Erlebnis und wußte nicht, was ich tat.
- Ich bin blind! Ich kann nicht sehen!
- Ich dachte, die Kasse wäre draußen.
- Ich vergesse soviel, seit meine Frau tot ist.

(Der Stern, Nr. 20/1992, S. 126 ff.; Verfasser: Peter Juppenlatz)

M 8 Maßnahmen gegen Ladendiebstahl

M 8 a
Auch Kaufleute und Hausdetektive müssen sich an das Recht halten

Die Einzelhandelsbranche geht mit ihrem „Hauptfeind Nr. 1" nicht gerade zimperlich um. Von dem Rechtsgrundsatz, daß jeder zunächst unschuldig sei, bis seine Schuld bewiesen ist, scheinen viele Ladendetektive oder übereifrige Angestellte noch nichts gehört zu haben. Aber auch wenn ein begründeter Verdacht auf Diebstahl besteht, sich dieser im Laufe der Observierung erhärtet und es sich schließlich herausstellt, daß der Gefaßte tatsächlich ein Ladendieb ist – zartfühlend sind die selbsternannten „Polizisten" fast nie.

Rechtliche Möglichkeiten hat ein Privatdetektiv genauso wenige oder genauso viele wie ein Bürger oder Kunde, nämlich fast keine. Jede Person des öffentlichen Lebens hat das Recht – sobald eine Straftat vorliegt – den Täter vorübergehend festzunehmen. Und zwar nur so lange, bis die Personalien festgestellt sind oder die Polizei verständigt und eingetroffen ist. Mehr darf auch ein Kaufhausdetektiv nicht tun.

In rd. 60% der Fälle läuft das Geschehen ohne Aufsehen ab. Denn mehr als jeder zweite erwischte Ladendieb geht nach erfolgter Ansprache durch den Detektiv oder den Kaufhausangestellten anstandslos mit ins Büro, gibt seine Verfehlung zu und läßt seine Personalien ohne Widerspruch aufnehmen. Gerade einmal 30% der Delinquenten* versuchen sich herauszureden oder wissen von nichts, zumindest bis die Polizei vor Ort eintrifft und Tascheninhalte auf ihre Herkunft hin klärt.

Nur rd. 10% der Ladendiebe werden aggressiv, versuchen sich durch Flucht den Weg in die Freiheit zu erstürmen oder werden sogar physisch gewalttätig gegen den Feststellenden.

Aber nicht nur der Angestellte, auch die Geschäftsleitung kann mit wenig Aufwand gerade noch unentschlossene Ladendiebe abschrecken: durch das Aufstellen großer und gut sichtbarer Hinweistafeln. Der Gelegenheitsdieb wird ermahnt und gewarnt. Die Kundschaft „muß halt wissen, daß in unserem Haus Diebstahl aktiv und mit der zur Verfügung stehenden gesetzlichen Härte verfolgt wird", meint ein Bochumer Kaufhausdetektiv.

(Thomas Dreiskämper in: WirtschaftsSpiegel, hg. vom Deutschen Sparkassenverband, Heft 4/1988, S. 12 f.)

M 8 b
Fangprämien in Warenhäusern

(Hassemer/Sandmann: Ladendiebstahl, Schöningh, Paderborn 1985, S. 21)

In der Praxis verlangen viele Kaufhäuser von den ertappten Ladendieben unter Androhung einer Strafanzeige neben der Rückgabe oder Bezahlung der gestohlenen Ware die Zahlung einer Bearbeitungsgebühr oder Fangprämie. Obwohl danach zumeist von einer Strafanzeige abgesehen wird, ist das Verfahren rechtlich bedenklich, weil es auf eine Art Selbstjustiz hinausläuft. Das Recht ist ja auch dazu da, die Selbstjustiz zu verhindern. Nicht der Geschädigte, sondern nur das Gericht darf den Täter bestrafen.

M 8 c
Sicherungseinrichtungen in Warenhäusern

Wir möchten Sie darauf hinweisen, daß <u>jeder</u> Diebstahl zur Anzeige gebracht wird!

Warnschild

Elektronische Schleusen

(Fotos: G. Schlottmann)

M 8 d
Taschenkontrolle

Die junge Frau hatte es eilig. [...] An der Kasse schaute sie noch einmal auf die Uhr: 18.20 Uhr – naja, das ging ja gerade noch. Sie bezahlte und wollte den Laden verlassen, da trat ihr ein Angestellter des Supermarktes entgegen.

„Entschuldigen Sie bitte, darf ich mal in Ihre Tasche sehen?" Die junge Frau war sprachlos. Dann aber packte sie der Zorn: „Nee, dürfen Sie nicht", antwortete sie schroff, und mit diesem Satz verursachte sie eine Verzögerung ihres Abendessens um eine gute Stunde.

Der Ladendetektiv verwies auf das „Hausrecht". [...]

Gelegentliche Kontrollen, unerwartet für den Kunden, seien notwendig. Er bitte um Verständnis. Die Frau zeigte den Kassenzettel vor, um zu beweisen, daß sie bezahlt hatte. Sie fragte, ob man sie etwa beim Diebstahl beobachtet habe – was verneint wurde –, und weigerte sich, inzwischen trotzig, ihre Tasche zu öffnen.

Ein Polizeibeamter wurde gerufen. […] In einem Nebenraum öffnete die Frau schließlich ihre Tasche. Es wurde nichts gefunden. Mit der nochmaligen Bitte um Verständnis durfte die Frau nach Hause gehen.

Wir legten diese Frage dem Staatssekretär im Justizministerium von Nordrhein-Westfalen vor. Wir fragten: „Hätten Sie die Tasche geöffnet?"

Er antwortete: „Nein. In diese Tasche durfte der Geschäftsinhaber oder sein Beauftragter, also ein Angestellter, nicht gucken. Nur wenn ein Ladendieb auf frischer Tat ertappt wird, darf er festgehalten und gegebenenfalls durchsucht werden. Ein vager Verdacht genügt nicht und rechtfertigt die Durchsuchung der Tasche nicht."

(Johannes Wicke/Georg Bedau, Ratgeber Recht, Nymphenburger Verlagshandlung, München 1983, S. 234 ff.)

❶ Welche Motive waren in M 1 und M 6 entscheidend für das Verhalten der Täter? Überlege, aus welchen Gründen es sonst noch zu Ladendiebstählen kommen kann.

❷ Ordne die im folgenden wahllos aufgezählten Ursachen in vorwiegend gesellschaftliche oder persönliche. Ergänze, wenn dir noch weitere Ursachen bzw. Motive einfallen.

Reiz des Verbotenen – Wirkung der Werbung – plötzlicher Drang, etwas besitzen zu wollen – „Selbstbedienungs"läden – Konsumzwänge – Verleitung durch Freunde oder Klassenkameraden – zu wenig Taschengeld – Anonymität des Eigentümers – Geltungsdrang vor Freunden und Nachbarn – Gruppendruck – Medieneinflüsse – Größe und Anonymität der Warenhäuser – Wegwerfgesellschaft/Überflußgesellschaft – Wunsch, anderen eine Freude zu machen…

Fertige entsprechende Tabellen in deinem Heft an.

Gesellschaftliche Motive:	Persönliche Motive:

(Nach Hassemer/Sandmann [= M 8 b], S. 20)

❸ Überlege, welche der Ursachen für Ladendiebstähle, die du aufgelistet hast, dir am wichtigsten erscheinen.

❹ In M 7 findest du Angaben zu den Tätern bei Ladendiebstählen. Führe auf, welche Tätergruppen es gibt, und erläutere dies.

❺ In M 7 b findest du eine Reihe von Ausreden, die von Tätern gegenüber der Polizei genannt wurden. Welche hältst du für glaubwürdig, welche nicht? Begründe deine Meinung. Lassen die Aussagen Rückschlüsse auf die Motive der Täter zu? Wenn du diese Auffassung vertrittst, erläutere, welche Schlußfolgerungen man ziehen könnte.

❻ In M 8 a–d wird über Maßnahmen berichtet, mit deren Hilfe sich Geschäftsinhaber zu schützen versuchen. Welche hältst du für sinnvoll und richtig, welche für bedenklich? Begründe deine Auffassung.

❼ Welche weiteren Maßnahmen zur Verhinderung von Diebstählen sind dir bekannt? Erkläre, was mit der Aussage gemeint ist, sogenannte Fangprämien würden auf „Selbstjustiz" hinauslaufen (M 8 d). Teilst du diese Auffassung?

❽ Überlege, wie sich die Zahl der Ladendiebstähle am besten verringern ließe. Beziehe in deine Überlegungen nicht nur technische und organisatorische Maßnahmen ein, sondern berücksichtige auch das persönliche Umfeld der Täter. Die Arbeitsergebnisse zu Aufgabe 2 (persönliche und gesellschaftliche Motive) können dir dabei eine Hilfe sein.

M 9

Meinungen aus der EXTRA-Umfrage zum Thema „Ladendiebstahl"

„Man kennt die Situation der Ladendiebe nicht, ob sie aus Geldmangel oder Passion klauen gehen. Man sollte in erster Linie auf die elektronische Sicherung setzen, zuviel Detektive machen das Einkaufen unangenehm."
Frank Günther, Paderborn

„Ladendiebstahl ist ein wenig mehr als nur ein Kavaliersdelikt. Aus Sicht der Geschäfte kann man durch elektronische Absicherung oder durch die Arbeit von Detektiven nicht mehr viel machen. Ich denke, man sollte das Problem ein wenig hinterfragen und sich das soziale Umfeld potentieller Ladendiebe ansehen, um aus dieser Richtung heraus dem Problem beizukommen."
Jörg Dunjohann, Paderborn

(Paderborn EXTRA, 22.4.1993; Fotos: Lars Hesse)

„Den Ladendiebstahl härter bestrafen"

Riesen-Resonanz auf unsere EXTRA-Umfrage zum Thema „Ladendiebstahl"! Viele Leserinnen und Leser sprechen sich für eine höhere Bestrafung von Ladendieben aus, viele haben sogar schon Diebe beobachtet. Das Thema ist jedem geläufig, schließlich geht es an die eigene Geldbörse. Einige Anrufer betonten den sozialpolitischen Aspekt des Problems.

Rita Manteuffel, Schlangen: „Ich verstehe die Ladendiebe sehr gut, denn schließlich sind die Waren ja auch viel zu teuer. Man braucht sich über die wachsende Kriminalität nicht zu wundern, wenn die Qualität sinkt, die Preise aber steigen."

Manfred Schmidt, Paderborn: „Ladendiebstahl ist zwar kein Kavaliersdelikt, doch ist mehr Sozialpolitik notwendig, um dem vorzubeugen. Anzeigen sorgen nur für kriminelle Karrieren. Man sollte Kleinigkeiten nicht kriminalisieren, sondern den Leuten helfen."

Eduard Hilger, Bad Lippspringe: „Vielleicht sollte man Kameras in den Umkleidekabinen installieren, mich würde das nicht stören. Ladendiebstahl ist alles andere als eine Bagatelle, es sollte härter bestraft werden. Schließlich werden die Waren ja dadurch teurer."

Ilse Page, Bad Lippspringe: „Ladendiebstahl ist bestimmt kein Kavaliersdelikt. Bereits Kindern sollte man beibringen, daß Diebstahl ein schlimmes Vergehen ist."

Marie-Theresia Linneweber, Wewelsburg: „Diebstahl ist eine richtige Seuche geworden. Ich bin zu Pflichtgefühl und Ehrlichkeit erzogen worden, das ist wohl selten geworden, heutzutage. Früher hätten wir uns für eine solche Tat furchtbar geschämt. Es fehlt das Moralgefühl. Bauern dürfen nicht einmal mehr ihre Mistgabel am Acker lassen, sie wird sofort gestohlen. Aber es gibt auch viele Menschen, die nicht das Nötigste zum Leben haben. Die Deutschen sind statistisch gesehen vielleicht reich, aber die Realität sieht ganz anders aus."

Gudrun Hilker, Bad Driburg: „Die Urteile gegen Ladendiebe sind noch viel zu milde, es müßte viel härter bestraft werden, denn wir, die ehrlichen Verbraucher, zahlen doch die Zeche."

Silvia Jäger, Paderborn: „Als Kundin bin ich empört, oft reagierten die Verkäuferinnen gar nicht, wenn ich sie auf einen Ladendieb aufmerksam machte. Als ehrlicher Kunde bin ich dann sauer. Allerdings sind die Auslagen ja auch verführerisch in Taschenhöhe angebracht, die Versuchung ist sehr groß, etwas zu stehlen. Bei den elektronischen Sicherungen sollte gut darauf geachtet werden, daß sie ordnungsgemäß nach dem Zahlen entfernt werden. Ich bin aufgrund dieser Unterlassung einmal in eine sehr peinliche Situation geraten."

Werner Vollmer, Paderborn: „Härtere Strafen für Ladendiebe sind notwendig! Doch die Verleitung zum Diebstahl ist bei der Art der Präsentation natürlich sehr hoch."

Marianne Lengeling, Paderborn: „Es sollten mehr Detektive eingestellt werden, um den Ladendieben das Handwerk zu legen. Wir bezahlen doch die Verluste mit. Der Überfluß, in dem wir leben, scheint das Unrechtsbewußtsein untergraben zu haben. Aus Not wird nicht mehr gestohlen. Das habe ich schon oft selbst beobachtet."

Erika Hoffmann, Paderborn: „Fremdes Eigentum zu stehlen ist nie ein Kavaliersdelikt! Die ehrlichen Kunden müssen dafür bezahlen."

Christa Schütte, Hövelhof: „Ladendiebstahl ist ein Unding, das man gar nicht hart genug bestrafen kann. Aber Süßwaren, in Kassennähe in Reichweite von Kindern plaziert, haben dort nichts zu suchen. Man sollte keine unnötigen Versuchungen provozieren."

Adelheid Leniger, Paderborn: „Viele Menschen haben wohl schon das Unrechtsbewußtsein verloren. Man sollte es aber auch den Dieben nicht zu leicht machen."

❶ Die Zeitung „Paderborn EXTRA" hat eine Umfrage zum Thema Ladendiebstahl durchgeführt. Einige Äußerungen der Interviewpartner sind in M 9 abgedruckt.
Mit Hilfe der Informationen aus M 1–M 9 und eurer bisherigen Arbeitsergebnisse sollt ihr diese Aussagen untersuchen und dazu Stellung beziehen. Bildet hierzu drei Arbeitsgruppen:
a) Ursachen und Motive der Täter
b) Maßnahmen gegen Ladendiebstahl
c) Strafen für Ladendiebe.

❷ Ordnet die Aussagen aus M 9 den einzelnen Gruppen zu und erarbeitet dazu jeweils eine Stellungnahme. Fertigt dazu nach folgendem Muster eine Tabelle:

Meinung der Interviewten (in Stichworten)	Argumente aus der Arbeitsgruppe		Meinung der Arbeitsgruppe
	Pro	Contra	
1. ...	...	...	...
2. ...	...	...	...
3. ...	...	...	
... ...			

❸ Eine Sprecherin oder ein Sprecher aus jeder Gruppe soll anschließend im Plenum eure Arbeitsergebnisse vorstellen.

❹ Bereitet eine eigene Befragung vor. Überlegt vorher genau, welche Fragen ihr stellen und wie ihr die Antworten auswerten wollt.

❺ Prüft, welche technischen Hilfsmittel ihr einsetzen wollt. Wer besorgt die Geräte? Wer ist für ihren Einsatz zuständig?

❻ Überlegt, wie ihr die Ergebnisse eurer Arbeit einem breiteren Publikum zugänglich machen könnt (Artikel in der Schüler- oder der Lokalzeitung, Wandzeitung in der Schule oder im Jugendzentrum, Beitrag für das Lokalradio, Ausstellung in Zusammenarbeit mit der Polizei und einem Kaufhaus etc.).
Außer euren Interviews und der Auswertung könnt ihr dort – je nach Medium – weitere Informationen und Materialien vorstellen.

Verletzungen der Rechtsordnung

M 10

Wozu brauchen wir eine Rechtsordnung?

Wie oft wird auf die Paragraphen, auf die Bestimmungen, die das äußere Zusammenleben der Menschen regeln, gescholten! Da ärgert sich der Autofahrer: Er hat ein Strafmandat bekommen wegen Überschreitung der 50-km-Begrenzung, die im Stadtverkehr vorgeschrieben ist. Herr Müller findet es lächerlich, daß ihn Herr Meier angezeigt hat, nur weil er sich ein paar Mauersteine mitgenommen hat, die Herr Meier auf seinem Grundstück gelagert hatte. Die Kinder ärgern sich, weil ihnen verboten wird, die Garagentür von Herrn Lehmann mit Inschriften zu versehen. Alle Erwachsenen sind mit dem Staat unzufrieden, der ihnen Steuern abnimmt.
Aber nun sehen wir uns die Angelegenheit einmal von der anderen Seite an! Da sind die Fußgänger, Mütter mit kleinen Kindern, Schulkinder, alte,

gehbehinderte Leute: Sie kommen im Straßenverkehr in Gefahr, weil der Autofahrer ohne Beachtung der 50-km-Begrenzung durch die Straßen rast. Herr Meier hat viel Geld für die Mauersteine ausgegeben und sie mühsam herangekarrt – nun nimmt sie ihm Herr Müller einfach fort. Herrn Lehmanns Garagentür muß wegen der „Inschriften" neu gestrichen werden. Der Staat hat, wenn er auf die Steuern verzichtet, kein Geld mehr für die Dinge, die wir alle haben wollen: gute Schulen, moderne Krankenhäuser, neue Straßen.

Wir sehen, es stehen sich hier zwei ganz verschiedene Seiten gegenüber: Die einen möchten etwas ganz Bestimmtes tun, so schnell fahren, wie sie wollen; sich nehmen, was sie gerade brauchen. Die anderen wollen sich das nicht gefallen lassen: Sie wollen nicht durch die Autofahrer gefährdet werden; sie wollen ihre Garagentür, ihr Haus nicht beschädigen lassen. Jochen Schneider findet es heute vielleicht nicht der Rede wert, wenn er mit seinem Fahrrad den Kotflügel vom Auto der Frau Müller zerkratzt hat; am nächsten Tag ist er empört, weil ihm ein Klassenkamerad die Speichen seines Fahrrades verbogen hat.

Nun stellen wir uns einmal vor, wie es wäre, wenn nicht geregelt wäre, was man tun darf und was verboten ist: Der Stärkere, der Klügere, der Mächtigere könnte sich nehmen, was er wollte. Er nähme dem Schwächeren das neue Moped fort, er besorgte sich von allem das Beste. Der Schwächere könnte sich ohne Hilfe nicht wehren, er wäre dem Stärkeren hilflos ausgeliefert.

Daß das nicht geht, müssen selbst die einsehen, die sich heute noch stark und den Schwächeren überlegen vorkommen. Auch sie können durch Krankheit, durch Unglücksfall, durch Alter eines Tages zu den Schwächeren gehören. Der Staat hat daher eine Ordnung geschaffen, durch die das Zusammenleben der Menschen weitgehend geregelt wird. Diese Ordnung nennen wir die Rechtsordnung.

(Ilse Staff: Rechtskunde für junge Menschen, Verlag M. Diesterweg, Frankfurt 1979, S. 7 f.)

M 10 zeigt anhand von Beispielen, warum wir Bestimmungen benötigen, die das äußere Zusammenleben der Menschen regeln. Erkläre in eigenen Worten, warum eine solche „Rechtsordnung" notwendig ist.

M 11 a

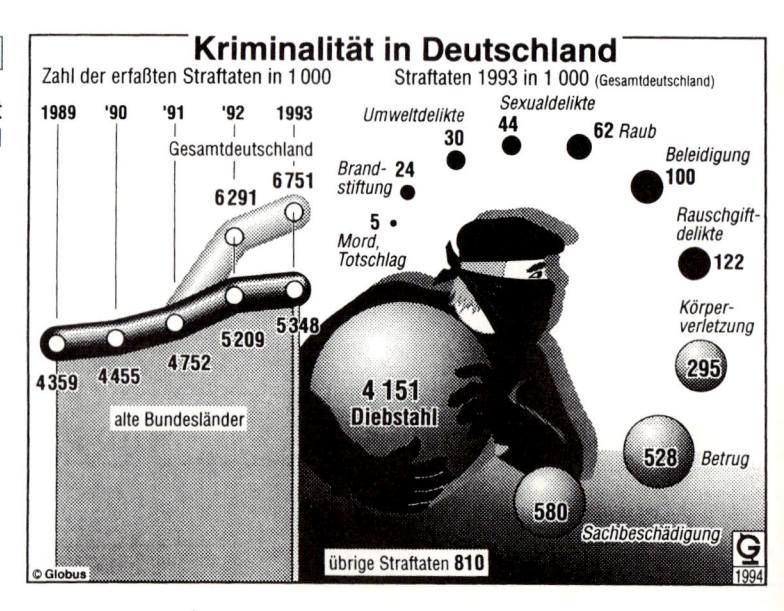

Kriminalität in Deutschland

Kriminalität in Deutschland
Zahl der erfaßten Straftaten in 1 000
Straftaten 1993 in 1 000 (Gesamtdeutschland)

1989 '90 '91 '92 1993
Gesamtdeutschland
6 291 6 751
alte Bundesländer
4 359 4 455 4 752 5 209 5 348

Umweltdelikte 30
Sexualdelikte 44
Raub 62
Brandstiftung 24
Beleidigung 100
Mord, Totschlag 5
Rauschgiftdelikte 122
Körperverletzung 295
Diebstahl 4 151
Betrug 528
Sachbeschädigung 580
übrige Straftaten 810

© Globus 1994

M 11 b

Die Polizeiliche Kriminalstatistik

Die Angaben zur Kriminalitätsentwicklung in der Bundesrepublik Deutschland beruhen in der Regel auf den Aussagen der Polizeilichen Kriminalstatistik (PKS). Diese Statistik erscheint jährlich und hat die Aufgabe, die Entwicklung der Kriminalität und einzelner Deliktsarten zu dokumentieren. Beobachtet werden
- Art und Anzahl der erfaßten Straftaten,
- Tatort und Tatzeit,
- Opfer und Schäden,
- Aufklärungsergebnisse,
- Alter, Geschlecht und Nationalität der Tatverdächtigen.

Viele Angaben fehlen jedoch, denn die PKS erfaßt nur die der Polizei bekanntgewordenen Straftaten, einschließlich der mit Strafe bedrohten Versuche und der vom Zoll bearbeiteten Rauschgiftdelikte.
Nicht enthalten sind Staatsschutzdelikte, Verkehrsdelikte (bis auf wenige Ausnahmen), Straftaten, die außerhalb der Bundesrepublik begangen wurden, und Verstöße gegen strafrechtliche Gesetze der einzelnen Bundesländer (Ausnahme: Landesdatenschutzgesetze).

Analyse der Polizeilichen Kriminalstatistik 1993

Registrierte Gesamtkriminalität

1993 wurden für die Bundesrepublik Deutschland in der Polizeilichen Kriminalstatistik 6 750 613 Fälle erfaßt.
In den alten Bundesländern einschließlich Gesamt-Berlin wurden 5 347 780 Fälle erfaßt.

Bereich	Jahr	Einwohner am 30. 6.*	erfaßte Fälle	Häufigkeitszahl**
Bundesrepublik Deutschland (Gebietsstand vor dem 3. 10. 1990)	1965	59 040 600	1 789 319	3 031
	1975	61 832 200	2 919 390	4 722
	1980	61 560 700	3 815 774	6 198
	1985	61 418 000	4 215 451	6 909
	1988	61 418 000	4 356 726	7 094
	1989	61 989 800	4 358 573	7 031
	1990	62 679 000	4 455 333	7 108
alte Bundesländer einschl. Gesamt-Berlin	1991	65 001 400	4 752 175	7 311
	1992	65 765 900	5 209 060	7 921
	1993	66 583 200	5 347 780	8 032
Bundesrepublik Deutschland (Gebietsstand seit dem 3. 10. 1990)	1992	80 274 564	6 291 519	7 838
	1993	80 974 632	6 750 613	8 337

* Ab Berichtsjahr 1990: Einwohner am 1.1. des Berichtsjahres.
** Häufigkeitszahl – HZ – ist die auf 100 000 Einwohner entfallende Zahl der Fälle.

Einzelne Tendenzen im Überblick

In den alten Bundesländern einschließlich Gesamt-Berlin wurden folgende Tendenzen beobachtet.
Eine erhebliche Zunahme der erfaßten Fälle (absolut) ist vor allem bei den folgenden Straftaten(gruppen) festzustellen:

Alte Bundesländer einschließlich Gesamt-Berlin

Straftaten(gruppen)	erfaßte Fälle 1993	Anstieg gegen Vorjahr absolut	in v. H.
Straftaten gegen Ausländer- und AsylverfahrensG	198 388	56 102	39,4
Betrug	459 715	52 223	12,8
Ladendiebstahl – insgesamt –	574 610	44 854	8,5

Alte Bundesländer einschließlich Gesamt-Berlin

Straftaten(gruppen)	erfaßte Fälle 1993	Anstieg gegen Vorjahr absolut	in v. H.
Urkundenfälschung	75 341	18 338	32,2
schwerer Diebstahl von/aus Automaten	88 489	16 963	23,7
Taschendiebstahl – insgesamt –	90 579	12 805	16,5
schwerer Diebstahl in/aus Wohnräumen	184 022	10 422	6,0
Diebstahl – insgesamt – von unbaren Zahlungsmitteln	43 619	7 424	20,5
Freiheitsberaubung, Nötigung, Bedrohung	83 160	6 484	8,5

Dem Anstieg bei diesen Straftaten(gruppen) stand ein Rückgang der erfaßten Fälle insbesondere in den folgenden Deliktsbereichen gegenüber:

Alte Bundesländer einschließlich Gesamt-Berlin

Straftaten(gruppen)	erfaßte Fälle 1993	Rückgang gegen Vorjahr absolut	in v. H.
Diebstahl – insgesamt – in/aus Kraftfahrzeugen	708 953	– 47 021	– 6,2
Diebstahl – insgesamt – von Fahrrädern	408 341	– 33 567	– 7,6
Sachbeschädigung	429 700	– 10 086	– 2,3
Allgemeine Verstöße nach § 29 BtMG mit Heroin	32 704	– 6 150	– 15,8
Hehlerei (außer von Kfz)	18 502	– 3 930	– 17,5
Diebstahl – insgesamt – von Mopeds und Krafträdern	35 601	– 2 896	– 7,5

Straftatenanteile

In der Bundesrepublik Deutschland bestimmt der Diebstahl mit einem Straftatenanteil von über drei Fünftel (61,5 v.H.) aller polizeilich erfaßten Fälle die Gesamtkriminalität quantitativ maßgeblich. Fast jeder achte Fall war ein Diebstahl aus Kraftfahrzeugen, und fast jeder zehnte Fall war ein Ladendiebstahl.

In den neuen Bundesländern waren sogar über zwei Drittel (67,6 v.H.) aller polizeilich erfaßten Fälle Diebstahlsdelikte.

Aufklärungsquoten

1993 wurden in der Bundesrepublik Deutschland 2 957 135 Fälle aufgeklärt. Dies entspricht einer Aufklärungsquote von 43,8 Prozent.

In den alten Bundesländern einschließlich Gesamt-Berlin betrug die Aufklärungsquote 46,5 Prozent (2 486 090 aufgeklärte Fälle). Gegenüber dem Vorjahr (44,8 v.H.) stieg die Aufklärungsquote um 1,7 Prozentpunkte. Der Anstieg der Gesamtaufklärungsquote ist hauptsächlich auf Änderungen der Deliktsstruktur zurückzuführen: Während nämlich der Anteil der schwer aufklärbaren Fälle von Diebstahl unter erschwerenden Umständen zurückgegangen ist, hat gleichzeitig der Anteil von Straftaten, bei denen die Tatverdächtigen in der Regel bekannt sind, wie Ladendiebstahl, Leistungserschleichung oder Straftaten gegen das Ausländer- und Asylverfahrensgesetz zugenommen.

(Presse- und Informationsamt der Bundesregierung, Bulletin Nr. 50, 30. Mai 1994)

M 11 c

Welche Aussagekraft hat die Polizeiliche Kriminalitätsstatistik?

Besonders folgende Faktoren begrenzen die Aussagekraft der PKS:

Dunkelfeld

Das Dunkelfeld umfaßt die nichtentdeckte oder nichtangezeigte Kriminalität und kann daher in der PKS nicht zum Ausdruck kommen. Wenn sich zum Beispiel das Anzeigeverhalten der Bevölkerung oder die Verfolgungsintensität der Polizei ändern, so kann sich die Grenze zwischen Hell- und Dunkelfeld verschieben, ohne daß eine Änderung des Umfangs der tatsächlichen Kriminalität damit verbunden sein muß.

Erfassungsprobleme

● Die Erfassung in der PKS erfolgt vorrangig anhand gesetzlicher Tatbestände und nur eng begrenzt auch unter kriminologischen* Gesichtspunkten. Bedeutsame deliktsübergreifende Erscheinungsformen wie zum Beispiel die Organisierte Kriminalität können deshalb nicht ausgewiesen werden. Auch die Bezüge zu kriminellen Vorgängen im Vor- und Nachfeld einzelner Straftaten sind nicht erkennbar.

● Die Erfassung erfolgt bei Abgabe der Anzeigen an die Staatsanwaltschaft. Die Aktualität der PKS wird daher durch Straftaten mit langer Ermittlungsdauer gemindert.

● Die PKS beruht auf dem Erkenntnisstand bei Abschluß der polizeilichen Ermittlungen. Straftaten werden zum Teil von der Polizei insbesondere wegen des unterschiedlichen Ermittlungsstandes anders bewertet als von der Staatsanwaltschaft oder den Gerichten. Deswegen und auch wegen unterschiedlicher Erfassungszeiträume und -grundsätze läßt sich die PKS mit der Verurteiltenstatistik der Justiz nicht vergleichen.

(Presse- und Informationsamt der Bundesregierung, Bulletin Nr. 56, 29. Mai 1992)

---

❶ Erläutere die Darstellung M 11 a. Überlege, was es bedeutet, daß hier nur die bekanntgewordenen Straftaten erfaßt sind. Hältst du die in M 11 a gemachten Angaben für aussagekräftig genug, um Aussagen über den Grad der Gefährdung des einzelnen Bürgers durch Kriminalität zu treffen? Begründe deine Auffassung.

❷ In M 11 b sind Angaben aus der Polizeilichen Kriminalstatistik 1993 zusammengefaßt. Welche Informationen lassen sich hier entnehmen? Erarbeite einen kleinen Vortrag, der die Hauptaussagen hervorhebt und auch Entwicklungen der Vergangenheit einbezieht.

❸ Der Vortrag läßt sich dadurch anschaulicher machen, daß die verschiedenen Zahlenangaben auch grafisch dargestellt werden. Entwerfe entsprechende Grafiken, die entweder vervielfältigt oder auf Folien für eine Overhead-Projektion übertragen werden können.

❹ Welche Mängel enthält die Polizeiliche Kriminalstatistik? Erläutere die Probleme und beziehe zu der Frage Stellung, in welchem Umfang und an welcher Stelle dieses Auswirkungen auf die Aussagekraft der Statistik hat. (M 11 b, M 11 c).

M 12   Kriminalität bei Jugendlichen und Ausländern

M 12 a

In welchem Ausmaß gibt es Jugendkriminalität?

[…] Die wachsende Kriminalität von jungen Menschen erhitzt die Gemüter.

Es stimmt: Die Zahl der vierzehn- bis zwanzigjährigen Tatverdächtigen ist seit 1989 gestiegen, pro 100 000 dieser Altersgruppe um 37 Prozent. Bei den 21- bis 25jährigen sieht es nicht besser aus. Vor allem junge Männer werden heute leichter kriminell als noch in den achtziger Jahren. Der Anstieg der Raubüberfälle und Körperverletzungen geht ebenso überwiegend auf ihr Konto wie die vermehrten Autodiebstähle und Schwarzfahrten.

Nicht nur bei den jungen Ausländern, sondern auch bei den jungen Deutschen verzichtet die Statistik einen starken Zuwachs der Kriminalität: um etwa ein Fünftel. Sie fallen besonders durch Gewaltdelikte auf, zum Beispiel durch Überfälle auf Ausländer, aber auch durch Schlägereien untereinander. Im Gegensatz dazu verhalten sich die Älteren gesetzestreuer. Die Kriminalitätsbelastung der über 25jährigen Tatverdächtigen hat um 0,5 Prozent abgenommen. Ein Trend, der Mitte der achtziger Jahre begonnen hat.

Allerdings hat der Konstanzer Kriminologe Wolfgang Heinz kürzlich in einer Studie festgestellt: Anders als die Zahl der Tatverdächtigen ist die Zahl der Verurteilten 14- bis 20jährigen pro 100 000 dieser Altersgruppe zwischen 1989 und 1991 leicht gesunken. Eine mögliche Erklärung wäre, daß Richter und Staatsanwälte Jugendgerichtsverfahren mit Ermahnungen und Auflagen abschließen, nicht aber mit einer Strafe.

Oder es handelte sich tatsächlich um Bagatelldelikte, und die Justiz ließ wie auch schon früher Milde walten. Vielleicht trifft auch beides zu. Eine Antwort darauf wird man wohl erst finden, wenn die Zahlen über Verurteilte aus den Jahren 1992 und 1993 vorliegen und in die Analyse einbezogen werden können.

Faßt man alles zusammen, zeigen sich zwei gegenläufige Trends: Die zirka zwei Millionen ausländischen Arbeitnehmer sowie die Gruppe der über 25jährigen Deutschen verursachen keine Probleme. Junge Menschen unter 25 dagegen und besonders die in die Gesellschaft nicht integrierten Asylbewerber geraten immer häufiger mit dem Gesetz in Konflikt. […]

(DIE ZEIT, Nr. 21 v. 20.05.1994; Verf.: Martin Klingst/Christian Pfeiffer; Christian Pfeiffer ist Direktor des Kriminologischen Forschungsinstituts Niedersachsen.)

M 12 b

Ist der Ausländeranteil bei den Tatverdächtigen überproportional hoch?

Entwicklung der nichtdeutschen Tatverdächtigen

Nichtdeutsche Tatverdächtige

1993 wurden für die Bundesrepublik Deutschland 684 920 nichtdeutsche Tatverdächtige registriert. Ihr Anteil an allen Tatverdächtigen betrug damit 33,6 %. In den alten Bundesländern einschließlich Gesamt-Berlin betrug der Anteil Nichtdeutscher an allen Tatverdächtigen 36,2 % (1992: 32,2 %). Die nachfolgende Übersicht zeigt die Entwicklung der nichtdeutschen Tatverdächtigen seit 1984 (Einführung der echten Tatverdächtigenzählung).

Bereich	Jahr	Nichtdeutsche Tatverdächtige	Anteil an allen Tatverdächtigen in v.H.
Bundesrepublik Deutschland (Gebietsstand vor dem 3.10.90)	1984	207 612	16,6
	1985	231 868	18,0
	1986	252 018	19,3
	1987	258 329	20,0
	1988	286 741	21,8
	1989	336 011	24,5
	1990	383 583	26,7
alte Bundesländer einschl. Gesamt-Berlin	1991	405 545	27,6
	1992	509 305	32,2
Bundesrepublik Deutschland (Gebietsstand seit dem 3.10.90)	1992	550 583	30,0
	1993	689 920	33,6

Asylbewerberanteil (1992)

Der Anteil der Asylbewerber (Personen, für die ein Asylverfahren im Bundesgebiet anhängig ist) an den nichtdeutschen Tatverdächtigen ist in den alten Bundesländern einschließlich Gesamt-Berlin beträchtlich auf 37,1 % gestiegen; 1984 betrug ihr Anteil nur 7,7 %. Asylbewerber stellten auch 1993 die größte Teilgruppe unter den nichtdeutschen Tatverdächtigen. Die Anteile der anderen Gruppen waren rückläufig; insbesondere ging der Anteil der hier lebenden Arbeitnehmer deutlich auf 15,6 % zurück; 1984 betrug ihr Anteil noch 32,6 %. Bei den Asylbewerbern ist zu berücksichtigen, daß 27,2 % der Tatverdächtigen gegen das Ausländergesetz und das Asylverfahrensgesetz verstießen. Über zwei Fünftel (42,3 v.H.) aller tatverdächtigen Asylbewerber wurden wegen „einfachem" Ladendiebstahl ermittelt. Allerdings stellten Asylbewerber auch etwa jeden achten Tatverdächtigen (Deutsche eingeschlossen) bei Mord und Totschlag, Vergewaltigung, Raub, Wohnungseinbruch oder Handel und Schmuggel von Heroin, ferner jeden sechsten bei Handel und Schmuggel von Kokain und fast jeden dritten bei Betäubungsmittelanbau, -Herstellung und -Handel als Mitglied einer Bande. Bei Taschendiebstahl waren sogar 40,7 Prozent der Tatverdächtigen Asylbewerber.

Jeder siebte (14,5 v.H.) der nichtdeutschen Tatverdächtigen hielt sich illegal in den alten Bundesländern einschließlich Gesamt-Berlin auf (1992: 11,5 v.H.).

Bewertungsprobleme

1993 besaß jeder dritte (33,6%) von der Polizei ermittelte Tatverdächtige nicht die deutsche Staatsbürgerschaft. Ein Vergleich der tatsächlichen Kriminalitätsbelastung der nichtdeutschen Wohnbevölkerung mit der deutschen ist jedoch schon wegen des **Dunkelfeldes** der nicht ermittelten Täter in der Polizeilichen Kriminalstatistik nicht möglich. Ferner enthält die Bevölkerungsstatistik bestimmte Ausländergruppen (wie vor allem Illegale, Touristen und Stationierungsstreitkräfte) nicht, die in der Kriminalstatistik als Tatverdächtige gezählt werden.

Die Kriminalitätsbelastung der Ausländer und Deutschen ist zudem auf Grund der **unterschiedlichen strukturellen Zusammensetzung** (Alters-, Geschlechts- und Sozialstruktur) kaum vergleichbar.

Zu berücksichtigen ist weiterhin ein beachtlicher Anteil **ausländerspezifischer Delikte**. So liegt für die alten Bundesländer einschließlich Gesamt-Berlin der Ausländeranteil an den Tatverdächtigen bei den Straftaten gegen § 92 des Ausländergesetzes und das Asylverfahrensgesetz naturgemäß mit 97,4 Prozent sehr hoch. Jeder vierte nichtdeutsche Tatverdächtige ist wegen Verstößen gegen das Ausländergesetz oder Asylverfahrensgesetz ermittelt worden, Vergehen, die von Deutschen nicht begangen werden können.

(Presse- und Informationsamt der Bundesregierung, Bulletin Nr. 50, 30. Mai 1994)

❶ Erläutere die Aussagen zur Jugendkriminalität (M 12a). Wie erklärt der Autor die Entwicklung? Warum ist es wichtig, zwischen „Tatverdächtigen" und „Verurteilten" zu unterscheiden?

❷ Zu der Frage, ob der Ausländeranteil bei den Tatverdächtigen überproportional hoch ist, gibt M 12 b Teilinformationen. Warum ist es problematisch, für eine Bewertung ausschließlich die dort genannten Zahlen zu Rate zu ziehen?

❸ Erkläre, warum man nicht einfach den Anteil der Ausländer an der Zahl der Tatverdächtigen mit ihrem Anteil an der Wohnbevölkerung vergleichen kann (M 12 b).

❹ In M 12 b heißt es, daß die Kriminalitätsbelastung der Ausländer und Deutschen aufgrund der „unterschiedlichen strukturellen Zusammensetzung (Alters-, Geschlechts- und Sozialstruktur) kaum vergleichbar" sei. Erläutere, was damit gemeint ist. Wo liegen hier Unterschiede?
Bestimmte Altersgruppen werden häufiger als andere straffällig. Was bedeutet es für die Kriminalitätsstatistik, wenn sich der Altersdurchschnitt eines bestimmten Teils der Bevölkerung, z.B. der Ausländer, vom Altersdurchschnitt der Gesamtbevölkerung unterscheidet?

❺ Es gibt bestimmte Strafverfahren (z.B. Verstöße gegen das Ausländergesetz oder das Asylverfahrensgesetz), die von Deutschen naturgemäß kaum begangen werden können. Wie wirkt sich das auf die Kriminalitätsstatistik aus?

❻ Verfasse einen Presseartikel, in dem über die Entwicklung der Kriminalität in der Bundesrepublik Deutschland berichtet wird. Nähere statistische Angaben findest du in M 10–M 12. Überlege vorher genau, welche Hauptaussagen du als „Journalist" den Leserinnen und Lesern mitteilen willst. Mache die sprachliche Form deines Artikels davon abhängig, in welcher Zeitung er erscheinen soll: Boulevardblatt, Tageszeitung oder Nachrichtenmagazin.

M 13

Aus der Arbeit der Kriminalpolizeilichen Beratungsstellen

Die Kriminalpolizei hat überall Beratungsstellen eingerichtet, deren Aufgabe es ist, mögliche Straftaten vorzubeugen. Die jeweiligen Anschriften erfahrt ihr bei der Polizei. An diese Stellen kann sich jedermann wenden, der entsprechende Informationen möchte. Im folgenden findet ihr als Beispiel einige Tips der Kriminalpolizei, mit denen Fahrraddiebstähle verhindert oder erschwert werden.

Legen Sie Ihr Zweirad an die Kette

Jeden Tag werden über 1 000 Zweiräder gestohlen

Die ungebrochene Kauflust bei Fahrrädern und Motorrädern erfreut auch die Diebe in höchstem Maße. Täglich verschwinden etwa 1.000 Zweiräder – meist auf Nimmerwiedersehen. Besonders gefragt sind selbstverständlich hochwertige und teure Fahr- und Motorräder – schließlich bringen sie den höchsten Gewinn. Die Täter haben es meist recht leicht, an ihre Beute zu gelangen. Denn die Mehrzahl der Zweiräder ist nur unzureichend (z.B. mit einem billigen Schloß) gesichert.

So lehnte der 39jährige Walter E. sein neu erworbenes Mountain-Bike völlig ungesichert an die Hauswand der Metzgerei, bei der er den Sonntagsbraten kaufen wollte. Den Braten mußte er zu Fuß nach Hause tragen, weil sein 1200-DM-Gefährt inzwischen gestohlen worden war.

Auch die 25jährige Hausfrau Angelika S. mußte den Heimweg zu Fuß antreten. Sie hatte ihr Holland-Rad nur mit dem leicht zu knackenden Speichenschloß gesichert, als sie für drei Stunden ins Schwimmbad ging.

Die hohe Zahl der Zweiraddiebstähle beweist, daß dies keine Einzelfälle sind, sondern eher der Regelfall. In vielen Städten und Gemeinden gibt es bisher immer noch zu wenig geeignete Abstellanlagen für Zweiräder, und zwar sowohl im staatlichen und kommunalen Bereich als auch im privaten Haus- und Grundstücksbereich und anderen Stellen, bei denen Zweiräder abgestellt werden (z.B. Geschäfte, Läden, Firmen und Geldinstitute). Trotzdem gibt es für jedermann einige **Tips der Kriminalpolizei,** die dazu beitragen können, Zweiraddiebstähle zu verhindern:

- Schließen Sie den Rahmen Ihres Zweirades – möglichst samt Vorder- oder Hinterrad – mit einer Stahlkette oder einem Stahlbügel an einem feststehenden Gegenstand an – selbst bei kürzester Abwesenheit.
- Sparen Sie beim Kauf von Zweiradsicherungen nicht an der falschen Stelle. Nur hochwertige Stahlbügel, Schlösser und Stahlketten bieten Ihnen Sicherheit, weil sie den Dieben genügend Widerstand leisten.
- Lassen Sie kein Werkzeug in unverschlossenen Sattel- oder Werkzeugtaschen – sonst helfen Sie dem Dieb evtl. sogar noch dabei, Teile Ihres Zweirades abzumontieren.
- Melden Sie jeden Diebstahl sofort bei der Polizei, damit die Fahndung nach Ihrem Zweirad sofort eingeleitet werden kann.
- Achten Sie darauf, daß Ihr Zweirad/Fahrrad eine Rahmennummer aufweist. Lassen Sie ggf. eine Individualnummer vom Händler anbringen. Dieses erleichtert die Identifizierung Ihres Eigentums.
- Übertragen Sie wesentliche, individuelle Merkmale Ihres Rades in einen sogenannten „Fahrradpaß". Sie erhalten ihn bei jeder Polizeidienststelle kostenlos.

(Aus: Innere Sicherheit, hg. vom Bundesminister des Innern, Nr. 3 vom 31. August 1992)

❶ Erkundigt euch bei der örtlichen Polizei nach dem Ausmaß der Fahrraddiebstähle in eurer Stadt oder Gemeinde. Gibt es hier bestimmte Entwicklungen oder Diebstahlschwerpunkte?

❷ Überlegt, ob ihr eine Aktion „Stop dem Fahrraddiebstahl" durchführen wollt. Dazu ist es wichtig, sich vorher genau zu überlegen, wen man ansprechen will, welche Tips und Informationen weitergegeben werden sollen und wie man dieses machen will. Es bieten sich viele Möglichkeiten an – in Zusammenarbeit mit der Polizei, mit Jugendzentren und -treffs, anderen Schulen, möglicherweise auch den Tageszeitungen. Sammelt eure Ideen und entwickelt ein Konzept für die Durchführung der Kampagne.

Rechte und Pflichten von Jugendlichen

M 14

Jugendschutz

M 14 a

Beim Alkoholverkauf sorgloser Umgang mit Jugendschutzgesetz

Kommt Alkoholverkauf an Kinder und Jugendliche vor? In 70 Prozent der Fälle haben dies Testkäufe in Wesel am Niederrhein eindeutig bejaht. Allein die nackte Zahl überrascht und macht betroffen zugleich: Sieben von zehn Geschäften praktizierten einen beängstigend sorglosen Umgang mit den Bestimmungen des Jugendschutzgesetzes, wonach Alkoholverkauf an Kinder und Jugendliche strikt verboten ist. Ermittelt haben dies zwei Abiturienten, die in einer Untersuchung im Wettbewerb „Jugend testet" von „Stiftung Warentest" vier Käufer zwischen 12 und 17 Jahren mit alkoholgespickten Einkaufszetteln losschickten. Deren Einkaufsbilanzen im einzelnen sind wirklich beängstigend.

Die zwölfjährige Tanja sollte im Auftrag der beiden Tester Ralph Ballast und Birgit Exo in einer Filiale eines Lebensmittelgeschäfts nicht nur Alkohol, sondern zusätzlich Waren des täglichen Bedarfs kaufen. Auf dem Förderband an der Kasse kam der Liter Campari, eingerahmt von Bananen, Butter, Milch und Brot schön in die Mitte zu liegen. Mit Spannung beobachteten die Tester die Szenerie: Ohne den Alkohol richtig zu bemerken, ließ die Kassiererin Tanja die bezahlte Ware im Einkaufskorb verstauen.

Anders bei der 15jährigen Julia, die während des Feierabendbetriebs schnell eine Flasche Weinbrand im Zweigbetrieb einer großen Lebensmittelkette zu kaufen versuchte. Noch mit einer Kundin im Gespräch, tippte die Kassiererin den Betrag für den Weinbrand in die Computerkasse, als sie unsicher geworden fragte: „18 sind wir ja?" Trotz Bedenken der Kassiererin, die aber schon den Preis eingegeben hatte, durfte Julia ihre Beute mitnehmen.

Haarsträubend entgegenkommend verhielten sich auch die Angestellten in einem großen Warenhaus. Julia (15) und Antje (17) bekamen ihre hochprozentigen Getränkewünsche anstandslos erfüllt. Von der zwölfjährigen Tanja wurde jedoch für den Alkoholkauf eine „Bescheinigung der Eltern" verlangt. Für Ralph Ballast und Birgit Exo kein Problem. Sie rüsteten den 13 Jahre alten Markus mit einer solchen „Bescheinigung" aus, und der ging mutig mit einer Flasche Schnaps auf die Kasse zu, bezahlte und konnte unbehelligt gehen – sogar ohne die fragwürdige Bescheinigung vorgezeigt zu haben. Da verdient kaum noch erwähnt zu werden, daß Markus und die zwölfjährige Tanja völlig problemlos Weinbrandbohnen kaufen durften, obwohl dies ausdrücklich im Jugendschutzgesetz (§ 4 Abs. 1, Nr. 1) verboten ist.

So und ähnlich „genau" nahmen es im Test von Ralph Ballast und Birgit Exo einige Geschäftsleute in Wesel mit der Abgabe von Alkohol an Kinder und Jugendliche. Und es spricht vieles dafür, daß es auch woanders bei solchen stichprobenartigen Tests nicht viel besser zugehen würde. Denn es rangieren vielerorts „Geschäftsinteressen vor Jugendschutz", so die beiden Pennäler des Konrad-Duden-Gymnasiums in ihrer bemerkenswerten Arbeit. „Manche Geschäftsleute sehen nur ihren finanziellen Gewinn und nicht die Gefahr der Droge Alkohol", heißt es in der Schüleruntersuchung. Doch es wird auch differenziert: „Unverantwortliche Eltern sind mitschuldig an unseren Testergebnissen. Oft schicken sie ihre Kinder zum Alkoholkauf und beschweren sich, wenn die Geschäfte den Verkauf verweigern."

(Die Glocke, 5.1.1988; Verfasser: Peter Steinhoff)

M 14 b

Auszug aus dem Jugendschutzgesetz

§ 4 [Alkoholische Getränke]
(1) In Gaststätten, Verkaufsstellen oder sonst in der Öffentlichkeit dürfen
1. Branntwein, branntweinhaltige Getränke oder Lebensmittel, die Branntwein in nicht nur geringfügiger Menge enthalten, an Kinder und Jugendliche,
2. andere alkoholische Getränke an Kinder und Jugendliche unter 16 Jahren

weder abgegeben noch darf ihnen der Verzehr gestattet werden.
(2) Absatz 1 Nr. 2 gilt nicht, wenn Jugendliche von einem Personensorgeberechtigten* […] begleitet werden.
(3) In der Öffentlichkeit dürfen alkoholische Getränke nicht in Automaten angeboten werden. Dies gilt nicht, wenn ein Automat in einem gewerblich genutzten Raum aufgestellt und durch Vorrichtungen oder durch ständige Aufsicht sichergestellt ist, daß Kinder und Jugendliche unter sechzehn Jahren alkoholische Getränke nicht aus dem Automaten entnehmen können. […]

(Jugendschutzgesetz – JÖSchG vom 25.2.1985 [BGBl. I, S. 425])

M 14 c

Gesetz zum Schutz der Jugend in der Öffentlichkeit

erlaubt ☐   nicht erlaubt ☐   (Dieses Gesetz gilt nicht für verheiratete Jugendliche)
Die Erziehungsberechtigten sind nicht verpflichtet, alles zu erlauben, was das Gesetz gestattet. Sie tragen bis zur Volljährigkeit die Verantwortung.

		Kinder unter 14 Jahre	Jugendliche unter 16 Jahre	Jugendliche unter 18 Jahre
§ 1	Aufenthalt an jugendgefährdenden Orten			
§ 3	Aufenthalt in Gaststätten	X	X	bis 24 Uhr X
§ 3	Aufenthalt in Nachtbars, Nachtclubs oder vergleichbaren Vergnügungsbetrieben			
§ 4	Abgabe / Verzehr von Branntwein, branntweinhaltigen Getränken und Lebensmitteln			
§ 4	Abgabe / Verzehr anderer alkoholischer Getränke; z.B. Wein, Bier o. ä.		★	
§ 5	Anwesenheit bei öffentlichen Tanzveranstaltungen, u. a. Disco (Ausnahmegen. auf Vorschlag des Jugendamtes möglich)	X	X	bis 24 Uhr X
§ 5	Anwesenheit bei Tanzveranstaltungen von anerk. Trägern der Jugendhilfe. – Bei künstl. Betätigung. – Zur Brauchtumspflege	bis 22 Uhr X	bis 24 Uhr X	bis 24 Uhr X
§ 6	Besuch öffentlicher Filmveranstaltungen Nur bei Freigabe des Films und Vorspanns: ohne Altersbeschr. / ab 6 / 12 / 16 Jahre (Kinder unter 6 Jahre nur mit Erziehungsberechtigtem)	bis 20 Uhr X	bis 22 Uhr X	bis 24 Uhr X
§ 7	Abgabe von Videokassetten u. Bildträgern nur entsprechend d. Freigabekennzeichen: ohne Altersbeschr. / ab 6 / 12 / 16 Jahre			
§ 8	Anwesenheit in öffentlichen Spielhallen. Teiln. an Spielen mit Gewinnmöglichkeiten			
§ 8	Benutzung von Bildschirm-Unterhaltungsgeräten ohne Gewinnmöglichkeiten	X	X	
§ 9	Rauchen in der Öffentlichkeit			

X = Mit diesem Zeichen gekennzeichnete Verbote und zeitliche Begrenzungen werden durch die Begleitung eines Erziehungsberechtigten aufgehoben.
★ = Erlaubt in Begleitung eines Personensorgeberechtigten (Eltern/Vormund)

(Aus: Kinder- und Jugendschutzgesetz in NRW, hg. v. der Aktion Jugendschutz, Landesarbeitsstelle Nordrhein-Westfalen e.V., Drei-W-Verlag, Essen 1992, S. 6)

❶ Stellt fest, welche Bestimmungen des „Gesetzes zum Schutz der Jugend in der Öffentlichkeit" (JÖSchG) bei den „Test-Einkäufen" der Weseler Schülerinnen und Schüler verletzt worden sind (M 14 a/b). Worauf ist das zurückzuführen?

❷ Verschafft euch einen Überblick über die Bestimmungen des Jugendschutzgesetzes (M 14 c). Welche Bestimmungen werden euren Erfahrungen zufolge besonders häufig verletzt? Überlegt, woran das liegen könnte.

❸ Erscheinen euch die Bestimmungen immer einsichtig, oder haltet ihr einige für überarbeitungsbedürftig? Begründet eure Meinung.

M 15 Jugendarbeitsschutz

M 15 a

Kinderarbeit im 19. Jahrhundert

In einer englischen Fabrik beschäftigte Kinder um 1875
(Foto: Ullstein/Peter Engelmeier)

M 15 b

Gefahren am Arbeitsplatz für Kinder und Jugendliche

Die Ausbeutung der Arbeitskraft und Zerstörung der Gesundheit von Kindern und Jugendlichen in Fabriken und Bergwerken zu Beginn der Industrialisierung* vom Ende des 18. bis zur Mitte des 19. Jahrhunderts zählt zu den dunkelsten Kapiteln in der Geschichte der Neuzeit. Frühere Generationen hatten zwar kaum Bedenken gegen Kinderarbeit. Mithilfe und Mitarbeit in Haus, Hof, Handwerk, Handel und Gewerbe der Eltern waren allgemein üblich. Noch der berühmte Pädagoge und Sozialreformer Pestalozzi (1746–1827) vertrat beispielsweise die Auffassung, Armenkinder und Waisen sollten ihren Lebensunterhalt im Alter von 5 bis 7 Jahren zur Hälfte und ab 7 Jahren völlig selbst verdienen. Aber auch unter Berücksichtigung dieser Vorstellungen erfüllt uns die „Kindersklaverei", die in der ersten Hälfte des vorigen Jahrhunderts in englischen und deutschen Fabriken und Bergwerken herrschte, noch heute mit Entsetzen und Scham. Kinder im Alter von 8 und 9 Jahren, vereinzelt auch jüngere bis zum Alter von 4 und 5 Jahren, arbeiteten tags oder nachts bis zu 16 Stunden unter erbärmlichsten Bedingungen und für Hungerlöhne. Wachstums- und Entwicklungsschäden, schwere Krankheiten, Arbeitsunfälle, frühe Invalidität* und hohe Frühsterblichkeit waren die Folgen.

In diesem geschichtlichen Überblick sind die wichtigsten Gefahren für die berufstätige Jugend bereits angesprochen: die Kinderarbeit und die Beschäftigung berufsunreifer oder für bestimmte Berufe ungeeigneter Jugendlicher, zu lange oder ungünstig liegende Arbeitszeiten, ungenügende Ruhepausen und Ferien sowie die Beschäftigung mit gefährlichen Arbeiten.

(Friedo Ribbert: Jugendrecht – Jugendhilfe, Teil 1, Schöningh, Paderborn 1985, S. 268 f.)

M 15 c

Jugendarbeitsschutzgesetz: Zur Beschäftigung von Jugendlichen

Ärztliche Untersuchung
Bescheinigung über ärztliche Untersuchung (darf nicht älter sein als 14 Monate)

Nachuntersuchung nach einem Jahr (darf nicht länger als 3 Monate zurückliegen, sonst keine Weiterbeschäftigung)

Verboten
- Samstags- und Sonntagsarbeit (Ausnahmen: Gaststätten-, Schaustellergewerbe, Landwirtschaft und Krankenanstalten als wichtigste Beispiele)
- Nachtarbeit
- Akkordarbeit
- Gefährliche Arbeiten

Frühester Arbeitsbeginn
6.00 Uhr grundsätzlich
Ausnahmen: Bäckereien und Konditoreien ab 5.00 Uhr, Jugendliche über 17 Jahre ab 4.00 Uhr. Landwirtschaft ab 5.00 Uhr oder bis 21.00 Uhr

Höchstschichtzeit
10 Stunden grundsätzlich
Ausnahmen: Bergbau unter Tage 8 Stunden, Gaststättengewerbe, Landwirtschaft, auf Bau- und Montagestellen 11 Stunden

Dauer der Arbeitszeit
8 Stunden grundsätzlich
Ausnahmen: unter bestimmten Bedingungen 8.5 Stunden

Wochenarbeitszeit
40 Stunden grundsätzlich einschließlich Berufsschulzeit
Ausnahme: Landwirtschaft in der Erntezeit innerhalb von 2 Wochen für Jugendliche über 16 Jahre 85 Stunden

Urlaub
bis 16 Jahre alt:
30 bzw. 33* Werktage
bis 17 Jahre alt:
27 bzw. 30* Werktage
bis 18 Jahre alt:
25 bzw. 28* Werktage
* gilt nur für den Bergbau als grundsätzliche Ausnahme

Spätester Arbeitsschluß
20.00 Uhr grundsätzlich
Ausnahmen: für Jugendliche über 16 Jahre im Gaststätten- und Schaustellergewerbe bis 22.00 Uhr, in mehrschichtigen Betrieben bis 23.00 Uhr

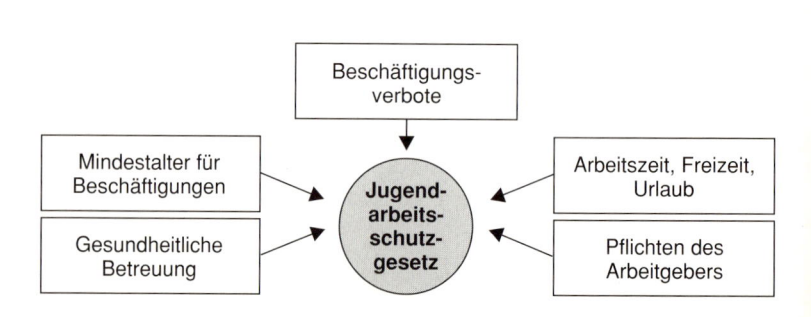

Ununterbrochene Freizeit
12 Stunden grundsätzlich
Ausnahmen: keine

- Beschäftigungsverbote
- Mindestalter für Beschäftigungen
- Gesundheitliche Betreuung
- Arbeitszeit, Freizeit, Urlaub
- Pflichten des Arbeitgebers

→ **Jugendarbeitsschutzgesetz**

M 15 d

Verbot von Kinderarbeit

Auszug aus dem Jugendarbeitsschutzgesetz

§ 2
Kind, Jugendlicher

(1) Kind im Sinne dieses Gesetzes ist, wer noch nicht 14 Jahre alt ist.
(2) Jugendlicher im Sinne dieses Gesetzes ist, wer 14, aber noch nicht 18 Jahre alt ist.
(3) Jugendliche, die der Vollzeitschulpflicht unterliegen, gelten als Kinder im Sinne dieses Gesetzes.

§ 5
Verbot der Beschäftigung von Kindern

(1) Die Beschäftigung von Kindern (§ 2 Abs. 1 und 3) ist verboten.
(2) Das Verbot des Absatzes 1 gilt nicht für die Beschäftigung von Kindern
  1. zum Zwecke der Beschäftigungs- und Arbeitstherapie*,
  2. im Rahmen des Betriebspraktikums während der Vollzeitschulpflicht,
  3. in Erfüllung einer richterlichen Weisung. [...]
(3) Das Verbot des Absatzes 1 gilt ferner nicht für die Beschäftigung von Kindern über 13 Jahre
  1. durch Personensorgeberechtigte* in der Landwirtschaft bis zu drei Stunden täglich,
  2. mit Einwilligung der Personensorgeberechtigten
    a) bei der Ernte bis zu drei Stunden werktäglich,
    b) mit dem Austragen von Zeitungen und Zeitschriften bis zu zwei Stunden werktäglich oder
    c) mit Handreichungen beim Sport bis zu zwei Stunden täglich, soweit die Beschäftigung leicht und für Kinder geeignet ist. Die Kinder dürfen nicht zwischen 18 und 8 Uhr, nicht vor dem Schulunterricht und nicht während des Schulunterrichts beschäftigt werden. Das Fortkommen in der Schule darf durch die Beschäftigung nicht beeinträchtigt werden.
(4) Das Verbot des Absatzes 1 gilt ferner nicht für die Beschäftigung von Jugendlichen über 15 Jahre (§ 2 Abs. 3) während der Schulferien für höchstens vier Wochen im Kalenderjahr. [...]
(5) Für Veranstaltungen kann die Aufsichtsbehörde Ausnahmen gemäß § 6 bewilligen.

§ 6
Behördliche Ausnahmen für Veranstaltungen

(1) Die Aufsichtsbehörde kann auf Antrag bewilligen, daß
  1. bei Theatervorstellungen Kinder über sechs Jahre bis zu vier Stunden täglich in der Zeit von 10 bis 23 Uhr,
  2. bei Musikaufführungen und anderen Aufführungen, bei Werbeveranstaltungen sowie bei Aufnahmen im Rundfunk (Hörfunk und Fernsehen), auf Ton- und Bildträger sowie bei Film- und Fotoaufnahmen
    a) Kinder über drei bis sechs Jahre bis zu zwei Stunden täglich in der Zeit von 8 bis 17 Uhr,
    b) Kinder über sechs Jahre bis zu drei Stunden täglich in der Zeit von 8 bis 22 Uhr gestaltend mitwirken und an den erforderlichen Proben teilnehmen. [...]

§ 7
Mindestalter für die Beschäftigung

(1) Die Beschäftigung Jugendlicher unter 15 Jahren ist verboten.
(2) Jugendliche, die der Vollzeitschulpflicht nicht mehr unterliegen, aber noch nicht 15 Jahre alt sind, dürfen
  1. im Berufsausbildungsverhältnis,
  2. außerhalb eines Berufsausbildungsverhältnisses nur mit leichten und für sie geeigneten Tätigkeiten bis zu sieben Stunden täglich und 35 Stunden wöchentlich beschäftigt werden.

(Jugendarbeitsschutzgesetz vom 12. April 1976, zuletzt geändert am 15. Oktober 1984 und am 24. April 1986)

❶ Beschreibe den Eindruck, den M 15 a auf dich macht. Ziehe zur Information über die Kinderarbeit im 18. und 19. Jahrhundert (M 15 b) auch Geschichtsbücher hinzu.

❷ Welche Gefahren (s. M 15 b, letzter Abschnitt) sollen durch die Bestimmungen des Jugendarbeitsschutzes vermieden werden (M 15 c)?

❸ Überprüfe, welche Schutzbestimmungen für deine Altersgruppe gelten (M 15 d). Dürftest du z.B. morgens vor Beginn des Unterrichts Zeitungen austragen? Wie stände es mit dem Austragen von Sonntagszeitungen?

❹ Häufiger wird die Forderung nach einer Auflockerung der Beschäftigungsverbote und -einschränkungen (M 15 c) erhoben. Begründet wird diese Forderung damit, daß man die Bestimmungen den praktischen Erfordernissen der Betriebe anpassen müsse. Dort seien beispielsweise Nacht- oder Wochenendarbeit oft unvermeidlich. Die Änderung einiger Paragraphen würde – so wird argumentiert – die Gesundheit der betroffenen Jugendlichen in keinster Weise gefährden. Wie stehst du zu solchen Forderungen? Wäge das Pro und Contra ab.

M 16

„Ich wünschte, ich wäre 16…"

Welcher 12-, 13- oder 14jährige hat nicht schon einmal diesen Wunsch ausgesprochen! Wegfall von lästigen Verboten und Vorschriften, mehr Freiheit, Mündigkeit* und ein paar ganz handfeste Rechte, die einem dann endlich zustehen!

Sicherlich fällt da manchem Jugendlichen noch mehr ein; und manch einer sehnt sich danach, schon 18 zu sein, weil dann die Volljährigkeit winkt. Daß ein Jugendlicher mündig werden will, ist ein ganz natürlicher Wunsch; das ist übrigens auch das Erziehungsziel der für ihn verantwortlichen Erwachsenen, vor allem der Eltern. Mündigkeit fällt einem nicht über Nacht in den Schoß. Dazu bedarf es eines Entwicklungsprozesses, der auch weitgehend altersabhängig ist.

Der Gesetzgeber sieht deshalb „Stufenpläne" vor, in denen Minderjährigen die Rechte und Pflichten Schritt für Schritt erwachsen. Die Sprache des Rechts bemüht sich um Klarheit und Präzision und nimmt dabei unschöne Wortschöpfungen in Kauf: Wer nicht volljährig ist, ist minderjährig. Wer keine uneingeschränkten Rechte hat, verfügt über beschränkte. Bis zum 14. Lebensjahr ist man ein Kind, zwischen 14 und 18 ein Jugendlicher. Gesetzgebung muß sich weitgehend an einem durchschnittlichen Reifegrad orientieren und kann im allgemeinen auf den persönlichen Entwicklungsstand keine Rücksicht nehmen. Sicherlich gibt es 15jährige Jugendliche, die mit einem Film „ab 16" besser zurechtkommen als manche 17jährige.

(„ZEITLUPE" Nr. 19; Herausgeber: Bundeszentrale für politische Bildung, Bonn 1986, S. 4)

M 17

Die Geschäftsfähigkeit des Jugendlichen

M 17 a

Die Sache mit dem Taschengeld

Über Reichtümer verfügen die wenigsten Jugendlichen. Da ist das wöchentliche oder monatliche Taschengeld, das je nach Einkommen und Einstellung bei dem einen etwas höher und bei dem anderen etwas niedriger ausfällt.

Wie „geschäftsfähig" ist nun der Jugendliche? Kann er mit dem Geld machen, was er will, sich aus dem reichhaltigen Konsumangebot das herausangeln, was ihm gefällt? Solange Kinder und Jugendliche mit ihren Eltern ein Einvernehmen erzielen, was gekauft werden darf, stellt sich die Frage nach der rechtlichen Geschäftsfähigkeit gar nicht. Mit Einverständnis der Eltern steht dem Mofa-Kauf oder dem Erwerb einer Videoanlage nichts im Wege.

Wie „geschäftsfähig" der Jugendliche ist, muß im allgemeinen nur im Ausnahmefall geprüft werden, wenn die Eltern mit bestimmten Anschaffungswünschen nicht einverstanden sind oder wenn der Gesetzgeber den Jugendlichen vor verschiedenen Nachteilen schützen will. Die wichtigsten Bestimmungen für die Klärung solcher Fragen sind im „Bürgerlichen Gesetzbuch", im „BGB" verankert, das über 2 000 Paragraphen kennt.

(„ZEITLUPE" Nr. 19 [= M 16], S. 4)

M 17 b

Beschränkte Geschäftsfähigkeit – Was ist das?

Gegeben sind ein Fall und die gesetzlichen Bestimmungen. Gesucht ist die Lösung. Besondere Schwierigkeiten liegen dabei in der Sprache des Gesetzes, die für Nicht-Juristen oft eine Fremdsprache ist. Die vorgesehene „Übersetzung" (3.) ist sicherlich eine Hilfe zur Lösung des Falles. Schreibe die Antworten nicht in das Buch, sondern in dein Heft.

1. Der Fall

Die 14jährige Manuela ist eine begeisterte Anhängerin der Popmusik. Das Taschengeld investiert sie weitgehend in Compact Discs. Als ihre Großmutter ihr 20,– DM zum Namenstag schenkt, hat sie endlich zusammen mit ihrem Taschengeld den Betrag von 50,– DM zur Verfügung, den sie für die lang ersehnte Doppel-CD benötigt.
Als sie das Album ihrer Mutter zeigt, ist diese nicht einverstanden. Manuela habe schon genug CDs, zudem seien 50,– DM entschieden zuviel für solche „Krachmusik". Sie verlangt, Manuela solle die Doppel-CD zurücktragen und ihr Geld künftig zu „besseren" Zwecken ausgeben. Geben die gesetzlichen Bestimmungen Manuela oder ihrer Mutter recht? Muß der Verkäufer das (noch verpackte) Album zurücknehmen? Versuche, diesen Fall mit Hilfe der folgenden gesetzlichen Bestimmungen zu lösen.

2. Die gesetzlichen Bestimmungen (BGB)

§ 104 (Geschäftsunfähigkeit): Geschäftsunfähig ist:
1. wer nicht das siebente Lebensjahr vollendet hat; [...]

§ 106 (Beschränkte Geschäftsfähigkeit): Ein Minderjähriger, der das siebente Lebensjahr vollendet hat, ist nach Maßgabe der §§ 107–1131 [*Erläuterung: D.h., wenn der gesetzliche Vertreter zustimmt bzw. keine Einwände erhebt*] in der Geschäftsfähigkeit beschränkt.

§ 108 (Vertragsschluß ohne Einwilligung): (1) Schließt der Minderjährige einen Vertrag ohne die erforderliche Einwilligung des gesetzlichen Vertreters, so hängt die Wirksamkeit des Vertrages von der Genehmigung des Vertreters ab.

§ 110 („Taschengeldparagraph"): Ein von dem Minderjährigen ohne Zustimmung des gesetzlichen Vertreters geschlossener Vertrag gilt als von Anfang an wirksam, wenn der Minderjährige die vertragsmäßige Leistung mit Mitteln bewirkt, die ihm zu diesem Zweck oder zu freier Verfügung von dem Vertreter oder mit dessen Zustimmung von einem Dritten überlassen worden sind.

3. Die „Übersetzung"

Übertrage die im „Taschengeldparagraphen" vorkommenden Personen und Sachverhalte auf den Fall „Manuela".

a) Wer ist der „Minderjährige"? ....
b) Wer ist der „gesetzliche Vertreter"? ....
c) Wer ist der „Dritte"? ....
d) Was ist mit dem „geschlossenen Vertrag" gemeint? ....
e) Was ist die „vertragsmäßige Leistung"? ....
f) Woher stammen die „Mittel"? ....

4. Die Lösung

	ja	nein
a) Manuela darf die CDs behalten.	☐	☐
b) Der Verkäufer muß sie wieder zurücknehmen.	☐	☐

(Nach: „ZEITLUPE" Nr. 19 [= M 16], S. 4 f.)

M 18

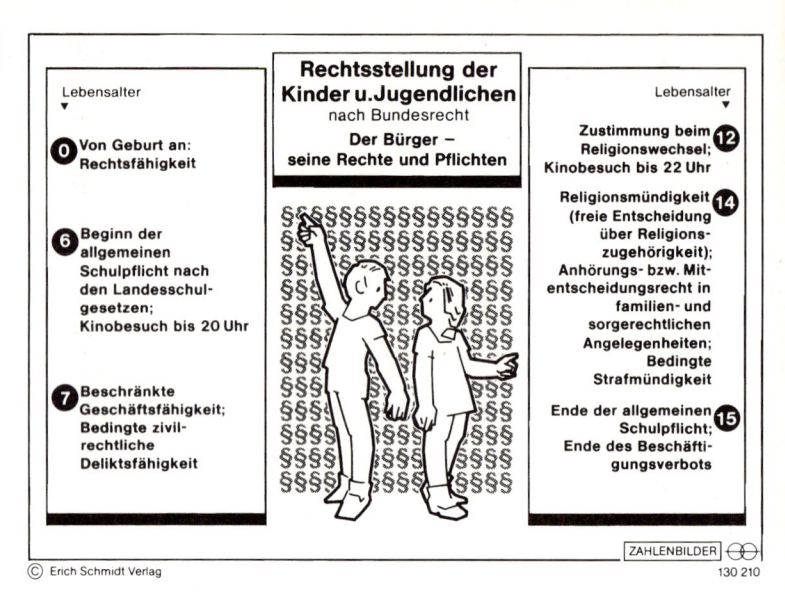

Rechtsstellung der Kinder u. Jugendlichen nach Bundesrecht
Der Bürger – seine Rechte und Pflichten

Lebensalter ▼

- **0** Von Geburt an: Rechtsfähigkeit
- **6** Beginn der allgemeinen Schulpflicht nach den Landesschulgesetzen; Kinobesuch bis 20 Uhr
- **7** Beschränkte Geschäftsfähigkeit; Bedingte zivilrechtliche Deliktsfähigkeit

Lebensalter ▼

- Zustimmung beim Religionswechsel; Kinobesuch bis 22 Uhr **12**
- Religionsmündigkeit (freie Entscheidung über Religionszugehörigkeit); Anhörungs- bzw. Mitentscheidungsrecht in familien- und sorgerechtlichen Angelegenheiten; Bedingte Strafmündigkeit **14**
- Ende der allgemeinen Schulpflicht; Ende des Beschäftigungsverbots **15**

© Erich Schmidt Verlag   ZAHLENBILDER 130 210

M 19

Rechtsstellung der 16- bis 20jährigen nach Bundesrecht
Der Bürger – seine Rechte und Pflichten

Lebensalter ▼

- **16** Ausweispflicht
- Beschränkte Testierfähigkeit
- Eidesfähigkeit
- Ehefähigkeit
- Besuch von Gaststätten, öffentlichen Tanzveranstaltungen und Filmen bis 24 Uhr
- Wahl zur betrieblichen Jugendvertretung
- Führerschein Klasse 4 und 5

Lebensalter ▼

- Volljährigkeit **18**
- Volle Geschäftsfähigkeit
- Prozeßfähigkeit
- Deliktsfähigkeit
- Strafmündigkeit
- Ehemündigkeit
- Aktives und passives Wahlrecht
- Wahlrecht zum Betriebs- und Personalrat
- Ende der Schulpflicht
- Beginn der Wehrpflicht
- Führerschein Klasse 1 und 3

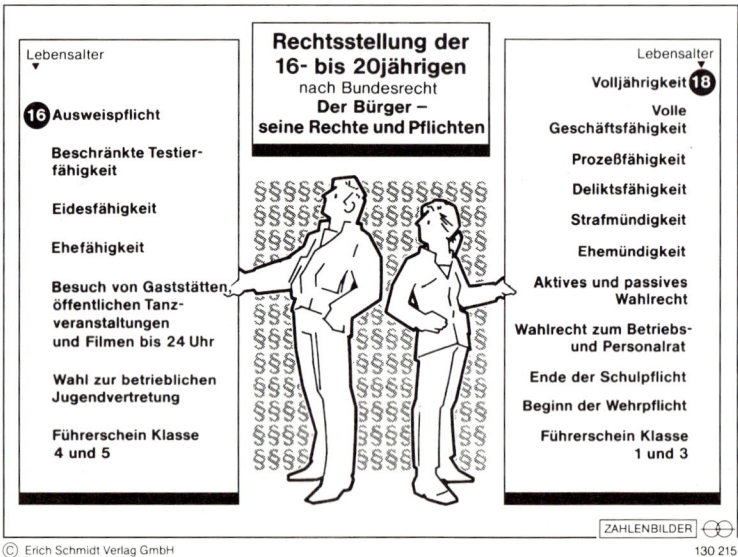

© Erich Schmidt Verlag GmbH   ZAHLENBILDER 130 215

M 20

Was kann ich, was darf ich, was muß ich?

GG = Grundgesetz; JÖSchG = Gesetz zum Schutze der Jugend in der Öffentlichkeit („Jugendschutzgesetz"); BGB = Bürgerliches Gesetzbuch; JArbSchG = Jugendarbeitsschutzgesetz; JGG = Jugendgerichtsgesetz; SchG = Schulgesetz; StVZO = Straßenverkehrszulassungsordnung

(„ZEITLUPE" Nr. 19 [= M 16], S. 5)

a	Ableistung des Wehrdienstes/Zivildienstes	____ GG
b	Rauchen in der Öffentlichkeit	____ JÖSchG
c	Kinobesuch ohne Erziehungsberechtigten	____ JÖSchG
d	Fahrerlaubnis für Moped (bis 40 km/h)	____ StVZO
e	Beschränkte Geschäftsfähigkeit	____ BGB
f	Besuch von Tanzveranstaltungen bis 24 Uhr (ohne Erziehungsberechtigten)	____ JÖSchG
g	Strafrechtliche Verantwortlichkeit	____ JGG
h	Aufnahme eines Beschäftigungsverhältnisses (Ausbildung oder Arbeitsverhältnis)	____ JArbSchG
i	Aufenthalt in öffentlichen Spielhallen	____ JÖSchG
j	Beginn der Schulpflicht	____ SchG
k	Aktives und passives Wahlrecht (Recht zu wählen und gewählt zu werden)	____ GG

❶ Erkläre, warum der Gesetzgeber dem Jugendlichen stufenweise Rechte verleiht und Pflichten auferlegt (M 16).

❷ Warum kann die Gesetzgebung auf den „persönlichen Entwicklungsstand" dabei keine Rücksicht nehmen?

❸ In M 18 und M 19 findest du Informationen darüber, wie Rechte und Pflichten mit zunehmendem Alter stufenweise erweitert werden.
Übertragt das Schema M 20 in euer Heft und setzt bei den Rechten und Pflichten jeweils das Mindestalter ein, ohne dabei Ausnahmeregelungen zu berücksichtigen. Außer in M 18 und M 19 findet ihr dazu auch Informationen in M 14c, M 15 d (§7) und vor allem in M 33, S. 88. Die Summe der Jahre ergibt die Zahl 150.

❹ Überlege, warum die jeweiligen Altersgrenzen gewählt worden sind. Hältst du die bestehenden Regelungen für sinnvoll und berechtigt? Begründe deine Meinung.

Recht haben und Recht bekommen – die Rechtsordnung der Bundesrepublik Deutschland

M 21

Die Justiz – ein Irrgarten?

(Zeichnung: Walter Hanel)

M 22

Der Aufbau der Gerichtsbarkeit

M 22 a

Durch das Grundgesetz wird der Rechtspflege eine gegenüber den anderen staatlichen Gewalten streng abgegrenzte neutrale Stellung zugewiesen. Die Richter sind nach Art. 97 GG unabhängig und nur dem Gesetz unterworfen. Das Bundesverfassungsgericht* hat den Rang eines eigenständigen Verfassungsorgans. Bei den fünf anderen selbständigen Zweigen wahrt ein oberster Gerichtshof die Einheitlichkeit der Rechtsprechung.

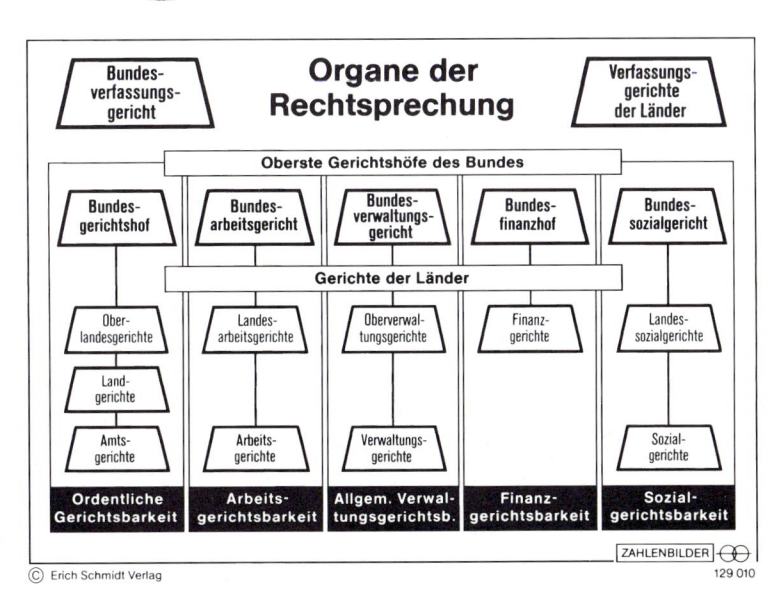

M 22 b

Welche Aufgaben haben die verschiedenen Gerichte?

Ordentliche Gerichtsbarkeit

Innerhalb der einzelnen Gerichtszweige (s. M 22a) gibt es jeweils mehrere Instanzen*, die aufeinander aufbauen.

Bei der Ordentlichen Gerichtsbarkeit ist das **Amtsgericht** die unterste Instanz. Hier wird in der Regel über weniger schwere Straftaten wie etwa Diebstähle oder Verkehrsdelikte verhandelt. Das Amtsgericht darf nicht auf eine höhere Strafe als 4 Jahre Freiheitsentzug erkennen. Wenn es um Zivilsachen geht (zum Unterschied zwischen Zivil- und Strafprozeß siehe S. 342 ff.), darf für die Beteiligten der Wert der Streitigkeit 10 000 DM nicht überschreiten. Diese Grenze gilt nicht bei Mietstreitigkeiten, für die das Amtsgericht ebenfalls zuständig ist. Bei den Amtsgerichten werden auch Abteilungen für Familien- und Ehesachen gebildet (Familiengerichte). Liegt bei Zivilsachen der Streitwert über 10 000 DM, ist das **Landgericht** zuständig. Es verhandelt außerdem über schwerwiegende Strafsachen wie Raub oder Mord. Bei vielen Streitfragen ist das Landgericht auch die 2. Instanz für Urteile des Amtsgerichts. Das **Oberlandesgericht** ist vor allem für Beschwerden und Revisionen* zuständig, bei denen Entscheidungen der unteren Instanzen überprüft werden. Als 1. Instanz entscheidet das Oberlandesgericht bei politischen Strafsachen wie Hochverrat, Gefährdung der äußeren Sicherheit der Bundesrepublik oder bei Straftaten gegen Verfassungsorgane. Der **Bundesgerichtshof** wird vor allem dann tätig, wenn es darum geht, in wichtigen Fragen grundsätzliche Entscheidungen herbeizuführen.

Arbeitsgerichtsbarkeit

Streiten Arbeitnehmer und Arbeitgeber um Dinge, die sich auf einzelne Arbeitsverhältnisse beziehen, sind die **Arbeitsgerichte** zuständig. Dort geht es z. B. um die Lohnzahlung oder die Rechtmäßigkeit einer Kündigung. Arbeitsgerichte entscheiden auch über Rechtsstreitigkeiten zwischen den Tarifvertragsparteien (also Gewerkschaften und Arbeitgeberverbänden), wie etwa über die Frage, ob ein Streik rechtmäßig ist.

Verwaltungsgerichtsbarkeit

Die Bundesrepublik bezeichnet sich als Rechtsstaat, d. h. u. a., daß die gesamte staatliche Verwaltung an Recht und Gesetz gebunden ist. So ist der Staatsbürger gegen rechtswidrige Handlungen des Staates geschützt. Die Verwaltung darf nicht geltendes Recht verletzen. Eingriffe des Staates in die Rechts- und Freiheitssphäre des einzelnen müssen durch ein Gesetz geregelt sein. Zuständig für Streitigkeiten zwischen Bürgern und der Staatsgewalt sind die **Verwaltungsgerichte.** Sie entscheiden z. B., wenn ein Bürger gegen die Ablehnung einer Baugenehmigung klagt oder die Nichtversetzung eines Schülers angefochten wird.

Finanzgerichtsbarkeit

Der Steuerzahler kann gegen Entscheidungen des Finanzamts Beschwerden einlegen. Werden diese abschlägig beschieden, hat er die Möglichkeit, das **Finanzgericht** anzurufen.

Sozialgerichtsbarkeit

Neben der Finanzgerichtsbarkeit ist auch die **Sozialgerichtsbarkeit** aus der allgemeinen Verwaltungsgerichtsbarkeit ausgegliedert. Sie entscheidet, wenn es um Fragen der Sozialversicherung (z. B. Renten-*, Kranken- und Unfallversicherung) geht.

(Autorentext)

M 22 c

Der Instanzenweg in der Zivil- und Strafgerichtsbarkeit

(Zeichnung: Walter Hanel)

❶ Erläutere, was mit der Karikatur M 21 zum Ausdruck gebracht werden soll. Empfindest du ähnlich wie der Mann vor dem Irrgarten?

❷ M 22 a zeigt den „Irrgarten Justiz" in systematischer Form. Dargestellt ist sowohl die hierarchische* Gliederung als auch die Unterteilung nach Gerichtsbarkeiten. Erläutere mit Hilfe von M 22 a und b den Aufbau des Gerichtswesens in der Bundesrepublik Deutschland.

❸ Beschreibe die Karikatur M 22 c, und erläutere, was mit ihr verdeutlicht werden soll.

❹ Für welche Arten von Rechtsstreitigkeiten gibt es besondere Gerichte? Suche weitere Beispiele für Streitfälle, bei denen diese Gerichte zuständig sind.

M 23

Kleines Gerichts-ABC...

1. Kläger und Beklagter

Sie sind die Hauptfiguren in den Rechtsverfahren vor den staatlichen Gerichten. Der Kläger ist die Person, die eine Klage vor den Richter bringt, um zu ihrem Recht zu kommen. Beispiel: Der Vermieter, der vom zahlungssäumigen Mieter den rückständigen Mietzins einklagt. Der Beklagte ist der Gegenspieler, also die Person, gegen die sich die Klage richtet und die dem Kläger sein Recht geben soll. Wer von beiden Recht hat, im Prozeß „obsiegt", entscheidet der Richter. Er „spricht" das Recht.

Eine juristische Sonderausgabe des Klägers ist der „Nebenkläger". So nennt man im Verfahren vor dem Strafgericht eine Person, die durch eine Straftat Schaden erlitten hat und deshalb berechtigt ist, sich der gegen den Straftäter erhobenen öffentlichen Klage anzuschließen. Sie klagt „neben" dem Staatsanwalt.

Nicht in allen Gerichtsverfahren heißen die Hauptakteure Kläger und Beklagter. Sie können auch die Namensschilder „Antragssteller" und „Antragsgegner" führen. So z.B. in eiligen Rechtsschutzverfahren, etwa bei einem Antrag auf einstweilige Anordnung. Der Kläger kann auch „Beschwerdeführer" heißen. So bei der Verfassungsbeschwerde zur Verteidigung der Grundrechte.

2. Rechtsanwalt

Rechtsanwälte sind, wie der Richter und der Staatsanwalt, „Organe der Rechtspflege". Anders als jene sind sie aber keine „Staatsdiener", sondern Freiberufler, freilich solche mit besonderen (Standes-)Pflichten.

Jedem, der Rechtsprobleme hat oder sein Recht vor Gericht durchsetzen möchte, stehen sie als gesetzlich berufene, unabhängige Berater und Vertreter zur Verfügung. Gegen Honorar versteht sich.

3. Staatsanwalt

Er ist „Auge" und „Arm" des Staates in Strafsachen. Er geht Straftaten nach und bringt Straftäter vors Gericht, damit ihnen der Prozeß gemacht wird. Obwohl er „Staats"-anwalt heißt, ist er, nicht anders als der Rechtsanwalt, dem „Recht" verpflichtet. Im Rechtsstaat darf er nicht nur einseitig die (Straf-)Interessen des Staates verfolgen, er muß die Rechte des Angeklagten achten und auch beachten, was diesen entlasten könnte.

4. Richter

Der Richter ist der Amtswalter, der die rechtsprechende Gewalt des Staates verkörpert und ausübt.

Er spricht Recht, wenn über das Recht gestritten wird. Er ist die streitschlichtende Instanz, gleich ob sich Bürger untereinander oder Bürger mit dem Staat streiten.

Er ist im demokratischen Rechtsstaat unabhängig und allein dem Gesetz unterworfen. Er ist der Garant der Rechtsstaatlichkeit und Gerechtigkeit.

Ohne den Rechtsschutz durch unabhängige Richter sind Grundrechte praktisch wertlos.

Eine sehr starke Position im Staat haben die Richter des Bundesverfassungsgerichts. Sie sind die Hüter der Verfassung. Sie können Regierungsakte durchkreuzen und sogar Parlamentsgesetze aufheben, wenn die Verfassung es so gebietet. „Ehrenamtliche" Richter bilden den Gegenpol zu den Berufsrichtern. Sie sind zwar wie die Berufsrichter unabhängig, dürfen aber nur in einem eng beschränkten Rahmen tätig werden. Die ehrenamtlichen Richter der Strafgerichtsbarkeit führen die Bezeichnung „Schöffe".

5. Rechtspfleger

Sie sind Beamte des gehobenen Justizdienstes, die gesetzlich ermächtigt sind, bestimmte einfache richterliche Aufgaben wahrzunehmen. Sie sind dabei frei von Weisungen, ganz wie der „echte" Richter. Zu den Aufgaben, die sie zur Entlastung der (echten) Richter erledigen, gehören z.B. die Angelegenheiten der freiwilligen Gerichtsbarkeit (Beispiel: Eintragung eines Vereins in das Vereinsregister). Schwierigere Sachen, die ihnen auf den Tisch kommen, müssen sie vor Entscheidung einem (echten) Richter vorlegen.

6. Sachverständiger

Es sind Personen, die auf speziellen Gebieten – wie z.B. der Technik, der Medizin, der Psychologie – über besonderen „Sachverstand" verfügen und diesen, auf Anforderung, in ein Gerichtsverfahren einbringen. Ihre Aussagen – z.B. über den Geisteszustand eines Angeklagten oder die Sicherheit einer technischen Anlage – gehören in den Kreis der sog. „Beweismittel".

7. Zuschauer (Zuhörer)

Dies sind Herr und Frau „Jedermann", die öffentlichen Gerichtsverhandlungen beiwohnen dürfen und, bei Anwesenheit, die demokratische „Öffentlichkeit" des Verfahrens herstellen und die öffentliche Kontrolle des juristischen Handelns garantieren. Ihre Anwesenheit verbürgt Transparenz des Verfahrens und Schutz vor staatlicher Willkür, die sich gerne (so in Diktaturen) hinter „Geheimverfahren" versteckt.

8. Gerichtsreporter

Das ist der Journalist, der allgemein oder im Einzelfall über Gerichtsverhandlungen Bericht erstattet. Seine Arbeit ist grundrechtlich – durch die Pressefreiheit – besonders geschützt. Er ist ein Zuhörer besonderen Ranges, weil er durch Berichterstattung in den Massenmedien die Information der breiten Öffentlichkeit über Gerichtsverfahren bewirkt und so die öffentliche, demokratische Kontrolle der Justiz nachhaltig verstärkt.

(Günter Erbel, in: PZ, hg. v. der Bundeszentrale für politische Bildung, Nr. 49, Mai 1987)

M 24

Grundsätze der Rechtsprechung

In Artikel 97 des Grundgesetzes ist die **Unabhängigkeit der Richter** festgelegt. Dies bedeutet, daß sie keinen Weisungen unterliegen, sondern allein dem Gesetz unterworfen sind. Richter können auch nicht abgesetzt werden. Die richterliche Unabhängigkeit hat das Ziel, eine unparteiische Rechtsprechung zu ermöglichen.

Das **Verbot von Ausnahmegerichten** ist ein alter Rechtsgrundsatz. Ein Ausnahmegericht wäre ein Gericht, das extra für die Entscheidung bestimmter Fälle gebildet würde – abweichend von der gesetzlichen Zuständigkeit. Keine Ausnahmegerichte sind dagegen Gerichte für bestimmte Sachgebiete (vgl. M 22 b), z.B. Arbeits- und Sozialgerichte.

Wichtig im Gerichtsverfahren ist der **Grundsatz des rechtlichen Gehörs**. Jeder darf sich vor Gericht zu seinem Fall äußern. Voraussetzung für eine Bestrafung ist, daß die **Strafbarkeit vor Begehung der Tat gesetzlich bestimmt** war. Es muß also vorher feststehen, welche Handlungen oder Verhaltensweisen strafbar sind und welche Strafe möglich ist. Rückwirkende Strafgesetze sind unzulässig. Das **Verbot der Doppelbestrafung** besagt, daß niemand wegen ein und derselben Tat zweimal bestraft werden darf. Schließlich gibt es für den Bürger besondere **Rechtsgarantien bei der Freiheitsentziehung.** Beschränkungen der persönlichen Freiheit sind nur aufgrund eines Gesetzes zulässig. Die Entscheidung darüber ist grundsätzlich Sache des Richters. Die Polizei darf jemanden aus eigener Machtvollkommenheit nicht länger als bis zum Ende des Tages nach dem Ergreifen in Gewahrsam halten.

(Autorentext nach: Informationen zur politischen Bildung Nr. 200 [Der Rechtsstaat], hrsg. von der Bundeszentrale für politische Bildung, Bonn 1983, S. 11 f.)

M 25

Beratungshilfegesetz und Prozeßkostenbeihilfe: Ein Beitrag zur Chancengleichheit vor Gericht

M 25 a

(Zeichnung: Fritz Wolf)

M 25 b

„Guter Rat ist nicht teuer"

Chancengleichheit bedeutet für den Bürger nicht nur die Gewährleistung gleicher Rechte. Er muß seine Rechte auch wahrnehmen und notfalls gerichtlich durchsetzen können. Oft wurde in der Vergangenheit ein aussichtsreicher Prozeß nicht geführt, weil die Prozeßkosten eine Barriere beim Zugang zum Gericht bildeten. Heute muß niemand mehr aus finanzieller Not auf sein gutes Recht verzichten.

Das Beratungshilfegesetz sichert dem Bürger mit geringem Einkommen eine nahezu kostenlose Rechtsberatung und Rechtvertretung außerhalb eines gerichtlichen Verfahrens. Den Zugang zu den Gerichten erleichtert dem rechtsuchenden Bürger das Gesetz über die Prozeßkostenhilfe: Danach werden die Kosten der Prozeßführung, falls notwendig, ganz oder teilweise vom Staat getragen. Inzwischen haben Tausende von Bürgern diese Hilfen in Anspruch genommen, z.B. bei Mietstreitigkeiten, Familienrechtstreitigkeiten, in Auseinandersetzungen über Wohngeld- oder Bauangelegenheiten.

(Guter Rat ist nicht teuer. Das Beratungshilfegesetz und das Gesetz über die Prozeßkostenbeihilfe, hg. v. Bundesministerium der Justiz, Bonn 1993, S. 1)

Damit nicht auf Kosten der Steuerzahler mutwillig und unbegründet prozessiert wird, müssen für eine kostenlose Rechtsberatung und für die Prozeßkostenhilfe gewisse Voraussetzungen erfüllt sein.

❶ Erkläre die in M 23 erläuterten Begriffe mit eigenen Worten.

❷ Arbeite heraus, welche Grundsätze für die Rechtsprechung in der Bundesrepublik Deutschland gelten (M 24). Erläutere die einzelnen Punkte. Aus welchen Gründen sind sie von so großer Bedeutung?

❸ Erkläre, worauf mit der Karikatur M 25 a aufmerksam gemacht werden soll. Welche Rolle spielen in diesem Zusammenhang die in M 25 b aufgezeigten Möglichkeiten?

Zivilprozeß und Strafprozeß

In der Rechtsordnung der Bundesrepublik Deutschland wird zwischen Zivil- und Strafprozeß unterschieden. Im **Zivilprozeß** geht es um Rechtsstreitigkeiten der Bürger untereinander. Einige Beispiele: Das Opfer eines Verkehrsunfalles fordert Schadensersatz, der Unfallgegner will nicht zahlen. Ein Vermieter möchte eine Mieterhöhung, der Mieter wehrt sich dagegen. Der Kläger versucht im Zivilprozeß mit Hilfe des Gerichts sein Recht zu bekommen. Strafen können nicht verhängt werden, der Zivilprozeß kann mit einer gütlichen Einigung (z.B. Vergleich) oder einem Urteil des Gerichts enden.

Was ist demgegenüber ein **Strafprozeß?** Das Strafgesetzbuch (StGB) und viele andere Gesetze enthalten Bestimmungen darüber, welches Verhalten nicht erlaubt ist und bestraft wird. In den Gesetzen steht, welche Strafen ggf. verhängt werden können. Mit diesen Strafvorschriften will der Gesetzgeber die Rechte der Bürger gewährleisten und ihr Zusammenleben regeln. Nur der Staat darf – durch die Gerichte – seine Bürger für eine Tat bestrafen. Im Strafprozeß versucht das Gericht, die Wahrheit in einem Fall herauszubekommen und ein gerechtes Urteil zu finden.

Zu Beginn des Kapitels hatten wir das Beispiel eines Ladendiebstahls aufgegriffen. Im folgenden soll zunächst anhand eines Diebstahlprozesses der Gang eines Strafverfahrens deutlich gemacht werden (M 26/M 27). Danach könnt ihr anhand eines konkreten Falles (M 28) den Ablauf eines Zivilprozesses verfolgen.

M 26
Grundwissen zum Strafrecht

Der Staat muß die Rechte seiner Bürger gewährleisten und die allgemeine Ordnung sichern. Daher gibt es ein **Strafrecht,** das regelt, welche Handlungen bestraft werden müssen und welche Strafen jeweils verhängt werden können. Nur der Staat darf (mittels der Richter) seine Bürger für eine Tat bestrafen. Eine Handlung ist nur dann eine **strafbare Handlung,** wenn
– sie im Strafgesetzbuch (StGB) als solche aufgeführt ist,
– sie rechtswidrig ist, d.h. durch nichts zu rechtfertigen ist. Ein Rechtfertigungsgrund ist z.B. die Notwehr,
– sie schuldhaft begangen wurde, d.h. dem Täter vorzuwerfen ist.

Die Verfolgung einer Straftat im **Strafverfahren** ist in der Strafprozeßordnung (StPO) genau geregelt. Wird eine Tat angezeigt oder auf andere Weise bekannt, muß die Staatsanwaltschaft ein Ermittlungsverfahren eröffnen. Sie muß, mit Hilfe der Polizei, alle Umstände der Tat erforschen, auch solche, die für den Angeschuldigten günstig sind. Sind die Verdachtsmomente für eine strafbare Handlung hinreichend, erstellt sie eine Anklageschrift und erhebt Anklage beim zuständigen Gericht.

Im **Strafprozeß** versucht das Gericht die Wahrheit zu ermitteln und zu einem gerechten Urteil zu gelangen.

Für Jugendliche gibt es ein eigenes **Jugendstrafrecht.** Es berücksichtigt besonders die Person des Täters, seine Lebensumstände und seine Einsichtsfähigkeit. Daran mißt das Gericht die Maßnahmen, die für eine Tat verhängt werden. Sie sollen erziehend wirken, d.h. die Einsicht in Recht und Unrecht stärken und davor bewahren, nochmals straffällig zu werden.

(P wie Politik. RS 9, hg. von X. Fiederle/F. Filser; Schöningh, Paderborn 1985, S. 146)

M 27
Der Strafprozeß

M 27a
§ 242 Strafgesetzbuch (StGB)

(1) Diebstahl: Wer eine fremde bewegliche Sache einem anderen in der Absicht wegnimmt, sich dieselbe rechtswidrig zuzueignen, wird mit Freiheitsstrafe bis zu fünf Jahren oder mit Geldstrafe bestraft.
(2) Der Versuch ist strafbar.

M 27 b

Gang eines Strafverfahrens

1. Der Warenhausbesitzer kann einen ertappten Ladendieb bei der Polizei anzeigen, oder die Polizei erstattet eine **Strafanzeige** von Amts wegen an den Staatsanwalt.
2. Danach kommt es zu einem *Ermittlungsverfahren* durch die Polizei und die Staatsanwaltschaft, um vorläufig die Tatsachen und Rechtsfragen zu klären.
Erst dann entscheidet die Staatsanwaltschaft, ob *Anklage* erhoben werden soll. Wenn die Ergebnisse des Ermittlungsverfahrens für eine Anklage nicht ausreichen, so wird das Verfahren „eingestellt".
3. Andernfalls erhebt die Staatsanwaltschaft *Anklage* bei dem zuständigen Gericht.
Nunmehr prüft das Gericht anhand der Ergebnisse des Ermittlungsverfahrens, ob die Weiterführung des Verfahrens gerechtfertigt ist. Man nennt dies „*Zwischenverfahren*".
Das Gericht kann die Eröffnung des *Hauptverfahrens* ablehnen.
4. Hält das Gericht die im Ermittlungsverfahren festgestellten tatsächlichen und rechtlichen Verdachtsgründe für ausreichend, so eröffnet es das *Hauptverfahren* und läßt die Anklage zur *Hauptverhandlung* zu („Eröffnungsbeschluß").
5. In der mündlichen *Hauptverhandlung* werden der gesamte Vorgang und das gesamte rechtliche Problem erörtert. Sie ist der wichtigste Teil des Hauptverfahrens.
6. Das Hauptverfahren schließt mit einem *Urteil* ab. Im Falle einer Verurteilung schließt sich ein „*Vollstreckungsverfahren*" an. Im Vollstreckungsverfahren werden Art, Dauer und Umfang der verhängten Strafe durchgeführt und überwacht.

(Hassemer/Sandmann: Ladendiebstahl, Schöningh, Paderborn 1985, S. 20 f.)

M 27 c Der Gang eines Strafverfahrens

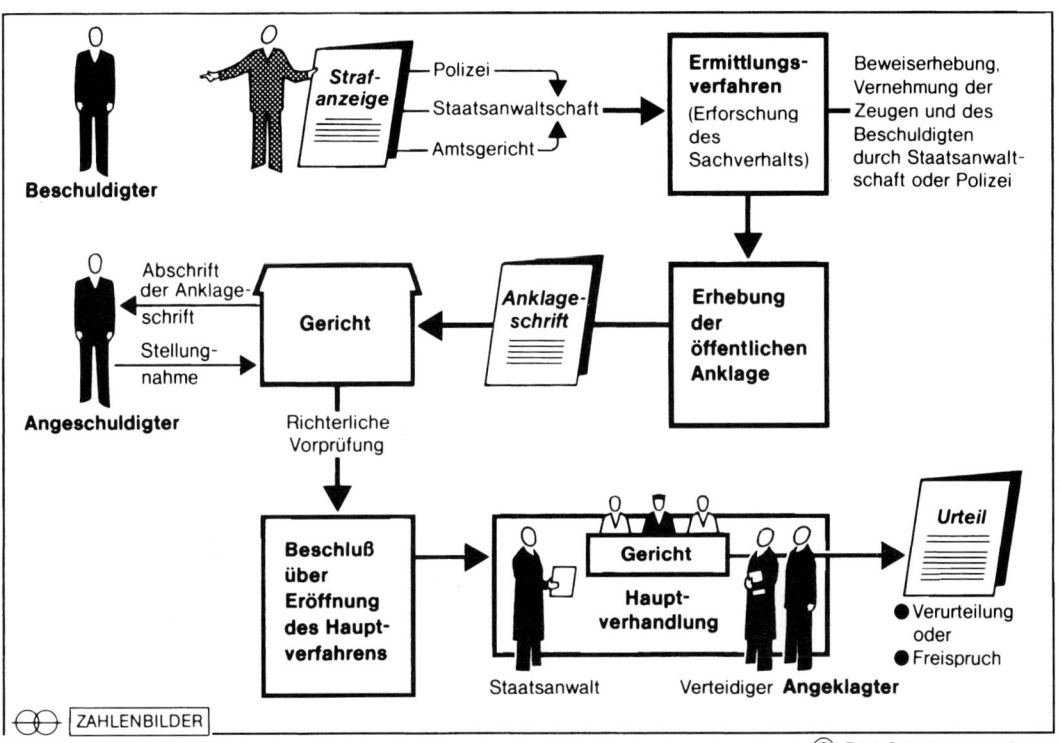

M 27 d

Keine Anzeigepflicht

Keinesfalls muß es nach jedem Ladendiebstahl zu einem Strafverfahren kommen. Für den Geschädigten besteht keine Pflicht zur Anzeige. Er hat vielmehr das Recht, einen Strafantrag zu stellen. Stellt er den Strafantrag nicht, so darf etwa der Diebstahl einer Platte oder CD nur ausnahmsweise verfolgt werden.

Diebstahl und Unterschlagung geringwertiger Sachen (§ 248 a StGB):
Der Diebstahl und die Unterschlagung geringwertiger Sachen werden in den Fällen der §§ 242 (Diebstahl) und 246 (Unterschlagung) nur auf Antrag verfolgt, es sei denn, daß die Strafverfolgungsbehörde wegen des besonderen öffentlichen Interesses an der Strafverfolgung ein Einschreiten von Amts wegen für geboten hält.

M 27 e

Wie die Hauptverhandlung abläuft

Aus der Strafprozeßordnung (StPO)

§ 243. *[Gang der Hauptverhandlung]*

(1) Die Hauptverhandlung beginnt mit dem Aufruf der Sache. Der Vorsitzende stellt fest, ob der Angeklagte und der Verteidiger anwesend und die Beweismittel herbeigeschafft, insbesondere die geladenen Zeugen und Sachverständigen erschienen sind.
(2) Die Zeugen verlassen den Sitzungssaal. Der Vorsitzende vernimmt den Angeklagten über seine persönlichen Verhältnisse.
(3) Darauf verliest der Staatsanwalt den Anklagesatz.
(4) Sodann wird der Angeklagte darauf hingewiesen, daß es ihm freistehe, sich zu der Anklage zu äußern oder nicht zur Sache auszusagen. Ist der Angeklagte zur Äußerung bereit, so wird er […] zur Sache vernommen.

§ 244. *[Beweisaufnahme]*

(1) Nach der Vernehmung des Angeklagten folgt die Beweisaufnahme.
(2) Das Gericht hat zur Erforschung der Wahrheit die Beweisaufnahme von Amts wegen auf alle Tatsachen und Beweismittel zu erstrecken, die für die Entscheidung von Bedeutung sind.

§ 245. *[Umfang der Beweisaufnahme]*

(1) Die Beweisaufnahme ist auf alle vom Gericht vorgeladenen und auch erschienenen Zeugen und Sachverständigen sowie auf die sonstigen nach § 214 Abs. 4 vom Gericht oder der Staatsanwaltschaft herbeigeschafften Beweismittel zu erstrecken.

§ 249. *[Verlesung von Schriftstücken]*

(1) Urkunden und andere als Beweismittel dienende Schriftstücke werden in der Hauptverhandlung verlesen.

§ 258. *[Schlußvorträge]*

(1) Nach dem Schluß der Beweisaufnahme erhalten der Staatsanwalt und sodann der Angeklagte zu ihren Ausführungen und Anträgen das Wort.
(2) Dem Staatsanwalt steht das Recht der Erwiderung zu; dem Angeklagten gebührt das letzte Wort.
(3) Der Angeklagte ist, auch wenn ein Verteidiger für ihn gesprochen hat, zu befragen, ob er selbst noch etwas zu seiner Verteidigung anzuführen habe.

§ 260. *[Urteil]*

(1) Die Hauptverhandlung schließt mit der auf die Beratung folgenden Verkündigung des Urteils.

❶ Erläutere mit Hilfe des Schaubildes den Ablauf eines Strafverfahrens (M 27 b/c).

❷ Der Auszug aus der Strafprozeßordnung (M 27 e) ermöglicht es euch, den Ablauf einer Hauptverhandlung genau nachzuvollziehen. Beschreibt in einem Kurzaufsatz diesen Ablauf in eigenen Worten.

❸ Spielt den Verlauf eines Gerichtsverfahrens. Es soll dabei um Diebstahl gehen. Bevor ihr beginnt, klärt folgende Fragen:
– Welche Personen treten in der Verhandlung auf?
– Welche Aufgaben nehmen sie wahr?
– Wie wollen Verteidiger, Angeklagter und Staatsanwalt argumentieren?
– Welcher Sachverhalt wird der Verhandlung zugrundegelegt?
– Welche Beweismittel gibt es?

Diejenigen, die eine Rolle übernehmen, bereiten sich mit Hilfe anderer Schülerinnen und Schüler in einer Kleingruppe darauf vor. Einige übernehmen die Spielregie, achten dabei auf die Einhaltung der Regeln (M 27 e) und legen den zeitlichen Rahmen für den Ablauf des Spiels fest. Eine Gruppe von Protokollführern hält den Verlauf fest.
Überlegt euch vorher, unter welchen Gesichtspunkten ihr das Spiel hinterher auswerten wollt.

M 28 Der Zivilprozeß

Der Fall

Frau Wenzel kauft bei Fahrradhändler Herrn Schock ein Fahrrad zu einem Kaufpreis von 660,– DM. Obgleich Frau Wenzel nur 450,– DM in der Tasche hat, gibt ihr der Fahrradhändler das Fahrrad mit. Frau Wenzel verspricht, am nächsten Tag das restliche Geld abzuliefern. Auf der Heimfahrt mit dem neuerworbenen Fahrrad merkt Frau Wenzel, daß der Rahmen des Fahrrades einen haarfeinen Riß hat. Sie ruft den Fahrradhändler von zu Hause an und bittet ihn, ihr in den nächsten Tagen ein neues Fahrrad der gleichen Marke und des gleichen Typs zu besorgen. Der Fahrradhändler bestreitet die Fehlerhaftigkeit des Fahrrades und besteht auf Bezahlung des noch ausstehenden Geldbetrages. Da sich beide nicht einigen können, behält Frau Wenzel das Fahrrad zurück und zahlt den restlichen Geldbetrag nicht an den Fahrradhändler Herrn Schock. Der Fahrradhändler verlangt den restlichen Kaufpreis von Frau Wenzel und gesteht ihr zu, daß sie das Fahrrad behalten kann. Frau Wenzel will dem Fahrradhändler das fehlerhafte Fahrrad zurückgeben und verlangt ihr Geld zurück oder anstelle des Geldes das gleiche Fahrrad.

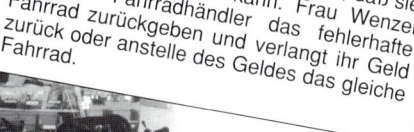

M 28 a

Der Fall: Frau Wenzel kauft ein Fahrrad

(Foto: G. Schlottmann)

M 28 b

Was sagt das Gesetz?

§§

§ 433 BGB (I) Durch den Kaufvertrag wird der Verkäufer einer Sache verpflichtet, dem Käufer die Sache zu übergeben und das Eigentum an der Sache zu verschaffen.
(II) Der Käufer ist verpflichtet, dem Verkäufer den vereinbarten Kaufpreis zu zahlen und die gekaufte Sache abzunehmen.

§ 459 BGB (I) Der Verkäufer einer Sache haftet dem Käufer dafür, daß sie zu der Zeit, zu welcher die Gefahr auf den Käufer übergeht, nicht mit Fehlern behaftet ist, die den Wert oder die Tauglichkeit zu dem gewöhnlichen oder nach dem Vertrage vorausgesetzen Gebrauch aufheben oder mindern. Eine unerhebliche Minderung des Wertes oder der Tauglichkeit kommt nicht in Betracht.
(Erläuterung: Der Übergang der Gefahr geschieht durch die Übergabe der verkauften Sache.)

§ 462 BGB Wegen eines Mangels, den der Verkäufer nach den Vorschriften der §§ 459, 460 zu vertreten hat, kann der Käufer Rückgängigmachung des Kaufes (Wandelung) oder Herabsetzung des Kaufpreises (Minderung) verlangen.

§ 480 BGB Der Käufer einer nur der Gattung nach bestimmten Sache kann statt der Wandelung oder der Minderung verlangen, daß ihm anstelle der mangelhaften Sache eine mangelfreie geliefert wird.
(Erläuterung: Gattung hier Fahrräder gleicher Qualität und Art.)

M 28 c **Der Gang eines Zivilprozesses**

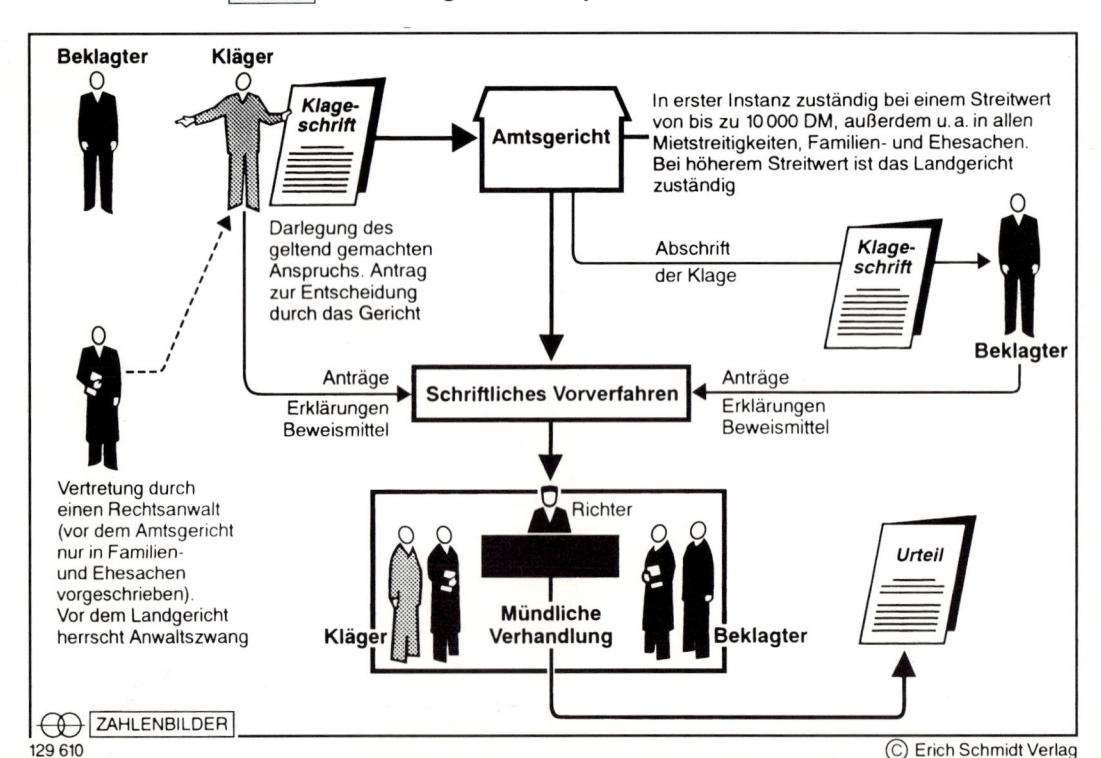

Beklagter — **Kläger** — **Klageschrift** → **Amtsgericht**

In erster Instanz zuständig bei einem Streitwert von bis zu 10 000 DM, außerdem u. a. in allen Mietstreitigkeiten, Familien- und Ehesachen. Bei höherem Streitwert ist das Landgericht zuständig

Darlegung des geltend gemachten Anspruchs. Antrag zur Entscheidung durch das Gericht

Abschrift der Klage → **Klageschrift** → **Beklagter**

Anträge, Erklärungen, Beweismittel → **Schriftliches Vorverfahren** ← Anträge, Erklärungen, Beweismittel

Vertretung durch einen Rechtsanwalt (vor dem Amtsgericht nur in Familien- und Ehesachen vorgeschrieben). Vor dem Landgericht herrscht Anwaltszwang

Mündliche Verhandlung — Kläger, Richter, Beklagter → **Urteil**

ZAHLENBILDER 129 610 © Erich Schmidt Verlag

Grundwissen zum Zivilprozeß

Im **Zivilprozeß** geht es immer um Rechtsstreitigkeiten von Bürgern untereinander, z.B. um die Einhaltung eines Vertrages. Der Gang des Prozesses ist in der Zivilprozeßordnung (ZPO) genau geregelt. Zu einem Zivilprozeß kommt es, wenn eine Partei (Privatperson oder Gruppe) glaubt, daß die andere Partei ihre Rechte verletzt hat und eine gütliche Regelung außerhalb der Gerichte nicht zustande kommt. Der **Kläger** versucht dann, vor Gericht mit staatlicher Hilfe „sein" Recht zu bekommen und seine Forderung durchzusetzen, d.h. er reicht bei Gericht eine Klage ein. Die Klageschrift stützt sich meist auf Bestimmungen aus dem **Bürgerlichen Gesetzbuch** (BGB), das die privaten Rechtsbeziehungen der Bürger regelt. Die **Klage** kann beim Landgericht nur durch einen Rechtsanwalt eingereicht werden, beim Amtsgericht dagegen auch vom Kläger selbst – außer wenn es um eine Ehescheidung oder um die Klärung der Scheidungsfolgen geht. Die Klageschrift muß Angaben über die streitenden Parteien, den Streitgegenstand, den Grund des erhobenen Anspruchs und einen bestimmten Antrag (auf Leistung, Unterlassung oder Feststellung) enthalten, über den das Gericht entscheiden soll.

Das Gericht stellt dem Beklagten eine Abschrift der Klageschrift zu und lädt beide Parteien zur mündlichen Verhandlung. Zu Beginn der **mündlichen Verhandlung**, die in der Regel durch Schriftsätze der gegnerischen Anwälte vorbereitet wurde, stellen die Parteien zunächst ihre Anträge auf Verurteilung bzw. Klageabweisung. Jede Partei hat sich dann über die vom Gegner behaupteten Tatsachen zu erklären. Für nicht zugestandene, also strittige Tatsachen muß der Beweis angetreten werden, sofern es sich um rechtlich erhebliche Tatsachen handelt. Der Beweis kann erbracht werden durch Augenschein, durch Zeugen oder Sachverständige, durch Urkunden oder durch Vernehmung der Prozeßgegner. In vielen Fällen ist auch ein schriftliches Verfahren – ohne mündliche Verhandlung – zulässig. Falls die Klage nicht zurückgenommen wird und auch kein Vergleich zwischen den Parteien zustande kommt, endet der Prozeß mit der **Urteilsverkündung** durch das Gericht. Im Urteil werden die Gründe angeführt, die für die Urteilsfindung ausschlaggebend waren. Gegen Urteile erster Instanz kann unter bestimmten Voraussetzungen beim Landgericht bzw. beim Oberlandesgericht Berufung eingelegt werden.

(M 28 a–c: P wie Politik, RS 9, hg. von X. Fiederle/F. Filser; Schöningh, Paderborn 1985, S. 142 f., und Schmidt Zahlenbilder)

❶ Normalerweise wird ein Kauf (Kaufvertrag) ohne rechtliche Auseinandersetzungen abgewickelt. In unserem Beispiel kommt es jedoch zu einem Streit, der zu einem Zivilprozeß führt. Erläutere, worum es geht, und wer die Beteiligten sind.

❷ Da Frau Wenzel und Herr Schock sich nicht einig werden, kommt es zum Zivilprozeß. Welche Klagemöglichkeiten kommen in Frage?
  I. Nach § 433 BGB: Herr Schock klagt auf Erfüllung: Er will den restlichen Kaufpreis. Frau Wenzel macht dagegen geltend, daß sie nur bezahlt, wenn sie ein anderes, fehlerfreies Fahrrad bekommt.
  II. Nach § 462 BGB: Frau Wenzel klagt auf Wandelung, sie will das Fahrrad zurückgeben und ihre Anzahlung zurück; Herr Schock ist damit nicht einverstanden.
  III. nach § 480 BGB: Frau Wenzel klagt auf Lieferung eines fehlerfreien Rades, sonst will sie den Rest nicht bezahlen.

Wie könnte ein mögliches Urteil aussehen? Berücksichtige bei deiner Antwort, daß es verschiedene Klagemöglichkeiten gibt, und spiele die entsprechenden Varianten durch.

❸ Erläutere mit Hilfe von M 28 c den Ablauf eines Zivilprozesses. Unterscheide dabei zwischen Prozessen mit einem Streitwert unter bzw. über 10 000 DM.

❹ Überlegt, ob ihr zum Abschluß der Unterrichtsreihe einen Richter oder einen Staatsanwalt zu einer „Expertenbefragung" in den Unterricht einladen wollt. Hinweise zur Durchführung einer „Expertenbefragung" findet ihr am Schluß des Buches.

❺ Wo befindet sich in eurer Umgebung das nächste Gericht? Erkundigt euch danach. Überlegt, ob ihr dort eine Gerichtsverhandlung besuchen wollt. Wenn ihr euch dafür entscheidet, solltet ihr euch in die gesetzlichen Bestimmungen einarbeiten, die in der Verhandlung voraussichtlich eine Rolle spielen werden. Macht euch mit den Verfahrensabläufen sowie den Aufgaben, Rechten und Pflichten der Beteiligten vertraut.

Jugendstrafrecht: Vorrang der Erziehung vor der Strafe

Im folgenden findet ihr einige Informationen zum Jugendstrafrecht. Ihr erfahrt, von welchen Grundsätzen es sich leiten läßt, welche Rolle das Alter eines Täters spielt und wie Jugendstraftaten bestraft werden.

M 29

„Ich wünschte, ich wäre jünger."

„Der Angeklagte war zur Tatzeit Jugendlicher", heißt es in mancher Urteilsbegründung. Und da macht es eben einen Unterschied, ob man 12, 15 oder 19 Jahre alt ist, wenn man z.B. einen Automaten „knackt". Und manch einer wünschte dann, jünger zu sein. Mündigkeit ist keine Strafe, sondern eine Chance, sein Leben selber in die Hand zu nehmen, und so ist auch „Strafmündigkeit" ein notwendiger Teil der wachsenden Eigenverantwortlichkeit. Der Gesetzgeber hält auch hier ein Stufenmodell für angemessen, um den jeweiligen Entwicklungsstand des jungen Menschen zu berücksichtigen. Die rechtlichen Grundlagen sind im Jugendgerichtsgesetz (JGG) verankert.

Rücksichtnahmen auf das Alter sind kein Freibrief. Kinder bis zum 13. Lebensjahr sind zwar strafunmündig, können also rechtlich in keinerlei Form für schuldig befunden und bestraft werden; bei bestimmten Verfehlungen können und müssen jedoch Erziehungsmaßnahmen ergriffen werden. In einem besonders schlimmen Falle wird z.B. eine Heimerziehung angeordnet. In der großen Mehrheit aller Fälle geht der Jugendrichter bei 14- bis 18jährigen von der vorhandenen „strafrechtlichen Verantwortung" aus. Auch wer zu wenig Taschengeld bekommt (oder zu viel!), durch Warenangebot und Werbung verführt wird, zu Hause zu streng, zu großzügig oder gar nicht erzogen wird, oder wer in seiner Clique „Mut" beweisen will, weiß dennoch, daß Ladendiebstahl Unrecht ist, daß man sich dabei an fremdem Eigentum vergreift. Wer Heranwachsender ist, also 18 bis 21 Jahre alt, wird zunächst als Erwachsener angesehen.

Dennoch wird im Jugendstrafrecht der Jugendliche nicht als „kleiner Erwachsener" behandelt, den man „nur etwas milder" bestraft. In erster Linie sollen den Jugendlichen bei Fehltritten Hilfen und Chancen geboten werden. Auch die Strafe versteht sich dabei als ein Erziehungs- und Änderungsversuch.

(Wolfgang Redwanz, in: „ZEITLUPE" Nr. 19 [= M 16], S. 6)

M 30

Aus dem Jugendgerichtsgesetz

§ (2): Jugendlicher ist, wer zur Zeit der Tat vierzehn, aber noch nicht achtzehn, Heranwachsender, wer zur Zeit der Tat achtzehn, aber noch nicht einundzwanzig Jahre alt ist.

§ 3: Ein Jugendlicher ist strafrechtlich verantwortlich, wenn er zur Zeit der Tat nach seiner sittlichen und geistigen Entwicklung reif genug ist, das Unrecht der Tat einzusehen und nach dieser Einsicht zu handeln. Zur Erziehung eines Jugendlichen, der mangels Reife strafrechtlich nicht verantwortlich ist, kann der Richter dieselben Maßnahmen anordnen wie der Vormundschaftsrichter.

§ 105 (1): Begeht ein Heranwachsender eine Verfehlung, die nach den allgemeinen Vorschriften mit Strafe bedroht ist, so wendet der Richter die für einen Jugendlichen geltenden Vorschriften […] entsprechend an, wenn

1. die Gesamtwürdigung der Persönlichkeit des Täters bei Berücksichtigung auch der Umweltbedingungen ergibt, daß er zur Zeit der Tat nach seiner sittlichen und geistigen Entwicklung noch einem Jugendlichen gleichstand, oder

2. es sich nach der Art, den Umständen oder den Beweggründen der Tat um eine Jugendverfehlung handelt.

3. Das Höchstmaß der Jugendstrafe für Heranwachsende beträgt zehn Jahre.

(Jugendgerichtsgesetz [JGG], Beck-Texte bei dtv, Nr. 5007, München 1987, S. 166 ff.)

M 31 **Urteile im Namen des Volkes**

M 31 a

In der Strafsache gegen Monika ▮▮▮▮, 17 Jahre, hat das Jugendgericht ▮▮▮▮ in nichtöffentlicher Sitzung für Recht erkannt:
Die Angeklagte ist schuldig wegen Diebstahls. Sie ist zu verwarnen.
Seit Mai 1991 lebte die Angeklagte mit Herrn ▮▮▮▮ zusammen, den sie in der letzten Woche heiratete. Sie erwartet ein Kind.
Am 25.10.93 suchte die Angeklagte das ▮▮▮▮ in ▮▮▮▮ auf. Aus der Auslage entnahm sie einen Geldbeutel im Wert von 13,50 DM, ein Kopfband im Wert von 14,20 DM, einen Faschingshut im Wert von 18,40 DM, ein Partystirnband im Wert von 12,30 DM und Partyohrringe im Wert von 15,50 DM.
Ohne Bezahlung versuchte sie das Kaufhaus zu verlassen. Diese Feststellungen beruhen auf dem glaubhaften Geständnis der Angeklagten.
Unter Berücksichtigung ihres Geständnisses sowie der Tatsache, daß sie strafrechtlich bisher noch nicht in Erscheinung getreten ist, hielt es das Gericht für ausreichend, sie jugendrichterlich zu verwarnen.

(Nach: „ZEITLUPE" 19 [= M 16], S. 6)

M 31 b

In der Strafsache gegen Andreas ▮▮▮▮, 16 Jahre, und Thomas ▮▮▮▮, 17 Jahre, hat das Jugendgericht ▮▮▮▮ für Recht erkannt:
Die Angeklagten sind schuldig wegen vorsätzlicher Körperverletzung. Sie sind zu verwarnen.
Dem Angeklagten Andreas ▮▮▮▮ wird folgende Auflage erteilt: Zahlung einer Geldbuße von 200,– DM in Monatsraten von 50,– DM an die Arbeiterwohlfahrt ▮▮▮▮.
Dem Angeklagten Thomas ▮▮▮▮ wird folgende Weisung erteilt: Ableistung eines 60stündigen Sozialdienstes bei der Arbeiterwohlfahrt ▮▮▮▮.
Die Kosten des Verfahrens haben die Angeklagten zu tragen.
Strafrechtlich ist der Angeklagte Andreas ▮▮▮▮ bisher nicht, der Angeklagte Thomas ▮▮▮▮ bereits mehrfach in Erscheinung getreten.
In der Nacht zum 1. September 1993 hielten sich die Angeklagten in der Gaststätte ▮▮▮▮ in ▮▮▮▮ auf. Nachdem sie alkoholische Getränke in heute nicht mehr feststellbarer Menge zu sich genommen hatten, verließen sie die Gaststätte. Vor der Tür mischten sich die Angeklagten ohne rechtfertigenden Grund in eine Auseinandersetzung anderer Jugendlicher ein und versetzten ihnen mehrere „Kopfnüsse" und Schläge. Aufgrund des festgestellten Sachverhalts haben sich die Angeklagten wegen Körperverletzung gemäß §§ 223 und 232 Strafgesetzbuch (StGB) schuldig gemacht.
Bei beiden ist von strafrechtlicher Verantwortlichkeit gemäß § 3 JGG auszugehen. Reifeverzögerungen in geistiger und sittlicher Hinsicht von solch erheblichem Ausmaß, daß sie zu den Tatzeiten außerstande gewesen wären, das Unrecht ihres Verhaltens einzusehen oder entsprechend zu handeln, können ausgeschlossen werden.

(Nach: „ZEITLUPE" 19 [= M 16], S. 6 f.)

M 32

Die Folgen von Jugendstraftaten: „Erziehungsmaßregeln, Zuchtmittel und Jugendstrafe"

Staatsanwalt und Jugendrichter haben einen gewissen Ermessensspielraum, bei kleineren Verfehlungen von einer Gerichtsverhandlung abzusehen. Das kann z.B. dann der Fall sein, wenn es sich um einen sehr geringfügigen Schaden handelt, dieser bereits wiedergutgemacht worden ist, und der Staatsanwalt sicher sein kann, daß die Eltern von sich aus entsprechende Maßnahmen ergreifen. Das gilt sicherlich schon nicht mehr für einen Wiederholungsfall.
Das Jugendgerichtsgesetz (JGG) regelt die möglichen Folgen von Straftaten:

§ 5

(1) Aus Anlaß der Straftat eines Jugendlichen können Erziehungsmaßnahmen angeordnet werden.
(2) Die Straftat eines Jugendlichen wird mit Zuchtmitteln oder mit Jugendstrafe geahndet, wenn Erziehungsmaßregeln nicht ausreichen.

Der Paragraph 10 erläutert, welche Weisungen der Richter Jugendlichen auferlegen kann:
1. Weisungen zu befolgen, die sich auf den Aufenthaltsort beziehen,
2. bei einer Familie oder in einem Heim zu wohnen,
3. eine Lehr- oder Arbeitsstelle anzunehmen,
4. Arbeitsleistungen zu erbringen,
5. den Verkehr mit bestimmten Personen oder den Besuch von Gast- oder Vergnügungsstätten zu unterlassen oder
6. bei einer Verletzung von Verkehrsvorschriften an einem Verkehrsunterricht teilzunehmen.

„Zuchtmittel" haben nicht die Rechtswirkung einer Strafe (§ 13 JGG). Es handelt sich um „Verwarnungen" (vgl. Fall M 31 a) und die „Erteilung von Auflagen" (vgl. Fall M 31 b). Der Richter kann dem Jugendlichen auferlegen, den verursachten Schaden wiedergutzumachen, sich persönlich bei einem Verletzten zu entschuldigen, oder einen Geldbetrag zugunsten einer gemeinnützigen* Einrichtung zu zahlen. Das wird ein Richter nur dann tun, wenn ein Jugendlicher über entsprechende Geldmittel selbständig verfügt. Zu den „Zuchtmitteln" gehört auch der Jugendarrest als Freizeitarrest (bis zu vier Wochenenden), als Kurzarrest (bis zu sechs Tagen) und als Dauerarrest (bis zu vier Wochen). Ein Schüler müßte Kurzarrest mit Sicherheit in den Ferien absitzen, um schulische Versäumnisse zu vermeiden.

Die Jugendstrafe ist Freiheitsentzug in einer Jugendstrafanstalt. Unter bestimmten Voraussetzungen kann eine Jugendstrafe zur Bewährung ausgesetzt werden. Für die Dauer der Bewährungszeit (2–3 Jahre) steht dem Jugendlichen ein Bewährungshelfer zur Seite.

Der Vorrang der Erziehung vor der Strafe kommt auch dadurch zum Ausdruck, daß bei Jugendgerichtsprozessen die Öffentlichkeit ausgeschlossen ist. Erziehungsmaßregeln, Verwarnungen und Auflagen erscheinen auch nicht im „Strafregister" und somit auch nicht in einem „Polizeilichen Führungszeugnis", das z.B. ein Arbeitgeber verlangen kann. Solche Maßnahmen werden jedoch in einem „Erziehungsregister" gespeichert. Die Justizbehörden können sich auf diese Weise einen Überblick über die Vorgeschichte eines Falles verschaffen.

Ein Jugendlicher, der von einem Jugendrichter „lediglich" verwarnt und belehrt worden ist, wollte dann von diesem genau wissen, welche Bedeutung denn eine solche Maßnahme habe, ob er denn nun bestraft sei oder nicht. Der Richter führte als Vergleich den Fußballsport an, der als Strafe „gelbe" und „rote" Karten kennt.

(Aus: „ZEITLUPE" 19 [= M 16], S. 7)

❶ Erkläre in eigenen Worten die Bestimmungen des Jugendgerichtsgesetzes (M 29, M 30).
❷ Erstelle eine Tabelle, aus der hervorgeht, wie Kinder, Jugendliche und Heranwachsende im Jugendstrafrecht behandelt werden (M 29, M 30).
❸ Im Jugendstrafrecht hat Erziehung Vorrang vor Strafe. Erläutere, was mit dieser Aussage gemeint ist (M 32).
❹ Bei den abgedruckten Urteilen handelt es sich um echte Fälle und echte Urteile, die allerdings nur auszugsweise wiedergegeben werden (M 31 a/b). Entsprechen die Strafen deiner Vorstellung von Gerechtigkeit? Was müßte man alles wissen, um sich ein genaueres Bild zu machen?
❺ Wo liegen deiner Meinung nach Gefahren und Chancen, wenn der Jugendrichter sehr milde oder sehr harte Urteile verhängt?

❻ Überlege, warum es bei einer Verhandlung vor dem Jugendgericht besonders wichtig ist, daß (wie bei jedem Strafprozeß) über die Lebensgeschichte des Angeklagten ausführlich gesprochen wird.

❼ Stelle dar, warum die familiären Bedingungen, unter denen ein angeklagter Jugendlicher aufgewachsen ist, von großer Bedeutung für seinen Lebensweg sind.

❽ Stelle aus den Urteilen (M 31 a/b) und aus M 32 die Maßnahmen zusammen, die bei Verfehlungen Jugendlicher angewendet werden können.

❾ Suche Beispiele für den auch im Jugendgerichtsprozeß gültigen Satz: „Wenn zwei das gleiche tun, so ist es noch lange nicht dasselbe."

❿ Erläutere, was der Richter mit seinem Bild von den „gelben" und den „roten" Karten ausdrücken will (M 32).

M 33

> Wir Erwachsenen geben den Jugendlichen viel zu wenig Möglichkeiten, etwas Sinnvolles in eigener Regie zu machen. Wir sollten uns dann nicht wundern, wenn die Jugendlichen sich in ihrer Freizeit etwas suchen, was ihnen Spaß macht – aber uns nicht gefällt!

> Ich finde, daß z.B. die Kaufhäuser eine Mitschuld haben, daß so viel geklaut wird. Erst werben sie um die Jugendlichen und wecken ihre Bedürfnisse, dann bauen sie ihre Regale noch so selbstbedienungsfreundlich auf – und später wundern sie sich, daß die Jugendlichen den Verlockungen nicht widerstehen können.

> Man sollte die Schuld nicht immer bei den anderen suchen. Viele denken einfach „hoppla, jetzt komm ich", was macht mir Spaß, wozu habe ich Lust – und was kümmern mich die anderen! Wenn das Verantwortungsbewußtsein so verkümmert ist, wird auch nicht mehr nach Recht und Unrecht gefragt.

> Kriminalität ist nicht angeboren. Oft sind die Eltern schuld, die bei der Erziehung zu unsicher waren. Sind sie zu streng, dann wehren sich die Kinder mit Gewalt gegen das enge Korsett. Sprechen sie nie Verbote aus, dann können sich die Kinder gar nicht orientieren, wo notwendige Grenzen sind.

> Jeder Mensch will schließlich anerkannt werden, und gerade für Jugendliche sind die Freunde, die Clique sehr wichtig. Aber wenn es dann die falschen Freunde sind, dann will man kein Feigling sein oder kein Spielverderber und macht lieber mal eine krumme Sache mit, als die Freunde zu verlieren.

> Jugendliche haben viele Konflikte: mit den Eltern, der Schule, der Sexualität usw. Daraus entsteht Unsicherheit und die Suche nach Vorbildern. Aber was bieten wir ihnen? „Helden" im Fernsehen, die ihre Konflikte mit Brutalität lösen, eine Welt, in der nur Besitz und Konsum zählen und keiner mehr recht Zeit für den anderen hat.

(Fotos: TG/Interfoto)

❶ In M 33 findest du Meinungsäußerungen zu der Frage, warum Jugendliche straffällig werden. Erläutere die vorgetragenen Standpunkte und beziehe dazu Stellung.

❷ „Selbst schuld oder Opfer der Umwelt?" Für jede Auffassung gibt es Argumente und Gegenargumente. Stelle sie zusammen und verdeutliche, welcher Ansicht du zuneigst. Begründe deine Meinung.

Strafe und Strafvollzug

Das Zusammenleben von Menschen erfordert Regeln, die für alle verbindlich sind (siehe M 10). Solche Regeln gibt es u.a. in der Form von Gesetzen.
Ohne sie können wir nicht friedlich miteinander leben. In jeder Gesellschaft gibt es jedoch Menschen, die diese Gesetze mißachten. Anhand unseres Beispiels „Ladendiebstahl" und in dem Abschnitt „Verletzungen der Rechtsordnung" habt ihr dazu Näheres erfahren. Wer Gesetze verletzt, wird von der Gesellschaft bestraft.
Im folgenden Abschnitt werden wir uns damit beschäftigen, warum manche Menschen Gesetze übertreten und straffällig werden. Insbesondere wollen wir auch der Frage nachgehen, welchen Sinn Strafe haben kann und wie der Strafvollzug in der Bundesrepublik Deutschland aussieht.
Dazu gibt es unterschiedliche Auffassungen. Die einen sprechen von Hilfe, von gesellschaftlicher Verantwortung. Sie fordern modernen Strafvollzug, Urlaub auf Ehrenwort für Strafgefangene, offene Vollzugsanstalten* und möglichst niedrig gehaltene Strafen.
Die anderen stellen den Schutz des Bürgers in den Vordergrund. Sie wollen Abschreckung und sprechen sich für rechtzeitige Aburteilung, harte Strafen und konsequente Haftbedingungen aus. Auch um diese Fragen geht es in den folgenden Materialien.

M 34 **Strafen im Mittelalter**

Tengler Laienspiegel, 1508

M 35
Warum wird jemand straffällig?

(Aus: PZ, Nr. 15 [Der Rechtsstaat ist für alle da], hg. von der Bundeszentrale für politische Bildung, Bonn 1978, S. 23)

Hier fangen die Grundsatzdiskussionen an. Milieuschäden, sagen die einen. Ein Kind aus geschiedener Ehe, der Vater arbeitsscheu, die Mutter kontaktgeschädigt. Man kann dem Jungen seine Tat nicht vorwerfen. Die Gesellschaft hat bei ihm versagt. Hat ihn mit seinen Problemen im Stich gelassen. Kein Wunder, daß es soweit gekommen ist. Hätte man sich nur rechtzeitig um ihn gekümmert! Dann wäre das alles nicht passiert. Die Behörden haben versagt. Sagen die anderen. Die sind dazu da, um uns vor Verbrechern zu schützen. Die Latte seiner Straftaten war ja schon lang genug. Hätte man ihn rechtzeitig festgesetzt, dann könnte sein unglückliches Opfer noch leben.

M 36
Meinungen

(Nach: P wie Politik, RS 9, hg. v. Fiederle/Filser; Schöningh, Paderborn 1985, S. 151)

Ein Düsseldorfer Schüler: „Ich finde, daß die Kaufhäuser eine Mitschuld haben, daß soviel geklaut wird. Erst wecken sie Bedürfnisse bei den Jugendlichen und präsentieren ihre Waren so verlockend – und dann wundern sie sich, daß man nicht widerstehen kann."

Eine Bielefelder Erzieherin: „Jugendliche haben viele Konflikte – mit den Eltern, der Schule, der Sexualität usw. Daraus entsteht Unsicherheit und die Suche nach Vorbildern. Aber was bieten wir ihnen? Eine Welt, in der nur Besitz und Konsum zählen und keiner mehr Zeit für den anderen hat."

Ein Kölner Kraftfahrzeugschlosser: „Oft will man in der Clique kein Feigling oder Spielverderber sein und macht lieber mal eine krumme Sache mit, als seine Freunde zu verlieren."

M 37
Die Sache mit dem Rückfalltäter

(Aus: PZ, Nr. 15 [= M 35] S. 22)

Mit zwölf Jahren kam er zum ersten Mal mit dem Gesetz in Konflikt. Er erpreßte kleine Geldsummen von seinen Mitschülern. Wer nicht zahlen wollte, dem bot er Prügel an. Mit dreizehn beschoß er einen Personenzug mit seinem Luftgewehr, zerschlug eine Straßenlaterne und beging kleinere Diebstähle. Mit vierzehn hatte er dann einige kleine Schlägereien, Sachbeschädigungen, Fahren ohne Führerschein und Unfallflucht auf dem Kerbholz. Jugendsünden für den minderjährigen Norbert. Er kam mit einem blauen Auge davon. Einstellung des Verfahrens für den Strafunmündigen, später Strafaussetzung zur Bewährung. Man gab ihm eine Chance. Wegen solcher Bagatellen wollte man ihn nicht für das ganze Leben brandmarken. Ein etwas wilder Junge halt – wie viele andere auch.

Bis Norbert sechzehn war. Und mit drei Freunden aus einer Kneipe nach Hause ging. Leicht angetrunken, ziellos, gelangweilt. Mal sehen, ob wir noch irgend was losmachen können.

Sie machten was los. Unter ihren Tritten und Messerstichen starb ein gleichaltriger Passant, der zufällig vorbeikam. Und der „nicht grüßen konnte". Bekannt wurde die Sache später als der „Stadionmord von Neuwied". Ein Mordfall, der wegen seiner Sinnlosigkeit erschütterte.

Heute sitzt Norbert wegen gemeinschaftlich begangenen Mordes. Gutachter und Sachverständige bemühen sich um ihn, versuchen dahinter zu kommen, warum das alles geschehen konnte. Das hilft dem Opfer nicht mehr. Und auch Norbert nicht. Bei beiden ist man zu spät gekommen.

❶ Im Mittelalter kannte das Strafrecht schwere Körperstrafen (M 34). Stelle zusammen, welche Art von Strafen auf der Abbildung zu sehen sind, und überlege, warum sie angewandt wurden. Welche Funktion hat Strafe hier?

❷ In M 35 werden zu der Frage, warum jemand straffällig wird, zwei konträre Positionen formuliert. Erläutere die vorgebrachten Argumente. – Zum Anwachsen der Kriminalität vgl. M 11.

❸ Es gibt viele Versuche von Wissenschaftlern, die Ursachen kriminellen Verhaltens zu ergründen. Besonders häufig genannt werden u.a. folgende Punkte:
- seelische Störungen und Krankheiten,
- problematische Eltern-Kind-Beziehungen,
- Zugehörigkeit zu Randgruppen*,
- Zugehörigkeit zur unteren sozialen Schicht,
- gesellschaftliche Einflüsse wie z.B. Wirtschaftskrisen mit hoher Arbeitslosigkeit oder auch der Einfluß von Medien,
- Orientierungslosigkeit durch das Schwinden allseits anerkannter Normen*,
- Störungen beim Hineinwachsen in die Regeln der Erwachsenenwelt und Prägungen durch das persönliche Lebensumfeld (Cliquen, Freunde, Bekannte...).

Versuche, die einzelnen Punkte zu erläutern und Beispiele dafür zu nennen. Ziehe auch die Meinungsäußerungen aus M 36 hinzu und überlege, welche weiteren Ursachen es geben könnte.

❹ Eine einheitliche und von allen anerkannte Antwort auf die Frage nach den Ursachen der Kriminalität gibt es nicht. Welche der genannten Punkte erscheinen dir besonders wichtig und haben deiner Meinung nach eine besonders hohe Erklärungskraft?

❺ Überlege, wie man hätte verhindern können, daß Norbert zum Rückfalltäter wurde (M 37).

M 38 Freiheitsentzug: Jugendarrest und das Leben im Gefängnis

M 38 a Jugendarrest: Kurzfristiger Freiheitsentzug setzt Sühne und Erziehung an Stelle von Strafe

Auf harten Pritschen werden Tage gezählt

„Noch acht Stunden...", „Ich will hier raus.", „Grüße Marion von mir...". Die Rede ist nicht von den sattsam bekannten und oft ärgerlichen Graffiti-Sprüchen an Hauswänden, Mauern und Brückenpfeilern. Die Parolen, um die es hier geht, sind von Jugendlichen für Jugendliche: Sie stehen auf den Bettgestellen in der Freizeitarrest-Anstalt für Jugendliche in Detmold. „Noch acht Stunden..." – kein Wunder, daß der junge Insasse oder die Delinquentin* Stunden und Minuten zählt, bis sich die Tür öffnet und er oder sie die kahle Zelle wieder verlassen darf.

Genauso stellt man sich eine Zelle vor: Vergitterte Fenster, ein Bett, das mehr einer harten Pritsche gleicht, ein Waschbecken ohne Spiegel, ein Tisch und ein Stuhl, ein „Klo" hinter einer Trennwand. Die Tür ist verschlossen. Ein „Spion" gewährt einen bescheidenen Einblick ins Zelleninnere.

„Erziehung statt Strafe – der Jugendarrest ist ein kurzfristiger, rasch einsetzender Freizeitentzug mit sühnendem und erzieherischem Charakter, aber keine Strafe [...] Er soll ohne Neben- und Fernwirkungen einer Strafe als tatbezogener Ordnungsruf den Jugendlichen zur Selbstbesinnung führen, ihm eindringlich zum Bewußtsein bringen, daß er für begangenes Unrecht einzustehen hat, und künftigen Verfehlungen vorbeugen." So sieht es der Gesetzgeber, so nüchtern-sachlich umschreibt es das von ihm erlassene Gesetz.

Für die rund 60 Jugendlichen im Alter von 16 bis 21 Jahren, die in diesem Jahr schon ein oder auch mehrere Wochenenden im Freizeitarrest in Detmold verbracht haben, mag sich das anders darstellen. Verurteilt wurden sie wegen Diebstahls oder Unterschlagung, wegen Straftaten im Straßenverkehr oder gegen eine Person, wegen Raubes, Erpressung oder Betruges. Die Strafe heißt in „leichteren" Fällen Freizeitarrest. Junge Menschen bekommen ihre Chance.

Der Freizeitarrest beginnt jeweils am Sonnabendmittag um 14 Uhr und endet am darauffolgenden Montag um 5.30 Uhr. Justizwachtmeister

Reinhard Kleesiek, der für die Jugendlichen im Freizeitarrest zuständig ist, weiß, wie den Delinquenten zumute ist. „Die meisten Jugendlichen, die zu uns kommen, sind höflich und zurückhaltend", erzählt er. Und fügt hinzu: „Einige vergießen am Anfang sogar ein paar Tränen..." Zunächst werden die Taschen kontrolliert – wie im „richtigen Knast". Erlaubt sind nur Schul- und Lehrbücher. Zeitungen, Getränke, Süßigkeiten, Zigaretten und auch der so beliebte Walkman sind nicht gestattet. „Beim Filzen entdecken wir so manches gut versteckte ‚Schmuggelgut' – man kann's ja versuchen", verrät Kleesiek.

Genauso exakt und kontrolliert wie die Aufnahme sieht der Tagesablauf aus. Von 15 bis 17 Uhr stehen Gartenarbeit, Fegen oder Aufräumen auf dem „Stundenplan" der Insassen. Das eher spärliche Abendessen wird um 18 Uhr „serviert": Tee, Brot, Wurst und Käse. Die Jugendlichen schmieren sich ihre Brote selbst – wie es sich gehört. Das dazugehörige Besteck hängt neben der Zellentür an der Außenwand, damit niemand auf dumme Gedanken kommt. Die letzte Gelegenheit zu einem Gespräch bietet sich den jungen Delinquenten, wenn sie bis 19 Uhr das Geschirr unter der Aufsicht von Reinhard Kleesiek spülen. Eine Stunde später geht in den acht Einzelzellen das Licht aus. Die Nachtruhe beginnt.

„Die wenigsten können natürlich schlafen. Viele wälzen sich bis zum Sonntag um 8 Uhr – dann gibt es Frühstück – nur auf den Betten herum", weiß der Justizwachtmeister zu berichten. „Der Sonntag ist für die meisten Jugendlichen der schlimmste Tag."

Keine Ablenkung

Abgesehen von den (immer gleichen) Mahlzeiten und dem anschließenden Spülen gibt es an diesem Tag keinerlei Beschäftigung. Zäh fließt der Tag dahin – ohne Unterhaltung und ohne Ablenkung. Reinhard Kleesiek lächelt, verständnisvoll: „Einige versuchen ihren Zwangsaufenthalt zu verkürzen, indem sie über Bauchschmerzen oder ähnliche Wehwehchen klagen. Aber sie sind schnell wieder gesund, wenn ich ihnen ankündige, den ärztlichen Notdienst zu holen." Die meisten Jugendlichen seien recht einsichtsvoll und willig und gelobten Besserung, wenn er mit ihnen spreche und auch mal einen Scherz mache, fügt der Vollzugsbeamte hinzu.

Montagmorgen – 4.45 Uhr – ist Wecken. Die Zellen werden auf Ordnung hin überprüft. Pünktlich um 5.30 Uhr öffnet sich für die Arrestanten die Tür in die Freiheit. Die meisten gehen, wie gewohnt, in die Schule oder zu ihrem Arbeitsplatz. Im doppelten Sinne glücklich: Der Aufenthalt im Freizeitarrest wird nicht in das polizeiliche Führungszeugnis aufgenommen. Zur Zeit allerdings diskutieren Fachleute diese Art von Erziehungsmaßnahmen, stellen sich die Frage, ob junge Leute durch einen zweitägigen Freiheitsentzug ausreichend gewarnt und zur Besinnung gerufen werden können. Die Praktiker befürworten den Freizeitarrest, weil er den Arbeitsplatz des Straffälligen nicht gefährdet, Schul- und Berufsausbildung nicht beinträchtigt. Zudem vermittelt er einen Eindruck davon, wie langfristiger Freiheitsentzug aussehen würde.

(Lippische Landes-Zeitung, 8.9.1990; Verfasserin: Brigitte Rau)

M 38 b

Immer wieder werden die Zellen gefilzt

In einem Frauengefängnis

Die eisenbeschlagene Tür wird mit einem Ruck geöffnet. Der Raum erscheint winzig. Bis zum Fenster gegenüber sind es fünf Schritte. Zwei gerade von Wand zu Wand. Nur mit Mühe läßt sich der einzige Stuhl zwischen dem Bett links und dem Spind rechts hindurchzwängen. Denn nur wer ihn besteigt, kann nach draußen sehen, die Fensterbank liegt mannshoch. Ein paar Krähen schweben an diesem kalten Morgen über die Mauern in den Hof und lassen sich auf kahlen Ästen nieder, unbefangen, wie Tiere sind.

Ein Stück Straße ist zu sehen, Autos, Busse, dann ein Wohnblock, aus dessen offenen Schlafzimmerfenstern weiße Federbetten zum Lüften quellen. Hier aber ist ein Gitter vor dem Fenster.

Bei Sonnenschein oder nachts, wenn Neonleuchten den Hof erhellen, zeichnet sich das Gitter über der schweren Tür ab. Sie hat keine Klinke, dafür einen Spion, durch den sich der Raum vom Flur her beobachten läßt. Schräg neben der Tür die Toilette. Erfaßt der Spion auch sie? Die Wände sind gelb, stellenweise verschmiert, abgeblättert; über der eisernen Bettstatt ein rostiger Metallkasten, an dem ein Stecker baumelt, das ist das Radio. Die viel zu laute Tonstärke läßt sich nicht regulieren. Ein Tisch, ein Waschbecken mit Sprüngen und einem Handspiegel darüber an einem Nagel, das Klo, eine Kredenz aus billiger Holzimitation. Knast.

Gefängnisalltag

Frauengefängnis Frankfurt-Preungesheim, insgesamt etwa 250 Insassen. In den meisten Zellen der Station A 4, wo die zu Langstrafen Verurteilten einsitzen, werden die Vorhänge, so welche vorhanden sind, nicht geöffnet, auch nicht bei Sonne, damit man das Gitter nicht sieht. Mit bescheidensten Mitteln sind die Räume ein wenig wohnlich gemacht. Poster, ein gehäkeltes Deckchen, Kunstblumen, das ist es schon. Dreimal am Tag, von 6 bis 8 Uhr, von 11 bis 13 Uhr und von 16 bis 20 Uhr, werden die Zellen aufgeschlossen. Dann geht man vorbei am Glashaus der Vollzugsbeamtin über die wie ein Tigerkäfig vergitterte Galerie in den Gemeinschaftsraum. Auch er ist eine Zelle, eine größere zwar und mit offener Tür und einigen Annehmlichkeiten ausgestattet. Doch dort ist es eigentlich noch viel schlimmer.

Der Lärm ist unerträglich. Aus den offenen Zellen plärrt Rockmusik. Der Fernseher im Gemeinschaftsraum läuft ununterbrochen. Keine der Frauen schaut zu; nur eine Kolumbianerin hat sich selbstvergessen in einen der mit Markisenstoff bezogenen Sitze verkrochen, sie versteht aber kein Wort. Eine Frau weint und zerknüllt einen Brief ein ums andere Mal. Neben ihr auf dem Sofa schäkern zwei andere, schrill lachend. Vor den drei Kaffeemaschinen drängen sich mehrere mit Thermoskannen, es wird unentwegt Kaffee gekocht, obwohl dies auf Kosten der Gefangenen geht und einen Großteil ihres Arbeitslohns verschlingt. [...]

Sonderurlaub

Zwei Frauen springen auf, es geht um Sonderurlaub. Kann ich? Darf ich auch? Während sie wie hysterisch aus dem Raum rennen, um sich sogleich wieder auf den Antrag zu stürzen, verstummen andere. Für die Lebenslangen ist es nichts mit Sonderurlaub. „Man freut sich ja für die anderen", sagt eine, „aber uns tut es schon verdammt weh." Von Maria ist die Rede, die nach elf Jahren zum erstenmal raus darf, zu einer Kur. „Ich freu' mich wirklich für sie", sagt eine Ältere. Aber ob es wohl gutgeht? „Die weiß doch gar nicht mehr, was es heißt zu leben."

Maria tritt zögernd ein. „Hab' ich doch nie geglaubt, daß es jemals wieder sein könnte, daß ich frei umhergehen soll. Und jetzt ist es da, mein Gott." Sie wird umarmt, alle schreien auf sie ein. Sie hat es noch nicht begriffen. „Ich hab' solche Angst. Die Geräusche, die sind doch ganz anders da draußen. Ohne Bewachung, nein, das kann nicht wahr sein. Hier ist doch mein Leben, hier bin ich zu Hause. Ich sag' euch, wer behauptet, nur sein Körper wär' eingesperrt, der Kopf aber ist draußen, das stimmt nicht. Auch der Kopf ist eingesperrt, auch die Seele." Ihr Gesicht ist naß von Tränen. [...]

Drogen im Gefängnis

Eine Gefangene, an deren Händen Ringe glänzen, wird hinauszitiert. Mit hochrotem Gesicht kommt sie wieder und heult in die Sitzkissen. „Drogen", flüstert eine, „damit hat sie sich jetzt wieder alles kaputtgemacht." Über Rauschgift wird nicht gesprochen, obwohl es damit von Tag zu Tag schlimmer wird. Immer wieder müssen die Zellen gefilzt werden, worunter das Vertrauensverhältnis zu den Vollzugsbeamtinnen, das sich ohnehin in nur wenigen Fällen einstellt, stark leidet. Wie soll es zu einem Miteinander kommen, wenn jeder gegen jeden steht?

Der Drogenmißbrauch hat vieles, was ein humaner Strafvollzug zuließe, zunichte gemacht. Jede Briefmarke wird abgelöst, darunter könnte Stoff sein; immer wieder Urinuntersuchungen, jedes Stück Kuchen von draußen muß wieder mehrfach durchgeschnitten werden. Schreibpapier? „Nein, das können Sie nicht mit in die Zelle nehmen, Papier wird oft mit Rauschgift getränkt." Das Mißtrauen richtet sich gegen alles und jeden. Es hat sich auch unter den Gefangenen mehr denn je breitgemacht.

(Frankfurter Allgemeine Zeitung, 21.1.1989; Verfasserin: Gisela Friedrichsen)

M 38 c

Aus dem Strafvollzugsgesetz

Aufgaben des Vollzuges*
(§ 2 StVollzG)

Im Vollzug der Freiheitsstrafe soll der Gefangene fähig werden, künftig in sozialer Verantwortung ein Leben ohne Straftaten zu führen (Vollzugsziel). Der Vollzug der Freiheitsstrafe dient auch dem Schutz der Allgemeinheit vor weiteren Straftaten.

Gestaltung des Vollzuges
(§ 3 StVollzuG)

I. Das Leben im Vollzug soll den allgemeinen Lebensverhältnissen so weit wie möglich angeglichen werden.
II. Schädlichen Folgen des Freiheitsentzuges ist entgegenzuwirken.
III. Der Vollzug ist darauf auszurichten, daß er dem Gefangenen hilft, sich in das Leben in Freiheit einzugliedern.

(Auszug aus dem gültigen Strafvollzugsgesetz)

M 39

Strafe – wozu?

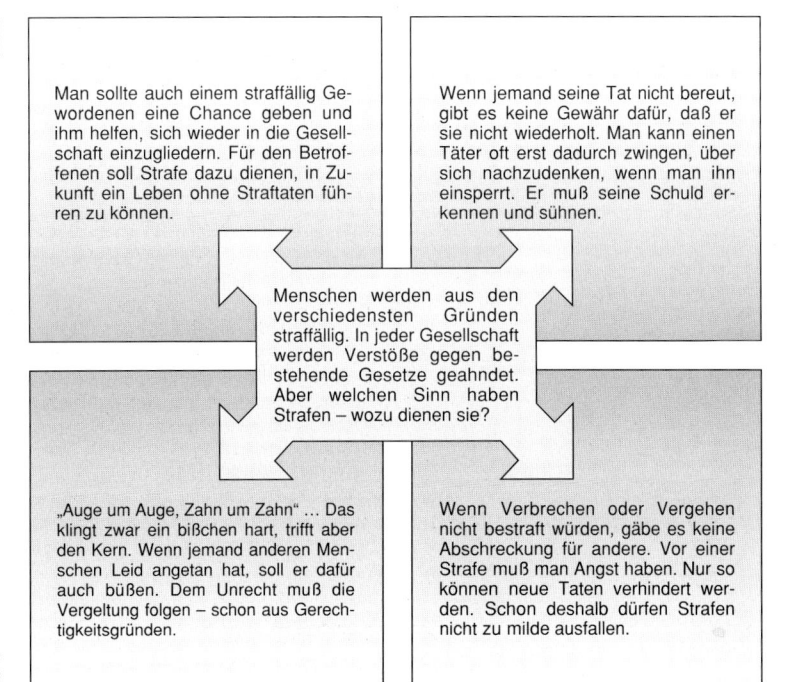

Man sollte auch einem straffällig Gewordenen eine Chance geben und ihm helfen, sich wieder in die Gesellschaft einzugliedern. Für den Betroffenen soll Strafe dazu dienen, in Zukunft ein Leben ohne Straftaten führen zu können.

Wenn jemand seine Tat nicht bereut, gibt es keine Gewähr dafür, daß er sie nicht wiederholt. Man kann einen Täter oft erst dadurch zwingen, über sich nachzudenken, wenn man ihn einsperrt. Er muß seine Schuld erkennen und sühnen.

Menschen werden aus den verschiedensten Gründen straffällig. In jeder Gesellschaft werden Verstöße gegen bestehende Gesetze geahndet. Aber welchen Sinn haben Strafen – wozu dienen sie?

„Auge um Auge, Zahn um Zahn" ... Das klingt zwar ein bißchen hart, trifft aber den Kern. Wenn jemand anderen Menschen Leid angetan hat, soll er dafür auch büßen. Dem Unrecht muß die Vergeltung folgen – schon aus Gerechtigkeitsgründen.

Wenn Verbrechen oder Vergehen nicht bestraft würden, gäbe es keine Abschreckung für andere. Vor einer Strafe muß man Angst haben. Nur so können neue Taten verhindert werden. Schon deshalb dürfen Strafen nicht zu milde ausfallen.

(P wie Politik, RS 9, hg. v. Fiederle/Filser; Schöningh, Paderborn 1985, S. 157)

M 40

(Zeichnung: Marie Marcks)

❶ In M 38 a heißt es, der Jugendarrest solle „den Jugendlichen zur Selbstbesinnung führen, ihm eindringlich zum Bewußtsein bringen, daß er für begangenes Unrecht einzustehen hat, und künftigen Verfehlungen vorbeugen." Glaubst du, daß ein Jugendarrest, wie er in M 38 a geschildert wird, diese Ziele erreichen kann? Führe die Argumente auf, die dafür und dagegen sprechen.

❷ Versetzt euch in die Lage der Strafgefangenen, deren Alltag in M 38 b geschildert wird. Welche Probleme werden deutlich?

❸ Überlegt, worin die Ursachen für das Bedrückende im Gefängnisleben liegen.

❹ Welche Ziele für den Strafvollzug werden im Gesetz (M 38 c) formuliert, welche Schwierigkeiten ergeben sich in der Praxis?

❺ In M 39 findest du vier verschiedene Aussagen über den Sinn von Strafe. Erläutere die unterschiedlichen Vorstellungen. Welcher Auffassung neigst du zu? Begründe deine Meinung.

❻ Überlege, welchen Sinn eine Bestrafung in den folgenden drei Fällen haben kann:
Fall 1: Paul Huber hat giftige Abwässer seiner Firma in einen Fluß geleitet.
Fall 2: Karin Kästner ist zu leichtsinnig Auto gefahren und hat einen schweren Unfall verursacht.
Fall 3: Manfred Müller war als SS-Offizier während des Zweiten Weltkrieges an der Tötung von Juden beteiligt.

❼ Beschreibe die Bildergeschichte M 40 und erläutere das Problem, das hier angesprochen wird. Versetze dich in die Rolle eines Personalchefs, der sich zwischen einem etwas besser qualifizierten Strafentlassenen und einem unbescholtenen Bewerber entscheiden muß.
Ihr könnt das Bewerbungsgespräch mit dem Strafentlassenen auch in einem kleinen Rollenspiel nachstellen.

❽ Die Höhe der Rückfallquote ist nicht allein davon abhängig, wie die Gefangenen in der JVA (Justizvollzugsanstalt) auf das Leben in Freiheit vorbereitet werden. Überlege, welche weiteren Einflüsse es gibt.

❾ Strafgefangene haben nach Verbüßung ihrer Strafe oft große Probleme, wieder in den Kreis ihrer Familie, Freunde und Bekannten zurückzukehren. Auch die Wiedereingliederung in das Berufsleben macht Schwierigkeiten. Überlegt, welche Möglichkeiten sich anbieten, den Betroffenen die Rückkehr zu erleichtern.

Gefahr für Umwelt und Natur: Umweltkriminalität in Deutschland

M 41   Schweren Umweltdeliktes schuldig

Fischsterben in der Exter verursacht – Hohe Strafen für Vater und Sohn aus Extertal

Fischsterben im Main bei Frankfurt   (Foto: dpa/Otto)

Als eines der schwersten Umweltvergehen in Lippe, die er in seiner Amtszeit verhandelt habe, bezeichnete der Staatsanwalt den Fall, der gestern von den Umweltschöffen des Amtsgerichts Detmold verhandelt wurde. Den Angeklagten aus Extertal, Vater und Sohn, wurde vorgeworfen, die schwermetallhaltigen Schlämme ihres Galvanikbetriebes* mit dem Hausmüll entsorgt zu haben und Verursacher des verheerenden Fischsterbens in der Exter am 11. August 1989 zu sein. Die Strafe war entsprechend hoch: Den Vater Karl-Heinz K. verurteilte das Gericht zu zwölf, den Sohn Michael K. zu neun Monaten Haft auf Bewährung, zusätzlich müssen beide eine Geldbuße von je 7000 Mark an örtliche Naturschutzvereine leisten.

Seit der Firmengründung 1979 wurden die anfallenden giftstoffhaltigen Schlämme, die bei dem Galvanisieren anfielen, im Hausmüll entsorgt, mit diesem kompostiert und dann als wertvoller Dünger verkauft. Nach 1988 wurde der Schlamm nach den neuen Bestimmungen dann auf den Deponien Dörentrup, Bielefeld und Bramsche gelagert, die durch eine Folie die Sickerfestigkeit gegenüber dem Grundwasser gewährleisten sollen.

In der Nacht vom 10. auf den 11. August 1989 platzte dann im Keller der Firma ein Rohr, in dem der Schlamm in eine Filterpresse gedrückt wird. Am folgenden Tag stellten Pächter der Exter und der angrenzenden Fischzuchtteiche ein starkes Fischsterben fest. Bis heute hat sich der betroffene Bachabschnitt noch nicht erholt. In den Abwasserkanälen stellten die Polizei und Sachverständige bei Untersuchungen fest, daß die Verunreinigungen vom Gelände der Galvanikfirma stammten.

Die Gutachter, die in der Firma Kontrollen gemacht hatten, beschrieben diese als „sehr verwahrlost, schmutzig und desolat", ein anderer ärgerte sich, überhaupt in den Keller gegangen zu sein, denn: „Dort tropfte Flüssigkeit von der Decke, ich bekam einen Tropfen ab, der noch lange auf der Haut brannte." Im Urteil sah das Gericht es als erwiesen an, daß die Angeklagten sich eines schweren Umweltvergehens schuldig gemacht hatten.

(Lippische Rundschau, 6.11.92)

M 42

Der Brunnenvergifter
einst und jetzt

(Zeichnungen: Horst Haitzinger)

M 43

Umweltkriminalität in Deutschland

Umweltkriminalität in Deutschland

Bekanntgewordene Straftaten in den alten Bundesländern

1981: 5 781
1982: 6 750
1983: 7 507
1984: 9 805
1985: 12 875
1986: 14 853
1987: 17 930
1988: 21 116
1989: 22 816
1990: 21 412
1991: 21 513*

Aufteilung 1991:
- Unerlaubtes Betreiben von Anlagen: 1 457
- Umweltgefährdende Abfallbeseitigung: 9 724
- Luftverschmutzung: 437
- Gewässerverschmutzung: 9 601
- sonstiges: 294

*ohne Berlin   Quelle: Polizeiliche Kriminalstatistik
DIE ZEIT/GLOBUS

1992 wurden 25 882 Fälle und 1993 29 732 Fälle registriert (davon 18 575 zu umweltgefährdender Abfallbeseitigung und 8 701 zur Gewässerverschmutzung).

Aufgeklärt

Die Statistik ist schockierend. Immer dreister scheinen sich die Deutschen gegen die Umwelt zu vergehen – trotz aller Öko-Bekenntnisse. In den vergangenen zehn Jahren hat sich die Zahl der bekanntgewordenen Straftaten fast vervierfacht. Doch Vorsicht: Die Ziffern leiten in die Irre. Nach einhelliger Expertenauffassung steht hinter der wachsenden Anzahl von Fällen vor allem eins: Bürger und Polizei sind aufmerksamer geworden. Umweltvergehen werden nicht mehr einfach als Kavaliersdelikt hingenommen, sondern angezeigt. Das trifft vor allem die vielen kleinen Sünder. Während es dabei früher vor allem um Gewässerverschmutzung ging, steht heute die umweltgefährdende Abfallbeseitigung obenan. Erfreulich: Mehr als zwei Drittel der Umweltdelikte werden aufgeklärt. Die Aufklärungsquote der Gesamtkriminalität liegt nur bei 45 Prozent.

(DIE ZEIT Nr. 32, 31. Juli 1992)

M 44

Stumpfe Waffe

Ob die Einführung der Umweltstraftatbestände im Jahr 1980 oder das gestiegene Umweltbewußtsein bewirkte, daß die Zahl der polizeilich festgestellten Umweltdelikte von 2.321 im Jahre 1973 auf 17.930 im Jahre 1987 stieg, ist nicht nachweisbar. Auf jeden Fall dürften beide Zahlen nur einen Bruchteil der tatsächlichen Delikte erfassen. Bedenklich ist insbesondere der geringe Anteil der Verfahren, in denen es letztendlich zur Verurteilung kam. Mehr als 75% der eingeleiteten Verfahren wurden bereits durch die Staatsanwaltschaft eingestellt; von den restlichen 25%, in denen Anklage erhoben wurde, stellten die Gerichte wiederum mehr als die Hälfte ein. Der Großteil der Einstellungen erfolgte wegen Geringfügigkeit.

Die polizeiliche Verfolgungsstatistik zeigt, daß zumeist Bagatelldelikte, begangen von Landwirten, Schrotthändlern, Schiffsführern und Tankwarten geahndet werden, während der Anteil der Industrie an der festgestellten Umweltkriminalität weit unter 10% liegt.

Auch aus der Statistik der Verurteilungen ist ersichtlich, daß in der Regel Kleinkriminalität verfolgt wird; im Durchschnitt wurden Geldstrafen in der Höhe eines Monatseinkommens verhängt. Die Tatsache, daß in mehr als der Hälfte der Fälle an nachgeordneter Stelle Tätige, wie Arbeiter, Angestellte und Fahrer, verurteilt wurden, während der Anteil von typischen Berufen mit Entscheidungsbefugnissen, wie geschäftsführende Gesellschafter, leitende Angestellte, Beamte des höheren Dienstes und Freiberufler, nur gut 5% der Verurteilten ausmachte, spricht ebenfalls dafür, daß das geltende Recht die Kleinen trifft, die in den Großbetrieben wirklich Verantwortlichen hingegen nur schwer faßbar sind.

(Theo Schröder, in: AKP 3/1990, S. 63)

M 45

...von den Schwierigkeiten, der Umwelt gerecht zu werden

Seit 1980 gibt es im Strafgesetzbuch (StGB) einen 28. Abschnitt, er umfaßt die Paragraphen 324 bis 330. Seine Überschrift lautet: „Straftaten gegen die Umwelt". Warum die Schwierigkeit, hier Recht zu sprechen? Es gibt ein Bündel von Erklärungen dafür:

Schwierigkeit Nr. 1: Das unterentwickelte Rechtsbewußtsein. In einem Bachtal versuchen drei verdächtig aussehende Gestalten, die Rolläden eines Wochenendhauses hochzudrücken und die Scheiben einzuschlagen. „Natürlich" ist das ein Fall für die Polizei. Ein Mann wäscht seelenruhig neben dem Bach sein Auto und macht Ölwechsel. Wer von uns denkt hier an eine Straftat, wenn das Öl in den Bach tropft, wer wird die vorbeikommende Polizeistreife mobilisieren?

Schwierigkeit Nr. 2: Der kleine Täter ist leicht zu fassen, der große hinter Werksmauern oder hinter einer raffinierten Bandenorganisation schwer. Wer die Luft sichtbar verunreinigt, wie der Bauer, der nach alter Gewohnheit Säcke und anderen Abfall hinter dem Hof verbrennt, oder wer ein Gewässer sichtbar verunreinigt, indem er als Schiffsführer alter Gewohnheit gemäß auf einem Fluß die Laderäume „reinigt", ist relativ leicht zu fassen. Aber wer sieht, was alles hinter den sorgsam gehüteten Werksmauern geschieht, und wer legt einer zielbewußt vorgehenden Bande das Handwerk, die raffiniert darauf aus ist, Sondermüll auf normalen Müllkippen rechtswidrig abzukippen?

Schwierigkeit Nr. 3: Dasselbe Handeln kann großen und kleinen Schaden zur Folge haben, und wenn mehrere handeln, ist der Verursacher schwer zu ermitteln. Ein Beispiel: Regine sieht auf einem kleinen Fluß tote Fische und Enten treiben. Sie ruft die Polizei, diese wiederum mobilisiert auch die hier mitzuständige Wasserbehörde. Regine sieht und hört, was die Beamten diskutieren: In den Fluß leiten zwölf kleine Hotels oberhalb der Stelle, wo Regine die toten Tiere sah, ihre durch Kleinkläranlagen nur oberflächlich gesäuberten Abwässer ab. Es ist Montag, der Putz- und Reinigungstag für diese Wochenendhotels. Die Beamten entnehmen Proben aus den Sammelrohren. Aus vier von ihnen fließen wegen Überforderung oder Defekts der Kleinkläranlagen Konzentrationen von Schadstoffen, die jede für sich ausreichen, um die Fische und Enten zu töten. Wer ist der Tatverdächtige, wem kann man beweisen, daß er durch seine Einleitung die kritische Konzentration erreicht hat, die Fische und Vögel getötet hat?

Spinnen wir den Faden noch weiter: Nur ein Hotel kommt für die Verunreinigung des Gewässers in Betracht. Es gibt dort zwei für die Reinigung zuständige Mitarbeiter: einen deutschen Studenten, der „jobbt", aber im Hauptfach Kunst studiert, und eine Studentin aus Indien, die sich hier ihr Geld verdient. Beide sagen der Polizei und später dem Richter: Wir haben noch niemals etwas von § 324 StGB (Verunreinigung eines Gewässers) gehört. Und der Gastwirt, dem das Hotel gehört? Er zeigt dem Richter, daß er alle Rundschreiben des Gastwirteverbandes sammelt. Darunter ist kein einziges, das etwas von Umweltstraftaten sagt, über diese informiert. Sicherlich, Unwissenheit schützt vor Strafe nicht. Aber ist es nicht glaubwürdig, wenn der Gastwirt ebenfalls sagt, daß er nie in Zusammenhang mit seinem kleinen Hotel an Umweltkriminalität gedacht hat?

(Aus: PZ, Nr. 49 [Recht und Gesetz in unserer Zeit], hg. von der Bundeszentrale für politische Bildung, Bonn 1987, S. 26; Verfasser: Gerhard W. Wittkämper)

Das „Grüne Telefon" in Nordrhein-Westfalen

Das Grüne Telefon:
Der heiße Draht für den Umweltschutz

Zum Schutz der Natur sollte jede Umweltbelastung möglichst schnell aus der Welt geschafft werden.

Deshalb hat das Land Nordrhein-Westfalen einen "heißen Draht" für den Umweltschutz eingerichtet.

Hier einige Beispiele dafür, wann ein Anruf über das Grüne Telefon eine wichtige Hilfe sein kann:

Autowracks,
irgendwo in der Landschaft abgestellt, verschandeln nicht nur die Natur. Benzin und Öle sind auch eine Gefahr für Boden und Grundwasser.

Ständiger Lärm
kann die Gesundheit schädigen. Es gibt viele Möglichkeiten, den Krach zu vermeiden.

Fässer
gehören meistens nicht an den Wegesrand. Ihr Inhalt ist oft genug Gift für die Natur.

Wilde Mülldeponien
sehen nicht nur häßlich aus. Sie gefährden auch häufig das Grundwasser – besonders dann, wenn sich giftige Stoffe im Müll verbergen.

Luftverschmutzung
durch zuviel Staub und Rauch ist meist ein Zeichen dafür, daß irgendwo etwas faul ist.

Geruchswolken
können darauf hinweisen, daß Industriegase unkontrolliert entwichen sind.

Tote Fische am Ufer
sind ein Notsignal dafür, daß Sauerstoff fehlt oder Schadstoffe im Wasser sind.

Gefärbte und stark schäumende Gewässer
können auf unerlaubte Einleitung hindeuten und sollten dringend untersucht werden. Bäche dürfen nicht zum Autowaschen mißbraucht werden.

Es gibt noch viele weitere Beispiele, wie Sie die Umwelt durch einen Anruf schützen können. Dabei ist auch der "kleinste" Hinweis oft eine große Hilfe.

Damit Umweltschäden schnell behoben werden, stehen Ihnen folgende fünf Direktleitungen zur Verfügung:

Bezirksregierung Arnsberg	(02931) 822666
Bezirksregierung Detmold	(05231) 711122
Bezirksregierung Düsseldorf	(0211) 4754444
Bezirksregierung Köln	(0221) 1472222
Bezirksregierung Münster	(0251) 4113300

(Stand: 27.4.1994)

(Aus: Umwelt- und Agrarpolitik in Nordrhein-Westfalen, hg. v. Ministerium für Umwelt, Raumordnung und Landwirtschaft des Landes Nordrhein-Westfalen, Düsseldorf, August 1991)

❶ Der Zeitungsartikel M 41 berichtet über einen Fall von Umweltkriminalität. Erläutere, für welche Delikte die Angeklagten verurteilt werden. Welche Folgen hatten ihre Taten? Überlege, welche Motive für ihr Handeln ausschlaggebend gewesen sein könnten.

❷ In M 42 stellt der Karikaturist zwei Zeichnungen nebeneinander. Beschreibe sie genau und erkläre, was damit deutlich gemacht werden soll.

❸ Erläutere die Darstellung M 43 und nenne für die Deliktarten konkrete Beispiele.
Sind dir Fälle von Umweltkriminalität bekannt – aus den Medien oder aus deiner Stadt oder Gemeinde? Berichte darüber. Gibt es bei euch Umwelt- oder Naturschutzverbände? Sie sind meist gerne bereit, euch Informationen zu geben.

❹ Erläutere, worauf der Anstieg der registrierten Straftaten in M 44 zurückgeführt wird. Kann man aus der Statistik schließen, daß die Umwelt in der Vergangenheit weniger geschädigt wurde? Begründe deine Meinung (M 43, vgl. auch M 11 c).

❺ Erläutere, welche Probleme es bei der Verfolgung von Umweltkriminalität gibt. Wie könnte man deiner Auffassung nach die Situation verbessern?

❻ Erkläre mit Hilfe von M 45, warum es so schwer ist, Straftaten gegen die Umwelt zu erfassen. Welche Möglichkeiten siehst du, dieser Schwierigkeiten Herr zu werden?

8 Nachbar Osteuropa

DER REGIERUNGSPRÄSIDENT DÜSSELDORF

INTERNATIONALER SCHÜLERAUSTAUSCH FÜR DAS LAND NORDRHEIN-WESTFALEN

DOKUMENT

über eine

SCHULPARTNERSCHAFT

zwischen

Pelizaeus-Gymnasium
Gierswall 2
4790 Paderborn

und

XVI Liceum Ogólnoksztalcace
im. Baczyńskiego
os. Willowe 35
31-902 Krakow / Polen

...ber 1988

Schütz

Die polnische Schulleiterin unterzeichnet die Partnerschaftsurkunde im Rathaus von Paderborn.

(Foto: Neue Westfälische)

Mitte der achtziger Jahre war Europa noch ein politisch, wirtschaftlich und militärisch tief gespaltener Kontinent. In Westeuropa, zu dem auch die Bundesrepublik Deutschland gehörte, lebten die Menschen in einer parlamentarischen Demokratie (siehe Kapitel 6) und in einer marktwirtschaftlichen* Ordnung. In Osteuropa wurde das Leben der Menschen durch die unumschränkte Herrschaft von kommunistischen* Parteien und eine planwirtschaftliche* Ordnung bestimmt. Zwei gegeneinander gerichtete Militärblöcke – im Westen der Nordatlantik-Pakt (NATO) mit der Führungsmacht USA und im Osten der Warschauer Pakt mit der Führungsmacht Sowjetunion – standen sich gegenüber (Ost-West-Konflikt). Die Grenze zwischen diesen beiden gegensätzlichen Systemen verlief quer durch Deutschland. Sie trennte die Menschen voneinander und ließ wenig Kontakte und Begegnungen zu.

Mit dem Zusammenbruch der kommunistischen Herrschaft in Osteuropa und der Einführung von parlamentarischer Demokratie und Marktwirtschaft zu Beginn der neunziger Jahre verschwand auch die Systemgrenze in Europa. Deutschland wurde wiedervereinigt, die Menschen in West- und Osteuropa rückten sich näher. Für das wiedervereinigte Deutschland wurde Osteuropa ein unmittelbarer Nachbar. Die heute so bezeichneten „alten" Bundesländer, aus denen die Bundesrepublik Deutschland bis 1990 bestand, waren stark nach Westen orientiert. Deshalb ist für sie die unmittelbare Nachbarschaft zu Osteuropa etwas Neues, Ungewohntes und häufig Schwieriges.

Dieses Kapitel beschäftigt sich mit Osteuropa und den Beziehungen Deutschlands zu diesem für viele Menschen bei uns „neuen" Nachbar. Dabei haben wir uns auf die unmittelbaren Nachbarn Deutschlands (vor allem Polen) konzentriert. Neben einigen grundlegenden Informationen über diese Länder sollen Gründe für Unterschiede und Gemeinsamkeiten mit den Lebensverhältnissen in Deutschland behandelt werden. Weiter soll am Beispiel der Beziehungen Deutschlands zu Osteuropa deutlich werden, daß der von Ost- und Westeuropäern angestrebte Bau des „gemeinsamen Hauses Europas" noch vielfältiger Anstrengungen der Regierungen und der Menschen in allen Teilen Europas bedarf.

Im ersten Abschnitt werden „Erfahrungen und Begegnungen" von Deutschen und Osteuropäern dokumentiert, die Unterschiede und Gemeinsamkeiten der Lebensverhältnisse und vielfältige Probleme des Verhältnisses zwischen Deutschen und Osteuropäern beschreiben. Im zweiten Abschnitt findet ihr einen kurzen geschichtlichen Rückblick, ohne den viele Probleme Osteuropas nicht verständlich werden können. Der dritte Abschnitt beschreibt einige Probleme Osteuropas genauer und beschäftigt sich mit der Gestaltung der Beziehungen Deutschlands zu Osteuropa.

Erfahrungen und Begegnungen

M 1

„Erstes Wiedersehen nach 48 Jahren" (1991)

Nach 48 Jahren sah Emilie Fröhlich ihren Bruder Arthur gestern das erste Mal wieder. Sie floh im Zweiten Weltkrieg in den Westen, er wurde von den Russen nach Omsk in Sibirien verschleppt.

(Foto: Neue Westfälische/ Wolfgang Rudolf)

(Neue Westfälische v. 12.03.1991, Bielefelder Ausgabe)

Erstes Wiedersehen nach 48 Jahren: „So lange, mein Gott"

Der kleine Herr mit den grauen Haaren wirkt verloren auf dem Bahnsteig. Emilie Fröhlich läuft auf ihn zu und hält kurz inne. Dann liegen sich die beiden in den Armen und weinen. „So lange, mein Gott", flüstert die Frau unter Tränen. Emilie Fröhlich (58) und ihr Bruder Arthur (54) wurden 1943 in der polnischen Stadt Posen getrennt. Sie floh in den Westen und kam nach Bielefeld. Er wurde mit der übrigen Familie – Mutter und zwei Schwestern – von den Russen nach Omsk in Sibirien verschleppt. Gestern, nach 48 Jahren, sahen sich die Geschwister zum ersten Mal wieder. Spätfolge des Zweiten Weltkrieges. Ursprünglich kam die Familie aus Schwaben. Am Ende des 19. Jahrhunderts wanderte sie nach Rußland aus. Als Hitler 1941 die Sowjetunion überfiel, flohen die Kluges Richtung Westen nach Posen in Polen.

Dort konnten sie knapp zwei Jahre bleiben. Dann mußten sie wieder fliehen. Der Grund war einfach; erstens verfolgten die Russen ohnehin jeden Deutschstämmigen, zweitens kämpfte der Vater auf der deutschen Seite. Nach dem Krieg verurteilten ihn die Sowjets deswegen zu neun Jahren Gefängnis.

1943 waren naturgemäß alle Männer eingezogen. Mutter und Tante von Emilie (10) und Arthur suchten einen fahrbaren Untersatz für die Flucht. Plötzlich kam der Bürgermeister des Ortes mit einem Lastwagen vorbei und bedeutete Emilie, daß sie mitfahren solle. Sie antwortete, sie müsse auf Mutter und Tante warten, außerdem müßten die Geschwister und die Großmutter mit. Draußen vor der Stadt warte ein ganzer Treck von Flüchtlingen, da werde man auch anhalten, beruhigte sie der Bürgermeister. „Und so stieg ich auf", erzählt Emilie Fröhlich, geborene Kluge, „ich habe mich noch gewundert, warum die Geschwister wie zum Abschied gewunken haben." Es war für lange Zeit das letzte Mal, daß sie die Verwandten sah. Vor der Stadt wartete kein Treck, sondern alle Flüchtenden hetzten so schnell es ging Richtung Westen. Emilie wollte aber auf die Familie warten: „Die Leute warfen mich von dem Lkw, und ich lag im Straßengraben." Wie lange, weiß sie heute nicht mehr. Sie weiß nur, daß ihre Lehrerin sie aufhob und auf dem Pferdekarren mitnahm.

Bekannte kümmerten sich um sie auf der Flucht, die sie nach Frankfurt an der Oder verschlug.

1952 floh sie wieder: diesmal Richtung Bundesrepublik. Sie gelangte nach Halle in Westfalen und von dort nach Bielefeld, wo sie ihren Mann kennenlernte.

Sofort nach Ankunft im Westen bemühte sie sich um Kontakt zu den Verwandten. Die Nachricht des Roten Kreuzes kam jedoch erst Anfang der 60er Jahre. Von da an schrieben sie sich. „Was war ich froh, daß die Familie noch lebte", erzählt Emilie Fröhlich.

Sie lebten wohl, aber nicht sehr gut. 1945 hatten die Russen die Familie gefangengenommen und nach Omsk in Sibirien verschleppt. Die Menschen wurden in Baracken untergebracht. Zu essen und Kleidung gab es nur das Notwendigste. Dabei waren die Winter bitterkalt: bis zu 47 Grad minus.

„Viele Menschen starben", erinnert sich Arthur. Die Mutter mußte hart arbeiten, Arthur ab dem 15. Lebensjahr. Nur fünf Jahre durfte er zur Schule gehen, von 1947 bis 1952.

Genau 15 Jahre lebten sie in Baracken, dann bauten die Sowjets Wohnblocks. 1960 bekamen die Kluges für sieben Personen einen einzigen Raum zugewiesen.

Besuche aus oder nach Omsk waren lange Jahre nicht möglich. Die Sowjets riegelten die Garnisonsstadt ab.

Ein Pole erzählt

M 2

Im zweiten Weltkrieg wurde Polen von Deutschland angegriffen und nach kurzem Kampf im Herbst 1939 vollständig besiegt. Bis zum Anfang des Jahres 1945 blieb Polen besetzt. Über die deutsche Besatzungspolitik berichtet ein Zeitgenosse.

Die Sache begann mit einer Prügelei zwischen zwei Soldaten und einem Polen in der Gastwirtschaft des Ortes. Im Verlauf dieser Prügelei wurde der Pole erschossen, und einer der deutschen Soldaten starb an einem Messerstich.

Am nächsten Morgen tauchten Militärabteilungen auf. Die Dorfbewohner wurden auf dem Platz vor dem Gemeindeamt zusammengetrieben. Erst hängten die Deutschen den Gastwirt auf, darauf erschossen sie 101 Bewohner von Wawer, fast alle dort lebenden Männer.

Das geschah Ende Dezember 1939. Der Mord an den 101 Polen in Wawer war der erste Akt des Massenverbrechens während der Okkupation*. Dann geschahen fast Woche für Woche andere Verbrechen mit noch mehr Opfern und noch mehr Grausamkeit. Im April 1943 endete die Judenvernichtung. Ihr letzter, heroischer Akt war der Aufstand im Warschauer Getto. Im Herbst 1943 fanden beinahe auf jeder Straße Massenexekutionen* von Polen statt. Tausende wurden an die Häuserwände gestellt und erschossen. Hunderttausende wurden auf den Straßen geschnappt und in die Konzentrationslager* Auschwitz, Mauthausen, Sachsenhausen oder Dachau geschafft.

Am 1. August 1944 brach in Warschau der Aufstand gegen die Deutschen aus. Er dauerte 63 Tage. Eine Viertelmillion Menschen kam ums Leben. Nach der Kapitulation der aufständischen Armee, die vergeblich auf Hilfe von Seiten der Russen gewartet hatte, wurde Warschau dem Erdboden gleichgemacht. Die Deutschen sprengten und verbrannten Haus für Haus – sehr systematisch und sehr genau.

(Andrej Szcypiorsky, Wo war Goethe in Wawer?, in: Rheinischer Merkur v. 1.9.1989)

Dieses Bild von den deutschen SS*- und SD-Soldaten, die jüdische Männer, Frauen und Kinder aus dem brennenden Warschauer Getto austreiben, ist als Dokument für die Unmenschlichkeit der Nazi-Diktatur weltbekannt geworden. Es wurde in der Endphase des Aufstandes der letzten Überlebenden im Warschauer Getto aufgenommen.

(Foto: dpa)

M 3

Flucht und Vertreibung

Nach der Niederlage Deutschlands im 2. Weltkrieg wurden die deutschen Gebiete östlich von Oder und Neiße von den Siegermächten USA, Sowjetunion, Großbritannien und Frankreich der Verwaltung des neu errichteten polnischen Staates unterstellt. Die deutsche Bevölkerung wurde, soweit sie nicht vorher geflüchtet war, ab dem Sommer 1945 über Oder und Neiße nach Westen vertrieben. Zurück blieb nur eine kleinere deutsche Minderheit. In den entvölkerten Gebieten wurden Polen angesiedelt, die ihre angestammte Heimat im Osten Polens verlassen mußten, da diese Gebiete von Polen an die Sowjetunion abgetreten werden mußten. In einem Bericht aus dieser Zeit heißt es:

„Am 12. Juli 1945 wurde unser Dorf vollständig von Polen besetzt. Wir bemerkten bald, daß sie gekommen waren, um unsere Häuser und Höfe, unser ganzes Land und den Rest unserer Habe in Besitz zu nehmen, aber was uns weiter bevorstand, ahnten wir damals noch nicht. Auf unseren Hof kam einer aus Kongreßpolen*, der hatte zwei Jahre im benachbarten Lorenzdorf gearbeitet. Er legte einen Schein vom polnischen Landrat aus Landsberg vor, daß unser Hof von nun an ihm gehöre […] Am 15. Juli 1945 sind wir mit einem Handkoffer von 30 Pfund vorgeschriebenem Gewicht, von polnischer Miliz getrieben und manches Mal um das Letzte beraubt, an die Oder gezogen. Es wurde uns gesagt, bis zu diesem Tage müßten wir rüber sein, andernfalls kämen wir nach Sibirien. Bei glühender Hitze ging unser nur aus Fußgängern, Handwagen und Schubkarren bestehender Elendszug mit vielen kleinen Kindern, Alten und Kranken über Landsberg, Wepritz, Balz, Vietz nach Küstrin. Hier wurde uns der Übergang von den Russen verwehrt. Wir zogen weiter nach Frankfurt/Oder. Dort wurde unser Treck von den Polen auseinandergerissen und ausgeplündert. Arbeitsfähige wurden ausgesucht und zurückgehalten. Unter den Glücklichen, die über die Oder entkamen, war ich mit meinen Kindern…"

(Informationen zur politischen Bildung, Heft 142/143: Deutsche und Polen, hg. von der Bundeszentrale für politische Bildung, Bonn 1991, S. 50; Verf.: Dr. Fritz Peter Habel)

M 4

Eine Polin sucht die ehemaligen deutschen Besitzer ihrer Wohnung (1991)

Lemberg 1939. Hals über Kopf muß eine polnische Familie ihr Haus verlassen. Nur was sie tragen können, dürfen sie mitnehmen. Ihr Besitz ist ab sofort russisch, das bestimmt der Hitler-Stalin-Pakt. In einem geheimen Zusatzabkommen haben die beiden Mächte ihre „Interessensphären" abgegrenzt und die Länder und Völker Osteuropas neu aufgeteilt. Unsere Familie gehört zu den Millionen Polen, die aus dem Ostteil ihres Landes vertrieben werden.

Breslau 1945. Sechs Jahre später wird diese polnische Familie noch einmal verpflanzt. Als 1945 Polens Grenze nach Westen verschoben und den Polen als Entschädigung für die an die Sowjetunion abgetretenen 180 000 Quadratkilometer die ehemaligen deutschen Ostgebiete mit insgesamt 103 000 Quadratkilometern zugeteilt werden, müssen auch 4,5 Millionen Schlesier ihre Heimat verlassen. Unsere Familie aus Lemberg (Lwow) findet sich plötzlich in einer komplett eingerichteten, herrschaftlichen Etagenwohnung in Breslau wieder. Die deutschen Vorbesitzer wurden gezwungen, ihre Wohnung Hals über Kopf zu verlassen. Auch sie durften nur mitnehmen, was sie tragen konnten. So lebte die Polin, inzwischen Lehrerin mit zwei Kindern, jahrelang in den Möbeln der Deutschen, nutzte die deutsche Bibliothek, ließ die gerahmten Familienportraits an der Wand hängen und bewahrte Briefe und Fotoalben gewissenhaft auf.

Wroclaw, 46 Jahre später. Die Kinder sind aus dem Haus. Die Lehrerin will sich räumlich verkleinern und zieht aufs Land. Die geräumige Wohnung übernimmt eine junge Polin.

Von der Vormieterin, einer älteren Dame, hat sie einige Möbel, aber auch Fotos und Bücher übernommen. Dabei stellt sie erstaunt fest, daß – unüber-

Eigentümer gesucht – Barbara Piegdon und die Erinnerungsstücke aus der Zeit der Breslauer Familie Säring.

(Foto: Pressebüro Volker Thomas, Bonn)

sehbar und Jahrzehnte überdauernd – alle diese Antiquitäten immer noch eindeutig auf die Erstbesitzer hinwiesen: Otto und Max Säring, Rebenstraße 12, 3. Stock, Breslau.
Viele Möbel hat die Lehrerin bei ihrem Auszug mitgenommen. Die gebliebenen Fotografien, Bilder, Bücher und Möbel haben aber das Interesse der Polin an der deutschen Familie Säring geweckt. „Ich würde gerne erfahren, wer diese Familie ist und wer davon wo heute lebt." Gern würde sie ihren „historischen Fund" den ursprünglichen Besitzern zurückgeben, denn „für die Särings haben diese Stücke sicher einen noch größeren ideellen Wert als für mich". Die Zeit ist reif: Langjährige Berührungsängste weichen einem natürlichen Wissensdurst nach historischen und menschlichen Schicksalen.

(Evelyn Lockner, Von Menschen, die ihre Heimat verlassen mußten, in: PZ Nr. 67: Nachbar Polen, hg. von der Bundeszentrale für politische Bildung, Bonn 1991, S. 12)

M 5

Ein Gespräch mit polnischen Schülerinnen und Schülern in Wroclaw (früher Breslau) 1991

Wir sitzen in der Schulbibliothek des V. Breslauer Lyzeums zusammen mit Schülern der zweiten und dritten Klassen. In Polen absolvieren die Kinder acht Klassen Grundschule und vier Klassen Gymnasium. Vorausgesetzt, sie bestehen die Aufnahmeprüfung. Wenn nicht, gehen die meisten auf die berufsvorbereitende Realschule.
Diese Schülerinnen und Schüler sind schlichtweg perfekt in Deutsch. Ihre Antworten kommen flott, ohne langes Zögern. […]
„Sagen Sie ruhig ‚Du' zu uns", ermahnt uns ein Mädchen, als wir – wie zu Hause gewohnt – die „jungen Erwachsenen" mit „Sie" anreden. Sie büffeln sechs Stunden Deutsch die Woche. Die Schule legt besonderes Gewicht auf diese Sprache. Üblich sind vier Stunden. Zum Pensum gehören weiter vier Stunden Englisch und vier Stunden Polnisch. Warum sie so gut deutsch sprechen? Die meisten waren schon einmal für längere Zeit in Deutschland, bei befreundeten Familien, Verwandten, mit den Eltern.
„Und da fragen einen die Deutschen immer: Warum bleibst Du nicht für immer?", sagt Ilona. „Als wenn wir uns nichts Schöneres vorstellen könnten, als in ihrem Land zu wohnen." Ilona mit der schwarzen Brille und dem aufgesteckten Haar ist eine Wortführerin in der Gruppe – ihre Antworten sind genau gezielt und treffen den Nerv. […]
„Ich kenne in der Geschichte keinen Moment, wo wir Freunde waren…" Das ist wieder Ilona, hart und konsequent. Ihre Äußerung stößt auf Widerspruch. „Wir müssen nach vorne schauen, nicht immer zurück", meint Olga. – Darauf Paula: „Ohne Geschichte kann niemand leben." – „Aber wir können uns doch nicht immer gegenseitig Vorwürfe machen…" […]
Zwei Äußerungen zeigen, wie zwiespältig die jungen Leute fühlen. Deswegen stehen sie am Schluß dieser bemerkenswerten Deutschstunde. Vorsichtig-abwartend: „Wir müssen aufpassen, daß uns die Deutschen nicht auf den Arm nehmen…". Und voller Zuversicht: „Wir hätten gerne zu den Deutschen ein Verhältnis wie zu den anderen Europäern, Franzosen, Engländern oder Italienern…"

(Volker Thomas, Deutschstunde – Gespräch mit polnischen Schülern, in: PZ Nr. 67 [= M 4], S. 13)

❶ Schau in deinem Erdkundeatlas nach, wo die Stadt Omsk, von der in M 1 die Rede ist, liegt, und stelle fest, wie weit Omsk in etwa von Deutschland entfernt ist.

❷ Erzähle die Geschichte der Geschwister Emilie und Arthur Fröhlich nach (M 1). Wodurch wurde ihr Leben bestimmt? Nähere Informationen über die historischen Hintergründe findest du im zweiten Abschnitt (S. 376 ff.).

❸ Beschreibe, welche Erfahrungen die Polen während der deutschen Besetzung Polens im 2. Weltkrieg gemacht haben (M 2) und welche Erfahrungen viele Deutsche nach dem Ende des 2. Weltkrieges machen mußten (M 3).

❹ Beschreibe, wie eine Polin in der ehemaligen deutschen Stadt Breslau die deutsche Vergangenheit dieser Stadt erfährt und wie sie damit umgeht (M 4).

❺ Fasse zusammen, welche Belastungen des Verhältnisses zwischen Deutschen und ihren osteuropäischen Nachbarn aus M 1 bis M 4 deutlich werden.

❻ Untersuche die in M 5 enthaltenen Äußerungen polnischer Schüler aus dem Jahr 1991. Welchen Äußerungen kannst du dich aus deiner Sicht anschließen?

M 6

„Heimweh im Herzen"

Der folgende Zeitungsbericht berichtet über eine Aussiedlerfamilie, die im Jahre 1991 aus Rußland nach Deutschland kam. Aussiedler sind deutschstämmige Personen, die aus Osteuropa nach Deutschland übersiedeln. Die Vorfahren der Aussiedler, die jetzt aus Rußland und anderen Ländern Mittelasiens nach Deutschland kommen, waren im 18. und 19. Jahrhundert nach Rußland ausgewandert. Sie lebten dort in verschiedenen geschlossenen Siedlungsgebieten, bis sie nach dem Überfall Deutschlands auf die Sowjetunion im Jahre 1941 größtenteils nach Mittelasien deportiert* wurden. Die folgende Karte gibt einen Überblick über die Siedlungsgebiete der im Jahre 1991 etwa 2 Millionen Deutschen in Rußland, der Ukraine und den Ländern Mittelasiens.

(Der Spiegel, Nr. 43/1991, S. 204 f.)

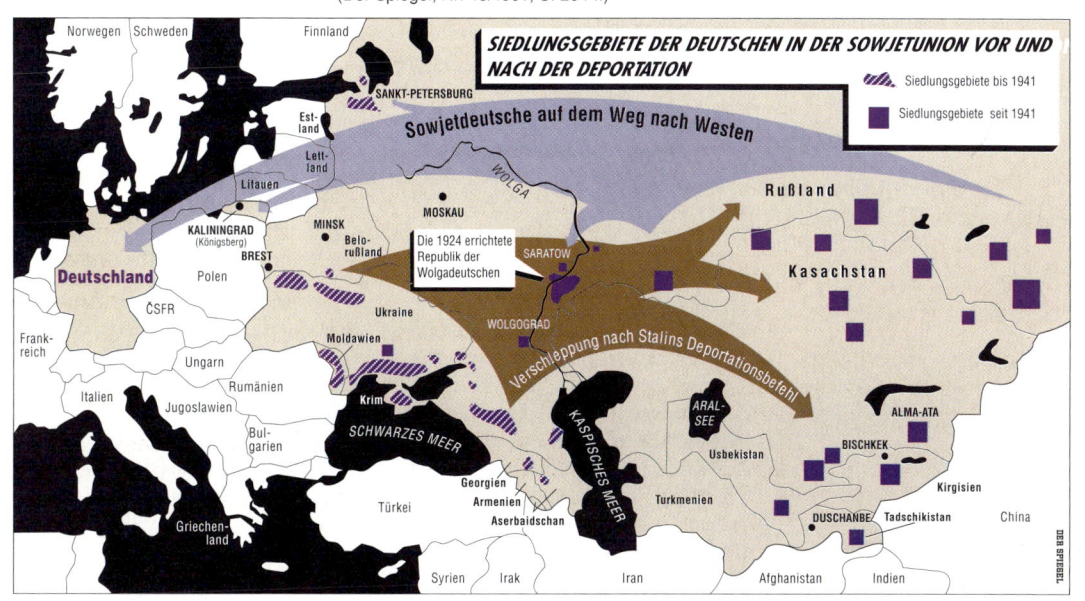

SIEDLUNGSGEBIETE DER DEUTSCHEN IN DER SOWJETUNION VOR UND NACH DER DEPORTATION

Siedlungsgebiete bis 1941
Siedlungsgebiete seit 1941

Sowjetdeutsche auf dem Weg nach Westen

Die 1924 errichtete Republik der Wolgadeutschen

Verschleppung nach Stalins Deportationsbefehl

Familie Ebert lebt seit fünf Wochen in Senne

„Heimweh im Herzen"
Erinnerungen an einen sibirischen Sommer

Der Mohn im Kuchen stammt noch aus Sibirien. Auch der Honig, der neben dem Samowar auf dem Tisch steht, wurde noch im Heimatdorf der Familie Ebert in der Nähe von Omsk geschleudert. „Schmecken Sie", sagt Dineli Ebert. Der Honig ist schwer und sämig und sehr süß; er schmeckt hervorragend. „Ohne Chemie", wird gleich zwei-, dreimal betont. So, als ob der Zustand der Lebensmittel hier eine ihrer ersten Erfahrungen in Deutschland gewesen wäre. Denn die Eberts sind seit über zwei Monaten in der Bundesrepublik; die Spätaussiedler kamen über das Lager Bramsche bei Osnabrück und das in Unna-Massen nach Bielefeld. Seit dem 13. Februar wohnen sie in Senne: Zwölf Personen in einer Doppelhaushälfte im neuen Wohngebiet am Büffelweg.

Die Eberts sind zufrieden mit ihrer neuen Wohnung, froh über das, was sie haben. Obwohl es eng zugeht, schließlich lebt die Großfamilie jetzt unter einem Dach. In der alten Heimat, berichtet Nikolai Ebert, der vor allem für die Familie spricht, habe er ein eigenes Haus besessen. Die alte Heimat: Ein großes Dorf in Mittelsibirien, vor zehn oder 15 Jahren noch fast ausschließlich, zuletzt jedenfalls überwiegend von Deutschen bewohnt. Bis zum Sommer 1989. Damals ging der erste. Die Eberts berichten, wie ihr Dorf immer leerer wurde. „Einer zieht den anderen mit, viele sind verwandt." 70 Familien aus dem Heimatdorf der Eberts, mehr als 90 Prozent, seien inzwischen in Deutschland. Viele in Bielefeld oder auch in Borgholzhausen. Was blieb den Eberts, als sich ebenfalls in Richtung Westen aufzumachen? [...] Leicht gefallen ist ihnen die Entscheidung nicht. Sie wären geblieben, wenn nicht alle gegangen wären, sagt Nikolai Ebert. Obwohl „den deutschen Menschen mecht's nicht gefallen" in ihrem Heimatdorf, meint jedenfalls Dineli. Aber wenn sie von den weiten Feldern, Wiesen und Wäldern erzählen, vom sibirischen Sommer, von der Jagd auf Gänse, die in der Gegend um Omsk Zwischenstation auf ihren Flügen machen, von der Pirsch auf Füchse oder Hasen, wenn sie von den großen Entfernungen zu den Nachbardörfern sprechen („zehn, zwölf Kilometer, dazwischen ist nichts"), dann versteht man gut, wenn Nikolai Ebert sagt: „Heimweh ist auch im Herzen." Sie haben 20 oder 30 Jahre, ein halbes Leben, in ihrem Dorf verbracht. Übriggeblieben sind Erinnerungen, ein bißchen Honig, ein wenig Mohn für den Kuchen.

(Foto: Neue Westfälische/Klaus-Dieter Pohlmann)

(Neue Westfälische v. 06.04.1991, Bielefelder Ausgabe)

M 7 **Deutsche als Minderheit in Polen**

M 7 a

Ein Bericht über die deutsche Minderheit in Polen (1990)

Der folgende Bericht stammt aus dem November 1990. Er beschreibt die damalige Situation der deutschen Minderheit in Oberschlesien, das 1945 nach der Flucht und Vertreibung des größten Teils der dort lebenden Deutschen (siehe M 3) unter polnische Verwaltung gestellt wurde und durch den deutsch-polnischen Grenzvertrag vom 14. 11. 1990 endgültig von Deutschland als Teil Polens anerkannt wurde.

Rotkäppchen kommt aus Oberschlesien, hat einen strohblonden Zopf und eine „deitsche Großmutter". Der Wolf, dem ein Stoffschwanz vom Rücken baumelt, kommt aus derselben Ecke. „Was hast du denn in dainen Kerbel?" fragt er kehlig das Rotkäppchen. „Milch, Wein und Kuchen", antwortet wahrheitsgemäß die Kleine und stapft davon.

Auf der Bühne, wo zwei Dutzend Juroren sitzen, applaudiert ein sichtlich gerührter Professor. Jerzy Wuttke ist polnischer Oberschlesier aus Kattowitz. Als Vorsitzender der Minderheiten-Kommission besucht er mit 21 weiteren Abgeordneten des Warschauer Parlaments (Sejm) zwei Tage vor dem deutsch-polnischen Gipfeltreffen die Stadt Zdzieszowice, ehemals Odertal.

Mehr als 20 000 Oberschlesier trafen am 20. Juli 1990 vor der Ruine des Schlosses Lubowitz, Geburtshaus des Dichters Joseph von Eichendorff, zu einer Großveranstaltung der Deutschen Freundschaftskreise zusammen.

(Foto aus: Informationen zur politischen Bildung, Heft 142/143, 1991, S. 73)

Daß Rotkäppchen und der Wolf eigentlich kein Wort Deutsch sprechen und die Erzieherin mit krebsroten Ohren bangt, ob die beiden ihren Text beherrschen, spielt an diesem Abend keine Rolle. „Die Kleinen müssen erst wieder lernen, woher sollen sie's denn noch können", sagen sie Eltern. Im kommunistischen Polen war Deutsch tabu auf der Straße, in der Schule, offiziell auch zu Hause. Nun soll in der Schule Deutsch statt Russisch gelehrt werden, denn Sprache ist Politik in Oberschlesien, wo germanische und slawische Wurzeln sich kreuzen: Wer Deutsch spricht, zählt sich zur deutschen Nation. Wenn keine Politiker zuhören, sprechen die meisten Einheimischen „gwara slaska", einen Mischdialekt, den alle verstehen.

Den hohen Besuchern aus Warschau wird in der Berufsschul-Aula von Zdzieszowice schnell klar, wofür das oberschlesische Herz westlich von Kattowitz schlägt: […]

Nach dem einführenden Oberschlesierlied aus mehreren hundert Kehlen – „Wo vom Annaberg man schaut ins weite Land" – geben die Vier- bis Fünfjährigen eine Märchenstunde: Aschenputtel ist da, Schneewittchen auch, und Rübezahl erklärt das Riesengebirge zum „deutschen Gebirge". Während sich die Abgeordneten eifrig Notizen machen, radebrechen zwei linkische Burschen „Ich hab' ein schäines Heimatland". Zum Abschluß singt der ganze Saal „Alles hat ein Ende, nur die Wurst hat zwei". […]

350 000 Schlesier, so die amtliche Schätzung, leben allein in der Woiwodschaft Oppeln, zu der Zdzieszowice zählt. Auch rund um Ratibor, Kattowitz und Tschenstochau meldet sich die autochthone, die angestammte Bevölkerung Oberschlesiens wieder zu Wort, seit sich die Minderheiten in Polen organisieren dürfen. „Wir waren in deutschen Schulen, bei der deutschen Wehrmacht, wir sind immer deutsch gewesen", sagt ein alter Mann in Zdzieszowice. […]

Mit 14 Lehrern aus Westdeutschland, die über Polen verteilt wurden, sollte ein Anfang gemacht werden. Doch nur zwei davon sind nach Oberschlesien geschickt worden – viel zu wenige, wie die „Minderheit" bemängelt. Für Andrea Mampe aus Hamburg, die seit Anfang September in Gogolin 25 Stunden wöchentlich unterrichtet, war der Start schwer. In den Baum vor ihrer Wohnung schnitzten Unbekannte ein Hakenkreuz. In Gogolin, das Johann und Henryk Kroll zu einem Zentrum der deutschen Minderheit ausbauen, haben Polen und Ukrainer Angst vor der Zukunft.

Manche Schlesier, so der Woiwode von Oppeln, Ryszard Zembaczynski, „träumen von einem Bundesland Schlesien – das ist natürlich Blödsinn". Aber über deutsche Sendungen bei Radio Oppeln oder beim Fernsehsender Kattowitz könne man reden. Schulunterricht und Gottesdienste in deutscher Sprache seien schon bewilligt, es fehle nur noch an fähigen Lehrern und Pfarrern.

(Der Spiegel Nr. 46/1990, S. 26 f.)

M 7b

Organisation und Ziele der deutschen Minderheit in Polen

Die deutsche Bevölkerung erhielt mit dem demokratischen Umbruch in Polen erstmals nach über vierzig Jahren kommunistischer* Unterdrückung wieder die Möglichkeit, sich in Interessengruppen zu organisieren. So sind in Schlesien – nach anfänglichen Auseinandersetzungen mit der inzwischen weitgehend abgelösten Beamtenschaft des kommunistischen Regimes – die ca. 250 000 Mitglieder umfassenden „Deutschen Freundschaftskreise" recht-

(Informationen zur politischen Bildung, Heft 142/143: Deutsche und Polen, hg. von der Bundeszentrale für politische Bildung, Bonn 1991, S. 73; Verf.: Dr. Fritz Peter Habel)

lich anerkannt worden. Sie haben sich in der Wojewodschaft Oppeln zur „Sozialkulturellen Gesellschaft der deutschen Minderheit" zusammengeschlossen. Mit der Verwendung des Wortes „Minderheit" wollen die Deutschen möglichen Anfeindungen die Spitze nehmen und sich ausdrücklich von jeglichem territorialen Revisionismus* abgrenzen. Die angestrebten Ziele sind die Pflege und Entwicklung deutscher Bildung, Kunst und Kultur und die Festigung des Zusammenlebens der deutschen Bevölkerungsteile untereinander. Zudem sollen bei Behörden und Institutionen Empfehlungen für die Verbesserung der Lebensbedingungen der Deutschen in Polen unterbreitet werden. Mit der Realisierung will die „Sozialkulturelle Gesellschaft" zur Eindämmung der Aussiedler-Ausreisewelle beitragen.

M 8

(Frankfurter Rundschau v. 9.4.1991)

Andrang aus Polen geringer als erwartet
Deutsche warfen nach Grenzöffnung Steine

Der nach Aufhebung der Visumpflicht erwartete Andrang polnischer Touristen in die Bundesrepublik ist am Montag ausgeblieben. Nach Angaben des Bundesgrenzschutzes passierten bis zum Mittag etwa 50 000 Polen die 24 deutsch-polnischen Grenzübergänge. [...]

Seit Montag 00.00 Uhr können Polen zum ersten Mal seit dem Ende des Zweiten Weltkriegs ohne Visum nach Deutschland, Frankreich, Italien und in die Beneluxstaaten reisen.

Zu größeren Zwischenfällen und polenfeindlichen Aktionen war es nach Polizeiangaben in der Nacht in Frankfurt/Oder und in Guben gekommen. Etwa 150 Rechtsradikale lieferten sich in Frankfurt Schlägereien mit der Polizei, nachdem die meist jugendlichen Randalierer einen polnischen Reisebus mit Steinen beworfen und zwei Reisende verletzt hatten. Die Polizei nahm 15 Täter vorläufig fest. Die teils stark alkoholisierten Jugendlichen, die der „rechtsradikalen Szene" zuzuordnen seien, hätten zuvor vor dem in der Innenstadt Frankfurts gelegenen Übergang „Stadtbrücke" polenfeindliche Parolen gerufen, Reisende wie Polizisten mit Steinen beworfen und Leuchtspurmunition abgeschossen. Unter anderem hätten die teils vermummten Randalierer, die von der Polizei mit Schlagstöcken zurückgedrängt wurden, Parolen wie „Polen raus", „Polen verrecke" oder „Deutschland den Deutschen" skandiert. Der Frankfurter Polizeichef Burkard Niechziol sagte, bei den Festgenommenen habe man Messer, Munition für Schreckschußpistolen, Raketen und Pflastersteine gefunden. Gegen 1.30 Uhr habe sich die Lage wieder beruhigt.

Auch in der südlich von Frankfurt/Oder gelegenen Grenzstadt Guben habe es polenfeindliche Demonstrationen und zwei Festnahmen gegeben, sagte Niechziol.

Am Montag nachmittag spitzte sich die Situation am Grenzübergang Frankfurt/Oder wieder zu. Die Polizei errichtete unmittelbar vor dem Übergang Absperrgitter, um jugendliche Randalierer zurückzudrängen. Seit Mittag versammelte sich dort eine wachsende Zahl rechtsextremer Rowdies, die die visumfreie Einreise der Polen verhindern wollten. Im angetrunkenen Zustand grölten sie nationalsozialistische Parolen und begannen sich zu prügeln. Mehrere Personen wurden vorläufig festgenommen. Ein Mann mußte mit Verletzungen ins Krankenhaus gebracht werden. Die polnischen Bürger wurden über den Rundfunk aufgerufen, den Frankfurter Übergang „Stadtbrücke" zu meiden.

Der brandenburgische Ministerpräsident Manfred Stolpe appellierte an die Deutschen, ihre Nachbarn tolerant und freundlich aufzunehmen. In der „Märkischen Oderzeitung" schrieb er, der Tag der Grenzöffnung bringe für Brandenburg mit Verkehrsstaus und Schwarzhandel zwar auch Last, aber vor allem Freude, „weil nun auch an dieser Grenze Verhältnisse eintreten, wie sie an den Grenzen zu Holland und Frankreich längst gegeben sind."

Schlägereien mit der Polizei lieferten sich Neonazis an der deutsch-polnischen Grenze in der Nacht zum Montag. Rund 300 Jugendliche randalierten und bewarfen und beschossen Polen, die nach Deutschland einreisten, mit Steinen und Feuerwerkskörpern. Um Mitternacht war der Visumzwang entfallen.

(Foto: AP, Frankfurt/Hansjoerg Krauss)

M 9

Bericht über illegale Grenzgänger an der deutschen Ostgrenze

Die große Mehrheit der illegalen Grenzgänger im polnischen Transit kommt aus Osteuropa – überwiegend aus Rumänien. Im ersten Vierteljahr 1991 haben hier rund dreimal so viele Flüchtlinge versucht, über die grüne oder die nasse Grenze einzureisen wie im vergangenen Jahr.

Nach Schätzungen des Bundesgrenzschutzes warten jenseits von Oder und Neiße 40 000 bis 50 000 Rumänen auf die Weiterreise in den Westen, um in Deutschland zu arbeiten. Fast alle mittellos und alle ohne gültiges deutsches Visum.

Um im Abschnitt Görlitz/Zgorzelec unbemerkt über die Neiße zu kommen, braucht man nicht schlau zu sein. Der Fluß ist hier nirgendwo breiter als zehn Meter – und fast überall so seicht, daß man zum deutschen Ufer hinüberwaten kann, ohne sich auch nur den Hintern naß zu machen. Bei Hagenwerder und Hirschfelde, wo die Bahnlinie von Görlitz nach Zittau über polnisches Gebiet verläuft, kann man sogar trockenen Fußes über den Fluß. […]

Die drei Gestalten, die die Arbeiter von der Ziegelei in Zgorzelec vor einer Viertelstunde gemeldet haben, sind auf und davon – ob über den Fluß und in die Wälder drüben in der Oberlausitz oder zurück nach Zgorzelec, das ist nicht mehr zu ermitteln. Die Spur verliert sich in den Neiße-Wiesen.

Michael Vogt vom Bundesgrenzschutz greift nach dem Funktelefon in seinem Wartburg, um vorsorglich seine Kollegen drüben in Görlitz zu alarmieren. […]

Auf dem Rückweg vom Fluß zur alten deutschen Infanteriekaserne in Zgorzelec, in der heute die polnischen Grenztruppen logieren, dreht Michael Vogt mit dem Wartburg eine Runde über den Bahnhofsvorplatz. Er fährt ganz dicht an eine Gruppe von jungen Männern heran, die gegenüber dem Haupteingang auf den D-Zug aus Warschau warten.

Als der Wagen sich auf fünf, sechs Meter genähert hat, dreht sich einer aus der Gruppe plötzlich um, „Arsenow!" knurrt Jan Tomaczyk und reißt die Tür auf. Arsenow, sagt Jan Tomarczyk, sei ein bulgarischer Schlepper, der Asylanten gegen Honorar über die Grenze bringe. Sie kennen ihn schon lange, aber sie haben ihm bisher nie etwas beweisen können. […]

Die Grossisten der Branche haben Drückerkolonnen unter Vertrag, die in Bukarest und Sofia Neubaugebiete und Innenstädte abfischen. Sie rekrutieren ihre Opfer vorwiegend unter Mittelständlern, die wohlhabend genug sind, um die Schleppergebühren und die Reisespesen aufzubringen.

Rumänische Flüchtlinge an der deutsch-polnischen Grenze
(Foto: action press/Botschinsky)

Ihre Kunden geben alles auf – ihre Wohnung, ihre letzten Ersparnisse, oft ihre einzige Ziege. Sie zahlen an Schleppergebühren umgerechnet 1500 bis 3000 Mark. Reisespesen extra. Dazu kommt für den Transit durch Polen eine Kaution in wechselnder Höhe, die bei der Einreise in Polen vorgezeigt werden muß. […]

Weil die Züge häufig kontrolliert werden, schaffen die professionellen Schlepper ihre Kundschaft von Warschau aus per Taxi nach Stettin, Zgorzelec oder Slubice. Auf der deutschen Seite warten Taxis aus Berlin […]

Die deutsch-polnische Demarkationslinie hat keine

Balken und keine Stacheldrahtverhaue. Die Wachtürme sind verfallen. Es gibt hier keine Hindernisse außer Oder und Neiße. […]

Der Grenzabschnitt Görlitz/Zittau wird umschichtig von drei mobilen Einheiten bewacht. Wenn es geht, ist immer eine davon im Dienst. Das heißt: Eine Streife bewacht 30 bis 40 Kilometer Strecke.

Das Risiko, hier beim illegalen Grenzübertritt geschnappt zu werden, ist für jemanden, der sich auskennt, geringer als das Risiko, sich beim Nußknacken den Daumen zu brechen. Im Januar, als die Neiße zugefroren war, kamen sie hier jede Nacht zu Dutzenden übers Eis. Vor Ostern strandete oberhalb von Görlitz eine alte Zinkbadewanne, mit der ein Unbekannter über die Neiße geschaukelt war.

Noch weitmaschiger ist das Netz an der Oder nördlich von Frankfurt und Slubice. Nur, hier geht es nicht ohne Lotsen, weil die Oder tiefer ist als die Neiße. Vorletzte Woche sind in diesem Abschnitt vier Rumänen im eiskalten Wasser ertrunken.

Im Februar paddelte eine ganze Familie auf Luftmatratzen zwischen treibenden Eisschollen durch die Neiße nach Görlitz. Einer Streife direkt in die Arme. Die deutschen Grenzer packten die Flüchtlinge erst mal in Decken und gaben ihnen was Warmes zu essen. „Das sind doch alles arme Schweine", sagt Wolfgang Weber, der Leiter der Grenzschutzstelle Zittau. Der Staat zahlt pro Flüchtling einen Verpflegungssatz von 17,50 DM. Aber die Greifer vom BGS müssen oft aus eigener Tasche was drauflegen, um ihre Gäste satt zu kriegen.

Verpflegung ist im Schlepperhonorar nicht enthalten. Es sind schon Flüchtlinge in Görlitz angekommen, die seit vier Tagen nichts mehr gegessen hatten.

(Der Spiegel Nr. 15/1991, S. 41 ff.)

„Mit Ikonen im Rucksack durch die Neiße"

M 10 Die wachsende Armut zwingt Polen in den organisierten Ost-West-Schmuggel.

Jede Nacht das gleiche Bild: Kaum hat der Zug aus Warschau seine Fahrt verlangsamt und die Oderbrücke passiert, da öffnen sich die Türen der Waggons. Dicke Bündel fliegen nach draußen, Menschen springen in die Dunkelheit. Während die Waggons gemächlich zur Zollabfertigung in den Frankfurter Hauptbahnhof rollen, sammeln die Springer ihr Hab und Gut ein und schleichen sich durch das neben den Schienen liegende waldige Gelände in Richtung Frankfurt. Ihr Gepäck enthält wertvolle Schmuggelware: Ikonen aus der UdSSR, Tausende von in Polen hergestellten Zigaretten der Marke „Golden American" oder Synthetik-Pullover aus Ungarn. „Seit die ehemalige DDR zur Europäischen Gemeinschaft gehört", berichtet der Frankfurter Zoll-Hauptkommissar Horst Kroll, „hat an der deutsch-polnischen Grenze der Schmuggel erheblich zugenommen." Die Gründe für das riskante Geschäft: „Die meisten Schmuggler sind arme Hunde. In Polen leben Millionen Menschen unter der Armutsgrenze."

Den nächtlichen Sprung aus dem Zug wagen vor allem die Lieferanten der organisierten Schmuggelringe, die sich seit der deutsch-deutschen Währungsunion westlich der polnischen sowie der tschechischen Grenze etabliert haben. Das größte Geschäft machen sie dabei mit Zigaretten, die in Polen für zwölf Mark pro Stange erworben und auf dem deutschen Schwarzmarkt für etwa 30 Mark weiterverkauft werden. Zu den „Umsatz-Rennern" zählen ferner polnischer Wodka, illegal hergestellte Tonbandkassetten mit deutschen Volksliedern sowie billig produzierte Jeans, die mit gefälschten Markennamen ausgezeichnet werden. Zur Zeit beschlagnahmen die Zöllner besonders häufig Pullover, die für einen Dollar in Ungarn produziert und westlich der Grenze für 40 Mark weiterverkauft werden. Kein gutes Geschäft für den Käufer, wie ein Zollfahnder meint: „In die Pullover ist auch Watte versponnen worden. Wenn man die Dinger einmal wäscht, gehen sie kaputt."

Noch stehen die Zöllner dem organisierten Schmuggel einigermaßen hilflos gegenüber. „Wir sind noch im Aufbau, wir haben einfach zu wenig Personal", klagt Karl Heinz Schmidt, Pressesprecher der sächsischen Zollverwaltung. Die Wege der Schmuggler sind allerdings auch kaum zu kontrollieren. Im Süden der Republik gehen sie nachts ungehindert über die wenig bewachte deutsch-tschechische Grenze. Weiter nördlich wandern sie in Gummistiefeln durch den Grenzfluß Neiße, an dem weder westlich noch östlich irgendwelche Befestigungen existieren. Unbewacht ist auch die Oder, die zwar nicht trockenen Fußes durchschritten, aber mit Schlauchbooten leicht überquert werden kann. „Wir entdecken am Ufer immer wieder Luftmatratzen, auf denen Schmuggelgut über den Fluß gezogen worden ist", berichtet der Frankfurter Hauptkommisar Kroll. Auf dem Fluß selbst können die Beamten noch nicht kontrollieren: Die seit langem angekündigten Patrouillenboote sind erst in einigen Wochen einsatzbereit.

Völlig unüberschaubar sind auch die vielen internationalen Eisenbahnzüge, die über die Ost-West-Grenze rollen. „Uns bleiben nur Stichproben übrig", berichtete Zöllner Kroll. Das meiste Schmuggelgut findet sich in den Stau- und Hohlräumen der Waggons. Kroll: „Wenn wir dort etwas finden, dann beißen sich die Schmuggler auf die Lippen und tun völlig ahnungslos." Allein in Frankfurt wurde im letzten Jahr Schmuggelgut im Wert von insgesamt rund fünf Millionen Mark sichergestellt – darunter elf Millionen Zigaretten, 17 800 Tonbandkassetten und 77 000 Textilien aller Art. Im sächsischen Grenzort Bad Schandau quält sich Tag für Tag eine kleine Zöllnertruppe durch die Züge aus Richtung Tschechoslowakei. „Die Waggons sind so voll mit Menschen und Gepäck, da können wir gar nicht kontrollieren. Und das Gepäck gehört im Zweifelsfall niemand", stöhnt der Sprecher der sächsischen Zollbehörde. Die Fahnder gehen davon aus, daß es im Grenzgebiet einige hundert Schmuggler gibt, die täglich hin- und herreisen.

Inzwischen betreiben viele Schmuggler ihre illegalen Geschäfte ohne Versteckspiel, wie sich Tag für Tag am Dresdener Hauptbahnhof zeigt: Wenn dort morgens um 5.45 Uhr der Inter-Express Budapest–Berlin hält, steigen Dutzende von schwerbepackten Rumänen, Bulgaren und Ungarn aus dem Zug und beginnen bereits in der Bahnhofshalle mit dem Handel.

(Neue Westfälische v. 23.02.1991, Verf.: Dieter Stäcker, Berlin)

---

❶ Beschreibe die Situation der Familie Ebert und erkläre, warum sie aus Sibirien nach Deutschland übergesiedelt ist (M 6). Wie stehen die Eberts zu ihrer alten Heimat?

❷ Beschreibe die Aktivitäten der deutschen Minderheit in Polen, wie sie in M 7 a deutlich gemacht werden. Was wird in M 7 b als Ziel der deutschen Minderheit genannt? Welche Probleme bei der Verfolgung dieser Ziele werden in M 7 a deutlich?

❸ Beschreibe die Vorgänge bei der Öffnung der deutsch-polnischen Grenze im April 1991 (M 8). Welche Probleme in dem Verhältnis zwischen Deutschen und Polen werden in dem Bericht deutlich?

❹ Beschreibe die Situation an den deutschen Ostgrenzen, wie sie in den Zeitungsberichten deutlich wird (M 9 und M 10). Welche Bedeutung hat nach dem Bericht die Grenze zwischen Deutschland und seinen östlichen Nachbarn?

❺ Fasse die Probleme zusammen, die in M 1 bis M 10 für das Verhältnis zwischen Deutschland und seinen östlichen Nachbarn deutlich werden.

❻ Die Lebensverhältnisse in den osteuropäischen Ländern könnt ihr genauer durch Gespräche mit Besuchern aus diesen Ländern (z.B. im Rahmen eines Schüleraustausches) kennenlernen. Hinweise zur Vorbereitung und Durchführung solcher Befragungen und Gespräche findet ihr am Ende des Buches auf S. 397 f.

Geschichtliche Bedingungen

In diesem Abschnitt sollen in knapper Form einige historische Hintergründe der im 1. Abschnitt angesprochenen Probleme beschrieben werden. Für die Arbeit mit diesem Abschnitt machen euch die Autoren folgende Vorschläge: Zuerst könnt ihr mit Hilfe der Karten (M 12 bis M 16) einen groben Überblick über die Entwicklung in Osteuropa seit dem Beginn dieses Jahrhunderts gewinnen. Dabei könnt ihr zugleich den *Umgang mit politischen Landkarten* einüben, die ein wichtiges Informationsmittel für politische Verhältnisse und Probleme sind. Deshalb stehen am Beginn dieses Kapitels „Hinweise für den Umgang mit politischen Landkarten" (M 11). Anschließend folgen kurze Texte über die *Geschichte Osteuropas* vornehmlich in diesem Jahrhundert (M 16). Da die Beschäftigung mit der Geschichte Osteuropas hier vornehmlich im Interesse einer möglichst guten und zugleich rationellen Informationsaufnahme geschehen soll, eignen sich die Texte zur *arbeitsteiligen Erarbeitung* (Vorbereitung von Kurzreferaten) und Weitergabe der Arbeitsergebnisse an die Klasse. Zur Erarbeitung und zum Vortrag solcher kurzen *Referate,* aber auch zum aktiven Zuhören findet ihr Hinweise in M 17 am Ende dieses Abschnittes.

M 11

Hinweise für den Umgang mit politischen Landkarten

Karten haben als Informationsträger die besondere Eigenschaft, räumliche Verhältnisse (Nebeneinander, Getrenntsein, Entfernungen) „auf einen Blick" ohne lange sprachliche Beschreibung darzustellen. Das wird dadurch möglich, daß sie aus einer sehr unübersichtlichen Wirklichkeit auswählen und diese verkleinert, zusammengefaßt und vereinfacht darstellen. Sie erlauben deshalb häufig eine schnellere Orientierung als eine Beschreibung mit Worten. Diese Funktion von Karten kennen wir alle zum Beispiel aus ihrer Verwendung bei einer Wanderung im Gelände. Für diese schnelle Informationsaufnahme muß aber jeder Betrachter von Karten deren besondere „Sprache" verstehen und in Worte übertragen können. Man unterscheidet zwei Grundformen von Karten:
a) *Physische* Karten: Diese bilden als die klassischen geographischen Karten die Oberflächengestalt bestimmter Räume allgemein ab.
b) *Thematische* Karten: Diese bilden räumliche Verhältnisse unter bestimmten Schwerpunkten ab. Es gibt sie in den verschiedensten Formen von der Wander- und Verkehrskarte bis zu Karten über Wirtschaft, Umweltbelastungen und politische Verhältnisse.
Bei politischen Karten kann die Darstellung räumlicher Verhältnisse mit einer Vielzahl von Informationen über politische Gegebenheiten und Entwicklungen angereichert werden. Neben der Beschreibung von Zuständen zu einem bestimmten Zeitpunkt können Entwicklungen z.B. durch Pfeile, Kreise und unterschiedliche Färbungen dargestellt werden.
Die Vorteile der Informationsaufnahme durch Karten können jedoch auch bei politischen Karten nur genutzt werden, wenn man die besondere „Sprache" der Karten beherrscht. Zu dieser Sprache gehören
 – die Gestaltung von *Flächen* (z.B. durch Farben und unterschiedliche Schraffierungen);

- der Gebrauch von *Linien* zur Verdeutlichung von Verbindungen und Abgrenzungen;
- der Gebrauch von *Pfeilen,* um Entwicklungen und Veränderungen zu kennzeichnen;
- der Gebrauch einer Vielzahl von besonderen *Symbolen* (Kreise, Rechtecke, Punkte, Buchstabenkombinationen, Zahlen), um bestimmte Kennzeichnungen deutlich zu machen.

Diese „Sprache" wird, wenn sie sich nicht unmittelbar erschließt, in einer sogenannten „Legende" erklärt. Für den Umgang mit Karten ergeben sich aus dieser Beschreibung der Eigenart von Karten folgende Schritte:

1. Klärung des Gegenstandes der Karte an Hand der Überschrift,
2. Klärung der „Kartensprache" mit Hilfe der „Legende" (falls vorhanden),
3. Beschreibung der Karte,
4. Zusammenfassung der zentralen Informationen ggf. im Hinblick auf vorgegebene Fragestellungen,
5. Kritik an der Kartendarstellung (z.B. Unübersichtlichkeit, geringer Informationsgehalt),
6. Einordnung der Karteninformationen in den Arbeitszusammenhang.

(Autorentext)

M 12 Die Staatenordnung in Europa vor dem 1. Weltkrieg

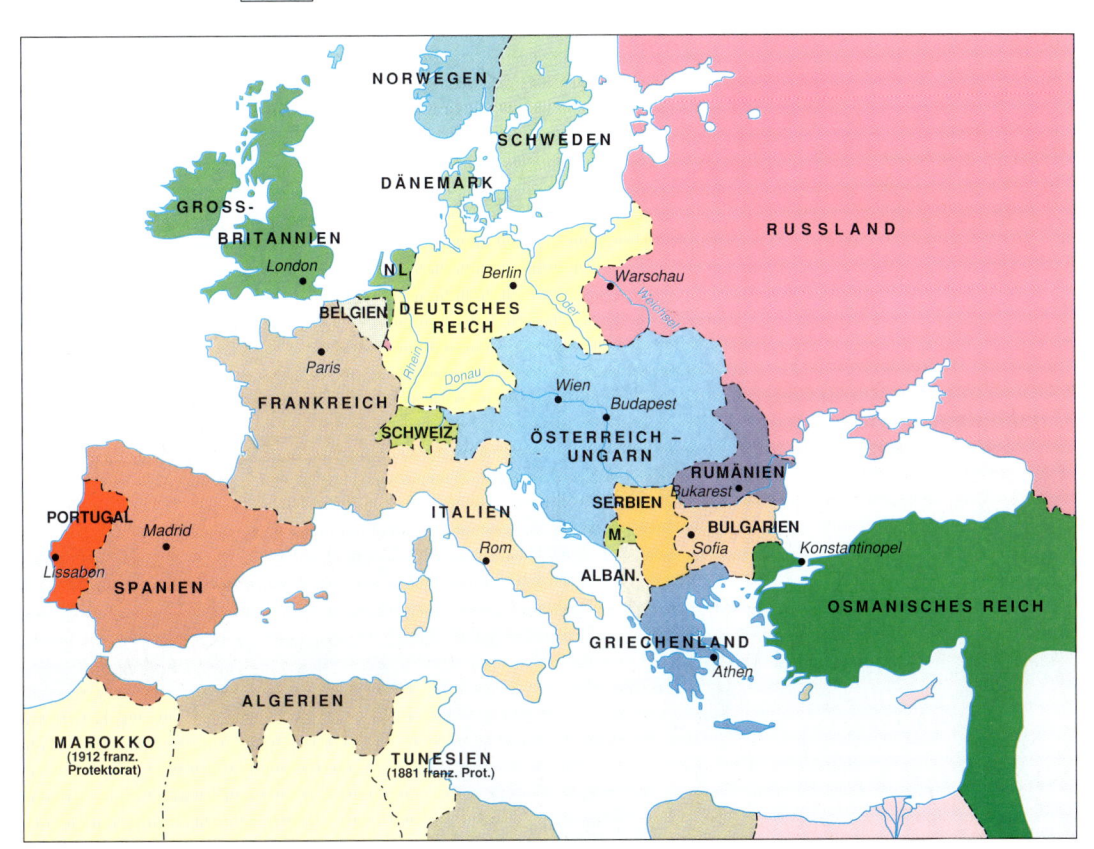

M 13 Die Staatenordnung in Europa zwischen dem 1. und 2. Weltkrieg (1923)

M 14 Die Staatenordnung in Europa nach dem 2. Weltkrieg (1939–1945)

M 14 a Europa im Zeichen des Ost-West-Gegensatzes nach dem 2. Weltkrieg (1949–1989)

Nordatlantikpakt NATO (North Atlantic Treaty Organization)
- Gründungsmitglieder (4.4.1949)
- Spätere Mitglieder
- Warschauer-Pakt-Staaten

M 14 b Grenzverschiebungen in Osteuropa als Folge des 2. Weltkrieges

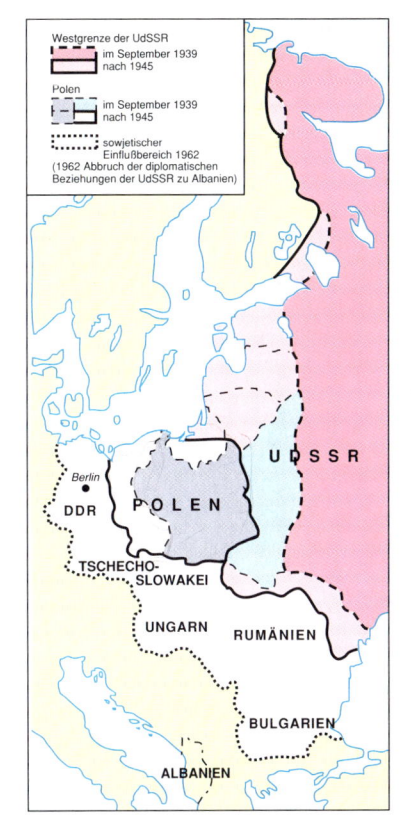

Westgrenze der UdSSR
- im September 1939
- nach 1945

Polen
- im September 1939
- nach 1945

sowjetischer Einflußbereich 1962
(1962 Abbruch der diplomatischen Beziehungen der UdSSR zu Albanien)

M 15 Die Staatenordnung in Europa nach dem Zusammenbruch der Sowjetunion und des Kommunismus in Osteuropa (1993)

Das neue Gesicht Europas

L. = LIECHTENSTEIN
S.M. = SAN MARINO

❶ Macht euch, bevor ihr euch mit den Karten in M 12 bis M 15 beschäftigt, mit den Eigenarten von politischen Karten und dem Umgang mit ihnen vertraut (M 11).

❷ Stellt mit Hilfe der Karten (M 12 bis M 15) die Veränderungen in der europäischen Staatenordnung vom Beginn dieses Jahrhunderts bis zum Jahre 1993 fest. Bei der Erfassung der Veränderungen kann euch die folgende Tabelle helfen.

	Westeuropa	Nordeuropa	Osteuropa
Entwicklung von Karte 1 (M 12) zu Karte 2 (M 13)			
Entwicklung von Karte 2 (M 13) zu Karte 3 (M 14)			
Entwicklung von Karte 3 (M 14) zu Karte 4 (M 15)			

❸ Vergleiche die drei Regionen Westeuropa, Nordeuropa und Osteuropa im Hinblick auf Kontinuität und Veränderung. Welche Unterschiede fallen auf? Nähere Informationen über die Hintergründe findest du in den folgenden Materialien.

M 16 Zur Geschichte Osteuropas

M 16 a

Von den Vielvölkerstaaten zum „Europa der Nationen" in der Zeit nach dem 1. Weltkrieg

Zu Beginn des 20. Jahrhunderts bestanden in Osteuropa *drei Großreiche:* die Monarchien Rußland, Österreich-Ungarn und das Deutsche Reich (siehe M 12). Rußland und Österreich-Ungarn waren Vielvölkerstaaten, d.h. in ihnen lebte eine Vielzahl unterschiedlicher Volksgruppen mit unterschiedlichen Sprachen (siehe Karte M 16 b). Die Macht lag bei den führenden Staatsvölkern, d.h. den Russen in Rußland, den Deutschen und Ungarn in Österreich-Ungarn und den Deutschen im Deutschen Reich. Die Großreiche waren in den vorhergehenden Jahrhunderten durch die Annexion* bis dahin unabhängiger Länder entstanden, dabei vor allem der baltischen Staaten (Estland, Lettland, Litauen) im Norden und von Polen, das am Ende des 18. Jahrhunderts dreimal zwischen Rußland, Österreich und Preußen, das später im Deutschen Reich aufging, aufgeteilt wurde.

In den *Vielvölkerstaaten* lebten die Völker nicht wie in Westeuropa in zusammenhängenden, klar abgegrenzten Gebieten, sondern häufig sehr verstreut und gemischt. Durch das enge Zusammenleben von Angehörigen verschiedener Sprachen gehörte das Beherrschen mehrerer Sprachen zu den Selbstverständlichkeiten des täglichen Lebens. Im 19. Jahrhundert erwachte unter den Völkern zunehmend das Gefühl der nationalen Zusammengehörigkeit (M 16 c) und damit auch der Widerstand gegen die Vorherrschaft der führenden Staatsvölker. Der *1. Weltkrieg* endete mit der Niederlage Deutschlands und Österreich-Ungarns und dem Zusammenbruch Rußlands. Die Sieger England, Frankreich und USA beschlossen eine *neue Staatenordnung in Osteuropa,* die sich am Grundsatz der nationalen Selbstbestimmung orientieren sollte. Ein neues „Europa der Nationen" sollte die übernationalen Großstaaten im östlichen Europa ablösen. Die auf dieser Grundlage in Osteuropa neu errichteten Staaten (siehe M 13) waren aber

(Autorentext)

wegen der Vermischung der Siedlungsgebiete keine reinen Nationalstaaten. So wurden in fast alle neuen Nationalstaaten erhebliche *nationale Minderheiten* eingegliedert. Das galt sowohl für die baltischen Staaten (Estland, Lettland und Litauen im Norden) als auch für Polen, die Tschechoslowakei, Ungarn, Rumänien, Jugoslawien und Bulgarien. Ganz im Osten blieben Weißrußland und die Ukraine Teil der Union der sozialistischen Sowjetrepubliken (UdSSR), der kommunistischen Sowjetunion, die das Erbe des Russischen Reiches antrat.

M 16 b

Nationalitäten in Osteuropa in der Zeit zwischen dem 1. und 2. Weltkrieg

Nationalitäten im zwischeneuropäischen Grenzraum

Ostslawen
- Weißrussen
- Ukrainer
- Großrussen

Westslawen
- Tschechen
- Polen
- Slowaken

Südslawen
- Serben
- Kroaten
- Slowenen
- Mazedonier
- Bulgaren
- Bosniaken
- Pomaken

Nichtslawische Völker
- Finnen
- Esten
- Deutsche
- Letten
- Litauer
- Italiener
- Ungarn
- Rumänen
- Schweden
- Griechen
- Albaner
- Norweger
- Türken
- Dänen

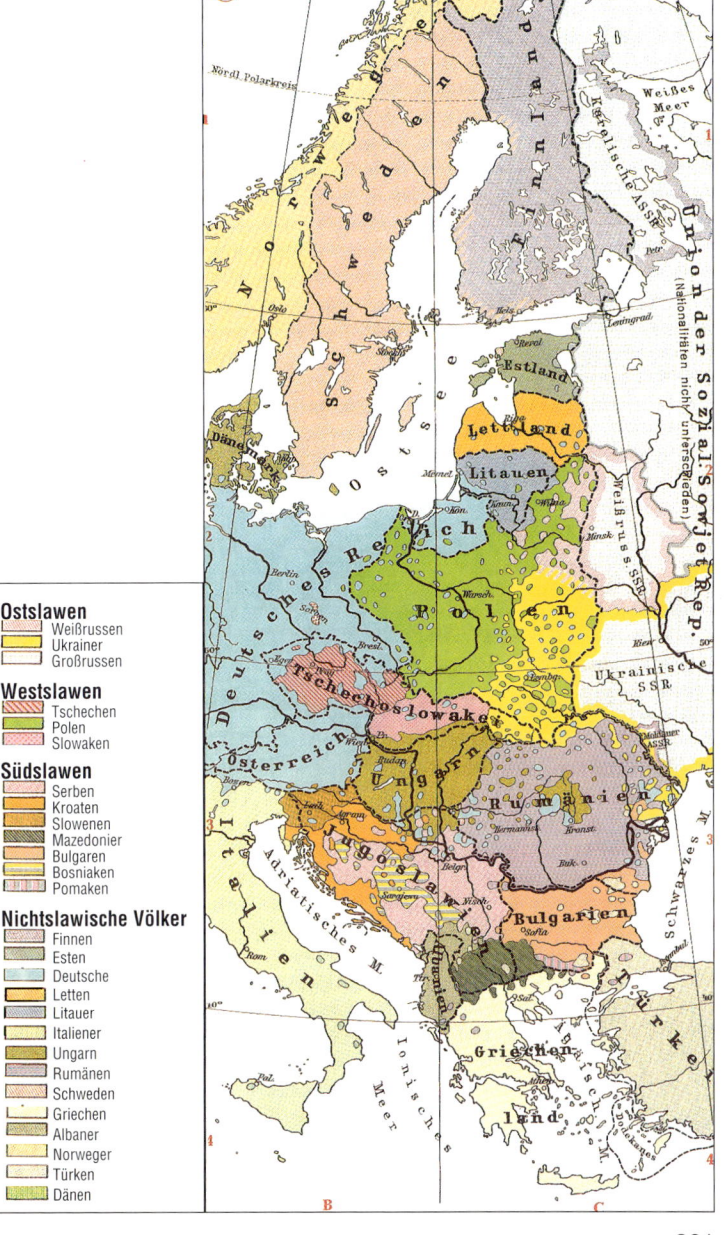

(Großer Atlas zur Weltgeschichte, hg. von Hans-Erich Stier u.a., © Westermann Schulbuchverlag GmbH, Braunschweig 1985, S. 151)

M 16 c

Nation und Nationalismus (Begriffsklärungen)

Nation

Man kann über den Begriff der Nation vernünftigerweise nicht diskutieren, ohne sich vorher darüber verständigt zu haben, was man darunter verstehen will. Der Begriff der Nation ist außerordentlich schillernd; er hat im Laufe der Geschichte gewechselt. Es gibt einen deutschen und einen westlichen Nationsbegriff […] Die Definition, die mir am sachgerechtesten zu sein scheint, stammt von dem englischen Philosophen John Stuart Mill: „Von einer Gruppe von Menschen mag man sagen, sie bilde eine Nation, wenn sie durch gemeinsame Sympathien verbunden ist, die zwischen ihr und anderen nicht besteht. Dieses Nationalgefühl mag aus verschiedenen Gründen entstanden sein. Manchmal ist es das Ergebnis gemeinsamer Rasse und Herkunft; gemeinsame Sprache und gemeinsame Religion tragen wesentlich dazu bei; geographische Grenzen gehören zu den Gründen. Der stärkste von allen Gründen aber ist die Gemeinsamkeit politischer Erfahrungen, der Besitz einer gemeinsamen Geschichte und folglich gemeinsamer Erinnerungen, eine mit denselben Ereignissen in der Vergangenheit verbundene Gemeinsamkeit von Stolz und Erniedrigung, von Glück und Leid."

Ich glaube, man sollte von diesem Begriff ausgehen und nicht etwa von dem herkömmlichen der Abstammungsgemeinschaft. Das führt zu gar nichts, denn alle Völker in Europa sind Mischvölker. Auch von der Sprache auszugehen, scheint mir nicht richtig zu sein. Dann wären etwa die Welschschweizer Franzosen oder die Neuseeländer Engländer. Von der Kulturnation hat man bei uns gesprochen. Ich glaube, daß man abstellen muß auf den Willen zum Zusammenleben und daß dieser Wille begründet sein sollte in gemeinsamen historischen Erfahrungen und Zielen. Von daher würde ich sagen: Es gibt so lange eine deutsche Nation – auch in zwei Staaten –, solange diese Nation den Willen hat, zusammenzuleben.

(Eberhard Jäckel, Was ist eine Nation? [1971], in: PZ Nr. 66, hg. von der Bundeszentrale für politische Bildung, Bonn 1991, S. 8)

Nationalismus

Der Begriff Nationalismus ist gekennzeichnet durch die Ansprüche, die eine Nation gegenüber anderen Nationen erhebt: den Anspruch zum Beispiel auf ein gesichertes, abgegrenztes Staatsgebiet und den Anspruch darauf, die eigenen Interessen weitgehend durchzusetzen.

Nationalismus führt zu Krieg und Unterdrückung, wenn diese Ansprüche übersteigert werden und mit den Ansprüchen anderer Nationen so hart zusammenstoßen, daß kein Ausgleich mehr möglich ist.

(Hilde Kammer/Elisabet Bartsch, Jugendlexikon Politik, Rowohlt, Reinbeck 1983, S. 122)

M 16 d

Die Herrschaft des Nationalsozialismus in Osteuropa und die Entstehung der Nachkriegsordnung

Nach dem 1. Weltkrieg entstand in Deutschland der Nationalsozialismus, dem es 1933 gelang, die Macht zu ergreifen. Die Entwicklung und Herrschaft des Nationalsozialismus und die Bedeutung seines Führers Adolf Hitler ist in Kapitel 1 dieses Buches und dort vor allem in M 8 a und M 8 b beschrieben. Teil der nationalsozialistischen Ideologie* war die Vorstellung von der Überlegenheit des deutschen Volkes gegenüber den Völkern Osteuropas und dem Recht und der Pflicht des deutschen Volkes, das „großdeutsche Reich" durch die Gewinnung von „Lebensraum" im Osten auszudehnen.

Ab 1938 bedrohte Hitler die östlichen Nachbarstaaten Osteuropas mit Krieg. In den Jahren 1938 und 1939 gelang es Hitler ohne Krieg, zunächst die Abtretung der von Deutschen besiedelten Gebiete der Tschechoslowakei an Deutschland durchzusetzen. Dann zerschlug er die Tschechoslowakei und stellte den tschechischen Landesteil unter deutsche Besatzung. Die Slowakei wurde ein selbständiger Staat in Abhängigkeit von Deutschland. Im August 1939 schloß Hitler mit dem sowjetischen Diktator Stalin einen Vertrag („Hitler-Stalin-Abkommen"), in dem Osteuropa in eine deutsche und eine sowjetische Interessenssphäre aufgeteilt wurde. Am 1. September 1939 begann mit dem Überfall Deutschlands auf Polen der 2. Weltkrieg, in dem sich zunächst Deutschland mit seinem Verbündeten

Italien auf der einen Seite und England und Frankreich auf der anderen Seite gegenüberstanden. Der westliche Teil Polens wurde von deutschen, der östliche Teil und die baltischen Staaten von sowjetischen Truppen besetzt. 1941 wurden Jugoslawien und Griechenland von deutschen und italienischen Truppen erobert. Die zwischen Deutschland und der Sowjetunion 1939 vereinbarte Aufteilung Osteuropas war vollzogen.

Im Juni 1941 überfiel das nationalsozialistische Deutschland auch den bisherigen Partner Sowjetunion und eroberte schnell große Territorien. In allen besetzten Ländern (Tschechische Republik, Polen, Sowjetunion) errichteten die Nationalsozialisten ein hartes Besatzungssystem. Hunderttausende von Menschen wurden zwangsumgesiedelt und zur Zwangsarbeit herangezogen. Entsprechend der nationalsozialistischen Ideologie von der Minderwertigkeit der osteuropäischen Völker wurden Menschenleben gering geachtet (siehe den Bericht aus Polen in M 2). So kamen in Polen 320 000 Soldaten und über 5 Millionen Zivilisten, in der Sowjetunion 13,6 Millionen Soldaten und 7 Millionen Zivilisten als Folge von Krieg und deutscher Besatzung zu Tode. Insbesondere die in Osteuropa lebenden Juden wurden systematisch vernichtet. In zu Vernichtungslagern ausgebauten Konzentrationslagern* wurden über 5 Millionen osteuropäische Juden ermordet, allein in Polen etwa 3 Millionen (= 90% der jüdischen Bevölkerung von 1939). Osteuropa hatte damit am stärksten unter dem von dem nationalsozialistischen Deutschland entfesselten Krieg und der deutschen Besetzung zu leiden.

Mit der Schlacht von Stalingrad im Januar 1943 begann der Weg in die deutsche Niederlage. Ganz Osteuropa (Ausnahme Jugoslawien) und der östliche Teil Deutschlands bis zur Elbe wurden von der Roten Armee, den Streitkräften der Sowjetunion, besetzt. In den von ihr besetzten Gebieten förderten sie die dort vorhandenen oder zurückgekehrten kommunistischen* Parteien und verhalfen ihnen zur Macht. So entstanden in ganz Osteuropa kommunistische Einparteiendiktaturen. Nicht-kommunistische Organisationen wurden unterdrückt und viele Gegner aus führenden Stellen entfernt, verfolgt, vor Gericht gestellt oder einfach ermordet.

Der größte Teil der vor 1939 in Osteuropa bestehenden Nationalstaaten wurde wiederhergestellt. Die baltischen Länder und die an die Sowjetunion grenzenden polnischen und rumänischen Gebiete wurden jedoch annektiert. Polen wurde dadurch, daß ihm die deutschen Ostgebiete „zur Verwaltung" übergeben wurden, nach Westen verschoben (siehe M 14 b). Die Folge war Flucht und Vertreibung von mehreren Millionen Deutschen aus den Ostgebieten (siehe M 3) und die Umsiedelung von Polen aus den von der Sowjetunion annektierten Gebieten (siehe M 4).

Die Sowjetunion hielt die Staaten Osteuropas, darunter auch die in der sowjetischen Besatzungszone in Deutschland 1949 gegründete „Deutsche Demokratische Republik" in enger Abhängigkeit. Mittel dazu waren die dort stationierten sowjetischen Truppen, das Militärbündnis „Warschauer Pakt" und die Wirtschaftsvereinigung „Rat für gegenseitige Wirtschaftshilfe".

Diese Abhängigkeit lockerte sich nach dem Tod Stalins im Jahre 1953, blieb aber im Kern bis zur Mitte der achtziger Jahre erhalten.

(Autorentext)

M 16 e

Die Auflösung der sowjetischen Herrschaft in Osteuropa und die Wiederkehr der Nationalstaaten

Im März 1985 wurde Michail Gorbatschow zum Generalsekretär des Zentralkomitees* der Kommunistischen Partei der Sowjetunion und damit zum mächtigsten Mann der Sowjetunion gewählt. Neben einer außenpolitischen Abrüstungs- und Entspannungsoffensive setzte er grundlegende innenpolitische Reformen in Gang. Die entscheidenden programmatischen Schlagworte waren: „Perestrojka = Umbau" und „Glasnost = Offenheit". Diese auf mehr Demokratie zielende Entwicklung in der Sowjetunion ermöglichte auch ähnliche Reformprogramme in anderen Staaten Osteuropas, zuerst in Polen und Ungarn, später in Bulgarien und der Tschechoslowakei.

Die früher stark an die Sowjetunion gebundenen Staaten Osteuropas gingen zunehmend eigene Wege. Im Herbst 1989 wurde in der DDR die Herrschaft der kommunistischen Einheitspartei, der SED*, gestürzt. Aus dieser „demokratischen Revolution" entwickelte sich schnell ein Prozeß der Wiederherstellung der deutschen Einheit, die mit dem Beitritt der DDR zur Bundesrepublik Deutschland am 3. Oktober 1990 vollendet war. Voraussetzung für diesen Schritt waren Verträge Deutschlands u.a. mit Polen, in denen es endgültig auf seine früheren Ostgebiete östlich von Oder und Neiße verzichtete.
In Osteuropa machten sich die Staaten von dem Einfluß der Sowjetunion frei. Der Warschauer Pakt zerfiel. Im Juli 1991 wurde er aufgelöst. Auch in der Sowjetunion regte sich der nationale Unabhängigkeitswillen der nichtrussischen Völker. Zuerst erreichten die baltischen Länder Estland, Lettland und Litauen im Laufe des Jahres 1991 ihre Unabhängigkeit. Im Dezember 1991 wurde die Sowjetunion aufgelöst. Rußland, die Ukraine und Weißrußland sowie eine Reihe weiterer Teilrepubliken der ehemaligen Sowjetunion wurden unabhängig. Sie blieben nur lose in der „Gemeinschaft unabhängiger Staaten" (GUS) miteinander verbunden. In wenigen Jahren hatte sich die Karte Osteuropas (M 15) grundlegend verändert.

(Autorentext)

M 17

Hinweise zur Vorbereitung eines Kurzreferates

Ein Referat ist ein mündlicher Vortrag über ein deutlich markiertes Thema. Es dient dazu, einer Zuhörerschaft neue Informationen über ein bestimmtes Thema zu vermitteln, die sie ohne erheblichen Aufwand sonst nicht bekommen würde. Für den Referenten/die Referentin gibt es die Möglichkeit, sich darin zu üben, Sachverhalte in zusammenhängender, geordneter Form vorzutragen.
Für die *Vorbereitung* ist folgendes zu beachten:
– Das *Thema* muß klar bezeichnet und eingegrenzt werden. Eine solche klare Fragestellung hilft bei der Stofferarbeitung und erleichtert später beim Vortrag das Zuhören.
– Das in der Vorbereitung zu erarbeitende *Material* sollte – eventuell nach einer Phase der Materialsuche – genau eingegrenzt werden. Unüberschaubares Material führt zur Verzettelung und oberflächlichen Bearbeitung.
– Der Referent sollte sich bei der Vorbereitung an einen *Arbeitsplan* mit folgenden Arbeitsphasen halten:
  ● Materialsuche (falls nicht vorgegeben),
  ● Auswertung des Materials (Lesen, Unterstreichen, Notizenmachen),
  ● Erstellung einer Gliederung,
  ● Ausarbeitung des Referates in Stichworten (kein Aufsatz),
  ● Vorbereitung von unterstützenden Materialien für den Vortrag (evtl. Folie oder vervielfältigte Übersicht).
Für die *Durchführung* des Referates sollten folgende Grundsätze beachtet werden:
– Ein Referat sollte *klar gegliedert* sein. Nach einer Einleitung, die das Thema sowie die Materialgrundlage nennt und versucht, die Zuhörer für das Thema zu interessieren, folgt ein unter Umständen noch einmal unterteilter Hauptteil mit den Informationen und Gedanken, die der Referent vermitteln will. Am Ende steht eine knappe Zusammenfassung, in der unter Umständen auch offene Fragen und Möglichkeiten der Weiterarbeit benannt werden.
– Ein Referat soll auf die Fähigkeit der *Zuhörer,* konzentriert zuzuhören, ausgerichtet sein. Die Länge des Referates muß deshalb genau überlegt werden.

- Ein Referat sollte nach Stichworten *frei vorgetragen* und nicht abgelesen werden, da der Vortrag so lebendiger wird.
- Der Referent sollte den Zuhörern zu Beginn mitteilen, wie er sich *Rückfragen* vorstellt (Zwischenfragen während des Referates oder Fragen nach der Beendigung des Vortrags). Solche vereinbarten Regeln geben Referent und Zuhörer Sicherheit.
- In vielen Fällen ist es sinnvoll, den mündlichen Vortrag durch kurze Skizzen, Schemata und Zusammenfassungen zu unterstützen. Ihre Präsentation auf einer *Folie,* auf die der Referent laufend Bezug nimmt, konzentriert die Aufmerksamkeit der Zuhörer auf den Vortrag. Schriftliche Zusammenfassungen in vervielfältigter Form sollten deshalb im Regelfall erst am Ende des Vortrags ausgegeben werden.

Für ein aktives und wirksames *Zuhören* bei Referaten sollte folgendes beachtet werden:
- Wichtiger als die Erfassung aller Einzelheiten ist es, den „roten Faden" des Referenten zu verfolgen. Dabei ist es hilfreich, auf Einleitungssätze, Überleitungen und Zusammenfassungen besonders zu achten.
- Ein Versuch, möglichst viel möglichst genau mitzuschreiben, behindert eher bei der Aufnahme der Informationen. Insbesondere, wenn eine schriftliche Zusammenfassung angekündigt wird, ist es besser, sich nur die grobe Struktur des Vortrags und ggf. Stichworte zu Rückfragen oder Diskussionsbeiträgen zu notieren.

(Autorentext)

❶ M 16 enthält nur einen knappen Abriß der komplizierten Geschichte Osteuropas und beschränkt sich im wesentlichen auf eine beschreibende Zusammenfassung. Nähere Erläuterungen und Erklärungen für bestimmte Entwicklungen findest du in deinem Geschichtsbuch.

❷ Stelle die wichtigsten Stadien der Geschichte Osteuropas zusammen. Eine gute Übersicht bekommst du, wenn du eine Zeitleiste anlegst und jeweils für einen bestimmten Zeitraum die wichtigsten Stichworte notierst. Hinweise für die Vorbereitung eines kurzen Referates findest du in M 17.

❸ Kennzeichne die Erfahrungen, die viele Menschen Osteuropas in den letzten fünfzig Jahren machen mußten, und überlege, welche Prägungen und Einstellungen sich aus diesen Erfahrungen ergeben können.

Partnerschaft als Aufgabe

Seit dem Zusammenbruch der kommunistischen Herrschaft in Osteuropa und der Überwindung des Ost-West-Gegensatzes in den Jahren 1989 bis 1991 wird immer wieder von Politikern aus Ost- und Westeuropa die Aufgabe beschworen, „die neue Partnerschaft zu gestalten". So erklärten z.B. die sieben wichtigsten Industriestaaten der Welt (USA, Deutschland, Frankreich, Großbritannien, Italien, Japan, Kanada) auf einem Weltwirtschaftsgipfel im Juli 1992, sie seien entschlossen, „die sich jetzt bietenden einzigartigen Chancen durch partnerschaftliches Handeln zu nutzen. [...] Die Staaten Mittel- und Osteuropas und die neuen Staaten der früheren Sowjetunion können jetzt Chancen ohnegleichen wahrnehmen. Sie stehen aber auch vor enormen Herausforderungen. Wir werden sie auf dem Weg zur Schaffung gänzlich demokratischer Gesellschaften und politischer und wirtschaftlicher Freiheiten unterstützen."

In diesem Abschnitt sollen in Anknüpfung an den ersten und zweiten Abschnitt einige Probleme der neuen Partnerländer in Osteuropa und der Gestaltung der Beziehungen Deutschlands zu diesen Ländern genauer behandelt werden. Dabei soll es zunächst um die Problematik des unterschiedlichen Lebensstandards in Ost- und Westeuropa und deren Folgen gehen (M 18–M 19). Im engen Zusammenhang damit stehen die folgenden Materialien über Migrationen, d.h. die Wanderungsbewegungen in Osteuropa (M 20–M 22). Dann soll am Beispiel des deutsch-polnischen Vertrages aus dem Jahre 1991 dargestellt werden, wie eine durch die Erfahrungen der Vergangenheit schwierige Nachbarschaft ausgestaltet werden kann (M 23–M 24). Daran schließen die am Ende des Kapitels stehenden Materialien an, die sich mit den Möglichkeiten beschäftigen, eine gute Nachbarschaft durch vielfältige Aktivitäten und Begegnungen zu fördern (M 25–M 27). Dabei werden auch eure eigenen Möglichkeiten als Schüler und Schülerinnen angesprochen.

M 18

Bericht aus einem harten Winter (Polen im Dezember 1991)

Wenn Anna Knefa an vergangene Zeiten unter den Kommunisten denkt, wird sie wehmütig. Die Versorgung war damals zwar nicht besonders üppig, aber durch Lebensmittelkarten gesichert.

Heute, sagt die Mutter zweier Kinder, „kann ich mir im Geschäft die Sachen nur noch anschauen, aber nicht kaufen". Denn „Kartki" existieren nicht mehr, und ihr Monatslohn von knapp 1,2 Millionen Zloty (rund 170 Mark) „reicht eigentlich nur die erste Woche des Monats".

160 000 Zloty muß die 32jährige Köchin der Warschauer Grundschule Nr. 15 für die Einzimmerwohnung zahlen, die sie und ihre Kinder mit Schwager, Schwester, Neffe und Mutter teilen. 100 000 Zloty fordert die Schule an Gebühren, der Englischlehrer von Tochter Aneta verlangt zu seinem Gehalt pro Kind auch noch 60 000 Zloty.

Sonst werde er sich, hatte er verkündet, eine besser dotierte Stelle suchen. Weil Fremdsprachen-Lehrer in Polen knapp sind, akzeptierten die Eltern die Bedingung.

Den Rest ihrer Einkünfte gibt Anna Knefa für Lebensmittel und Kleidung aus – die bei einer Inflationsrate von rund 60 Prozent immer teurer werden. Ein Kilo Wurst kostet jetzt statt 35 000 Zloty 39 000 (rund 5,60 Mark), der Preis für ein halbes Pfund Butter stieg auf umgerechnet 1,10 Mark.

Für zwei Paar Kinder-Winterstiefel mußte die Warschauerin in einem Billig-Laden jüngst über 40 Mark, fast ein Viertel ihres Lohnes, aufbringen. „Ich sehe für uns keine Zukunft", sagt Anna Knefa verzweifelt.

Wenn die Lage auch nicht immer so dramatisch wie bei den Knefas ist – viele polnische Familien fragen sich in diesen Wochen, wie sie finanziell über die Runden kommen sollen. Nicht selten heißt die Alternative: Lebensmittel anschaffen oder Miete überweisen.

Warschauer Winter 1991: Die Wende hat den Bürgern zwar politische Freiheiten sowie die Möglichkeit gebracht, in schicken Boutiquen und Geschäften zu erwerben, was es einst bloß im Westen gab. Doch leisten kann sich die schönen Dinge nur eine Minderheit.

Bei einem Durchschnittseinkommen von 270 Mark ist ein Kilo Schweinekotelett (knapp 7 Mark) ein teures Vergnügen. Für einen sowjetischen Kühlschrank der Marke „Minsk" muß ein Pole knapp eineinhalb Monate, für einen deutschen rund vier Monate schaffen.

80 Prozent der Bürger sind laut offizieller Statistik gezwungen, sich beim Kauf von Brot, Butter, Fleisch, Obst und Gemüse einzuschränken. Zwei Drittel aller Haushalte können sich Urlaub nicht mehr leisten. Nur noch jede zehnte polnische Familie ist finanziell sorgenfrei.

„Der kommende Winter", prophezeite die Zeitung der Postkommunisten, Trybuna, „wird eine Überlebensschule für eine große Menge von Familien."

Zu den Kunden der vom früheren Sozialminister Jacek Kuron eingerichteten Suppenküchen, die den Armen wenigstens zu einem warmen Gratis-Essen am Tag verhelfen sollen, gehören nicht mehr nur die Gescheiterten und Kranken. Auch pensionierte Akademiker zum Beispiel, sagt Suppenküchen-Chefin Danuta Sawicka am Warschauer Invalidenplatz, löffeln bei ihr eine Mahlzeit, weil ihre Renten nicht ausreichen.

Über Geldmangel klagen vor allem Studenten und Alte. Genehmigt das Verfassungsgericht das neue Rentengesetz, müssen gar 1,4 von insgesamt 6 Millionen Senioren mit geringeren Einkünften als vorher leben. Der Mindestsatz darf allerdings nicht unter 87 Mark rutschen.

Viele Polen sind schon jetzt auf die Hilfe ihrer Kinder angewiesen. Die ehemalige Buchhalterin Malgorzata Czarnecki, 74, erhält 98 Mark Rente, von denen allein Miete, Strom, Gas- und TV-Gebühren über 28 Mark verschlingen.

Auf die Rentnerin Czarnecki kommen künftig noch mehr Belastungen zu. Ihre Medikamente, etwa gegen Bluthochdruck und Augenentzündung, muß sie, so will es die Regierung, fortan selbst bezahlen.

Von einer Mieterhöhung ist die alte Dame bislang verschont geblieben – im Gegensatz zu den meisten polnischen Bürgern. Die Mieten der halbprivaten und der staatlichen Baugenossenschaften stiegen in den letzten sechs Monaten gegenüber dem Vorjahr fast um das Doppelte.

(Der Spiegel Nr. 50 v. 9.12.1991, S. 192 ff.)

Die in M 18 beschriebenen wirtschaftlichen Probleme Polens sind zu einem erheblichen Teil eine Folge des Zusammenbruchs der kommunistischen* Herrschaft und der staatlich kontrollierten Wirtschaft. Mit dem langsamen Übergang zu einer weniger vom Staat kontrollierten Wirtschaft wurden Schwächen der polnischen Wirtschaft wie eine unrentable* und im Verhältnis zu den westlichen Ländern nicht konkurrenzfähige Wirtschaft deutlich. Diese Probleme offenbarten sich in einer Wirtschaftskrise mit sehr starken Preissteigerungen und hoher Arbeitslosigkeit. Die Europäische Union (EU) unterstützt den wirtschaftlichen Aufbau in Polen und den anderen osteuropäischen Staaten mit erheblichen finanziellen Mitteln. Erste Erfolge, aber auch weiter bestehende Probleme werden in dem folgenden Material deutlich.

M 19

Zeichen wirtschaftlicher Erholung (April 1993)

Marek Romanowski, 31, wollte Unternehmer werden. Vor zwei Jahren kündigte er seinen Verkäuferjob in einer staatlichen Drogerie und mietete in einem zugigen Durchgang der Warschauer Nowowiejska-Straße einen 17 Quadratmeter großen Raum. Zunächst offerierte er mit wenig Erfolg Schuhe, später Büroartikel. Nun hat er sich auf Gemüse, Eis und Getränke verlegt.

Der Aufsteiger verdient in seiner neuen Existenz zwölf Millionen Zloty (1200 Mark) im Monat – knapp das Vierfache eines Durchschnittslohns. Das reichte, um über die umsatzschwachen Wintermonate zu kommen und noch einiges in das Geschäft zu stecken. Jüngst schaffte er sich einen gebrauchten Lieferwagen der Marke „Zuk" an, mit dem er Ware vom Großmarkt holt.

Zwölf Stunden am Tag schuftet Romanowski und sehnt sich manchmal nach den ruhigen Zeiten als Staatsangestellter zurück: „Damals konnte ich wenigstens zwei Wochen in Urlaub fahren."

Aber: „Ich bin mit meinem Leben zufrieden, auch wenn ich mir keine tollen Sprünge leisten kann." Romanowski hofft, irgendwann einen „normalen Laden" zu gründen. […]

Polens private Wirtschaft blüht: Allenthalben entstehen Autosalons, Imbißbuden, Buchläden, Zahnarztpraxen. Das graue Warschau ist bunter geworden. Den ehemals öden Verfassungsplatz schmücken weiß-rote Kioske selbständiger Kleinhändler. Exklusive Boutiquen, Edel-Restaurants und westliche Luxusautos mehren sich. [...]

Die Privaten schaffen Arbeitsplätze. 57 Prozent aller Beschäftigten finden bei ihnen Lohn und Brot, sie stellen knapp ein Drittel aller Industrieprodukte her. 1992 verdoppelte sich die Zahl der privaten Betriebe gegenüber 1991 – das Gros allerdings bilden kleine Familien- oder Einmannfirmen.

Damit führt Polen im geborstenen Ostblock vor Ungarn, Rumänien und Bulgarien. Doch noch schaffen Polens Arbeiter ein geringeres Sozialprodukt als 1989, dem Jahr der Wende.

In 6 der 49 Woiwodschaften ist jeder fünfte Einwohner arbeitslos. Über die Hälfte der staatlichen Betriebe zahlt wegen schlechter Ertragslage keine Steuern mehr. Untereinander sind die Unternehmen mit enormen Summen verschuldet.

Die soziale Schere klafft immer weiter auseinander. Das staatliche Statistikamt verzeichnete „auf der einen Seite eine wachsende Zahl von wohlhabenden Menschen", andererseits „eine wachsende Zahl von Familien mit Einkommen unter dem sozialen Minimum."

(Der Spiegel Nr. 17 v. 26.4.93, S. 194 ff.)

❶ Beschreibe die Probleme der polnischen Bevölkerung im Winter 1991/92, wie sie in M 18 beschrieben werden. Für welche Bevölkerungsgruppen ist die Situation am schwierigsten?

❷ Beschreibe, wie sich die wirtschaftliche Situation in Polen im Frühjahr 1993 gegenüber dem Dezember 1991 (M 18) verändert hat (M 19). Welche Erfolge wurden erreicht? Welche Probleme sind geblieben oder neu aufgetreten? – Informiert euch aus Presseberichten über die aktuelle Entwicklung in Polen.

M 20

„Ansturm auf die Wohlstandsfeste"

Flirrende Hitze, Gestank, Geschrei; 9000 Flüchtlinge schmoren in Abfällen und Exkrementen. Soldaten und Polizisten prügeln auf Hungernde ein. Sanitäter bergen im Steinhagel Verletzte. Desperados in Lumpen stürmen, Messer und Eisenstangen schwenkend, einen mit Lebensmitteln beladenen Lastwagen.

Der Turiner Zeitung La Stampa kamen die Szenen aus dem Hafen von Bari vor wie ein Ausblick auf den „Krieg des dritten Jahrtausends". [...]

Der Marsch auf Westeuropa hat begonnen. Polens Präsident Lech Walesa warnte vorige Woche vor der „albanischen Bedrohung". So wie die Albaner nach Italien, würden Millionen aus dem ehemaligen Ostblock nach Westen flüchten, wenn den bankrotten Ländern nicht geholfen werde.

Einzeln oder in kleinen Gruppen gelangten die Armutsflüchtlinge über die Grenzen – sie werden eingeschleust, überqueren auf Schmugglerpfaden das Gebirge oder werden nachts von Fischerbooten an den Küsten Spaniens oder Italiens ausgesetzt. Sie reisen ganz legal mit dem mühsam ersparten Ticket und einem Touristenvisum über Flughäfen ein, kommen mit dem Zug oder gar im eigenen Pkw. „Sie klopfen an unsere Tür, tausendfach, millionenfach", so die belgische Flüchtlingsbeauftragte Paula D'Hondt. [...]

Zur Zeit [1991] leben in den zwölf Ländern der Europäischen Gemeinschaft knapp zehn Millionen Emigranten und Flüchtlinge. Mindestens fünf Millionen werden für die nächsten drei, vier Jahre erwartet – wobei die Prognosen ständig nach oben korrigiert werden müssen. [...]

Der Zusammenbruch des Kommunismus* und der Zerfall der staatlichen und wirtschaftlichen Ordnung in Osteuropa haben das Problem potenziert.

Osteuropäer nutzen ihre neuen Freiheiten, um sich zu Hunderttausenden nach Westen abzusetzen.

Allein Polen hat im letzten Jahr über eine Viertelmillion Rumänen, die meisten davon Zigeuner, aufnehmen müssen. Die Regierung in Warschau ist formell zwar zur Zusammenarbeit mit den deutschen Nachbarn bereit, um die Flut einzudämmen. Doch sie ist dankbar für jeden Rumänen oder Bulgaren, der den Abgang über die Westgrenze schafft. [...]

Der nächste große Schub wird aus Jugoslawien erwartet. Wenn der Bürgerkrieg nicht gestoppt wird, womöglich außer Kontrolle gerät, ist ein totaler wirtschaftlicher Zusammenbruch unausweichlich.

Die Fluchtbewegungen aus Rumänien, Bulgarien und Jugoslawien sind aber bislang nur Rinnsale im Vergleich zu dem Strom, der auf Westeuropa zukommt, wenn die Sowjetunion ihre Grenzen öffnet.

Der sowjetische Parlamentsvizepräsident Iwan Laptew rechnet mit 5 bis 6 Millionen Emigrationswilligen. [...]

Selbst wenn es nicht zu dem befürchteten ungeordneten Massenexodus kommt, muß Deutschland für die nächsten Jahre noch einmal mit zwei bis vier Millionen Aussiedlern rechnen – vorausgesetzt, es bleibt bei dem Grundrecht für die Deutschstämmigen in aller Welt auf freien Zugang zur Bundesrepublik. [...]

Albanische Flüchtlinge im Hafen von Bari
(Foto: AP, Frankfurt)

Je größer die Kluft zwischen dem wohlhabenden Westeuropa und der Dritten Welt wird, desto mehr Menschen machen sich auf die Wanderung. Die Migrationsforscher unterscheiden zwischen den „Push- und Pull-Effekten" als Auslöser für die Flüchtlingsströme: Hungersnöte, Kriege, bürgerkriegsähnliche Konflikte und Umweltzerstörung entwurzeln und vertreiben die Menschen (Push-Effekt). Gleichzeitig erhöht sich die Attraktivität – der Pull-Effekt – Westeuropas: hoch industrialisiert, stabil, vergleichsweise reich und dazu mit sinkenden Geburtenraten und einem absehbaren Bedarf an Arbeitskräften.

Die Medien verbreiten mit ihren TV-Serien über den Goldenen Westen die frohe Botschaft vom Paradies auf Erden. Italien, das war für die Albaner, die in ihrer Heimat das italienische Fernsehen empfangen konnten, das Paradies. Um so enttäuschter und wütender kehrten viele der so ungastlich Empfangenen in ihre ungeliebte Heimat zurück. [...]

Die meisten Ankömmlinge sind auch nicht echte Hungerflüchtlinge, sondern tatkräftige, junge Menschen, die nicht resigniert haben und die in der Regel finanziell noch gut genug ausgestattet sind, um sich den Flugschein oder das Honorar für den Schlepper an der Oder-Neiße-Grenze leisten zu können. [...]

In den EG-Hauptstädten ist die Ratlosigkeit groß. Politiker, die bisher vor kurzem den Vorwurf strikt zurückgewiesen haben, die EG der Zwölf formiere sich zu einer „Festung Europa", denken nun krampfhaft darüber nach, wie sie die Außengrenze gemeinsam gegen die unerwünschten Eindringlinge sichern können.

Denn es ist gar nicht möglich, die vielen tausend Kilometer Küsten und grünen Grenzen gegen die Migranten abzusichern. „Wir können doch keine

(Zeichnung: Horst Haitzinger)

Mauer rund um Europa bauen", so der Bonner Ministerialbeamte Olaf Reermann. Seit Jahren diskutiert er mit seinen Kollegen aus der Europäischen Gemeinschaft darüber, wie die EG nach außen hin ihre Grenzen sicherer machen kann.

Je offener die Grenzen innerhalb Europas sind, um so stärker müßten die äußeren Grenzen gesichert werden. Doch Europa hat viele tausend Kilometer offene Flanken. Allein über die knapp 200 Kilometer lange sowjetisch-norwegische Grenze kamen letztes Jahr mehr als 10 000 Flüchtlinge – 200mal so viele wie vor 20 Jahren. Selbst Grenzbefestigungen sind keine Garantie gegen illegale Einwanderer. Die Nordamerikaner sperren ihre Grenze nach Mexiko mit Gittern und Elektrozäunen. Trotzdem schaffen jedes Jahr ein bis zwei Millionen den Sprung nach drüben. […]

Als eine „differenzierte Antwort" für die politischen und die Armutsflüchtlinge könnte sich der nordrhein-westfälische Innenminister Herbert Schnoor eine festgelegte Einwanderungsquote vorstellen, die sich auch nach dem Arbeitskräftebedarf in den Aufnahmeländern richtet.

Eine kontrollierte Aufnahme von Flüchtlingen könnte zudem den Vorwurf entkräften, die Europäer igelten sich in ihrem Wohlstand ein. Tatsächlich sind auch die Sowjets an Quotenregelungen der EG für ihre ausreisewilligen Bürger interessiert. „Nur muß die Europäische Gemeinschaft", so fordert ein Vertreter der Zentralen Planbehörden in Moskau, „das Problem wirklich unter dem Aspekt prüfen, das Mögliche möglich zu machen." […]

Die University of Maryland hat in vergleichenden Studien nachgewiesen, daß Neueinwanderer in Kanada und in den USA im Schnitt mehr Steuern zahlen und weniger Sozialhilfe beanspruchen als alteingesessene Bürger. Der Antrieb, nach oben zu kommen, ist größer als die Verlockung, sich mit dem Minimum an staatlichen Hilfsleistungen zufrieden zu geben.

Langfristig brauchen die Wohlstandseuropäer sowieso ausländische Arbeitskräfte, um ihr soziales Gefüge in der Balance zu halten. Und es kommen ja nicht die schlechtesten. Die Bundesrepublik, so sagt Professor Wadim Sokolinski vom Moskauer Finanz-Institut optimistisch, könne fünf Millionen Sowjetarbeiter doch sicher gut gebrauchen […]

Doch trotz Schreckensszenen wie denen von Bari ist der innere Druck offenbar noch nicht so groß, daß die Europäer bereit wären, die Einwanderungslösung zu akzeptieren. „Die Gewöhnungsleistung, die dazu erbracht werden muß", sagt der SPD-Asylexperte Dietrich Sperling, „ist in dieser Generation noch nicht zu haben." […]

Für Franz Nuscheler, Professor für internationale und vergleichende Politik an der Gesamthochschule Duisburg, ist der massenhafte Andrang von Elends- oder Umweltflüchtlingen nur aufzuhalten, „wenn wir ein Stück unseres Wohlstands zum Abbau des internationalen Wohlstandsgefälles abtreten".

Der sowjetische EG-Botschafter Wladimir Schemjatenkow fordert großzügigere Wirtschaftshilfe für sein zerrüttetes Land: „Es ist nicht klug, die Menschen zum Kapital ziehen zu lassen. Es ist besser, das Kapital zu den Menschen zu bringen." […]

Die Industriestaaten müßten das Übel an der Wurzel bekämpfen und ausreichend Nahrung und Jobs für die Menschen der Südhalbkugel schaffen, schrieb Uno-Flüchtlingsexperte Jonas Widgren in dem Fachblatt *Flüchtlinge*. Er meint, mit der Schaffung von 35 Millionen Arbeitsplätzen im Jahr könne der Sturm auf die Wohlstandsfestungen in Westeuropa, Nordamerika und Südostasien aufgehalten werden.

(Der Spiegel Nr. 13 v. 25.03.91, S. 183 ff., und Nr. 34 v. 19.08.91, S. 130 ff.)

M 21

„Osteuropas neue Völkerwanderung"

Mit Blaulicht fährt ein Polizeiauto den drei Omnibussen voraus. Am Dorfplatz von Lubunista in Mazedonien steigen die Frauen und Kinder aus. Sie kommen aus Slowenien, dem Norden des ehemaligen Jugoslawien – Österreich war gleich nebenan.

Nun sind sie im Orient. Der Muezzin ruft zum Gebet. Die Mehmed-Alieva-Moschee füllt sich mit Gläubigen. Der Geistliche begrüßt die Neuankömmlinge.

Alija Hoxha, 19, wendet sich ab, rennt aus dem Gebetshaus und schreit: „Das ist nicht meine Welt."

Seine Eltern lebten einmal hier, in der kleinen islamischen Enklave beim Ochridsee an der Grenze zu Albanien. Vor 23 Jahren waren sie nach Slowenien gezogen, hatten sich dort ein Haus gebaut, waren heimisch geworden. Als sich voriges Jahr der kleine Alpenstaat mit seinen knapp zwei Millionen Einwohnern von Jugoslawien lossagte, wurden alle Nicht-Slowenen zu Ausländern.

Auch Mazedonien werde mit dem Niedergang Jugoslawiens seine staatliche Souveränität erreichen, gaben die Behörden dem Mann mit dem moslemischen Namen Hoxha zu verstehen. Die Zuwanderer sollten ins Land ihrer Vorfahren zurückkehren. „Auf einmal wurde ich zum mazedonischen Moslem erklärt", klagt Alija auf slowenisch: Denn Mazedonisch geht ihm noch nicht über die Lippen. [...]

Der von den Kommunisten einst brutal unterdrückte Nationalismus feiert üble Urständ. Fremdenhaß breitet sich aus in ganz Osteuropa, eine neue Völkerwanderung beginnt: eine weit um sich greifende „Binnenvertreibung", die in den kommenden Jahren den vorhergesagten Massenexodus gen Westen womöglich weit übertreffen könnte.

Nach dem Zusammenbruch der Vielvölkerstaaten Sowjetunion und Jugoslawien sowie der Auflösung der CSFR kommen in Osteuropa wie zu Beginn des Jahrhunderts wieder nationale Abgrenzung und Vorurteile hoch. Nationale Minderheiten, unlängst noch im KSZE*-Prozeß als „Brücken" beim Zusammenwachsen der Völker Europas gedacht, gelten plötzlich wieder als Bedrohung und Konfliktpotential. [...]

Die Moskauer Soziologin Schanna Sajontschkowskaja von der Russischen Akademie der Wissenschaften präsentiert dramatische Zahlen: Etwa 40 Millionen Bürger der ehemaligen Sowjetunion leben durch den Zerfall des roten Imperiums derzeit fern vom Territorium. So ergeht es auch kleineren Völkerschaften in den Nachfolgestaaten des ehemaligen Sowjetreichs. Deutsche, Juden, Polen, Koreaner, Griechen, Zigeuner und Angehörige Dutzender Moslem- und Turkvölker möchten lieber heute als morgen ihre Aufenthaltsorte verlassen und dorthin zurückkehren, wo sie glauben, unter Menschen der eigenen Sprache und gleicher Gewohnheiten leben zu können. […]

(Der Spiegel Nr. 53 v. 28.12.1992, S. 110 ff.)

Auf der Suche nach einem besseren Dasein setzt sich der Osten in Marsch.

M 22

Politische Antworten auf die Migrationsprobleme

- Kompromißlose Abschottung: Eine Politik geschlossener Grenzen wird nicht nur an Stammtischen gefordert, auch wenn die aggressive Variante des „Deutschland den Deutschen" allenfalls von einer extremistischen Minderheit propagiert wird. Aber zehn bis fünfzehn Prozent der Bevölkerung stimmen kompromißlos der These zu: „Das Boot ist voll." […]
- Kontrollierte Zuwanderung: Teils aus Überzeugung, daß Deutschland […] einen Wanderungsüberschuß braucht, teils aus der Einsicht, daß eine völlige Abschottung gar nicht möglich ist, solange es die bekannten Migrationsursachen gibt, wird ein Konzept der kontrollierten Zuwanderung vertreten. Als Modell einer solchen geregelten Immigration gelten die USA und Kanada. […]
- Restriktive* Abwicklung/Abschreckung: Eine Verschärfung des administrativen Verfahrens und Kürzung der sozialen Leistungen für Zuwanderer wird in unterschiedlicher Weise seit langem praktiziert, allerdings mit zweifelhaftem Erfolg. […]

Die Größenordnung des Migrationspotentials und die globalen Trends belegen, daß die Wanderungsprobleme weder in Deutschland noch in Europa gelöst werden können und auch weder durch Restriktion* noch durch Freizügigkeit. […]

Als zwingende Konsequenz folgt daraus, daß die fundamentalen Fluchtursachen (Push-Faktoren; vgl. M 20) bekämpft werden müssen. Dies aber ist nur in mittel- und langfristigen Strategien zur Beeinflussung der Herkunftsländer möglich. Eine abgestimmte Politik im Weltmaßstab und eine reformierte UNO sind dazu unerläßlich. Wie oben gezeigt, müßte diese vorzugsweise der Garantie von Menschenrechten und Minderheitenrechten sowie den ökonomischen Überlebenschancen dienen. Dazu ist – neben politischen und rechtlichen Garantien – zumindest eine enorme Ausweitung der wirtschaftlichen Entwicklungshilfe und ein ökologisches Umdenken in den Industrienationen notwendig. […]

All dies läuft jedoch letztlich auf eine neue Partizipation* und damit auf die Bereitschaft zum Teilen hinaus. „Teilung ist nur durch Teilen zu überwinden" – das gilt auch global. Auch wenn Skepsis angesichts der jüngsten Erfahrungen mit der deutschen Einigung angebracht ist: Es gibt dazu keine Alternative, die humanen Ansprüchen und der Werteordnung demokratischer Gesellschaften genügt.

(Albert Mühlum, Armutswanderung, Asyl und Abwehrverhalten – globale und nationale Dilemmata, in: Aus Politik und Zeitgeschichte, Beilage zur Wochenzeitung Das Parlament, B 7/93 v. 12.2.1993, S. 13 ff.)

❶ Beschreibe mit Hilfe von M 20 und M 21, was Wanderungsbewegungen (Migrationen) sind, welche Ursachen sie haben und welche Probleme sie schaffen. Erkläre, warum Osteuropa in besonderer Weise von den Wanderungsbewegungen und ihren Folgen betroffen ist.

❷ Erstelle mit Hilfe von M 22 eine Übersicht über die möglichen „politischen Antworten" auf die Migrationsprobleme. Untersuche, welche Antworten sich ergänzen oder sich ausschließen.

❸ Werte M 20 und M 21 im Hinblick auf die dort genannten möglichen Reaktionen der Politiker auf die Wanderungsbewegungen aus. Welchen der in M 22 genannten Möglichkeiten lassen sie sich zuordnen?

M 23

Deutsch-polnische Beziehungen in der Zeit nach dem 2. Weltkrieg

Die Beziehungen zwischen der Bundesrepublik Deutschland und Polen wurden in den ersten Jahrzehnten nach dem 2. Weltkrieg durch die historischen Belastungen aus der Zeit der deutschen Besetzung Polens im 2. Weltkrieg und der ersten Nachkriegszeit (siehe M 2, M 3 und M 16 d) sowie das ungelöste Problem der polnischen Westgrenze bzw. deutschen Ostgrenze bestimmt. Die östlich von Oder und Neiße gelegenen ehemaligen deutschen Gebiete waren 1945 von den Siegermächten des 2. Weltkrieges (USA, Großbritannien, Frankreich und Sowjetunion) unter polnische Verwaltung gestellt worden. Die endgültige Festlegung der deutsch-polnischen Grenze wurde jedoch vertagt.

Polen betrachtete die Oder-Neiße-Linie als endgültige Grenze, während die Bundesrepublik Deutschland die Vorläufigkeit dieser Grenze betonte. Im Jahre 1970 entschloß sich eine von SPD und FDP gestellte Bundesregierung unter Bundeskanzler Willy Brandt (SPD), schon vor einer endgültigen Regelung in einem Friedensvertrag die Unverletzlichkeit der Oder-Neiße-Grenze als polnische Westgrenze anzuerkennen und den Verzicht auf Gebietsansprüche an Polen auszusprechen. Im Dezember 1970 wurde ein entsprechender Vertrag zwischen Polen und der Bundesrepublik Deutschland geschlossen. Bundeskanzler Willy Brandt besuchte Warschau und ehrte bei einer Kranzniederlegung die Opfer der nationalsozialistischen Gewaltherrschaft durch Niederknien. Diese Geste der Versöhnung fand weltweit Beachtung (siehe Foto).

Bundeskanzler Brandt vor dem Denkmal der Gefallenen des Getto-Aufstandes in Warschau.
(Foto: Sven Simon, Essen)

Als nach dem Zusammenbruch der kommunistischen Herrschaft in der DDR* im Jahre 1990 die Wiedervereinigung Deutschlands vorbereitet wurde, machten die Siegermächte des Zweiten Weltkriegs und Polen die endgültige Anerkennung der Oder-Neiße-Grenze zur Bedingung für ihre Zustimmung zur Wiedervereinigung. In einem deutsch-polnischen Grenzvertrag vom November 1990 wurde diese endgültige Anerkennung vereinbart. Im Juni 1991 folgte ein Vertrag über „Gute Nachbarschaft und freundschaftliche Zusammenarbeit" zwischen Deutschland und Polen (siehe M 24).

(Autorentext)

M 24

Der deutsch-polnische Vertrag vom Juni 1991

Nach der völkerrechtlich verbindlichen Anerkennung der polnischen Westgrenze an Oder und Neiße durch die Bundesrepublik im deutsch-polnischen Grenzvertrag vom 14. November 1990 kam es zu einem weiteren Schritt auf dem Wege der Aussöhnung zwischen beiden Völkern: Am 17. Juni 1991 unterzeichneten Bundeskanzler Kohl, der polnische Ministerpräsident

Bielecki und die beiden Außenminister Genscher und Skubiszewski in Bonn den „Vertrag zwischen der Bundesrepublik Deutschland und der Republik Polen über gute Nachbarschaft und freundschaftliche Zusammenarbeit". Beide Vertragspartner sehen in ihm – nach über 50 Jahren nach dem deutschen Überfall auf Polen – einen „Akt von historischen Dimensionen" und einen „Wegweiser für die Zukunft Europas". Die verantwortlichen Politiker in Bonn und Warschau haben damit einen vorläufigen Schlußstrich unter eine schmerzliche Vergangenheit gezogen und wichtige Grundlagen für eine gemeinsame Zukunft festgelegt.

Die Bundesrepublik verpflichtet sich in dem Vertragswerk dazu, die Heranführung Polens an die Europäische Gemeinschaft* nach Kräften zu fördern und die innenpolitischen Reformbemühungen auf dem Wege zu einer funktionstüchtigen parlamentarischen Demokratie und Sozialen Marktwirtschaft zu unterstützen. Unter besonderer Berücksichtigung dieser beiden Gesichtspunkte sollen auf der Grundlage der getroffenen Vereinbarungen künftig die Zusammenarbeit in den Bereichen Wirtschaft, Landwirtschaft, Finanzen, Arbeit und Soziales sowie Umweltschutz ausgebaut und der Kultur- und Wissenschaftsaustausch zwischen beiden Staaten intensiviert werden. Reise-, Zoll- und Grenzabfertigungen sollen erleichtert und neue Grenzübergänge geschaffen werden. Für die regionale und grenzüberschreitende Zusammenarbeit hat man die Einrichtung einer gemeinsamen Regierungskommission vereinbart. Beide Vertragspartner wollen auf diese Weise auch einen Beitrag zur Sicherheit in Europa und zum Zusammenwachsen zwischen den Westeuropäern und den Reformstaaten des Ostens leisten.

Besonders wichtig für Bonn sind vor allem die in den Artikeln 20 bis 25 des Vertrages und in dem Brief der Außenminister zur Lage der Volksgruppen vereinbarten Regelungen über die deutsche Minderheit in Polen. […] Ihre Angehörigen, die mit der Unterzeichnung des Vertrages erstmals von Warschau förmlich anerkannt werden, haben nunmehr das Recht,
– ihre ethnische*, kulturelle, sprachliche und religiöse Identität frei zu bewahren,
– sich in der Öffentlichkeit ihrer Muttersprache zu bedienen,
– eigene Kultur- und Bildungseinrichtungen zu unterhalten.

Mit der gleichzeitigen Unterzeichnung eines Abkommens über die Gründung eines Deutsch-Polnischen Jugendwerkes haben die verantwortlichen Politiker der jungen Generation einen Auftrag erteilt, der über die getroffenen politischen Vereinbarungen hinausweist: die „wirklichen" Beziehungen zwischen beiden Völkern in Zukunft friedlich, auf der Grundlage der Demokratie, der Achtung der Menschenwürde und der Menschenrechte und im Bewußtsein der Solidarität zu gestalten, um auf diese Weise einen Beitrag zum Zusammenwachsen Europas zu leisten.

(Informationen zur politischen Bildung Nr. 142/143: Deutsche und Polen, hg. von der Bundeszentrale für politische Bildung, Bonn 1991, S. 74 f.; Verf.: Dr. Fritz Peter Habel)

M 25

Eine deutsch-polnische Gesellschaft in Hannover

Die Arbeitsgemeinschaft Deutsch-Polnische Verständigung ist ein Zusammenschluß Deutsch-polnischer Gesellschaften (DPG). Derzeit gehören ihr 22 örtliche Gesellschaften an. Sie pflegen den Austausch mit dem Nachbarland auf kommunaler Ebene und setzen sich für die Vertiefung der Beziehungen auf der Grundlage des Warschauer Vertrags vom 7. 12. 1970 ein. Die Arbeitsgemeinschaft gibt die Zeitschrift „DIALOG" heraus, die auch bei Polnisch-Deutschen Gesellschaften in Polen verbreitet ist.

Gegründet wurde die Gesellschaft, um „einen Beitrag zur Versöhnung und Verständigung mit dem polnischen Volk zu leisten und damit auch einen Beitrag zur Festigung des Friedens in der Welt" und um die „Städtepartnerschaft von Posen und Hannover zu begleiten und zu fördern." […]

Die Mitgliederzahl pendelt um die 500. Die Mitgliederstruktur spiegelt das soziale Spektrum: Selbständige, Angestellte, Beamte, Rentner, Frei- und

Kulturschaffende, Politiker (Ministerpräsident, Minister, Ratsmitglieder) und Wissenschaftler. Die gleichzeitige Mitgliedschaft in anderen Vereinen und Vereinigungen – zum Beispiel Landsmannschaften oder Vertriebenenverbänden – ist kein Hindernis.

In der Runde der Deutsch-Polnischen Gesellschaften gehört die DPG Hannover zu den großen. „Gemessen an der Mitgliederzahl sonstiger Vereinigungen sind wir ein Bettelorden", rückt Riechers die Relationen zurecht. „Wird immer dann deutlich, wenn's um die Finanzen geht." 40 Mark (Schüler/Arbeitslose 12 Mark) zahlt jedes Mitglied Jahresbeitrag (erhält dafür die Zeitschrift „Dialog"). Mit den Einnahmen lassen sich keine Berge versetzen. Improvisationstalent, Pragmatismus sind gefragt. Für Vorträge tat sich die DPG mit der Volkshochschule Hannover zusammen, zu beider Nutzen: Die seit 1979 laufende Vortragsreihe ist gut besucht, sie zählt zu den besten in Deutschland.

Geldmangel verlangt Gastfreundschaft – Referenten und andere Besucher aus Polen wohnen privat – und Erfindungsreichtum: Wie damals, als es für die gesammelten Medikamente keine Lagermöglichkeit gab. Ein befreundeter Schuldirektor stellte zwei vorübergehend nicht benötigte Klassenräume zur Verfügung – gegen den Willen der Aufsichtsbehörde. [...]

Und dann setzte ein Busunternehmer noch einen drauf. Für den Medikamententransport nahm er kurzerhand die Sitze aus einem Fahrzeug. Dreimal fuhr er so nach Polen. Alle Beteiligten waren sich bei dieser Aktion einig: Hier tust Du was absolut Sinnvolles.

So ein Gefühl überträgt sich, läßt nacheifern: Einer verzichtet auf Geschenke zum 50., bittet statt dessen um Spenden. Ein anderer stellt sein Jubiläumsgehalt zur Verfügung. Humanitäre Hilfe und politische Vorträge machen einen Teil der Arbeit der DPG aus. Darüber hinaus gibt es kulturellen Austausch, Studienreisen und „Veranstaltungen zur Förderung der zwischenmenschlichen Beziehungen".

Und immer wieder wird Initiative in Polen unterstützt. Mediziner kommen auf Einladung nach Hannover, können sich hier informieren. Mit neuem Wissen und häufig einer Spende im Gepäck fahren sie heim, Kontakte werden auch auf wirtschaftlicher Ebene vermittelt, zum Beispiel zur Industrie- und Handelskammer.

(Heinz Peter Lohse, Geldmangel und Gastfreundschaft, in: PZ Nr. 67, Nachbar Polen, Bonn 1991, S. 24)

M 26

Polnische Schulkinder in Hannover

Eine Woche lang waren 14 Kinder von 12 Jahren aus der Dorfschule in Goleczewo bei Posen auf Einladung der DPG in Hannover. Junge, aufgeschlossene Gasteltern mit gleichaltrigen Kindern hatten diese 6 Mädchen und 8 Jungen, die seit anderthalb Jahren Deutsch lernen, und ihre beiden Lehrerinnen aufgenommen.

Gerade in den Tagen, da soviel über Ausländerhaß geschrieben wird, fühlten sich die polnischen Kinder in den deutschen Familien und in unserer Stadt sehr wohl. Sie nahmen am Familienleben teil, unternahmen kleine Ausflüge und Besichtigungen und begleiteten die deutschen Kinder zur Schule, die sie als viel lockerer als zu Hause empfanden.

Nun werden sie zusammen einen Bericht über die Tage in Hannover schreiben – es war für alle der erste Auslandsaufenthalt. Und es war schwierig mit der deutschen Sprache, aber ihre Lehrerinnen hoffen, daß dieser Aufenthalt für die Kinder ein großer Anreiz ist, nun noch mehr Deutsch zu lernen.

Es war für alle ein gelungener Besuch – die Gasteltern haben es geschildert, den Kindern war es anzusehen. Die Deutschlehrerin bedankte sich mit einem Brief an alle Gastgeber für die Geduld, die sie aufgebracht, und die Freude, die sie und ihre Kinder den Gästen bereitet haben. Und nun hofft sie auf einen Gegenbesuch im nächsten Jahr in Polen.

(Gertrud Irmler, Polnische Schulkinder in Hannover, in: Dialog, Magazin für deutsch-polnische Verständigung, Nr. 3/4 1991, S. 48)

M 27

Deutsch-polnischer Jugendaustausch

Im vergangenen Jahr haben rund 12 000 Jugendliche am deutsch-polnischen Jugendaustausch teilgenommen. Diese Zahl nannte Bundesjugendministerin Angela Merkel auf Anfrage von DIALOG. Seit der Unterzeichnung des Abkommens über den deutsch-polnischen Jugendaustausch im November 1989 seien die Rahmenbedingungen für den Austausch wesentlich besser geworden. Die Ministerin erklärte, zu den aus dem Bundesjugendplan geförderten Programmen komme der Schüleraustausch und Maßnahmen dazu, die von privater, kommunaler oder Länderseite unterstützt werden.

Angela Merkel gab ihrer Hoffnung Ausdruck, daß Jugendprogramme zu einem Abbau der Spannungen führen werden. Jugendaustausch – das bedeute, sich kennenzulernen, einander zu verstehen und schließlich auch zusammenzuarbeiten. „Aber Verständnis und Freundschaft zwischen jungen Deutschen und Polen müssen wachsen; sie können nicht von oben verordnet werden, wie es beispielsweise die ehemaligen DDR*-Oberen mit den deutsch-polnischen Freundschaftsbegegnungen versuchten."

Im Abkommen über den deutsch-polnischen Jugendaustausch sei ausdrücklich festgehalten, daß sich alle interessierten Jugendlichen daran beteiligen können. „Das schließt natürlich auch die deutschen Minderheiten in Polen ein", bekräftigte Angela Merkel. „Sie sind ein Teil der Pluralität und Vielfalt, die beide Nationen im Jugendaustausch anstreben." Sie wünscht sich für die deutsche Minderheit eine „Brückenfunktion".

Die Ministerin nannte eine Reihe von Projekten, die im deutsch-polnischen Jugendaustausch einzigartig seien. Dazu gehörten unter anderem der Aufbau einer internationalen Jugendbegegnungsstätte in Auschwitz, die Einrichtung eines ähnlichen Hauses in Kreisau und der Umbau ausrangierter Eisenbahnwaggons zu einer Jugendkulturbahn.

Verglichen mit dem deutsch-französischen Jugendwerk nehmen sich drei Millionen DM gegenüber 22 Millionen zwar bescheiden aus. Dennoch – so Ministerin Merkel – stehe jetzt schon der deutsch-polnische Jugendaustausch, was die Förderung aus dem Bundesjugendministerium angeht, vor allen anderen Staaten, ausgenommen Frankreich. Die Jugendverbandsstrukturen befänden sich in Polen noch in der Aufbauphase. Viele Jugendorganisationen und -verbände seien nicht älter als zwei oder drei Jahre.

(Volker Thomas, Deutsch-polnischer Jugendaustausch, in: Dialog, Magazin für deutsch-polnische Verständigung, Nr. 3/4 1991, S. 15)

DEUTSCH-POLNISCHES JUGENDWERK
Friedhofsgasse 2
14473 Potsdam
Postfach 600516
14405 Potsdam
Tel.: 0331/27525 i 27526
Fax: 0331/27527
Deutsche Bank AG Potsdam
BLZ: 12 070 000 Kto: 3 127 099

POLSKO-NIEMIECKA
WSPOLPRACA MLODZIEZY
ul. Alzacka 18
03-972 Warszawa
Tel/Fax: 022/17 04 48
PKO S.A. I oW-wa 501 044-
20 008 967-2701-2-1110-1

---

❶ Beschreibe die Entwicklung der deutsch-polnischen Beziehungen seit dem 2. Weltkrieg (M 23). Über die belastende Vorgeschichte kannst du dich in M 2, M 3 und M 16 d informieren.

❷ Beschreibe, wie der deutsch-polnische Vertrag vom Juni 1991 die Beziehungen zwischen den beiden Ländern regelt (M 24) und welche Wege für eine weitere Verbesserung des deutsch-polnischen Verhältnisses eingeschlagen werden sollen.

❸ Beschreibe die Erfahrungen, die mit konkreten Aktivitäten zur Verbesserung des Verhältnisses von Polen und Deutschen gemacht wurden (M 25 bis M 27). Erkundige dich, ob auch an deinem Heimatort entsprechende Aktivitäten stattfinden, und versuche Material darüber zu sammeln.

Hinweise zur Unterrichtsmethode der Expertenbefragung

Ein Experte ist ein Sachverständiger, also eine Person, die über einen bestimmten Sachverhalt aus eigenem Erleben und/oder intensiver Beschäftigung genaue Kenntnisse hat. Ein Experte kann häufig Sachverhalte genauer und anschaulicher darstellen, als das z.B. in Texten möglich ist; er hat zudem häufig Informationen, die in Büchern (noch) nicht vorhanden sind.

Hauptzweck von Expertenvortrag und Expertenbefragung ist die *Informationsgewinnung*. Der Unterschied zu einer politischen Diskussion, in der es zentral um Meinungsbildung, Meinungsaustausch und ggf. Entscheidungsfindung geht, darf nicht verwischt werden. Das schließt nicht aus, daß eine Expertenbefragung nach einer gewissen Zeit in eine politische Diskussion übergeht.

Jeder Experte hat aber neben Kenntnissen auch *Meinungen* zu den Gegenständen oder Sachverhalten, mit denen er sich beschäftigt. Wertungen und Meinungen, die sich ein Experte bei der Auseinandersetzung mit dem Gegenstand gebildet hat, können eine wertvolle Anregung für die eigene Meinungsbildung sein. Voraussetzung dafür ist jedoch, daß der Experte und seine Zuhörer zwischen Informationen und Wertungen soweit wie möglich trennen. Der Experte ist dann nicht mehr sachliche Autorität, sondern grundsätzlich gleichberechtigter Gesprächspartner.

Eine Experten*befragung* hat gegenüber einem Experten*vortrag* den Vorzug, daß die zu übermittelnden Informationen genau auf die Bedürfnisse der Zuhörer abgestimmt werden können und daß die Zuhörer Verlauf und Ergebnis der Veranstaltung aktiv mitgestalten können. Deshalb konzentrieren sich die folgenden Hinweise auf die Expertenbefragung. Bei der Vorbereitung und Durchführung einer solchen Befragung sollte folgendes beachtet werden:

1. Auswahl des Themas für eine Expertenbefragung

Nicht jedes Thema eignet sich für eine Expertenbefragung. Da eine Expertenbefragung einen nicht unerheblichen Aufwand für den Experten und seine Zuhörer bedeutet, sollte sie nur veranstaltet werden, wenn die gewünschten Informationen nicht oder nur erheblich schlechter auf anderem Weg beschafft werden können.

2. Auswahl des Experten

Der Experte muß so ausgewählt werden, daß er für das gewählte Thema über den bisherigen Kenntnisstand der Zuhörer hinaus tatsächlich Neues vermitteln kann. Das muß vorher eventuell durch ein Vorgespräch mit dem Experten ermittelt werden.

3. Organisatorische und inhaltliche Vorbereitung

Ort, Zeitpunkt und Dauer der Befragung sollten frühzeitig vereinbart, Sitzordnung, Gesprächsleitung und die Form des Festhaltens der Ergebnisse (Protokollführung) vorher abgeklärt werden.

Gezieltes Fragen setzt eine gewisse Kenntnis des Gegenstandes voraus. Die Zuhörer müssen also bereits in das Thema der Befragung eingearbeitet sein. Fragenbereiche und Einzelfragen sollten auf der Grundlage der bisherigen Beschäftigung mit dem Gegenstand genau vorbereitet sein. Im Regelfall sind auch vorherige Vereinbarungen darüber, wer welche Fragen zu welchem Zeitpunkt stellt, unumgänglich. Der Experte sollte rechtzeitig über die an ihn gerichteten Erwartungen informiert werden, damit er sich – falls notwendig – gezielt auf die Befragung vorbereiten kann.

4. Durchführung der Befragung

Eine Expertenbefragung kann nur gelingen, wenn alle Beteiligten (Experte, Frager und Zuhörer, Gesprächsleiter) sich an die am Anfang formulierten Regeln halten. In besonderer Weise ist dafür der Gesprächsleiter verantwortlich. Er muß z.B. darauf achten, daß die vorbereiteten Themenbereiche zur Sprache kommen, daß der Experte und die Fragenden nicht abschweifen, daß der Unterschied zu einer politischen Diskussion erhalten bleibt bzw. der Übergang zu einer solchen Diskussion deutlich markiert wird.

5. Auswertung der Befragung

(Autorentext)

Jede Expertenbefragung sollte zu einem späteren Zeitpunkt ohne den Experten ausgewertet werden. Der sachliche Ertrag sollte klar bestimmt werden. Dieses Ergebnis sollte daraufhin überprüft werden, welche neuen Informationen gewonnen wurden und inwieweit das Ziel der Befragung erreicht wurde. Auch Vorbereitung, Organisation und das Verfahren sollten im Hinblick auf weitere Befragungen kritisch überprüft werden.

Hinweise zur Analyse von Statistiken

Statistische Daten spielen im Politik-Unterricht bei der Behandlung vieler Themen eine wichtige Rolle. Das ist schon deshalb so, weil man zur Beurteilung einzelner konkreter Fälle und Fakten wissen muß, wie es „im ganzen" oder „im Durchschnitt" aussieht. Statistiken sind in einer „Sprache" abgefaßt, die sich auf wenige Begriffe, auf Zahlen und grafische Zeichen beschränkt und die auf diese Weise eine Vielzahl und Vielfalt von Fakten unter ganz bestimmten Gesichtspunkten ordnet und zusammenfaßt. Um diese „Sprache" richtig verstehen und „übersetzen" zu können, muß man beim Lesen bestimmte Regeln beachten und anwenden. Das ist auch deshalb wichtig, weil Statistiken oft den Anschein vollkommener Objektivität und unbezweifelbarer Richtigkeit erwecken, obwohl sie z.B. Wesentliches verschweigen und den Leser u.U. in einer bestimmten Richtung beeinflussen, ihn „manipulieren" können. Die folgenden Hinweise sollen euch helfen, die Fähigkeit zu erwerben, Statistiken schnell und sicher lesen, erläutern und kritisch beurteilen zu können.

„Wie leicht doch bildet man sich eine falsche Meinung geblendet von dem Glanz der äußeren Erscheinung" (Molière)

A. Arten von Statistiken

Statistiken (statistische Daten) lassen sich grob unterteilen in *Tabellen* (zahlenmäßige Übersichten) und *Grafiken* (Veranschaulichung von Zahlenwerten und Größenverhältnissen mit Hilfe grafischer Elemente). Grafische Darstellungen gibt es in vielfältiger Form. Neben *Schaubildern,* die durch die Verwendung figürlicher Darstellungen gekennzeichnet sind (vgl. z.B. S. 204, M 25 a), sind Diagramme aller Art sehr gebräuchlich (u.a. Kurvendiagramme, wie z.B. S. 67, M 12, Stab- oder Säulendiagramme, wie z.B. S. 204, M 25 b und Kreisdiagramme).
Die häufigste Form stellen aber wohl Tabellen dar. Deshalb sei ihr Aufbau hier kurz erläutert.

	Kopfzeile		
Seitenspalte			1. Zeile
			2. Zeile
	1. Spalte	2. Spalte	

Die tabellarische Anordnung beruht im allgemeinen darauf, daß zwei Aspekte (Kategorien) eines (in der Überschrift genannten) Sachbereichs miteinander in Beziehung gesetzt werden. Das geschieht in der Weise, daß der eine Aspekt im Kopf der Tabelle (*Kopfzeile*) bezeichnet wird, der andere in der *Seitenspalte* (Vorspalte). Auf diese Weise ergeben sich in einer Tabelle (horizontale) *Zeilen* und (vertikale) *Spalten,* die dann mit Zahlenwerten gefüllt werden können (s. Skizze).
Wenn eine Tabelle etwa – um ein einfaches Beispiel zu wählen – die Stimmenanteile der z. Zt. im Bundestag vertretenen Parteien bei den letzten 5 Bundestagswahlen darstellen will, kann sie in der Kopfzeile die Namen dieser Parteien auflisten und in der Seitenspalte die fünf Wahljahre. Die Stimmenanteile werden in Prozent der abgegebenen gültigen Stimmen angegeben.

Parteien / Wahljahr	CDU/CSU	SPD	F.D.P.	DIE GRÜNEN
1972	44,9	45,8	8,4	–
1976	48,6	42,6	7,9	–
1980	44,5	42,9	10,6	1,5
1983	48,8	38,2	7,0	5,6
1987	44,3	37,0	9,1	8,3
1990	43,8	33,5	11,0	3,8[1]

[1] Bündnis 90/GRÜNE; im Bundestag ist seit 1990 auch die PDS (2,4%) vertreten.

B. Arbeitsschritte bei der Analyse von Statistiken

Diese Form der tabellarischen Anordnung ermöglicht es in unserem Beispiel, sozusagen „auf einen Blick" nicht nur die Anteile der Parteien im jeweiligen Wahljahr miteinander zu vergleichen (in den Zeilen), sondern auch die Entwicklung der Anteile für jede einzelne Partei über 15 Jahre hin zu überblicken (in den Spalten).

1. Beschreibung

Um eine exakte Erarbeitung zu gewährleisten, ist es notwendig, *Beschreibung* und *Interpretation* (Auswertung und kritische Beurteilung) deutlich zu trennen und dabei bestimmte Leitfragen zu beachten (nicht alle Fragen des folgenden Katalogs sind für jede einzelne Statistik von Bedeutung).

a) *Aussagebereich und Quelle*
(Überschrift und Quellenangabe)
– Wozu soll die Statistik etwas sagen? Welche Frage will sie beantworten?
– Für welche Zeit und für welchen Raum soll sie gelten?
– Wer hat die Statistik verfaßt (verfassen lassen)? Auf welchen Quellen beruht sie?
– Bei Befragungsergebnissen: Auf welche Frage hatten die Befragten zu antworten? Welche Antwortmöglichkeiten hatten sie? – Vgl. hierzu die „Hinweise zur sozialwissenschaftlichen Methode der Befragung", Abschnitt II 3.

b) *Darstellungsform, Kategorien und Zahlen*
– Welche Form der Darstellung wurde gewählt?
– Welche Kategorien (Begriffe) werden miteinander in Beziehung gesetzt? (z.B. bei Tabellen: Was steht in der Kopfzeile/Tabellenkopf, was in der Seitenspalte/Vorspalte? Was bedeuten diese Begriffe genau?
– Welche Zahlenarten (absolute Zahlen, Prozentzahlen, Index*-Zahlen) werden verwendet? Auf welche Gesamtzahl (Basiszahl, Bezugsgröße) beziehen sich ggf. die Prozentzahlen?

- Welche Informationen lassen sich der Statistik entnehmen? (Was bedeutet z.B. eine bestimmte Zahl in der Tabelle, ein bestimmter Punkt auf der Kurve des Diagrammes usw.)?

Hinweis: Insbesondere bei Vergleichen zwischen *Prozentzahlen* muß man darauf achten, ob die Gesamtzahl angegeben ist. So kann z.B. der Vergleich zweier Zeitungsverlage, von denen der eine seine Auflage von 500 000 auf 1 Million (also um 100%) gesteigert hat, der andere seine Auflage von 2 Millionen auf 3 Millionen (also um 50%) erhöht hat, einen ganz unterschiedlichen Eindruck hervorrufen, je nachdem, ob man diesen Vergleich in absoluten Zahlen (500 000 im Vergleich zu 1 Million) oder in Prozentzahlen (100% im Vergleich zu 50%) formuliert.

Auch der Unterschied zwischen einer Veränderung in *Prozent* und in *Prozentpunkten* ist bei der Beschreibung zu beachten (s. Glossar s.v. prozentuale Veränderung).

„Zehn von hundert Menschen haben Ahnung vom Prozentrechnen. Das sind über 17 Prozent." (aus einem Zeitungskommentar)

2. Interpretation

a) *Auswertung*
- Welche Aussagen (Antworten auf die Fragestellung) lassen sich formulieren?
- Welche Aussagen (Beziehungen, Entwicklungen) sind besonders wichtig? Lassen sich bestimmte Schwerpunkte (Maxima, Minima), regelhafte Verläufe, besondere Verhältnisse und Entsprechungen feststellen?
- Wie läßt sich die Aussage zusammenfassend formulieren?

b) *Kritik*
- Gibt es Unklarheiten im Hinblick auf die Angaben zur Quelle, zur Fragestellung, zum Zeitpunkt usw.?
- Enthält die Statistik offensichtliche Mängel und Fehler (z.B. in der Berechnung, Benennung, grafischen Anlage usw.)?
- Zu welchem Bereich der Fragestellung macht die Statistik keine Angaben? Was müßte man wissen, um die Daten und ihren Stellenwert im größeren Zusammenhang beurteilen zu können?
- Läßt sich ein bestimmtes Interesse an der Veröffentlichung erkennen? Könnte sie jemandem nutzen oder schaden?

„Mit der ganzen Algebra ist man oftmals nur ein Narr, wenn man nicht noch etwas anderes weiß." (Friedrich der Große)

Hinweis: Ausführliche, mit vielen Beispielen und mit Humor aufbereitete Informationen zur Analyse von Statistiken enthalten die beiden Bücher von Walter Krämer: „Statistik verstehen – Eine Gebrauchsanweisung" (1992) und „So lügt man mit Statistik" (1991); beide sind erschienen im Campus-Verlag, Frankfurt a. M. Ihnen sind die Zitate am Textrand entnommen.

(Autorentext)

Hinweise zur sozialwissenschaftlichen Methode der Befragung

I. Zu einigen grundlegenden Aspekten

1. Was man durch Befragung erfahren kann

Die systematische Befragung von Personen über das, was sie getan haben, was sie gewöhnlich tun und was sie tun wollen, dazu über ihre Meinungen und Ansichten, ist heute das gebräuchlichste Mittel der Soziologen, Daten zu sammeln. Der Befragung unterworfen werden repräsentative Stichproben (s. u. 2.) von Gesamtbevölkerungen, aber auch nichtrepräsentative Stichproben und Gesamtheiten, so etwa die ganze Belegschaft einer Fabrik oder alle Ärzte einer Stadt. [...]

Über die Tatsache, daß man durch Fragen nur indirekte Auskünfte bekommt – verbales Verhalten, aber nicht tatsächliches Verhalten erfährt, Meinungen, die auszusprechen der Befragte für richtig hält,

Gefühle, die ihm deutlich bewußt sind –, muß man sich allerdings im klaren sein. [...]

Wieviel Lohn die Arbeiter ausbezahlt bekommen und wieviel einige von ihnen am Zahltag im Wirtshaus lassen, stellt man am besten im Lohnbüro und im Wirtshaus fest. Doch was die Leute über ihren Verdienst – vielleicht im Verhältnis zu ihrer Arbeitsleistung, zu dem anderer Leute oder zu ihren Bedürfnissen – denken und sagen und was sie über ihre Wirtshausausgaben behaupten (und vielleicht auch, was ihre Frauen darüber behaupten), das kann man nur von ihnen selbst und von ihren Frauen erfahren. [...]

2. Was heißt „repräsentativ"?

[...] In der soziologischen Forschung können wir aber nur selten die ganze Gruppe oder Bevölkerung auf bestimmte Merkmale hin untersuchen. Dies ist eigentlich nur dem Staat bei Volkszählungen und Eintragungen in die Personenstandsregister möglich. Diese und andere amtlich gesammelten Daten (z.B. die Kriminalstatistik) werden von Soziologen selbstverständlich benutzt, ebenso alle irgendwo veröffentlichten Gesundheits- oder Wirtschaftsstatistiken; aber diese Daten haben neben Vorteilen auch manche Nachteile. So kann man sie oft nicht zueinander in Beziehung setzen, weil sie zu verschiedenen Zeiten mit verschiedenen Methoden gesammelt wurden. In der Praxis ist der Forscher deshalb meistens darauf angewiesen, seine eigenen Daten zu sammeln, und zwar von einer *Stichprobe,* einem verkleinerten repräsentativen *Modell der Gesamtheit.* Besitzt er Angaben über die Gesamtheit aus amtlichen Quellen, so wird er sein Modell nach diesen Angaben auf seine Stimmigkeit hin überprüfen. [...]

Das Ziel ist also, mit der Stichprobe (sample) ein verkleinertes Modell der Grundgesamtheit zu erhalten, denn man will ja von den an der Stichprobe beobachteten Merkmalen, von ihrer Verteilung und von ihren Beziehungen zueinander auf die Merkmale der Gesamtheit, auf ihre Verteilung und ihre Beziehungen zueinander schließen. Dazu muß die Stichprobe die Grundgesamtheit „repräsentieren".

3. Die Zufallsauswahl

[...] Wenn wir aus einem Korb Pflaumen einige herausgreifen, aufbrechen und feststellen, daß sie alle wurmig sind, so schließen wir mit gutem Grund, daß dieser Korb ein schlechter Kauf wäre. Wenn wir uns aber nach unseren Erfahrungen mit italienischen Kellnern, französischen Zollbeamten und japanischen Studenten ein Bild der betreffenden Völker machen, so schließen wir inexakt, denn unsere „Probe-Exemplare" bilden keine (im statistischen Sinne) echte Zufallsauswahl (Random-Auswahl) von Italienern, Franzosen und Japanern, ja nicht einmal von bestimmten Gruppen innerhalb dieser Völker. Um eine repräsentative Zufalls-Stichprobe zu erhalten, müßten wir uns z.B. ein vollständiges Namensverzeichnis aller französischen Zollbeamten verschaffen, müßten diese Namen wie Lose in eine Trommel stecken, gut schütteln und dann wie bei einer Lotterie einzelne Namen ziehen. Die Hauptbedingung ist: Jede Einheit der Grundgesamtheit muß dieselbe berechenbare Chance haben, in die Stichprobe zu kommen. Dann erhalten wir eine echte Zufallsauswahl, die ein verkleinertes Abbild der Gesamtheit ist.

„Es ist mir noch heute rätselhaft, daß man herausbringt, was sechzig Millionen Menschen denken, wenn man zweitausend Menschen befragt. Erklären kann ich das nicht. Es ist eben so."
(Elisabeth Noelle-Neumann, Meinungsforscherin)

Wie groß aber muß die Stichprobe sein, um uns wirklich Verallgemeinerungen auf die Gesamtheit zu erlauben? Daß für die gängige Markt- und Meinungsforschung 2000 Personen befragt werden, die 50 oder auch 200 Millionen Menschen vertreten sollen, wird oft mit Erstaunen zur Kenntnis genommen. Viele wissenschaftliche Untersuchungen kommen jedoch mit noch kleineren Stichproben aus. Denn für den Grad der Genauigkeit der Ergebnisse kommt es ebenso auf die Güte der Stichprobe an wie auf ihre Größe. [...]

Immer bleibt es jedoch bei Umfragen ein Problem, an die für die Zufallsstichprobe gewählten Personen auch wirklich heranzukommen. Sie sind vielleicht ständig außer Haus und wollen sich nicht befragen lassen, und jeder neue Besuch, den der Interviewer an derselben Adresse machen muß, kostet mehr Zeit und Geld – vier Besuche sind wohl schon die äußerste Grenze. Danach muß eine Ersatzprobe gewählt werden. Dieses Problem hat das Quoten-Verfahren nicht, dafür allerdings andere.

4. Das Quoten-Verfahren

Das Quoten-Verfahren, das bei Meinungsumfragen oft verwendet wird, überläßt es dem einzelnen Interviewer, innerhalb bestimmter „Quoten" die „Zielpersonen" selbst auszuwählen. Das Verfahren setzt voraus, daß man über zuverlässige Statistiken verfügt – als Grundlage für das Festsetzen von „Quoten". Die vorgeschriebenen Quoten erstrecken sich meist auf Geschlecht, Alter, Schulbildung, Ortsgröße und regionale Gliederung. So wird also ein sehr genaues repräsentatives Modell der Bevölkerung in bezug auf diese (oder andere) Quoten-Merkmale erreicht. Die dem Verfahren zugrunde liegende Annahme ist, daß dieses Modell auch die andern Merkmale der Gesamtheit widerspiegelt.

[...] Quoten-Stichproben sparen Zeit und Geld, wenn bekannt ist, wie die benutzten Merkmale in der Bevölkerung verteilt sind, d.h. wenn es eine zuverlässige Statistik darüber gibt. Wie mehrfach nachgewiesen worden ist, weichen die erreichten Bevölkerungsquerschnitte und die Ergebnisse bei Befragungen nach der Random- und der Quoten-Methode nicht wesentlich voneinander ab. Trotzdem wird die Diskussion über die richtige Methode noch lange weitergehen, da es zwischen dem Streben nach Perfektion und den praktischen Gegebenheiten – der Arbeits- und Kostenaufwand muß schließlich im Verhältnis zum erwarteten Ergebnis stehen – niemals eine völlig befriedigende Lösung geben kann. Weitgehend werden nun heute solche Verfahren akzeptiert, bei denen Fehlerspannen von 2 bis 3 Prozent nach oben und nach unten einzukalkulieren sind. Damit ist die Genauigkeit von Briefwaagen erreicht und die vieler anderer täglich benutzter Meßgeräte überboten. Und das reicht aus für die meisten Verwendungszwecke von Meinungsumfragen. [...]

5. Panel-Befragung und Trend-Umfrage

Zu erwähnen sind hier noch zwei übliche Verfahren, bei denen der Faktor Zeit in die Umfragen einbezogen wird: die „Panel-Befragungen" und die „Trend-Umfragen". Ein „Panel" ist eine *Gruppe* von Befragten, die *mehrfach interviewt* wird, zum Beispiel vor und nach einer Wahl, oder ehe sie in einen neuen Wohnblock ziehen, kurz danach und ein Jahr später. Panel-Befragungen versuchen, die Faktoren zu bestimmen, die für Wandlungen der Meinungen oder des Verhaltens bei bestimmten Personen verantwortlich sind. Dieser Methode verdankt man interessante Aufschlüsse über das Verhalten in Konfliktsituationen und über die Bildung von Meinungen bei Individuen. Man erfährt so z.B., wie viele Wähler im Laufe eines Wahlkampfes zeitweilig schwanken oder das Lager wechseln (1969 in der Bundesrepublik fast die Hälfte), was nur durch wiederholte Befragungen derselben Personen erreicht werden kann. [...]

Auch *Trend-Umfragen* haben ihren besonderen – und begrenzten – Nutzen. Es handelt sich um *wiederholte Umfragen* (manchmal werden ganze Fragenkomplexe, manchmal nur einzelne Fragen von Zeit zu Zeit wiederholt) bei einander entsprechenden *Stichproben*. Man kann unter anderem die Beliebtheit eines bestimmten Politikers bei der Bevölkerung Monat für Monat und auch nach wichtigen Ereignissen messen, oder man kann verfolgen, was die jeweils jüngste Wählergruppe während dieser Zeitspanne über ihn denkt. Man kann feststellen, wie sich die Meinungen zu Gesetzen (z.B. zur Abschaffung der Todesstrafe) ändern oder nicht ändern. [...]

Voraussetzung für die Vergleichbarkeit von Umfragen bei verschiedenen Personen ist selbstverständlich, daß die Befragten nach derselben Stichproben-Methode aus derselben Gesamtheit (z.B. der Gesamtbevölkerung, der 20- bis 30jährigen, der CDU-Wähler) ausgewählt wurden und daß die Fragen genau dieselben waren.

II. Zur praktischen Durchführung von Befragungen

1. Schriftlich oder mündlich

Quantitative Umfragen können schriftlich oder mündlich durch Interviewer vorgenommen werden. In beiden Fällen braucht man Fragebogen, um System in die Sache zu bringen, um die erhaltenen Antworten vergleichbar, zählbar, meßbar zu machen. Bei *schriftlichen* Umfragen hat man weniger Kontrollen über die Art der Beantwortung. So hören manche Leute mitten im Ausfüllen der Fragebogen auf, wenn sie müde werden, lassen sich von Verwandten helfen usw. Dafür ist jedoch das Verfahren billiger. [...]

Das *mündliche* Interview wiederum erlaubt nicht nur eine bessere Kontrolle des Vorgangs, sondern auch die Benutzung vieler verfeinerter Techniken, wie das Vorzeigen von Bildern, [...] das Stellen derselben Fragen an verschiedenen Punkten des Interviews, und was sich die Techniker der Umfrageforschung sonst noch ausgedacht haben. [...]

2. Die Strukturierung des Fragebogens

Der Fragebogen kann mehr oder weniger durchstrukturiert sein. Am einen Extrem steht Professor Kinseys* Interview: Er hatte überhaupt nichts schriftlich fixiert, hatte die Fragen im Kopf und brachte sie in der Reihenfolge und mit den Ausdrücken vor, die ihm für den jeweiligen Befragten passend erschienen. [...]

Am anderen Extrem stehen Fragebogen, bei denen nicht nur alle Fragen genau wörtlich vorgelesen werden, sondern auf denen die Antworten vorgegeben sind in Kategorien wie „Ja", „Nein", „Weiß nicht" oder „Stimme damit überein – Absolut, Ziemlich, Einigermaßen, Etwas, Gar nicht", oder nach der Frage: „Können Sie mir nach dieser Liste sagen, welches Ihre Hauptinteressengebiete sind, für was davon Sie sich besonders interessieren?" – eine Liste mit 19 Angaben zur Gedächtnisstütze.

[...] Je sorgfältiger der Fragebogen durchstrukturiert (standardisiert) ist, desto besser lassen sich die Antworten zählen und vergleichen, desto näher kommt der Fragebogen einem exakten Meßinstrument. Das gilt aber nur, wenn der Fragebogen auch gründlich *ausprobiert* (vorgetestet) wurde, so daß nicht etwa ein Drittel aller Befragten ihre Hauptbeschäftigung während der Freizeit nicht erwähnt finden oder verlegen sagen müssen: „Ich weiß nicht", weil sie die Frage nicht verstehen. [...]

3. Welchen Einfluß die Form der Fragen haben kann

„Wenn Du eine weise Antwort verlangst, mußt Du vernünftig fragen"
(Goethe)

Der Einfluß, den die Frage-Formulierung auf die Verteilung von Antworten hat, ist in der Öffentlichkeit nicht genügend bekannt – das zeigen z.B. die zahlreichen Veröffentlichungen von Prozentzahlen in Zeitungsartikeln ohne Angabe des Wortlautes der Frage. Selbst kleine Änderungen können die Ergebnisse stark beeinflussen. Elisabeth Noelle-Neumann schildert das folgende Beispiel: Nichtberufstätige Hausfrauen wurden gefragt, ob sie gerne berufstätig sein würden. Die Hälfte der Fragebogen enthielt keine Alternative, während die andere Hälfte die Frage so formulierte: „Wären Sie gern berufstätig, oder ziehen Sie es vor, nur Ihre Hausarbeit zu tun?" Die erste Version der Frage ohne die Alternative ergab 17 Prozent der Antworten „Möchte berufstätig sein" und 38 Prozent „Möchte halbtags arbeiten", 19%

sprachen sich für „nur Hausarbeit" aus, 26% waren unentschieden. Die zweite Version der Frage, die eine andere Möglichkeit bot, ergab nur 24 (10 + 14) Prozent von arbeitswilligen Hausfrauen; 68 Prozent sagten, sie zögen es vor, nur ihre Hausarbeit zu tun (nur 8% waren unentschieden). Was bedeuten diese Unterschiede? Man kann annehmen, daß die „Nur-Hausfrauen" unsicher sind und meinen, sie sollten eigentlich zur Arbeit gehen wollen – bis der Interviewer ihnen die Alternative „nur Hausarbeit" anbietet und zeigt, daß ihm dies auch recht wäre. Aber darauf kommt es in diesem Zusammenhang nicht an. Das Angebot möglicher Alternativen in der Frage-Formulierung ist ohnehin nicht die einzige Quelle von großen Unterschieden bei Umfrage-Ergebnissen, die allein auf die Form der Frage zurückzuführen sind. Hier soll nur klargestellt werden, daß alle Berichte über Umfrage-Ergebnisse, die nicht die Fragen im Wortlaut zitieren, verdächtig sind. Noch zweifelhafter sind Vergleiche von Umfragen, die mit verschiedenen Fragen dasselbe Thema angehen, doch gerade solche Vergleiche werden vor Wahlen häufig gemacht.

(Imogen Seger, Knaurs Buch der modernen Soziologie. München/Zürich 1973, S. 180 ff.)

III. Was zu beachten ist, wenn Schüler selbst eine Befragung durchführen wollen

1. Zunächst solltet ihr euch darüber klar werden, zu welchem *Thema* die Befragung stattfinden soll, zu welchen einzelnen *Gesichtspunkten* des Themas ihr etwas erfahren wollt. Falls ihr eure Ergebnisse mit solchen vergleichen wollt, die im Buch dargestellt werden, wäre es natürlich zweckmäßig, wenn die gleichen Gesichtspunkte auch in eurer Befragung berücksichtigt würden.

2. Sodann gilt es zu überlegen, ob ihr die Befragung *schriftlich* (anhand eines Fragebogens) durchführen wollt oder ob ihr eure Fragen *mündlich* stellen und die Antworten z.B. mit einem Kassettenrecorder aufnehmen wollt („Interview", s.o. II 1). Bei der Entscheidung über diese Frage ist auch folgendes zu bedenken: Eine Fragebogenaktion ist immer dann sinnvoll, wenn ihr eine größere Zahl von Personen befragen und die Ergebnisse in einer Statistik darstellen wollt. Die Befragten können dann die Fragebogen auch ausfüllen, wenn ihr nicht dabei seid. Ihr braucht sie dann nur wieder einzusammeln und könnt sie im Unterricht auswerten. Ein „Interview" ist immer dann sinnvoll, wenn ihr etwas ausführlichere Stellungnahmen von (nicht allzu vielen) Personen zu bestimmten Problemen und Fragen erfahren wollt. Die Befragten haben dabei ja die Möglichkeit, sich auf eure Fragen frei (also z.B. auch mit „zwar..., aber...") zu äußern. Das bedeutet allerdings auch, daß sich die Ergebnisse solcher Interviews nicht so leicht auswerten und übersichtlich darstellen lassen.

3. Nun könnt ihr daran gehen, die *Zahl* der Fragen und ihre genaue *Formulierung* festzulegen. Das ist nicht dasselbe wie die Überlegung zu 1. Es kommt jetzt darauf an, das, was man wissen will, in einzelnen, möglichst einfach zu beantwortenden Fragen *genau zu erfassen* (unsere Hinweise beziehen sich von jetzt an hauptsächlich auf die Fragebogen-Methode.) Achtet auf folgende Punkte:
– Die Fragen müssen *klar* und *leicht verständlich* (nicht zu lang und nicht zu kompliziert) formuliert sein.
– Sie müssen so gestellt werden, daß eine *eindeutige, aussagekräftige* und nach Möglichkeit leicht auszuwertende *Antwort* erfolgen kann. Beispiel: Die Frage „Gehst du oft ins Kino?" mit der Antwortmöglichkeit „ja" oder „nein" führt zu keinem aussagekräftigen Ergebnis, weil man nicht weiß, was der einzelne Befragte unter „oft" versteht. Besser wäre z.B. die Frage „Wie oft gehst du durchschnittlich ins Kino?" mit den Antwortmöglichkeiten „weniger als einmal im Monat", „1–2 mal im Monat", „mehr als zweimal im Monat".

- Der leichteren Auswertung und Ergebnisdarstellung wegen sollte der Fragebogen überwiegend *geschlossene* Fragen enthalten, d.h. solche, zu denen die anzukreuzenden Antwortmöglichkeiten vorgegeben werden (vgl. o. II 2; im Gegensatz zu offenen Fragen, zu denen die Befragten ihre Antwort frei formulieren können).
- Besonders solche Fragen, die nicht auf Tatsachen, sondern auf *Meinungen* und *Urteile* zielen, müssen so „neutral" formuliert werden, daß sie nicht von vornherein eine bestimmte Antwort schon nahelegen (vgl. o. II 3). Statt „Findest du nicht auch, daß unsere Schülervertretung nichts Vernünftiges leistet?" müßte es etwa heißen: „Bist du mit der Arbeit unserer SV zufrieden, oder hast du etwas Wichtiges daran auszusetzen?" – Bei solchen und ähnlichen Fragen sollte man sich dann nicht auf die Antwortmöglichkeiten „ja" und „nein" beschränken, sondern die Antwort „teils-teils" anbieten und ggf. die Möglichkeit geben, konkrete Punkte zu nennen.
- Die *Zahl* der Fragen sollte nicht zu groß sein, und auch ihre *Reihenfolge* sollte überlegt sein. Allgemeinere Fragen sollten vor Fragen stehen, die sich auf bestimmte Einzelheiten beziehen; Fragen, die wahrscheinlich auf starkes Interesse der Befragten stoßen, sollten schon deshalb am Anfang stehen, weil die Befragten dann eher bereit sein dürften, auch die übrigen, sie vielleicht nicht so interessierenden Fragen zu beantworten.

4. Bei der *Durchführung* der Befragung müßt ihr unbedingt auch einige *rechtliche* Gesichtspunkte beachten. Die wichtigsten sind:
- Die Teilnahme an der Befragung muß für die Befragten *freiwillig* sein.
- Es muß gewährleistet sein (besonders bei der Auswertung und der Ergebnisdarstellung), daß die Befragten *anonym* bleiben, d.h. es darf auf keinen Fall erkennbar sein, welche Personen welche Antworten gegeben haben.
- Wenn ihr eure Befragung nur in eurer Klasse durchführt und/oder euch nur an eure persönlichen Bekannten wendet (als freiwillige Hausaufgabe), trägt *euer Fachlehrer/eure Fachlehrerin* die Verantwortung. Wollt ihr euch darüber hinaus an Schüler/innen anderer Klassen und/oder an Passanten wenden, müßt ihr vorher die Zustimmung eures *Schulleiters* einholen. Sollen Schüler mehrerer Schulen befragt werden, bedarf es der Zustimmung der Schulleiter aller betroffenen Schulen.
- Ihr dürft die Ergebnisse eurer Befragung nur in eurem Unterricht und innerhalb eurer Schule verwenden. Wenn ihr Ergebnisse über den Rahmen der Schule hinaus *veröffentlichen* wollt, braucht ihr dazu die Genehmigung der Schulaufsichtsbehörde, die ihr ggf. über euren Schulleiter einholen könnt.

(Autorentext)

Hinweise zur Arbeit mit Karikaturen

Karikaturen haben ihren Platz seit eh und je in den politischen Teilen von Zeitungen und Zeitschriften. In fast jeder Zeitung werdet ihr heute nahezu täglich mindestens eine Karikatur finden. Seit Jahren finden sich Karikaturen zunehmend auch in Schulbüchern verschiedener Fächer, insbesondere in Politik-Büchern. Es erscheint daher sinnvoll, einige kurze Hinweise zu geben auf das Wesen politischer Karikaturen und auf einige Punkte, die beim Umgang mit ihnen zu beachten sind.

I. Merkmale der Karikatur

Der Journalist Otto Köhler hat einmal gesagt: „Karikaturen spitzen ein Problem zu; dabei kommentieren sie wohlwollend oder bösartig, verkürzen, unter- oder übertreiben. In jedem Fall sind sie anregend, da sie Meinung machen, ja provozieren wollen" (In: Spiegel Nr. 49, 1967, S. 42).
Diese Bemerkung faßt die beiden wichtigsten Wesenszüge von Karikaturen gut zusammen.

1. Eine karikaturistische Zeichnung will ihren Gegenstand (das Verhalten einer Person, ein Ereignis, eine Situation, ein Problem) bewußt nicht genauso wiedergeben, wie es der Realität entsprechen würde. Der literarischen Form der Satire vergleichbar, *übertreibt* sie in ihrer Darstellung *absichtlich,* was ihr wichtig erscheint (z.B. die lange Nase oder sonstige Besonderheiten des Aussehens oder Verhaltens von Politikern, z.B. die Folgen einer bestimmten politischen Maßnahme usw.). Sie versucht auf diese Weise, bestimmte *typische Merkmale* eines Verhaltens (einer Situation usw.) sichtbar zu machen und zu „entlarven", Widersprüche aufzudecken zu dem, was eigentlich (aus der Sicht des Karikaturisten) wünschenswert wäre. Häufig werden dabei Personen und Vorgänge in *Bildern* wiedergegeben (z.B. der Deutsche als „deutscher Michel" mit der Zipfelmütze, die militärische Rüstung als großer Drachen, Europa – entsprechend dem griechischen Mythos – als Frau, die auf einem Stier reitet). Mit dieser übertreibenden, oft einseitig verkürzten und häufig auf bekannte Bildvorstellungen anspielenden Darstellung hängt es zusammen, daß man beim Betrachten einer Karikatur nicht selten lachen oder schmunzeln muß. Diese Reaktion ist zumeist Ausdruck des Wiedererkennens: Man erkennt auf einen Blick, was gemeint ist.

2. Damit ist der zweite Wesenszug einer Karikatur bereits angedeutet: Karikaturen wollen einen politischen Sachverhalt nicht einfach darstellen, sie wollen ihn *„kommentieren",* wollen Stellung dazu beziehen, Kritik daran üben. Verglichen mit den Textsorten einer Zeitung, handelt es sich nicht um eine „Meldung", sondern um einen meinungsbildenden „Kommentar". Das Verständnis einer Karikatur setzt also in jedem Fall voraus, daß man den *Sachverhalt,* auf den sie sich bezieht, *schon kennt*. Gute Karikaturen sind fast so etwas wie eine kurze Geschichte: Sie nehmen Bezug auf Geschehenes, legen seine „Struktur" bloß, beleuchten es aus einer bestimmten Perspektive, regen dazu an zu fragen, was wohl die Gründe für die dargestellte Situation sein könnten und wie es weitergehen könnte.
Wichtig ist: Karikaturen zu verstehen, heißt zu *erkennen, was der Zeichner „sagen" will,* welches Ziel er verfolgt, für wen er Partei ergreift. Verstandene Karikaturen fordern daher ihren Betrachter immer zur Auseinandersetzung, zur eigenen Stellungnahme heraus.

3. Trotz ihrer Vorzüge darf man gewisse *Grenzen und Gefahren* bei der Arbeit mit Karikaturen nicht übersehen. Die Stärke der Karikatur – ihre subjektiv geprägte und zugespitzte Hervorhebung bestimmter Aspekte (Probleme, Widersprüche, Mißstände) ist oft auch ihre Schwäche: Andere wichtige Aspekte eines Zusammenhangs werden ausgeblendet oder einseitig verkürzt; eine umfassende Information kann (und will) die Karikatur nicht geben. Karikaturen können andere Materialien nicht ersetzen. „Karikaturisten [...] sind [...] schreckliche Vereinfacher – allerdings nicht aus [...] Mangel an Einsicht und Differenzierungsvermögen, sondern mit bestem Wissen und Gewissen: Sie wollen ja nicht erläutern, sondern läutern – die Praxis der kritischen Vernunft nämlich." (J. Eberle, Im Trüben gefischt; Karikaturen der Stuttgarter Zeitung, Stuttgart 1970).

II. Umgang mit Karikaturen – Ein Beispiel

Es empfiehlt sich, beim Umgang mit Karikaturen im Unterricht drei einfache Schritte zu beachten, die hier an einem konkreten Beispiel (s. M 20 aus Kap. 2) kurz erläutert werden sollen.

(Zeichnung: Peter Leger;
© Haus der Geschichte der Bundesrepublik Deutschland, Bonn)

1. Genau beschreiben, was zu sehen und ggf. zu lesen ist

Ein Transparent, auf dem in riesiger Schrift der Grundgesetzartikel über die Gleichberechtigung von Männern und Frauen zu lesen ist, wird auf der einen Seite von einem Mann, offenbar dem Familienvater, getragen. Er hält das Transparent mit beiden Händen hoch und bringt in seiner ganzen Haltung zum Ausdruck, daß er bewußt und entschlossen für die Gleichberechtigung demonstrieren will. Seine Frau, die auf der anderen Seite das Transparent zu tragen hat, kann es kaum festhalten, da sie „alle Hände voll zu tun" hat. Gebeugt unter der Last schwerer Einkaufsgegenstände, die sie sich unter die Arme geklemmt hat, schiebt sie mit der rechten Hand den Kinderwagen mit dem darin liegenden Baby; an der linken Hand, die eine schwere Tasche hält, muß sie auch ihren kleinen Sohn noch mitziehen.

2. Erkennen, was die Karikatur zum Ausdruck bringen, was sie kritisieren will

Was der Karikaturist mit dieser Zeichnung sagen will, läßt sich leicht erkennen: Der Ehemann tritt zwar mit großen Worten nach außen für die Gleichberechtigung von Mann und Frau in der Familie ein, läßt in der Praxis aber seine Frau die gesamte Arbeit für den Familienhaushalt (hier: Einkaufen und Betreuung der Kinder) allein leisten. Allgemein gesagt: Ehemänner setzen sich zwar mit Worten lauthals für die Gleichberechtigung in der Familie ein, in der Realität aber tun sie nichts dafür, daß es zu einer wirklichen Gleichverteilung der Belastung kommt, die durch die Arbeit für den gemeinsamen Familienhaushalt entsteht.

3. Stellungnehmen zur Aussage der Karikatur

Vordergründig könnte man zunächst sagen, daß die dargestellte Situation, die der Zeichner ja bewußt „unwirklich" gestaltet hat, auch im Hinblick auf das Verhalten der beiden Ehepartner im Alltag kaum zu beobachten ist. Helfen Männer nicht gern ihren Frauen beim Tragen von Einkaufsgegenständen? Nehmen sie nicht gern ihre Kinder an die Hand? Handelt es sich nicht um eine falsche Übertreibung? Dem Karikaturisten kam es aber gerade darauf an, durch die „unwirkliche" Übertreibung einer Einzelsituation auf das allgemeine Problem der Rollenverteilung und der Arbeitsteilung in der Familie drastisch hinzuweisen. Er will (s.o. 2) kritisieren, daß verheiratete Frauen die Arbeit im Haushalt noch immer weitgehend allein, ohne die Hilfe ihrer Männer, leisten müssen. Wie weitgehend diese Kritik berechtigt ist, wie es heute „im Durchschnitt" der Familien aussieht, läßt sich der Karikatur nicht entnehmen. Insofern stellt sie nur den Anstoß für den Betrachter dar, über die Rollenverteilung in der eigenen Familie nachzudenken, sich ggf. über wissenschaftliche Untersuchungsergebnisse zu diesem Problem zu informieren, über Möglichkeiten zur Änderung der geschlechtsspezifischen Arbeitsteilung zu diskutieren usw.

(Autorentext)

Glossar

Abschreibung In einem Unternehmen nutzen sich die bei der betrieblichen Leistungserstellung eingesetzten Maschinen, Gebäude, Fahrzeuge usw. ab. Diese Wertverluste werden als ---> Kosten erfaßt, die bei der Berechnung des Verkaufspreises und bei der Ermittlung des ---> Gewinns als „Abschreibungen" berücksichtigt werden müssen. Beispiel: Eine Maschine wurde für 10 000 DM eingekauft. Es kann von einer jährlichen Wertminderung von 1 000 DM ausgegangen werden. Diese Abschreibungen müssen im Verkaufspreis berücksichtigt werden, wenn das Unternehmen nach Ablauf der Nutzungsdauer die verschlissene Maschine ersetzen will. Andernfalls wäre der Preis zu niedrig kalkuliert. Es würde die Gefahr bestehen, daß das Unternehmen sich „aufzehrt" (ein „Substanzverlust" eintritt), weil die notwendigen Ersatzinvestitionen nicht vorgenommen werden könnten.

Absolutismus Bezeichnung für eine Regierungsform, die durch eine uneingeschränkte (lateinisch: legibus absolutus = von den Gesetzen losgelöst) Herrschaft des Herrschers gekennzeichnet ist.

absolutistisch s. ---> Absolutismus

Adoption Annahme an Kindes Statt

Affekte Gefühle, Erregungszustände

Aktiengesellschaft Aktiengesellschaften haben ein in einzelne Teile (Aktien) aufgeteiltes Grundkapital. Die Gesellschafter (Aktionäre) sind Besitzer dieser Aktien, die sie an der Börse kaufen und verkaufen können.

Aktionär Besitzer von Aktien, d. h. von Wertpapieren, in denen das Anteilsrecht an einer ---> Aktiengesellschaft (AG) verbrieft ist.

Akzeptanz Bereitschaft, etwas anzuerkennen, anzunehmen (z. B. ein neues Produkt).

Alternative Eine im Vergleich zu einer vorhandenen grundsätzlich andere Möglichkeit.

ambitioniert Ehrgeizig, strebsam

Ambivalenz „Zweiwertigkeit"; Tatsache, daß eine Sache zugleich positive und negative Seiten hat.

ambulant Nicht fest an einen bestimmten Ort gebunden. Gegensatz von stationär.

analytisch Einen Sachverhalt dadurch erläuternd und erklärend, daß man ihn zunächst in seinen Einzelheiten betrachtet.

Anfrage (parlamentarische). Zur Erläuterung s. S. 305 f.

Angestellte Angestellte sind – wie Arbeiter – abhängig Beschäftigte (Arbeitnehmer), d. h. sie stellen ihre Arbeitskraft für Lohn einem Arbeitgeber zur Verfügung; Unterschiede bestehen u. a. im Hinblick auf Urlaubs- und Entlohnungsregelungen (Angestellte beziehen z. B. ein festes Monatsgehalt). Im Durchschnitt, nicht in jedem Einzelfall, werden Angestellte besser bezahlt als Arbeiter und haben einen höheren Bildungsstand. Als „leitende Angestellte" haben sie die führenden Positionen in den Betrieben.

Annexion Gewaltsame Aneignung eines Gebietes

antifaschistisch Gegen ---> Faschismus und Nationalsozialismus eingestellt

apostrophieren Anreden, sich auf jemanden beziehen, berufen

Arbeiter Arbeiter und Angestellte sind zwei unterschiedliche Gruppen von Arbeitnehmern. Traditionell werden Arbeiter überwiegend in der Produktion mit körperlicher Arbeit beschäftigt. Angestellte dagegen überwiegen im Dienstleistungsbereich (z. B. Banken, Verwaltung) und im technisch-wissenschaftlichen Bereich.

Arbeitsdienst In der Zeit der Herrschaft des Nationalsozialismus in Deutschland (1933–1945) gab es seit 1935 ein halbes Jahr Arbeitspflicht für alle jungen Männer und Frauen zwischen 18 und 25 Jahren (Reichsarbeitsdienst).

Arbeitsfront (DAF) Organisation der Arbeitnehmer und Arbeitgeber, die in der Zeit des ---> Nationalsozialismus von der ---> NSDAP gegründet wurde, nachdem die selbständigen Gewerkschaften verboten worden waren.

Arbeitsmarkt Bezeichnung für das Zusammentreffen des Angebotes an Arbeitskräften und der Nachfrage danach. Den organisierten Arbeitsmarkt bilden die Arbeitsämter, der unorganisierte spiegelt sich z. B. in den Stellenanzeigen der Zeitungen wider.

arbeitsteilig s. ---> Arbeitsteilung

Arbeitsteilung	„Spezialisierung auf bestimmte Tätigkeiten. Dies bezieht sich o auf den einzelnen innerhalb eines Unternehmens (berufliche Arbeitsteilung) o auf die Unternehmen innerhalb des gesamtwirtschaftlichen Produktionsprozesses eines Landes o auf die einzelnen Staaten innerhalb der Völkergemeinschaft (internationale Arbeitsteilung) Beispiel: Eine deutsche Werft baut ein Spezialschiff. Da gibt es den Manager im Büro sowie den Schlosser, Elektriker, Schweißer und viele andere mehr. Auch nicht jedes Unternehmen in der Bundesrepublik und nicht jede Werft baut Spezialschiffe. Jedes Unternehmen spezialisiert sich auf bestimmte Tätigkeiten. Und da Stahl preiswert in Korea, Uhren gut in der Schweiz, Schiffschrauben präzise in England und die Motoren zuverlässig in der Bundesrepublik hergestellt werden, kauft die Werft die genannten Produkte in vielen Staaten ein, um sie dann beim Schiffbau zu verwenden." (Mühlbradt, F. W., Wirtschaftslexikon, Frankfurt/M. 1992, S. 39).
Arbeitstherapie	Beschäftigung seelisch oder psychisch Kranker mit dem Ziel, dadurch eine Verbesserung ihres Gesundheitszustandes zu erreichen.
Asylbewerber	Antragsteller(innen), die sich im Zufluchtsland um die Anerkennung als politische Flüchtlinge bemühen.
atheistisch	Eine Haltung, die die Existenz Gottes leugnet.
atlantischer Imperialismus	Kämpferisches Schlagwort rechtsextremer Gruppen für den großen Einfluß der USA auf das nordatlantische Bündnis (NATO) und damit auf die Bundesrepublik Deutschland.
Attraktivitätsbonus	Attraktivität bezeichnet die Eigenschaft einer Sache oder einer Person, die sie für jemand anderen erstrebens- und begehrenswert macht. Ein Bonus ist ein Vorteil, den man im Vergleich zu anderen hat.
Auschwitz	Größtes ---> Konzentrationslager (Massenvernichtungslager) der nationalsozialistischen Gewaltherrschaft, 50 km westlich von Krakau/Polen.
automatisiert	Automatisierung ist die höchste Stufe der ---> Mechanisierung: Maschinen steuern sich selbsttätig.
Autonomie	Fähigkeit eines Menschen (einer Gruppe, eines Staates), selbständig Entscheidungen zu treffen und zu verantworten.
autoritär	So wird das Verhalten (z. B. auch der Erziehungsstil) von Menschen bezeichnet, die aus ihrer überlegenen Stellung heraus andere Menschen zu etwas Bestimmten zwingen, ohne Widerspruch und Diskussion zu dulden und ohne selbst solche Befehle zu begründen.
BAFöG	Bundesausbildungsförderungsgesetz; nach diesem Gesetz werden Schüler und Studenten finanziell unterstützt, wenn das Einkommen der Eltern eine bestimmte Grenze nicht überschreitet (seit 1983 wurden die Leistungen eingeschränkt).
Bagatellisierungsversuche	Die Bemühung, ein Problem oder eine Angelegenheit als bedeutungslose Kleinigkeit abzutun.
Bann	Untergliederung der Hitlerjugend, etwa für den Bereich einer Stadt.
Barbarei	Unmenschlichkeit, Brutalität
Barschel-Affäre	Der damalige schleswig-holsteinische Ministerpräsident Uwe Barschel belog 1987 die Öffentlichkeit über eine von ihm angeleitete Verleumdungskampagne gegen seinen SPD-Mitbewerber um das Präsidentenamt bei der Landtagswahl, trat danach von seinem Amt zurück und beging Selbstmord.
bauordnungsrechtlich	Das Bauordnungsrecht besteht weitgehend aus Landesvorschriften, die die Errichtung, die Änderung und den Abdruck von Bauten und baulichen Anlagen regeln.
Beamter	Angehöriger des öffentlichen Dienstes (einer Gemeinde, des Landes, des Bundes), der in einem besonderen Dienstverhältnis zum Staat steht. Bestimmten Pflichten des Beamten (besondere Treuepflicht, Dienstverschwiegenheit, Gehorsam gegenüber den Vorgesetzten, Streikverbot) steht eine besondere Fürsorge und Schutzpflicht des Staates gegenüber (Anstellung auf Lebenszeit, angemessene Besoldung und Altersversorgung, Beihilfe in Krankheitsfällen). Im Durchschnitt, nicht in jedem Einzelfall, werden Beamte besser bezahlt als Arbeiter und Angestellte und haben einen höheren Bildungsstand.
Belsen	Bergen-Belsen war eines der wichtigsten ---> Konzentrationslager in Deutschland (im Süden der Lüneburger Heide).

Betriebshierarchie	Umschreibung für die einzelnen Führungsebenen innerhalb eines Betriebes mit verschiedenen Dienstbezeichnungen und unterschiedlichen Vollmachten. S. ---> Hierarchie
Betriebsrat	Der Betriebsrat wird von der Belegschaft eines Betriebes gewählt. Er soll die Interessen der Arbeitnehmer gegenüber dem Arbeitgeber vertreten.
Betriebswirt	Beruf, der den Abschluß eines Studiums der Betriebswirtschaftslehre voraussetzt, die sich mit den wirtschaftlichen Problemen der ---> Unternehmen befaßt.
Betriebsverfassung	Regelung der Beziehungen zwischen Arbeitgebern und Belegschaft. Mitwirkungs- und Mitbestimmungsrechte der Beschäftigten sind im Betriebsverfassungsgesetz festgeschrieben.
Bevölkerungsentwicklung	Entwicklung der Einwohnerzahl eines Landes. Die B. verläuft negativ, wenn – z. B. auf ein Jahr bezogen – die Zahl der Sterbefälle die der Geburten übersteigt.
Bezugsperson	Person, zu der man in einer engen und länger andauernden Beziehung steht und deren Handlungen und Urteile für das eigene Leben wichtig und maßgeblich sind; die Trennung oder das Fehlen von Bezugspersonen im Kleinkindalter (in der Regel die Mutter) führt zumeist zu Entwicklungsstörungen (---> Hospitalismusforschung).
Bodenschutz	Wichtiges Feld der Umweltpolitik, da der Boden vor allem durch Rohstoffausbeutung, Flächenverbrauch, Versiegelung, Schadstoffbelastung und Erosion (Abtragung von Bodenteilen durch Wasser oder Wind) gefährdet ist.
boomen	Sich auf dem Höhepunkt einer Entwicklung befinden.
Budget	Haushaltseinkommen
Bronx	Stadtbezirk von New York City, nördlich von Manhattan; der Name Bronx steht für den Niedergang eines Stadtteils durch Grundstücksspekulation, durch Verarmung und durch Arbeitslosigkeit der Menschen bei gleichzeitigem Anwachsen von Gewalt und Kriminalität.
Bruttolohn	Arbeitsentgelt vor Abzug von Steuern und Beiträgen zur --> Renten-, Arbeitslosen- und Krankenversicherung.
Bruttoproduktionswert	Auf ein Unternehmen bezogen, bezeichnet der Begriff die Summe aus dem Umsatz (Erlös der verkauften Produkte), den selbsterstellten Anlagen und den Lagerbeständen. Zieht man davon ab, was man von anderen Unternehmen gekauft hat (Vorleistungen), erhält man den Bruttoproduktionswert.
Bürgerliches Gesetzbuch	(BGB) Wichtigster Bestandteil des Privatrechts, das die Rechtsbeziehungen der Bürger untereinander regelt (im Unterschied zum öffentlichen Recht). Das in seiner ersten Fassung aus dem Jahr 1896 stammende BGB enthält heute insgesamt 2385 Paragraphen, gegliedert in 5 Teile (der 4. Teil besteht aus dem Familienrecht).
Bundesgerichtshof	Zur Erläuterung s. M 22 b, S. 338
Bundeshaushalt	Die in einem Haushaltsplan zusammengefaßten Einnahmen und Ausgaben des Bundes in der Bundesrepublik Deutschland.
Bundeskartellamt	Es hat die Aufgabe, Verstöße gegen das Gesetz gegen Wettbewerbsbeschränkungen zu verhindern. Dadurch soll der ---> Wettbewerb zwischen den Unternehmern aufrechterhalten werden, bzw. dort, wo der Wettbewerb bereits durch Konzentrationsprozesse ausgeschaltet oder stark eingeschränkt ist, einem Mißbrauch der Marktmacht (durch Fordern überhöhter Preise oder Behinderung kleinerer Konkurrenten) entgegengewirkt werden.
Bundesorgane	In der Bundesrepublik Deutschland sind die obersten Bundesorgane der Bundespräsident, der Bundestag, der Bundesrat und die Bundesregierung.
Bundesverdienstkreuz	Orden (Ehrenzeichen) der Bundesrepublik Deutschland, der vom Bundespräsidenten für besondere Verdienste um das Gemeinwohl verliehen wird.
Bundesvereinigung der deutschen Arbeitgeberverbände (BDA)	Zusammenschluß der Arbeitgeber der verschiedenen Wirtschaftszweige in der Bundesrepublik. Die BDA ist die oberste Organisation (Spitzenorganisation) der Arbeitgeber in der Bundesrepublik.
Bundesverfassungsgericht	Das höchste Gericht der Bundesrepublik, gleichzeitig ein Staatsorgan (wie Bundestag oder Bundesrat). Es entscheidet über Streitigkeiten zwischen anderen Staatsorganen und über die Beschwerden von Bürgern, die sich in ihren Grundrechten verletzt fühlen. Es kontrolliert die Übereinstimmung der Gesetze mit der Verfassung.
Caritas	Deutscher Caritas-Verband; Wohlfahrtsorganisation der katholischen Kirche.

Churchill, Winston	bedeutender englischer Politiker und Premierminister 1940–1945 und 1951–1955; gest. 1965
DDR	Deutsche Demokratische Republik. 1949 gegründeter „zweiter" deutscher Staat, der nach den Prinzipien des ---> Sozialismus aufgebaut und von der ---> SED gelenkt wurde; Teil des Ostblocks (Zusammenschluß ---> kommunistischer Staaten unter Führung der Sowjetunion). 1989/90 brach das DDR-System aufgrund der friedlichen Revolution des Volkes zusammen. Am 3.10.1990 erfolgte die Vereinigung mit der Bundesrepublik Deutschland.
Debatte	Öffentliche, geregelte Aussprache in Rede und Gegenrede, vor allem in Parlamenten, zur Klärung der Standpunkte und zur Information der Öffentlichkeit.
Delinquent	Angeklagter, Übeltäter
demographisch	Die ---> Bevölkerungsentwicklung betreffend.
Demoskopie	Meinungsforschung, Umfrageforschung
deportieren	Menschen unter Zwang aus ihrer Heimat in ein anderes Gebiet oder Land bringen.
Devisen	Ausländische Zahlungsmittel
Diagnostik	Erkennung von Krankheiten; die pränatale Diagnostik bezieht sich auf Krankheiten des menschlichen Embryos vor der Geburt.
Dienstleistungen	Sammelbegriff für Leistungen, die nicht in der Herstellung von Sachgütern, sondern in persönlichen Leistungen bestehen (im Handel, bei Banken und Versicherungen, in ---> freien Berufen, bei Bundesbahn und Bundespost usw.)
Dienstleistungsgesellschaft	Bezeichnung für eine Gesellschaft, in welcher der Bereich der ---> Dienstleistungen die größte wirtschaftliche Bedeutung hat. Einschließlich Handel und Verkehr waren in der Bundesrepublik 1987 54% der Erwerbstätigen in diesem Bereich beschäftigt, 1960 waren es erst 38%.
Dienstleistungsunternehmen	s. ---> Dienstleistungen
Diffamierungskampagne	Verbreitung von Berichten, Kommentaren, Aufrufen, Leserbriefen usw. in der Presse, die dazu angetan sind, andere Menschen schlecht zu machen (diffamieren = in schlechten Ruf bringen).
Differenzierung	Genauere Betrachtung eines Sachverhaltes im Hinblick auf verschiedene einzelne Gesichtspunkte; genauere Unterscheidung.
digitalisieren	s. --> Digitalrechner
Digitalrechner	Bei D. werden alle Informationen durch Zahlen dargestellt und verarbeitet. Digitale Schaltkreise können eindeutig aber nur zwei Werte annehmen, z.B. „Strom" oder „kein Strom". Man ordnet deshalb diesen beiden Zuständen die „logischen Entscheidungen" „ja" und „nein" oder die Werte „0" und „1" des binären Zahlensystems zu. Eine solche Informationseinheit wird allg. mit „bit" bezeichnet.
Diktatur	Gewaltherrschaft; zumeist Herrschaft eines Einzelnen (Diktators)
Dilemma	Zwangslage, Schwierigkeit der Wahl zwischen zwei unangenehmen Möglichkeiten
Discount	(engl. Rabatt/Nachlaß). In einem Discountladen werden Waren unter Verzicht auf Aufmachung und Kundendienst billiger verkauft.
Domestikation	Zähmung
Drittes Reich	Als Drittes Reich bezeichnet man die Zeit zwischen 1933 und 1945, in der Deutschland von den Nationalsozialisten beherrscht wurde.
Duales System	Im Fernsehbereich das Nebeneinander von ---> öffentlich-rechtlichen und privaten Fernsehanstalten.
Dunkelziffer	Zahl der Straftaten, die der Polizei nicht bekannt werden und die man daher nur schätzen kann.
Durchschnittswert	Er gibt bei einer Summe aus unterschiedlichen Werten an, wie hoch der Wert für jeden einzelnen bei völlig gleicher Verteilung wäre; er sagt nichts über die tatsächliche Verteilung aus.
Edikt	Erlaß, Verordnung. Ein Edikt des Herrschers (Kaiser, König) hatte im Mittelalter und der frühen Neuzeit Gesetzeskraft.
EG	Europäische Gemeinschaft (seit 1993: EU, Europäische Union); Zusammenschluß europäischer Länder mit dem Ziel der wirtschaftlichen und politischen Zusammenarbeit.
Einkommenshierarchie	Staffelung der Haushaltseinkommen nach ihrer Höhe

Einkommensteuer	Steuer, die vom Einkommen des Steuerpflichtigen erhoben wird. Eine Einkommensteuererklärung ist abzugeben, wenn bestimmte jährliche Einkommensgrenzen überschritten werden, wenn mehrere Einkommen bezogen werden und wenn ein Arbeitnehmer eine Wohnung gekauft oder gebaut hat.
Einkommensteuertarif	Festlegung der Prozentsätze der Einkommensteuer
elitär	Art des Redens oder Verhaltens, die sich auf eine höhere gesellschaftliche Position und damit auf die damit (angeblich) verbundene höhere Qualität einer kleinen Gruppe (Elite) beruft.
Emblem	Sinnbild oder Kennzeichen für eine bestimmte Sache (z. B. für eine politische Bewegung)
emotional	Gefühlsmäßig
empirisch	Erfahrungsgemäß; die Wirklichkeit mit Methoden erforschend, die nachvollziehbar und nachprüfbar sind.
entwicklungs-psychologisch	Die Entwicklungspsychologie befaßt sich mit den Bedingungen, den Merkmalen und den einzelnen Phasen der körperlichen, geistigen und seelischen Entwicklung von Kindern und Jugendlichen.
Erwachsenenstatus	Die Zuerkennung der vollwertigen Mitgliedschaft in der Gesellschaft; rechtlich geschieht das mit 18 Jahren. In den Augen vieler Menschen ist dieser Status aber sehr stark mit der finanziellen Unabhängigkeit von den Eltern durch ein eigenes Einkommen verknüpft.
Entwicklungsquotient	Das Verhältnis von Entwicklungs- und Lebensalter; in der Untersuchung von R. Spitz entspricht ein Entwicklungsquotient von 100 dem durchschnittlich zu erwartenden Entwicklungsstand von Kindern der betreffenden Altersstufe.
Epos	Erzählende Dichtung von erheblicher Länge
Erziehungshilfe	Eine Art öffentlicher Ersatzerziehung (in einem Heim oder in einer geeigneten Familie) auf Antrag der Sorgeberechtigten, wenn die Entwicklung der betr. Jugendlichen gefährdet erscheint; sie endet mit der Volljährigkeit
Etat	Der Haushaltsplan eines Landes (einer Stadt, eines Kreises). In ihm sind die Einnahmen und Ausgaben für ein Jahr genau festgelegt.
Ethik	Lehre vom richtigen und verantwortlichen Handeln
ethisch	s. ---> Ethik
ethnisch	Volksmäßig, die Kultur- und Lebensgemeinschaft einer Volksgruppe betreffend
EU	s. ---> EG
euphemistisch	Beschönigend, schönfärberisch, verhüllend
Euthanasie	Sterbehilfe, Erleichterung des Sterbens; im ---> Nationalsozialismus wurden unter diesem Vorwand Geisteskranke ermordet.
Exekution	Vollstreckung eines Strafurteils, besonders der Todesstrafe, Hinrichtung
Exekutive	s. ---> Gewaltenteilung
Existenzminimum	Einkommen, das zum bloßen Überleben ausreicht
Experiment	Eine Forschungsmethode der Sozialwissenschaften, mit der nachgewiesen werden soll, daß die Veränderung einer Situation (eines Zustandes, eines Verhaltens usw.) durch die Einwirkung eines bestimmten Faktors zustande kommt.
fakultativ	freigestellt, wahlfrei
Familiensoziologie	Vertreter desjenigen Teils der Soziologie (Gesellschaftswissenschaft), der sich mit der Familie (ihren Funktionen, dem Wandel ihrer Form, ihrer wirtschaftlichen Lage usw.) beschäftigt.
Faschismus	Eine aus dem italienischen stammende Bezeichnung für politische Bewegungen und Gruppen, die ihre eigene Nation, das eigene Volk über alle Maßen hinaus verherrlichen, Gewalt für nationale Interessen bejahen, das Führerprinzip fordern und den Einzelmenschen dabei den kollektiven Zielen unterordnen. Der Faschismus beherrschte in den Jahren 1920–1945 vor allem Italien und Deutschland (Nationalsozialismus).
Faschisten	Anhänger des ---> Faschismus
Feindbild	Starr festgelegtes, negatives Bild von Personen, Gruppen oder Staaten; das F. schafft oft innerhalb einer Gruppe ein Zusammengehörigkeitsgefühl.
Fiktion	Erfindung; etwas, das nur in der Vorstellung existiert
Fraktion	Vereinigung der Parlamentsabgeordneten einer Partei zum Zwecke der ge-

	meinsamen Willensbildung und der gemeinsamen Durchführung der parlamentarischen Arbeit.
Fraktionsstatus	Mehr als 5% der Abgeordneten, die einer Partei angehören, können im Deutschen Bundestag eine Fraktion bilden. Sie genießen damit Fraktionsstatus. Das hat weitreichende Konsequenzen für die Arbeitsmöglichkeiten, die Finanzierung der politischen Arbeit und den Einfluß in den wichtigsten Ausschüssen des Bundestages.
Freie Berufe	Bezeichnung für bestimmte Berufe, deren Angehörige sich den Lebensunterhalt „frei", ohne Abhängigkeit von einem Arbeitgeber verdienen (z. B. Ärzte, Apotheker, Architekten, Rechtsanwälte, Steuerberater, Schriftsteller, bildende Künstler). Im Unterschied zu Unternehmern ist die Tätigkeit von „Freiberuflern" nicht gewerblich, d. h. sie beruht nicht auf dem Einsatz eines gewerblichen Vermögens. Die Abgrenzung zu dem Begriff „Selbständige" ist nicht immer gegeben.
Fremdkapital	Geliehenes ---> Kapital, z. B. der Kredit einer Bank
Fürsorgeerziehung	Erziehungsmaßnahme, die z. B. auf Antrag des ---> Jugendamtes als letztes Mittel vom Vormundschaftsgericht angeordnet wird, wenn ein Minderjähriger zu verwahrlosen droht oder verwahrlost ist (Unterbringung in einer anderen Familie oder in einem Heim).
Fusion	„Verschmelzung". Zusammenschluß von bisher selbständigen Unternehmen zu einem rechtlich und wirtschaftlich einheitlichen Unternehmen
Geburtenniveau	Der Begriff bezeichnet (wie die Begriffe Geburtenrate und Geburtenziffer), wie hoch der Anteil der Lebendgeborenen an je 1000 Einwohnern in einem Jahr ist.
Geburtenrate	Sie gibt an, wie hoch der Anteil der Lebendgeborenen an 1000 Einwohnern in einem Jahr ist.
gemeinnützig	Nicht vorteils- oder gewinnorientiert. Die als gemeinnützig anerkannten Einrichtungen genießen in der Bundesrepublik eine Reihe von ---> Privilegien.
Generalprävention	Gewünschte Wirkung von Strafprozessen und Strafen: Die verhängten Strafen sollen die Allgemeinheit von entsprechenden Straftaten abhalten.
Generationsrollen	---> Rollen, die mit der Position verschiedener Generationen verknüpft sind (Kinder – Erwachsene bzw. Eltern)
Genremerkmale	Unter Genre versteht man eine bestimmte typische (durch gleiche Merkmale bestimmte) Art von Filmen (z. B. Western, Horrorfilme, Science-fiction-Filme).
Gentechnologie	Wissenschaftliches Verfahren zur Veränderung des Erbgutes von Zellen durch Übertragung fremder Erbanlagen
Geschichtslügner	Schlagwort rechtsextremer Gruppen; Geschichtslügner sind in den Augen dieser Gruppen Leute, die z. B. die Schuld Deutschlands am Zweiten Weltkrieg und/oder an der Judenvernichtung (s. ---> Konzentrationslager) für bewiesen halten. Rechtsradikale bestreiten beides trotz eindeutiger und umfangreicher Belege und Beweise.
Gesellschafter	Jemand, der einen finanziellen Anteil an einem Unternehmen hat (z. B. in Form von ---> Aktien), dem also das Unternehmen zu einem bestimmten Teil gehört.
Gesetzmäßigkeit der Verwaltung	Der Grundsatz, daß alle Organe des Staates (Polizei, Finanzämter usw.) an die geltenden Gesetze gebunden sind.
Gewaltenteilung	Bedeutsamer demokratischer Grundsatz, der besagt, daß bei den Staatsfunktionen Exekutive (vollziehende Gewalt), Legislative (gesetzgebende Gewalt) und Judikative (rechtsprechende Gewalt) unterschieden und voneinander unabhängigen Staatsorganen (Regierung, Parlament, Gerichte) zugewiesen werden. Durch die Gewaltenteilung soll Machtmißbrauch verhindert werden. Vgl. M 10 in Kapitel 6.
Gewinn	Gewinn ergibt sich aus der Differenz zwischen ---> Kosten und Erlös. Unter Erlös wird das Produkt aus abgesetzter Menge und Preis verstanden. Ist der Erlös größer als die Kosten, erzielt ein Unternehmen einen Gewinn, im umgekehrten Fall einen Verlust.
GFK	Gesellschaft für Konsumforschung; sie untersucht z. B. die ---> Reichweite von Fernsehprogrammen.
GmbH	Gesellschaft mit beschränkter Haftung. Kapitalgesellschaft, bei der die ---> Gesellschafter nicht über ihre Einlagen hinaus für die Schulden der GmbH haften. Die Geschäfte der GmbH werden durch den Geschäftsführer geführt, bei dem es sich aber, anders als bei der ---> Aktiengesellschaft, häu-

fig um einen der Gesellschafter handelt. Das höchste Organ ist die Gesellschafterversammlung.

Goebbels, Joseph (1897–1945), führender nationalsozialistischer Politiker (u. a. Reichspropagandaminister), starb durch Selbstmord in Berlin.

Göring, Hermann (1893–1946), führender nationalsozialistischer Politiker (u.a. Oberbefehlshaber der Luftwaffe), starb durch Selbstmord im Nürnberger Gefängnis.

Grenzwert (bei Lärm, Luftverschmutzung). Grenzwerte geben an, ab wann Umweltbelastungen nicht mehr als zumutbar und zulässig angesehen werden. Sie haben oft auch rechtlich bindende Wirkungen. Häufig stellen sie einen Kompromiß aus unterschiedlichen Interessen dar und sind deshalb oft umstritten.

Großfamilie s. ---> Kernfamilie

Grundrechte Grundlegende Menschen- und Freiheitsrechte (z. B. Freiheit des Glaubens, Recht auf freie Meinungsäußerung, Recht auf Freizügigkeit). In der Bundesrepublik sind die Grundrechte im ersten Abschnitt des Grundgesetzes aufgeführt.

Grundvertrag Ein 1973 in Kraft getretener „Vertrag über die Grundlagen der Beziehungen zwischen der Bundesrepublik Deutschland und der Deutschen Demokratischen Republik". Der Vertrag regelte die Beziehungen zwischen den beiden deutschen Staaten auf der Grundlage normaler gutnachbarlicher Beziehungen und der Respektierung der Unabhängigkeit und Selbständigkeit jedes der beiden Staaten. Der Vertrag war in der Bundesrepublik Gegenstand eines heftigen Streits zwischen den damaligen Regierungsparteien (SPD und FDP) und der damaligen Opposition (CDU/CSU). Eine Klage der Opposition gegen den Vertrag wurde vom Bundesverfassungsgericht zurückgewiesen.

gruppendynamisch Vorgänge und Veränderungen in Gruppen betreffend; z. B. im Hinblick darauf, wie sich Gruppen bilden, warum sie sich auflösen, wie sich Führungsstrukturen herausbilden usw.

Gysi, Gregor Von 1990 bis 1993 Parteivorsitzender der „Partei des demokratischen Sozialismus" (PDS; s. M 37, S. 273)

Hartmannbund Nach dem Arzt H. Hartmann (1863–1923) benannter Verband der Ärzte Deutschlands; vertritt die beruflichen und wirtschaftlichen Belange der Mitglieder.

Hauptausschuß Städtischer Ausschuß (Arbeitsgruppe des Stadtrates), der über alle Angelegenheiten berät, die mit erheblichen Kosten verbunden sind.

Haushalt Eine zusammenwohnende und wirtschaftende Gruppe (zumeist eine Familie); es gibt auch „Einzelhaushalte".

Haushalt der Gemeinde, des Staates Jede Gemeinde, jeder Kreis usw. (auch eine Fernsehanstalt) muß jährlich einen Haushalt (---> Etat) vorlegen, der Auskunft über die Einnahmen und Ausgaben gibt.

Hautwiderstandsmessung Man befestigt zwei Elektroden an der Versuchsperson (Finger), schickt einen schwachen Strom in die Haut und registriert Veränderungen des Hautwiderstandes. Dieser hängt insbesondere von der Aktivität der Schweißdrüsen ab und diese wiederum von der Stärke der Gefühle.

Hearing Anhörung von Fachleuten (Experten) oder Vertretern von ---> Verbänden durch Parlamentsausschüsse (hauptsächlich bei der Vorbereitung von Gesetzesvorlagen)

Hierarchie Rangordnung oder Herrschaftssystem mit strenger Gliederung nach dem Prinzip von Über- und Unterordnung

hierarchisch s. ---> Hierarchie

Holocaust Im weitesten Sinn Massenvernichtung, überwiegend aber die Bezeichnung für den Massenmord am jüdischen Volk durch die Nationalsozialisten

Hooliganismus, Hooligans Gewaltbejahende, äußerst fanatisierte Fußballanhänger, die oftmals Gewalttätigkeiten geradezu suchen und herausfordern

Horst-Wessel-Lied Dieses Lied („Die Fahne hoch, die Reihen fest geschlossen, SA marschiert, mit ruhig festem Schritt ...") war im Dritten Reich Propagandalied und Kultlied, das neben dem Deutschlandlied als zweite Nationalhymne galt; sein Verfasser, der 1926 in die NSDAP eingetretene Pastorensohn Horst Wessel aus Bielefeld, starb 1930 23jährig an den Folgen einer gewalttätigen Auseinandersetzung ohne politischen Hintergrund in Berlin.

Hospitalismusforschung Sie befaßt sich mit den Folgen, die ein längerer Heim- oder Krankenhausaufenthalt für Kleinkinder hat; aufgrund der Trennung von der Mutter, des Fehlens einer ---> Bezugsperson und einer anregenden Atmosphäre kommt es zu bestimmten Krankheitserscheinungen (Hospitalismus).

Hoyerswerda	In dieser sächsischen Stadt kam es am 17.9.1991 zu Übergriffen gegen Ausländer und deren Unterkünfte, die anfänglich von Teilen der Bevölkerung beklatscht und von der Polizei verharmlost wurden.
Hugenotten	s. ---> reformierte Religion
Humanisierung am Arbeitsplatz	Alle Maßnahmen, die dem Gesundheitsschutz und der Arbeitszufriedenheit dienen, z. B. Sicherheitsvorrichtungen, Lärmschutz, bessere Lichtausstattung, Musik u. a. m.
Humanität	Menschlichkeit. Ausrichtung des Denkens und Handelns am Prinzip der allen Menschen zukommenden Menschenwürde
Ich-Schwäche	Das Gegenteil von Ich-Stärke; zur Erl. s. M 6, S. 62
Ideologie	Zusammenhängende, theoretisch begründete politische Vorstellungen und Überzeugungen
ideologisch	Auf einer ---> Ideologie (einer politischen, weltanschaulichen Überzeugung und Lehre) beruhend
illegal	Ungesetzlich
illusionieren	Eine Wunschvorstellung (Illusion) erzeugen; etwas vortäuschen
Illusionen	Darstellungen und Vorstellungen, die der Wirklichkeit nicht entsprechen
Image	Das „Bild" (die Eigenschaften), die eine Person oder eine Gruppe (oder z.B. auch ein Markenartikel oder eine Institution) in der Meinung anderer Personen und Gruppen hat.
imitieren	Nachahmen
indifferent	Teilnahmslos, gleichgültig
Index	„Anzeiger"; in der Statistik eine Meßzahl, die das Verhältnis mehrerer Zahlen zueinander angibt; dabei wird die Zahl einer bestimmten Basisgröße (z.B. eines bestimmten Jahres) = 100 gesetzt und die Veränderungen der absoluten Zahlen in Prozentpunkte umgerechnet. Beispiel: Wenn es im Basisjahr (Index: 100) z.B. 624 Zeitungsverlage gab und in einem Bezugsjahr nur noch 535 (also 89 = 14% weniger), dann lautet der Index für das Bezugsjahr 86 (100–14).
Individualrechte	Rechte des einzelnen Menschen (des Individuums); vgl. ---> Grundrechte
Industrie	Wirtschaftsbereich, der durch die maschinelle Herstellung von Gütern gekennzeichnet ist.
Industrialisierung	Prozeß der Errichtung und Verbreitung von Fabriken (Industriebetrieben) zur maschinellen Massenherstellung von Gütern; der Begriff umfaßt auch die damit verbundenen Folgen wie Erfindung immer neuer Techniken, Entstehung der gesellschaftlichen Gruppen der Unternehmer und Arbeiter. Der Industrialisierungsprozeß vollzog sich in England vom Ende des 18. Jahrhunderts und in Deutschland vom Beginn des 19. Jahrhundert an.
industrielle Revolution	s. ---> Industrialisierung
Inhaltsanalyse	Methode, mit der ein Text, eine Fernsehsendung usw. genauer untersucht wird, z. B. im Hinblick darauf, welche Einstellungen und Wertvorstellungen sich darin widerspiegeln. Dabei wird z. B. untersucht, wie häufig bestimmte Wörter und Begriffe vorkommen, die auf eine bestimmte Einstellung schließen lassen.
initiativ	Anstoß gebend, selbständig handelnd
Instanz	Bestimmte Stufe in einem gerichtlichen Verfahren. Die jeweils höhere Instanz ist das zuständige übergeordnete Gericht.
Instinkt	„Anreiz"; allgemeine Bezeichnung für bestimmte festgelegte (angeborene) Verhaltensweisen und Reaktionen; instinktives Verhalten ist vor allem für Tiere typisch; menschliches Verhalten ist überwiegend erlernt.
intellektuell	Geistig, verstandesgemäß
Intelligenz	Allgemein: Verstandeskraft, Klugheit. Daneben auch, besonders in der DDR, Bezeichnung für die gesellschaftliche Gruppe mit Hochschulausbildung (Wissenschaftler, Ingenieure, Lehrer, Ärzte).
Invalidität	Dauernde erhebliche Beeinträchtigung der Arbeits- und Erwerbsfähigkeit.
Inventur	Bestandsaufnahme des Waren- und Vermögenswertes eines Unternehmens
Inventurdifferenz	Unterschied zwischen rechnerischem und tatsächlich festgestelltem Bestand bei einer ---> Inventur
Investition	Verwendung von Geldmitteln zur Erhaltung und Beschaffung von Produktionsmitteln in Form von Maschinen, Gebäuden usw.

Investitionsgüter	Güter, die der Erhaltung, der Verbesserung und der Erweiterung der Produktionsausstattung von Unternehmen dienen
Jahresabschluß	Am Ende eines Geschäftsjahres aufgestellte Bilanz, mit Gewinn- und Verlustrechnung
Judikative	s. ---> Gewaltenteilung
Jugendamt	Bei Städten und Kreisen errichtete Behörde, die für die Jugendpflege (Angebote von Sport, Musik, internationale Begegnungen usw. außerhalb der Schule) und die Jugendfürsorge (Schutz einzelner gefährdeter oder benachteiligter Jugendlicher in Pflegestellen, Heimen usw.) zuständig ist. Auf überörtlicher Ebene gibt es Landesjugendämter.
Jugendkammer	Jugendgericht auf Landgerichtsebene; schwere Fälle oder Berufungsverfahren vom Jugendschöffengericht/Amtsgericht werden hier verhandelt.
Jugendvertreter	Jugendvertreter werden im Betrieb von den Auszubildenden (Lehrlingen) gewählt. Sie setzen sich im ---> Betriebsrat für die Interessen der Auszubildenden ein.
Jugendwohlfahrtsgesetz	Es regelt die Aufgaben der Jugendämter und damit alle Maßnahmen der Jugendförderung (Jugendpflege) und der Jugendfürsorge (s. ---> Jugendamt).
Junge Gemeinde	Organisation der Jugendarbeit der evangelischen Kirche in der DDR.
Justitiar	Juristischer Berater innerhalb eines Unternehmens
Justizvollzugsanstalt (JVA)	s. ---> Vollzugsanstalt
Kapazitätsabbau	Verringerung des vorhandenen Bestands (z. B. an Wohnungen)
Kapital	Geld- und Sachwerte, die dazu eingesetzt werden, weiteren Nutzen zu erwirtschaften (z. B. Zinsen zu erbringen oder Güter herzustellen).
Kapitalisten	Menschen, die ---> Kapital besitzen und es durch Geldanlage und Spekulation zu vermehren suchen; aus der Sicht der ---> kommunistischen ---> Ideologie Menschen, die mit unrechtmäßig angeeignetem Geld, das eigentlich andere erarbeitet und verdient haben, spekulieren und sich bereichern.
Kapitalmarkt	Bereich für den Handel mit lang- und mittelfristigem Kapital (z. B. An- und Verkauf von Wertpapieren); Unternehmen und Staat können sich am Kapitalmarkt Geld zur Finanzierung von ---> Investitionen beschaffen.
Kartell	Zusammenschluß von Unternehmen, die jedoch weitgehend selbständig bleiben. Ein Kartell entsteht durch einen Vertrag zwischen den sich zusammenschließenden Unternehmen. Ziel des Vertrages ist das gemeinsame Handeln der Mitglieder, um so den Wettbewerb untereinander auszuschalten, z. B. durch Verkauf eines Produktes zum vereinbarten Preis (Preiskartell), die Festlegung der Produktionsmenge je Kartellmitglied (Quotenkartell).
Kartellbildung	s. ---> Kartell
Kaufkraftpotential	Die Geldsumme, die den Wirtschaftssubjekten für eine Zeiteinheit zur Verfügung steht; z. B. das Geld, das alle Jugendlichen von 14–16 Jahren für Käufe ausgeben können.
Kernfamilie	Sie besteht aus den Eltern und ihren minderjährigen Kindern und wird häufig – als der heute fast ausschließlich bestehende Familientyp – auch als Kleinfamilie bezeichnet (bei zumeist geringer Kinderzahl); die Großfamilie besteht aus einer Kernfamilie, die mit einer oder mehreren anderen Kernfamilien oder auch mit verwandten Erwachsenen zusammenwohnt.
KGB	Kommunistischer Geheimbund. Staatssicherheitsdienst und Spionageorganisation der ehemaligen Sowjetunion
Kinsey,	Alfred; amerikanischer Sexualforscher (1896–1956)
Klischee	Bezeichnung für festgefügte Vorstellungen, in denen eine vielfältige Wirklichkeit stark vereinfacht und damit unzureichend enthalten ist.
kokettieren	Eigene Vorzüge spielerisch bis raffiniert zur Geltung bringen
Kommerzialisierung	Entwicklung, die einen Bereich oder eine Institution von wirtschaftlichen Interessen und Bedingungen abhängig macht
Kommunikationstechniken	Techniken zur Verständigung, Mitteilung
Kommunikationstechnologien	Zusammenfassender Begriff für die neuen Techniken der Übertragung von Informationen, entweder im Bereich der öffentlichen Medien (Kabel- und Satellitenfernsehen, Bildschirmtext, Videorecorder usw.) oder im gewerblichen Bereich (in der „Bürokommunikation": z. B. Telex, Telefax).
Kommunismus	Höchste Stufe des ---> Sozialismus, auf der die völlige Gleichheit aller Gesellschaftsmitglieder hergestellt sein soll

kommunistisch	Sich an der Zielvorstellung des --> Sozialismus und --> Kommunismus orientierend; Name für politische Systeme, die durch die Alleinherrschaft einer an der ---> Ideologie des Marxismus orientierten Partei gekennzeichnet sind (China, Nordkorea, Cuba).
komplex	Umfangreich, vielfältig, schwierig
Konfliktpotential	Das Maß an Streit und feindseliger Auseinandersetzung, das der Möglichkeit nach in einem einzelnen bzw. in einer Gesellschaft vorhanden ist.
Kongreßpolen	Bezeichnung für das durch den Wiener Kongreß (1815) gebildete Königreich Polen
Konjunktur	Bezeichnung für den Tatbestand, daß in einer Marktwirtschaft die wirtschaftliche Entwicklung nicht gradlinig, sondern eher in Wellenbewegungen verläuft. Maßstab für die Entwicklung ist die prozentuale Veränderung des Bruttosozialproduktes gegenüber dem Vorjahr.
Konjunkturzeiten	s. ---> Konjunktur
Konsens	Übereinstimmung, Einwilligung
konservativ	Bezeichnung für eine politische Haltung, die dem Bestehenden und der Bewahrung aus der Vergangenheit überkommener Zustände den Vorrang vor einer raschen Veränderung gibt.
konspirativ	Einer Verschwörung dienend, verschwörerisch
Konsum- u. Verhaltensforschung	Hier: Erforschung der Verhaltensweisen von Menschen bzgl. ihrer Konsumgewohnheiten
Konzentration	In der Wirtschaft der Zusammenschluß von Unternehmen (vgl. ---> Konzern); durch zunehmende Konzentration wird der ---> Wettbewerb mehr und mehr beseitigt.
Konzentrationsgrad	Die Höhe (der Grad) an ---> Konzentration bemißt sich an der Höhe des ---> Marktanteils, den ein oder einige wenige Unternehmen auf einem Markt haben.
Konzentrationslager	In Konzentrationslager wurden in den Jahren 1933–1945 im nationalsozialistischen Deutschland Juden und andere rassisch Verfolgte, politische Gegner, Kriminelle und Homosexuelle eingewiesen. Sie mußten vielfach Zwangsarbeit unter unmenschlichen Bedingungen verrichten. Außerdem wurden grausame medizinische Versuche an vielen Gefangenen durchgeführt. Millionen von Insassen, vor allem Juden, wurden in Konzentrationslagern getötet.
Konzern	Ein Zusammenschluß von Unternehmen, bei dem die wirtschaftliche Selbständigkeit der einzelnen Unternehmen dadurch verlorengeht, daß sie unter die einheitliche Leitung der „Muttergesellschaft" gestellt werden, z. B. VW-Konzern, bei dem die Konzernspitze in Wolfsburg bestimmt, was die Tochtergesellschaft Audi produzieren darf.
Korrespondent	Berichterstatter für eine Zeitung oder einen Rundfunk- bzw. Fernsehsender
Korruption	Bestechung
Kosten	Die mit ihren Preisen bewerteten Güter, die zur Erstellung der betrieblichen Leistung notwendig sind
Kriminalstatistik	Jährlich vom Bundeskriminalamt in Zusammenarbeit mit den Landeskriminalämtern erstellte Zusammenstellung aller Straftaten, die der Polizei bekannt wurden
kulturell	Kultur bedeutet (lat.) ursprünglich Ackerbau, dann allgemein „Veredelung", „Pflege"; der Begriff umfaßt die Gesamtheit dessen, was durch menschliche Aktivität in einem geschichtlich und geographisch abgrenzbaren Raum geformt worden ist (die Art und die Einrichtungen des Zusammenlebens, geistige Vorstellungen und Werke in Wissenschaft und Kunst, technische Leistungen, Bauten, Geräte usw.).
KZ	s. ---> Konzentrationslager
Landesliste	Vorschlagsliste einer Partei in einem Bundesland bei den Bundestagswahlen
Landessozialgericht	In Streitigkeiten über Angelegenheiten der Sozialversicherung entscheiden die Sozialgerichte. Berufungsgericht ist das Landessozialgericht. Bei grundsätzlichen Fragen ist gegen ein Urteil des Landessozialgerichtes Revision beim Bundessozialgericht möglich (s. S. 338).
Langzeituntersuchung	Um Untersuchungsergebnisse (z. B. aufgrund von Beobachtung oder Befragung) besser bewerten zu können, werden in einer Langzeituntersuchung bestimmte Daten über mehrere Jahre hin wiederholt erhoben. Durch Vergleich der Ergebnisse kann festgestellt werden, welche Ergebnisse zeitüberdauernd Geltung haben.

latent	Versteckt vorhanden
Lebenserwartung	Zahl der Jahre, die die Bewohner eines Landes durchschnittlich zu leben haben (nach statistischen Berechnungen). Sie lag in der Bundesrepublik 1988 bei 70 Jahren (für Männer) bzw. bei 77 Jahren (für Frauen). In den Entwicklungsländern liegt sie (u. a. wegen der höheren Säuglingssterblichkeit) erheblich niedriger, zwischen 50 und 60 Jahren).
legal	Mit den Gesetzen übereinstimmend, den Vorschriften entsprechend
Legalität	Gesetzmäßigkeit, Übereinstimmung mit den geltenden Gesetzen
legitim	Gerechtfertigt; s. ---> Legitimität
Legitimation	Rechtfertigung, Begründung für die Ausübung der Staatsgewalt oder allgemein für eine Handlung, ein Anliegen usw.
Legitimität	Rechtfertigung, Übereinstimmung nicht nur mit dem Wortlaut der Gesetze (Legalität), sondern auch mit der Idee der Gerechtigkeit, dem „Geist der Gesetze"
Leistungsgesellschaft	Gesellschaft, die den Anspruch erhebt, ihre Führungspositionen und unterschiedlichen Belohnungen nach der Leistung (nicht z. B. nach der sozialen Herkunft) von Personen zu vergeben
liberal	Freiheitlich gesinnt, für die Rechte des Einzelnen eintretend, vorurteilslos (vor allem in politischer und religiöser Beziehung)
Liberalismus	Weltanschauung und politische Bewegung seit dem 18. Jahrhundert, die eine Kontrolle der einzelnen Person durch den Staat zu verringern und die freien Entfaltungsmöglichkeiten des einzelnen Menschen zu fördern trachtet, sowohl im wirtschaftlichen als auch im politischen Bereich. Liberale sind Anhänger des Liberalismus.
Liberalität	Freiheitlichkeit, Großzügigkeit (Prinzip, das dem einzelnen einen größtmöglichen Freiheitsspielraum für eigene Entscheidungen gewährt)
Loge	Versammlungsraum der Freimaurer, auch Bezeichnung für die Bewegung selbst, die nach Wahrheit, Menschlichkeit und gerechtem Zusammenleben strebt. Die erste Freimaurerloge wurde 1717 in London gegründet; in der Bundesrepublik gibt es etwa 20 000 Mitglieder in 370 Logen.
Machtergreifung	Übernahme der Staatsmacht durch Adolf Hitler, der am 30.1.1933 vom Reichspräsidenten Hindenburg zum Reichskanzler ernannt wurde. Der Begriff wurde durch die nationalsozialistische Propaganda geprägt.
Mailboxen	Elektronische „Briefkästen", aus denen man mittels einer Datenverbindung Informationen, Computerspiele o. ä. abrufen kann.
Majorität	Mehrheit
Makler	Vermittelt gegen Geld Geschäfte für Personen, z. B. Grundstücksmakler.
Manipulation	Manipulation bezeichnet die Anwendung von Mitteln, mit denen versucht wird, andere Menschen in einer bestimmten Richtung so zu beeinflussen, daß sie es selbst möglichst gar nicht merken.
manipulativ	Mit den Mitteln der Manipulation arbeitend, --> manipulieren.
manipulieren	s. ---> Manipulation
maritim	Das Meer- und Seewesen betreffend
Marketing	Maßnahmen eines Unternehmens zur Steigerung des Absatzes, z. B. Werbung, Preisgestaltung, Beobachtung des Marktes, Produktpräsentation
Marketingwissenschaftler	s. ---> Marketing
Markt	Ort, an dem Angebot und Nachfrage zusammentreffen
Marktanteil	Prozentualer Anteil der verkauften Waren eines Unternehmens (z. B. der verkauften Zeitungen eines Verlages) an der Gesamtheit aller entsprechenden verkauften Waren (z. B. der Gesamtauflage aller entsprechenden Zeitungen)
Markttransparenz	Zur Erläuterung s. S. 210
Marktwirtschaft	Wirtschaftsordnung, in der jeder einzelne unabhängig wirtschaftliche Entscheidungen trifft und das wirtschaftliche Geschehen durch den Markt (Ort, an dem Angebot und Nachfrage zusammentreffen) gesteuert wird, so daß sich die Preise frei aus dem Verhalten der Anbieter und Nachfrager ergeben. Wichtigste Voraussetzung ist der Wettbewerb. In einer Marktwirtschaft ist das Privateigentum an Produktionsmitteln gewährleistet.
marktwirtschaftlich	s. ---> Marktwirtschaft
Massenexekutionen	Massenhinrichtungen, Massentötungen
Mechanisierung	Ersatz der menschlichen Arbeitskraft ganz oder teilweise durch Maschinen

Mehrwertsteuer	Form der Steuer, die auf Güter und ---> Dienstleistungen auf ihrem Weg zum Endverbraucher auf jeder Stufe erhoben wird (Umsatzsteuer); getragen wird diese Steuer vom Endverbraucher.
Menschenrechte	Bezeichnung für Rechte, die nach heutiger allgemeiner Überzeugung alle Menschen unveräußerlich besitzen. Zu den Menschenrechten gehören u. a. das Recht auf Leben, Freiheit, Unverletzlichkeit und Sicherheit der Person und das Recht auf Glaubens- und Meinungsfreiheit. Wenn die M. in einer Verfassung festgelegt sind, nennt man sie auch ---> Grundrechte.
Menschenrechtsinitiativen	Gruppen, die sich für die Verwirklichung von ---> Menschenrechten einsetzen
Minderheitsvotum	Votum bedeutet Stimmabgabe, Urteil. Ein Minderheitsvotum ist ein Votum der Minderheit eines Gremiums, das sie neben dem Beschluß der Mehrheit der Öffentlichkeit zur Kenntnis gibt.
Minorität	Minderheit
Mittelstand	Bezeichnung für bestimmte gesellschaftliche Gruppen wie Handwerker, kleine Kaufleute (alter Mittelstand) sowie mittlere Angestellte und Beamte (neuer Mittelstand), die hinsichtlich Einkommen, Macht, Bildung usw. zwischen der Oberschicht und der Unterschicht angesiedelt werden (siehe Schicht).
Mittelstandsvereinigung der CDU	Innerparteiliche Vereinigung der CDU, in der Parteimitglieder aus dem ---> Mittelstand zusammengeschlossen sind
Modell	Vereinfachende Darstellung eines Sachverhaltes (eines Zusammenhangs usw.), in der die am wichtigsten erscheinenden Elemente enthalten sind
Modellrechnungen	Auf die Zukunft bezogene Berechnungen (z. B. der ---> Bevölkerungsentwicklung), die auf der Grundlage bestimmter Annahmen vorgenommen werden
monarchische Staatsform	Monarchie (griechisch: Alleinherrschaft). Im Gegensatz zu einer Republik herrscht in einer Monarchie ein einzelner (Kaiser, König, Fürst) oder ist zumindest (so meist in der Gegenwart) Staatsoberhaupt.
Millionenbudget	Vorgesehene Ausgaben in Millionenhöhe für einen bestimmten gesellschaftlichen Zweck; diese Gelder sind im Staatshaushalt (--> Etat) festgelegt.
Mittel	Hier: Durchschnitt
Monopolstellung	Stellung z. B. eines Unternehmens, das alleiniger Anbieter eines bestimmten Produktes ist
Mündigkeit	Volljährigkeit
Mussolini,	Benito; italienischer Politiker (1833–1945), der den italienischen ---> Faschismus begründete und sein Führer (der „Duce") war; enger Verbündeter Hitler-Deutschlands im 2. Weltkrieg.
Nationalismus	Einstellung (---> Ideologie), die den besonderen Charakter und den Wert des eigenen Volkes stark betont, oft mit Sendungsbewußtsein und Geringschätzung anderer Völker verbunden
Nationalversammlung	Versammlung von Abgeordneten, die eine ganze Nation (Bevölkerung eines Landes) repräsentieren
Nazis	Umgangssprachliche Bezeichnung für Anhänger oder Parteimitglieder der ---> NSDAP im ---> Dritten Reich
Neonazismus	Bezeichnung für alle politischen Bestrebungen, in denen in der Gegenwart Vorstellungen des Nationalsozialismus wieder aufleben
Neofaschismus	Sammelbegriff für politische Bewegungen und Gruppen, die faschistisches und nazistisches Gedankengut nach dem Zusammenbruch des Dritten Reiches (1945) teilweise mit Gewalt wieder im politischen Leben verankern und durchsetzen wollen (---> Faschismus)
Nettolohn	Arbeitsentgelt nach Abzug von Steuern und Beiträgen zur ---> Renten-, Kranken- und Arbeitslosenversicherung
Normen	In jeder Gesellschaft gibt es grundlegende Wertvorstellungen, die von ihren Mitgliedern mehr oder weniger anerkannt werden (z. B. Gerechtigkeit, Freiheit, Solidarität, Frieden). Aus diesen Werten lassen sich Normen, d. h. bestimmte Vorschriften ableiten, an denen sich das Verhalten unmittelbar orientieren soll (z. B. ergibt sich aus der Wertvorstellung Gerechtigkeit für Lehrer die Norm, Schülerarbeiten gerecht zu bewerten).
NSDAP	Nationalsozialistische Deutsche Arbeiterpartei. Die NSDAP unter der Führung von Adolf Hitler war von 1933–1945 die einzige zugelassene Partei. Alle anderen Parteien waren verboten. Vgl. M 8 in Kapitel 1.
NSKK	Nationalsozialistisches Kraftfahrer-Korps

öffentlicher Dienst	Zusammenfassende Bezeichnung für alle im Dienst des Staates (Gemeinde, Land, Bund) tätigen Arbeitnehmer (z. B. städtische Arbeiter und Angestellte, Lehrer als Landesbeamte)
ökonomisch	Wirtschaftlich; die Wirtschaft bzw. die Wirtschaftswissenschaft betreffend
ökonomisches Prinzip	Es liegt darin begründet, daß man mit begrenzten Mitteln ein optimales Ergebnis erzielen (Maximalprinzip) oder ein bestimmtes Ergebnis mit dem geringsten Mitteleinsatz erzielen (Minimalprinzip) will.
Okkupation	Gewaltsame (militärische) Besetzung eines Gebietes durch eine fremde Macht
Opposition	Allgemein: Gegensatz, Widerspruch. In einem Parlament bilden die Parteien, die nicht an der Regierung beteiligt sind, die Opposition. Oppositionell bedeutet gegensätzlich.
Ordnungsamt	Amt einer Stadt- oder Kreisverwaltung, das die öffentliche Ordnung regelt und kontrolliert (Bereiche z. B.: Umweltschutz, Feuerschutz, Impfwesen, Lebensmittelüberwachung, Wochenmarkt)
paramilitärisch	Dem Militär, der Armee ähnlich
Parasiten	Schmarotzer; Tiere oder Pflanzen, die sich von anderen Lebewesen ernähren; Menschen, die auf Kosten anderer leben
Parole	Beim Militär: Kenn- oder Losungswort. Sonst kurz und einprägsam formulierter politischer Leitspruch
Patrioten	Personen, die ihr Vaterland, ihre Heimat lieben
Penetranz	(Lästige) Eindringlichkeit, Schärfe
Personensorgeberechtigte	Personen, die berechtigt sind, Kinder zu pflegen, zu erziehen, zu beaufsichtigen und ihren Aufenthalt zu bestimmen, z. B. Eltern. Das Recht kann Dritten (Schule, Internat) übertragen werden.
Pflegefamilie	Vom ---> Jugendamt für geeignet befundene Familie, in der nach dem ---> Jugendwohlfahrtgesetz Kinder und Jugendliche im Rahmen der Jugendfürsorge erzogen werden (vgl. ---> Fürsorgeerziehung, ---> Erziehungshilfe)
Pillenknick	Populärer Ausdruck, der den deutlichen Rückgang der Zahl der Geburten nach 1964 (1,07 Mio.; 1970: 0,81 Mio.; 1978: 0,57 Mio.) zurückführt auf das in dieser Zeit in der Bundesrepublik in den Handel eingeführte Empfängnisverhütungsmittel („Anti-Baby-Pille"). Nach wissenschaftlicher Auffassung handelte es sich nur um einen Faktor, der verstärkend zu anderen Faktoren hinzutrat.
Pimpfe	10–14jährige Mitglieder der Hitlerjugend (staatliche Jugendorganisation im ---> Dritten Reich); manchmal auch verächtlich für „kleiner Junge"
planwirtschaftlich	s. ---> Zentralverwaltungswirtschaft
pluralistisch	Auf die Vielfalt der in einer Gesellschaft lebenden unterschiedlichen Gruppen und ihrer unterschiedlichen Interessen und Wertvorstellungen bezogen
potentiell	Möglich, möglicherweise
PR	Abkürzung für Public Relations = (englisch) Verbindungen zur Öffentlichkeit. Bezeichnung für „Öffentlichkeitsarbeit", d. h. für Maßnahmen, die das Ziel haben, in der Öffentlichkeit positive Einschätzungen gegenüber einem Unternehmen, einer Personengruppe oder einem Politiker zu bewirken
Präsenz	Anwesenheit
Prestige	Gesellschaftliches Ansehen, das sich an Werten wie z. B. Macht, Einkommen, Bildungsstand orientiert
Pranger	Pfahl, an dem im Mittelalter Rechtsbrecher der Öffentlichkeit zur Schau gestellt wurden
privates Recht	Im Unterschied zum öffentlichen Recht, das die Rechtsbeziehungen der Bürger zum Staat beschreibt, bezieht sich das Privatrecht auf die Rechtsbeziehungen der Bürger untereinander (Zivilrecht).
Privilegierung	Ausstattung mit Vorrechten und Vorteilen gegenüber anderen
Produktionsmittel	Bezeichnung für Grund und Boden, Fabriken, Maschinen und Werkzeuge, die zur Herstellung von Gütern benötigt werden
Produktivität	Verhältnis von Produktionsergebnis (produzierte Menge in Stück) zu den eingesetzten Produktionsfaktoren (z. B. zur Zahl der Arbeitsstunden : Arbeitsproduktivität)
professionell	Berufsmäßig
promoten	s. ---> Promotion
Promotion	(engl.) Verkaufsförderung

promoviert	Einen Doktortitel tragend
Propaganda	Gezielte und planvolle Werbung für politische Ansichten, häufig im abfälligen Sinn gebraucht
prozentuale Veränderung	Veränderung einer Größe innerhalb eines bestimmten Zeitraumes, ausgedrückt in Prozenten. Dabei muß unterschieden werden zwischen der Veränderung in Prozenten und in Prozentpunkten. Vermehrt z. B. eine Partei ihren Stimmanteil bei Wahlen von 8% auf 10%, bedeutet das eine Steigerung von 2 Prozentpunkten, aber von 25%.
Pseudo-Ereignis	Ereignis, das gar nicht stattgefunden hat.
Pubertät	Entwicklungsphase zwischen Kindheit und Erwachsenenalter; sie beginnt mit dem Eintritt der Geschlechtsreife und ist durch zahlreiche, oft konfliktreiche Klärungen gekennzeichnet: Verhältnis zum anderen Geschlecht, Berufsorientierung, Entwicklung politischer Ansichten, Ablösung vom Elternhaus.
pubertierend	Sich in der ---> Pubertät befindend
Publizistik	Bezeichnung für den gesamten Bereich der öffentlichen Massenkommunikationsmittel (Presse, Rundfunk, Fernsehen, Film) sowie für die in diesem Bereich tätigen und die darin verbreiteten Aussagen. Die P. ist Gegenstand der Publizistikwissenschaft.
publizistisch	---> Publizistik. „Publizistische Grundsätze" sind 1973 vom Deutschen Presserat aufgestellt worden. Sie verpflichten alle Journalisten zur „Achtung vor der Wahrheit", zur sorgfältigen Erkundung, zum Verzicht auf „unlautere Methoden" bei der Beschaffung von Nachrichten, zur Achtung vor der Privatsphäre des Menschen usw.
Pulitzerpreis	Berühmtester amerikanischer Literaturpreis
Qualifikation, Qualifizierung	Unter Qualifizierung versteht man den Erwerb allgemeiner und vor allem beruflicher Kenntnisse und Fertigkeiten (Qualifikationen).
Qualifikationsniveau	Der durchschnittliche Ausbildungsstand (gemessen an Berufsausbildungsabschlüssen) der Erwerbstätigen bzw. einer Gruppe von Erwerbstätigen
Quotenerhebung	Ein bei Meinungsumfragen häufig angewandtes Verfahren, bei dem darauf geachtet wird, daß bei den Befragten dieselben Quoten (= Anteile) z. B. der beiden Geschlechter, von Altersgruppen, Berufen usw. vorhanden sind wie in der Gesamtbevölkerung. Dadurch soll erreicht werden, daß die Ergebnisse der Befragung auf die Gesamtbevölkerung übertragen werden können.
rassendiskriminierend	Angehörige einer anderen Rasse als minderwertig darstellend oder behandelnd
rassistisch	Bezeichnung für eine Einstellung (---> Ideologie), die in den biologischen Unterschieden der Rassen auch Unterschiede von besser – schlechter, höherwertig – minderwertig gegeben sieht und oft der eigenen Rasse die Herrschaftsberechtigung über andere Rassen zuerkennt.
rationalisiert	s. ---> Rationalisierung
Rationalisierung	Sammelbegriff für alle technischen und organisatorischen Maßnahmen in Produktion und Verwaltung mit dem Ziel, Kosten zu sparen; dabei wird zumeist menschliche Arbeitskraft durch Maschinen ersetzt.
Rationalisierungsmaßnahmen	Maßnahmen, die dem Ziel der ---> Rationalisierung dienen (z. B. Robotereinsatz)
Rechtsnorm	---> Normen in Form von Gesetzen und Rechtsvorschriften.
Redaktionsstatut	Schriftlich abgefaßte Vereinbarung zwischen dem Verleger und den Redakteuren (besonders über die einzelnen Entscheidungsbefugnisse und die Möglichkeiten der Mitbestimmung in einem Verlag)
Referentenentwurf	Der erste Entwurf eines neuen Gesetzes, der von untergeordneten Mitarbeitern eines Ministeriums (Referenten) erstellt wurde und noch nicht die endgültige Billigung des zuständigen Ministers bekommen hat.
Reformierte Religion	Reformieren bedeutet umgestalten, erneuern, verbessern. Reformierte nannten und nennen sich die Anhänger der von Ulrich Zwingli und Jean Calvin vertretenen Glaubensgrundsätze, die sich in der ersten Hälfte des 16. Jahrhunderts von der Katholischen Kirche abspalteten. In Frankreich hießen die Reformierten Hugenotten.
Reichsflagge	Fahne des Deutschen Kaiserreiches 1892–1918 in den Farben schwarzweiß-rot, oft mit dem Reichsadler in der Mitte; wird von rechtsradikalen Gruppen als ---> nationalistisches Symbol verwendet.
Reichskristallnacht	Im Berliner Volksmund entstandene, etwas verharmlosende Bezeichnung

für die Ausschreitungen der Nationalsozialisten und ihrer Anhänger vom 9. auf den 10.11.1938 gegen Juden im Deutschen Reich (u. a. Zerstörung der Synagogen). Vorgeschobener Anlaß war ein Diplomatenmord in Paris, der von einem Juden begangen wurde. Die sogenannte „Reichskristallnacht" war der Auftakt für eine noch brutalere Judenverfolgung im Dritten Reich.

Reichweite	Maßstab für den Umfang, in dem bestimmte Gruppen (Zielgruppen) von einer Fernsehsendung oder einer Zeitschrift usw. erreicht werden. Es wird z. B. festgestellt, wie viele Kinder eine bestimmte Kindersendung gesehen haben. Vgl. ---> GFK
relevant	Wichtig, bedeutsam
Rendite	Tatsächlicher Zinsertrag eines ---> Wertpapiers, des eingesetzten ---> Kapitals
Rentabilität	Verhältnis von Gewinn und eingesetztem ---> Kapital. Im allgemeinen Sprachgebrauch ist etwas rentabel, wenn es einträglich (lohnend, gewinnbringend) ist.
Rentenfinanzierung	s. ---> Rentenversicherung
Rentenversicherung	Gesetzliche Versicherung (Zwangsversicherung) für alle Arbeiter und Angestellten zur Sicherung des Lebensunterhalts im Alter. Die Finanzierung erfolgt in der Weise, daß die arbeitende Generation Beiträge abführt, ---> Sozialabgaben, aus denen die Bezüge der Rentner gezahlt werden.
Repräsentation	Vertretung einer größeren Zahl von Personen in politischen Angelegenheiten durch gewählte Vertreter (Repräsentanten). Die Repräsentanten können mehr oder weniger stark an den Willen der von ihnen vertretenen Personen gebunden sein.
repräsentativ	Stellvertretend; zur Erläuterung s. S. 401
Republik	Bezeichnung für alle Staaten, die nicht von Alleinherrschern (Monarchen) regiert werden
Resozialisierung	Wiedereingliederung in die Gesellschaft, z. B. nach Verbüßung einer längeren Haftstrafe. R. wird im neueren Strafrecht als einer der wichtigsten Strafzwecke gesehen.
Ressort	Geschäftsbereich, Aufgabenbereich, insbesondere von Ministerien; deshalb häufig Gleichsetzung von „Ministerium" und „Ressort"
Restriktion	Restriktive Maßnahme
restriktiv	Den Entscheidungsspielraum einschränkend; den Umfang und die Möglichkeiten verringernd
revanchistisch	Bezeichnung für Vergeltungs- und Rachedenken nach verlorenen Kriegen oder nach dem Verlust von Gebieten
Revision	Überprüfung, Nachprüfung. Im Rechtswesen Bezeichnung für ein Rechtsmittel, das die Überprüfung eines Urteils (hinsichtlich einer fehlerhaften Gesetzesauslegung oder eines Verfahrensfehlers) durch ein höheres Gericht beinhaltet.
Revisionismus	Bezeichnung für eine auf Abänderung von Verfassungen oder völkerrechtlichen Verträgen gerichtete Bestrebung
Rolle	Der Begriff beschreibt die Erwartungen, die an das Verhalten eines Menschen gerichtet werden, insofern er eine bestimmte Stellung (Position) einnimmt (z. B. als Schüler, als Mitglied eines Sportvereins usw.); da jeder Mensch zum einen mehrere Rollen zu tragen hat und zum anderen von seiten verschiedener Gruppen unterschiedliche Erwartungen an dieselbe Rolle gerichtet sein könnten, kann es zu Konflikten kommen (Rollenkonflikte).
Rollenkonflikt	s. ---> Rolle
Roosevelt	Franklin D. Roosevelt war amerikanischer Präsident von 1932 bis 1945.
Rotfront	Abschätzige Bezeichnung für den politischen Zusammenschluß aller linken Gruppen, vor allem aber der Sozialdemokraten und Kommunisten
Runen	Schrift- und Zauberzeichen der Germanen
SA	Abkürzung für Sturmabteilung, die politische Kampftruppe der NSDAP
Scheinasylanten	Der Begriff wird mit der Unterstellung verwendet, daß abgelehnte ---> Asylbewerber nur wirtschaftliche Gründe (Geld, Wohlstand, Arbeitsplätze) für ihr Kommen hatten und haben, politische Verfolgung als Grund für das Asylbegehren also nur vortäuschen. Die Lage vieler Flüchtlinge und Asylbewerber und ihre Beweggründe sind aber oft sehr vielschichtig und in der Regel nicht auf rein finanzielle Erwartungen zu reduzieren.
Schichten	Gruppen der Bevölkerung, die sich nach bestimmten Merkmalen (z. B. Ein-

	kommen und Vermögen) deutlich in ihrer Lebenslage voneinander unterscheiden. Eine gebräuchliche Einteilung unterscheidet z. B. Oberschicht, Mittelschicht und Unterschicht.
Schnittechnik	Unter „Schnitt" wird bei der Filmproduktion das „Zusammenschneiden" der einzelnen aufgenommenen Szenen (in einer bestimmten beabsichtigten Reihenfolge) verstanden.
Schöffe	Ehrenamtlich tätiger Laienrichter
Schulpsychologen	Psychologen (oft als Angestellte eines Kreises oder einer Stadt), die Eltern, Schüler und Lehrer im Hinblick auf solche persönlichen Probleme und Schwierigkeiten beraten können, die sich im Bereich der Schule zeigen und auswirken.
SED	Sozialistische Einheitspartei Deutschlands; die das gesamte politische, wirtschaftliche und gesellschaftliche System der ehemaligen ---> DDR steuernde Partei; ---> ideologische Grundlage: ---> Sozialismus/Kommunismus
Selbständige	Im Gegensatz zu den abhängig Beschäftigten (Arbeiter, Angestellte, Beamte) Personen, die ihren Lebensunterhalt für eigene Rechnung selbständig erwerben (z. B. Unternehmer, Kaufleute, Landwirte). Siehe auch „freie Berufe".
Selbstjustiz	Eigenmächtige Bestrafung eines Täters oder Tatverdächtigen durch Privatpersonen ohne ordentliches Gerichtsverfahren
Selektion	Auslese, Auswahl (z. B. aus einer Fülle von Nachrichten)
Senat	Allgemein: Bezeichnung für politische Versammlungen hochgestellter und mächtiger Politiker, z. B. der Senat in der römischen Republik. – Im Justizwesen: ein Richterkollegium bei einem Obergericht
Sicherungsverwahrung	S. kann vom Strafgericht angeordnet werden, wenn Straftäter auch nach der Verbüßung ihrer Freiheitsstrafe eine Gefahr für die Allgemeinheit darstellen und mit weiteren Verstößen gegen Strafgesetze zu rechnen ist (z. B. bei Gewohnheitsverbrechern).
Skinheads	„Hautköpfe". Jugendliche, die meist mit Schnürstiefeln, hochgekrempelten Jeans und Lederjacken bekleidet sind und kurz geschorene Haare oder Glatzen tragen. Ihnen wird aggressives, ausländerfeindliches und z. T. neofaschistisches Verhalten vorgeworfen (s. S. 37).
Sorgerechtsentzug	Das Recht der elterlichen Sorge für die Kinder ist gesetzlich festgelegt. Es kann den Eltern durch Gerichtsbeschluß entzogen werden, wenn die Eltern in der Erziehung völlig versagen oder die Kinder aus anderen Gründen zu verwahrlosen drohen.
sozial	Allgemein: gesellschaftlich, gemeinschaftlich. Als Bezeichnung für politische Anschauungen: hilfreich und verantwortlich handeln gegenüber anderen, besonders den Schwächeren
Sozialabgaben	Beiträge der Arbeitnehmer (Arbeiter, Angestellte) und Arbeitgeber zur ---> Renten-, Kranken- und Arbeitslosenversicherung. 1993 betrugen die Beitragssätze 37,4% der Bruttoverdienste; sie werden je zur Hälfte von den Arbeitnehmern und Arbeitgebern gezahlt.
Sozialarbeiter	Personen mit hauptberuflicher sozialer Tätigkeit. Sie arbeiten im Auftrag von Behörden oder Institutionen, um Menschen mit sozialen Problemen zu helfen.
Sozialhilfe	Teil der sozialen Sicherung, der dazu dienen soll, in Not geratenen Menschen ein menschenwürdiges Leben zu ermöglichen, ihnen wenigstens das „Existenzminimum" zu gewährleisten. Auf Sozialhilfe besteht ein gesetzlicher Anspruch, wenn der Bedürftige sich nicht selbst helfen oder die erforderliche Hilfe nicht von anderen erhalten kann.
Sozialisation	Die Gesamtheit aller Vorgänge, durch die ein Mensch zu einer eigenständigen Persönlichkeit und zu einem handlungsfähigen Mitglied der Gesellschaft wird (Sozialisationsprozeß); im Unterschied zum Begriff der Erziehung (durch beabsichtigte Maßnahmen z. B. von Eltern und Lehrern) umfaßt der Begriff Sozialisation auch alle unbeabsichtigten Einflüsse der Umwelt.
soziale Schicht	s. ---> Schicht
Sozialismus	Im frühen 19. Jahrhundert entstandene Lehre und politische Bewegung, die dem Prinzip der Gleichheit den Vorrang vor dem der Freiheit gibt und die Verfügung über die ---> Produktionsmittel in die Hand der Gesellschaft bzw. des Staates legen will (im Gegensatz zum „Kapitalismus", in dem die Produktionsmittel privaten Eigentümern gehören).
sozialistisch	Bezeichnung für eine Gesellschaft oder eine Theorie, die die Grundprinzi-

	pien des ---> Sozialismus (kein Privatbesitz an ---> Produktionsmitteln, Vorgang des Prinzips der Gleichheit vor dem der Freiheit) zu verwirklichen sucht
sozial-kulturell	So kann man eine Persönlichkeit bezeichnen, die sich die in einer Gesellschaft vorhandene Kultur (d. h. die Lebensformen und Wertvorstellungen, die Sprache, die politisch-rechtliche Ordnung usw.) angeeignet hat und mit ihr umgehen kann.
Sozialreformer	Bezeichnung für diejenigen, die die sozialen Verhältnisse durch Reformen im Bereich der Sozialpolitik verbessern wollen
Sozialstatus	s.---> Status
Sozialversicherung	Gesetzliche Versicherung (Versicherungspflicht) für alle Arbeiter und Angestellten zur Sicherung im Krankheitsfall, bei Arbeitslosigkeit und im Alter (Kranken-, Unfall-, Arbeitslosen-, ---> Rentenversicherung). Die Finanzierung erfolgt durch ---> Sozialabgaben und staatliche Zuschüsse.
Sozialversicherungsbeiträge	s. ---> Sozialabgaben
Sozialwissenschaften	Wissenschaften, die das Verhalten der Menschen in den drei Bereichen Gesellschaft, Politik und Wirtschaft erforschen und erklären
Soziologe	Wissenschaftler, der sich mit dem Aufbau (der Struktur) und der Entwicklung der Gesellschaft beschäftigt
SS	Abkürzung für Schutzstaffel, ursprünglich besondere Schutztruppe der Parteiführer der NSDAP; später übernahm sie viele andere Aufgaben, insbesondere im Polizeidienst und bei der Bewachung der Konzentrationslager. Auch der Wehrmacht wurden SS-Verbände angegliedert (Waffen-SS).
Staatsorgane	Die mit der Erfüllung höchster staatlicher Aufgaben beauftragten Ämter (z.B. das des Bundespräsidenten) und Institutionen (z. B. der Bundestag).
Stagnation	Stillstand in der wirtschaftlichen Entwicklung
Stalin	Sowjetischer Politiker, seit 1922 Generalsekretär der kommunistischen Partei der Sowjetunion, seit etwa 1927 unumschränkter Diktator, der seine politischen Gegner beseitigen ließ; außenpolitisch auf die Sicherung und Ausweitung des sowjetischen Machtbereichs bedacht; gestorben 1953.
Standesdünkel	Standesdünkel haben Menschen, die der Auffassung sind, wegen ihrer Herkunft oder ihres Berufes besser oder höherstehend zu sein als andere Menschen.
Status	Stellung (Position) eines Menschen in der Gesellschaft, insofern diese Stellung entsprechend seiner Zugehörigkeit zu einer bestimmten ---> Schicht höher oder tiefer bewertet wird
Steuerreform	1985 beschloß die Bundesregierung eine Änderung der Steuerregelungen in 3 Schritten (1986, 1988, 1990). Wesentlicher Bestandteil: Erhöhung der Freibeträge und geringerer Anstieg des Einkommensteuertarifs, damit steuerliche Entlastung, die aber durch Erhöhung einiger anderer Steuern z. T. wieder ausgeglichen wird.
StGB	Strafgesetzbuch, ---> Strafrecht
Stimmfrequenzanalysen	Untersuchung der Zahl von Schwingungen von „Stimmlauten" in 1 Sek.
Strafrecht	Gesamtheit der Rechtsvorschriften, die der Staat zum Schutz seiner Bürger erlassen hat. Das „Strafgesetzbuch" (StGB) enthält 29 Gruppen von Straftatbeständen mit der Angabe der jeweils vorgesehenen Geld- und Freiheitsstrafen.
Stückkosten	Kosten, die einem Betrieb entstehen, um eine Einheit eines bestimmten Produktes herzustellen
subventionieren	Durch staatliche Zuschüsse (Subventionen) unterstützen
suggerieren	Jemandem etwas einreden, jemanden im Sinne einer bestimmten Vorstellung beeinflussen
Synagoge	Jüdisches Gottes- und zugleich Gemeindehaus
Syndrom	Krankeitsbild, das aus einer Verbindung mehrerer charakteristischer Merkmale besteht
Szenario	Vorstellung von einer zukünftigen Entwicklung
Technologisierung	Prozeß des zunehmenden Einsatzes von neuen Techniken (moderne Maschinen, Computer) in der Wirtschaft.
therapeutisch	s. ---> Therapie
Therapie	Heilbehandlung
Tiefeninterview	Untersuchungsmethode der Psychologie, die dadurch gekennzeichnet ist,

	daß der Psychologe an den Interviewten freie, offene, nicht-gelenkte Fragen stellt und auf Anweisungen verzichtet, um so verborgene Grundhaltungen und Motive der betr. Person zu entdecken und zu erfassen.
Tivoli	Vergnügungsort, Vergnügungspark
Toleranz	Haltung des „Ertragenkönnens" und des Verständnisses gegenüber andersartigem Denken und Handeln
totalitär	Kennzeichnung eines Herrschaftssystems, das alle Lebensbereiche der Menschen und der Gesellschaft einem einheitlichen Willen der Staatsmacht unterwirft und diesen Willen mit allen Mitteln durchsetzt
Traditionalisten	Leute, die unter allen Umständen an überkommenen Verhältnissen festhalten wollen
Transparenz	Durchsichtigkeit, Durchschaubarkeit (z. B. des Zustandekommens von politischen Entscheidungen)
Treuhandanstalt	Nach der deutschen Wiedervereinigung gegründete Behörde, die das Volkseigentum (die „Volkseigenen Betriebe") der früheren ---> DDR verwalten und durch Verkauf in Privateigentum überführen sollte
Tyrannis	Gewaltherrschaft
Übertragungen	Finanzielle Leistungen des Staates (aus seinem Haushalt, d. h. aus Steuermitteln) an private Haushalte ohne Gegenleistung (Transferausgaben); z. B. Kindergeld, Wohngeld
Umbruch	Im Verlags- und Druckereiwesen: Einteilung und Aufteilung auf die einzelnen Seiten (der Zeitung, des Buches)
Umsatz	Menge der Güter, die in einem bestimmten Zeitraum von einem Unternehmer verkauft wurde; gleichbedeutend für Erlös als Wert der verkauften Gütermenge
Umweltbundesamt	Bundesbehörde, die die Bundesregierung in Fragen der Abfall- und Wasserwirtschaft, der Luftreinhaltung und Lärmbekämpfung berät. Außerdem leistet das Amt Aufklärungsarbeit zu Umweltfragen und nimmt Untersuchungen vor.
unrentabel	Nicht einträglich, nicht gewinnbringend; s. ---> Rentabilität
Unternehmen	Wirtschaftseinheiten, die Waren oder Dienstleistungen herstellen bzw. erbringen und diese gegen Entgelt verkaufen (z. B. private Produktions-, Dienstleistungs- und Handelsbetriebe, Handwerk, aber auch öffentliche Unternehmen wie Bundespost oder Bundesbahn).
Untersuchungsausschuß	Zur Erläuterung s. M 63 a, S. 306.
Vakuum	Leerraum, Leerstelle
Variante	Eine von verschiedenen Möglichkeiten, die man z. B. bei ---> Modellrechnungen zugrundelegt
Veranlagungszeitraum	Zeitraum, für den die Steuer erhoben wird (i. d. R. für ein Jahr)
Verbände, Interessenverbände	Vereinigung von Personen oder Institutionen (z. B. Unternehmen), die sich zum Zwecke der Vertretung gemeinsamer Interessen eine feste Organisation geben
Verfassungsnormen	Die Leitvorstellungen und Vorschriften der Verfassungsbestimmungen (d.h. des Grundgesetzes)
Verfassungsschutz	a) Maßnahmen zur Festigung der Verfassung und zum Schutz gegen verfassungsfeindliche Bestrebungen wie Umsturzversuche, Anschläge auf Personen und Sachen u. ä. b) Institutionen und Behörden, die die unter a) beschriebenen Maßnahmen durchführen (meist die Verfassungsschutzämter der Bundesländer und des Bundes)
Verhaltensforschung	Zweig der biologischen Wissenschaft, der sich mit den objektiv beobachtbaren Verhaltensformen der Tiere beschäftigt
Vermögensbildung	Vermögen bezeichnet im Unterschied zu Einkommen langfristig vorhandene Geld- und Sachwerte (z. B. Sparguthaben, Wertpapiere, Haus- und Grundbesitz). Wer sein Geld anlegt, bildet Vermögen.
Verwaltungsbehörden	Regierung und Verwaltung sind Träger der vollziehenden (exekutiven) Gewalt. Die Verwaltung hat die geltenden Gesetze durchzuführen, sie gliedert sich in Bundes-, Landes-, Kreis- und Kommunalverwaltung; daneben gibt es staatliche Sonderbehörden (z. B. die Finanzämter).
Volksarmee	Bezeichnung für die Streitkräfte in der DDR (Nationale Volksarmee, NVA)
Volksgemeinschaft	Der Begriff wurde in der Zeit des Nationalsozialismus häufig verwendet, um auszudrücken, daß alle Deutschen fest zusammenhalten müssen, um die Ziele des Nationalsozialismus zu verwirklichen.

Volksgerichtshof	Ein im ---> Dritten Reich geschaffenes besonderes Gericht, das zuständig war für politische Straftaten (Landesverrat, Widerstand gegen den Nationalsozialismus). Der Volksgerichtshof wurde als Instrument zur Vernichtung des Gegners des Nationalsozialismus geschaffen. Er sprach eine große Zahl von Todesurteilen aus.
Volkssouveränität	Bezeichnung für einen Grundsatz der Demokratie, der besagt, daß alle Herrschaftsausübung letztlich auf der Bevollmächtigung durch das Volk beruhen soll. Im Grundgesetz der Bundesrepublik Deutschland ist dieser Grundsatz in Artikel 20 verankert.
Vollzug, geschlossener bzw. offener	In den Anstalten des geschlossenen Vollzuges sind starke Vorkehrungen gegen ein Entweichen der Gefangenen vorhanden. Ihre Bewegungsfreiheit ist in hohem Maße eingeschränkt. Beim offenen Vollzug sind keine oder nur verminderte Maßnahmen gegen Entweichen vorgesehen. Die Gefangenen können sich wesentlich freier bewegen.
Vollzugsanstalt	Einrichtung zur Vollstreckung von Freiheitsstrafen, z. B. Gefängnis (Abk.: JVA – Justizvollzugsanstalt)
Wallstreet	Bank- und Börsenstraße in New York; im übertragenen Sinne: der nordamerikanische Geld- und Kapitalmarkt
Wehrmacht	Die militärischen Streitkräfte des ---> Dritten Reiches (1933–1945)
Wehrsportgruppen	Gruppen, die sich zu gemeinsamen militärisch-sportlichen Wettkämpfen treffen (Handgranatenweitwurf, Geländelauf mit Hindernissen o. ä.). Meist stehen hinter diesen Wehr- und Kampfgedanken nationalistische oder sogar neonazistische Bestrebungen.
Werte	Grundsätzliche Ziele, Ideale, wünschenswerte Zustände wie z. B. Freiheit, Gerechtigkeit. Feste Überzeugungen über die Richtigkeit bestimmter Werte nennt man Wertvorstellungen (vgl. ---> Normen)
Wertpapiere	Vermögensrechtliche Urkunden, bei denen das Recht an den Besitz der Urkunde geknüpft ist, z. B. Aktien (vgl. ---> Aktiengesellschaft)
Wettbewerb	Bestreben mehrerer ---> Unternehmen, bei der Produktion und dem Absatz gleicher Waren sich gegenseitig durch niedrigere Preise, bessere Qualität der Güter, Werbung usw. zu übertreffen
Wirtschaftssubjekt	Jeder Teilnehmer am Wirtschaftsleben, Träger wirtschaftlicher Entscheidungen (Privatpersonen, Unternehmer, Staat)
Wirtschaftsvereinigung der CDU	Innerparteiliche Vereinigung der CDU, in der Vertreter der größeren ---> Unternehmen der Wirtschaft zusammengeschlossen sind
Zeitungsmonopol	Eine Zeitung besitzt ein Monopol („Alleinverkauf"), wenn in ihrem Verbreitungsgebiet keine andere vergleichbare Zeitung angeboten wird, also keine Konkurrenz besteht.
Zentralkomitee	Oberstes Führungsorgan ---> kommunistischer Parteien, z. B. der ---> SED
Zentralverwaltungswirtschaft	Wirtschaft, die nicht durch das Zusammenspiel von Angebot und Nachfrage organisiert wird, sondern durch eine zentrale Planungsbehörde, wie z. B. in der früheren DDR
Zivilisation	Lebenshaltung, Lebensformen und Einrichtungen einer entwickelten Gesellschaft (rechtlich geordnetes Zusammenleben, höherer Lebensstandard, Ausstattung mit technischen Geräten usw.)
Zivilrecht	Teilgebiet des Rechtes, durch das Rechtsbeziehungen zwischen Privatleuten geregelt werden, z. B. Fragen des Besitzes, des Familien- und Erbrechtes.
Zyklon B	Hochgiftiges Gas, das zum Massenmord an Juden im Dritten Reich in ---> Konzentrationslagern eingesetzt wurde

Register

Abgeordnete 296ff., 302ff.
Absolutismus 252ff., 255
Aggressionen 161f.
Allgemeine Geschäfts-
bedingungen 220f.
Alkoholverkauf 329f.
Anfragen (im Bundestag) 305f.
Angebot und Nachfrage 205f.
Arbeitgeber 237
Arbeitnehmer 237f.
Arbeitskampf 237f.
Arbeitsplatzgestaltung 242f.
Asylbewerber 31, 33ff., 45ff., 373
Ausbildungsberufe 245f., 247ff.
Ausländerfeindlichkeit 29f., 40ff.
Ausschüsse (des Bundestags) 286f.
Aussiedler 365, 369f., 389

BDM (Bund deutscher Mädel) 20
Bedürfnisse 169 ff.
Befragung 9f., 83 ff.
Berufsorientierung 244ff.
Berufstätigkeit (von Frauen) 78ff.
Betriebsarten 231f.
Betriebsaufbau 234f.
Betriebserkundung 222 ff., 246
Betriebsrat 239ff.
Betriebsverfassungsgesetz 239ff.
Bevölkerungsentwicklung 68f.
Bezugsgruppen 185f.
Bezugsperson 61f.
BILD-Zeitung 122ff., 135
Bürgerliches Gesetzbuch (BGB) 217f.
Bürgerrechte 256
Bundeskanzler 267, 276f.
Bundeskartellamt 144
Bundesländer 264, 274
Bundesminister 275
Bundespräsident 278
Bundesrat 267, 275
Bundesregierung 267, 275f.
Bundesstaat 266
Bundestag 267, 274, 286f., 296ff., 305f.
Bundesverfassungsgericht 147, 279f.
Bundesversammlung 278

DDR 255
Deliktsfähigkeit 89, 336
Demokratie 251ff.
Demonstrationen 8, 48f.
Deutsch-polnische Beziehungen 393ff.

Deutsch-polnisches Jugendwerk 396
DGB 238
Drittes Reich 14ff.
Dunkelziffer 325
DVU 37

Einkommen 97ff.
Elterliche Gewalt bzw. Sorge 86ff.
Elternrecht 85ff.
Erziehung 81f.
Erziehungsgeld 99
Erziehungsziele 81f.
Europäische Staatenordnung 377ff., 380ff.
Exekutive (Vollziehende Gewalt) 255, 266
Experiment 58ff.

Fahrraddiebstahl 328
Familie 55 ff.
– Aufgaben 57f.
– Formen 63ff.
– Konflikte 77f.
– Rollenverteilung 77 ff.
– Wohnverhältnisse 91ff.
Familienlastenausgleich 99
Familienpolitik 95 ff.
Fernsehen 144ff.
Fernsehwerbung 149ff.
Fernsehwirkungen 156ff.
Flüchtlingsbewegungen 388ff.
Franz. Revolution 255
Frauenerwerbstätigkeit 78
Freizeit 109
Führer Adolf Hitler 14ff.

Geburtenentwicklung 67ff.
Gerichtswesen 337ff.
Geschäftsbedingungen, allgemeine 220f.
Geschäftsfähigkeit 89f., 217ff., 334ff.
Gesetzgebung 281 ff.
Gewährleistungsanspruch 214f.
Gewalt gegen Kinder 71ff.
Gewaltdarstellungen im Fernsehen 160ff.
Gewalttaten 29ff., 38, 42ff.
Gewaltenteilung 255f., 266f., 306
Gewerkschaften 237
Gewinn 203f., 236f.
Grenzgänger, illegale 373ff.
Großfamilie 63
Günes Telefon 362
Grundgesetz 261

Grundrechte 262
Gruppen (rechtsradikal) 37
GUS 384

Hausfrauenrolle 77ff.
Haushalt (Familie) 63f., 97f.
Heimerziehung 74ff.
Hitler s. Führer
HJ (Hitlerjugend) 16 ff.
Horrorfilme 162ff.

Industriebetrieb 232ff.
Investition 169
Ersatz– 169
Neu– 169

Journalisten 114
Juden 15, 24f., 383
Judikative (Richterliche Gewalt) 255, 266
Jugend, Jugendlicher 10 ff., 42ff., 93, 329ff.
Jugendamt 76
Jugendarbeitsschutzgesetz 331ff.
Jugendgericht 315
Jugendgerichtsgesetz 348f.
Jugendschutz(gesetze) 329ff.
Jugendstrafe 354ff.
Jugendstrafrecht 348ff.
Jungvolk 21f.

Kabelfernsehen 153f.
Kartellamt 144
Kaufvertrag 218f.
Kernfamilie 63
Kinderarbeit 331ff.
Kinderheim 74ff.
Kinderfreibetrag 100, 102
Kindergeld 19, 101f.
Kindesmißhandlung 71ff.
Kinderzahl 63, 67ff.
Kommunikation 106
Kommunismus 364, 379, 383
Konsum 175ff., 188ff.
Konzentration 134ff., 142f.
Konzentrationslager 15, 366, 383
Kosten 199ff.
Kriminalität 322ff.
Kriminalstatistik 323ff.

Ladendiebstahl 309 ff.
Legislative (Gesetzgebende Gewalt) 255, 266
Lehrstellenmarkt 247 f.
Lesung (eines Gesetzes) 286
Lohnformen 241

427

Manipulation 121ff., 127f., 181ff.
Marketing 181ff.
Markt 205ff., 210ff.
Marktanteil 141f.
Marktpreis 207f.
Markttransparenz 210
Marktwirtschaft 206f., 212f.
Massenkommunikation 106f.
Massenmedien 106 ff.
Mediennutzung 108f., 112f.
Meinungsfreiheit 130f., 132f.
Meinungsführer 186ff.
Menschenrechte 256ff.
Minderheiten, deutsche 370ff.
Minderjährigkeit 334
Minister 267
Mitbestimmung 238f.
Monarchie 254

Nachfrage 205f.
Nachrichtenagenturen 115f.
Namensrecht 283, 288ff.
Nationalismus 36, 382, 391
Nationalsozialismus 14ff., 382f.
NDP 37
Neonazismus 29ff., 37 ff., 372
NSDAP 14f.

Opposition 307
Osteuropa 380ff., 388ff.
Ost-West-Konflikt 364, 387f.
Ost-West-Schmuggel 374f.

Parlament 258f.
Parlamentarismus, parlamentarisches System 263ff.
Parteien 264, 272ff.
Polen 366ff., 370ff., 374ff., 386ff.
Politik 6 ff., 12
Politische Beteiligung 12
Preis, Preisbildung 199ff., 206ff.

Presseagenturen 115f., 118f.
Pressefreiheit 114, 130f., 132ff.
Pressekonzentration 137ff.
Privatfernsehen 144f., 148ff.
Produktion 233f.

Rassismus 36
Rationalisierung 225
Rauchen 330, 336
Recht des Verbrauchers 214ff.
Rechtsextremismus 29ff., 36
Rechtsordnung 321ff., 337ff.
Rechtsradikalismus 29ff.
Rechtssprechung 337ff.
Rechtsstaat 308ff.
Rechtsstellung des Jugendlichen 334f., 348
Regierungssystem 267
Religionsmündigkeit 89
Rentenversicherung 57
Republikaner 37
Rhesusaffenversuch 58ff.
Rock, rechter 38f.
Rollenverteilung (in der Familie) 77ff.
Rundfunk 144ff.
Rundfunkanstalten 144f.

SA 14
Schule 52, 336
SED 384
Single-Haushalte 63f., 66
Skinheads 29, 37, 41
Sorgerecht, elterliches 86ff.
Sozialisation 57ff., 61
SS 14
Staatsorgane 267
Steuern 99 ff.
Stiftung Warentest 190ff.
Stimmzettel 268
Strafe 352f., 357f.

Strafgesetzbuch 342ff.
Strafprozeß 342ff.
Strafvollzug 354ff.
Streik 238

Tarifautonomie 237
Tarifkonflikt 237
Taschengeld 218

Überhangmandate 270
Umweltkriminalität 359ff.
Umweltschutz 248ff.
Untersuchungsausschuß 306
Ur-Vertrauen 62

Verbände 264
Verbraucher 168ff., 202, 211f., 214ff.
Verbraucherberatung 197ff.
Verfassung 262
Verhältniswahlrecht 269
Vermittlungsausschuß 287
Vertreibung 367
Volljährigkeit 88ff.
Vorurteil 40

Wahl, wählen 259ff., 268ff.
Wahlrecht 260ff., 269
Wahlsystem 269ff.
Wanderungsbewegungen 386, 388ff.
Warentest 190ff.
Warschauer Getto 366, 393
Werbung 143, 149ff., 172, 179ff.
Wohnungsprobleme 92ff.

Zeitungen 134ff., 141f.
Zivilprozeß 345ff.
Zweiter Weltkrieg 15, 28, 377f., 382f.